INHALT

- 18 **VORWORT VON FÜRST ALBERT II. VON MONACO**
- 20 **EINLEITUNG VON YANN ARTHUS-BERTRAND UND BRIAN SKERRY**
- 22 **EINE UNBEKANNTE WELT**
- 28 DIE ENTDECKUNG DER TIEFE: GESPRÄCH MIT DANIEL DESBRUYÈRES
- 48 **LEBENSWICHTIGE MEERESBEWEGUNGEN**
- 54 FÜNFUNDVIERZIGMAL IM JAHR LEBEN UND STERBEN: GESPRÄCH MIT PAUL FALKOWSKI
- 70 **EINE WELT VOLLER REICHTUM UND VIELFALT**
- 76 WIR ENTDECKEN TÄGLICH NEUE ARTEN: GESPRÄCH MIT PHILIPPE BOUCHET
- 92 **AN DER KÜSTE: LEBEN MIT DEM MEER**
- 98 DIE MANGROVE: DER LEBENSINHALT DER DORFBEWOHNER: GESPRÄCH MIT HAÏDAR EL-ALI
- 116 **UNSERE MEERE ALS GLOBALER ABFALLEIMER**
- 121 DER PLASTIKKONTINENT: GESPRÄCH MIT CHARLES MOORE
- 138 **ÜBERFISCHUNG BIS ZUR AUSROTTUNG**
- 144 WIR UNTERSCHÄTZEN IMMER NOCH DAS AUSMASS DER KRISE: GESPRÄCH MIT DANIEL PAULY
- 162 **FISCHEN OHNE MASS UND VERSTAND**
- 168 MASSAKER IN DER TIEFSEE: GESPRÄCH MIT CLAIRE NOUVIAN
- 184 **DAS ABSEHBARE ENDE DER GROSSEN RAUBFISCHE**
- 190 WIR BRAUCHEN KRIEGER UND HELDEN: GESPRÄCH MIT ROB STEWART
- 208 **DIE AUTOBAHNEN DER WELT**
- 214 WIR KÖNNEN NUR EINES TUN: KÄMPFEN: GESPRÄCH MIT ISABELLE AUTISSIER
- 232 **AUSFALL DER KLIMAANLAGE**
- 238 DIE ARKTIS AUF DIE PROBLEME VON MORGEN VORBEREITEN: GESPRÄCH MIT MICHEL ROCARD
- 256 **FÜR EINE NACHHALTIGE NUTZUNG DER MEERE**
- 262 DIE FISCHER SOLLEN AN EINER DAUERHAFTEN VERWALTUNG DER OZEANE MITWIRKEN: GESPRÄCH MIT SANDRA BESSUDO
- 280 **REGELN SIND NOTWENDIG**
- 286 DIE PIRATENFLAGGE HISSEN: GESPRÄCH MIT PAUL WATSON

YANN ARTHUS-BERTRAND   BRIAN SKERRY
DER MENSCH
— UND DIE —
WELTMEERE

AUS DEM FRANZÖSISCHEN VON
ANTOINETTE GITTINGER UND URSULA HELD

KNESEBECK

FONDATION
GOODPLANET

VORWORT

Neben Jacques-Yves Cousteau und anderen herausragenden Wegbereitern nimmt Yann Arthus-Bertrand einen besonderen Platz im Kreis der Umweltschützer ein. Ähnlich wirkungsvoll wie Cousteau mit *Die schweigende Welt* haben die beeindruckenden Fotografien, die Arthus-Bertrand für *Die Erde von oben* einer weiten Öffentlichkeit die Augen für die Bedrohungen unseres Planeten geöffnet. Die Schönheit und Sensibilität dieser Fotografien sprechen viele Menschen an. Wissenschaftliche Diskurse und politische Debatten sind zweifellos notwendig, doch sie machen das dringende Projekt dieses Jahrhunderts, nämlich die Bewahrung unseres gemeinsamen Erbes, nicht derart greifbar.

Auch in der Weiterführung durch den Film *Planet Ocean* erlaubt das Werk seinen Lesern eine globale Sicht auf die Ozeane unserer Welt, ein künstlerisches wie wissenschaftliches Panorama, das weder die Aspekte der Natur noch das Wirken des Menschen ausspart. Es veranschaulicht die oftmals schwierigen und sehr spezifischen Bemühungen im Dienste unserer Meere und damit im Dienste unserer Zukunft.
In den kommenden Jahrzehnten wird die verhängnisvolle Zerstörung unserer Meere nur aufgehalten werden können, wenn wir unsere Lebensweise von Grund auf ändern.

Die Meere tragen wesentlich zum Gleichgewicht der Biosphäre bei: Sie speichern Sauerstoff, mildern die Folgen des Klimawandels und beherbergen eine weitgehend noch unentdeckte Artenvielfalt. Die Meere sind außerdem Nahrungsquelle und Lebensraum für die Menschen, die an ihren Küsten leben. Nicht nur jene, die sich für die Erhaltung der Meere starkmachen, wird dieses schöne Buch ansprechen, sondern uns alle, denn es enthält eine universelle Botschaft von Respekt und Verantwortung gegenüber unserem Planeten.

FÜRST ALBERT II. VON MONACO

EINLEITUNG VON
YANN ARTHUS-BERTRAND ⚓

Ernest Hemingways *Der alte Mann und das Meer* stellt ein weitgehend überholtes Bild dar. Denn die leidvolle Brüderschaft, die der alte Mann mit dem von ihm getöteten Fisch eingeht, ist doch sehr weit entfernt von der kühlen Berechnung der Mannschaften, die heute auf industriellen Trawlern arbeiten.

Obgleich er das Bewusstsein dafür verloren haben mag, bleibt der moderne Mensch doch tief mit dem Meer verbunden: Es gibt kein Stück Land oder Meer, das nicht durch den Menschen geprägt ist, und das des Öfteren durch Zeichen der Zerstörung. Das kleine Wort »und« im Titel dieses Buchs steht also für eine ganz fundamentale Beziehung. Und auch eine ambivalente Beziehung, da der Mensch zugleich Ursache und Lösung aller Probleme ist.

Wie lässt sich diese Ambivalenz zeigen? Wie verdeutlicht man die Schönheit der Ozeane, ihre Vielfalt, ihren Nutzen, aber auch die Bedrohungen der Weltmeere und Lösungen dafür? Wie schafft man ein Buch, das nicht nur Wale und Korallen zeigt, sondern auch die Urbarmachung der Meere durch die Menschen, und das die Meere in einen Zusammenhang mit dem Festland und unserer Industriegesellschaft stellt?

Ich habe mich entschieden, dies im Dialog mit dem herausragenden Fotografen Brian Skerry zu tun. Warum ich diese Wahl getroffen habe, ist offensichtlich: Seine Fotos sind vielsagender, als Worte es je sein könnten.

Einmal vom Meer, einmal vom Himmel aus geben sich unsere Blickwinkel Antwort und vervollständigen sich. Zudem haben wir dieselbe Vorgehensweise. Beide haben wir die Schönheit der Erde gesehen und uns entschlossen, diese zu bezeugen, um sie zu erhalten. Denn unser Planet mag sich verändert haben und sieht sich zahlreichen Bedrohungen ausgesetzt, aber er bleibt doch bezaubernd. Und indem man seine Schönheit offenbart, schafft man die Begeisterung, die es braucht, um ihn zu bewahren.

Ich stelle mit diesem Buch sogar eher einen Dialog von drei Personen vor, denn es ist nicht nur das Werk von Brian und mir. Es ist auch das Buch von Journalisten und von Fachleuten unter der Leitung von Olivier Blond. Diese Menschen berichten Tag für Tag über die Situation unseres Planeten, sie warnen vor Gefahren, und sie tun dies über unsere Stiftung *GoodPlanet*, über unsere Website und zahlreiche Veröffentlichungen wie diese.

Der Mensch und die Weltmeere ist damit ein Teil einer Reihe von Projekten, die mithilfe meiner Stiftung realisiert werden: Dazu gehören der Film *Planet Ocean* von Michaël Pititot, Unterrichtsmaterial für Schulen, Ausstellungen, verschiedene Projekte zur Sensibilisierung von Kindern… Aktionen, die das Unternehmen Omega großzügig unterstützt.

Das Buch ist gleichsam die Partitur für gemeinsame Bestrebungen und neue Bündnisse, die wir angehen und eingehen müssen, um unseren Planeten zu bewahren.

Bleiben Sie mit der Erde in Verbindung:
www.goodplanet.org

Ausschnitte aus dem Film *Planet Ocean* sind auf der Website der Stiftung verfügbar, sowie über die 2D-Codes, die Sie in jedem Kapitel dieses Buchs finden.

EINLEITUNG VON
BRIAN SKERRY

Eines Tages stellte man mir im Rahmen eines Interviews die Frage, welches Bild meiner Ansicht nach die wichtigste Aufnahme der gesamten Fotografiegeschichte sei. Ich antwortete ohne zu zögern: »Die erste Aufnahme der Erde aus dem All.« Ich bin sicher, dass ich mit dieser Meinung nicht allein dastehe, aber sie sei nochmals betont, denn dieser außergewöhnliche Blick auf unseren Planeten sagt uns eine Menge über unseren Lebensraum. Als Erstes fällt einem das viele Wasser auf. Wir leben in einer Welt des Wassers – eine Welt, die unseres Wissens einzigartig ist. Im Urmeer der Erde ist das Leben entstanden.

Wer das Meer liebt, den muss man nicht überzeugen, welch wichtige Rolle es in unserem Leben spielt. Aber selbst wenn man nicht an der Küste lebt und keine unmittelbare Verbindung zum Meer spürt, behält der Ozean doch seine elementare Bedeutung für unser Leben. Der Großteil des Sauerstoffs, den wir atmen, stammt aus dem Meer, genauso wie ein beachtlicher Anteil unserer Eiweißquellen. Unzählige Güter, die wir konsumieren, werden jeden Tag über die Meere zu uns geschifft. Trotz seiner essentiellen Bedeutung für das menschliche Leben haben wir das Meer immer mit erstaunlicher Verachtung behandelt. Wir holen heraus, was uns gefällt und werfen hinein, was wir loswerden wollen. Der Ozean als Ganzes ist nie Gegenstand von Schutz- oder Erhaltungsmaßnahmen gewesen.

Seit inzwischen 35 Jahren erforsche ich die Meere und ich habe dabei ganz erstaunliche Dinge gesehen. Es kommt mir manchmal so vor, als sei meine Tätigkeit eine lange Folge überwältigender Erlebnisse in der Flora und Fauna der Unterwasserwelt. Aber ich habe während dieser Zeit auch furchtbare Dinge gesehen – Phänomene, die sich unter der Wasseroberfläche abspielen und den meisten Menschen unbekannt bleiben. In meiner Rolle als Fotograf und Journalist habe ich immer die Verantwortung und den Drang verspürt, diese schlimmen Phänomene genauso zu bezeugen wie die faszinierende Schönheit, die ich erlebt habe. Menschen sind visuell geprägte Wesen, und ich glaube, Bilder bewegen uns im tiefsten Innern. Naturfotografien haben die Kraft, uns zu beruhigen und zu besänftigen, aber sie können uns auch neugierig machen und anregen. Sie können uns dazu bringen, unser Verhalten zu ändern, tätig zu werden.

In *Der Mensch und die Weltmeere* versammeln wir die unterschiedlichsten Fotografien: Manche sind schön, manche verstörend. Es ist mir eine große Ehre, gemeinsam mit Yann Arthus-Bertrand, den ich schon lange bewundere, an diesem Projekt gearbeitet zu haben. Ich glaube, dass diese Zusammenarbeit ein ungewöhnliches Bild vom »Planet Ozean« zeichnet. Ich habe schon immer vermutet, dass die beiden geeignetsten Blickwinkel zur Betrachtung der Meere entweder hoch oben oder mitten drin liegen, und in diesem Buch sind beide Perspektiven vereint. Ja, wir fügen unseren Ozeanen seit Generationen schlimmen Schaden zu, aber wir können uns freuen: Es ist noch nicht zu spät. Ich habe die Hoffnung, dass der Bewusstsein das Interesse und dem Interesse geeignete Erhaltungsmaßnahmen folgen, und dass das Meer mit unserer Hilfe genesen kann. Es gehört jedem Einzelnen von uns. Es ist an der Zeit, dass wir uns das Meer zu eigen machen und schützen, was wir lieben.

EINE UNBEKANNTE WELT

»FREIER MENSCH! DAS MEER IST DIR TEUER ALLZEIT ...« Die ersten Worte des Baudelaireschen Gedichts sollen diesem Buch voranstehen. Auch wenn die Welt sich seit der Veröffentlichung der *Blumen des Bösen* sehr verändert hat: Das Meer ist nicht mehr die unheimliche und unbändige Kraft, die zum Abenteuer ruft. Unser Jahrhundert ist eher das des Flugzeugs, Fisch ist nur ein Produkt neben vielen in den Supermarktregalen, und wir werfen Milliarden Liter Abfall in die Ozeane, ohne überhaupt darüber nachzudenken. Im Wesentlichen ist uns das Meer in unserem schnellen urbanen Leben abhanden gekommen. Der Ozean blieb lange unbekannt - inzwischen bleibt er unbeachtet.

Der so gewaltige und gleichzeitig faszinierende Ozean war immer auch fantastisch und geheimnisvoll. Seine schrittweise Entdeckung - die »Entzauberung« der Meereswelt - ist noch nicht abgeschlossen. Noch heute weiß man mehr über die Oberfläche des Mondes als über die Tiefen des Meeres. Doch bald schon könnte der schwache Schutz, den die Meeresgründe durch unser relatives Desinteresse und ihre Unerreichbarkeit genießen, durch die Verbindung von wirtschaftlichen Interessen und technischem Fortschritt zusammenbrechen. Jahrhundertelang waren Schiffe unsicher. Zwischen Tod und Leben lagen für die Seeleute nur ein paar Planken. Dann kamen der Magnetkompass und - wenn auch rudimentäre - Seekarten. Im 15. Jahrhundert revolutionierte die Karavelle mit ihrer hohen Bordwand und den leichter zu handhabenden Segeln die Seefahrt. Nur mit ihr konnte Kolumbus Amerika entdecken und Magellan die erste Weltumsegelung gelingen. Die Ozeane öffneten sich dem Menschen.

DIE ERSCHLIESSUNG DES SEEWEGS NACH INDIEN
Und dennoch: »Kein Zweck rechtfertigt das enorme Risiko, in See zu stechen«, schreibt Gaston Bachelard in *Das Wasser und die Träume*. »Um sich für eine Seefahrt zu rüsten, bedarf es eines sehr starken Interesses.« Es war nicht allein wissenschaftliche Neugier, welche die Großmächte der Renaissance anstachelte, sich der Entdeckung der Welt zu widmen, sondern vielmehr die Aussicht, günstige Handelswege zu erschließen - mit denen man zum Beispiel die gefahrvolle und langwierige Reise auf der Seidenstraße umgehen konnte. Wir wissen von den enormen Reichtümern, die Konquistadoren und Händler aus aller Welt von ihren Expeditionen mitgebracht haben - meist auf Kosten der einheimischen Bevölkerung. Christoph Kolumbus jedenfalls wurde Vizekönig und Generalgouverneur der von ihm entdeckten Gebiete und bekam ein Zehntel der dort herausgeholten Güter ... Das 19. Jahrhundert läutete eine neue Blütezeit der Entdeckungen ein. Die technischen Möglichkeiten hatten sich beträchtlich fortentwickelt, es waren reichlich Mittel vorhanden, und die Entdecker wurden zu Helden einer Gesellschaft, die das Gefühl bekam, die Natur beherrschen zu können. Alexander von Humboldt ist die Leitfigur dieser forschenden Entdecker, die den Globus bereisten, ihre Herbarien mit bisher unbekannten Pflanzen füllten und mit neugierigem Blick schilderten, welche neuen Welten sie entdeckten. Dieses Entdeckertum lässt die Wissenschaft dieser Epoche erhebliche Sprünge machen: So wurde Charles Darwin auf seiner Rundreise durch Amerika und besonders während seines Aufenthalts auf den Galapagosinseln zu seiner Theorie über die Entstehung der Arten inspiriert.

Shark Bay: Sandbänke in der Bucht von Haridon Bight, Peron-Halbinsel, West-Australien
(25° 59′ südl. Br. - 113° 44′ östl. L.)

Shark Bay - die Haibucht - am äußersten Zipfel des australischen Kontinents ist ein unvergleichlicher Ort. Ein Großteil der 25.000 km² großen Bucht ist mit eisenoxidhaltigem Sand bedeckt, der ihr die besondere rote Farbe verleiht. Mehrere Landzungen, Halbinseln und Inseln trennen die Bucht vom Indischen Ozean. Die erschwerte Wasserzirkulation sorgt für wenig Austausch und bewahrt so das in der Welt einzigartige Erscheinungsbild.

70 % DER ERDOBERFLÄCHE SIND OZEANE

Die hauptsächlich von Wasser bedeckte Erde trägt zu Recht ihren Beinamen »blauer Planet«. Die Weltmeere nehmen 361,3 Millionen km² ein. Die Meere der südlichen Hemisphäre bedecken eine größere Fläche als die der nördlichen Halbkugel, daher auch der Name »Wasserhemisphäre«.

Vulkan auf dem Galapagos-Archipel, Äquator
(0° 20′ südl. Br. – 90° 35′ westl. L.)

Die vor drei bis fünf Millionen Jahren aus den Fluten des Pazifischen Ozeans aufgetauchten neunzehn Inseln vulkanischen Ursprungs, die den Galapagos-Archipel bilden, besitzen trotz ihrer scheinbaren Mondlandschaft eine außergewöhnliche biologische Fülle. Die Inselgruppe beherbergt insbesondere die größte Meerechsenkolonie der Welt und natürlich die gleichnamige Riesenschildkröte. Darwin wurde hier während seiner von 1831 bis 1836 dauernden Reise mit der *Beagle* zu seiner Evolutionstheorie inspiriert.

DIE POLE

Nur die Tiefsee und die Pole widersetzten sich lange dem menschlichen Forscherdrang. Der leichter erreichbare Nordpol wurde schließlich zuerst erkundet. Mehrere Entdecker beanspruchten zwischen 1908 und 1909 die Heldentat für sich, letztendlich wurde die Ehre dem Norweger Roald Amundsen und dem Italiener Umberto Nobile zuteil, die den Nordpol am 12. Mai 1926 mit einem Luftschiff überflogen. Die viel schwerer erreichbare Antarktis wurde bereits 1820 von westlichen Seefahrern entdeckt, und es war ebenfalls Amundsen, der den Südpol 1911 als Erster erreichte. Zahlreiche Polarreisende, darunter Amundsens unglücklicher Rivale Robert Falcon Scott und seine Mannschaft, ließen in der Antarktis ihr Leben.

Heute jedoch stellt sich die Situation durch die Klimaerwärmung ganz anders dar. Das Packeis schmilzt, und die darunterliegenden enormen Ressourcen wecken Begierden – besonders die der Russen, die einen bedeutenden Teil der arktischen Region einfordern. Tatsächlich könnte man Russlands Einflussbereich laut der UN-Seerechtsübereinkommen bis an die Grenze der Kontinentalplatte ausdehnen. Russland argumentiert, der Lomonossow-Rücken unter der Arktis sei eine Fortsetzung des euro-asiatischen Kontinents. Von dieser wissenschaftlichen Frage hängt nun die geostrategische Situation ab. Ende 2007 startete eine mit einem atombetriebenen Eisbrecher, einem Forschungsschiff und zwei Mini-U-Booten bestückte russische Expedition in die Region und legte in 4200 m Tiefe eine Titankapsel mit der russischen Flagge ab, um den Anspruch auf das Gebiet geltend zu machen...

Die Antarktis dagegen ist seit 1959 durch einen internationalen Vertrag, aber vor allem durch ihr unwirtliches Klima geschützt, denn es herrschen dort bis zu minus 89 °C! Doch aufgrund der dort vermuteten Ressourcen gerät dieser Schutz immer wieder unter Druck.

DIE ENTDECKUNG DER TIEFSEE

Die Tiefsee erlangte auf einen Schlag enorme Bedeutung, als mit dem Ausbau der Telekommunikation Unterseekabel verlegt werden mussten. Aber die Frage war, wo? Eine Vermessung der Tiefsee wurde erforderlich.

Durch Beobachtung der Wellenbewegungen schätzte Pierre-Simon de Laplace die Tiefe des Atlantiks auf etwa 4000 m. Doch zur damaligen Zeit gab es nur ein Werkzeug zur Tiefenmessung, nämlich das Senkblei: ein Kordellot, das man herabließ, um die Tiefe unterhalb des Bootes zu bestimmen... Trotz aller Schwierigkeiten wurde 1850 das erste Unterseekabel zwischen Frankreich und England verlegt. 1858 kam dann das erste transatlantische Kabel an die Reihe und verband Irland und Kanada, 4200 km lang und 7000 t schwer. Im Jahr 2012 durchkreuzen inzwischen eine Million Kilometer Glasfaserkabel die Meerestiefen.

TOD AUF DEM MEER

Laut Schätzungen der Internationalen Arbeitsorganisation sterben jedes Jahr mindestens 24.000 Fischer auf dem Meer. Ein Großteil von ihnen fischt mit unsicheren Booten auf den Meeren des Südens, aber auch in reichen Ländern, auf moderneren und besser instand gehaltenen Schiffen bleibt Fischen eine gefährliche Tätigkeit. In Norwegen beispielsweise ist die Wahrscheinlichkeit, auf dem Meer zu sterben, für Fischer 25-mal höher als für Personen, die auf Bohrinseln arbeiten. Generell haben Seeleute im Vergleich zu Arbeitern an Land ein 25- bis 30-mal höheres Risiko, Opfer eines tödlichen Arbeitsunfalls zu werden.

Jenseits dieser makabren Bilanz sind die Sicherheitsvorkehrungen und Arbeitsbedingungen auf dem Meer von äußerster Wichtigkeit, denn Müdigkeit, Stress, mangelhafte Ausrüstung und mangelnde Ausbildung erhöhen das Unfallrisiko. Kontrollen sind selten, und das befördert Verstöße gegen das Arbeitsrecht und hier besonders den Einsatz von Zwangsarbeit, zum Teil sogar von Kindern.

Trotz der Telegrafie-Episode blieb das Reich der Tiefe weitgehend unbekannt, denn es ist eine feindselige Welt: Der Druck steigt alle zehn Meter um rund eine Atmosphäre an, und man muss natürlich eine Atemversorgung gewährleisten.

Es existierten zwar verschiedene Systeme (Tauchglocken, Taucheranzüge), doch erst nach dem Zweiten Weltkrieg und vor allem dank der Bemühungen von Jacques-Yves Cousteau wurden durch die Entwicklung modernen Tauchgeräts überhaupt erst Tauchgänge ermöglicht. Cousteau begriff, wie wichtig es war, das Unterwasseruniversum zu zeigen: Mit *Die schweigende Welt* und all seinen Filmen hat er die breite Öffentlichkeit diese neue Welt entdecken lassen. Aber selbst mit der besten Ausrüstung kann man nur einige Dutzend Meter tief tauchen. U-Boote erreichen größere Tiefen. Ihre Weiterentwicklung wurde durch die militärische und industrielle Nutzung forciert.

KALTER KRIEG UNTER WASSER

Der Kalte Krieg war gespickt mit mehr oder weniger öffentlichen und mehr oder weniger ernsthaften Zwischenfällen von U-Booten – Kriegsgeräte, deren Bedeutung die deutsche Kriegsmarine demonstriert hat und die heute mit Atomraketen bestückt sind. Der Atomantrieb der U-Boote und ihre Vorrichtungen zur Sauerstoffgewinnung verleihen ihnen eine quasi unbegrenzte Autonomie. Mit dem Ziel, sich zu verbergen und feindlichen Schiffen aufzulauern, entdeckte der Unterwasserkrieg auch die Tiefsee.

Es ist die Zeit, in der die Expeditions-U-Boote einen Tiefenrekord nach dem anderen aufstellen. 1960 erreichen Jacques Piccard und Don Walsh den Grund des Marianengrabens (10.916 m). Zum Erstaunen aller beobachten sie durch die Bullaugen außergewöhnliche Wesen – bislang hat man die Tiefsee für unbewohnt gehalten.

Die Vermessung der Meeresböden, Bathymetrie genannt, wird verbessert und damit auch die 1903 ins Leben gerufene, öffentlich verfügbare Meereskarte GEBCO (General Bathymetric Chart of the Oceans). Diese Karten werden meist mittels Sonaren hergestellt, die an Bord von Schiffen, neuerdings aber auch an Flugzeugen angebracht sind. Von Satelliten gemessene Schwankungen des Meeresspiegels zeigen die Struktur des Meeresbodens.

Der Ozeanograf Greg Stone in einer Ruhestation, *Aquarius*-Labor, Conch Reef, Florida Keys, Florida, USA

Das Unterwasserhabitat *Aquarius* ist die einzige Unterwasserforschungsstation der Welt. Das vor Florida gelegene Labor wurde bisher durch die amerikanische National Oceanic and Atmospheric Administration verwaltet, die aber 2012 ankündigte, sie werde ihre Finanzierung zurückziehen. Greg Stone ist bekannt für seinen Einsatz zur Errichtung eines Schutzgebiets um die Phoenixinseln von Kiribati – eines der größten Meeresschutzgebiete der Welt.

AUF DEM MEERESGRUND LIEGEN AN DIE DREI MILLIONEN UNENTDECKTE WRACKS

Versunkene Schiffe, Kriegsschiffe und Flugzeuge sind wahre Museen. Das unter Wasser liegende Kulturerbe ist über viele viele Jahre konserviert. So war es beim Wrack der *Titanic*, bei den Karavellen des Christoph Kolumbus und den spanischen Galeonen.

EINE UNBEKANNTE WELT

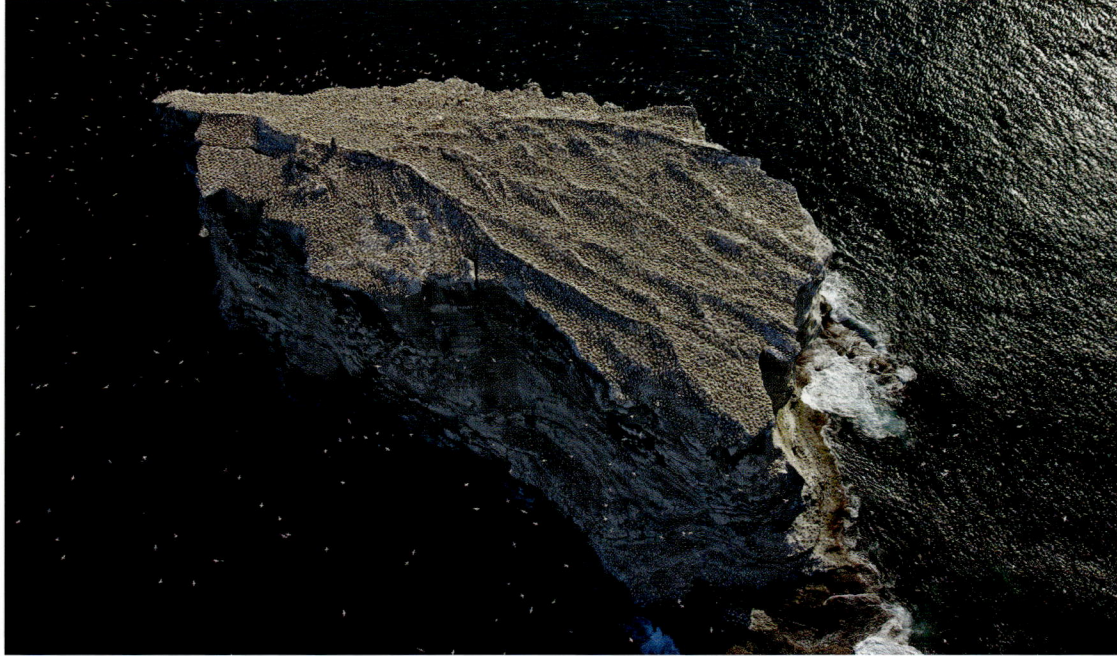

Kolonie von Basstölpeln *(Morus bassanus)* **auf der Insel Eldey, Island**
(63° 44′ nördl. Br. – 22° 57′ westl. L.)

14 km südlich der Küste Islands liegt die Insel Eldey, ein bis zu 70 m hoch aufragendes Felsplateau. Sie beherbergt Jahr für Jahr eine der größten Basstölpel-Kolonien der Welt. Knapp 40.000 Tölpel kommen im Januar/Februar auf die Insel, um zu nisten, und verlassen sie im September, um vor den Küsten Afrikas zu überwintern, nachdem jedes Vogelpaar ein Junges aufgezogen hat. Auf ihrer Reise sind sie natürlichen Gefahren (ungünstige Winde, Fressfeinde) und vom Menschen ausgehenden Risiken (Jagd, Verschmutzung, Verknappung des Fischbestands durch Überfischung) ausgesetzt.

AUF DER SUCHE NACH ÖL

In den Vierziger- und Fünfzigerjahren des 20. Jahrhunderts beschleunigt wiederum eine technische Revolution die Erkundung des Meeresbodens: die Ausbeutung von Erdölvorkommen im Meer (Offshore). Sie treibt die Unterwasserforschung voran und finanziert Unternehmen wie die Comex (Compagnie maritime d'expertise, 1961), die viel zur Weiterentwicklung der Tiefseeforschung beiträgt.

ROBOTER

Obwohl Taucher immer größere Tiefen erreichen, bleibt der Meeresgrund doch ein extrem unwirtlicher Ort. So gelang der Comex 1988 zwar die Meisterleistung, Taucher in 534 m Tiefe Arbeiten ausführen zu lassen, doch ist diese Vorgehensweise wenig effektiv. Die Alternative ist das Aussenden von Robotern.

In einer Zeit, da Drohnen bei Militäroperationen eine immer wichtigere Rolle spielen, werden sie auch für die Meeresforschung unentbehrlich. Die sogenannten ROVs (Remotely Operated Vehicle, ein kabelgeführtes Unterwasserfahrzeug) kommen immer öfter zum Einsatz und sind mit dem Auffinden berühmter Wracks bekannt geworden: So entdeckten sie die Titanic, die Blackbox des Flugs AF447 von Rio nach Paris und auch das Flugzeug von Antoine de Saint-Exupéry vor der Küste bei Marseille. Die Drohnen halfen auch bei der Bekämpfung der Ölpest nach der Explosion der Ölplattform *Deepwater Horizon* im Golf von Mexiko.

Roboter dieser Art werden in Zukunft sicher eine wichtige Rolle bei der Erkundung der Tiefsee und der Ausbeutung des Meeresbodens spielen. Denn dort unten sind nicht nur Kohlenwasserstoffe zu finden, sondern unter anderem auch seltene Metalle. Zahlreiche Unternehmen haben diese enormen Ressourcen schon im Visier, obgleich man noch nicht genau weiß, wie man an sie herankommt. Naturschützer beobachten diese Vorhaben mit Argusaugen, denn sehr wahrscheinlich wird der Unterwasserabbau schwerwiegende ökologische Folgen haben.

UNTERWASSERHABITATE

So greifen derzeit technische Möglichkeiten und wirtschaftliche Bedürfnisse ineinander, um den letzten unentdeckten Raum unseres Planeten ebenfalls durch den Menschen zu verändern – wahrscheinlich auf Kosten des ökologischen Gleichgewichts.

Trotz allem bleibt der Ozean eine unwirtliche Welt. Cousteau hat sein Leben lang versucht, mithilfe von Architekten Unterwasser-Wohnprojekte zu realisieren, und der Wunsch nach einem Leben im Meer nährt wohl immer wieder den Traum von einem neuen Atlantis. Doch dieser Traum ist weit davon entfernt, Wirklichkeit zu werden. Und solange die Landfläche bewohnbar bleibt und wir sie noch nicht komplett zerstört haben, wird es wohl nicht zu einer menschlichen Ansiedlung im Meer kommen.

Lichterzeugende cirrentragende Krake *(Stauroteuthis syrtensis)*

Die Krakenart *Stauroteuthis syrtensis* stammt aus dem Oberflächenwasser des Ozeans. Im Laufe der Migration in die Tiefsee hat sie die Fähigkeit entwickelt, mit ihren Saugarmen Licht zu erzeugen – die haftende Funktion der Arme ist ihr durch die neue Art der Nahrungsaufnahme nicht länger dienlich. Man hat Eier dieser Krake in den Ästen einer in 2000 m Tiefe lebenden Koralle entdeckt.

WELTWEIT GIBT ES MEHR ALS 7000 BOHRINSELN

Die auf allen Meeren der Erde vorhandenen Plattformen liefern rund 30 % des weltweiten Bedarfs an Kohlenwasserstoffen. Die schwimmenden oder am Meeresboden verankerten Bohrinseln haben eine Lebensdauer von 20 bis 30 Jahren. Ihre Konstruktionsweise ist anfällig, wie die Katastrophe von *Deepwater Horizon* im Golf von Mexiko gezeigt hat.

Mehr Informationen zu diesem Thema und ein entsprechender Ausschnitt aus dem Film *Planet Ocean* sind auf der Website www.goodplanet.org verfügbar.

DIE TIEFSEE: LEBEN OHNE LICHT

Die Tiefen des Ozeans erscheinen als feindseliger Ort. Dennoch sind hier beinahe alle Stämme des Tierreichs vorhanden – Arten, die besondere Strategien entwickelt haben, um sich dem Milieu anzupassen. Unterhalb von 200 m bilden die Meere ein Dämmerreich, in dem das Licht immer weniger wird. Bei 1000 m herrscht finsterste Nacht. Ohne Licht gibt es keine Fotosynthese, und ohne Licht können die Lebewesen der Tiefsee sich bei ihrer Fortbewegung, Nahrungssuche und Reproduktion nicht auf ihr Sehvermögen verlassen. Bestimmte Lebewesen haben die Fähigkeit erlangt, eigenes Licht zu produzieren, indem sie sich das Phänomen der Biolumineszenz zunutze machen. Diese Tiere gehören so verschiedenen Gruppen wie den Bakterien, Quallen, Manteltieren und Kopffüßern oder auch Fischen an. Sie besitzen ganz unterschiedliche Leuchtorgane, die verschiedenste Funktionen übernehmen können, vom reinen Beleuchten bis zum Anlocken von potenzieller Beute. Letzteres gilt für den Buckligen Anglerfisch oder »Laternenfisch«, der einen leuchtenden Köder an einem angelartigen Fortsatz vor seinem Maul schwenkt. Das Leuchten, das durch symbiotische Bakterien erzeugt wird, dient auch zur Kommunikation, zur Tarnung und zum Schutz vor Feinden. So beleuchten einige Meereslebewesen im Dämmerlicht ihre Unterseite, die dann mit dem von der Wasseroberfläche durchschimmernden Licht verschwimmt.

Mit Ausnahme der hydrothermalen Quellen entsteht die Nahrung nicht vor Ort, sondern stammt im Wesentlichen von der Oberfläche. In der Tiefe ist sie also knapp, und die Tierarten mussten Strategien entwickeln, um sich dem Mangel anzupassen. Der Fangzahnfisch (*Anoplogaster cornuta*) besitzt die im Verhältnis zur Körpergröße größten Zähne des Tierreichs. Das gewaltige Gebiss im Verbund mit seiner außergewöhnlichen Wendigkeit stellt sicher, dass dem Fisch die seltene Beute nicht entgeht.

Die den Meeresgrund bevölkernden Organismen müssen zudem mit Temperaturen zurechtkommen, die 2 bis 4 °C betragen. Aber mehr als die Tiefe der Temperaturen überrascht ihr extremes Schwanken. Der Ausstoß der »Schwarzen Raucher« erreicht am Ausgang des Schlots eine Temperatur von 350 °C, und nur wenige Meter weiter ist das Wasser 2 °C kalt. Die Lebewesen gruppieren sich je nach Temperaturtoleranz um diese Schlote. Bei den heißesten Temperaturen finden sich Bakterien. Sie wachsen als »hyperthermophile« Organismen am Schlotausgang der hydrothermalen Quellen.

Schließlich sind die Organismen noch einem enormen Druck ausgesetzt: In 10.000 m beträgt der Wasserdruck eine Tonne pro cm^2! Die Bakterien haben sich dem angepasst – vor allem durch eine veränderte Zusammensetzung ihrer Membran, die so dem Druck standhält. Die in der Tiefsee lebenden Fische besitzen keine Schwimmblase – ein kleines, mit Luft gefülltes Organ, das bei Knochenfischen für Stabilität sorgt. Ihre Schwimmfähigkeit wird durch flüssige und gallertartige Gewebe und Organe gewährleistet, die eine geringere Dichte als Wasser haben und unter dem hohen Druck nicht komprimiert werden können. Die a priori so feindliche Tiefsee ist also keinesfalls unbewohnt, sondern beherbergt eine Vielfalt, deren Ausmaße wir längst nicht kennen.

EINE UNBEKANNTE WELT

GESPRÄCH

DIE ENTDECKUNG DER TIEFE

DANIEL DESBRUYÈRES
leitete die Forschungsabteilung Ökosysteme der Tiefsee des französischen Meeresforschungsinstituts Ifremer. Er hat zahlreiche Tauchprojekte mit bemannten Unterseebooten wie der *Cyana* und der *Nautile* geleitet, die zu hydrothermalen Quellen im Ost- und Westpazifik, im Atlantik und im Südwesten der Azoren führten. Er hat an 27 Tauchgängen in Forschungs-U-Booten teilgenommen und dabei Tiefen über 1000 m erreicht.

SIE GEHÖREN ZU DEN PIONIEREN DER TIEFSEEFORSCHUNG. WAS IST ES FÜR EIN GEFÜHL, DIESE ÖKOSYSTEME ALS EINER DER ERSTEN ENTDECKT ZU HABEN?
Mir ist bewusst, welches Glück ich hatte, zu den wenigen Menschen zu gehören, die in große Tiefen tauchen durften. Ich war buchstäblich in meinem Element. Das Schwierigste in diesen sehr außergewöhnlichen Momenten ist, sein Gehirn eingeschaltet zu lassen, denn man ist derart verzaubert, man staunt mit großen Augen und vergisst dabei beinahe den Zweck des Tauchgangs! Ich hatte das Glück, mit den französischen Tiefsee-U-Booten *Cyana* und *Nautile* und auch der amerikanischen *Alvin* tauchen zu dürfen. Ich konnte zudem mit ROVs (Remotely Operated Vehicle) arbeiten, also mit ferngesteuerten Tauchrobotern, die das Gefühl des Tauchens so erstaunlich gut nachbilden, dass man hinterher beinahe eine heiße Schokolade trinken möchte.

WIE HABEN SICH DIE TIEFSEE-TAUCHGÄNGE VERÄNDERT?
Anfang der Siebzigerjahre gründete unsere Arbeit auf der Beschreibung der Arten, die wir aus der Tiefe hervorholten. Wir verwendeten Baggerschiffe und Schleppnetze, ohne den Grund sehen zu können, und dann beschrieben wir die neu entdeckten Arten. 1977 trat dann ein wahrer Glücksfall ein, als ein amerikanisches Team die erste hydrothermale Quelle entdeckte. Alles, was wir bis dahin über den Lebensraum Tiefsee angenommen hatten, wurde revidiert: Dort unten gab es eine reiche Artenvielfalt. Zuerst glaubte niemand daran. Aber es war der Beginn einer langen Reihe von Entdeckungen und eines schönen wissenschaftlichen Abenteuers.

INWIEWEIT KANN DIE ENTDECKUNG HYDROTHERMALER QUELLEN, DIESER »OASEN DER TIEFE«, ALS REVOLUTION GELTEN?
Wir wissen seit dem 19. Jahrhundert, dass es in der Tiefsee Leben gibt, und seit 1950 wissen wir dank der *Galathée*-Expedition, dass es sogar im Marianengraben, in 11.000 m Tiefe, Leben gibt. Doch in den Köpfen blieb verankert, dass das Leben mit zunehmender Tiefe abnimmt. Diese Vorstellung beruht auf der Annahme, dass die Nahrung nur von der Meeresoberfläche stammen könne und somit immer knapper würde, je mehr man sich von ihr entfernt. Damals stellte man sich eine Art Wüste vor, in der es nur hier und da ein paar Lebewesen gibt. Als man dann über Fleischfresser und Nekrophagen (Aasfresser) forschte, stellten die Wissenschaftler fest, dass das Leben explosionsartig zunimmt, sobald Nahrung in große Tiefen gelangt. Mitte der Sechzigerjahre wusste man, dass ein auf dem Meeresgrund platzierter Köder in weniger als 24 Stunden abgefressen ist – was beweist, dass in der Tiefe erhebliche Biomasse vorhanden ist. 1977 kam es dann zur Entdeckung der hydrothermalen Quellen, die überaus reiche Ökosysteme beherbergen, die nicht von der Oberfläche abhängen. An der Oberfläche entwickelt sich die Vegetation dank der Fotosynthese, wobei die Sonne als Energiequelle dient. Doch am Meeresgrund gibt es kein Licht, und so entwickeln sich die Organismen mithilfe eines Prozesses, den man »Chemosynthese« nennt. Die Mikroorganismen dieser Ökosysteme sind in der Lage, organisches Material zu bilden, indem sie chemische Inhaltsstoffe nutzen, die den hydrothermalen Quellen entstammen. Sie sind in der Lage, diese Stoffe zu verbrennen, wie man Kohle verbrennt, um Energie zu gewinnen.

»Es war eine echte Revolution: ein Ökosystem, das ohne Fotosynthese auskommt!«

Drei Jahre später entdeckten wir, dass dieses Phänomen nicht nur auf Meeresrücken und heißen Quellen vorkommt, sondern auch in der Nähe von kalten Quellen entlang der Kontinentalgrenzen.

IST DIESE CHEMOSYNTHESE DAS GEHEIMNIS FÜR DEN ARTENREICHTUM UNTER WASSER?
Im Grunde gibt es zwei Geheimnisse. Zum einen fungieren die zur Chemosynthese fähigen Mikroben ganz ähnlich wie Pflanzen in anderen Ökosystemen: Sie bilden die Basis der Nahrungskette. Das zweite Geheimnis wurde entschlüsselt, als man einen Bartwurm namens *Riftia pachyptila* erforschte. Es stellte sich heraus,

dass dieser Wurm keine Mundöffnung und keinen Darm besitzt und somit keine chemosynthetischen Bakterien aufnehmen kann. Dennoch vermehrt er sich an den Schloten von hydrothermalen Quellen, den »Schwarzen Rauchern«. Tatsächlich gibt es chemosynthetische Bakterien, die im Innern des Gewebes leben. Die Würmer leben also in Symbiose mit Mikroorganismen. Im Anschluss an diese Entdeckung wurde dasselbe Phänomen bei den meisten hydrothermalen Tieren beschrieben. Die Symbiose ist derart wirkungsvoll, dass sich eine unglaubliche Fülle von Lebewesen entwickelt hat. Es ist faszinierend zu sehen, wie eine so große Zahl von Wesen unter Bedingungen lebt, die von Kälte, Dunkelheit, hoher Druck und sogar Radioaktivität geprägt ist.

LÄSST SICH EINE VERBINDUNG ZIEHEN ZWISCHEN DIESEN ENTDECKUNGEN UND DEM AUFTAUCHEN VON LEBEN AUF DER ERDE?
Um diese Frage gibt es eine große Diskussion! Anfangs behaupteten amerikanische Forscher, hydrothermale Quellen könnten den Ursprung des Lebens erklären. Aber seitdem haben sich die Dinge verkompliziert, und die Diskussion dauert an – eine nicht immer einfache Diskussion, da die Frage nach dem Ursprung des Lebens von allen möglichen unwissenschaftlichen und manchmal auch fadenscheinigen Argumenten vernebelt wird. Jedenfalls weiß man mit Sicherheit, dass in diesen Ökosystemen bestimmte Moleküle synthetisiert werden, die man als präbiotisch betrachten kann. Sie bilden damit die ersten Bausteine der lebenden Welt. Dies gilt besonders für Lebensräume, die reich an Wasserstoff und Methan sind und so den Bedingungen des Urzustands nahekommen. Wir sind hier aber noch weit von der Zellbildung und dem Leben im eigentlichen Sinn entfernt.

BILDEN DIESE URMOLEKÜLE EINE RESERVE ZUKÜNFTIGER MOLEKÜLE FÜR DIE MENSCHHEIT?
Man sollte in dieser Angelegenheit nüchtern bleiben. Aber immerhin: Die Bestandteile von Organismen der Tiefsee besitzen Eigenschaften, die im Bereich der Biotechnologie Anwendung finden könnten. Hier könnte es beispielsweise um Mechanismen der DNA-Reparatur gehen, die vor allem für die Krebsforschung interessant sind.

DIE TIEFSEEFORSCHUNG HAT GROSSE FORTSCHRITTE GEMACHT. WÜRDEN SIE IMMER NOCH SAGEN, DASS UNS DER MEERESGRUND UNBEKANNTER IST ALS DIE MONDOBERFLÄCHE?
Diese Frage kann ich nur schwer beantworten. Wenn wir die erforschte Fläche mit der Gesamtfläche vergleichen, ist es immer noch so, dass wir nur ein paar Tausendstel kennen. Ich denke aber, wir haben heute eine recht präzise Vorstellung von den grundlegenden Phänomenen, die das Leben in der Tiefe bestimmen – das heißt, wenn es zu keiner wichtigen neuen Entdeckung kommt! Wenn es noch einen nahezu unentdeckten Meeresraum gibt, dann ist es das offene Meer. Die Erkundung dieses Lebensraums erfordert eine komplizierte Technologie, und wir haben es mit gallertartigen, besonders großen und daher empfindlichen Lebewesen zu tun. In diesem Bereich kommt es vielleicht noch zu großen Entdeckungen.

»Die Entdecker von heute ähneln in vielem jenen der vergangenen Jahrhunderte.«

ENTDECKER IM HISTORISCHEN SINN, GIBT ES DIE HEUTE NOCH?
Natürlich! Entdeckertum gibt es noch immer, und der Ozean bietet sich dafür an. Die Entdecker von heute sind ihren Vorgängern übrigens sehr ähnlich und stehen vor denselben Schwierigkeiten wie in alten Zeiten. Im 19. Jahrhundert, Anfang des 20. Jahrhunderts und heute war und bleibt die Hauptschwierigkeit, Geldgeber zu finden. Große Entdeckungen sind eng mit Geld und technischen Entwicklungen verknüpft. Zwar ist heute wie gestern die breite Öffentlichkeit fasziniert von Entdeckungsreisen, doch die Institutionen bleiben zurückhaltend. Das Entdeckertum als solches wird von der wissenschaftlichen Sphäre kaum unterstützt.

VIELLEICHT ZU RECHT, DENN VIELE SEHEN EINE ART ELDORADO IN DEN MEERESGRÜNDEN. WAS HALTEN SIE VON DER JAGD NACH ROHSTOFFEN AUS DER TIEFE? IST DIE TIEFSEE BEDROHT?
Das ist ein großes Themen, und es gilt, verschiedene Ressourcen zu betrachten: mineralische, energetische und biologische Ressourcen. Es ist normal, dass man versucht, dieses gewaltige Gebiet auszuschöpfen, aber man sollte vernünftig und nachhaltig vorgehen. In ausschließlichen Wirtschaftszonen haben die Staaten Zugriff, sodass die Regeln ihrer Hoheitsgewässer angewandt werden. Der Großteil der Fisch-, Öl- und Gasreserven wird derzeit innerhalb dieser Zonen ausgebeutet. Das löst die Probleme nicht, aber zumindest trägt jemand die Verantwortung. Was aber tun die Länder zur Erforschung und Erhaltung ihrer Ressourcen? Derzeit gilt der Abbau vor allem den Mineralien, da gibt es einen regelrechten Ansturm, besonders auf polymetallische Sulfide, die man an hydrothermalen Quellen findet. Der Wert dieser Mineralien folgt der Entwicklung des Erdöls, denn sie werden immer begehrter. Zudem kommen Öl und Gas vor sowie Clathrate, das sind Einschlussverbindungen mit Methan.

WELCHES IST IHR SCHÖNSTES FORSCHERERLEBNIS?
Da fällt mir besonders eine Begebenheit ein: Am Ende eines Tauchgangs mit der *Alvin*, als uns die Mannschaft oben mitteilte, es sei Zeit zum Auftauchen und wir unten nur einen Wunsch hatten: nämlich dort zu bleiben. Doch wir hatten schon Kopfschmerzen und hatten uns von dem »Schwarzen Raucher« entfernt, um den Ballast des Unterseeboots fallen zu lassen. Auf einmal sah ich einen rosafarbenen Teppich, mehrere Hundert Quadratmeter groß, der ganz aus gallertartigen Organismen bestand – aus Nesseltieren. Die Umgebung, in der diese mir unbekannten seltsamen Wesen schwammen, erschien wie marmoriert, ähnlich einer Luftspiegelung bei großer Hitze. Diese Farben und die Art, wie sie sich im lauen Wasser bewegten – das alles wirkte wie ein Traumbild.

Sandbank an der Küste der Whitesunday-Insel, Whitesunday Islands, Queensland, Australien
(20° 15′ südl. Br. – 149° 01′ östl. L.)

Wie an diesem Strand von Whitehaven findet man an den Küsten der Whitesunday Islands extrem weißen Sand, der hauptsächlich aus Quarzkörnchen besteht. Die Inseln sind Teil des Great-Barrier-Reef-Schutzgebiets, das jedes Jahr mehr als zwei Millionen Besucher anzieht. Der gut regulierte Tourismus hat nur mäßige Auswirkungen auf den sensiblen Lebensraum – im Gegensatz zu Verschmutzungen, die vom Festland kommen, und wiederholten Invasionen von korallenfressenden Dornenkronen-Seesternen, die innerhalb von 30 Jahren beinahe ein Fünftel der Korallenriffe zerstört haben.

Walhai (Rhincodon typus), Mexiko

Der Walhai gilt als der größte Fisch der Welt. Der Riese der Meere kann zwar bis zu 20 m lang und mehr als 10 t schwer werden, ist aber vollkommen harmlos. Wie die Wale, mit denen er seinen Namen teilt, bewegt er sich langsam entlang der Oberfläche, das 2 m breite Maul weit geöffnet, und ernährt sich ausschließlich von Plankton und kleinen Fischen, die er kampflos verschlingt, indem er das Meerwasser filtert. Am Schachbrettmuster auf dem Rücken leicht erkennbar – Wissenschaftler identifizieren anhand des individuellen Musters die einzelnen Tiere –, durchzieht der Walhai warme und tropische Gewässer. Er kann gut 100 Jahre alt werden.

Fischernetz in der Region von Dhaka, Bangladesh
(23° 43′ nördl. Br. – 90° 20′ östl. L.)

Bangladesh ist reich an Flüssen, Seen, Teichen, Mündungsgebieten und Senken, die viel Wasseroberfläche für Fischfang und Aquakulturen bieten, wobei letztere derzeit einen starken Aufschwung erleben. Das Land steht mit seinen Fischfarmen weltweit auf dem sechsten, und mit seinen Süßwasserkulturen auf dem zweiten Rang. Etwa 1,4 Millionen Menschen arbeiten in der Fischereibranche, im Wesentlichen zum Lebensunterhalt und oft saisonal begrenzt, drei Millionen sind in Fischfarmen beschäftigt.

Strand von Ipanema, Rio de Janeiro, Brasilien
(22° 59′ südl. Br. – 43° 12′ westl. L.)

Zur Stadt Rio gehören 36 Strandkilometer – die bekanntesten sind wohl die Strände der Stadtteile Copacabana und Ipanema. Sie sind Orte der Geselligkeit für die Cariocas, die Einwohner Rios, die sich nach der Arbeit oder an Ferientagen dort treffen. Die Bevölkerung Brasiliens ist von 150 Millionen im Jahr 1990 auf über 200 Millionen im Jahr 2011 gestiegen. Zugleich hat das Land einen starken wirtschaftlichen Aufschwung erlebt, der es zur sechstgrößten Weltwirtschaft werden ließ.

Sonnenstrahlen über einem Mangrovenwald, Belize

Der Mangrovenwald ist ein überaus produktives Ökosystem, in dem Bäume verschiedener Pflanzenfamilien gedeihen. Um in diesem atypischen salzigen und schlammigen Milieu zu überleben, besitzen die Bäume ein Luftwurzelsystem, mit dem sie sich in der Erde verankern und Sauerstoff aus dem dichten, sauerstoffarmen Schlamm ziehen. Bestimmte Arten bilden Pneumatophoren, vertikale »Atemwurzeln«, die aus dem Boden treten und so die Sauerstoffversorgung gewährleisten. Bestimmte Mangrovenarten verbreiten sich durch am Mutterbaum gekeimte Jungpflanzen, die sogleich im Schlamm wurzeln können.

Aus dem Wasser springender Mantarochen (Manta birostris), Mexiko

Der auch als »Teufelsrochen« bezeichnete Riesenmanta hat seinen Namen vom spanischen »manta«, »Decke«. Mit seiner beeindruckenden Spannweite von drei bis sechs Metern ist er der größte der Rochen. Er lebt in kleinen Gruppen in tropischen Gewässern, oft in der Umgebung von Korallenriffen, wo er Plankton und kleine Fische findet, von denen er sich ernährt. Der kaum befischte Rochen ist in manchen Ländern eher eine touristische Attraktion, die man beim Tauchen antrifft. Die Schwimmbewegungen des Mantas mit seinen großen Flossen sehen aus, als würde er unter Wasser »fliegen«, und manchmal vollführt er tatsächlich Sprünge über dem Ozean. Bis heute haben Wissenschaftler keine Erklärung für dieses Verhalten. Es könnte sich aber um eine Art Balzritual handeln.

Fischerdorf Pellestrina, Lagune von Venedig, Venetien, Italien
(45° 15′ nördl. Br. – 12° 18′ östl. L.)

Die Lagune von Venedig ist durch Landzungen und eine Reihe lang gezogener Inseln vom Adriatischen Meer getrennt. Zu diesen Inseln gehört auch Pellestrina mit ihrem Fischerdorf. Wie alle Lagunen ist auch die Lagune von Venedig abhängig von einem fragilen Gleichgewicht zwischen Süßwasser und Salzwasser. Der Küstenstreifen, der sie vom Meer trennt, hat nur drei Durchlässe. Die Altstadt von Venedig besteht aus 118 Inseln und wurde vor 1500 Jahren gegründet.

Seeleopard (Hydrurga leptonyx), Antarktis

Auch wenn er auf dieser Aufnahme zu lächeln scheint, so macht der Seeleopard mit seinem Raubtiergebiss und seinem gefleckten Fell seinem Namen doch alle Ehre. Er ernährt sich von Krill und Fischen, aber auch von kleinen Robben, vor allem aber ist er der Schrecken der jungen Pinguine auf dem Packeis. Er wiederum gehört zur Lieblingsbeute von Schwertwalen und Haien. Im Wasser agiler als auf dem Eis, lebt der Seeleopard in den kalten Gewässern um die Antarktis.

Uluru, Northern Territory, Australien
(24° 20′ südl. Br. – 131° 1′ östl. L.)

Der 348 m hohe Uluru, auch bekannt als Ayers Rock, ist ein Sandsteinfelsen inmitten der australischen Wüste. Der Monolith zählt zum Weltkulturerbe der Unesco und ist ein heiliger Ort für die eingeborenen Aborigines – Touristen ist es verboten, bestimmte Stellen des Felsens zu fotografieren. Wie bei vielen derartigen geologische Strukturen besteht der Stein aus Meeressedimenten, die emporgedrückt wurden und durch Erosion verwitterten.

Junger Karibischer Riffkalmar *(Sepioteuthis sepioidea)* in einer Mangrove, Belize

Kalmare sind wie Tintenfische wirbellose Wesen von hoher Intelligenz und zum Beispiel in der Lage, mit anderen Individuen zu kooperieren, um in der Gruppe einen Fischschwarm zu jagen. Bevor er aber zu einem gierigen Räuber mit langen Tentakeln wird, ernährt sich der junge Kalmar von Zooplankton und verbleibt in einer gut geschützten Zone. In dieser Hinsicht sind Mangroven wahre Kindergärten für zahlreiche Meereslebewesen. Sie finden in diesen vor der Strömung geschützten Oasen alle Nahrung, die sie für ihre Entwicklung benötigen.

Leistenkrokodil *(Crocodylus porosus)*, Boucanier-Archipel, Kimberley, Western Australia, Australien
(16° 16′ südl. Br. – 123° 45′ östl. L.)

Das Leistenkrokodil ist ein markanter Bewohner der Boucanier-Inseln im Nordwesten von Australien. Der gefürchtete Fleischfresser kommt im Süßwasser zur Welt. Wenn die ausgewachsenen Männchen das junge Leistenkrokodil von dort vertreiben, wandert es in salzigere Gewässer, in denen es nur überleben kann, weil es – was bei Reptilien äußerst selten ist – salzausscheidende Drüsen besitzt. Das wegen seines Leders besonders begehrte Tier kann sich in Australien dennoch gut halten, denn die Bewahrung natürlicher Lebensräume geht hier einher mit der Einrichtung von Aufzuchtstationen.

Spitzkrokodil *(Crocodylus acutus)*, Mexiko

Das meist zwei bis vier Meter lange und etwa 500 Kilo schwere Spitzkrokodil gehört zu den imposantesten Vertretern der Familie der Echten Krokodile. Spitzkrokodile kommen vom südlichen Florida bis zum nördlichen Südamerika vor. Sie bevorzugen Süßwasser, vertragen aber auch salzhaltige Gewässer wie Flussmündungen oder Mangrovensümpfe, sind also vor allem in Küstengebieten anzutreffen. Obgleich sie sich hauptsächlich von Fischen ernähren, können Spitzkrokodile sehr wohl jede Beute unter Wasser reißen, die in ihre Reichweite kommt.

Koh Pannyi, Bucht von Phang Nga, Thailand
(8° 20′ nördl. Br. – 98° 30′ östl. L.)

Die 1981 zum Schutzgebiet erklärte Bucht von Phang Nga birgt das Pfahlbauten-Dorf Koh Pannyi, das vor zwei Jahrhunderten für muslimische Fischer malaiischer Herkunft errichtet worden ist. Zum Fischfang als traditioneller Tätigkeit gesellt sich heute der Tourismus. Der Küstenstreifen am Andamanischen Meer im Südwesten Thailands hat mehrere von zahlreichen Inseln umfasste Buchten. Die berühmteste davon ist wohl Phuket. 2011 hat Thailand 19,1 Millionen ausländische Touristen empfangen, das sind beinahe doppelt so viele wie zehn Jahre zuvor.

Köhler *(Polachius virens)* zwischen Orangen Seefedern *(Ptilosarcus gurneyi)* im seichten Gewässer von Long Sound, Fiordland-Nationalpark, Neuseeland

Die auffällig gefärbten Seefedern sind Tiere. Die mit ihrem Fuß am Grund verankerten Lebewesen gehören zum selben Stamm wie die Quallen. Ihre so reizvoll erscheinenden Tentakel sind in Wahrheit gefährliche Beutewerkzeuge, um Plankton, Meereswürmer und sogar Krabben und Fische einzufangen. Die dunkle Farbe des Wassers hängt mit dem starken Zustrom von Süßwasser durch Regen und Flüsse zusammen, nicht etwa mit der Tiefe. Tatsächlich werden Oberflächenwasser und Tiefenwasser durch ihren Salzgehalt buchstäblich getrennt.

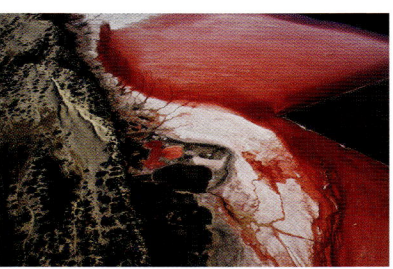

Hutt Lagoon, Salzsee und Algenkultur, Gregory, Western Australia, Australien
(28° 10′ südl. Br. – 114° 15′ östl. L.)

Der in einer regenarmen Region gelegene, 14 km lange und 2 km breite Salzsee Hutt Lagoon liegt an der Nordküste Australiens. Seine rote Farbe verleiht ihm eine Mikroalge namens *Dunaliella salina*. Diese in weniger salzhaltigen Gewässern grüne Alge wird rosa und schließlich rot, je mehr der Salzgehalt zunimmt. Sie wird angebaut und geerntet, um ihr Carotinoide zu entziehen – ein Pigment, das, zu Paste verarbeitet, vor allem als Lebensmittelfarbstoff dient.

Boot von Robbenfängern, Golf von Saint-Laurent, Kanada

Im Frühjahr 2012 hat die kanadische Regierung eine Quote von 400.000 Grönland-Robben zur Jagd freigegeben, obwohl die eigenen Forschungsbehörden eine Quote von 300.000 empfehlen, um die im Rückgang befindliche Tierart zu schützen. Anfang desselben Jahres jedoch beschloss Russland, wichtigster Markt für die kanadische Robbenjagd, Importe von Robbenfellen aus Grönland zu verbieten.

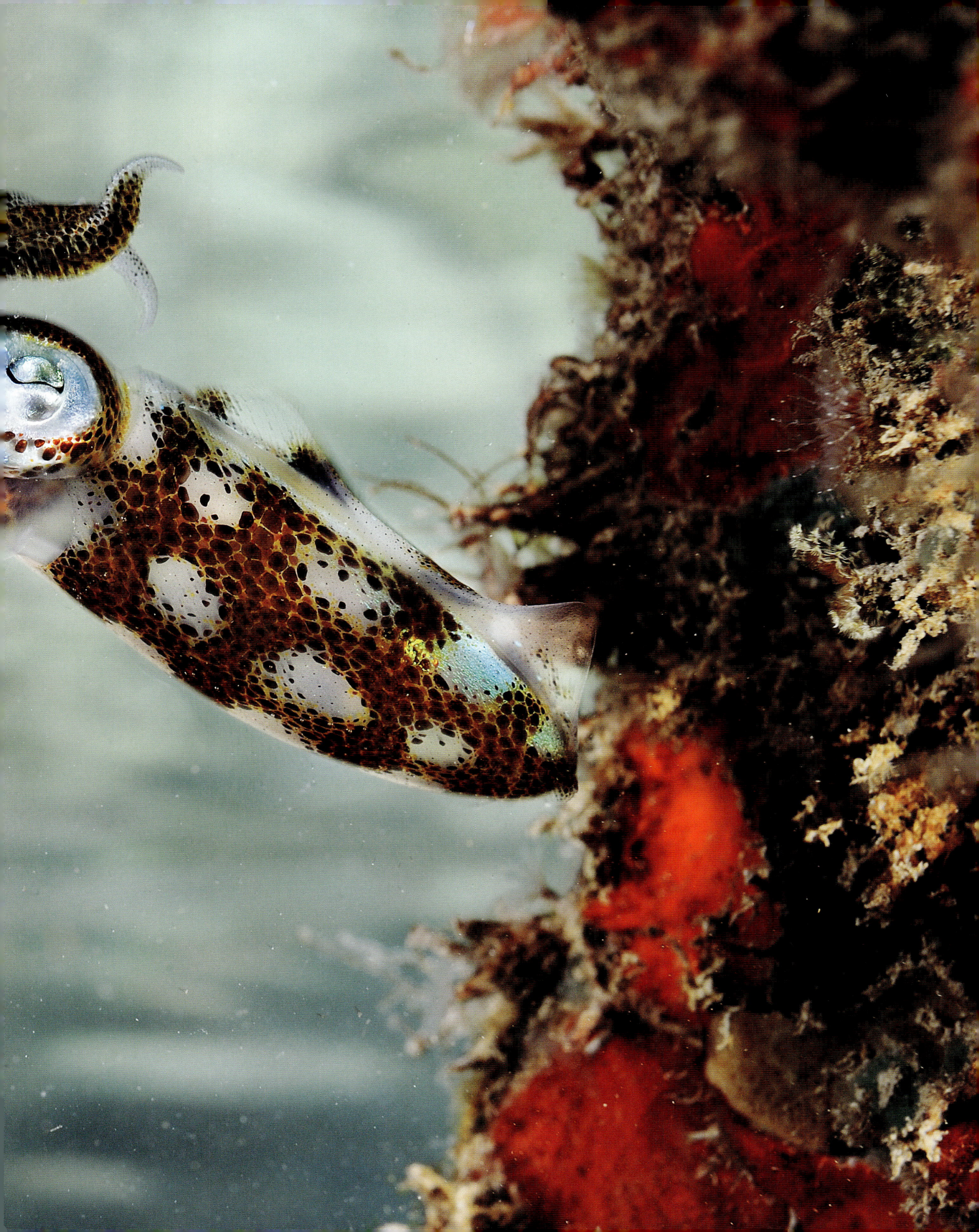

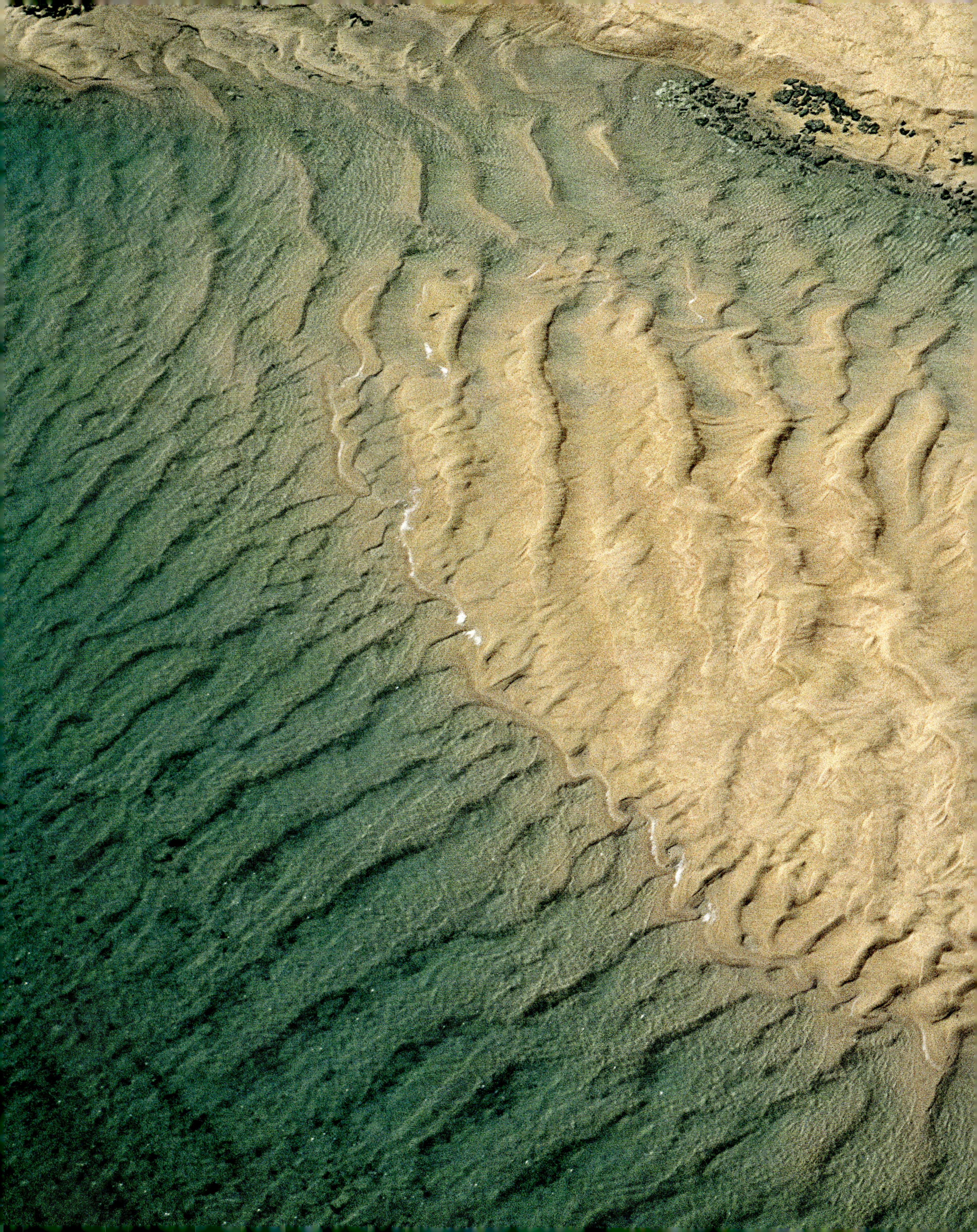

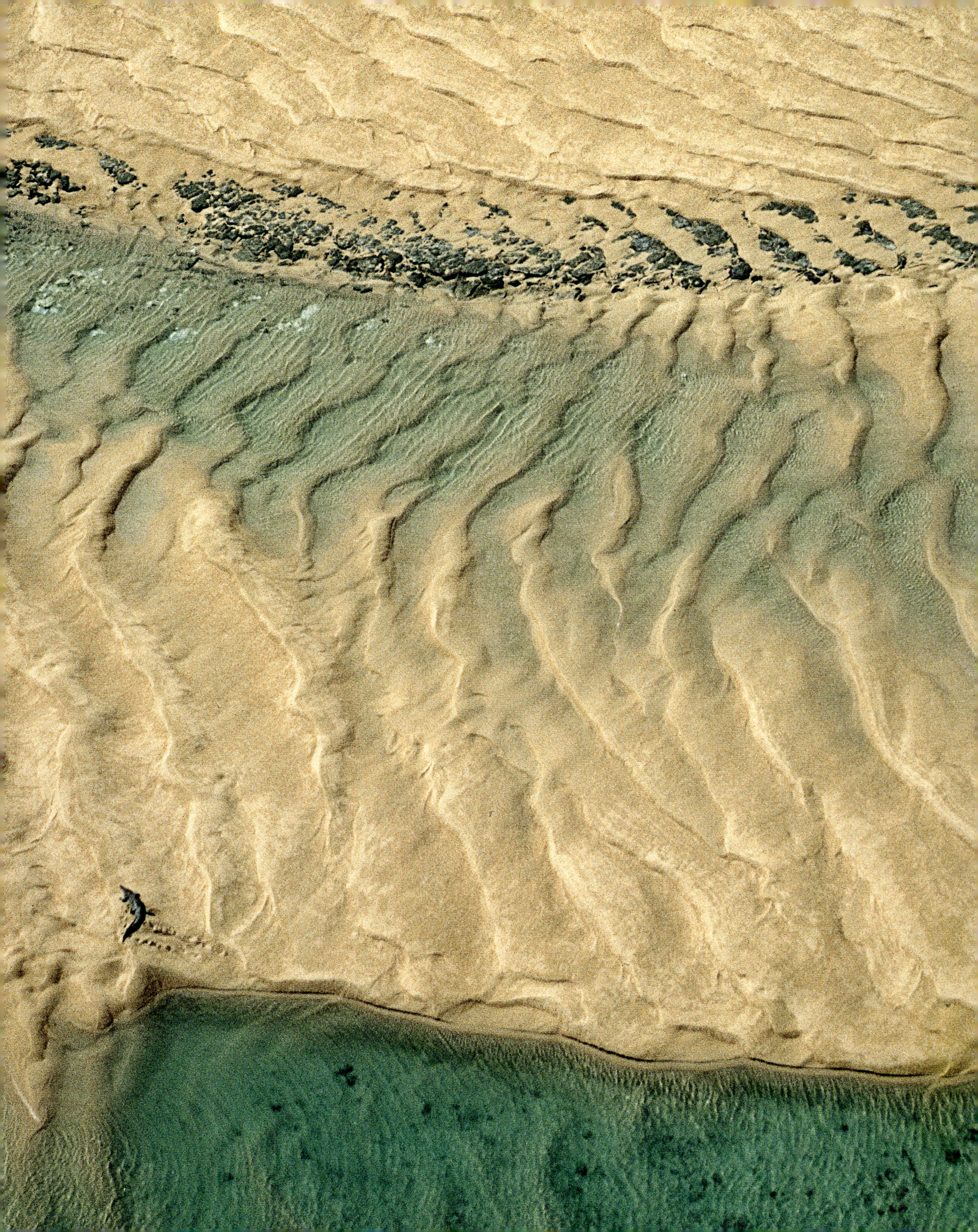

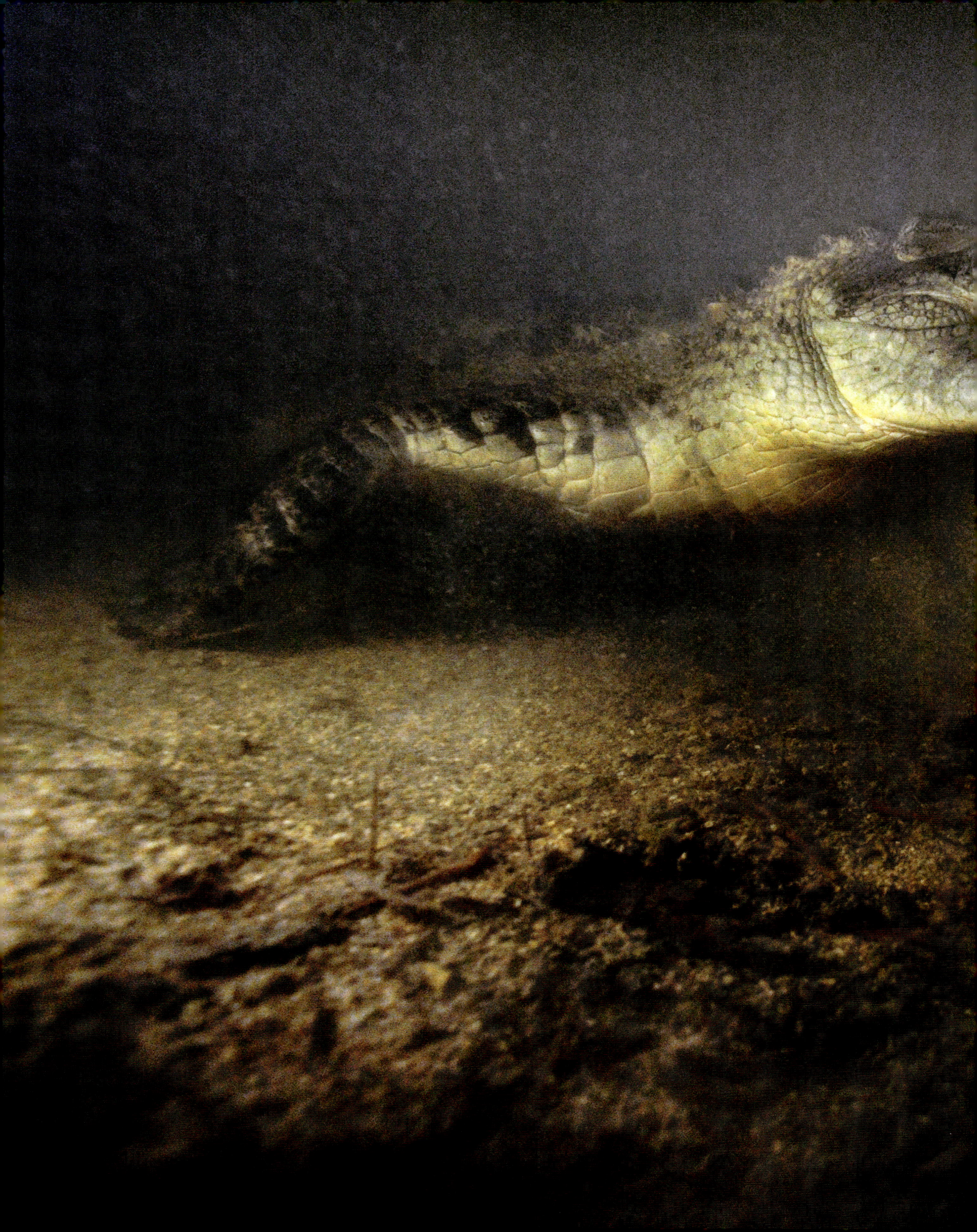

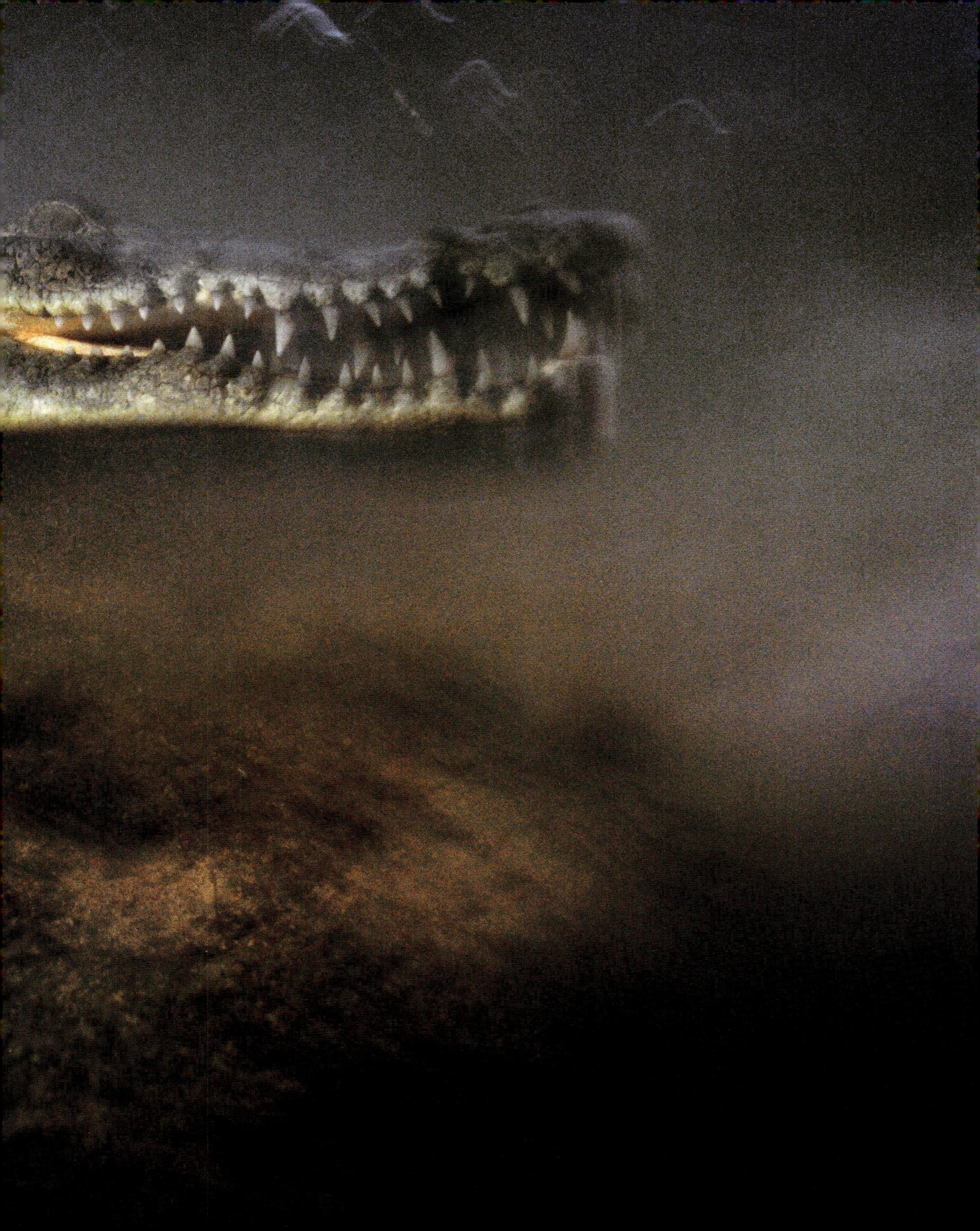

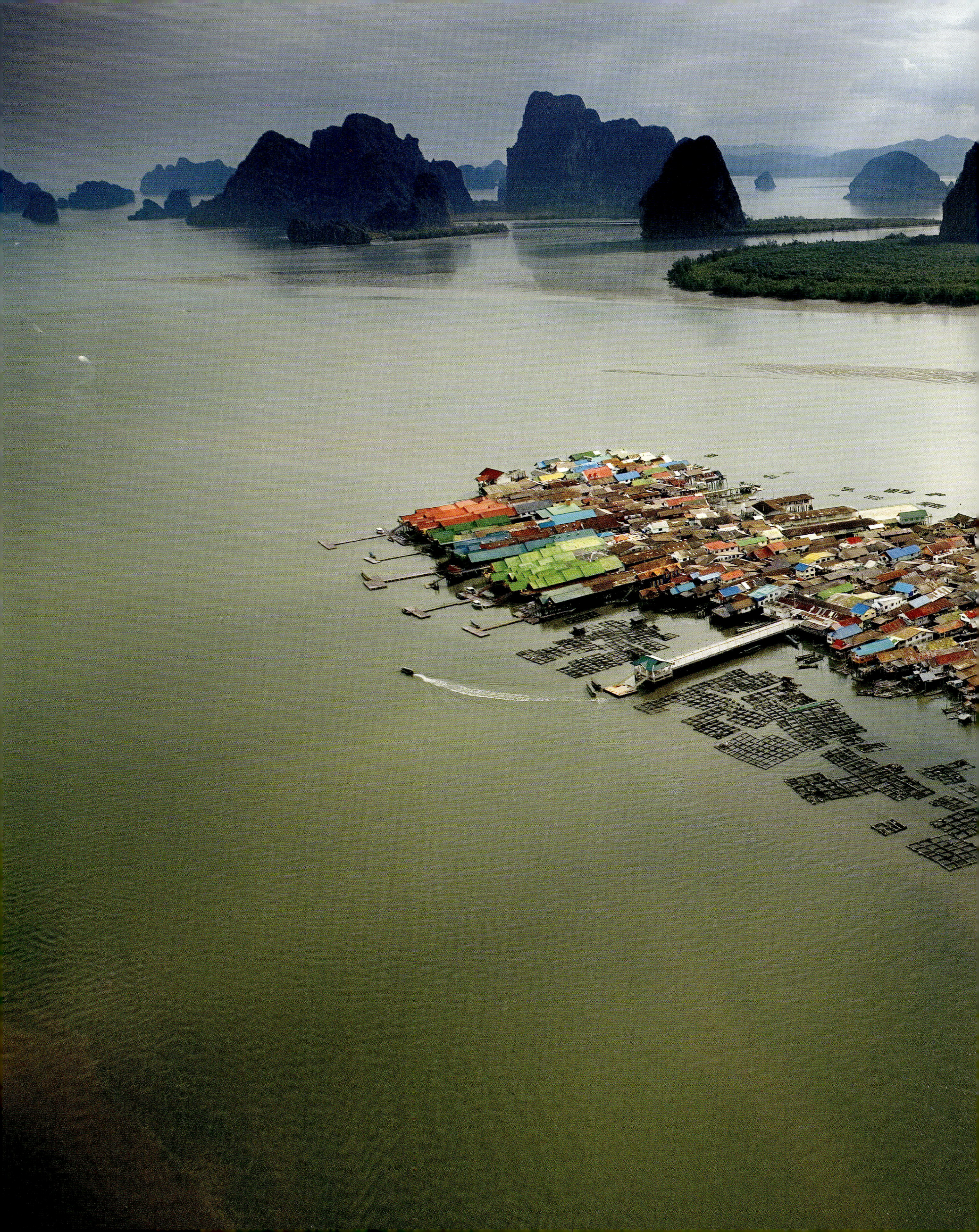

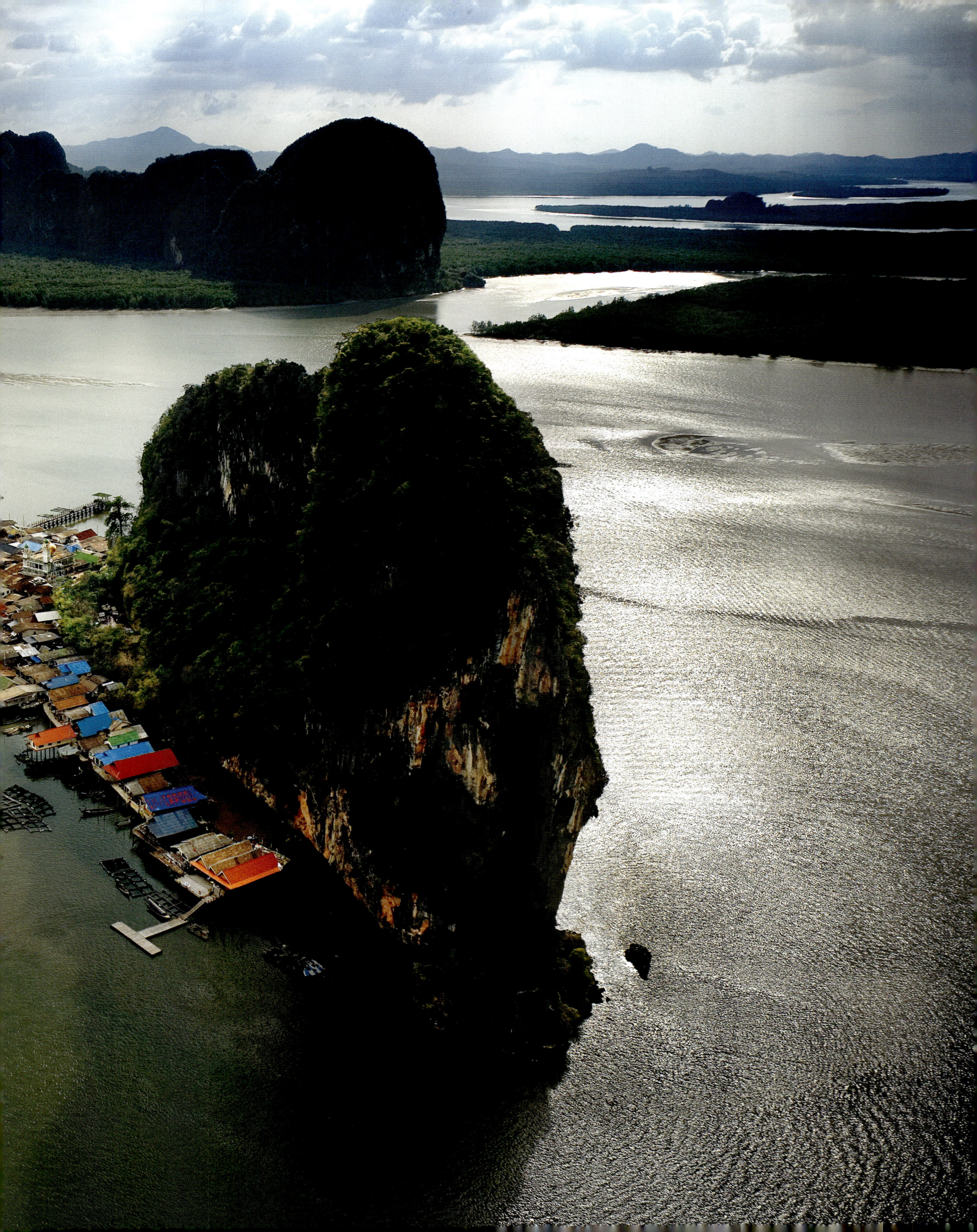

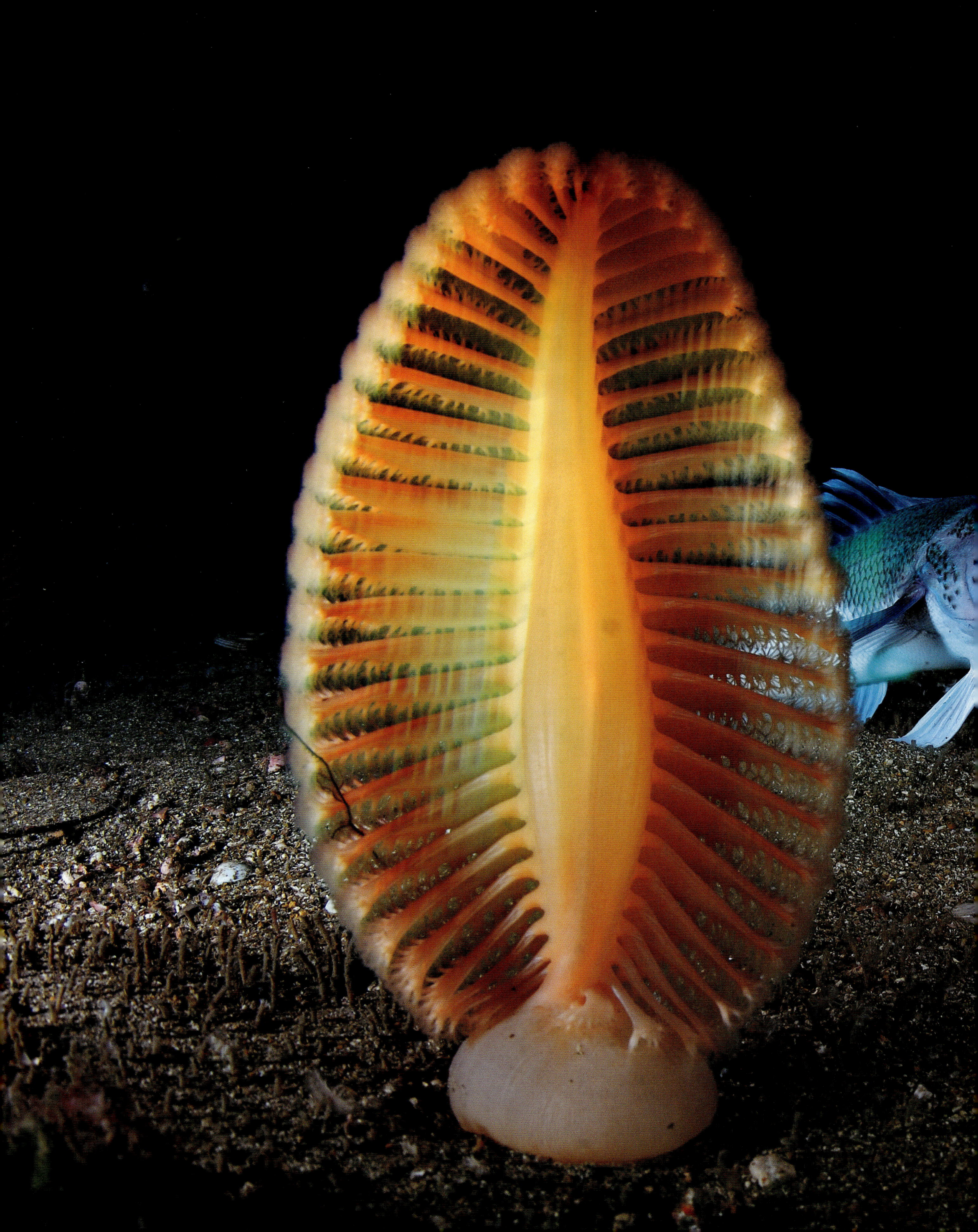

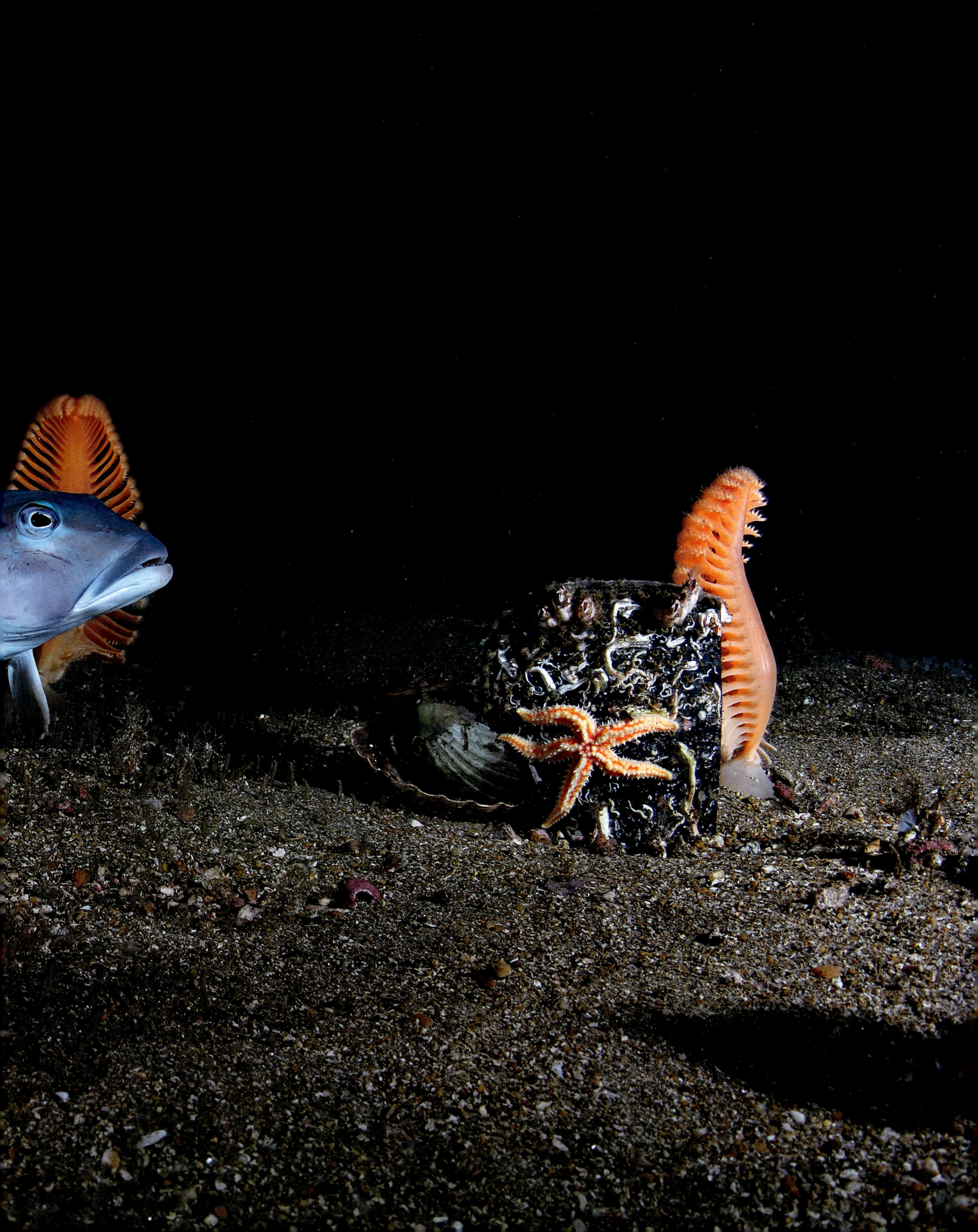

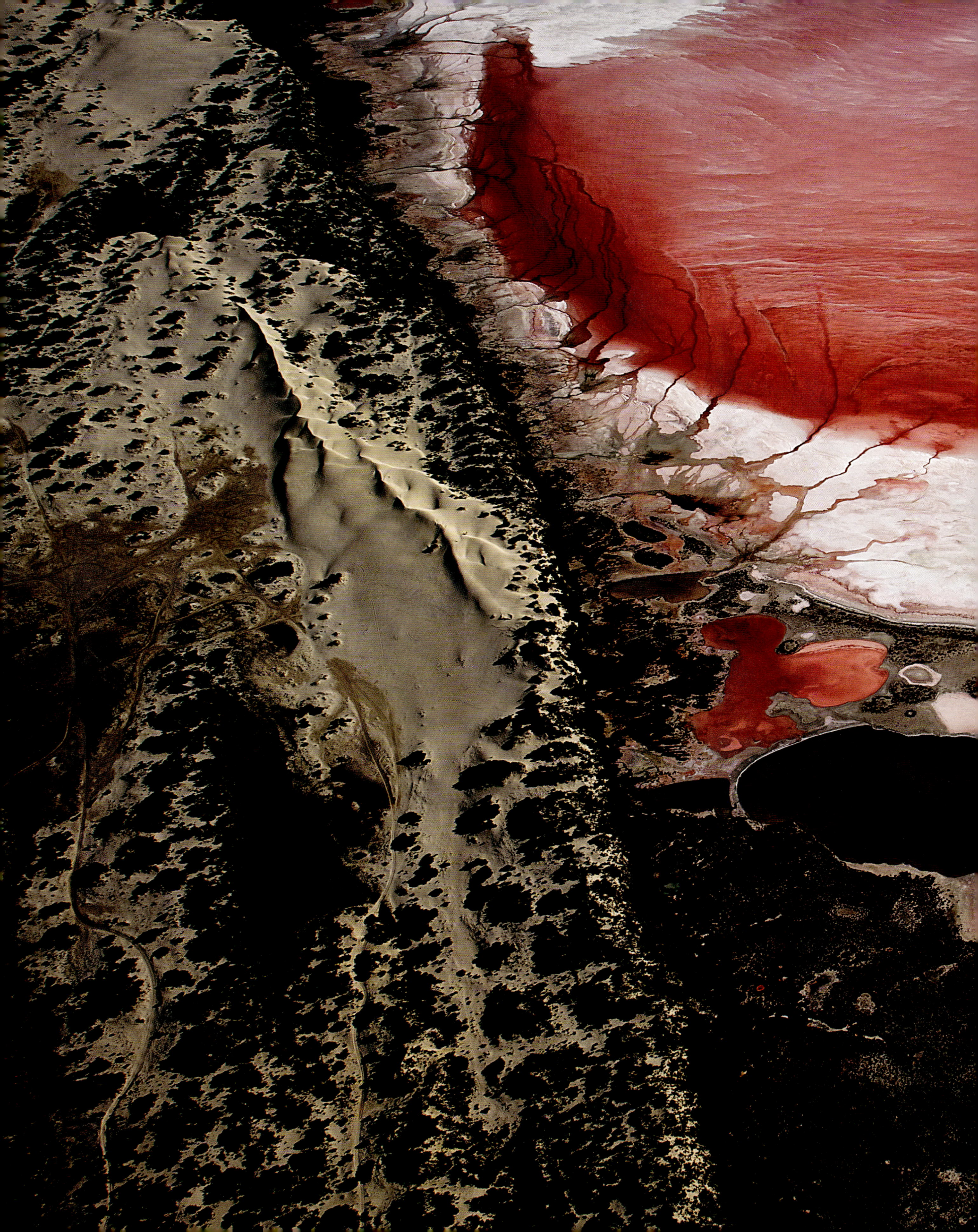

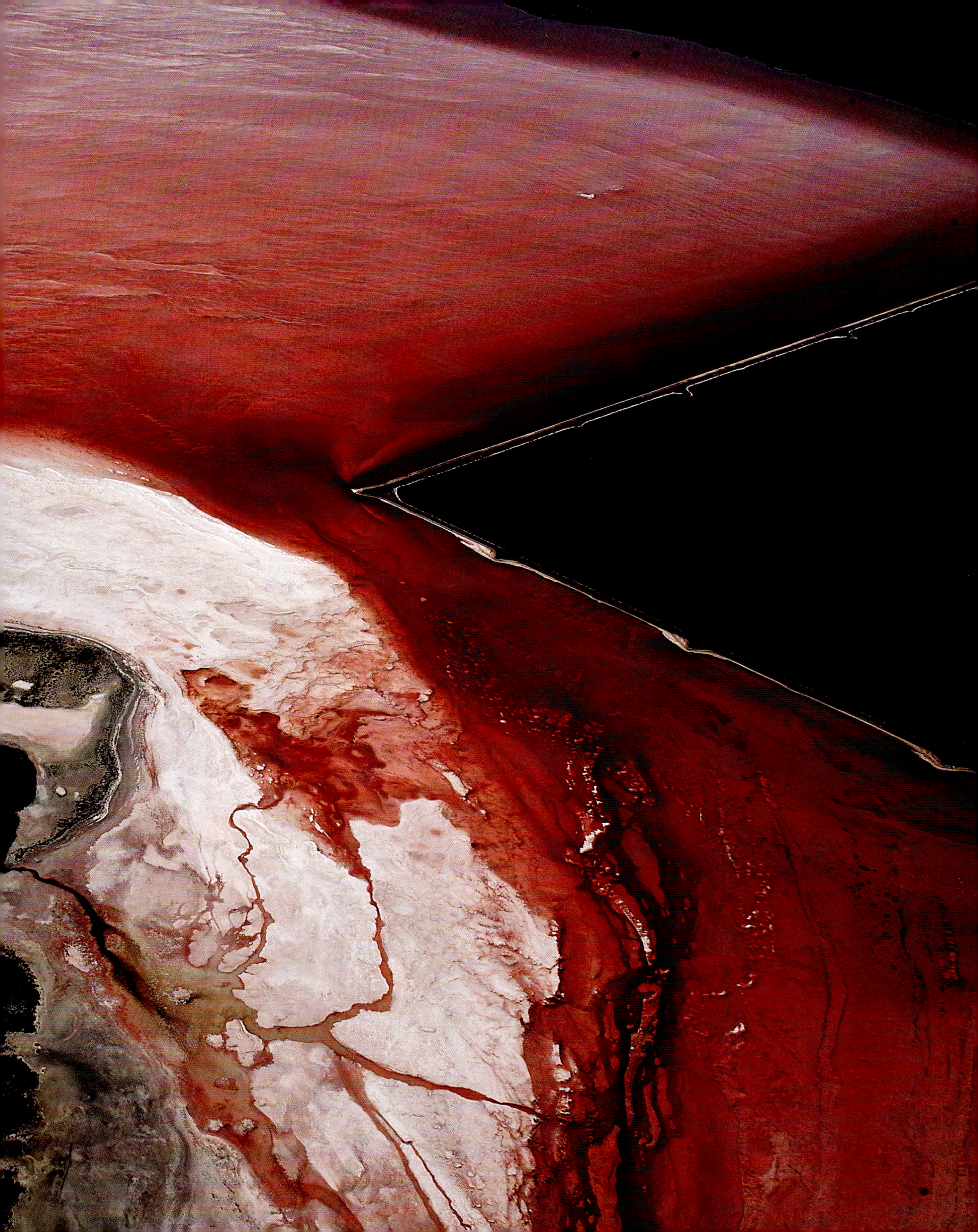

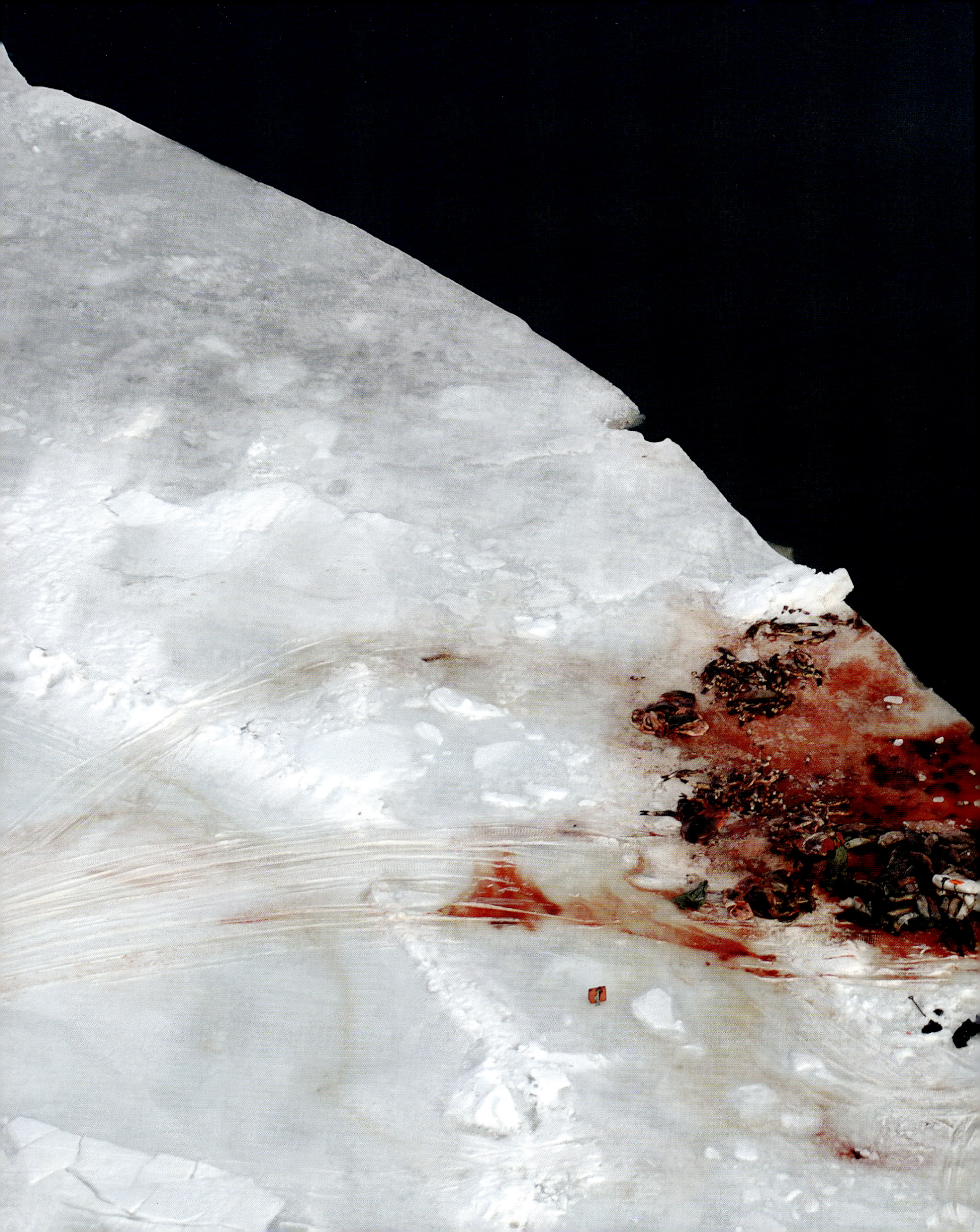

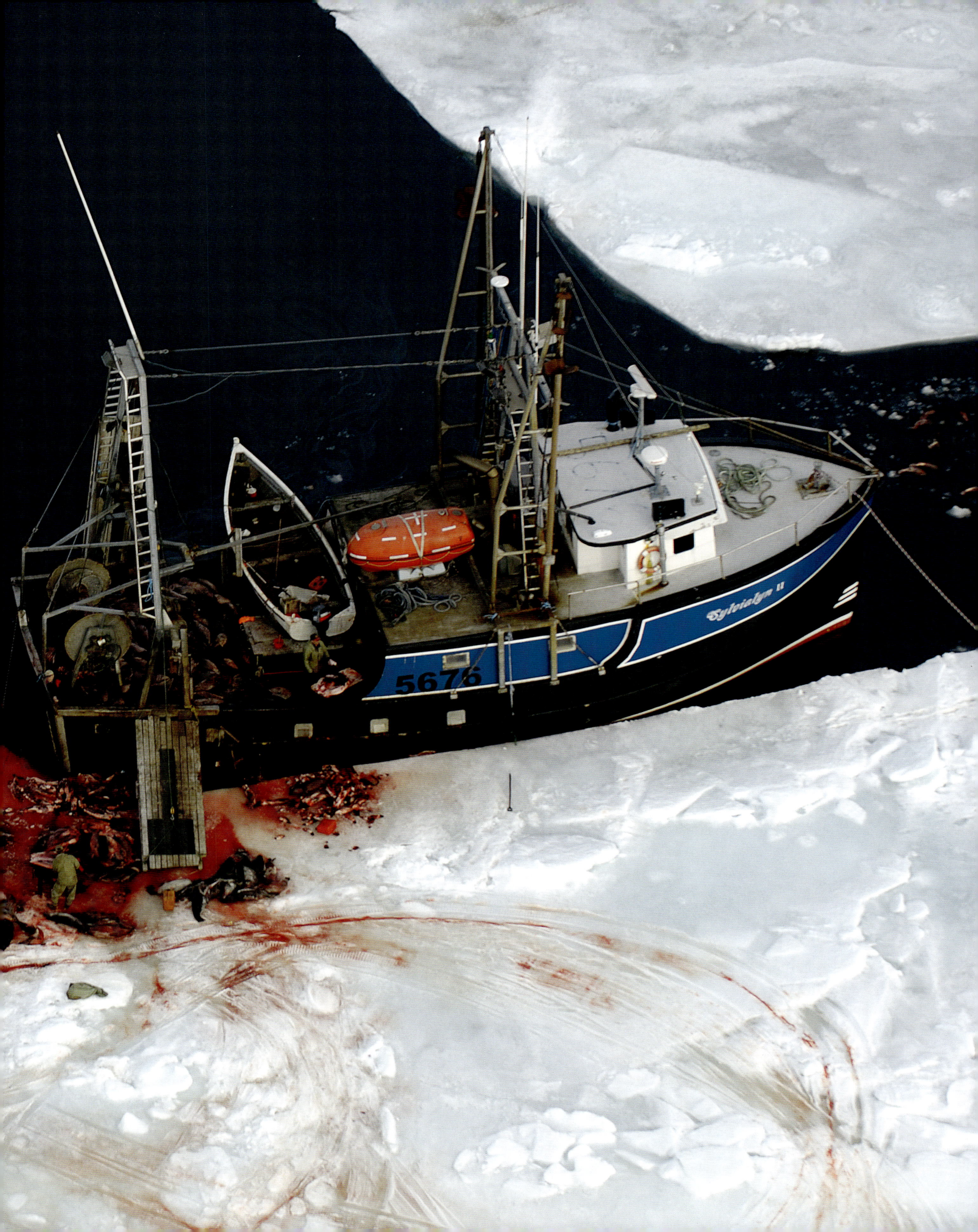
5676

LEBENSWICHTIGE MEERESBEWEGUNGEN

SEEGANG, WELLEN, STRÖMUNGEN, GEZEITEN ... das Klima und die Vegetation unseres Planeten entsteht aus der ständigen Bewegung der Meere. Doch nur ein Teil der Wasserverschiebungen sind auf der Oberfläche sichtbar. Viel bedeutendere Strömungen wirken in der Tiefe, über immense Strecken, mit unerwarteten Ausmaßen. Auf der Oberfläche bewegen sich die Wassermassen des Ozeans vor allem durch die Kraft des Windes und sind letztendlich durch die Sonneneinstrahlung beeinflusst. Die Richtung dieser Meeresbewegungen wird durch das unterseeische Relief und die durch die Rotation des Planeten auftretende Coriolis-Kraft bestimmt. Und da sie vom Wind abhängen, verändern diese Strömungen ständig Richtung und Intensität.

EL NIÑO

Luftmassen und Strömungen hängen eng zusammen. Das illustriert auch das Phänomen El Niño. Die Druckunterschiede zwischen Ost- und Westpazifik folgen einem Zyklus, den man ENSO getauft hat: El Niño-Southern Oscillation. Wenn sich das Hochdruckgebiet (Antizyklon) über der Osterinsel inmitten des Pazifiks abschwächt, sinkt die Kraft der Winde, die dabei sogar ihre Richtung ändern können. Die Oberflächenströmungen verlieren ihren Antrieb und verändern sich. Eine der berühmtesten Auswirkungen von El Niño ist das Auftauchen einer Strömung entlang der südamerikanischen Küste, die das dortige Ökosystem und Klima durcheinanderbringt. Das Phänomen tritt etwa zwei- bis dreimal pro Jahrzehnt auf, ohne dass man die genauen Ursachen kennt.

Oberflächen- und Tiefenströmungen stehen in enger Verbindung, wobei Tiefenströmungen nicht oder kaum vom Wind beeinflusst werden. Sie treten mehrere hundert Meter unter der Oberfläche auf. Aus diesem Grund sind sie viel stabiler und konstanter. Tiefenströmungen werden durch Unterschiede in Temperatur und Salzgehalt der Wassermassen hervorgerufen, denn unter ihrer scheinbaren Gleichförmigkeit sind die Ozeane in Wahrheit eine Ansammlung sehr verschiedener Gewässer in ständiger Bewegung, die je nach Ursprung andere Eigenschaften haben. So ist aus den Tropen stammendes Meerwasser aufgrund der höheren Temperatur und der größeren Verdunstung eher warm und salzig. Im Gegensatz dazu ist das Wasser der Antarktis kalt und mild, da vom Eiskontinent reichlich Süßwasser zufließt. Und alle diese Wassermassen formen, bewegen und zersetzen sich auf einer Reise um die Welt, die fünfhundert bis tausend Jahre dauern kann.

Die Hauptströmungen der Meerestiefen bilden einen Kreislauf, den man »thermohaline Zirkulation« nennt. Sie spielt im Leben der Ozeane eine große Rolle. Die Reise beginnt in den Tropen, wo die Passatwinde warme Wassermassen, die an der Oberfläche durch die Sonne erwärmt wurden, in den Norden des Atlantischen Ozeans treiben. Unter dem Einfluss zweier großer Strömungen, dem Nordatlantikstrom und dem Golfstrom, können diese Wassermassen vor Florida eine Fließgeschwindigkeit von 30 Millionen m³ pro Sekunde erreichen. Wenn sie die Meere um Grönland, Norwegen, Island und Labrador erreichen, kühlt das Oberflächenwasser durch den Kontakt mit kalter und trockener Arktisluft ab.

Die abgekühlten Wassermassen haben eine höhere Dichte und sinken vom eigenen Gewicht hinabgezogen in die Tiefe. Gleichzeitig machen sie sich auf den Rückweg Richtung Süden, und zwar mit einer Geschwindigkeit von 15 bis 20 Millionen m³ pro Sekunde.

Kalmar, Ochotskisches Meer, Rausu, Hokkaido, Japan

Die zoologische Ordnung »Kalmar« vereint mehr als 300 Arten, vom einfachen, zum menschlichen Verzehr bestimmten Tintenfisch bis zu riesigen unbekannten Arten, die Pottwale ernähren und die Fantasie von Jules-Verne-Lesern beflügeln. Die Forschung interessiert sich seit Langem für Kalmare, deren Intelligenz die Wissenschaftler fasziniert. 1950 wurde die Nervenleitung in Form von elektrischen Impulsen anhand der großen Nervenfasern des Tintenfischs erklärt. Kalmare sind außerdem gute Signalgeber bei Verschmutzung. Wissenschaftler nutzen diese Eigenschaft, um die Auswirkungen von Schadstoffen wie Schwermetallen zu untersuchen und ihren Weg in der Nahrungskette zu verfolgen.

50.000 TOTE DURCH EL NIÑO
IN DEN JAHREN 1997/1998

Die Liste der Katastrophen ist lang: Der Orkan *Mitch* kostet in Honduras und Nicaragua mehr als 17.000 Menschen das Leben und macht drei Millionen obdachlos, bei Überschwemmungen in Venezuela werden 30.000 Opfer gezählt, in Indonesien kommt es zu Dürren und Waldbränden, in Florida wüten Tornados mit 400 km/h, in den USA gibt es nie dagewesene Überschwemmungen und Schneestürme... In wirtschaftlicher Hinsicht hat El Niño nach Schätzung der Vereinten Nationen Schäden in Höhe von 30 bis 96 Milliarden Dollar angerichtet.

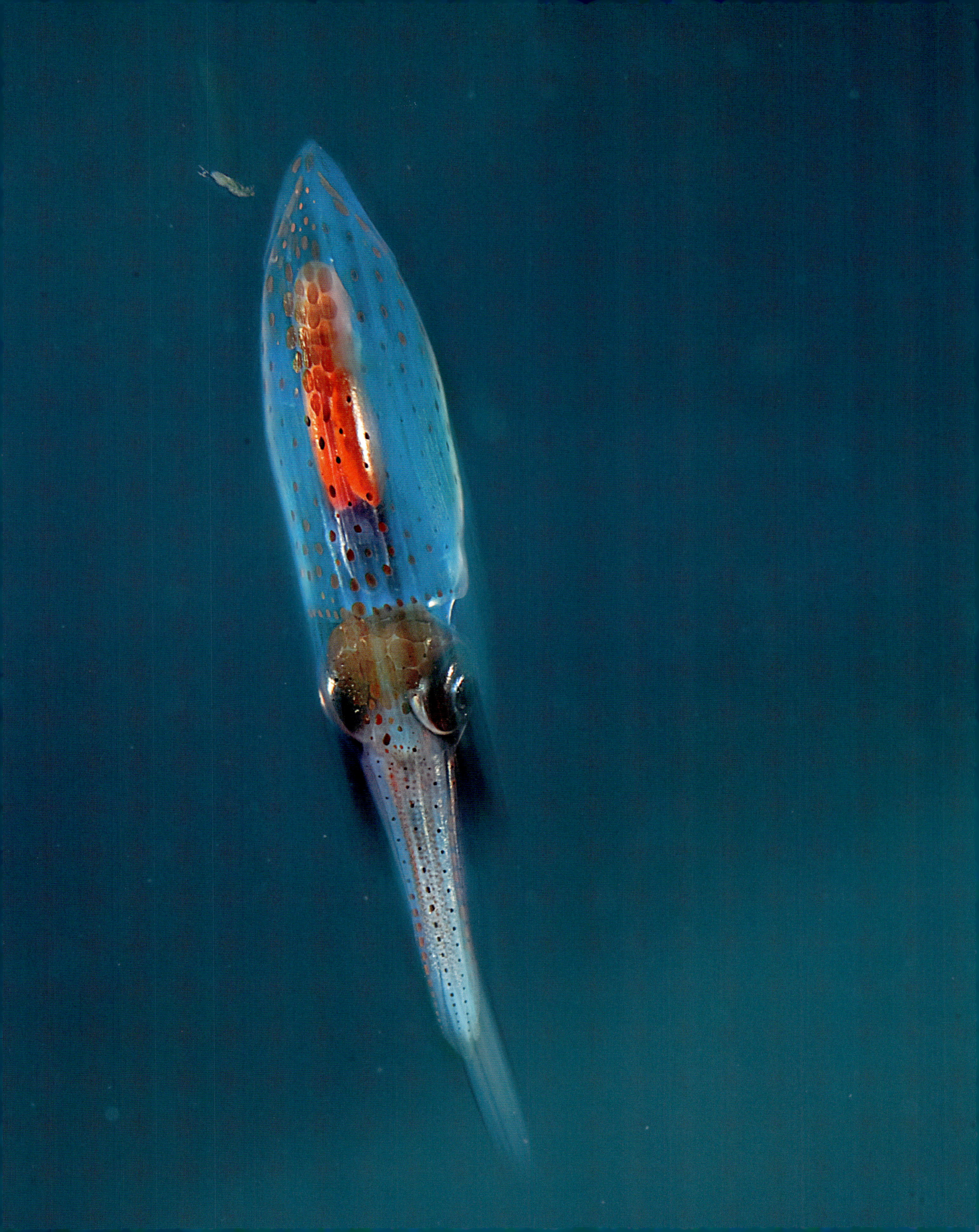

LEBENSWICHTIGE MEERESBEWEGUNGEN

Gewitter über den Loita Hills, Kenia
(1° 50′ nördl. Br. – 35° 80′ östl. L.)

Kenia ist sehr unregelmäßige Niederschläge gewohnt und kennt lange Regenperioden im April bis Juni und kurze Schauer im November bis Mitte Dezember. Die oft heftigen Regengüsse sind von imposanten Gewitterwolken begleitet, wie hier über den Loita Hills, die durch gewaltige Wassersäulen mit dem Himmel verbunden scheinen. Aber es treten auch lange Trockenzeiten auf; Kenia gehört zu den acht am stärksten von Dürreperioden betroffenen Ländern Afrikas, besonders in den vergangenen Jahren. Der Temperatur- und Wasseraustausch zwischen Meer und Himmel stellt einen bedeutenden Faktor für das Klima dar.

150 MILLIONEN M³
PRO SEKUNDE

Ein solches Wasservolumen bewegt der zirkumpolare Antarktisstrom. Das ist 1500-mal soviel Wasser wie alle Flüsse der Welt zusammen tragen! Die stärkste Strömung unseres Planeten umspült die Antarktis von West nach Ost und ist unter Seeleuten berüchtigt.

Die Tiefenschichten des Ozeans werden auf diese Weise wieder mit Sauerstoff versetzt, da große Mengen sauerstoffreiches Oberflächenwasser zufließen. Der Abstieg der Wassermassen gen Süden geht weiter, bis sie auf die zirkumpolare Strömung der Antarktis stoßen, die das Tiefenwasser wieder in den Indischen Ozean und den Pazifik strömen lässt. Die Reise der Wassermassen setzt sich mit einem erneuten Aufstieg gen Norden fort. Indem sie sich mit tropischen Gewässern vermischen, treten die Tiefenwasser wieder an die Oberfläche. Der Kreis schließt sich mit der Rückkehr in den Atlantik über Kap Horn und das Kap der Guten Hoffnung. Und damit beginnt ein neuer Kreislauf um die Erde. Strömungen spielen eine wichtige Rolle bei der Vermischung der Meere und beeinflussen die großen biogeochemischen Kreisläufe des Ozeans. Zudem bilden sie eine Art Förderband, das heißt ein Transportmittel für wandernde Tiere und Arten wie Mikroalgen oder Quallen, die sich nicht selbst fortbewegen können. Die Oberflächenströmungen befördern zudem die Verteilung von Gelegen und sorgen damit für die Erhaltung und Verbreitung der Arten.

UPWELLING

Meeresströmungen tragen auch noch auf andere Weise zur Entstehung und zum Erhalt des Lebens im Ozeans bei. Wenn Plankton und andere Meeresorganismen sterben, sinken sie an den Grund und werden in Nährstoffe verwandelt. Daher ist das Wasser in tiefen Schichten reich an lebensnotwendigen mineralischen Elementen. Wenn das Tiefenwasser nun aufsteigt – ein Phänomen, das als Auftrieb oder *Upwelling* bezeichnet wird –, reichert es sich mit Sauerstoff an und trifft auf Sonnenlicht. Dies sind ideale Bedingungen zur Bildung von Phytoplankton, welches sich in einer Algenblüte stark vermehrt.

Es handelt sich dabei um Abermilliarden mikroskopische Pflanzenorganismen, die explosionsartig auftauchen. Organismen von unglaublicher Vielfalt in Größe und Form. Kieselalgen oder Diatomeen beispielsweise haben runde Zellenhüllen aus feinem und leichtem Siliziumdioxid, das sie gut schwimmen lässt. Andere Gattungen wie die Dinoflagellaten *Ceratium* bilden Wucherungen in Form von Hörnern aus, um sich besser im Wasser zu bewegen, andere Algen wiederum gruppieren sich in Kolonien.

Das Phänomen der Algenblüte spielt eine sehr wichtige Rolle, da Phytoplankton erstes Glied der Nahrungskette für quasi alle Ökosysteme des Meeres ist: Zooplankton, Krustentiere, Weichtiere, Meereswürmer, kleine Fische … sie alle ernähren sich von den Mikroorganismen. Von der Dynamik des Phytoplanktons hängt also jede weitere Stufe der Nahrungskette ab, bis hin zu den großen Raubtieren, der Mensch eingeschlossen.

Die Gesamtheit der Meeresressourcen steht also in direkter Beziehung zu den Meeresströmungen. Die reichsten Fischgründe liegen in fruchtbaren Zonen, in die nährstoffreiches Tiefenwasser aufsteigt. Entlang der Küste von Chile, Peru und Ecuador treiben die aus dem Süden kommenden Winde das warme Oberflächenwasser fort und ermöglichen so, dass Wasser aus tieferen Schichten aufsteigt. Dieses Tiefenwasser begünstigt die Vermehrung von Plankton in unvergleichlichem Ausmaß und verwandelt die Westküste Südamerikas in eine der fischreichsten Regionen der Erde: Mit weniger als 1 % der Fläche der Weltmeere liefert diese Upwelling-Zone 15–20 % der weltweiten Fangmenge, das entspricht knapp 20 Millionen t für Peru und Chile zusammengenommen. Die auf dem gesamten Globus am meisten gefangene Fischsorte ist die Peruanische Sardelle, die allein 10 % der weltweiten Fangmasse ausmacht.

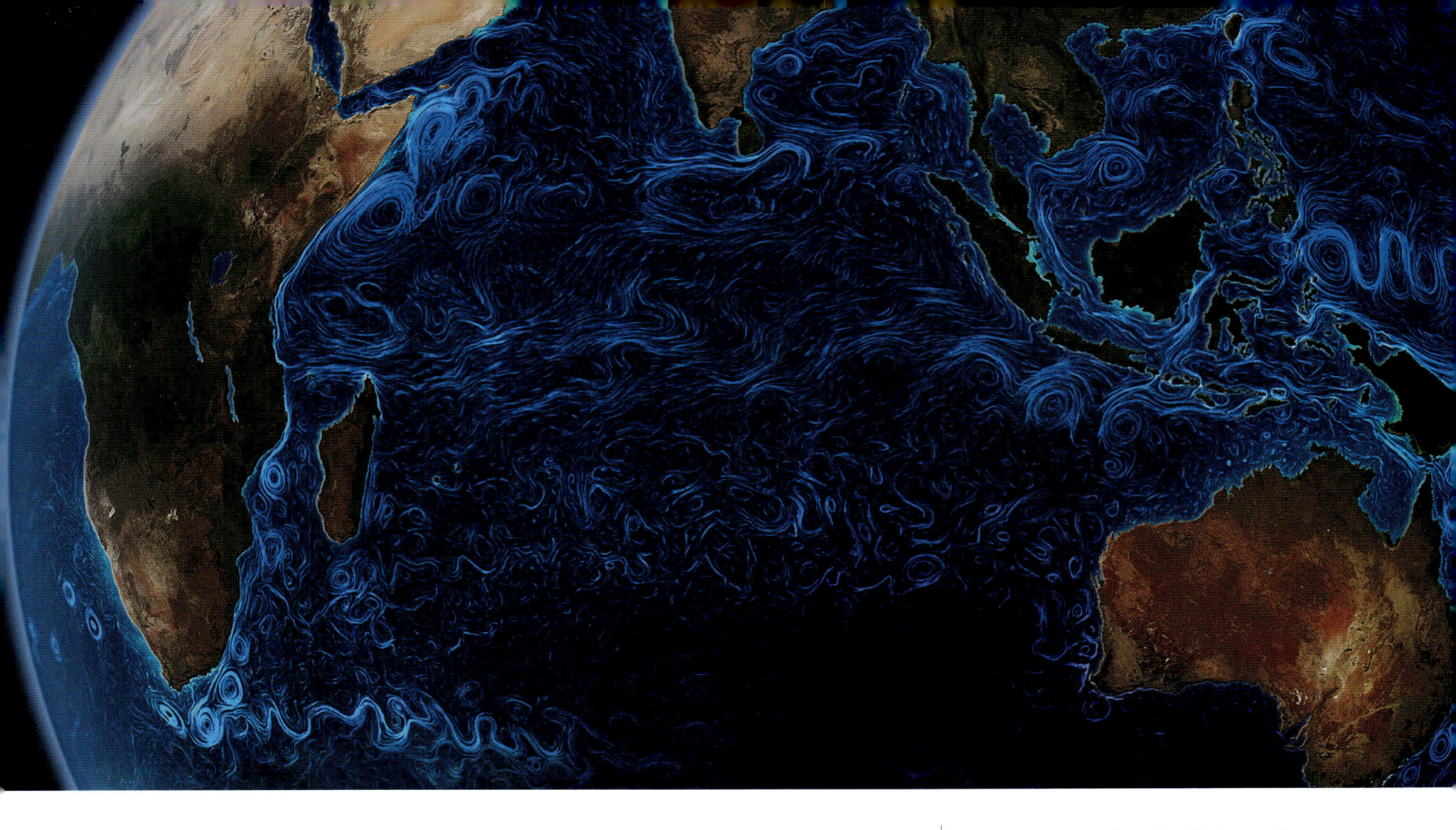

Dass Auftrieb oder Upwelling eng mit den Meeresströmungen zusammenhängt, zeigt sich besonders deutlich beim Auftreten des El-Niño-Phänomens: Die weit um sich greifende klimatische Anomalie bedroht direkt den Fischfang, da die Fische unter dem Einfluss der El-Niño-Strömung die Küsten verlassen, da die Nahrungsgrundlage schwindet, wodurch der Ertrag der Fischer dramatisch abnimmt.

OZEAN UND KLIMA

Die Zirkulation der Weltmeere beeinflusst nicht nur die Dynamik der Nährstoffe: Sie ermöglicht zudem den Austausch zwischen Ozean und Atmosphäre, der wiederum Ursprung unseres Klimas ist. Durch ihre enorme thermische Kapazität können die Ozeane große Wärmemengen aufnehmen, diese neu verteilen und damit die Auswirkungen des Klimas mildern. Ein bekanntes Beispiel ist die Rolle des Golfstroms für das europäische Klima: Auf seinem Weg nach Norden streift der Golfstrom die europäischen Küsten, im Winter werden die aus Westen kommenden Winde von dieser warmen Strömung aufgewärmt und mildern so die winterliche Jahreszeit in West- und Zentraleuropa. Dank des Golfstroms profitiert der Kontinent bei gleichen Breiten von einem viel milderen Klima als die Ostküste Nordamerikas. Im Winter herrschen in Paris um gut zehn Grad höhere Temperaturen als in Montreal, obwohl die französische Hauptstadt weiter im Norden liegt als die Metropole Quebecs.

Die Meeresoberfläche ist zudem wichtigster Austauschpunkt zwischen Ozean und Atmosphäre. Das Meer ist in der Lage, das Kohlendioxid unserer Atmosphäre zu absorbieren und so die Konzentration von Kohlendioxid abzufedern. Durch den Druckunterschied zwischen Luft und Wasser wird Kohlendioxid automatisch von der Meeresoberfläche auf-

Rekonstruktion der Oberflächenströmung im Indischen Ozean

Diese von der NASA angefertigte Rekonstruktion der Meeresströmungen stützt sich auf Satellitendaten, die Eisflächen und Meeresbewegungen sichtbar machen. Das Dokument zeigt ausschließlich Oberflächenströmungen – diese werden hauptsächlich durch Wind hervorgerufen. Der Süden des afrikanischen Kontinents erscheint hier als besonders strömungsintensives Gebiet: Der Agulhasstrom fließt entlang der Ostküste Afrikas nach Süden und teilt sich dann. Ein Teil der Wassermassen des Indischen Ozeans dringt in den Atlantik, der andere kehrt zurück und geht in die zirkumpolare Strömung ein.

genommen. Dieser rein physikalische Vorgang maximiert sich in kalten Gewässern, während warme Gewässer eher einen Teil des angesammelten Kohlendioxids abgeben.

Zu dieser physikalischen Pumpe kommt noch eine »biologische« Pumpe, deren Hauptmotor das Phytoplankton ist. Wie die Vegetation an Land ist Phytoplankton in der Lage, Kohlendioxid durch Fotosynthese zu Sauerstoff und Kohlenstoffverbindungen umzusetzen. Algen, sämtliche algenfressende Organismen und deren Abfallstoffe lagern sich als kohlenstoffreiche organische Stoffe im Sediment ab. Die jährliche Bilanz der physikalischen und biologischen Pumpe beläuft sich auf 2,2 Gigatonnen Kohlenstoff, der im Oberflächenwasser des Ozeans der Atmosphäre entzogen wird.

Nur ein kleiner Teil des Kohlenstoffs wird dauerhaft in mineralischer Form gebunden und landet im Sediment am Meeresgrund. Tatsächlich werden 90 % der Kohlenstoffverbindungen schon an der Oberfläche weiter umgesetzt. Und von den 10 %, die in die Tiefe sinken, wird nur 1 % in mineralischer Form eingeschlossen. Der Ozean ist die wichtigste Kohlenstoffsenke des Planeten und absorbiert nahezu ein Drittel des Kohlendioxids in unserer Atmosphäre. Zugleich produziert Phytoplankton Sauerstoff, der in die Atmosphäre abgegeben wird. Entgegen der gängigen Annahme sind nicht die Wälder die Lunge der Erde: Der Ozean ist wichtigster Sauerstoffspeicher und auch wichtigster Sauerstoffproduzent, da er 50 bis 70 % des von uns geatmeten Sauerstoffs generiert.

DIE BLAUE KRAFT

Die Meere der Erde tragen eine phänomenale Energie mit sich. Diese Energie wird wegen ihrer ökologischen und klimatischen Auswirkungen erforscht, bleibt aber weitgehend ungenutzt, wenn man bedenkt, dass das energetische Potenzial der Ozeane auf 120.000 Terawattstunden pro Jahr geschätzt wird – das sind mehr als sechsmal soviel wie der weltweite Stromverbrauch (etwa 18.000 Terawattstunden pro Jahr).

Obgleich es Technologien gibt, um diese Energie nutzbar zu machen, wurde noch keine wirklich umfassend weiterentwickelt. Die Gezeitenenergie zum Beispiel nutzt den Tidenhub: Zwei- bis viermal am Tag strömt das Wasser in ein Staubecken und aktiviert dabei Turbinen, die Strom erzeugen. Das weltweite Potenzial dieser Energiegewinnung beträgt 22.000 Terawattstunden. Allein das Gezeitenkraftwerk im französischen Rance produziert 540 Gigawattstunden im Jahr, das entspricht dem Stromverbrauch der Stadt Rennes. Meeresströmungskraftwerke versprechen ein ähnlich hohes Potenzial. Nach dem Vorbild von Windkraftanlagen nutzen sie die Energie von Meeresströmungen. Einige Projekte sind bereits realisiert, andere befinden sich in der Entwicklung, und zwar vor allem vor Großbritannien, aber auch an der Mündung von East River und Hudson River in New York. Und es werden weitere Möglichkeiten zur Nutzung der blauen Energie erforscht: Wellenkraftwerke nutzen die kontinuierliche Wellenbewegung, Meereswärmekraftwerke nutzen die Temperaturunterschiede zwischen Oberflächen- und Tiefenwasser in intertropischen Zonen – dies birgt enormes Potenzial. Angesichts der wachsenden Energieproblematik auf unserem Planeten würde die Nutzbarmachung von Meeresenergie unvergleichliche Perspektiven für eine nachhaltige Entwicklung eröffnen.

GENOMIK

Die Einführung der molekulargenetischen Biologie – die sich mit der Erforschung der DNA befasst – hat vor etwa 20 Jahren unseren Blick auf die mikrobielle Artenvielfalt des Meeres revolutioniert. Die Klassifizierung von Kieselalgen (Diatomeen), den Hauptorganismen des Phytoplanktons, basierte beispielsweise auf der mühseligen Analyse der verschiedenen Formen ihrer Silizium-Zellenhülle. Zudem sind viele Plankton-Organismen unmöglich zu isolieren und schon gar nicht im Labor zu züchten. Durch den Einsatz von Genetik lassen sie sich anhand ihrer DNA bestimmen, und es konnten neue, einst unbekannte, wenn nicht unerreichbare Arten identifiziert werden. Sogar eine neue, eigene Klasse von Lebewesen wurde entdeckt: das Picoplankton. Es umfasst Organismen mit einer Größe von 0,2 bis 2 Mikrometern. Mit den modernsten Techniken der Genetik (man spricht hier von »Genomik«) hat die massive und rasche Sequenzierung der Plankton-DNA begonnen – in der Hoffnung, die Organismen besser zu verstehen, aber auch neue Medikamente oder industriell verwertbare Moleküle zu finden.

Dinoflagellaten (Panzergeißler) der Gattung *Ceratium*

Dinoflagellaten gehören zu den wichtigsten Bestandteilen des Phytoplanktons – es gibt etwa 2000 Arten. Die Mikroorganismen bestehen aus einer Zelle mit einer starren Umhüllung aus Zellulose. Wie ihr Name andeutet, besitzen sie eine kleine Geißel, die zur Fortbewegung dient. Bestimmte Arten können auch in Symbiose mit anderen Organismen leben. Das trifft zum Beispiel bei Zooxanthellen zu, die in Korallen leben.

Mehr Informationen zu diesem Thema und ein entsprechender Ausschnitt aus dem Film *Planet Ocean* sind auf der Website www.goodplanet.org verfügbar.

PHYTOPLANKTON: KLEIN, ABER OHO

Plankton umfasst sämtliche Kleinorganismen, die frei im Wasser schweben. Sie können sich zwar allein fortbewegen, aber doch nicht den Strömungen widersetzen, nach deren Willen sie also dahintreiben. Man definiert Plankton demnach in Bezug auf seine ökologische Nische und nicht anhand der Zugehörigkeit zu einer bestimmten biologischen Ordnung. Der Begriff »Plankton« steht so für die verschiedensten Lebewesen. Vom Phytoplankton unterschieden wird Zooplankton, das keine Fotosynthese betreibt. Plankton wird auch anhand seiner Größe unterteilt: in Nanoplankton (2–20 Mikrometer) und Mikroplankton (20–200 Mikrometer) beispielsweise.

Wissenschaftler haben etwa 5000 Arten im Phytoplankton nachgewiesen, die zusammen eine ganz entscheidende Rolle spielen. Obwohl jedes Einzelwesen nur aus einer einzigen Zelle besteht, die nicht größer als 0,2 mm ist, stellt die Gesamtheit des Phytoplanktons 98 % der Biomasse der Meere. Phytoplankton bildet die Basis der unterseeischen Nahrungskette. Und indem es 30 % unserer CO_2-Emissionen auffängt und 50–70 % des von uns geatmeten Sauerstoffs produziert, ist es auch die wahre Lunge unseres Planeten. Wie bei Pflanzen an Land ist die Blüte ein jahreszeitliches Phänomen, das von Licht, Temperatur und dem Zulauf von Nährstoffen aus Flüssen oder den großen Meeresströmungen abhängt. Phytoplankton kann sich in einer Algenblüte im Frühjahr oder Sommer sehr massiv und sehr schnell vermehren. Die gesteigerte Plankton-Konzentration mit mehreren Millionen Zellen pro Milliliter verleiht dem Wasser eine grüne, blaue, braune oder rote Farbe, die aus dem All erkennbar ist. Das Wachstum des Phytoplanktons ist auch für Fischfarmen von wesentlicher Bedeutung: Die Aufzucht von Muscheln oder Austern hängt vom Angebot an Phytoplankton ab, das diesen als Nahrung dient.

Doch auch die Zusammensetzung des Planktons spielt eine Rolle. Wenn toxische Mikroalgen wie *Dinophysis* oder *Alexandrium* vorhanden sind, verbieten die Behörden den Verzehr von Muscheln. Das Auftauchen toxischer Algenarten wird durch den Zustrom von Nitraten und Phosphaten begünstigt, die hauptsächlich aus der intensiven landwirtschaftlichen Bodennutzung stammen.

Mit dem Durchbruch der Biotechnologien gilt Phytoplankton heute als Ressource der Zukunft. *Spirulina* beispielsweise wird in Aquakulturen produziert und als Nahrungsergänzungsmittel verkauft. Doch das Hauptinteresse der Forschung gilt der Herstellung von Biokraftstoffen. Mikroalgen haben höhere Wachstums- und Ertragsraten als Landpflanzen und sind daher gut geeignet für die Produktion von Biomasse. Zudem benötigen Algen keine Ackerfläche, die immer rarer wird und dem Anbau von Lebensmitteln vorbehalten werden sollte. Doch ist es bislang noch nicht gelungen, Mikroalgen in großem Umfang und zu vernünftigen Kosten zu produzieren.

Im Übrigen ist das Phytoplankton durch die mit dem Klimawandel in Verbindung gebrachte Versauerung der Meere bedroht, und Algen, die Schalen oder kalkhaltige Strukturen ausbilden, könnten in saureren Gewässern weniger gut gedeihen.

GESPRÄCH
FÜNFUNDVIERZIGMAL IM JAHR LEBEN UND STERBEN

PAUL FALKOWSKI
ist Spezialist für Phytoplankton und die Fotosynthese im Meer. Er lehrt am Institut für Meeres- und Küstenforschung an der amerikanischen Universität von Rutgers (New Jersey). Er gehört zum wissenschaftlichen Beraterteam der *Tara Oceans*-Expedition.

DIE MEERE BEHERBERGEN EINE GROSSE ARTENVIELFALT, UND DAS GILT BESONDERS FÜR KLEINSTLEBEWESEN. WELCHE BEDEUTUNG HABEN DIESE MIKROORGANISMEN?
Der weitaus größte Teil der Artenvielfalt im Ozean ist mikroskopisch klein. Aber wie bei vielen Dingen, die nicht zu sehen sind, ist die Bedeutung dieser Kleinstlebewesen lange ignoriert worden. Zur Entdeckung des Phytoplanktons kam es erst im 20. Jahrhundert, und ein Verständnis seiner Rolle ist erst kürzlich entstanden. Der Begriff »Phytoplankton« vereint zwei Arten von Einzellern: Cyanobakterien und Mikroalgen, denen gemeinsam ist, dass sie Fotosynthese betreiben – das heißt, sie können organische Verbindungen durch Nährstoffe und Sonnenlicht herstellen. In einem einzigen Tropfen Wasser leben und vermehren sich Tausende dieser Organismen. Anhand verschiedener Methoden haben Biologen errechnet, dass etwa eine Milliarde Tonnen Phytoplankton in den Ozeanen schwimmt. Eine enorme Zahl. Aber immer noch nur 1 % der lebenden Biomasse unseres Planeten, zu der hauptsächlich Landpflanzen gehören.

TROTZDEM SPIELT PHYTOPLANKTON EINE WESENTLICHE ROLLE IN UNSERER ATMOSPHÄRE?
Das ist richtig. Es ist für annähernd 50 % der Fotosynthese zuständig. Um seine Bedeutung zu ermessen, muss man wissen, dass nicht nur die Biomasse selbst, sondern die Geschwindigkeit seiner Erneuerung zählt, das heißt wie schnell neue lebende Materie geschaffen wird, Kohlenstoff gebunden und Sauerstoff freigegeben wird. Die Pflanzen an Land haben eine Biomasse von 500 Milliarden t, hauptsächlich in Form von Wäldern, aber ihre Erneuerung geht langsam voran: Man schätzt, dass diese alle zehn Jahre eintritt. Dagegen lebt eine Zelle Phytoplankton gerade einmal fünf Tage und erneuert fünfundvierzigmal im Jahr ihre Biomasse! Jedes Jahr gibt es also 45 Milliarden t neues Phytoplankton. Diese gewaltige Aktivität macht das Phytoplankton so produktiv.

WELCHE AUSWIRKUNG HAT DAS PHYTOPLANKTON AUF DIE ATMOSPHÄRE?
Die Luft, die wir atmen, besteht zu 21 % aus Sauerstoff, und die Meere bilden die Hälfte dieses Sauerstoffs. Deshalb sollte unser Dank in gewisser Weise dem Phytoplankton gelten. Aber nicht nur ihm, sondern auch den Ozeanen, für ihre Fähigkeit, Kohlenstoff zu binden. Denn darauf gründet das Funktionieren des gesamten Ökosystems. Im Wald werden die Bäume nicht ständig und im Ganzen verzehrt, aber Phytoplankton wird in großen Mengen von einer ganze Reihe Organismen gefressen. So verteilt sich der im Phytoplankton gebundene Kohlenstoff wirkungsvoll in der Nahrungskette. Ein Teil dieser kohlenstoffreichen Materie – Kadaver, Exkremente – sinkt langsam an den Grund. Sie legt sich wie ein Teppich auf den Meeresboden oder wird von der langsamen Zirkulation in der Tiefe davongetragen und taucht erst mehrere hundert Jahre später wieder auf. Diesen Prozess nennt man »biologische Pumpe«. Ohne ihn wäre die Konzentration an Treibhausgasen noch viel höher, als sie es bereits ist.

WIE IST DAS PHYTOPLANKTON VERTEILT? WO VERMEHRT ES SICH AM MEISTEN?
Phytoplankton benötigt Licht – es wächst in den ersten hundert Metern unterhalb der Wasseroberfläche – und Nährstoffe. Aus diesem Grund sind Küstengebiete und Kontinentalränder ideale Zonen für sein Wachstum. Gebiete, in denen sich Phytoplankton stark vermehrt, findet man entlang der amerikanischen Küsten, im Nordmeer, aber auch in der Antarktis. Bei der Produktion von Phytoplankton spielen zudem Winde eine entscheidende Rolle. Unter ihrem Einfluss tritt in manchen Meereszonen nährstoffreiches Tiefenwasser an die Oberfläche. Dieses Phänomen nennt man Upwelling. Der planktonreichste Bereich des Ozeans befindet sich wohl in der Region um den Benguela-Strom (benannt nach einer Stadt in Angola), der entlang der Westküste Afrikas vom Kap der Guten Hoffnung nordwärts fließt. Auch die Westküsten Südamerikas sind durch das Upwelling vor Peru besonders planktonreich.

KANN ES SEIN, DASS KÜSTENZONEN ZU REICH AN NÄHRSTOFFEN SIND?
Alles, was wir an Land verbrauchen oder wegwerfen, landet sehr wahrscheinlich irgendwann in unseren Küstengewässern. Flüsse tragen beeindruckende Mengen an Nährstoffen wie Stickstoff – hauptsächlich in Form von Nitrat – heran, besonders wenn sie durch dicht besiedelte oder von intensiver Landwirtschaft geprägte Gegenden geflossen sind. Unter Einfluss dieser zusätzlichen Nährstoffe vermehren sich Algen exzessiv, und es kommt zu einer Eutrophierung, einer Überdüngung.

> »Ohne Plankton wäre die Konzentration an Treibhausgasen noch höher, als sie es bereits ist.«

Das Phänomen ist inzwischen ausreichend belegt und leider an vielen unserer Küsten verbreitet. Der Golf von Mexiko mit dem Mississippi, das Schwarze Meer mit der Donau und auch Frankreich mit der Rhône gehören zu den Regionen, in denen der Zustrom von Nährstoffen eine echte Gefahr für das Ökosystem ist.

FÜHRT DIESE EUTROPHIERUNG DAZU, DASS GEWÄSSER UMKIPPEN?
Wenn es zu einer zu starken Konzentration an Nährstoffen kommt und Phytoplankton sich exzessiv vermehrt, entstehen sogenannte »tote Zonen«. Die Algen sterben, Bakterien zersetzen sie und ziehen dazu Sauerstoff aus der Umgebung. Wenn der Sauerstoffgehalt so immer weiter sinkt, erstickt das gesamte Ökosystem, und irgendwann ist kein Leben mehr möglich. So ist es bereits im Adriatischen Meer, im Golf von Mexiko und im Chinesischen Meer geschehen.

IST DIESER PROZESS UNUMKEHRBAR?
Nein, das ist er nicht. Das Meer hat die Fähigkeit, einen Überschuss an Nitraten abzubauen. Aber bei so großen Mengen können die Ökosysteme die Nitratzufuhr nicht mehr ausgleichen. Die einzige Lösung ist also, diese Zufuhr zu reduzieren.

Lederschildkröte (Dermochelys coriacea) mit Schiffshalter der Gattung Remora (Remora remora)

Die Lederschildkröte ist die größte lebende Meeresschildkröte. Sie wird bis zu zwei Meter lang und wiegt bis zu einer Tonne. Zudem hält sie den Tauchrekord unter den Reptilien: Sie erreicht Tiefen von 1300 m. Lederschildkröten legen ihre Eier am Strand ab, paaren sich jedoch im Meer. Noch kein Wissenschaftler hat diesen Paarungsakt beobachten können, er ist nach wie vor ein Geheimnis. Die männlichen Tiere kehren nie an ihren Geburtsort zurück.

Algenernte auf Bali, Indonesien
(8° 17′ südl. Br. – 115° 06′ östl. L.)

Weltweit sind etwa 30.000 Algenarten bekannt, von denen aber nur ein paar Dutzend wirtschaftlich genutzt werden. Bestimmte Sorten werden angebaut, um in unveränderter Form konsumiert zu werden, andere wiederum dienen der Lebensmittel-, Pharma- oder Kosmetikindustrie als Ausgangsstoff. Die Zucht von Algen erfordert reine Gewässer und hat keine negativen Auswirkungen auf das umgebende Meeresmilieu. Die Welternährungsorganisation FAO spricht sich inzwischen für den Anbau von Algen aus, da er als wirksames Mittel gegen Lebensmittelknappheit und Armut angesehen wird.

Ein Biologe entdeckt eine alte Korallenformation am Kingmanriff, Nordpazifik, Vereinigte Staaten

Das Kingmanriff ist eine Lagune in der Nähe von Hawaii. Mit seiner Höhe von nur einem Meter über dem Meeresspiegel ist es häufig überflutet und daher von Menschen unbewohnt. Aufgrund der besonderen Vielfalt seiner Gewässer wurde das Riff 2001 zum Naturschutzgebiet erklärt. 2009 dann wurde es Teil des Pacific Remote Islands Marine National Monument, einer Gruppe unbewohnter Inseln im Pazifischen Ozean, die in großer Entfernung vom Festland liegen und Refugium für zahlreiche endemische Arten sind: von Korallen über Vögel, Fische und Pflanzen bis zu Meeressäugetieren.

Mündung des Markarfljót, Region Mýrdalsjökull, Island
(63° 32′ nördl. Br. – 20° 05′ westl. L.)

Der vom Mýrdalsjökull, einem 800 km² großen Gletscher im Süden Islands, gespeiste Fluss Markarfljót umrundet im Norden den kleinen Gletscher Eyjafjallajökull, schlängelt sich dann durch eine weite Basaltebene und beendet schließlich seinen Lauf an einem schwarzen Sandstrand an der Atlantikküste. Wie alle Gletscherströme breitet sich der Markarfljót mit einem dichten Netz miteinander verbundener Kanäle auf einem Eisplateau aus. Sein Lauf verändert sich ständig und erreicht während der starken Gletscherschmelze im Juli und August seinen maximalen Durchfluss. Klimaveränderungen könnten diesen natürlichen jahreszeitlichen Rhythmus stören.

Wittlinge zwischen den Tentakeln einer Leuchtqualle (Pelagia noctiluca), Mittelmeer

Pelagia noctiluca, auch Feuerqualle genannt, ist die giftigste Qualle des Mittelmeers und Badegästen, die schon einmal in Berührung mit ihren violetten Tentakeln gekommen sind, nur zu bekannt. Die Quallen leben in bis zu 400 m Tiefe und kommen nachts an die Oberfläche. Wenn sie von der Strömung in weniger tiefe Gewässer getrieben werden, können sie nicht mehr weiterwandern und stranden. Durch Überfischung vernichtet der Mensch immer mehr natürliche Feinde der Quallen, die sich daraufhin wie nie zuvor vermehren, den Niedergang des Ökosystems beschleunigen und Urlauber abschrecken.

Nori-Algenkultur in der Ariake-See, Kyushu, Japan
(33° 08′ nördl. Br. – 130° 13′ östl. L.)

Dank der Norialgen, die wegen ihrer Geschmacks und ihres Nährstoffgehalts besonders geschätzt werden, verzeichnet Japan den größten Ertrag aus Algenkulturen (fast 1,3 Milliarden Dollar). Rund 30.000 Menschen sind im Algenanbau beschäftigt. Die Algenstecklinge werden an unter Wasser verlegten Leinen befestigt, die zwischen Holzpflöcken in der Strömung hängen. Die Pflanze wächst schnell: Zwischen »Aussaat« und erster Ernte liegen nur 48 Tage. Von etwa 30.000 weltweit bekannten Algenarten werden nur ein Dutzend kommerziell genutzt.

Walhai (Rhincodon typus), Mexiko

Der friedliche und einzeln lebende Walhai hat im Grunde nur den Schwertwal, den Menschen und wenige andere Haiarten zum Feind, ist aber durch Überfischung bedroht. Obgleich die große Mobilität des Walhais genauere Angaben zur Gesamtpopulation erschwert, stuft die International Union for Conservation of Nature and Natural Resources (UICN) ihn als gefährdete Tierart ein. Im Februar wurde ein 12 m langes bewusstloses Exemplar in den Hafen von Karachi in Pakistan gespült: Nur mithilfe von vier Kränen konnte man den Walhai an Land ziehen, wo er dann für umgerechnet 14.000 Euro verkauft wurde.

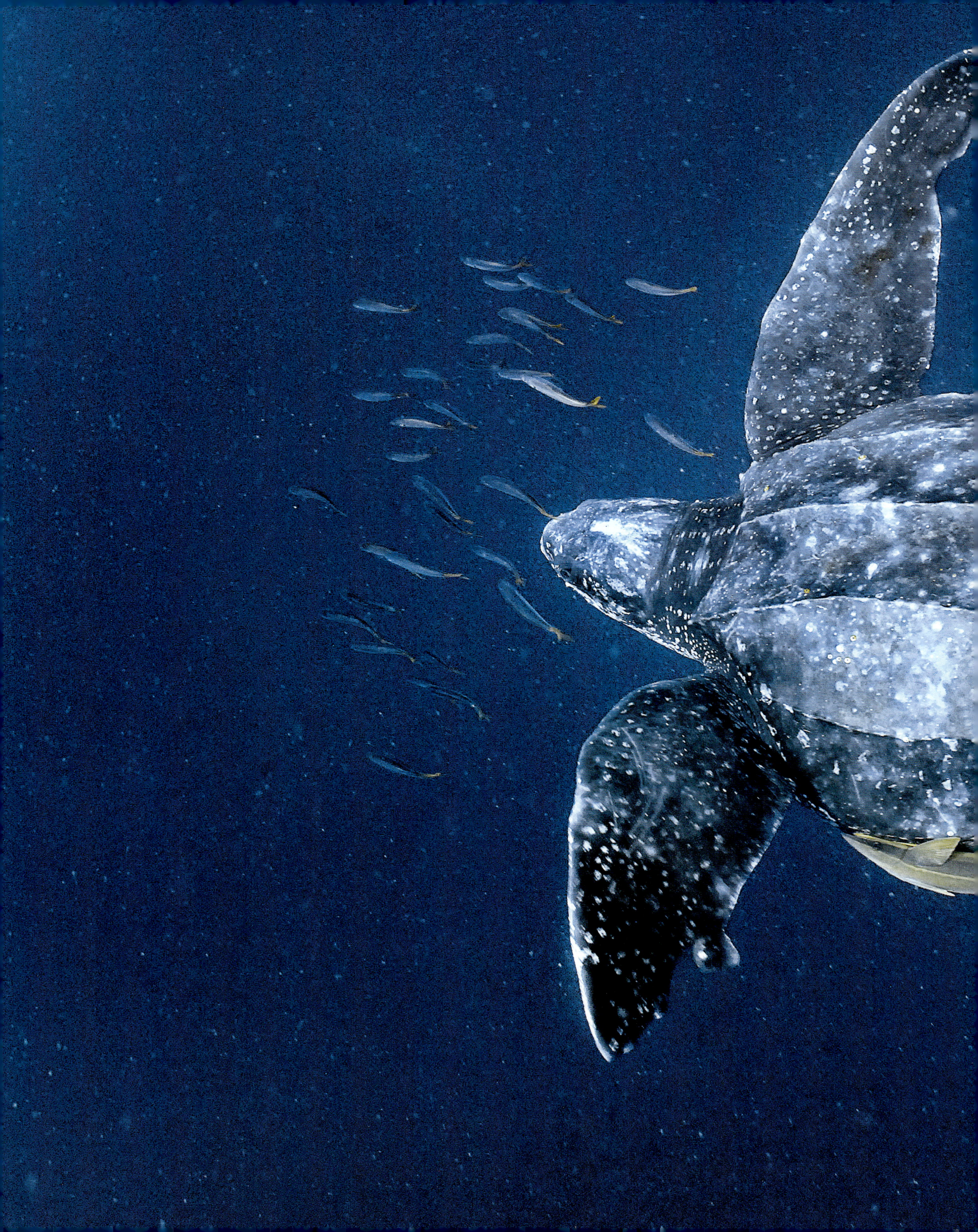

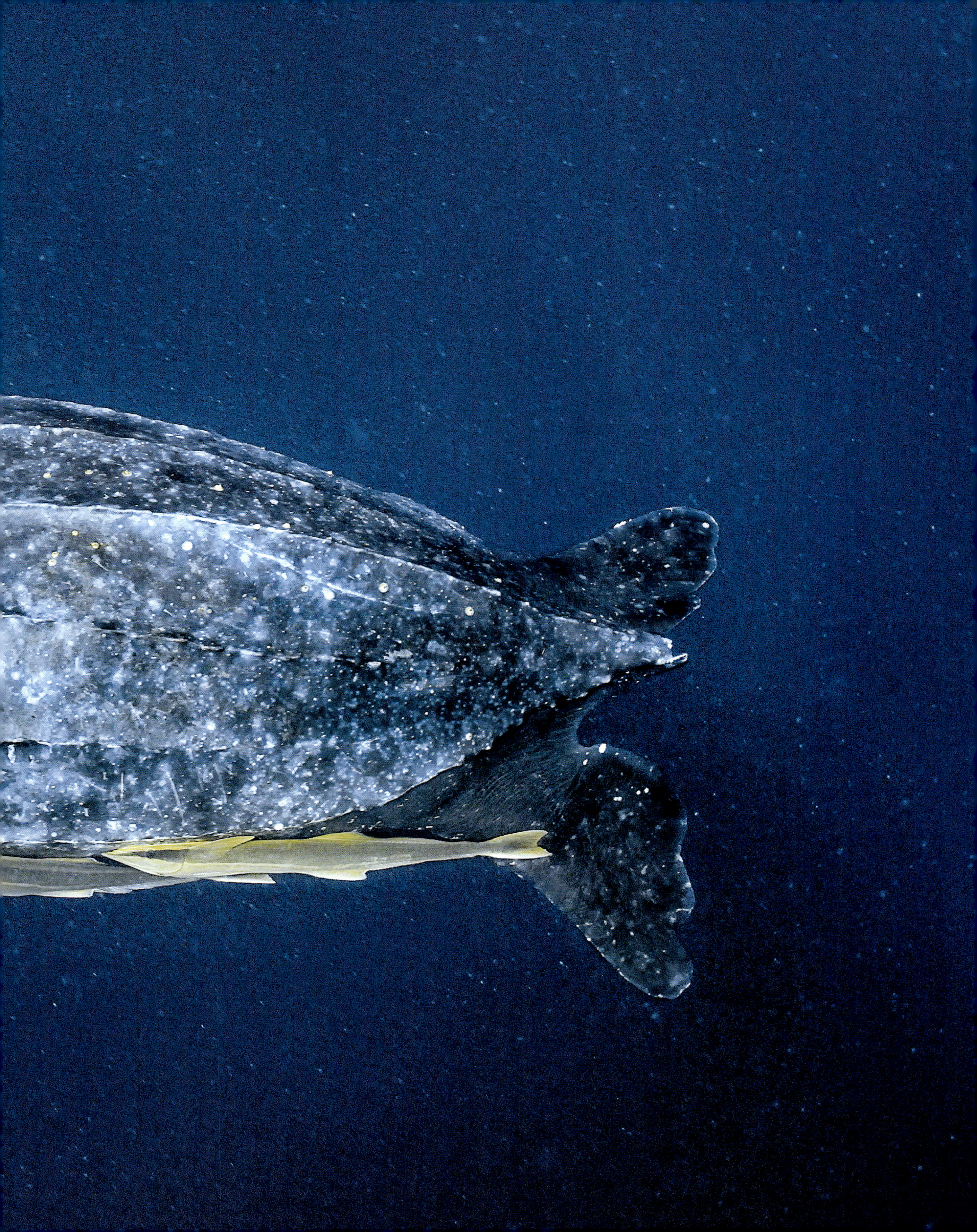

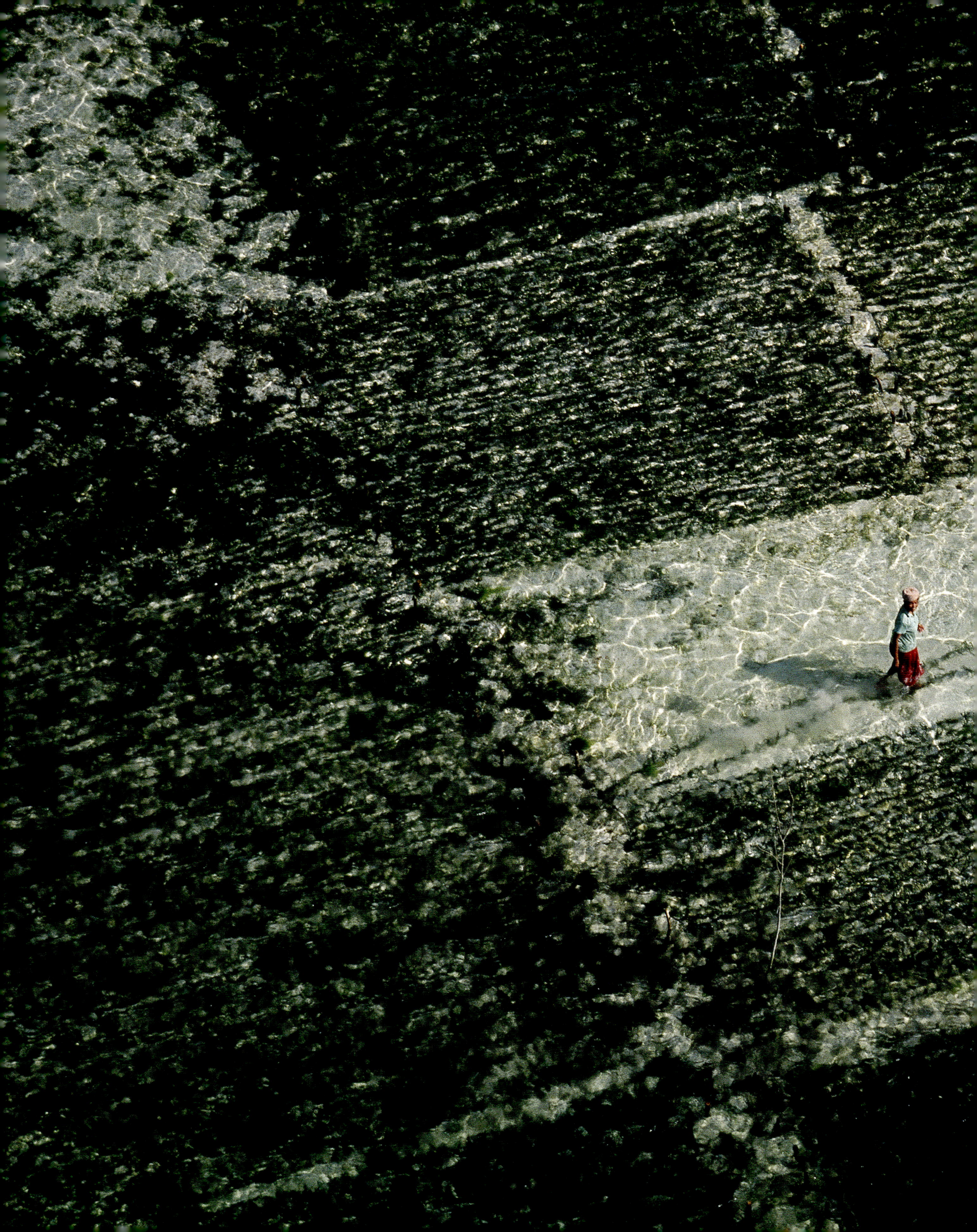

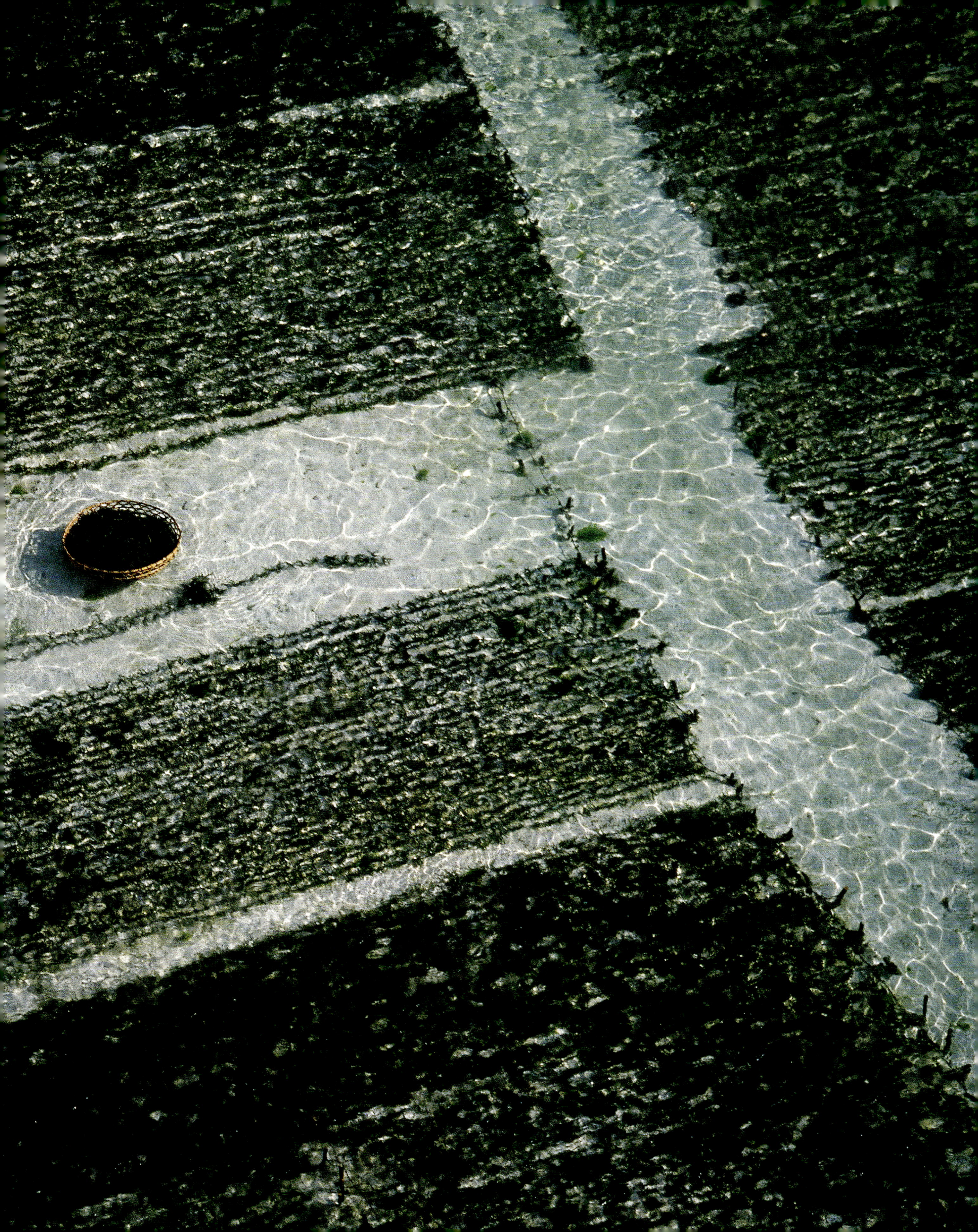

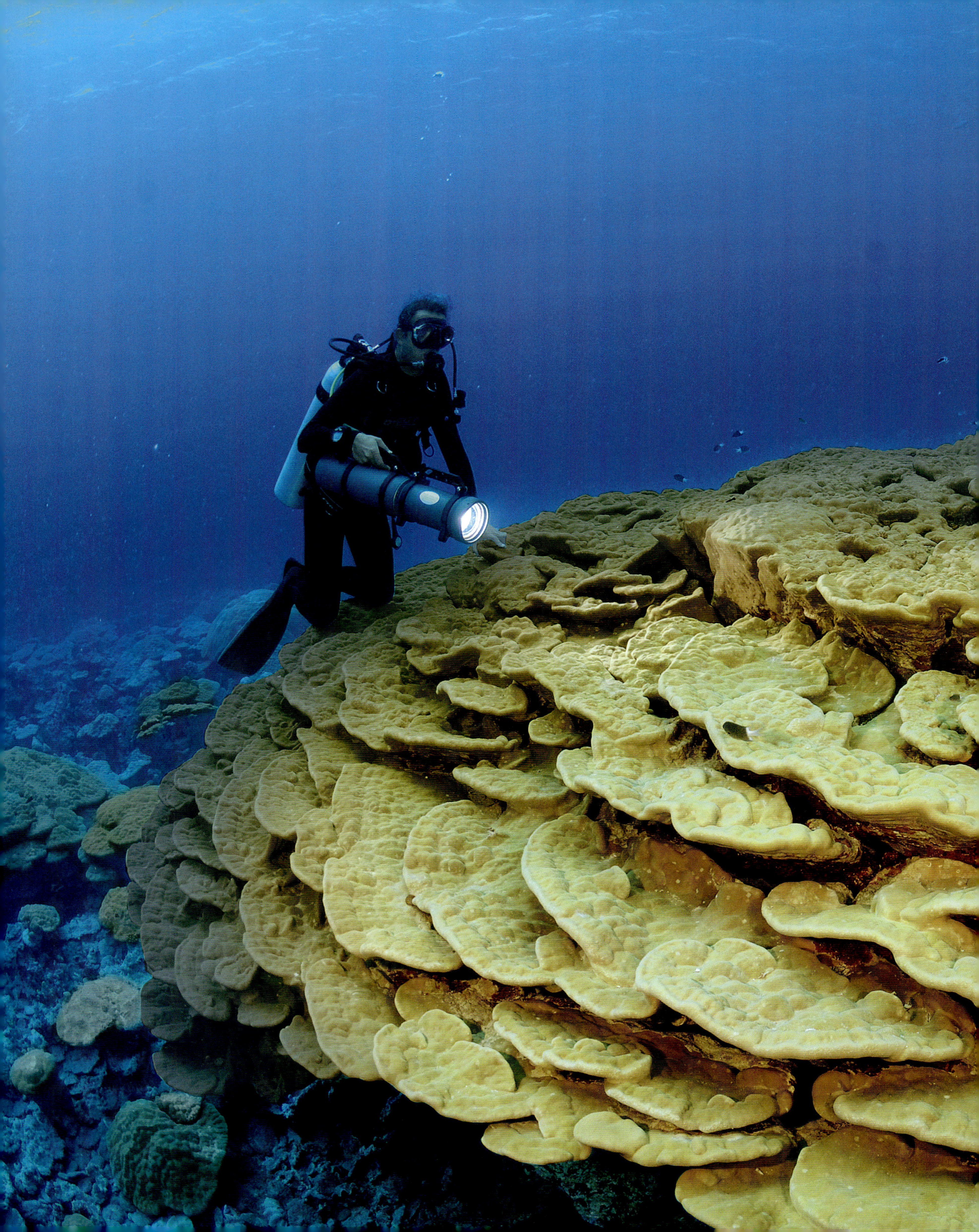

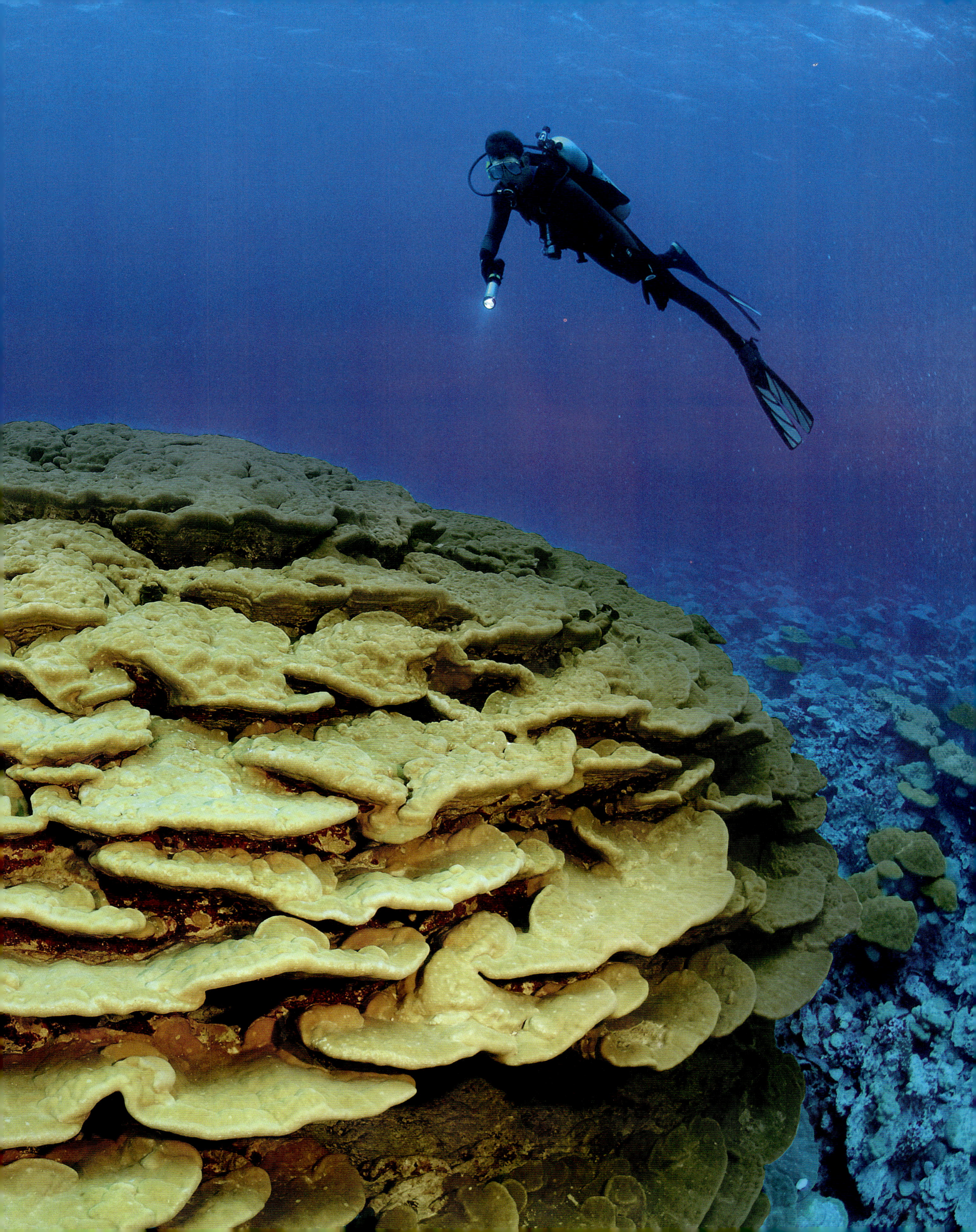

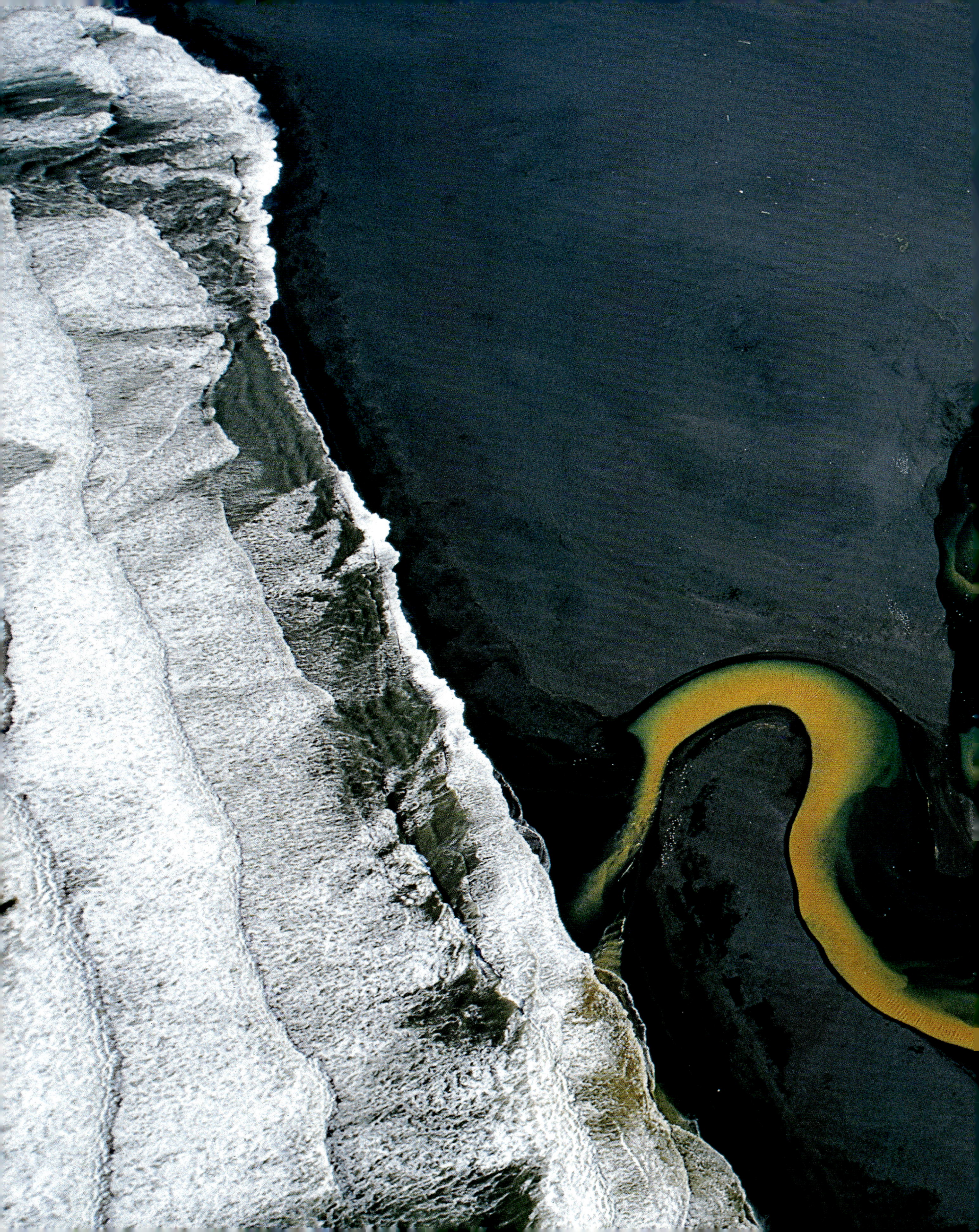

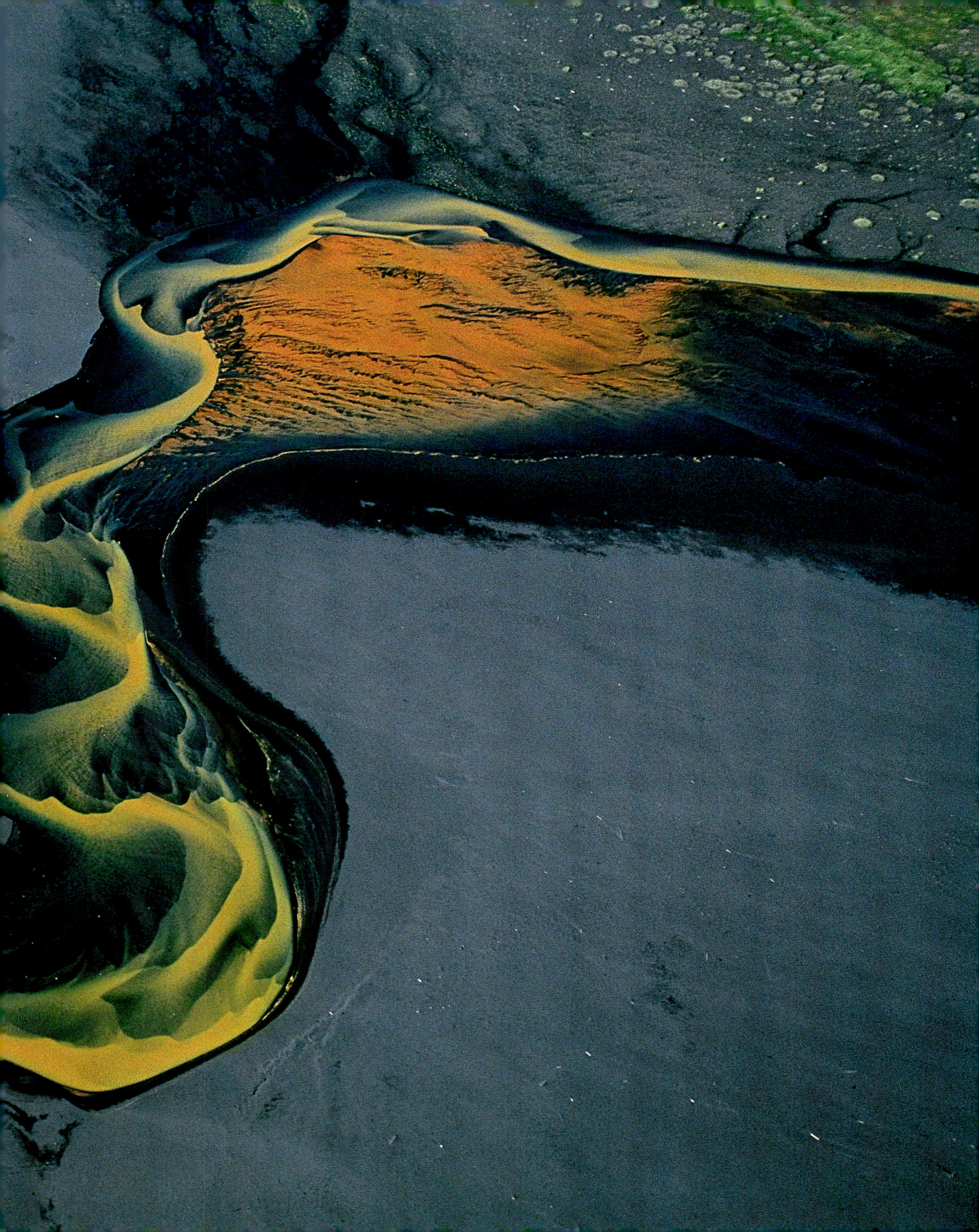

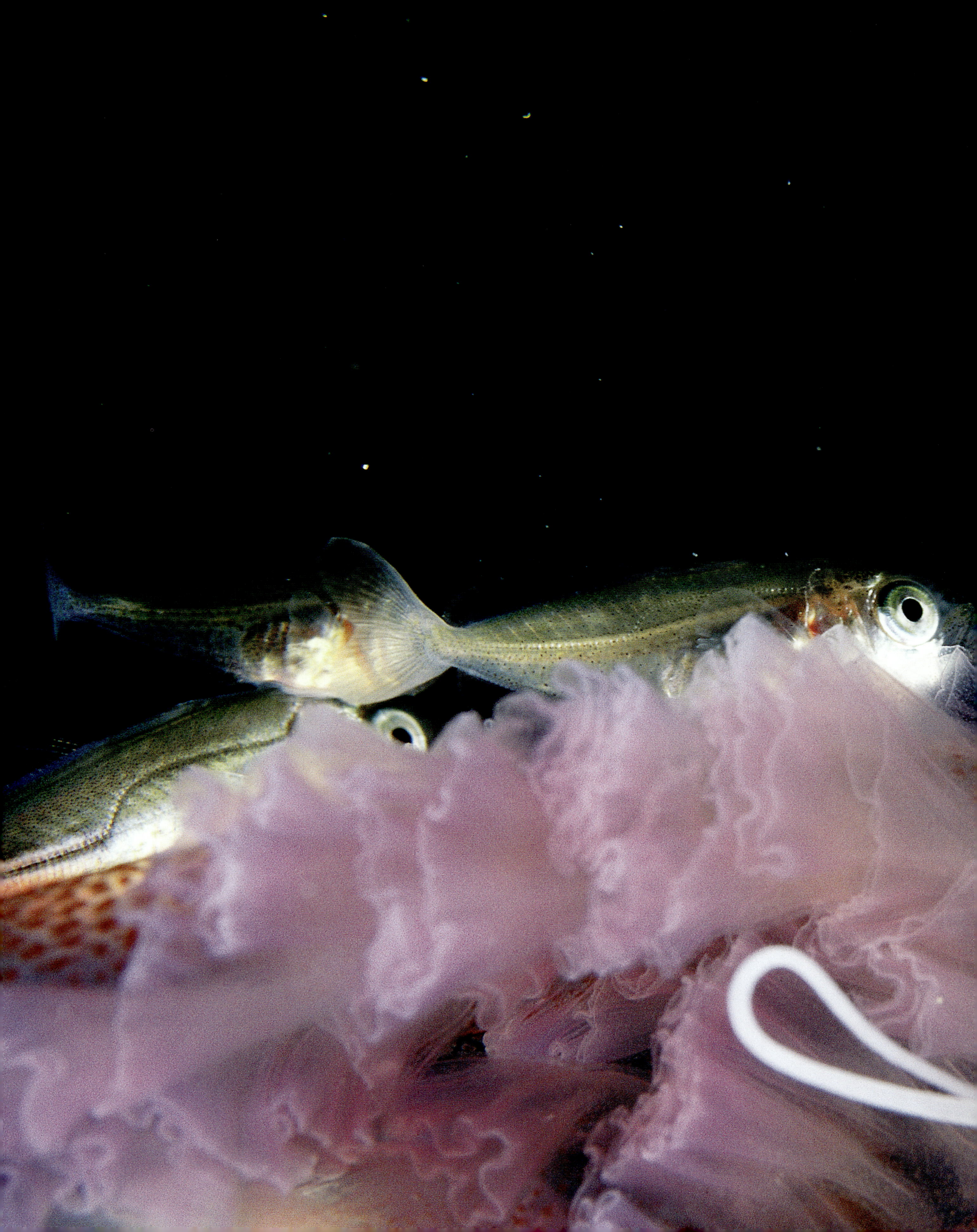

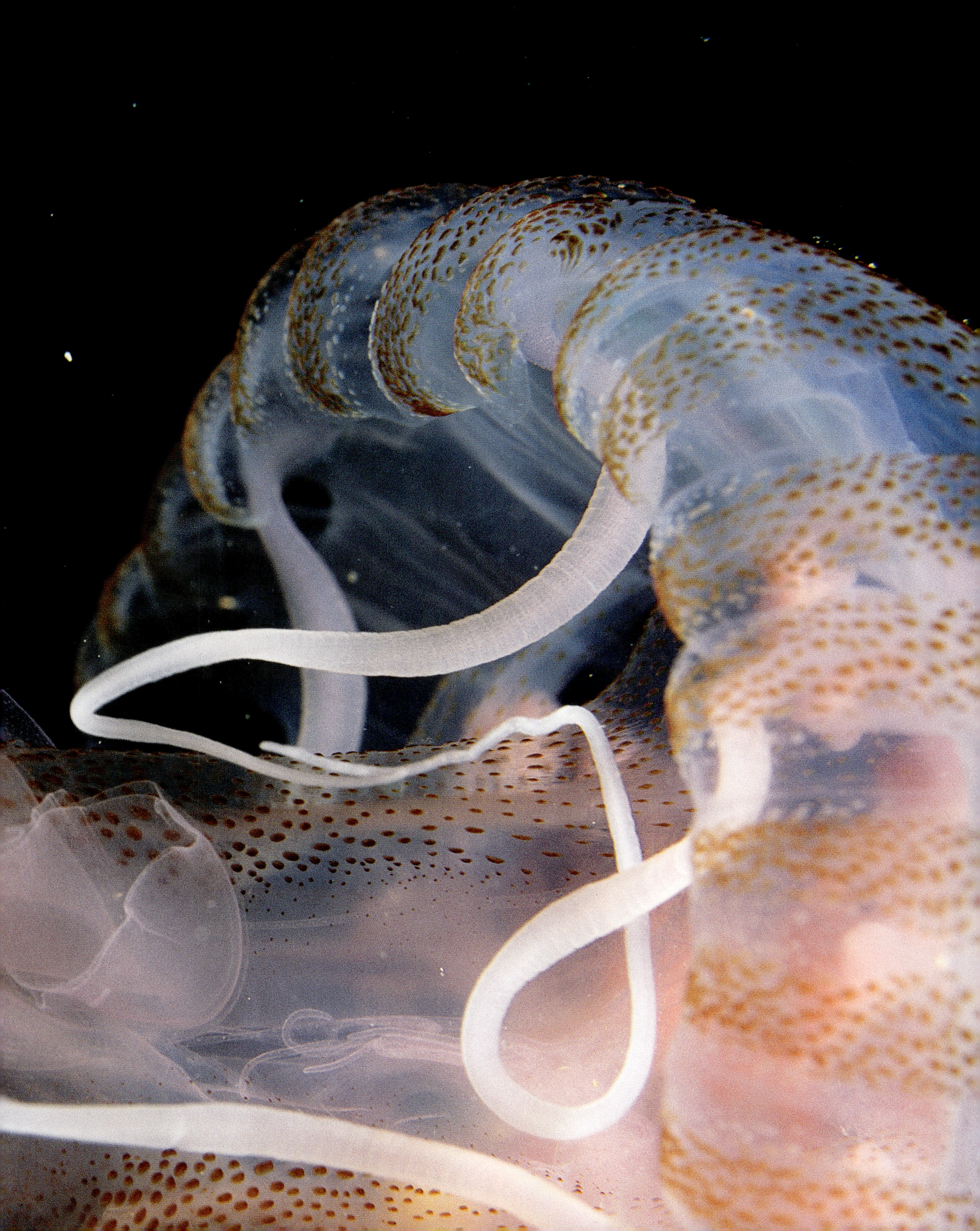

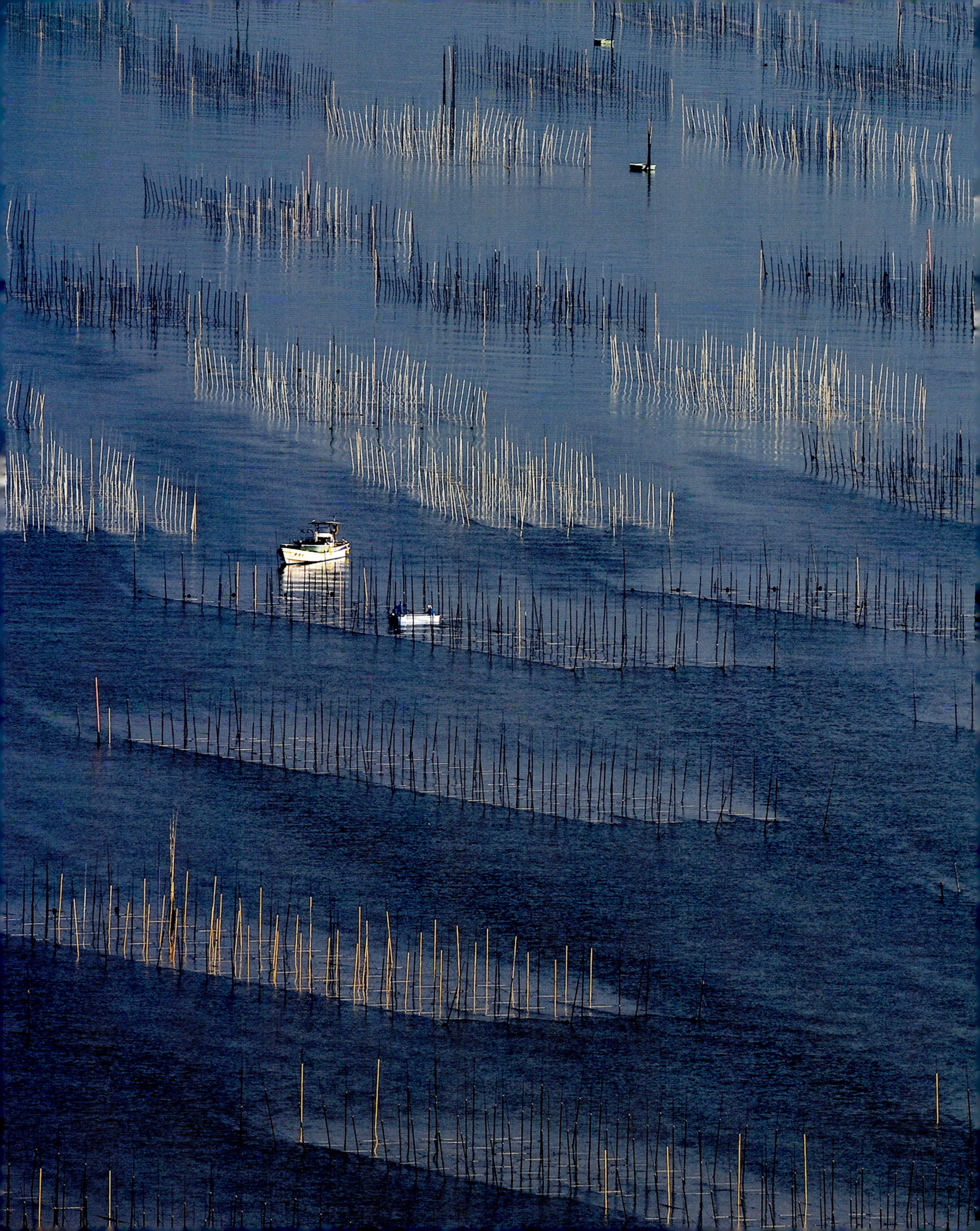

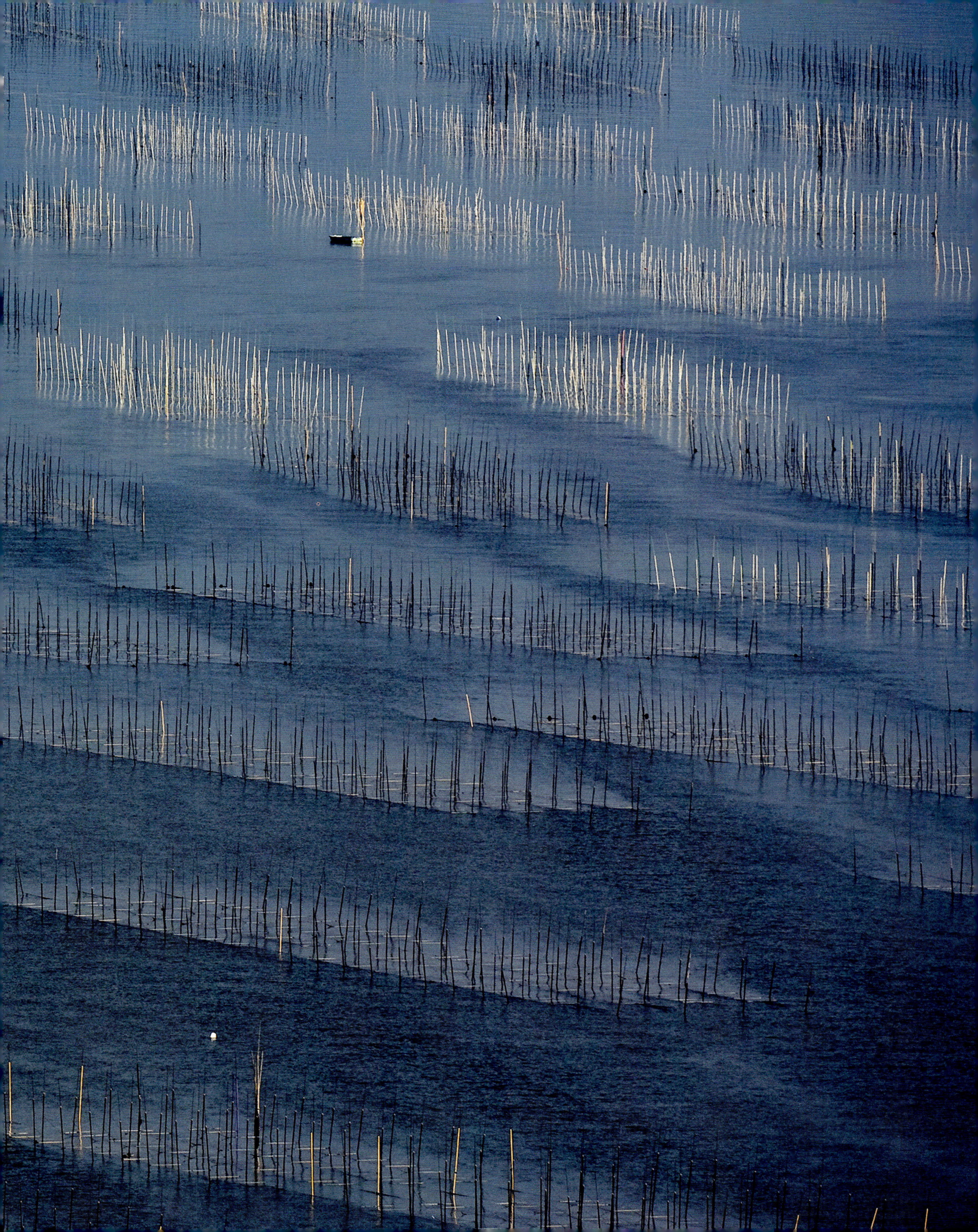

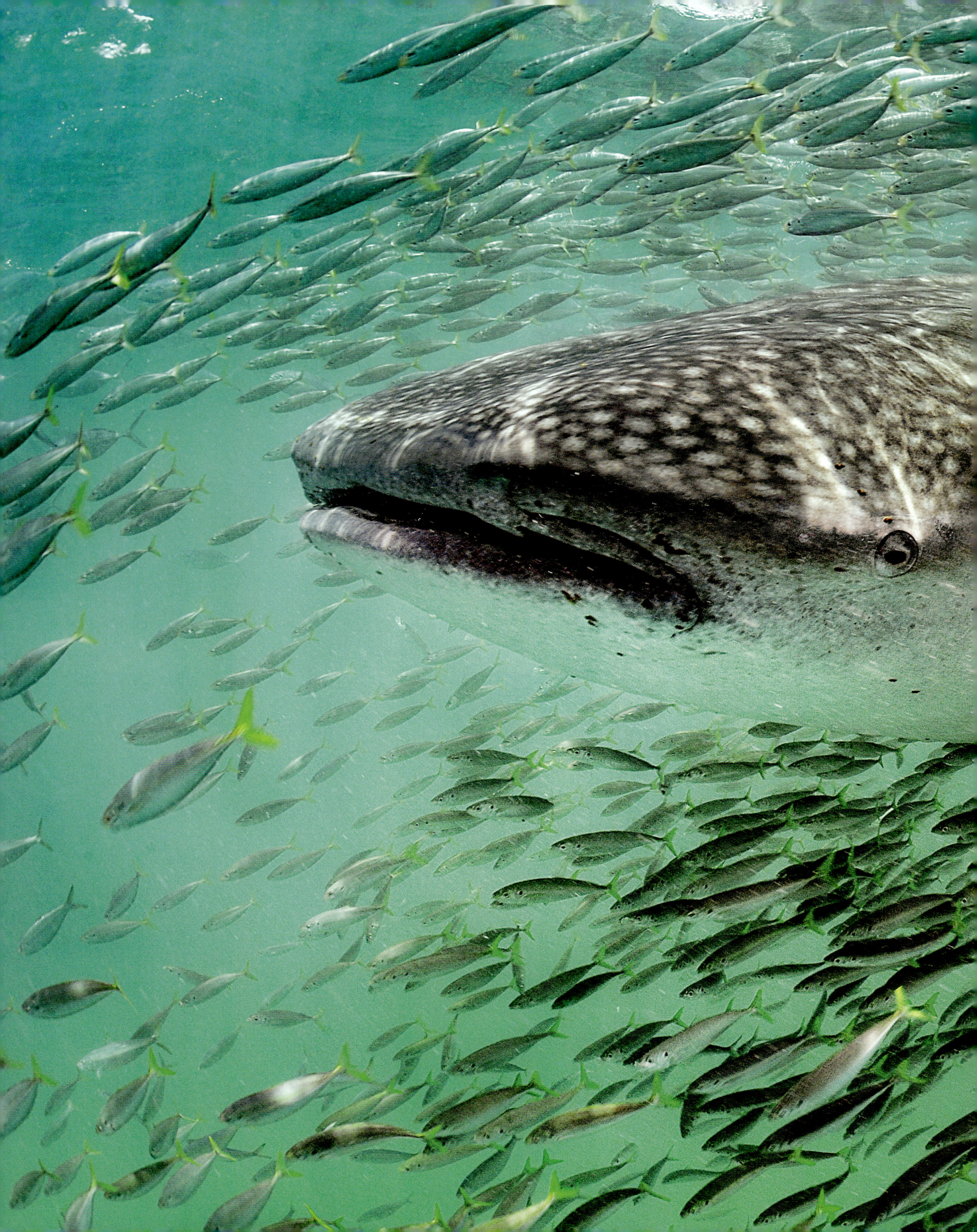

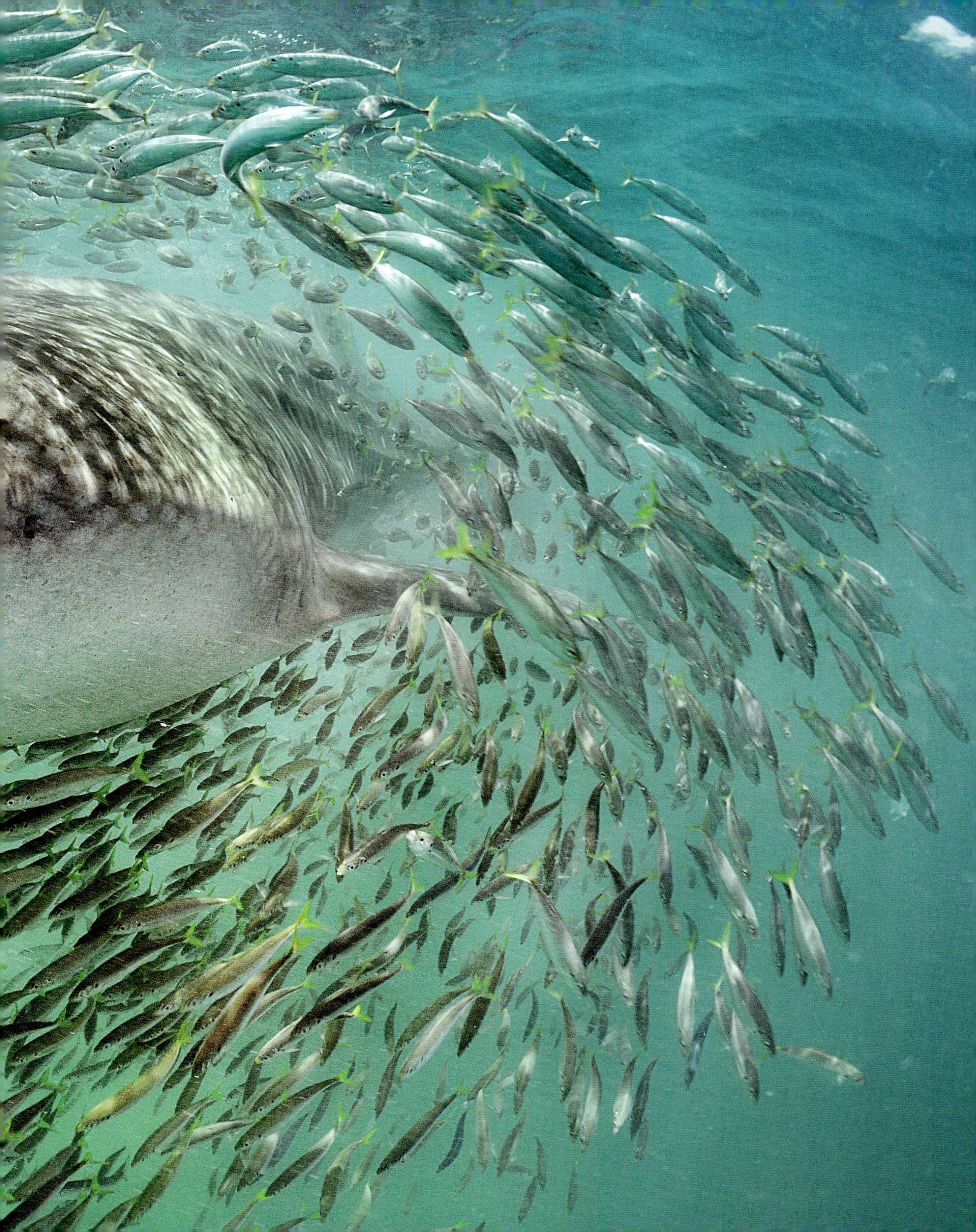

EINE WELT VOLLER REICHTUM UND VIELFALT

DAS LEBEN IST IM MEER ENTSTANDEN. Die Ozeane haben daher eine deutlich längere Entwicklungsgeschichte als das Festland, und aufgrund dieser Evolution über Milliarden von Jahren sind beinahe alle Zweige des phylogenetischen Stammbaums im Meer vorhanden. Von den 34 großen Stämmen, den *Phylen* des Tierreichs, sind 32 im Lebensraum Meer zu finden und 14 dort angestammt. Zu den ausschließlich im Meer anzutreffenden Tierstämmen gehören die Stachelhäuter *(Echinodermata)* mit Seesternen, Seeigeln und Seegurken. 2010 wurden in den Sedimenten des Mittelmeers weitere ausschließliche Meeresorganismen entdeckt: die Korsetttierchen oder *Loricifera*. Sie sind die ersten bekannten Mehrzeller, die dauerhaft ganz ohne Sauerstoff existieren können.

EINE MIKROSKOPISCH KLEINE WELT

Wie die Artenvielfalt auf dem Land bleibt auch die Biodiversität der Meere weitgehend unbekannt – wenn nicht allein schon aufgrund ihrer gewaltigen Zahl (die im Übrigen kontrovers diskutiert wird): Ohne Berücksichtigung der Mikroorganismen bevölkern schätzungsweise 200.000 bis 250.000 Tier- und Pflanzenarten den Ozean, das sind 15 % aller beschriebenen Arten unseres Planeten. Verschiedene Studien dagegen sehen die gesamte Artenvielfalt der Erde in einer Spanne zwischen 2 und 100 Millionen – dies zeigt, wie sehr es an genauen Zahlen mangelt.

Die bekanntesten Meerestiere sind groß: Wale, Seehunde, Haie, Schildkröten... Der bei weitem größere Anteil an der gesamten restlichen Artenspanne ist jedoch mit bloßem Auge nicht zu erkennen. Zu den Mikroorganismen wie Algen, Bakterien und Viren gehören mehrere Millionen Arten. In einem Tropfen Meerwasser befinden sich bis zu 160 Prokaryoten (Bakterien), und in einem Liter Meerwasser zwischen 229 und 381 Arten von Eukaryoten (Organismen mit Zellkern).

Phytoplankton – die Gesamtheit einzelliger Organismen, die zur Fotosynthese fähig sind – stellt allein 98 % der Biomasse der Ozeane. Diese Mikroorganismen, von denen keiner größer ist als einen Millimeter, stellen die Ressourcenproduktion für das gesamte Ökosystem sicher und sorgen für die Verwertung von organischen Abfällen. Sie bilden zudem den Großteil des von uns geatmeten Sauerstoffs und sind damit die eigentlichen Lungen unseres Planeten. Durch die Nahrungskette stehen sämtliche Meeresbewohner miteinander in Verbindung, vom kleinsten bis zum größten, vom Phytoplankton bis zum Blauwal, der sich von Phytoplankton ernährt (und bis zu 30 m lang und 170 t schwer werden kann).

KORALLEN

Andere winzige Organismen, nämlich Polypen, bilden ebenso riesige wie unentbehrliche Kolonien. Denn die Kolonien dieser kleinen gallertartigen Tiere, die ein Kalkskelett ausbilden können, sind Korallen. Die Farben eines Korallenriffs stammen von den mikroskopischen Algen im Gewebe der Polypen, die mit letzteren in Symbiose leben. Tags schöpft die Koralle dank der Kraft der Sonne Nährstoffe aus den eingelagerten Algen. Nachts verwandelt sich jeder Korallenpolyp in einen gefürchteten Räuber, der seine Beute mithilfe von klebrigen Tentakeln und Giften einfängt.

Korallenriffe ziehen zahlreiche Lebewesen an: Krustentiere, Weichtiere, Tausende von Fischen und Haie, die von der Beutefülle profitieren.

Korallenanemomen *(Corynactis viridis)*, Irland

Etwa 1000 Anemonenarten bevölkern die Meere der Welt, und das in Küstenzonen wie in Tiefen von 10.000 m. Das den Korallen und Quallen verwandte Tier bildet kein Kalkskelett. *Corynactis viridis* ist eine kleine Anemone, die einzeln oder in dichten Schwärmen vorkommen. Ihre lebendigen Farben können ganz unterschiedlich sein: Es kommen grüne, violette, rote, orange- oder rosafarbene, gelbe, weißliche und braune Korallenanemonen vor.

25 MILLIONEN HEKTAR KORALLEN

Das Great Barrier Reef vor der Nordostküste Australiens ist die größte lebende Struktur der Erde. Das aus knapp 2900 Korallenriffen bestehende Gebiet ist vom All aus sichtbar. Seine 35 Millionen Hektar stehen auf der Liste des UNESCO-Welterbes. Das Great Barrier Reef besteht aus 400 Korallenarten und beherbergt 1500 Fischarten und 4000 verschiedene Weichtiere. Zudem ist es Lebensraum für vom Aussterben bedrohte Tierarten wie dem Dugong und der Suppenschildkröte.

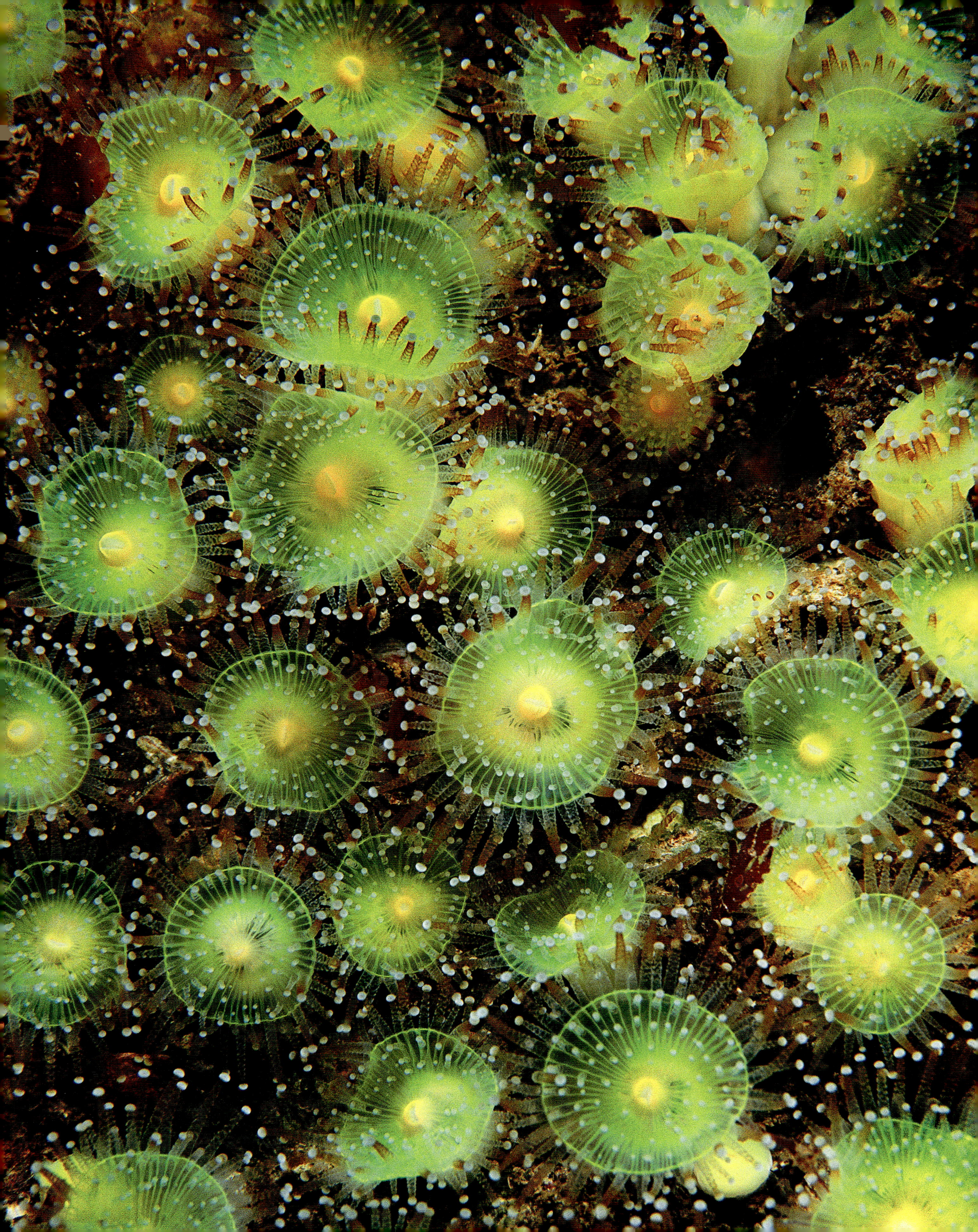

Sie bilden damit zusammen mit den tropischen Regenwäldern die artenreichsten und komplexesten Ökosysteme der Erde. Obwohl sie weniger als 0,1 % der Meeresfläche einnehmen, beherbergen sie wahrscheinlich bis zu 9 Millionen Arten, von denen nur 10 % bekannt sind. An die 5000 Fischarten – mehr als ein Viertel der Meeresfischarten – wurden hier identifiziert. Auf einem Quadratmeter Korallenriff findet man mehr als 100-mal so viele Tier- und Pflanzenarten wie im offenen Meer. Korallenriffe stellen somit echte Oasen der Vielfalt inmitten der Ozeane dar.

SCHWARZE RAUCHER

Genau wie bei den tropischen Korallenriffen gibt es auch in den Tiefen des Ozeans Orte, an denen das Leben blüht – dies gilt besonders für die Umgebung hydrothermaler Quellen, die sich entlang der Meeresrücken in 500 bis 4000 m Tiefe bilden. Starke vulkanische Aktivität setzt hier dichte dunkle Sedimentwolken frei, die den Quellen den Namen »Schwarze Raucher« verliehen haben. Das aus den Schloten tretende Wasser kann bis zu 350 °C heiß sein und enthält eine sehr hohe Konzentration chemischer Stoffe wie Eisen, Zink, Mangan, Hydrogensulfat und Kohlendioxid. Trotz des absoluten Lichtmangels, zu dem noch der beträchtliche Druck von 100 bis 500 bar, gewaltige Temperaturunterschiede (350 °C bis 2 °C nur ein paar Meter weiter) und eine schwere Wasserbelastung durch giftige metallische Stoffe kommen, blüht hier das Leben: Die Konzentration von Lebewesen rund um die Schlote kann bis zu 50 Kilo pro m² betragen.

Die Lebensformen passen sich an und entwickeln dabei erstaunliche Strategien. Der Pompejiwurm *(Alvinella pompejana)* beispielsweise ist der Makroorganismus des Tierreichs, der die extremsten Temperaturen aushält: Er lebt in einer Röhre in Symbiose mit faserigen Bakterien und setzt Teile seines Körpers Temperaturen von bis zu 80 °C aus!

Die Konzentration von Bakterien auf der Garnele *Rimicaris exoculata*, die keine Augen besitzt und deren Schale komplett von Bakterien bedeckt ist, kann bis zu 2500 Exemplare pro m² betragen. Bestimmte Organismen beeindrucken auch durch ihre Größe: Die Tief-

Eine Seegurke *(Holothuria)* transportiert Nahrung von ihren Tentakeln in den Mund, Golf von Maine, USA

Seegurken gehören wie Seeigel und Seesterne zum Stamm der Stachelhäuter *(Echinodermata)*, die ausschließlich Meeresbewohner sind. Der weiche Körper der Seegurken ist von einem Muskelschlauch umgeben, der das Skelett ersetzt. Zahlreiche Arten sind Sedimentfresser und filtern organische Bestandteile aus dem Sand. Mit einem Tentakelkranz, der ihre Mundöffnung umgibt, fangen andere Arten ihre Nahrung aus dem Wasser. Bei Gefahr spritzen einige Seegurkenarten zur Verteidigung klebrige Schleimfäden, die Cuvierschen Schläuche, in Richtung Angreifer. In der indopazifischen Region werden Seegurken zur Zubereitung von Suppen und Ragouts verwendet.

see-Miesmuschel *Bathymodiolus* kann bis zu 36 cm lang werden. Die Artenvielfalt der Tiefsee-Ökosysteme ist längst nicht erschlossen, und es kommt des Öfteren zu erstaunlichen Entdeckungen: So 2005, als die Yeti-Krabbe (*Kiwa hirsuta*) mit ihrer weißen Erscheinung und den Borsten an den Gliedmaßen Schlagzeilen machte. 2012 wurde eine neu entdeckte Krabbenart wegen ihrer behaarten Brust »David Hasselhoff« getauft.

UNGLEICH VERTEILTER REICHTUM

Unter ihrer scheinbaren Gleichförmigkeit bieten die Ozeane also die verschiedensten Lebensräume. Obgleich es keine klar gezogenen Grenzen gibt, bilden sie ein großes Mosaik aus mehr oder weniger miteinander verbundenen Landschaften. Nährstoffgehalt, Strömung, Sedimentart, Lichteinstrahlung, Temperatur, das Vorhandensein von Eis, Wassertiefe, Sauerstoffgehalt – alle diese Faktoren prägen jeweils die unterseeische Landschaft.

Küstengebiete mit geringer Tiefe und hohem Nährstoffgehalt (wegen ihrer Nähe zum Land) sind die fruchtbarsten Zonen des Ozeans. Doch die immer noch kaum erforschte Tiefsee ist aufgrund ihrer Fläche wohl eher Träger der Artenvielfalt in unseren Ozeanen: 80 % der Meerestierarten leben im Grund, am Grund oder beim Grund. Die Vielfalt der Organismen auf offener See ist der am Meeresgrund bei Weitem unterlegen. Tatsächlich ist sie so gering, dass man von der »blauen Wüste« spricht.

Die *Hotspots* der Biodiversität dagegen sind die Regionen des Globus, an denen die größte Artenvielfalt herrscht. Zehn Hotspots wurden bereits erfasst, darunter die Karibik, der Golf von Guinea, das Rote Meer, der nördliche Indische Ozean und das Gebiet südlich von Japan.

Die Gemeinsamkeit dieser Regionen sind die äußerst produktiven und reichen Ökosysteme wie Korallenriffe, Seegraswälder, Mangroven, hydrothermale Quellen oder Unterwasserberge. Sie gehören aber auch zu den am meisten bedrohten Lebensräumen unseres Planeten.

Blauaugen-Schleimfisch (*Notoclinops segmentatus*), sein Revier mit aggressiver Pose verteidigend, Poor Knights Islands, Neuseeland

Der nur einige Zentimeter lange und an seinen großen blauen Augen erkennbare Blauaugen-Schleimfisch lebt in felsigen Meeresgebieten in der Nähe von Riffen. Während der Fortpflanzungszeit schmücken sich die Männchen mit leuchtenden Farben und bewachen die Brut. Währenddessen führen sie den Eiern Sauerstoff zu, indem sie mit den Flossen wedeln. Die Fische haben ein ausgeprägtes Revierverhalten und nehmen eine Vertiefung in den Korallen in Beschlag, die ihnen als Unterschlupf dient. Von Natur aus scheu, ziehen sie sich bei Gefahr dorthin zurück.

18.000 NEUE ARTEN
PRO JAHR

Im Jahr 2011 hat man quer über den Globus annähernd 18.000 neue Tierarten entdeckt: Haie, Schildkröten, bunte Meeresnacktschnecken… Die meisten dieser Entdeckungen wurden bei wissenschaftlichen Expeditionen gemacht: So bei *Etmopterus sculptus*, einem Laternenhai, der vor den Küsten Südafrikas ausfindig gemacht wurde. *Etmopterus joungi*, ein anderer Laternenhai, wurde dagegen an einem Marktstand in Taiwan entdeckt.

GRATISDIENSTE DER NATUR

Die Ökosysteme des Meeres und die in ihnen enthaltene Vielfalt stellen dem Menschen zahlreiche Ressourcen mit enormem wirtschaftlichen Potenzial zur Verfügung – man spricht hier von »Naturleistungen«. Der Bestand der Meere sichert zuerst einmal eine wichtige Ernährungsquelle für nahezu drei Milliarden Menschen, da Meeresprodukte ihr Hauptproteinlieferant sind. Zudem liefern die Ozeane viele medizinisch verwertbare Moleküle, die zum Beispiel zur Tumor- oder Aidsbehandlung eingesetzt werden, und sie versorgen die Kosmetikindustrie. Zuletzt haben viele Regionen, etwa am Roten Meer oder in Südostasien, eine starke touristische Aktivität um Meeresvielfalt und Tauchsport entwickelt.

Nahezu 30 % der Naturleistungen entspringen Ökosystemen des Meeres, und ihr Gesamtwert könnte 3 Billionen Dollar pro Jahr erreichen. Abgesehen von diesen umweltpolitischen und wirtschaftlichen Fragen ist bei der Bewahrung der Biodiversität aber auch eine kulturelle Dimension zu beachten.

BEDROHTE VIELFALT

Trotz der Naturleistungen der Meere sind diese durch die Folgen menschlicher Aktivität bedroht: Überfischung, Verschmutzung und Klimawandel gefährden das Überleben der Arten. Seit dem Durchbruch der industriellen Fischerei wurden die Populationen kommerziell genutzter Meerestierarten um beinahe 90 % dezimiert.

Doch wenn nur eine, wenn auch seltene Art ausstirbt, gerät das gesamte Ökosystem ins Wanken. Dies gilt vor allem für das Verschwinden großer Raubtiere: Wenn diese fehlen, vermehren sich zum Beispiel übermäßig Quallen und kleine pflanzenfressende Fische.

Zugleich kann die Einführung einer neuen Art schwerwiegende ökologische und wirtschaftliche Folgen haben. Inzwischen werden entlang der israelischen Küsten zu 50 % Fischarten gefangen, die durch den Suezkanal aus dem Roten Meer gekommen sind. Doch wie stabil diese neuen Populationen sind und welche Probleme sich aus der Verdrängung der angestammten Arten ergeben, ist noch völlig offen.

Der mit dem Klimawandel verbundene Temperaturanstieg verändert die Verteilungsmuster der Pflanzenarten und zieht damit die Migration von Tierarten in höhere Breiten mit sich. Die Polschmelze führt zudem zum Aussterben der spezifischen Flora und Fauna im »Ewigen Eis«: Die Tage des Eisbären, einem Symbol der Arktis, sind wahrscheinlich gezählt. Zugleich führt die hohe Konzentration von Kohlendioxid in der Atmosphäre zu einer Übersäuerung der Meere, die besonders schädigend für kalkhaltige Organismen wie Korallen und bestimmte Phytoplanktonarten ist.

GLEICHUNG MIT MEHREREN UNBEKANNTEN

Alle diese Veränderungen treten zu einem Zeitpunkt auf, an dem man die Funktionsweise des Ozeans noch nicht komplett begreift. Jeden Tag werden neue Arten entdeckt, und selbst so typische Meerestiere wie Haie und Wale bleiben unverstanden: Welche Prozesse steuern ihre Migration? Wozu dient die klangliche Kommunikation zwischen Meeressäugern? Zahlreiche Arten werden womöglich aussterben, bevor wir sie überhaupt entdecken oder ihr Verhalten verstehen können. Wie aber sollen wir sie schützen, wenn wir sie nicht einmal kennen? Wie soll man eine effiziente Fischereipolitik betreiben und Fangquoten an Arten anpassen, von denen wir zu wenig wissen? Die Unterwasserwelt bietet noch viel Raum für Entdeckungen.

GESTRANDET

In Peru, Neuseeland, in Madagaskar und auch in Frankreich kann es vorkommen, dass Meeressäuger ohne erkennbaren Grund stranden. Meist ist es zu spät, die Tiere wieder ins Meer zu befördern – ein besonders schwieriges Unterfangen bei so großen Säugetieren wie den Walen. Dann bleibt oft nur noch, ihre Überreste zu beseitigen. Es gibt verschiedene Erklärungen für diese rätselhaften Strandungen. Zuerst einmal führt man natürliche Ursachen an wie Müdigkeit, Nahrungsmangel und Krankheiten, darunter den *Morbilivirus*, der in den 1990er-Jahren im Mittelmeer grassierte. Oder auch Zusammenstöße mit Schiffen. Häufig wird auf die Belastung der Gewässer mit giftigen Substanzen wie Pestiziden hingewiesen. Aber eine der plausibelsten Erklärungen lautet, dass das Stranden der Tiere durch die Zunahme der Unterwassergeräusche provoziert wird: Der Lärm von Sonaren, Schiffsverkehr und Tiefseebohrungen stört die Orientierung der Tiere, die sich weitgehend auf Echoortung verlassen.

Stromatolithen in der Bucht von Hamelin Pool, Shark Bay, Western Australia, Australien
(26° 19′ südl. Br. – 113° 57′ östl. L.)

Shark Bay ist auch deshalb einzigartig, weil es zu den wenigen Orten der Erde gehört, an denen man noch lebende Stromatolithen sehen kann. Der Trockenheit preisgegeben, sind die Stromatolithen auf dieser Aufnahme offensichtlich tot. Ihre orangene Färbung zeugt von der Aufnahme großer Mengen Eisenoxid.

Mehr Informationen zu diesem Thema und ein entsprechender Ausschnitt aus dem Film *Planet Ocean* sind auf der Website www.goodplanet.org verfügbar.

SHARK BAY – EINE OASE DER VIELFALT

Shark Bay – die Haibucht – am äußersten Zipfel des australischen Kontinents ist ein absolut einzigartiger Ort. Ein Großteil ihrer 25.000 km² ist mit eisenoxidhaltigem Sand bedeckt, der der Bucht ihre rote Farbe verleiht.

Mehrere Landzungen, Halbinseln und Inseln trennen die Bucht vom Indischen Ozean. Durch die erschwerte Zirkulation des Wassers wird es seltener erneuert, und der Salzgehalt steigt. Dieser ist in der Shark Bay doppelt so hoch wie der Durchschnitt der Weltmeere und ermöglicht das Vorhandensein von sehr seltenen biologischen Strukturen namens »Stromatolithen«.

Stromatolithen entstehen durch die Aktivität von Bakterien, die zur Fotosynthese fähig sind: Cyanobakterien, die Kohlendioxid aufnehmen und Sauerstoff produzieren und damit die Bildung einer Kalkkruste hervorrufen. Vor 3,5 Milliarden Jahren besiedelten Stromatolithen die meisten Küstengewässer der Erde und trugen zur Entstehung unserer Atmosphäre bei. Sie galten lange als Fossilien, doch in den 1950er-Jahren wurden in der Shark Bay die ersten lebenden Stromatolithen entdeckt, die mit jenen im Urmeer identisch waren.

In der Unterwasserwelt der Shark Bay findet man außerdem die größte und artenreichste Seegrasfläche der Welt. Die Pflanzen bieten nicht nur Schutz vor Erosion, sondern zudem Lebensraum und Nahrung für zahlreiche Tierarten. Sie bilden insbesondere ein Refugium für die bedeutendste Dugong-Kolonie der Erde: 13.000 dieser vom Aussterben bedrohten pflanzenfressenden Säuger leben dort (das sind 87 % des westaustralischen Bestands).

Die Gräser ziehen zudem zahlreiche Suppenschildkröten und Unechte Karettschildkröten an, die die jungen Triebe der Wasserpflanzen abgrasen oder ihre Eier in der Bucht ablegen. Andere große Tiere wie die großen Delfine des Indischen Ozeans, der Buckelwal oder der Walhai profitieren ebenfalls von den nahrungsreichen Gewässern der Bucht.

Shark Bay besteht aus einer Vielzahl von Inseln. 15 der 42 Inseln sind Naturschutzgebiete. Sie stellen Zufluchtsorte für 15 Vogelarten dar, die dort nisten und sich von den fischreichen Gewässern der Bucht ernähren. Bedeutende Arten wie Pelikan, Eilseeschwalbe und Fischadler (der große Nester von bis zu zwei Metern Höhe baut) bilden Kolonien auf den Inseln. 1997 wurden an die 1500 Nester verschiedener Kormorane und 200 Brutplätze von Sturmtauchern allein auf der Insel Freycinet gezählt. Die reiche Vogelwelt sorgte einst dafür, dass sich hier der Guano-Abbau als Industriezweig ansiedelte. Als diese Stickstoff- und Phosphorquelle Ende des 19. Jahrhunderts vollkommen ausgeschöpft wurde, produzierten allein die Kormorane 80 t Guano pro Jahr.

Aus all diesen Gründen wurde die Shark Bay 1991 in die Liste des UNESCO-Welterbes aufgenommen. Sie beherbergt eine Unterwasserwelt, die zum Symbol dafür geworden ist, welch erstaunliche Artenvielfalt möglich ist und wie wir es schaffen können, diese zu schützen – wenn wir es nur wollen.

GESPRÄCH

WIR ENTDECKEN TÄGLICH NEUE ARTEN

PHILIPPE BOUCHET ist Leiter der Abteilung für Taxonomie und Sammlungen im Staatlichen Museum für Naturgeschichte in Paris. Als Mitglied der Internationalen Kommission für Zoologische Nomenklatur (ICZN) hat Prof. Bouchet über 30 Expeditionen geleitet. Er allein hat rund 550 neue Arten beschrieben.

SIE HABEN 2006 DIE *SANTO*-EXPEDITION GELEITET, DIE ALS BISHER GRÖSSTE WISSENSCHAFTLICHE EXPEDITION ZUR ARTENVIELFALT GILT. WELCHE ERKENNTNISSE HAT DIE EXPEDITION GEBRACHT?
Mit 150 Wissenschaftlern, die über einen Zeitraum von fünf Monaten zusammengearbeitet haben, hat die *Santo*-Expedition 2006 in Vanuatu im südwestlichen Pazifik Erkenntnisse von großer Tragweite ermöglicht. Korallenriffe werden als bedeutende Lebensräume für alle möglichen Meerestierarten betrachtet, und die Zahlen sind wirklich beeindruckend. In Santo, aber auch an anderen Orten der Philippinen, findet man auf wenigen Quadratkilometern mehr Arten als im gesamten Mittelmeer – wenn nicht in sämtlichen Meeren Europas.

WELCHE WAR IHRE BEDEUTENDSTE MISSION?
Da ist keine Mission, über die ich stolzer wäre als über eine andere. Obwohl Santo einen Wendepunkt markierte, weil so eine Expedition von der breiten Öffentlichkeit wahrgenommen wird. Sie ist die bekannteste, aber für mich bestimmt nicht die außergewöhnlichste.

> »Auf den Philippinen findet man auf einigen Quadratkilometern mehr Arten als im gesamten Mittelmeer.«

Mir ist eine Mission aus dem Jahr 2004 in Erinnerung, die uns zu den Salomon-Inseln führte, auf einem kleinen Forschungsschiff namens Alis: keine Infrastruktur, komplett von Wald bedeckte Inseln; das war eine echte Grenzerfahrung, wir kamen uns vor wie am Ende der Welt.

WIE PLANEN SIE EINE SOLCHE EXPEDITION?
Noch vor ein paar Jahren war es einfacher, große ozeanografische Missionen durchzuführen. Heute stellt so etwas ein enormes finanzielles Risiko dar. Es ist gar nicht so einfach, genügend Mittel aufzutreiben. Damit ein solches Vorhaben gelingt, greife ich gerne auf unkonventionelle Mittel zurück. Ich miete lieber alte Kutter und hole mir ausgezeichnete Laien an Bord und dazu einen befreundeten Fischerkapitän, als dass ich mich lange herumschlage, um ein offizielles großes Expeditionsschiff zu bekommen. Das ermöglicht mir zudem, Orte zu erkunden, zu denen kein Forschungsschiff gelangt. Dank dieser Vorgehensweise kann ich oft einmal im Jahr eine größere Mission durchführen, während die meisten meiner Kollegen schon froh sind, wenn ihnen gerade ein paar Expeditionen im Laufe ihrer Karriere gelingen.

WIE VIELE TIER- UND PFLANZENARTEN GIBT ES IN DEN MEEREN DER WELT?
Momentan gibt es wahrscheinlich 230.000 beschriebene Arten in unseren Ozeanen. Ich sage »wahrscheinlich«, da die wissenschaftliche Gemeinde seit 2008 versucht, die Beschreibungen der Arten in einer Datenbank zu vereinen. Das sind Beschreibungen, die von Wissenschaftlern aller Herren Länder angefertigt wurden und in Büchern oder Artikeln angeführt werden, die man in Bibliotheken in allen Winkeln der Erde findet. Als wir mit der Zusammenstellung begannen, rechneten wir mit 240.000 Arten. Tatsächlich aber stehen wir im Moment bei 213.000, da es manche Irrtümer und Doppelungen gab. Derzeit werden jedes Jahr etwa 2000 neue Meereslebewesen beschrieben, das ist eine klar steigende Zahl verglichen mit dem Rhythmus der Entdeckungen noch vor 20 Jahren. Es wurden noch nie mehr Arten beschrieben als heute.

ES KOMMT ALSO NICHT SELTEN VOR, DASS MAN NEUE ARTEN BESCHREIBT?
Wir entdecken täglich neue! Leider wird die breite Öffentlichkeit meist nur bei spektakulären Entdeckungen informiert, wenn es um Säugetiere oder Lebewesen seltsamer Erscheinung geht. Die meisten Entdeckungen betreffen aber die »normale« Artenvielfalt. Dennoch gibt es taxonomische Gruppen, die wir besser kennen als andere. Fische zum Beispiel gehören zu den bekanntesten Gruppen. Man schätzt, dass etwa 17.000 beschriebene Fischarten in den Meeren leben und noch rund 5000 zusätzliche Arten zu entdecken bleiben. Daneben gibt es Gruppen, beispielsweise die Fadenwürmer *(Nematoda)*, von deren Artenreichtum wir überhaupt keine Vorstellung haben. Derselbe Forscher hat ihre Zahl in einem Intervall von zehn Jahren erst auf 100 Millionen und schließlich auf weniger als eine Million Arten geschätzt. Diese Spannbreite zeigt, wie unwissend wir im Grunde sind.

TROTZDEM SCHÄTZT MAN, DASS 80 % DER ARTENVIELFALT UNENTDECKT SIND. WOHER STAMMT DIESE ZAHL?
Diese Schätzungen basieren auf einer Rechnung, die Forscher für die Artenvielfalt an Land und insbesondere den Regenwald aufgestellt haben. Wenn man die Zahl der spezifischen Insektenarten einer Baumart kennt und diese mit der Anzahl der Baumarten multipliziert, erlangt man eine Schätzung der Artenvielfalt des Waldes. Dieser Multiplikationsfaktor existiert im Meer aber nicht. Ich habe mir einmal den »Spaß« gemacht, solche Schätzungen für Krebse aufzustellen, da wir es hier mit einer überall auf der Welt relativ gut bekannten Gruppe zu tun haben. In den Meeren Europas ist die Artenvielfalt in ihrer Gesamtheit gut erfasst, und man kennt die Proportion zwischen der Zahl der Krebsarten und der Gesamtzahl der Arten. Wenn man nun dieses Verhältnis auf die Meere der Welt überträgt, kommt man auf die Zahl von 1,5 Millionen Arten insgesamt. Andere Autoren aber stellen andere Schätzungen auf, und allein im vergangenen Jahr sind zwei Zahlen veröffentlicht worden: 300.000 und 2,2 Millionen Arten. Wieder haben wir es mit einer gewaltigen Spanne zu tun.

WARUM WILL MAN EIGENTLICH SÄMTLICHE ARTEN BESCHREIBEN?
Dafür gibt es mehrere Gründe. Zuerst einmal: Wenn eine Art keinen Namen hat, können sich Wissenschaftler nicht über deren Eigenschaften austauschen. Zudem kann das, was keinen Namen hat, auch nicht in Reglements aufgenommen werden. Wenn es zum Beispiel um die Fischerei geht, so kann man keine Fangquoten für eine Art ausgeben, die keinen Namen hat. Und zuletzt ist da einfach die menschliche Neugier. Es liegt in unserer Natur, die uns umgebende Welt zu beschreiben und den Dingen Namen zu geben.

SIE SAGEN, DASS IMMER MEHR ARTEN ENTDECKT WERDEN, UND DOCH SPRICHT MAN VOM SCHWUND DER ARTENVIELFALT?
Die Schwächung oder Bedrohung der Artenvielfalt bedeutet nicht zwangsweise einen Rückgang der Artenzahlen oder die Ausrottung von Arten. Es gibt so etwas wie einen lokal begrenzten Artenschwund – das bedeutet, dass eine Tierart in einem bestimmten Gebiet ausstirbt, und das im Wesentlichen über eine zu starke Ausbeutung oder die Zerstörung eines Lebensraums. Man kann hier aber nicht von totaler Ausrottung sprechen, denn im Meer ist die Verteilung der Arten sehr groß, und es gibt an anderen Stellen »Ersatz«-Populationen. Im Süßwasser dagegen ist die Verteilung gering, und es sind hier bereits 100 Fischarten ausgestorben, während es im Salzwasser nur eine Fischart ist (und selbst hier wird die Ursache des Aussterbens darin gesehen, dass die betroffene Fischart einen Teil ihres Lebenszyklus im Süßwasser verbringt). Das soll aber nicht heißen, dass im Meer alles in bester Ordnung ist. Es bedeutet nur, dass die Zahl der ausgestorbenen Arten kein guter Anhaltspunkt für den Gesundheitszustand der Meere ist.

SIE UNTERSCHEIDEN ALSO AUSSTERBEN UND ABNAHME DES BESTANDS?
Wenn eine Art so stark ausgebeutet und überfischt wird, dass ihr Bestand dramatisch abfällt und sie nur noch äußerst selten in den Netzen landet, betrachtet man sie als »wirtschaftlich erschöpft«. Tatsächlich aber ist die Art dann nicht biologisch ausgestorben. Dennoch bin ich nicht optimistisch, denn derzeit stehen sämtliche Warnsignale der Artenvielfalt auf Rot. Die Schwierigkeit liegt darin, die Ursachen für den Rückgang zu erkennen und geeignete Gegenmaßnahmen zu entwickeln, etwa nach dem Vorbild dessen, was gegen die Zerstörung der Ozonschicht getan werden konnte.

GEHÖREN MEERESSCHUTZGEBIETE ZU DEN GEEIGNETEN MASSNAHMEN?
Sicherlich, und alle Initiativen in diese Richtung sind unbedingt zu unterstützen. Eine Sache jedoch beunruhigt mich dabei: Man kann derzeit relativ unproblematisch Schutzzonen an Orten einrichten, wo es niemanden stört. Was ist aber, wenn diese Schutzzonen auf Gebiete ausgeweitet werden sollen, wo sie stören, wo wirtschaftlich betrachtet mehr auf dem Spiel steht oder die Schutzmaßnahmen besonders streng sind? Man muss unbedingt auch Tiefseebohrungen und Überfischung verbieten, die heute wesentlich zur Zerstörung der Artenvielfalt in unseren Ozeanen beitragen.

WELCHE ZUKUNFT HABEN DIE MEERE?
Die Meere haben es heute wie gestern mit den »vier apokalyptischen Reitern« zu tun: Das sind die Zerstückelung und Zerstörung von Lebensräumen, der Einfluss invasiver Arten, extreme Überfischung und die Auswirkungen des Artensterbens. Ich befürchte, dass neue Probleme wie die Übersäuerung des Wassers uns diese vier Einflüsse vergessen lassen, die meiner Ansicht nach noch viel gefährlicher ist. Die Biodiversität leidet schon lange an Krebs, und wenn sie nun noch eine Erkältung dazubekommt, ändert das nichts an den Auswirkungen des Krebses. Natürlich kann aus der Erkältung eine Lungenentzündung werden, aber ich denke, die Artenvielfalt wird an den »vier apokalyptischen Reitern« zugrunde gehen. Wer spricht derzeit denn vom massiven Rückgang der Seepferdchen-Population, die für Aquarien oder die chinesische Medizin verwendet werden? Niemand. Der einzige Funken Hoffnung, der mir bleibt, ist unsere »ursprüngliche« Vorstellung vom Ozean: Wir alle träumen von einem freien und wilden Meer, das von großen Tieren bevölkert wird, und wir wollen es so bewahren.

»Derzeit stehen sämtliche Warnsignale auf Rot.«

Diese Vision ist uns für die Welt an Land verloren gegangen. Wer träumt noch von einem Europa der Wälder und Lichtungen, auf denen Bisons grasen? Leider sind wir dabei, unseren freien Ozean zu verlieren – vielleicht haben wir ihn sogar schon verloren. Es gibt aber keinen Mechanismus, mit dem man zurücksteuern könnte.

ARCHIVIEREN SIE DIE ARTENVIELFALT DESHALB IN DEN SAMMLUNGEN IHRES MUSEUMS? UM SIE IN ERINNERUNG ZU BEHALTEN?
Ich glaube, dass die Sammlungen und Archive einen wesentlichen Beitrag zu der Erinnerungsarbeit leisten, zu der wir angesichts der uns umgebenden Vielfalt verpflichtet sind. Doch meist sind Museen starre Strukturen, denen immer Platzmangel droht! Wo soll man all diese Dinge lassen? Diese Erinnerungsarbeit ist zwar notwendig, aber immer schwerer auszuführen. Ich glaube nicht, dass Institutionen die Initiative zur Anlage dieser Datenbanken ergriffen hätten – obwohl die Artenvielfalt so klar in Gefahr ist.

Rundkopf-Fledermausfisch (Platax orbicularis) vor Chichi-jima, Inselgruppe Ogasawara, Japan

Der Rundkopf-Fledermausfisch ist ein pflanzenfressender Fisch, der eine große ökologische Bedeutung für das Korallenriff hat. Wie der Papageifisch kontrolliert er die Vermehrung von Algen, da er die Riffe abweidet. Die verschiedenen Fledermausfischarten sind bei Aquarianern sehr begehrt. Da sie in einigen Lagunen immer seltener werden und sie einen großen wirtschaftlichen Wert darstellen, ist man darauf gekommen, sie in Aquakulturen zu züchten. Sie werden vor allem in Thailand und Taiwan aufgezogen, um den Aquarienmarkt zu bedienen.

Slumsiedlung Makoko, Lagune von Lagos, Nigeria
(6° 29′ nördl. Br. – 3° 23′ östl. L.)

Das in einer Lagune an der Atlantikküste gelegene Lagos ist die größte Stadt Nigerias und sein wirtschaftliches und industrielles Zentrum. In Makoko leben mehr als 100.000 Menschen, und es gibt dort weder fließendes Wasser noch Strom noch Abwasserentsorgung. Mit einem der stärksten Bevölkerungsanstiege des Kontinents erlebt die Stadt eine unkontrollierte Urbanisierung, die auch ein Ableiten von unbehandeltem Abwasser in die Lagune zur Folge hat.

Zitronengrundel (Gobiodon citrinus) am Eingang ihres Unterschlupfs (einer verrosteten Getränkedose), Halbinsel Izu, Honshu, Japan

Das kleinste Wirbeltier der Erde gehört zur Familie der Grundeln. Diese Zitronengrundel hat eine alte Getränkedose zu ihrem Unterschlupf erkoren – so wie vielleicht sonst eine Vertiefung in einem Fels. Man sieht am Grund zahlreiche Abfälle, die nach und nach von der Flora und Fauna des Meeres besiedelt werden – von der Dose bis zum Schiffswrack. An einigen Stellen senkt man bewusst große Betonblöcke ab, um die Entstehung eines Riffs zu befördern, da so eine Basis geliefert wird, auf der sich ein Ökosystem entwickeln kann.

Tobago Cays nahe Union Island, Grenadinen, Kleine Antillen
(13° 15′ nördl. Br. – 61° 12′ östl. L.)

Sieben Kilometer nordöstlich der Union Island, der südlichsten Insel der Grenadinen, liegen vier einsame, steinige Eilande und mehrere Riffe, die unter dem Namen Tobago Cays bekannt sind. Die vor dem Atlantik durch eine Korallenbarriere geschützten, kleinen und flachen Karibikinseln mit ihren Buchten und von Palmen gesäumten weißen Sandstränden ziehen Bootsausflügler an, während der Artenreichtum ihrer Meeresgründe sie zum schönsten Tauchplatz der Karibik machen.

Gewöhnlicher Krake (Octopus vulgaris), der sich in seinem Schlupfloch versteckt, Poor Knights Islands, Neuseeland

Kraken oder Tintenfische gehören zur Klasse der Kopffüßer (Cephalopoda), das sind Weichtiere, deren Besonderheit darin besteht, dass ihr »Fuß« unter dem »Kopf« sitzt wie bei Sepien und Kalmaren. Die Tiere haben acht mit Saugnäpfen ausgestattete Arme und einen weichen Rumpf, mit dem sie sich in Öffnungen schieben können, die viel kleiner sind als sie selbst, und sich so vor eventuellen Fressfeinden schützen. Kraken sind für ihre außerordentliche Intelligenz und ihre Lernfähigkeit und Gedächtnisleistung bekannt.

Barracuda Keys, Florida Keys, USA
(24° 43′ nördl. Br. – 81° 38′ westl. L.)

Das tropische Archipel der Florida Keys erstreckt sich in einer langen Kette aus Koralleninseln in der Verlängerung Floridas nach Südwesten Richtung Kuba. Die im südlichen Teil gelegenen Barracuda Keys – kleine, unbewohnte Inseln, die mit Mangrovenwäldern bedeckt sind – werden seit 1938 in ihrem natürlichen Zustand belassen. Sie liegen inmitten des Great White Heron National Wildlife Refuge, das Lebensraum für große weiße Reiher, Delfine, Hummer, Lederschildkröten und Suppenschildkröten bietet.

Schwarm junger Welse (Siluriformes), Bucht von Suruga, Honshu, Japan

Auffälligstes Merkmal der Welsartigen sind ihre mehr oder weniger langen Barteln – obwohl sie nicht bei allen Vertretern der Ordnung Siluriformes auftreten. Welse leben meist im Süßwasser oder je nach Art auch in Küstengewässern. In Asien, beispielsweise in Japan und Vietnam, sind Welse eine bedeutende wirtschaftliche Ressource. Verschiedene Welsarten wurden meist als Beute für Sportangler nach Europa und Nordamerika eingeführt, vermehrten sich dort aber sprunghaft und vertreiben als invasive Fischart die angestammten Arten.

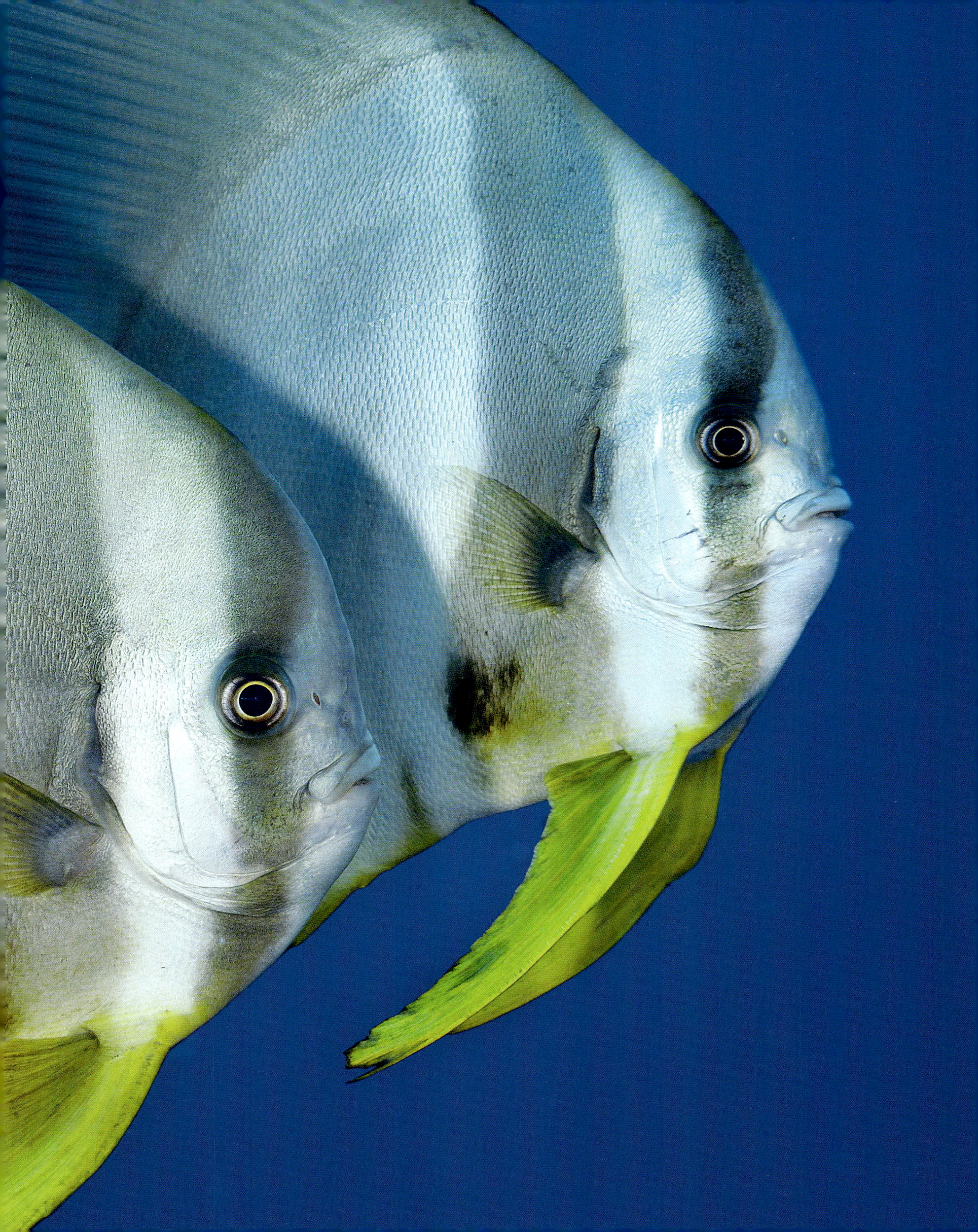

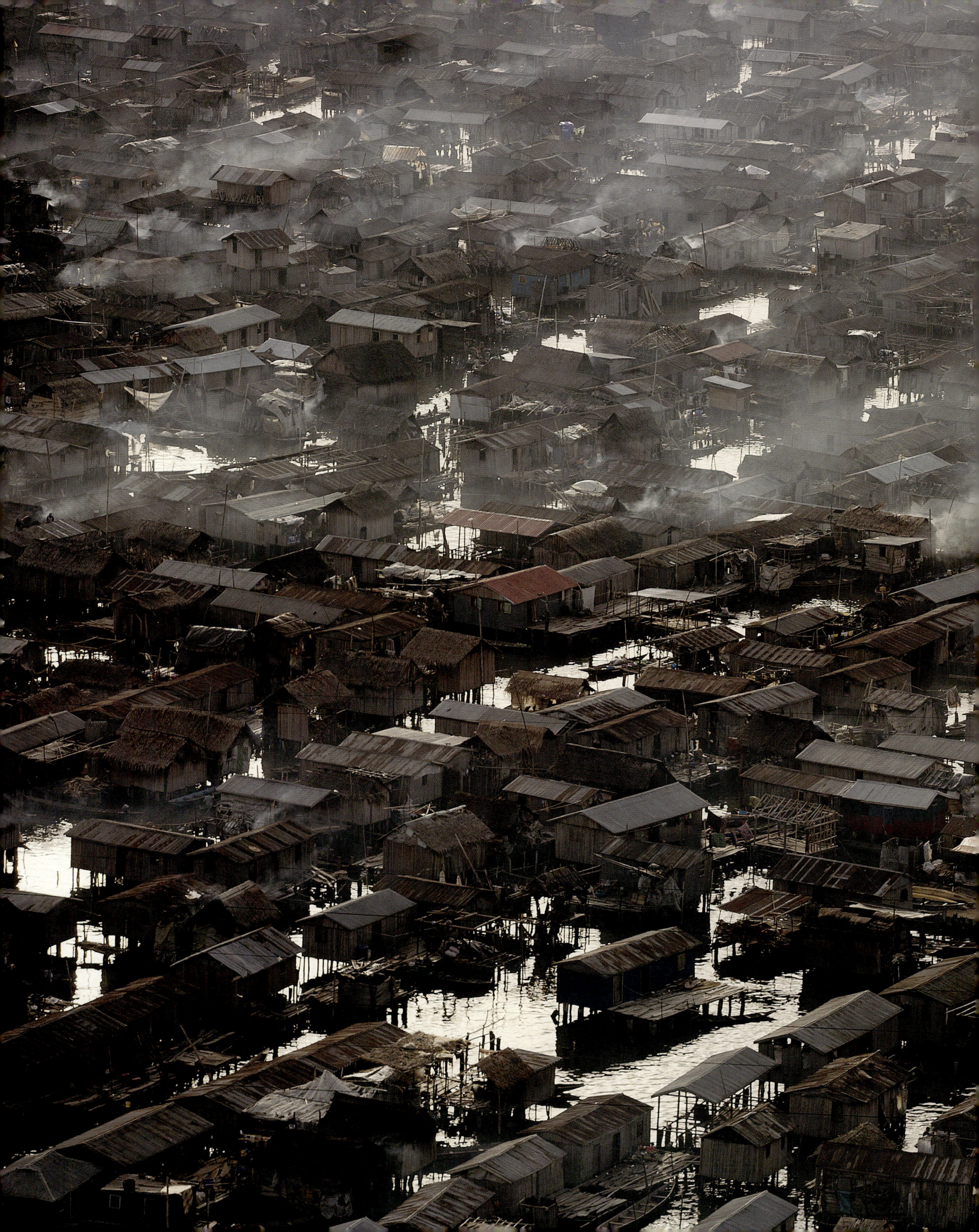

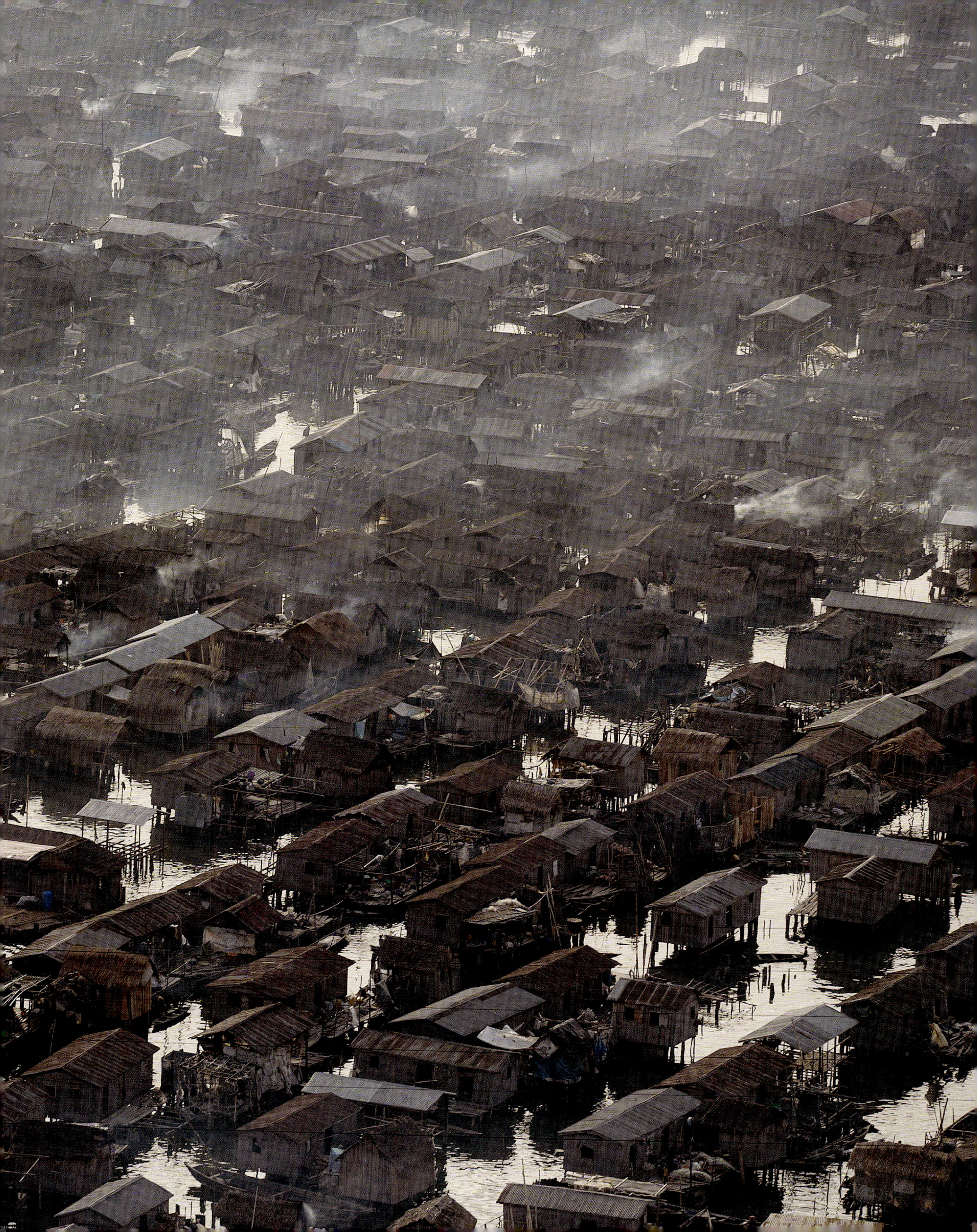

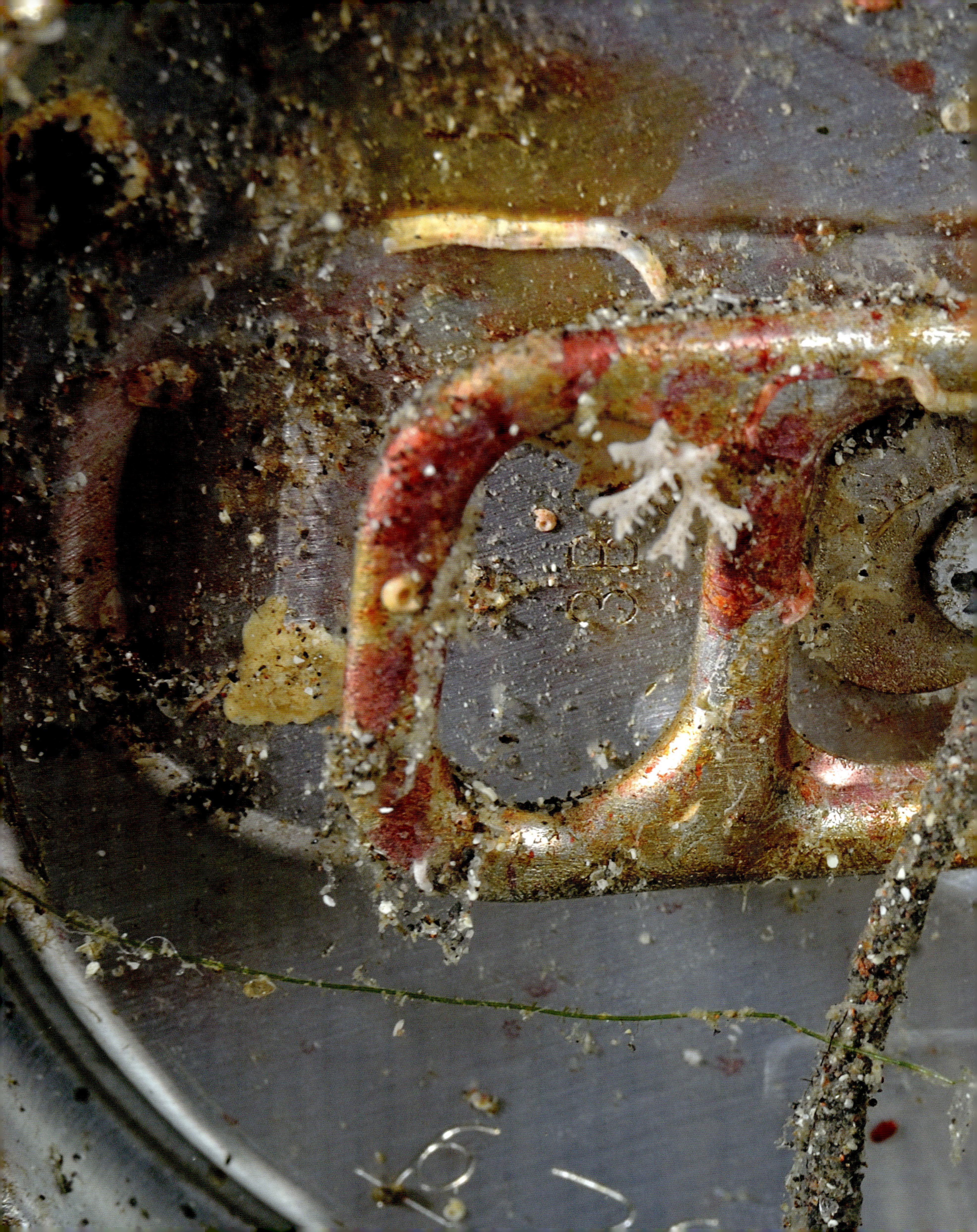

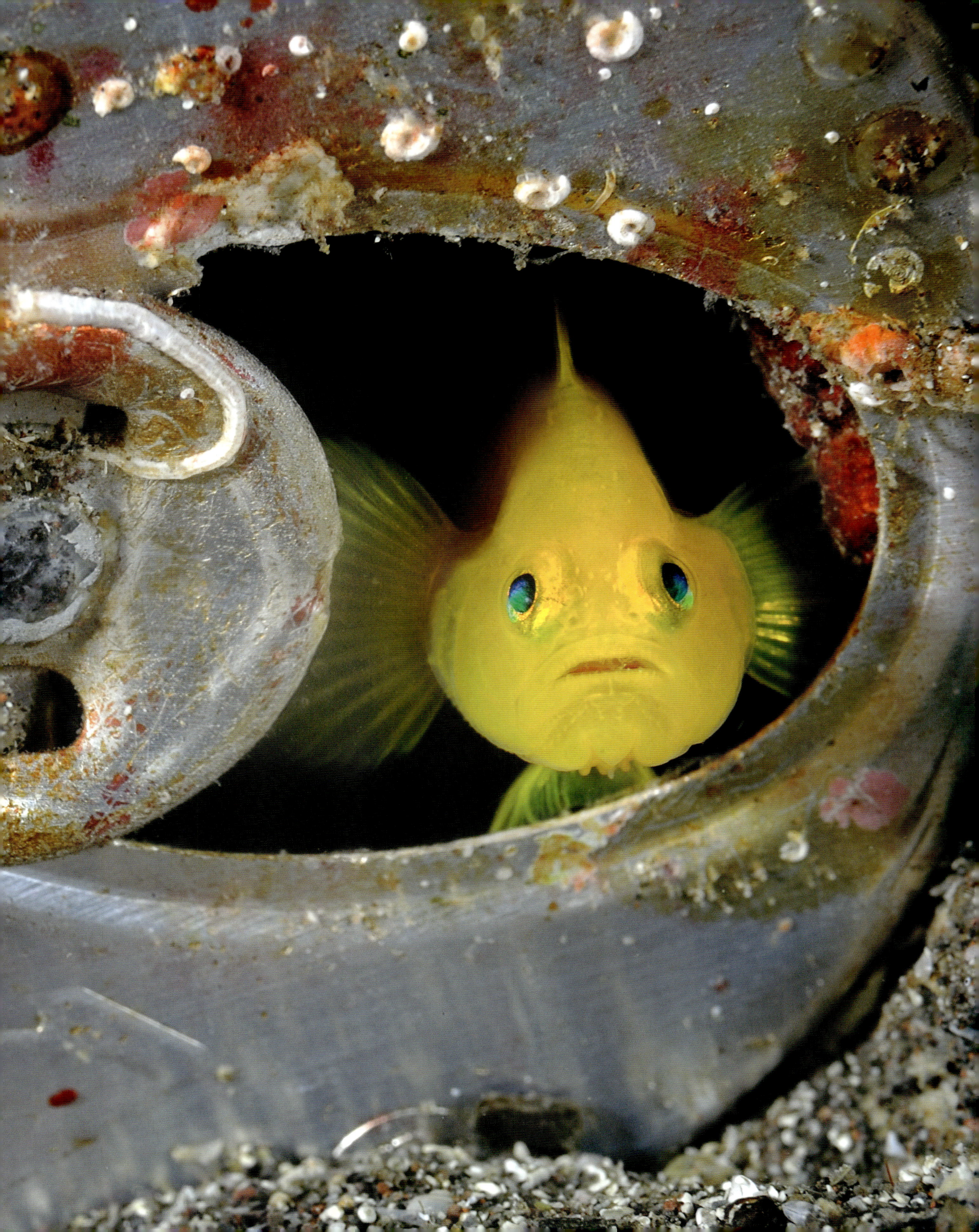

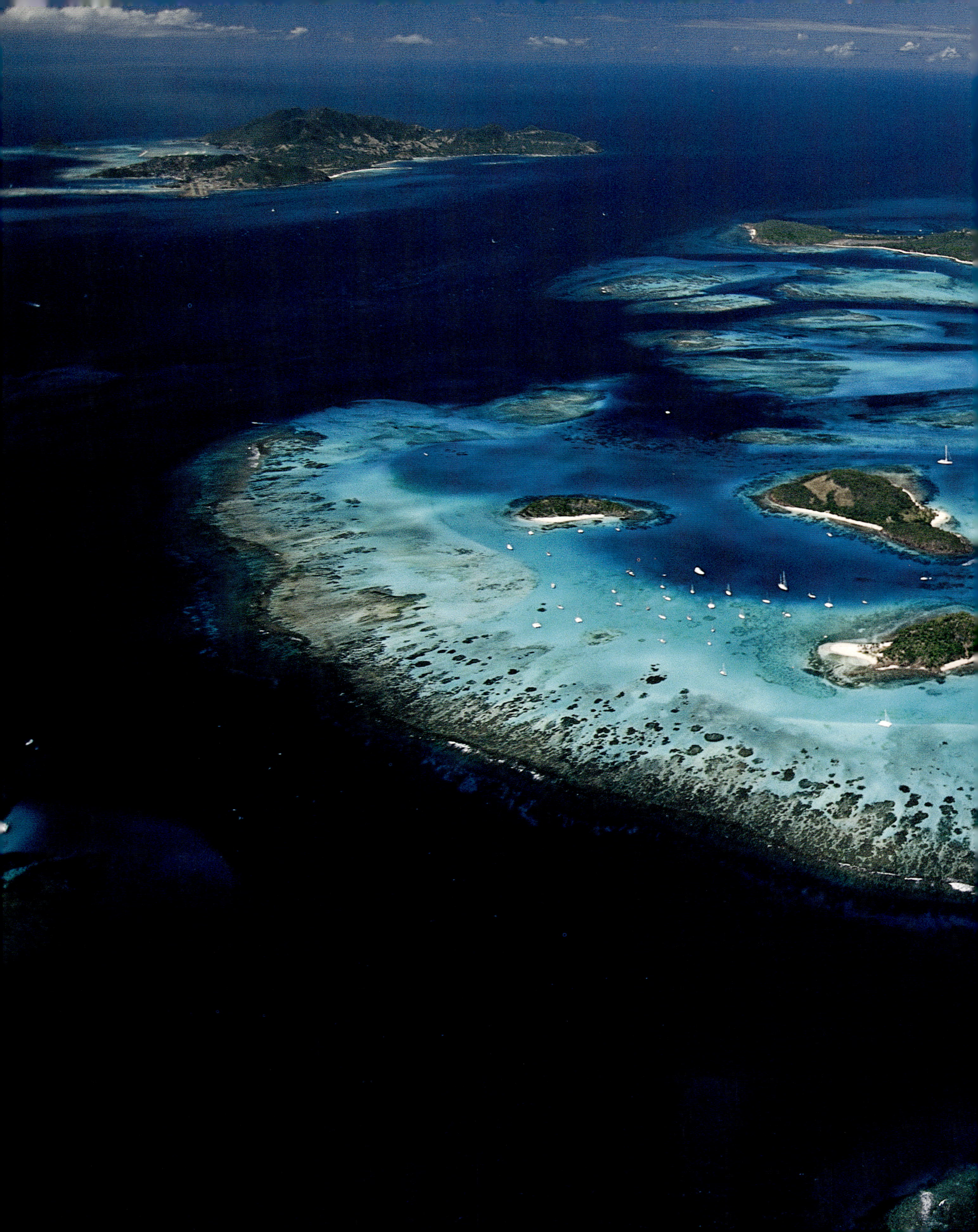

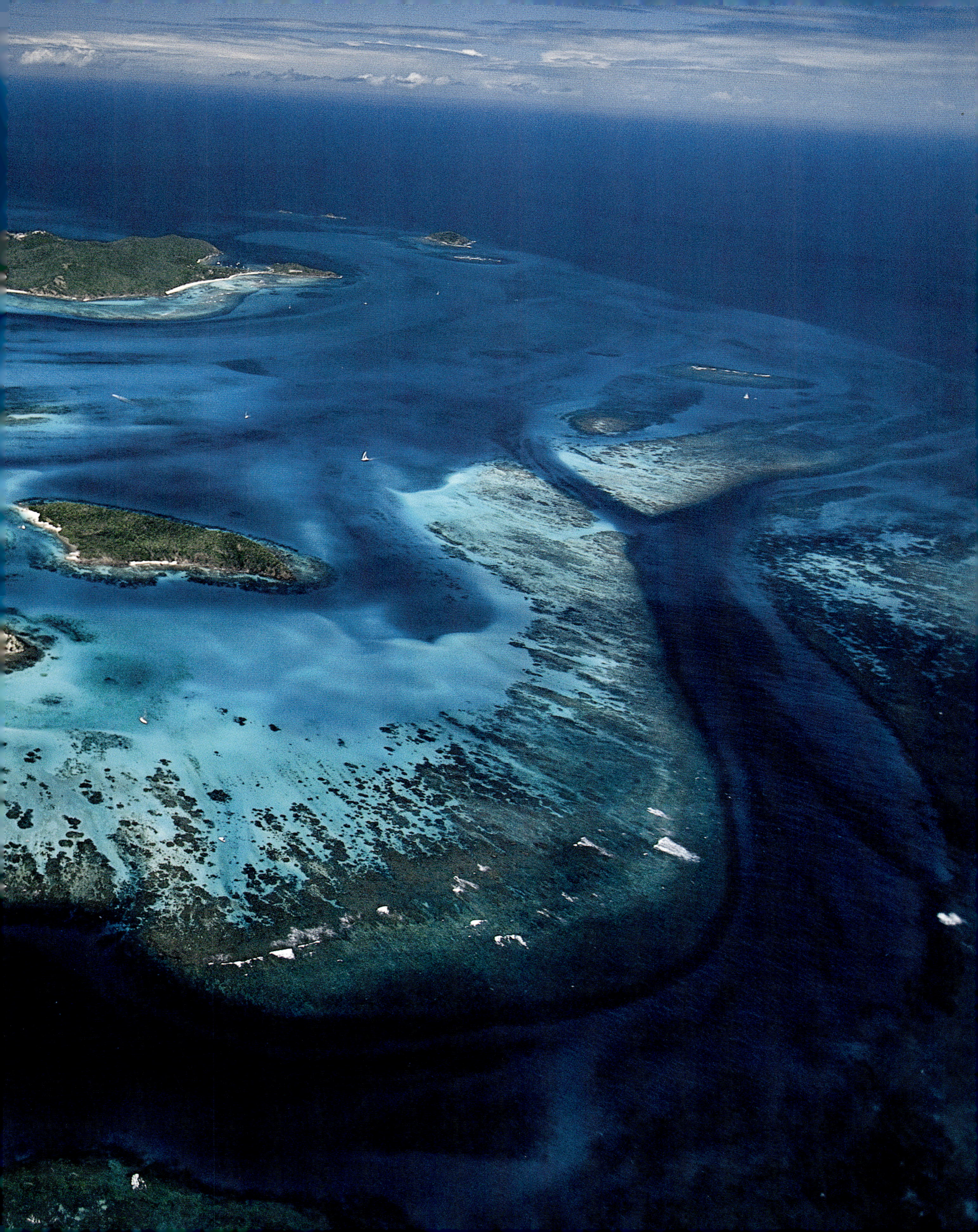

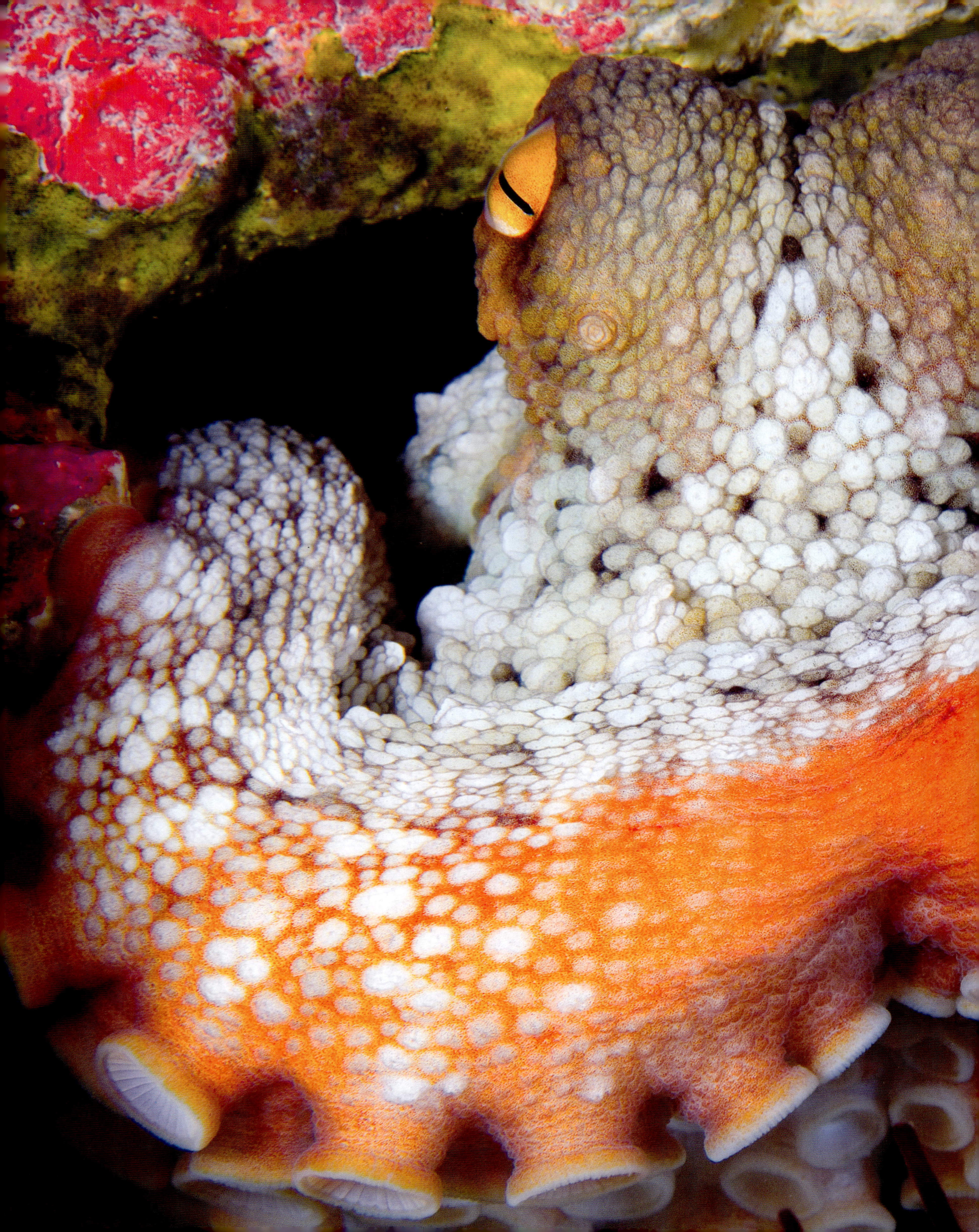

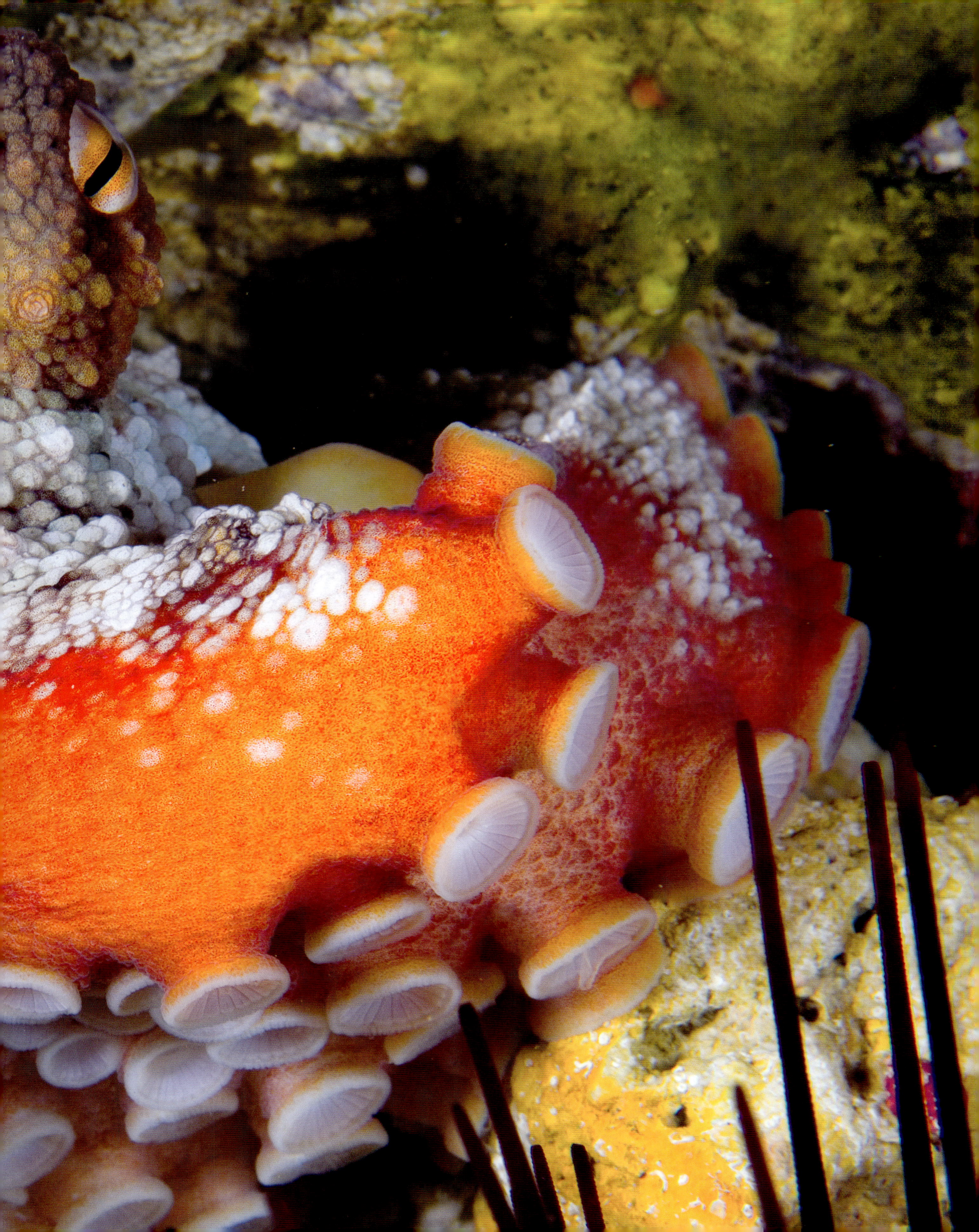

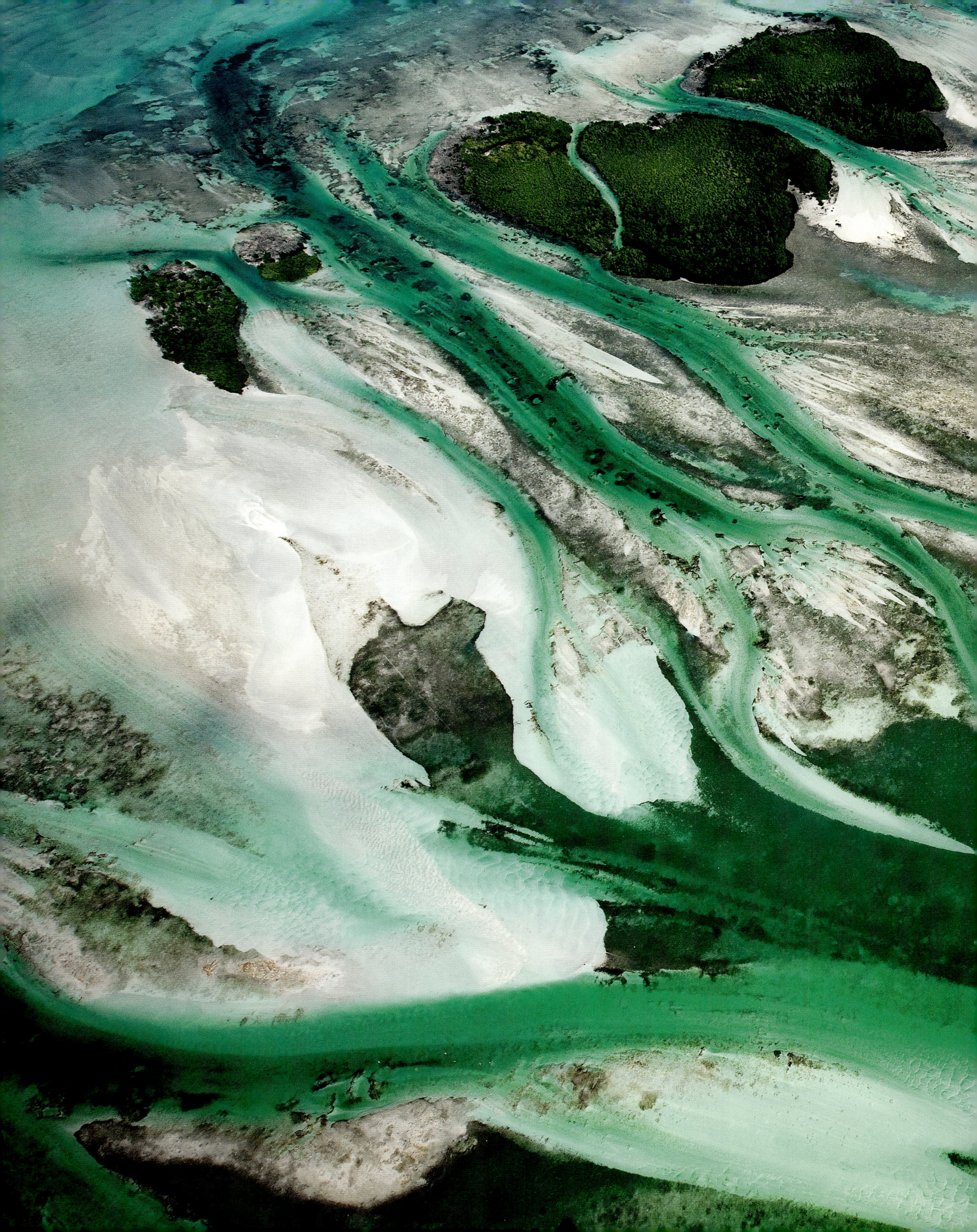

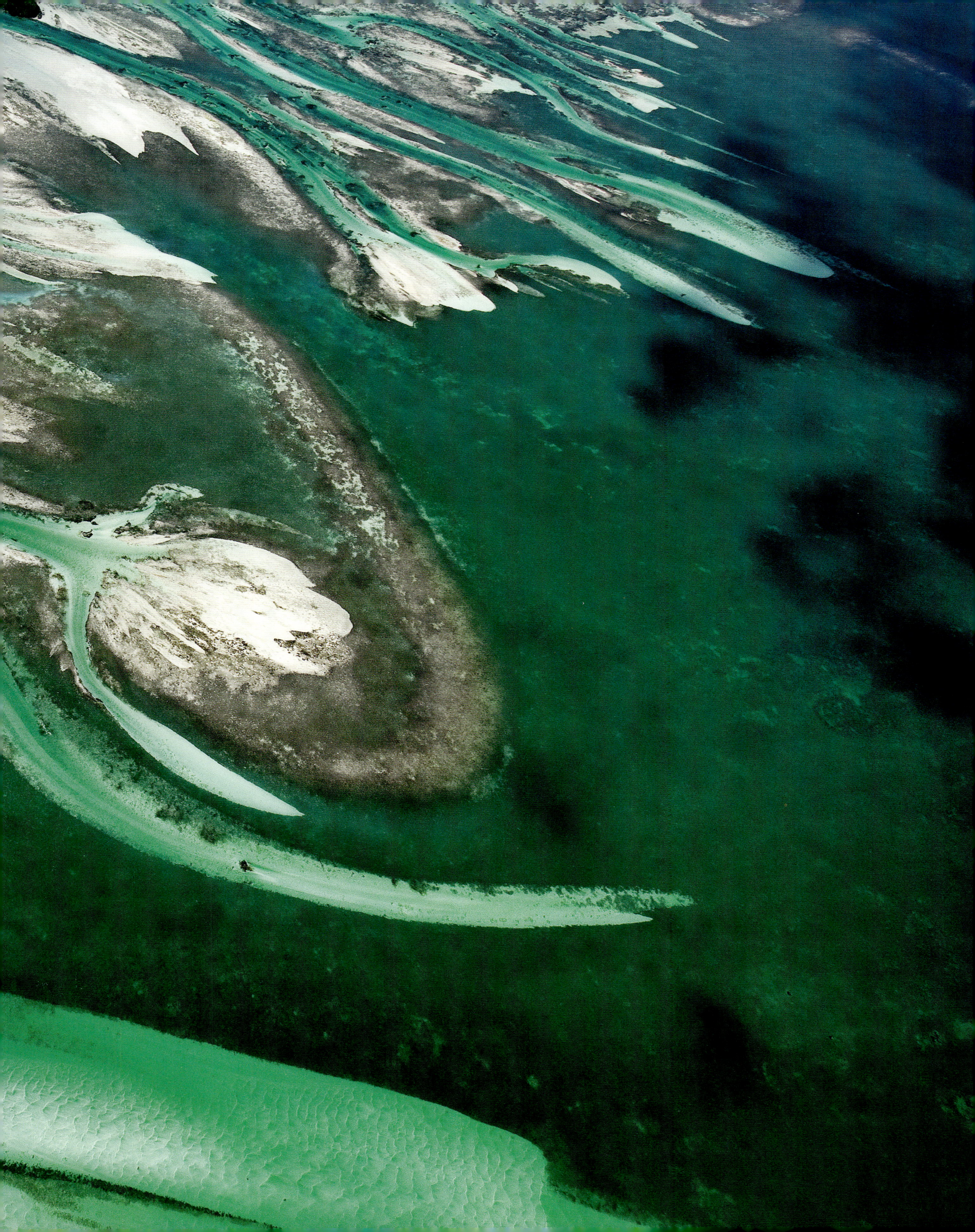

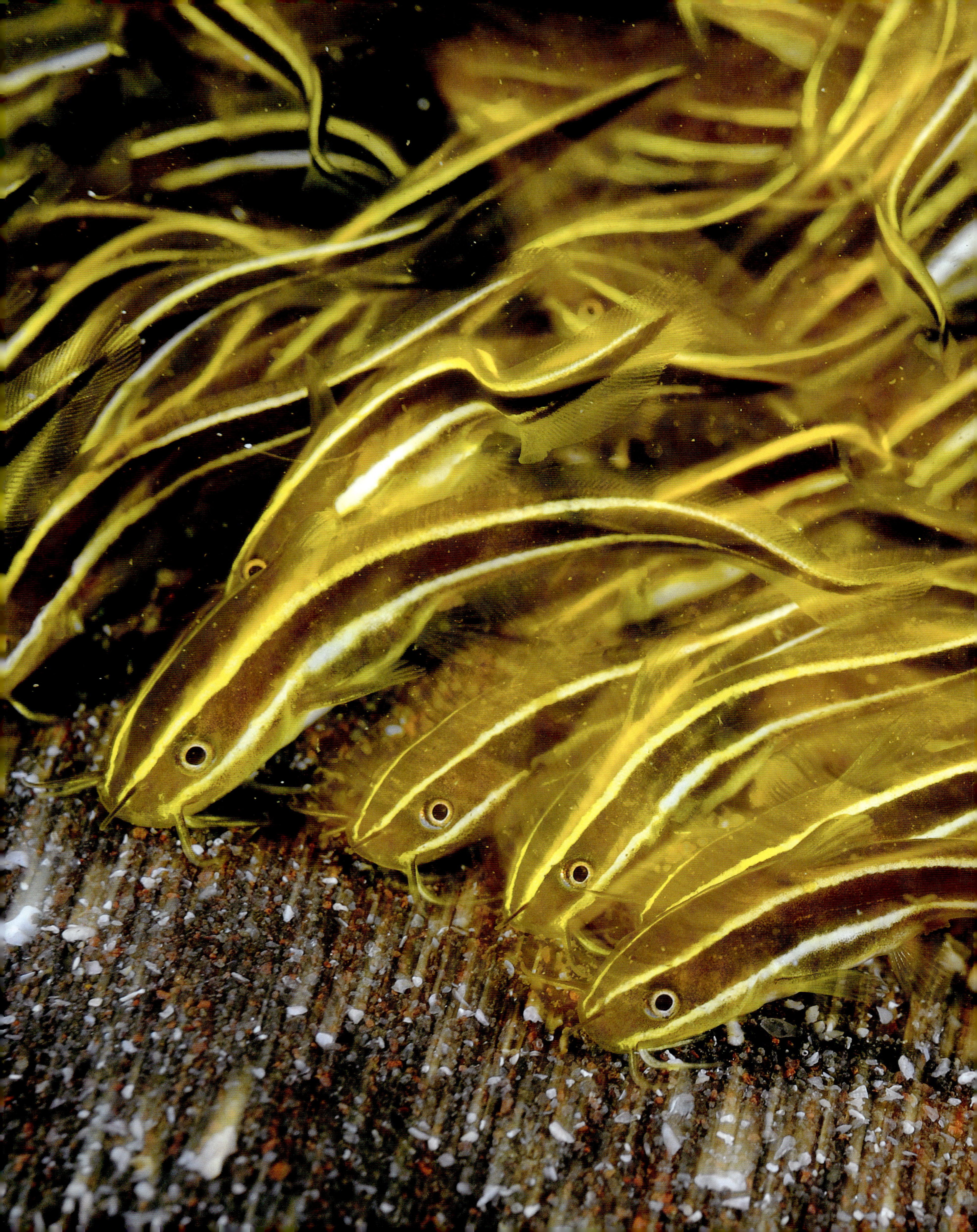

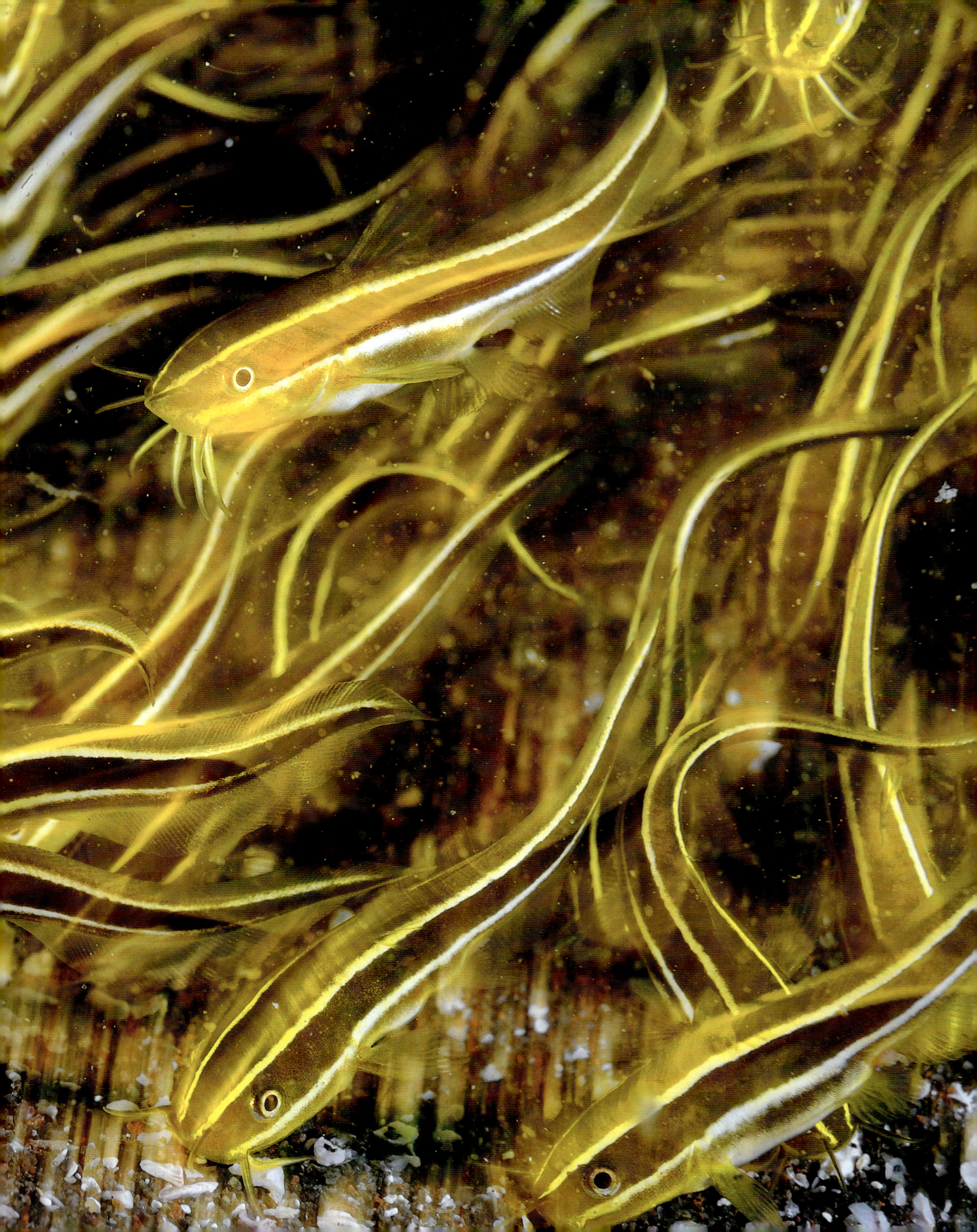

AN DER KÜSTE: LEBEN MIT DEM MEER

DERZEIT LEBT ETWA 50 % der Weltbevölkerung weniger als 100 km vom Meer entfernt. Bis 2035 könnte dieser Anteil auf 75 % steigen. Die Bevölkerungskonzentration an den Küsten der Erde verdeutlicht die besondere Beziehung von Mensch und Meer, aber sie bringt auch eine enorme Belastung des Lebensraums mit sich.

ATTRAKTIVE KÜSTENGEBIETE

Immer mehr Menschen siedeln sich an den Küsten der Erde an. Die sozio-ökonomischen Mechanismen hierfür mögen verschieden sein, die Grundtendenz bleibt jedoch gleich. Es handelt sich keineswegs um eine neue Erscheinung. Ansiedlungen an der Küste gab es in jedem Zeitalter, das belegen die Mittelmeerstädte der Antike: Athen, Rom, Karthago und die klassischen Metropolen Venedig, London, Konstantinopel/Istanbul und Sevilla – um nur einige zu nennen. In Amerika, Asien und Afrika hat die Kolonisation die Entstehung großer Küstenstädte mit sich gebracht: New York, Hongkong oder Kapstadt etwa sind relativ neue Städte. Die gegenwärtige wirtschaftliche Entwicklung Asiens lässt die Küstenstädte in China, Korea und Japan zu Weltmetropolen anwachsen. Während in Deutschland nur einer von 25 Einwohnern in Küstennähe lebt, wohnt im Nachbarland Frankreich einer von vier Einwohnern dort, und das obwohl die Küstenregionen nur 4 % des Staatsgebiets ausmachen. Die Bevölkerungsdichte in den Küstenregionen (weltweit 281 Einwohner pro km²) ist zweieinhalbmal größer als in einer durchschnittlichen Großstadt. In den USA wohnt mehr als die Hälfte der Bevölkerung in Küstennähe, das sorgt für eine dreimal höhere Bevölkerungsdichte als im landesweiten Durchschnitt (300 Einwohner pro km²). Zudem ist die Zahl der Meeresanwohner von 1980 bis 2003 um 28 % angestiegen, das sind etwa 33 Millionen zusätzliche Bürger. Die großen Flussdeltas von Nil, Mekong und Ganges gehören zu den am dichtesten besiedelten Regionen der Erde.

Es gibt viele Gründe für diese Bevölkerungskonzentration. Zum einen natürlich die Geschichte. Heute wie früher ermöglicht Küstennähe Fischfang und erleichtert den Handel. Manchmal bietet sie auch Möglichkeiten für die Offshore-Förderung von Rohstoffen. Früher lagen an den Küsten zudem Verteidigungsanlagen. Und immer mehr Küstengebiete profitieren von einem Zustrom von Touristen und Ausflüglern. Alle diese Aktivitäten sichern Arbeitsplätze, Einkommen oder einfach nur den Lebensunterhalt der ansässigen Bevölkerung. Aber das ist nicht alles. Küstengebiete sind auch aufgrund der Lebensbedingungen beliebt, die sie ihren Bewohnern bieten. Auch wenn sich hierfür kein einzelner Grund angeben lässt, so zeigen Meinungsumfragen doch, dass Küstenbewohner zufriedener und gesünder sind als die Menschen im Landesinneren.

DEM MEER LAND ABRINGEN

Der Bedarf ist groß, und es mangelt an Platz. Aus diesem Grund betreiben zahlreiche Länder an ihren Küsten Landgewinnung. Die Idee ist nicht neu: In den Niederlanden wurden sogenannte Polder geschaffen, indem man Deiche errichtete und das Wasser abpumpte. So befindet sich ein Großteil der Landesfläche Hollands unterhalb des Meeresspiegels. In Westeuropa sind seit dem 17. Jahrhundert auf diese Weise 15.000 km² Land gewonnen worden. Seitdem wenden zahlreiche Länder wie Dubai, Singapur oder Japan das gleiche Verfahren an, um dem Meer Land abzutrotzen.

Fischmarkt in Man, Stadt der 18 Berge, Elfenbeinküste
(7° 24' nördl. Br. – 7° 33' westl. L.)

Die Elfenbeinküste hat in den vergangenen Jahrzehnten einen bedeutenden Bevölkerungszuwachs erlebt. 1950 zählte das Land kaum mehr als 2,5 Millionen Einwohner, inzwischen nähert sich ihre Zahl 20 Millionen. Die Bewohner konsumieren im Schnitt 16 Kilo Fisch im Jahr. Obwohl es Meerzugang hat, produziert das Land nur 30 % seines Fischbedarfs selbst.

MEHR ALS 70 % DER WELTMETROPOLEN LIEGEN AN KÜSTEN

Mit der Industrialisierung und der Globalisierung sind Küstenstädte enorm gewachsen. Viele Megastädte sind gleichzeitig große Häfen – wie Singapur, Shanghai, Osaka-Kobe, New York oder Rotterdam. Außerdem befindet sich die Hälfte der Städte mit mehr als einer Million Einwohnern an oder in der Nähe einer Flussmündung – das gilt zum Beispiel für London oder Seoul.

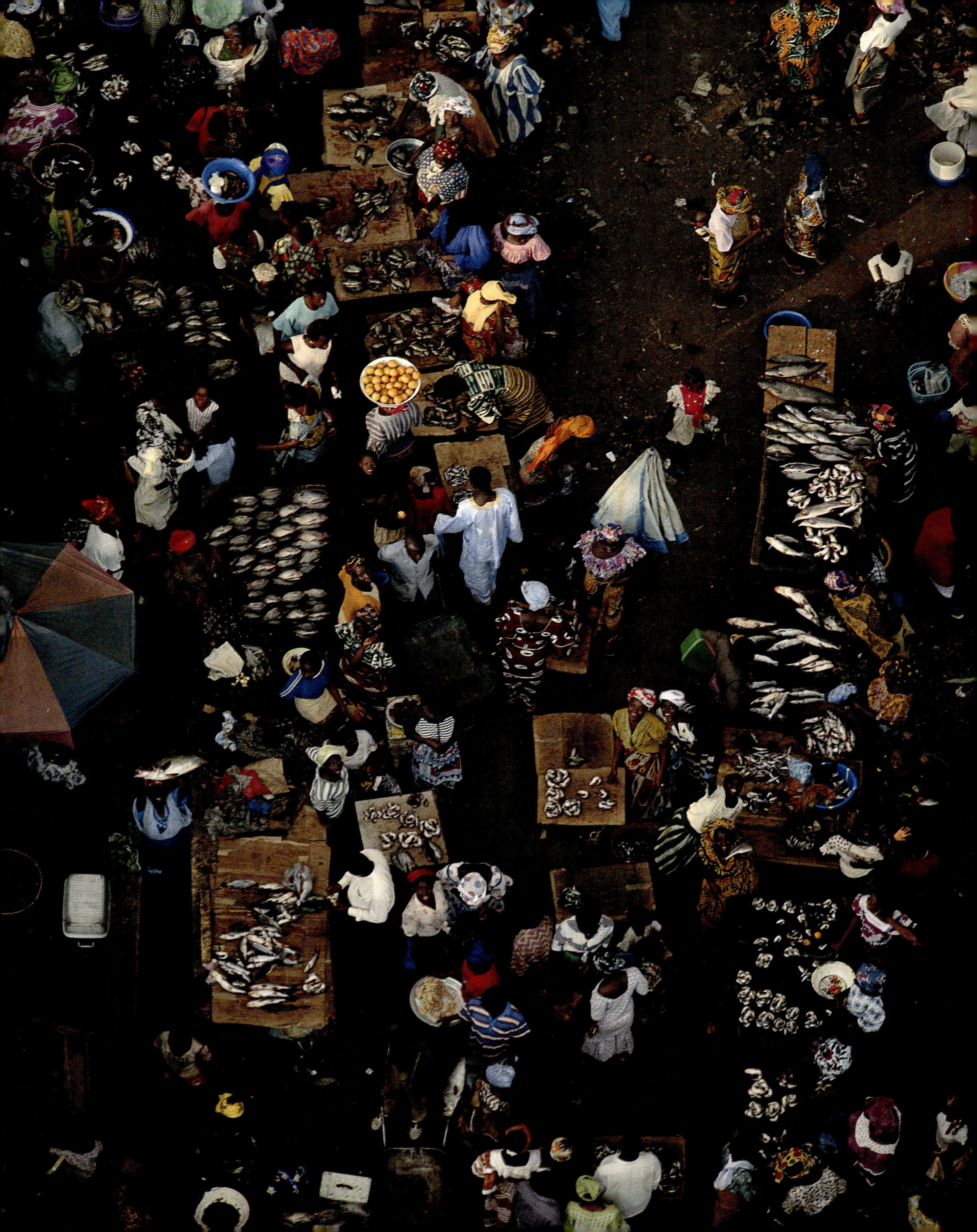

Hotelanlage bei Arrecife, Lanzarote, Kanarische Inseln, Spanien
(29° 00′ nördl. Br. – 13° 28′ westl. L.)

Die spanische Insel Lanzarote liegt vor Marokko. Sie gehört zu dem vulkanischen Archipel der Kanaren – Sonneninseln, die seit den 1960er-Jahren Touristen anziehen. 2011 hat Lanzarote, das ansonsten von 120.000 Einwohnern bevölkert ist, einen Ansturm von 1,7 Millionen meist deutschen und britischen Touristen beherbergt. Die Kanaren sind bevorzugter Ort sommerlicher Invasionen und verlängerter Ferien, insbesondere für Rentner, die sich hier das ganze Jahr über niederlassen. Die Inseln haben aufgrund der steigenden Gästezahlen eine massive Urbanisierung erlebt.

DER REICHTUM DER KÜSTEN

Fischerei und Aquakultur sind natürlich an die Küste gebundene Wirtschaftszweige. Sie haben 2008 weltweit 106 Milliarden Dollar eingebracht und 540 Millionen Menschen mit Arbeit versorgt. Im selben Jahr hat Fisch 15 % des Bedarfs an tierischen Proteinen für 3 Milliarden Menschen gedeckt. In manchen Regionen wird auf althergebrachte Art gefischt, mit traditionellen, kaum modernisierten Booten und Fangtechniken.

Industrieländer dagegen lassen wahre Fabrikschiffe zu Wasser, die die Weltmeere über große Distanzen durchkämmen und zum großen Teil für die Überfischung verantwortlich sind. Dabei bleibt zu bedenken, dass die Seefahrt eine gefährliche Unternehmung bleibt: Jedes Jahr kommen 24.000 Fischer auf dem Meer zu Tode.

Aquakulturen liefern inzwischen die Hälfte der weltweit verkauften Fischmenge. Es gibt etwa 11 Millionen Fischzuchtbetriebe, von denen 90 % in Asien angesiedelt sind. Die meisten arbeiten mit Süßwasser, die Salzwasseranlagen befinden sich fast ausschließlich an der Küste. Sie stellen dort ein ernstes Verschmutzungsrisiko dar. Der Wirtschaftszweig hat von 1992 bis 2009 ein Wachstum von 245 % verzeichnet.

ERHÖHTE BELASTUNG FÜR LEBENSRÄUME

Die Ausweitung des menschlichen Radius geht mit einer Verbauung der Küsten einher. In bestimmten Gegenden – besonders in Touristengebieten – wird die Küste von Bauten deformiert. So geschehen an der spanischen Costa Blanca, die nun der am stärksten urbanisierte Küstenstreifen Spaniens ist: 96 % des Ufers sind betoniert. Dazu kommen Probleme bei der Behandlung von Abwässern, die oft direkt ins Meer geleitet werden, sowie ein vermehrtes Abfallaufkommen durch den Zustrom von Touristen.

Der große menschliche Bedarf an Bau- und Ackerland ist fatal für die besonders wichtigen und besonders anfälligen Ökosysteme der küstennahen Feuchtbiotope. Dies sind zahlreiche mehr oder weniger mit Wasser gesättigte Lebensräume, die für die Artenvielfalt von enormer Bedeutung sind: Mangroven, Küstensümpfe, Dünen, Lagunen, Mündungen… In Frankreich beherbergen Feuchtgebiete 25 % der Artenvielfalt, gehören aber zu den am stärksten im Rückgang befindlichen Lebensräumen: Ihre Fläche wurde im 20. Jahrhundert um 67 % reduziert!

MANGROVEN

Weltweit gesehen gehören Mangroven – diese so einzigartigen Küstenwälder mit einem reichen und üppigen Ökosystem – zu den Lebensräumen, die im 20. Jahrhundert am stärksten dezimiert wurden. In weniger als 20 Jahren haben sie ein Viertel ihrer Fläche eingebüßt, das sind 3,6 Millionen Hektar, und das hauptsächlich in Asien. Diese Entwicklung wurde von mehreren Faktoren angestoßen: Angefangen mit der Urbanisierung und

BEDROHTES DELTA

Das 240 km breite Nildelta gehört mit 1000 Einwohnern pro km² zu den am dichtesten besiedelten Gebieten der Erde, und das in einem Land, in dem die demografische Explosion in vollem Gange ist: Die ägyptische Bevölkerung hat sich zwischen 1950 und 2010 vervierfacht. Wie alle Mündungsgebiete bildet das Nildelta ein besonderes Ökosystem, das durch die Vermischung von Süß- und Salzwasser geprägt ist. Doch sein Gleichgewicht ist gefährdet. Im Oberlauf blockiert der Assuanstaudamm den Zustrom von Sedimenten, das Land ist dadurch weniger fruchtbar, und es kommt zu Erosionen. Da der Fluss weniger Wasser führt, steigt der Salzgehalt. Bedingt durch Klimaerwärmung und den Anstieg des Meeresspiegels drängt das Meer am Unterlauf des Nils ins Landesinnere, manchmal bis zu 100 m pro Jahr. Manche Bauern karren Sand heran, um die Wellen zurückzuhalten. Da das Mündungsgebiet sehr flach ist, bedeutet ein Anstieg des Meerwasserspiegels um nur 30 cm die Überflutung von 220 km². Dieser gewaltige Einbruch führt in Verbindung mit einer unzureichenden Wasserversorgung zu einer Gefährdung der in Ägypten ohnehin unsicheren Lebensmittelerzeugung.

dem Tourismus, der die Bewohner von tropischen Zonen dazu anregt, unwirtliche Morastgebiete voller Mücken in Strände zu verwandeln, an denen man Hotels errichten kann. Auch die Zunahme von Aquakulturen ist beteiligt:
Die vermehrte Aufzucht von Krabben in warmen Gewässern trägt zur Zerstörung der Mangroven bei. Die Wurzeln der Mangrovenbäume werden oft auf hektargroßen Flächen gerodet, um Platz für Shrimps-Aquakulturen zu schaffen.

LEBENSWICHTIGER SCHUTZ
Küstenzonen sind durch menschliches Betreiben gefährdet, aber auch natürlichen Gefahren ausgesetzt. Das zeigen aktuelle Katastrophen wie der Tsunami im Dezember 2004 im Indischen Ozean (bei dem 200.000 Menschen ums Leben kamen), der Tsunami bei Fukushima im März 2011 (mit 20.000 Toten), der Hurrikan *Katrina* in New Orleans im Jahr 2005 (1800 Tote), Hurrikan *Sandy* in der Karibik und an der Ostküste der Vereinigten Staaten 2012, und auch der Orkan *Xynthia* über Frankreich im Februar 2010.
Die Ökosysteme der Küste sind ein natürlicher Schutz. Gerade Mangroven fangen die zerstörerischen Kräfte von Tropenstürmen und Tsunamis ab. Fest steht, dass Regionen mit vielen Mangrovenwäldern beim Tsunami im Jahr 2004 weniger große Verluste zu verzeichnen hatten. Der Bevölkerungszuwachs in Küstenregionen lässt auf jeden Fall die Risiken und die Opferzahl einer möglichen Katastrophe steigen.

ANSTIEG DES MEERESSPIEGELS
Viele natürliche Katastrophen sind punktuelle Ereignisse, während die langsame Erosion der Küsten dafür sorgt, dass das Meer immer mehr Land zurückerobert. Durch das Abschmelzen des Grönlandeises – eine Folge des Klimawandels – könnte der Meeresspiegel bis zum Ende des Jahrhunderts um sechs bis sieben Meter ansteigen. Dies wäre für viele Regionen und ihre Bewohner eine Katastrophe, da ein bedeutender Teil der Weltbevölkerung an Küsten lebt. Man denke beispielsweise an die Pazifik-Mikrostaaten, von

Florida-Manati *(Trichechus manatus latirostris)* **und sein Junges**

Manatis gehören mit den Dugongs zu den letzten Vertretern der Ordnung *Sirenia*, der Seekühe. Das friedliche Tier kann bis zu 60 Jahre alt und fünf Meter groß werden – bei einem Gewicht von 1,5 t. Manatis können bei Temperaturen unter 20 °C nicht überleben und siedeln sich deshalb in der Nähe von Mangroven und an Mündungen tropischer Flüsse an. Sie ernähren sich hauptsächlich von Mangroven-Keimlingen, Wasserhyazinthen und Algen und verspeisen bis zu 50 Kilo pro Tag.

AN DER KÜSTE: LEBEN MIT DEM MEER

Cœur de Voh, Neukaledonien, Frankreich
(20° 56′ südl. Br. – 164° 39′ östl. L.)

Im Innern der Insel Grande Terre – dort, wo das Meerwasser nur bei Springflut hingelangt – macht die Vegetation manchmal kahlen, übersalzenen Böden Platz, wie hier in der Nähe von Voh, wo die Natur eine Lichtung in Form eines stilisierten Herzens geschaffen hat. Die halb dem Land halb dem Meer zugehörigen Mangroven wachsen auf tropischen Schlickböden, die dem Wechsel der Gezeiten ausgesetzt sind. Mangrovenwälder bestehen aus diversen salztoleranten Pflanzen und besiedeln beinahe ein Viertel der tropischen Küsten überall auf der Welt.

denen einige, etwa Tuvalu, schon heute stark gefährdet sind. Oder auch an die Einwohner großer Metropolen wie New York oder Shanghai.

In Bangladesh lebt die Hälfte der Bevölkerung in Gegenden, die weniger als fünf Meter über dem Meeresspiegel liegen. Verschiedene Szenarien sehen voraus, dass etwa 20 % des Landes im Wasser versinken werden und 20–40 Millionen Menschen ihren Wohnort verlassen werden müssen. Für Afrika schätzt das Rahmenübereinkommen der Vereinten Nationen über Klimaänderungen, dass 30 % der an der Küste gelegenen Infrastrukturen in Gefahr sind und die Zahl der von Überflutungen bedrohten Afrikaner von 1 Million im Jahr 1990 auf 70 Millionen im Jahr 2080 ansteigen wird.

TUVALU

Der Inselstaat Tuvalu ist emblematisch für diese Situation. Er besteht aus neun Korallenatollen, deren höchster Punkt fünf Meter über dem Meeresspiegel liegt, und zählt gut 12.000 Einwohner. Tuvalu ist akut vom Anstieg des Meerwasserspiegels bedroht. Nach Ansicht von Experten könnte die Inselgruppe bis zum Jahr 2050 überschwemmt sein. Die Regierung hat begonnen, die Auswanderung der Bevölkerung zu organisieren. So beantragte man Asyl in Neuseeland und Australien, was letzteres jedoch ablehnte. Neuseeland willigte ein, die Bewohner Tuvalus unter bestimmten Bedingungen aufzunehmen. Die 1500 Bewohner der ebenfalls in der Karibik gelegenen und zu Papua-Neuguinea gehörenden Carteret-Inseln (auch Kilinailau oder Tulun-Inseln genannt) haben schon 2009 ihre Evakuierung eingeleitet. Weitere Inseln planen, ihre Bevölkerung umzusiedeln. Die Zahlen sind strittig, doch könnte die Zahl der Klimaflüchtlinge mehrere hundert Millionen erreichen.

SCHUTZMASSNAHMEN

Die Küsten der Erde müssen geschützt werden. Die Maßnahmen zum Schutz der Ost- und Nordseeküste in Deutschland werden von den Bundesländern in Zusammenarbeit mit den Kommunen durchgeführt. Koordiniert werden sie auf Bundesebene vom Küstenkontor, einem Forschungsprojekt, das den Informations- und Erfahrungsaustausch unter den Beteiligten und Interessengruppen beim Schutz und der Nutzung der Küstenregionen fördert. In diesem Rahmen sollen die hohen Standards des integrierten Küstenschutzmanagements – einer Vorgabe der Europäischen Union – durchgesetzt werden. Einige deutsche Küstenregionen, wie die deutschen Wattenmeere, unterliegen als Nationalparks und Naturschutzgebiete ganz besonderen Auflagen.

Der Schutz der Küsten ist auch Gegenstand internationaler Konventionen, Gesetze und Regierungsorganisationen. Die Ramsar-Konvention, mit der 1972 der Schutz von Zugvögeln gewährleistet werden sollte, wurde weiterentwickelt, um das besondere Ökosystem Feuchtgebiet zu schützen. Mehr als 1950 Gebiete sind durch die Ramsar-Konvention aus-

20 % DER MANGROVEN UNSERES PLANETEN WURDEN ZERSTÖRT

In Asien und Südamerika sind die Gezeitenwälder zwischen Land und Meer am stärksten gefährdet, besonders durch Landwirtschaft und Fischzucht. Mangroven gehören zu den reichsten und produktivsten Ökosystemen unseres Planeten und bieten zahlreichen Organismen Schutz, Nahrung und Kinderstube.

Zerstörte Mangrove, Casamance, Senegal
(12° 37' nördl. Br. – 16° 33' westl. L.)

Aufeinanderfolgende Dürren, Straßenbau und Brennholz-Kahlschlag haben dazu geführt, dass ein Teil der Mangrovenwälder des Senegals verschwunden ist. Dieses besondere Ökosystem, in dem sich Land und Meer begegnen, spielt eine bedeutende Rolle für Mensch und Fauna. Mangroven sind Rückzugsort für Fische, sie reduzieren den Salzgehalt des Bodens und ermöglichen den Reisanbau auf angrenzenden Feldern.

gewiesen: Dazu gehören Küstenzonen, deren Wasserstand bei Ebbe sechs Meter Tiefe nicht überschreitet, Feuchtwiesen, Moore, Mangroven und Korallenriffe. Inzwischen stehen auf diese Weise mehr als 190 Millionen Hektar unter Schutz.

ÖKOTOURISMUS

Aber nicht nur der Staat kann eingreifen. Der Ökotourismus stellt einen wirtschaftlichen Anreiz dar, Natur und insbesondere Strände und Küstenzonen zu schützen. So haben sich 2008 13 Millionen Menschen aufgemacht, um Wale und Delfine zu beobachten. Mit diesen Aktivitäten wurden weltweit an die 2,1 Milliarden Dollar umgesetzt und 13.000 Personen in Lohn und Brot gebracht. Durch solche Erfahrungen werden immer mehr Gemeinden dazu motiviert, ihre Artenvielfalt zu erhalten.

KLIMAWANDEL

Solche regionalen Initiativen könnten effizient gegen die Gefährdung von Ökosystemen vorgehen. Beim Anstieg des Meerwasserspiegels jedoch bleiben lokal begrenzte Bemühungen zwecklos. Nur ein globales Bewusstsein und die drastische Reduzierung der Treibhausgase könnten eine Lösung schaffen. Bisher aber hat die internationale Gemeinschaft nur wenig Bereitschaft in dieser Richtung gezeigt.

VORBEREITET SEIN

Unsere schwachen Reaktionen angesichts des Treibhauseffekts lassen einen Anstieg des Meeresspiegels unvermeidbar werden. Die physikalischen Eigenschaften der Meere – ihre hohe thermische Trägheit – sorgen zudem dafür, dass die Meeresspiegel selbst bei schnellem Handeln noch Jahrzehnte ansteigen würden.

Wenn man die Treibhausgasemissionen nun nicht aktiv verringern kann, muss man sich wenigstens auf die Folgen des Klimawandels vorbereiten, sich anpassen. Wir müssen vorausschauend agieren. Je früher wir handeln, desto weniger Geld und Anstrengung wird es kosten. Generell gibt es angesichts des steigenden Meeresspiegels drei Möglichkeiten: die Position halten, sich anpassen oder den Rückzug antreten. Tatsächlich wird man oft alle drei Lösungsansätze zugleich verfolgen müssen, das heißt Deiche und Dämme errichten und erhöhen, Gebäude ins Innere der Küstengebiete verlegen, Feuchtgebiete sanieren. Aber die Anpassung zielt auch darauf, die Auswirkungen des Meerwasseranstiegs zu mindern, indem man Hochwasserzonen schafft, Absicherungen vorsieht und die Versorgung mit Trinkwasser gewährleistet.

Doch all diese Maßnahmen werden nur begrenzten Erfolg haben, wenn der Meeresspiegel zu stark ansteigt – das heißt, wenn wir nicht in der Lage sind, die Ursachen des Problems anzugreifen, nämlich unsere Treibhausgasemissionen.

46 MILLIONEN MENSCHEN SIND VON EINER FLUTWELLE BEDROHT

Indischer Ozean und Pazifik sind als Zonen mit starker tektonischer Aktivität besonders gefährdet, denn ein unterseeisches Erdbeben kann einen Tsunami hervorrufen, der alles hinwegfegt. So wurde im Dezember 2004 die Provinz Aceh auf der Insel Sumatra durch eine Flutwelle zerstört, die 226.000 Menschen in den Tod riss. Im Jahr 2011 hat der im Osten Japans wütende Tsunami 20.000 Todesopfer gekostet und einen schweren Nuklearunfall verursacht.

Mehr Informationen zu diesem Thema und ein entsprechender Ausschnitt aus dem Film *Planet Ocean* sind auf der Website www.goodplanet.org verfügbar.

GESPRÄCH

DIE MANGROVE: DER LEBENSINHALT DER DORFBEWOHNER

HAÏDAR EL-ALI, dessen Liebe dem Meer gilt, hat seinen Tauchklub in einen Umweltschutzverband verwandelt. Mehrere Jahre seines Lebens hat er gegen die Überfischung gekämpft und die Bewohner des Senegal davon überzeugt, sich für die Erhaltung der Mangrove einzusetzen. Dank seiner Initiative wurden mehrere Millionen Bäume neu gepflanzt. 2012 wurde der Umweltaktivist im Senegal zum Minister für Ökologie und Umweltschutz ernannt, was ihm größere Handlungsfreiheit verlieh.

VOR EINIGEN JAHREN HABEN SIE MIT IHREM UMWELTZENTRUM OCÉANIUM DIE NEUPFLANZUNG VON MANGROVENBÄUMEN BEGONNEN, DIE AUS DER MÜNDUNGSLANDSCHAFT DES CASAMANCE SOWIE DEM DELTA DER BEIDEN FLÜSSE SINE UND SALUM IMMER WEITER VERSCHWANDEN. WARUM?

Die Mangroven verhindern das Aufsteigen des Meersalzes im Boden; sie tragen also wesentlich zur Fruchtbarkeit des Bodens bei und ermöglichen den Reisanbau. Die Stämme der Mangrovenbäume dienen außerdem den Bauern als Feuerholz.

> »Der Senegal hat innerhalb weniger Jahrzehnte fast 40 % seines Mangrovenbestands eingebüßt.«

Ihre Blüten sind bei den Bienen sehr beliebt: Der Mangrovenbaum erzeugt also Honig. Den Fischen bieten die Mangroven Unterschlupf und sorgen direkt für einen Teil der Ernährung der Dorfbewohner. Knospen und Rinde werden zur Herstellung von Medikamenten verwendet. Die Mangrove ist eine Quelle natürlicher Reichtümer und schützt die Küsten im Großen und Ganzen vor Erosionen und verarbeitet CO_2 zu Sauerstoff: Die Mangrove ist der Lebensinhalt der Dorfbewohner. Dennoch hat der Senegal im Laufe weniger Jahrzehnte fast 40 % seines Mangrovenbestands eingebüßt.

WAS SIND DIE URSACHEN FÜR DAS VERSCHWINDEN DER MANGROVEN IM SENEGAL?

Die Mangroven litten in den 1970er- und 1980er-Jahren vor allem unter der Trockenheit. Nach dem Austrocknen der Flüsse hat das überschüssige Salz die Bäume zerstört. In den 1980er- und 1990er-Jahren wurden Mangrovenbäume gefällt, um Straßen zu den abgeschiedene Dörfer zu bauen. Diese Bauarbeiten haben an bestimmten Stellen der Mündung des Casamance das Fließen des Meerwassers verhindert. Aber viele Mangroven wurden auch von den Dorfbewohnern gefällt, denn das Holz dient ihnen zum Kochen und zum Heizen.

WAS HABEN SIE GETAN, UM DIE MANGROVEN ZU SCHÜTZEN?

2006 haben wir in einem einzigen Dorf gemeinsam mit 300 Helfern die Wiederaufforstung in Angriff genommen und 65.000 Mangroven gepflanzt. Der Mangrovenwald konnte sich wieder erholen, und die Nachricht von diesem Erfolg verbreitete sich. Dann wurde das Projekt ausgeweitet. Im folgenden Jahr haben sich 16 weitere Dörfer dieser Bewegung angeschlossen, und wir haben gemeinsam 500.000 Mangroven gepflanzt. 2008 beschlossen wir, die Zahl zu verzehnfachen. Auch dieses Ziel haben wir erreicht. Über sechs Millionen Jungstämme wurden zwischen September und Oktober 2008 mit Unterstützung der Yves-Rocher-Stiftung gesetzt. 2010 erhielten wir eine finanzielle Unterstützung vom Danone-Konzern, mit der wir eine noch größere Dimension erreichen konnten: In diesem Jahr mobilisierten wir 70.000 Helfer, um ungefähr 70 Millionen Mangrovenbäume zu pflanzen. Ein stolzes Ergebnis!

WIE GELANG ES IHNEN, SO VIELE MENSCHEN ZU MOBILISIEREN?

Während der Jahre, in denen ich für mein Umweltzentrum Océanium arbeitete, fuhr ich mit meinem Lautsprecher-Wagen durch das Land, um den Dorfbewohnern die wichtige Rolle der Mangrovenwälder zu erklären und sie davon zu überzeugen, mit uns gemeinsam Mangrovenbäume zu pflanzen. Ich halte mich immer an die Devise: Mit den Menschen reden, um brauchbare Lösungen zu finden. Man muss die Sprache des Herzens, die Sprache der Wahrheit beherrschen.

> »Heutzutage gilt es zu handeln, das Reden muss ein Ende haben.«

Der Diskurs darf sich nicht von der konkreten Realität entfernen, denn den Bewohner des Casamance-Deltas, den Senegalesen oder ganz allgemein den Afrikaner überzeugt man nicht durch abstraktes Gerede über Klimaerwärmung, sondern indem man mit ihm über die Dinge spricht, die ihm vertraut sind und die ihn direkt betreffen. Man muss ihm erklären, dass das Meer nicht unendlich ist und dass Fischmangel

Hungersnot und Arbeitslosigkeit nach sich ziehen kann und dass wir diese Erde für uns retten müssen. Nicht für die Vögel, die Bäume oder die Schmetterlinge, sondern für uns!

WIE ARBEITEN SIE HEUTE AN DER AUFFORSTUNG DER MANGROVENWÄLDER?

Es geht darum, dass jeder Bürger, jeder Senegalese die Dringlichkeit begreift, sich für den Schutz unserer Umwelt einzusetzen. Es genügt, wenn jeder einen Baum pflanzt. Dann gewinnen wir den Kampf. Heutzutage gilt es zu handeln, das Reden muss ein Ende haben.

DIE MANGROVEN SPIELEN EINE GROSSE ROLLE BEI DER FORTPFLANZUNG DER MEERESTIERE. HABEN SIE DESHALB AUCH EIN MEERESSCHUTZGEBIET GESCHAFFEN?

Im Süden des Landes, im Mündungsgebiet von Sine und Salum (im Delta, das die beiden Flüsse Sine und Salum bilden, etwa 130 km südlich von Dakar), haben wir 2002 den Bolong (einen kleinen Salzwasserkanal) des Campingplatzes Keur Bamboung geschlossen und ein Meeresschutzgebiet (AMP) errichtet. Dieses Schutzgebiet wird von Vertretern der 14 angrenzenden Dörfer verwaltet, die sich alle drei Monate versammeln, um über Aktionen zu beraten. Dank dieses Meeresschutzgebiets haben sich ungefähr 20 Fischarten, die aus der Gegend verschwunden waren, erneut angesiedelt. Und dank dieses zunehmenden Überflusses bedeuten diese Fische auch eine Bereicherung der weiter entfernten Fanggebiete. Die Fischer im ganzen Umkreis profitieren von dieser Fischreserve. Dadurch konnten die Frauen auch wieder Austernkulturen ansetzen, die ihnen ein zusätzliches Einkommen einbringen. Dieses Meeresschutzgebiet hat also das Leben vieler Einwohner verändert. Heutzutage verdienen sie genug, um ihre Familie zu ernähren und tragen gleichzeitig zum Umweltschutz bei!

IN WELCHEM ZUSTAND BEFANDEN SICH DIE FISCHFANGRESSOURCEN, ALS SIE MINISTER WURDEN?

Im Bereich des Fischfangs bleibt noch viel zu tun, viele schlechte Gewohnheiten müssen bekämpft werden. Die Aufgabe der Leitung des Meeresschutzgebiets besteht heute darin, mit der Zustimmung der ortsansässigen Fischer neue Schutzzonen zu schaffen. Meiner Meinung nach muss unser Meeresraum in drei große Bereiche geteilt werden: ein Drittel muss für den Meeresfischfang zur Verfügung stehen, ein Drittel für die Küsten- oder Wattfischerei und das letzte Drittel sollte zum Meeresschutzgebiet erklärt werden. Denn dieses letzte Drittel ermöglicht es, die Ressourcen der ersten beiden zu schützen. Sobald der Lebensraum der Fische wiederhergestellt ist, vermehren sie sich auch. Doch im Kampf gegen die Überfischung durch den industriellen Fischfang genügt es nicht, Meeresschutzgebiete einzurichten. Man muss wissen, dass die Verwaltung des Fischbestands mehrere Jahre lang von bestechlichen Personen und mafiösen Strukturen beherrscht war. Sie haben den Fischfang des Landes geplündert und in den Ruin getrieben.

> **»Mehrere Jahre lang war die Verwaltung des Fischbestands von bestechlichen Personen und mafiösen Strukturen beherrscht.«**

Chinesen und Europäer kamen mit großen Fischfangflotten und haben sich bedient und somit ein kostbares Gut des Landes missbraucht. (Pape Diouf, der senegalesische Minister für Fischerei, erklärt, dass dieser Sektor 32 % des Exports ausmacht und 700.000 dauerhafte und saisonale Arbeitsplätze schafft.)

HABEN SIE DESHALB IM MAI 2012 GEFORDERT, DEN AUSLÄNDISCHEN FISCHEREIFLOTTEN DIE FISCHEREIERLAUBNIS ZU ENTZIEHEN?

Seit ihrem Machtantritt hat die neue Regierung diese Abmachungen (die von der vorherigen Regierung völlig unbedacht und im Widerspruch zu den Landesgesetzen getroffen worden waren) angeprangert. Wir haben den Beschäftigten in der gewerblichen Fischerei geholfen. (Laut Greenpeace betrug der Fischfang der 29 ausländischen Trawler 60 % von dem, was die etwa 10.000 Einbäume der senegalesischen Küstenfischer ergatterten). Die einheimischen Fischer erkannten die heilsame Wirkung sofort, denn die Sardinelle kehrte zurück, doch das genügt nicht. Denn es gibt zwei Sorten von Fischen: Es gibt jene, die sich schnell vermehren, wie zum Beispiel die Sardinelle, die nur eine Lebensdauer von anderthalb Jahren hat. Und es gibt Fische, die länger leben und deren Fortpflanzungszyklus viel langsamer ist, wie zum Beispiel der Zackenbarsch, der 80 Jahre alt wird. Bei diesen haben wir, wie ich fürchte, eine ausweglose Situation erreicht.

WAS HAT SICH DURCH IHRE ERNENNUNG ZUM UMWELTMINISTER GEÄNDERT?

Diese Ernennung hat meinen Handlungsspielraum erweitert. Zuvor war ich auf Lokalebene, d.h. im Interesse der Dörfer tätig. Diese Aktionen auf Lokalebene erwiesen sich als wirksam, hatten Ergebnisse erzielt. Künftig können sie auf Landesebene fortgesetzt werden, in Zusammenarbeit mit dem Staat und der Verwaltung und dem Ministerium für Wasser und Forstwirtschaft. Das ist natürlich von großer Bedeutung, denn als Nichtregierungsorganisation trifft man Entscheidungen nur auf lokaler Ebene, während man sich als Minister auf nationaler, ja internationaler Ebene bewegt. Um auf die Überfischung zurückzukommen: Es ist vor allem für die Jugend von großem Belang, denn die jungen Leute versuchen momentan nach Spanien auszuwandern. Insbesondere, wenn sie beobachten, dass europäische Länder unsere Minister bestechen, Scheinabkommen unterzeichnen, uns all unsere Fische wegnehmen und sich bereichern, dann wollen auch sie ihren Anteil am Kuchen. Aber von nun an ändern sich die Dinge.

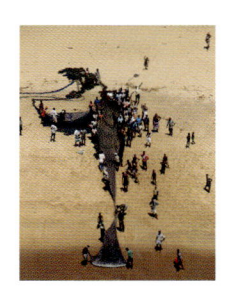

Traditioneller Fischfang zwischen Abidjan, Grand-Bassam und Elfenbeinküste
(5° 13′ nördl. Br. – 3° 53′ westl. L.)

Täglich nehmen die Fischer der Elfenbeinküste erhebliche Risiken auf sich, um die »Barrikade« zu überwinden, diese höchst gefährliche Zone, in der sich ständig riesige Wellen auftürmen. Ihre Erfahrung lässt sie den Augenblick vorhersehen, in dem sich die Wellen beruhigen und sie ihren Einbaum aufs offene Meer hinauslenken können. Dieses natürliche Hindernis im gesamten Golf von Guinea hat bis ins 19. Jahrhundert die Anrainerstaaten von der übrigen Welt abgeschnitten. Aber heute ist der Golf im Begriff, ein höchst bedeutender geostrategischer Punkt auf dem internationalen Schachbrett zu werden, insbesondere aufgrund der Entwicklung Nigerias zum wichtigsten Erdölförderer Afrikas und von Angola, das ebenfalls reich an Erdöl ist.

Mantel einer Großen Riesenmuschel (*Tridacna gigas*), Kingmanriff, Vereinigte Staaten

Die Große Riesenmuschel ist die größte Muschel der Welt. Sie kann anderthalb Meter groß werden. Die schwerste Große Riesenmuschel wog 333 Kilo. Die blaue Farbe der Hülle ist auf eine Alge zurückzuführen, die in Symbiose mit dem Muschelgewebe lebt, eine Zooxanthelle, die der ähnelt, die man in Korallen findet. Der beim Schließen der Klappen ausgelöste Druck stellt eine echte Falle dar, die für die Taucher, die mit ihrem Fuß hineingleiten, tödlich ist. Diese Tiere, die lange Zeit als Dekorations- oder Kultgegenstand und sogar als Nahrungsquelle dienten, sind heutzutage geschützt.

Rinderherde in der Laguna Merín in der Nähe von Punta Magro, Verwaltungsbezirk Rocha, Uruguay
(34° 07′ südl. Br. – 53° 44′ westl. L.)

Die Laguna Merín, ein riesiger Süßwassersee von etwa 4000 km², liegt an der Atlantikküste Südamerikas in einer gemäßigten oder subtropischen Klimazone. Ihre westliche Hälfte nimmt 18 % der Fläche Uruguays ein, die andere Hälfte liegt in Brasilien. Das Weideland zwischen der Ebene und den Sümpfen beherbergt zahlreiche Zugvögel. Die Sümpfe der Lagune gehören zu den 15 Hauptwanderwegen der Zugvögel auf der Erde.

Ein Schwarm Blauer Fegerbarsche (*Scorpis violacea*) in den Schutzgewässern von Poor Knights Islands, Neuseeland

Die Poor Knights Islands liegen im Norden Neuseelands. Seit 1981 ist das Gewässer um diese Inseln Naturschutzgebiet. Die Schifffahrt und das Anlegen sind zwar erlaubt, aber streng reglementiert. Es ist jedoch verboten, die Inseln zu betreten, lediglich Wissenschaftler sind dazu befugt. Diese Inseln bilden die Brutstätte für zahlreiche Vogelarten, insbesondere für etwa 200.000 registrierte Papageientaucher.

Mündung des Wadi Kalou in den Assalsee, Dschibuti
(11° 37′ nördl. Br. – 42° 23′ östl. L.)

Der Salzsee von Assal ist mit 155 m unter dem Meeresspiegel der tiefste Punkt Afrikas. Die Bodensenke, in der der Assalsee liegt, ist sehr hohen Temperaturen ausgesetzt und bildet einen Feuerofen, der die Verdunstung beschleunigt. Ein- bis zweimal pro Jahr füllen starke Regengüsse, die nur wenige Dutzend Stunden dauern, die Wadis, die in den See fließen. Diese transportieren dann mit dem Wasser Abfallsedimente (Kieselsteine, Sand und Lehm) und Mineralsalze, die unter der Wirkung der starken Verdunstung auf dem Basaltboden kristallisieren und dabei die Spur von aufgewirbeltem Wasser hinterlassen.

Die Garnele (*Periclimenes sp.*) lebt in einer Meeresanemone, Kingmanriff, Vereinigte Staaten

Der durchsichtige Körper dieser Garnele ermöglicht es ihr, sich wirkungsvoll im Inneren der Meeresanemone zu tarnen. In der Tierwelt gibt es verschiedene Beziehungen zwischen den Arten. Die Beziehung zwischen der Garnele und der Meeresanemone wird als »Commensalismus« bezeichnet und meint eine Beziehung zwischen zwei Arten, bei der der Nutzen zwar einseitig ist, dem anderen Partner aber nicht schadet. Diese Garnele profitiert von der Anemone, indem sie sich in ihr verbirgt und ihr einen Teil ihrer Nahrung entzieht, die Meeresanemone dagegen zieht keinen offenkundigen Nutzen daraus.

Siedlungen der Kuna-Indios, Robeson-Inseln, Archipel von San Blas, Panama
(9° 31′ nördl. Br. – 79° 03′ westl. L.)

Die etwa 40.000 Bewohner der Comarca Kuna Yala, die Kunas (Ureinwohner Panamas), leben an der karibischen Küste und auf etwa 40 Koralleninseln des Archipels von San Blas, zu dem insgesamt 365 Inseln zählen. Die Kuna-Indios genießen seit gut 100 Jahren einen Status der Halb-Autonomie und lehnen alle Investitionen aus dem Ausland ab. Einen Teil ihrer Einkünfte liefert ihnen der Tourismus.

Seekuh aus Florida (*Trichechus manatus latirostris*) inmitten eines Schwarms Roter Schnapper, Weeki Wachee River, Golf von Mexiko, Florida

Die Seekühe aus Florida und die Seekühe aus der Karibik im Allgemeinen sind besonders bedrohte Arten. Diese Tiere gelten auf der roten Liste bedrohter Arten der UICN als »gefährdet«. Die Aktivitäten der Menschen an der Küste haben ihren Lebensraum erheblich eingeschränkt. Sie sind auch durch das Verschlingen frei herumschwimmender Netze oder durch den Zusammenstoß mit Schiffen bedroht. Aber einer ihrer größten Feinde ist die Temperatur. Bei zu niedrigen Temperaturen leiden Seekühe unter Unterkühlung, sind nicht mehr widerstandsfähig genug und sterben zu Hunderten.

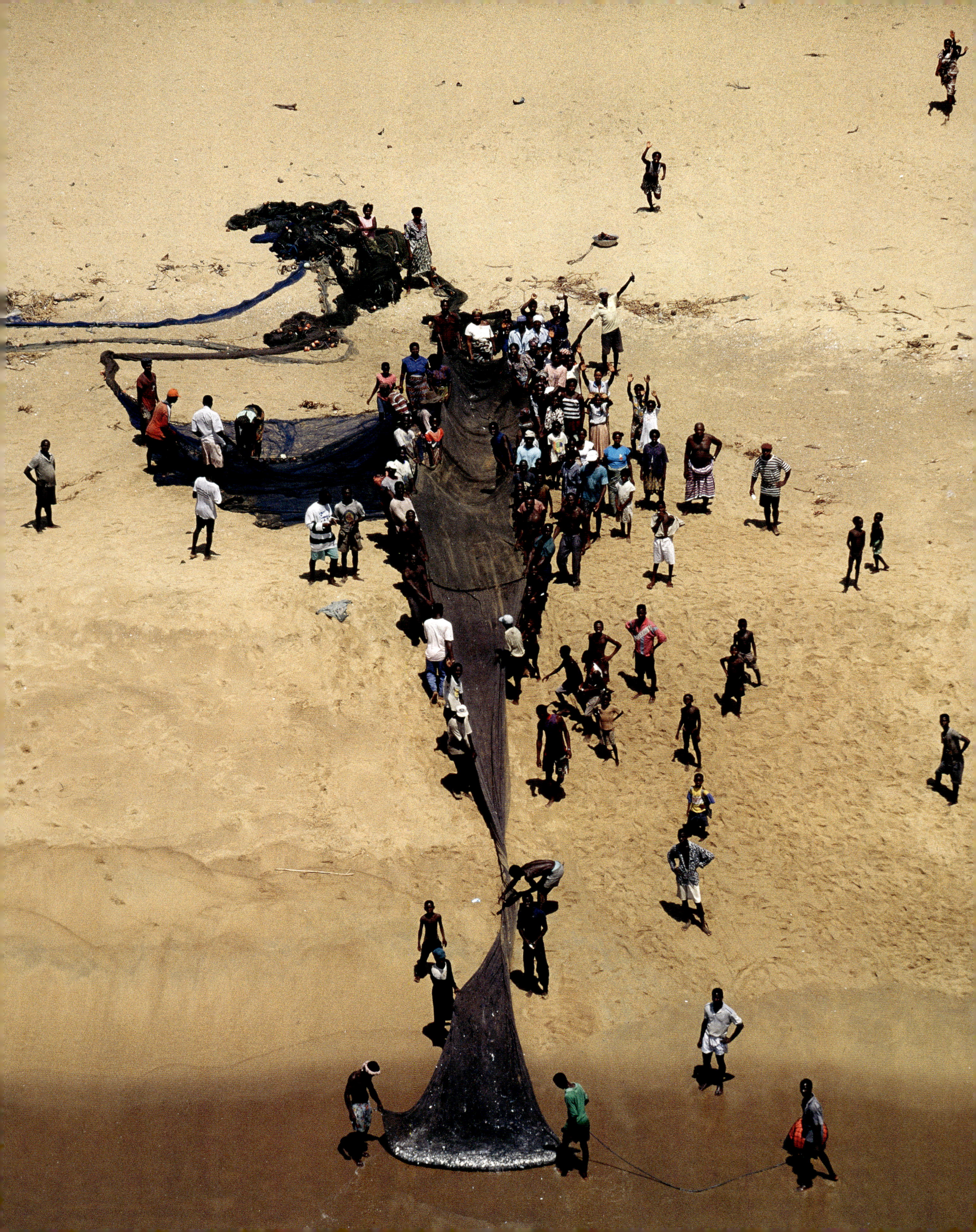

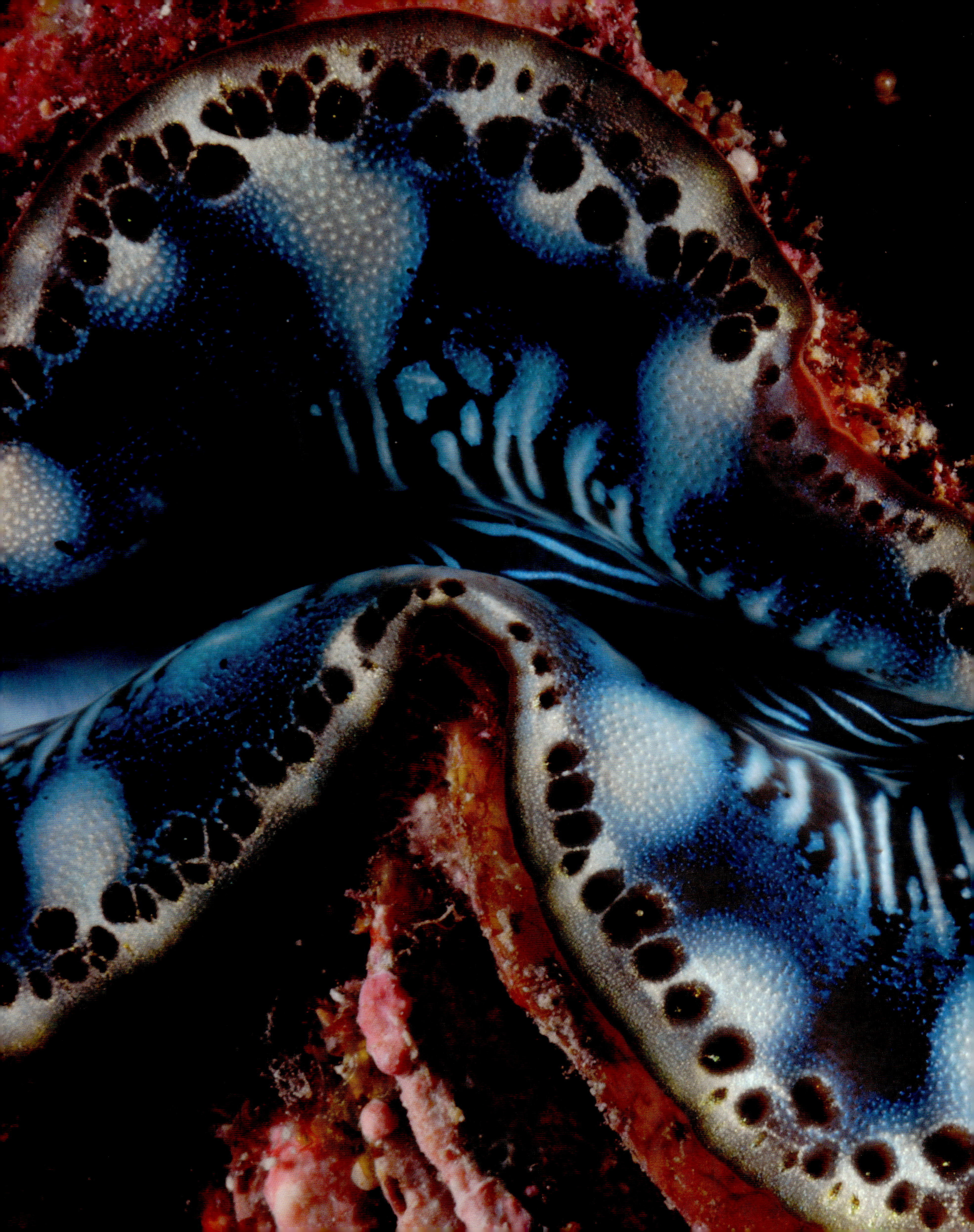

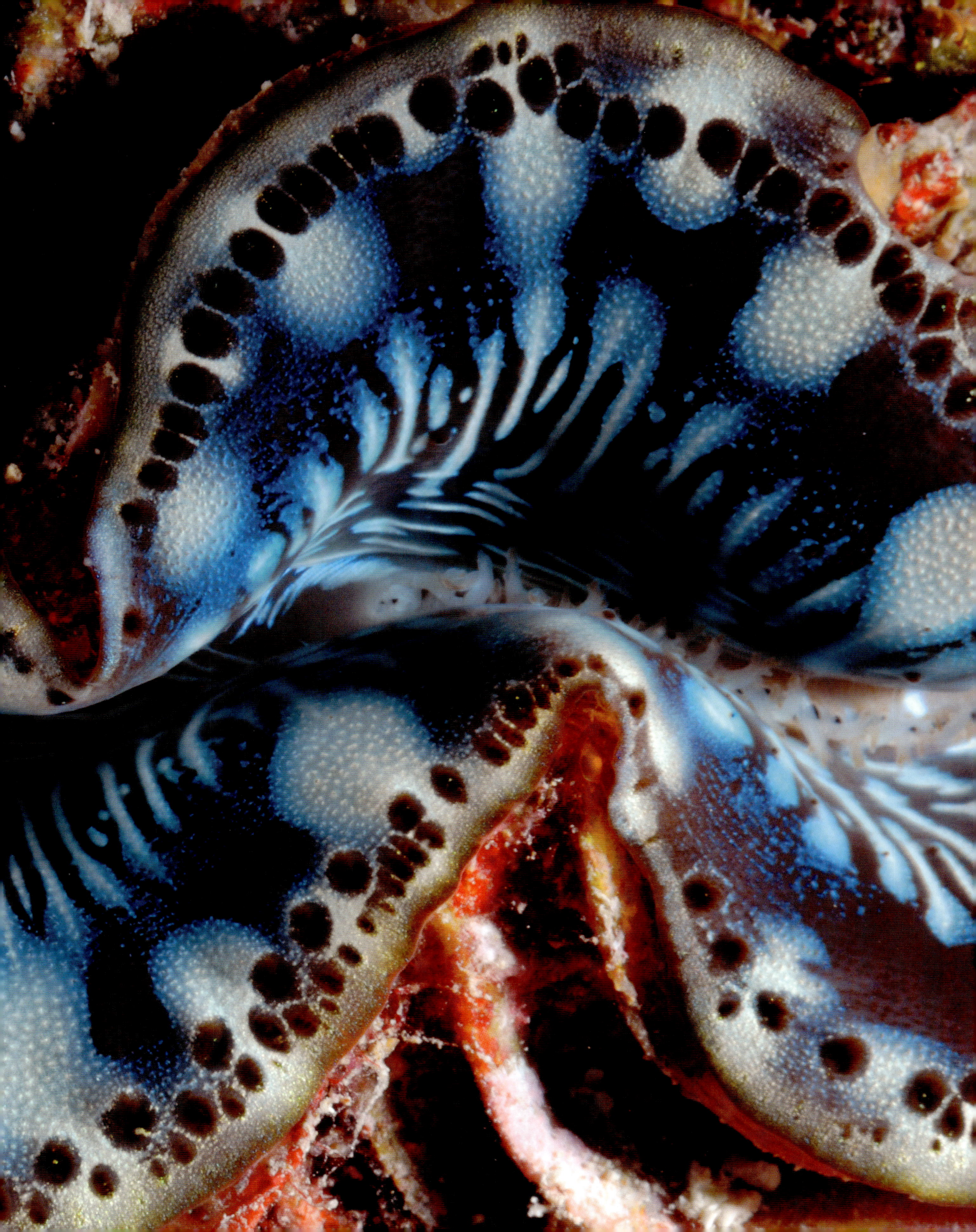

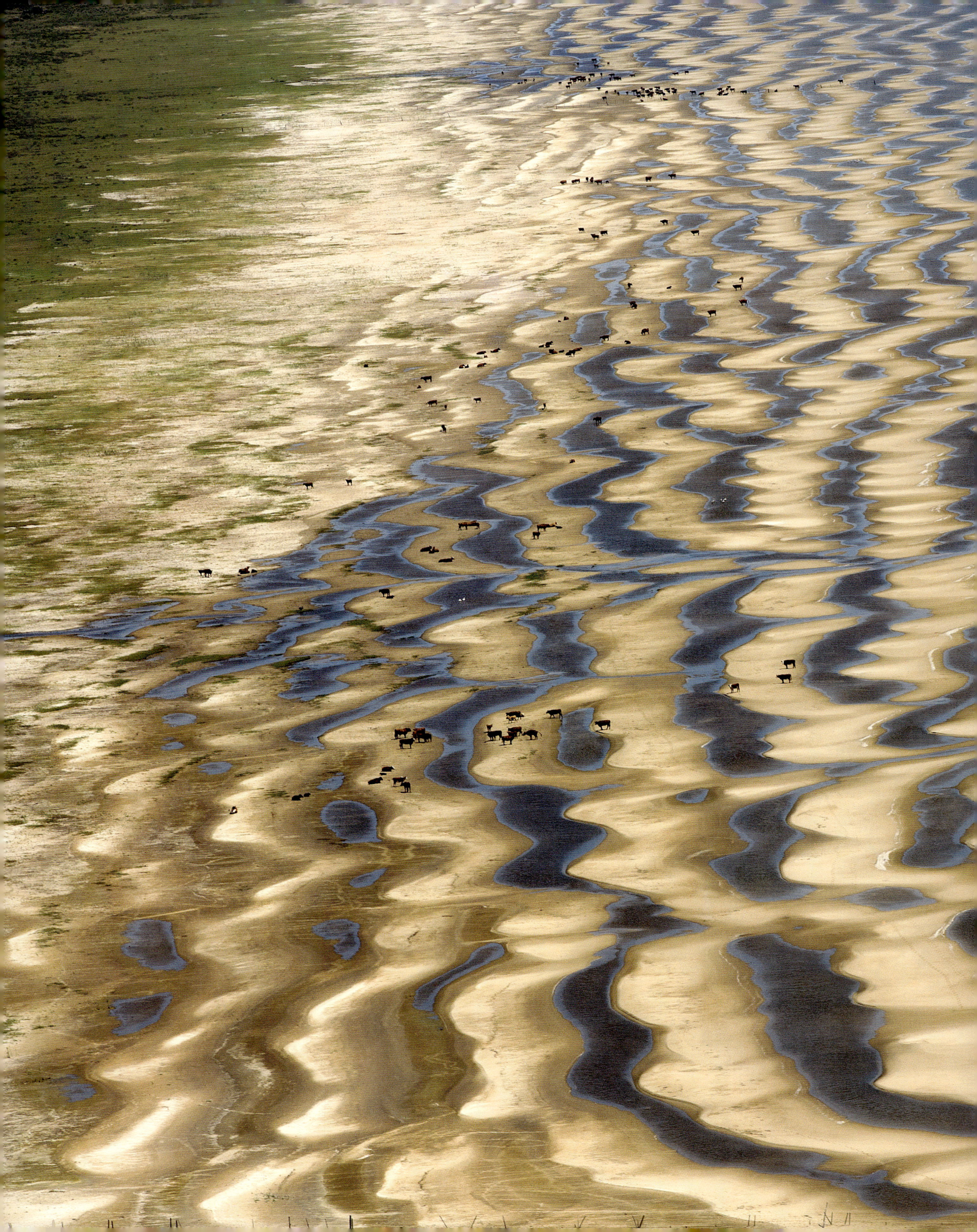

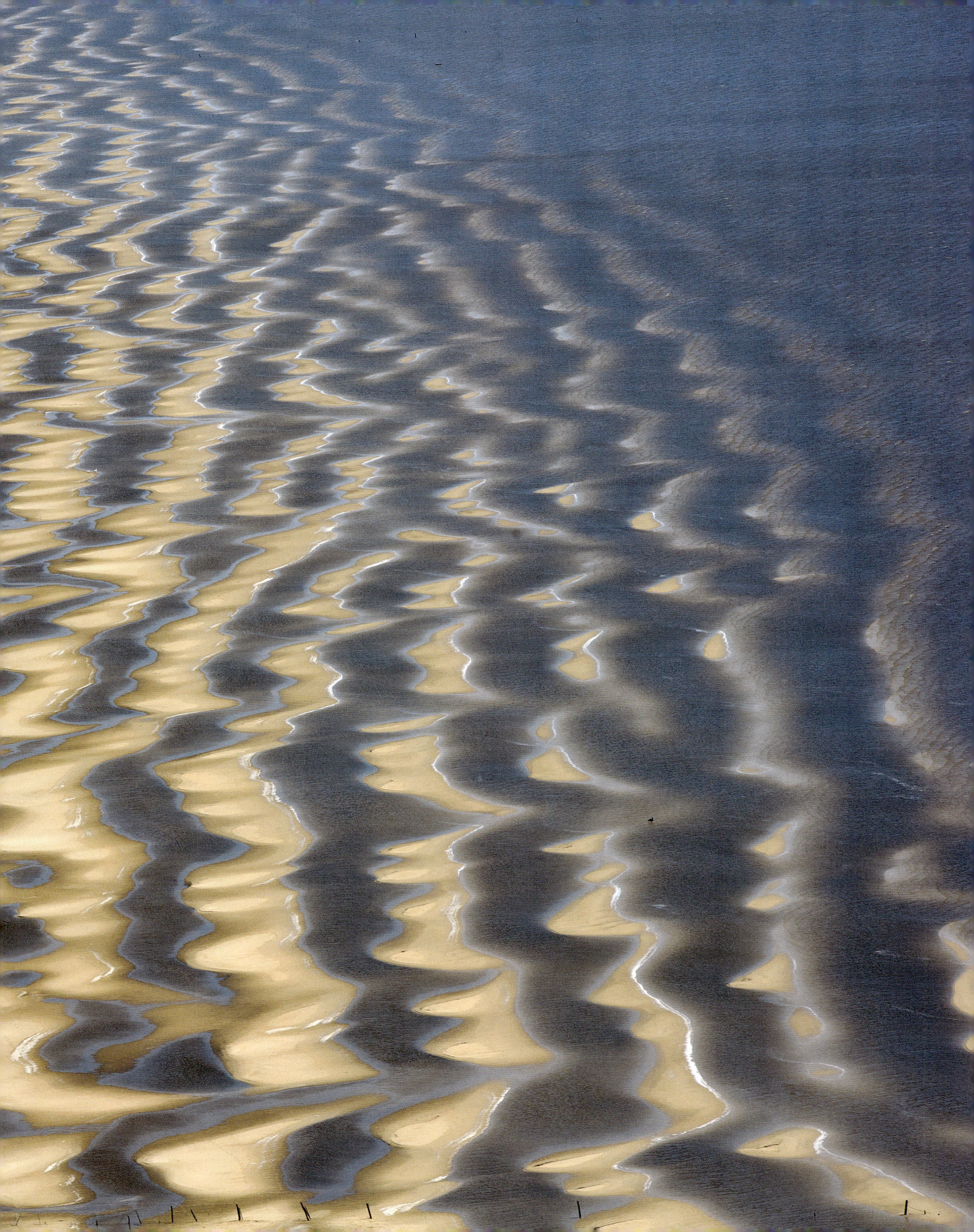

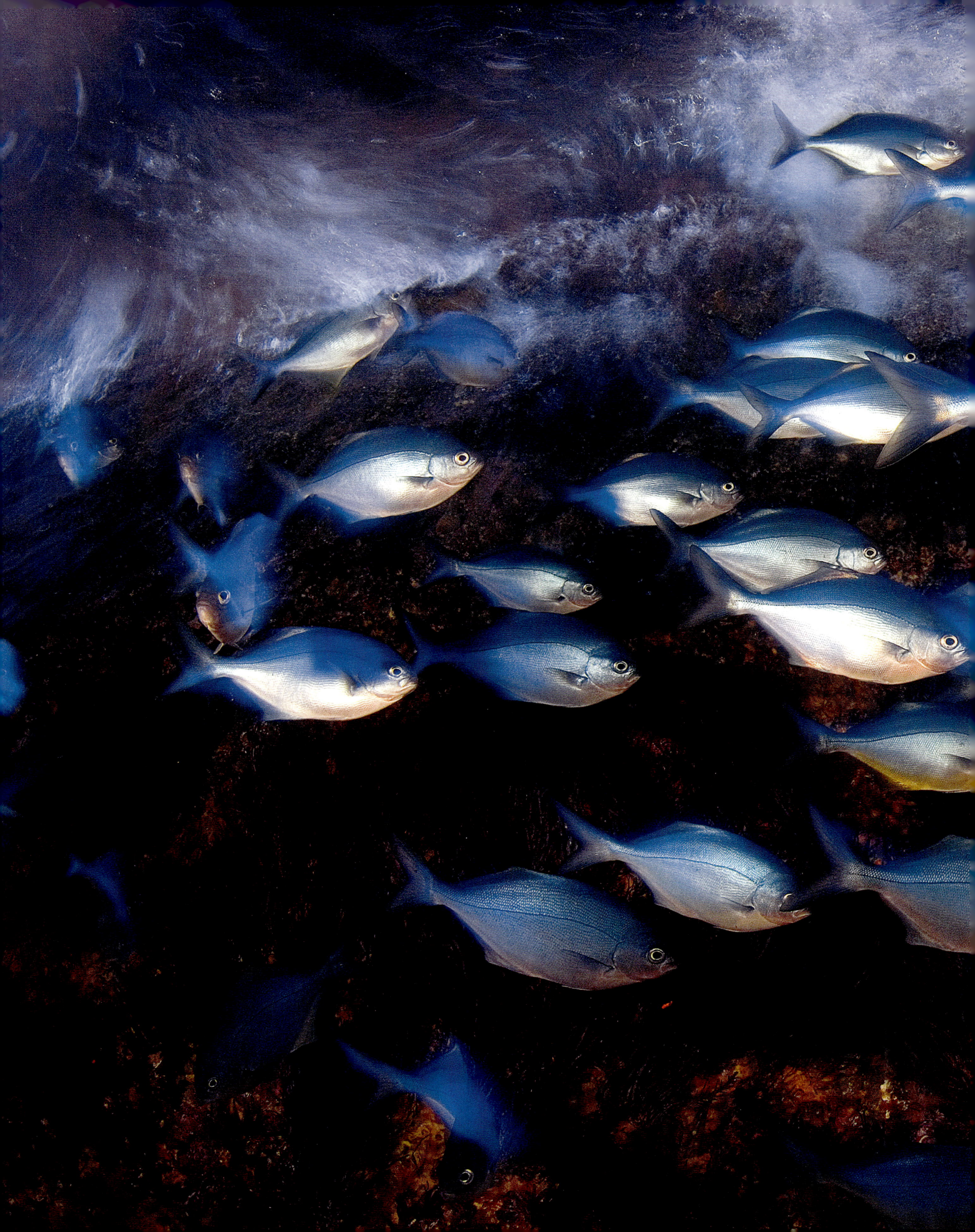

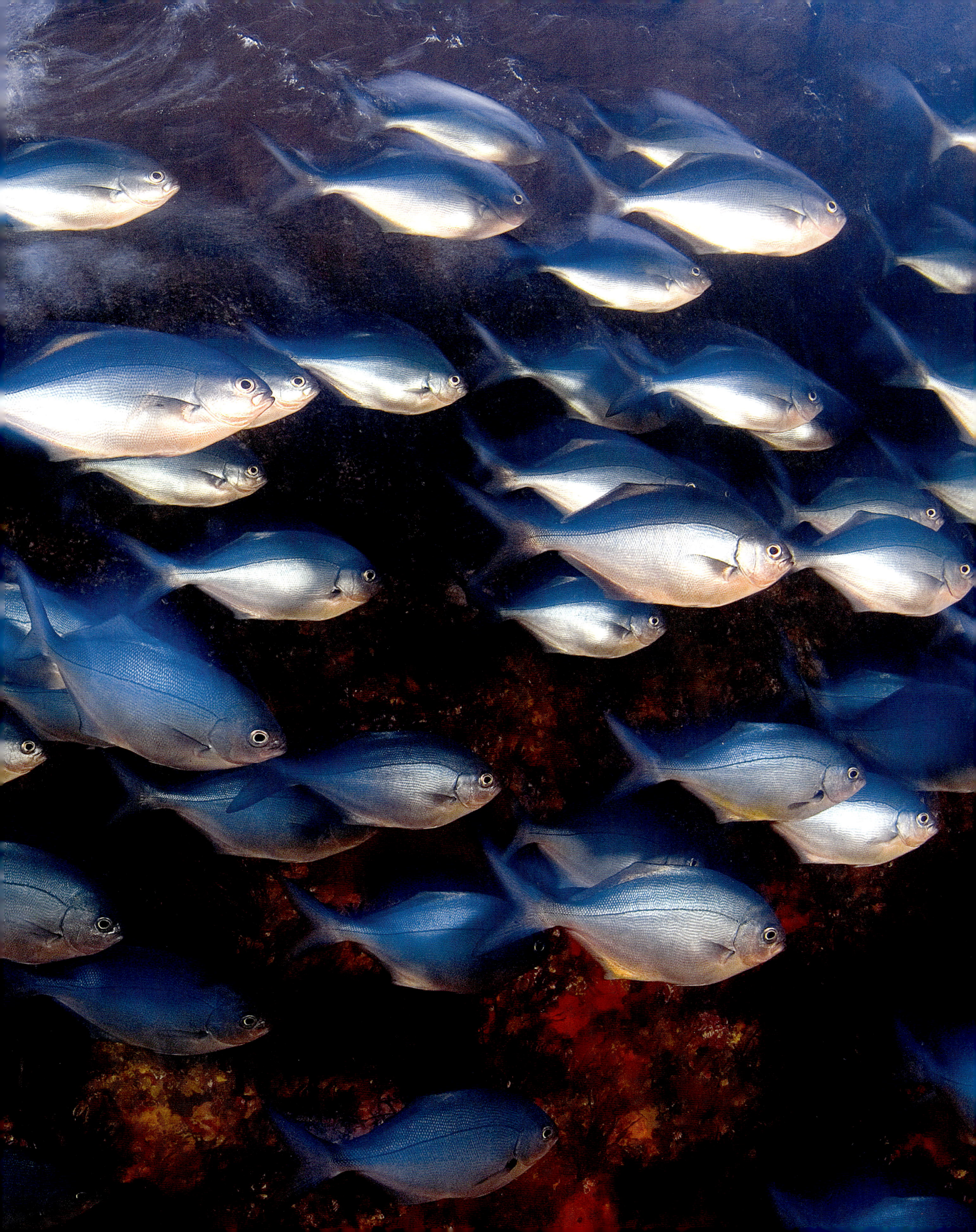

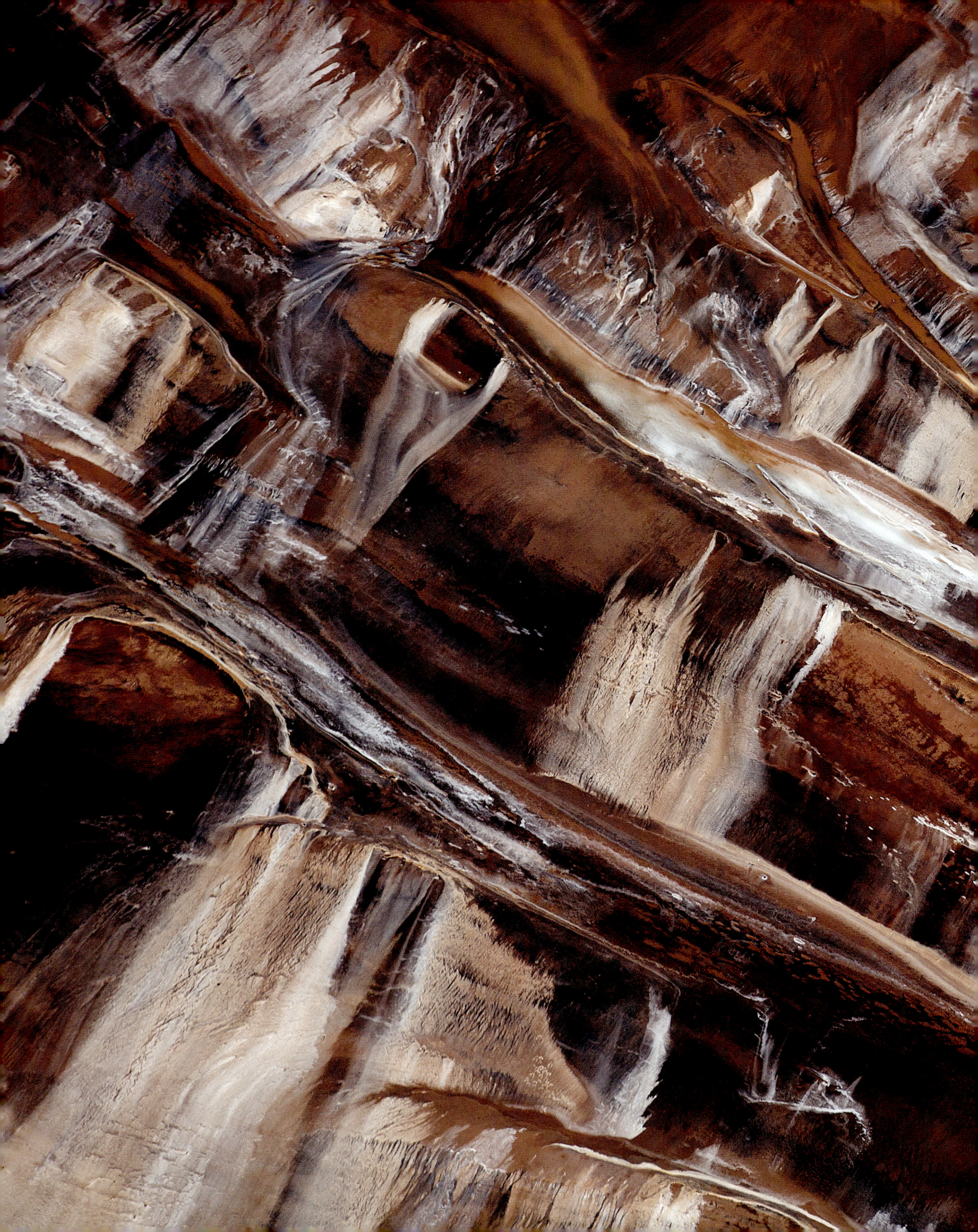

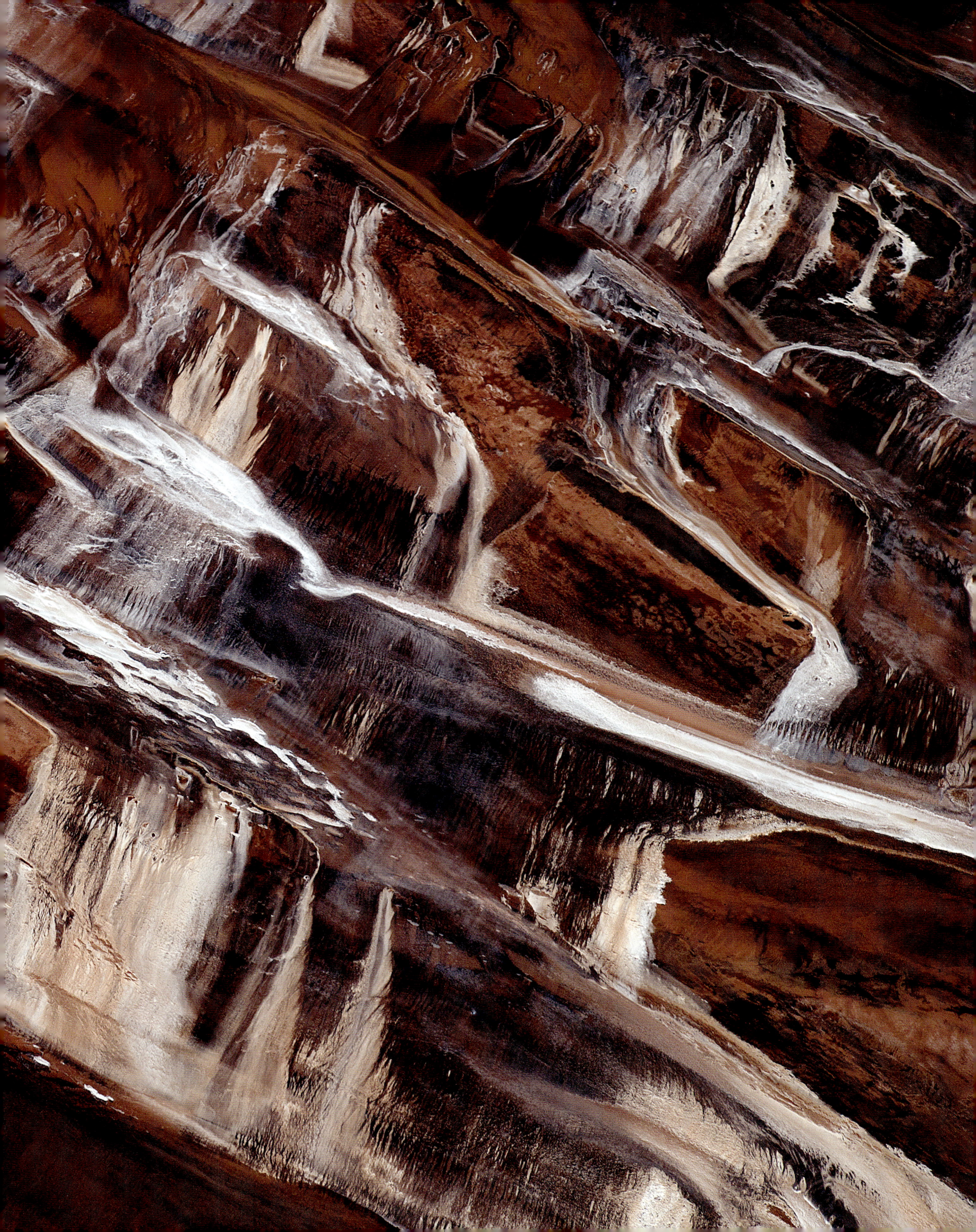

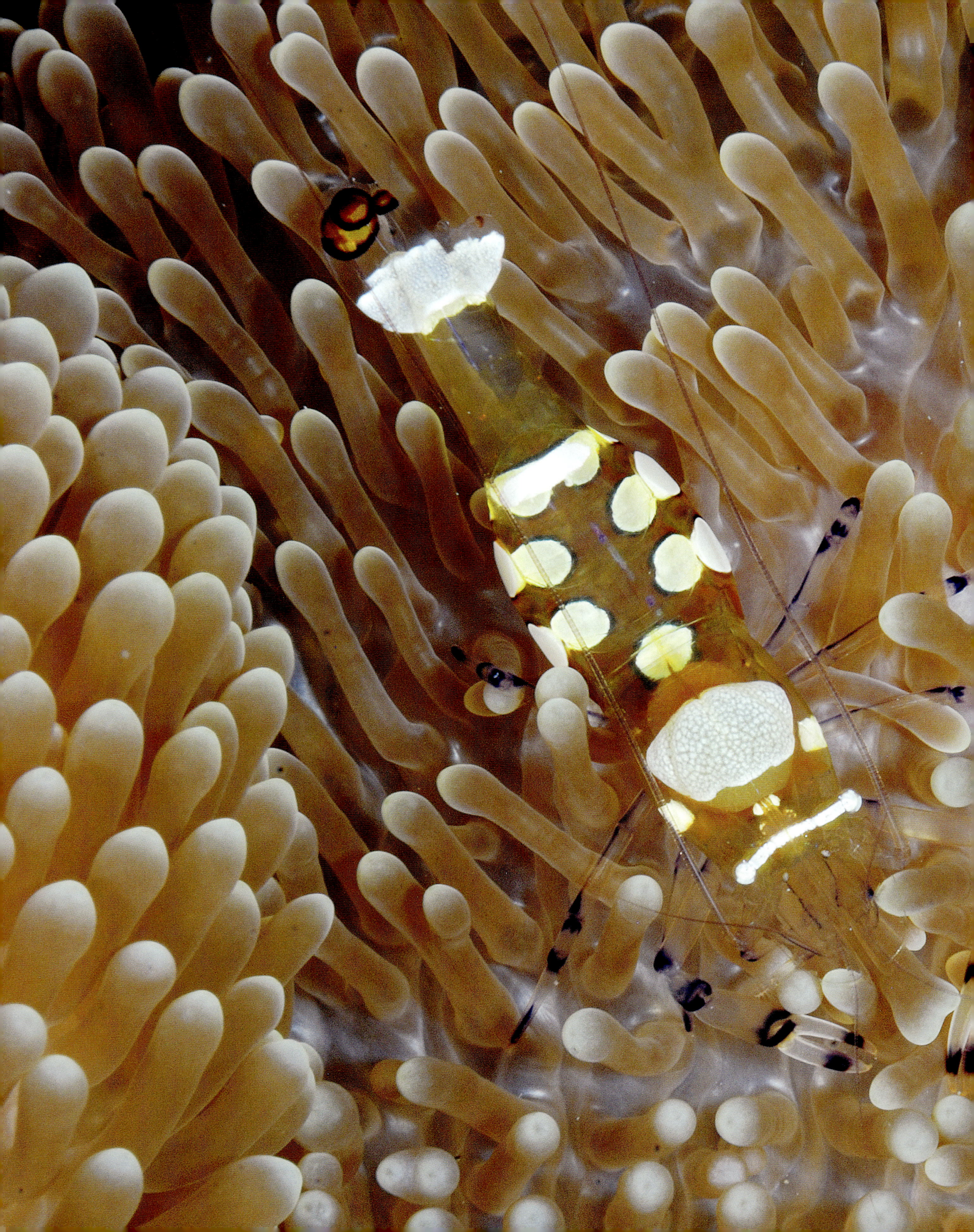

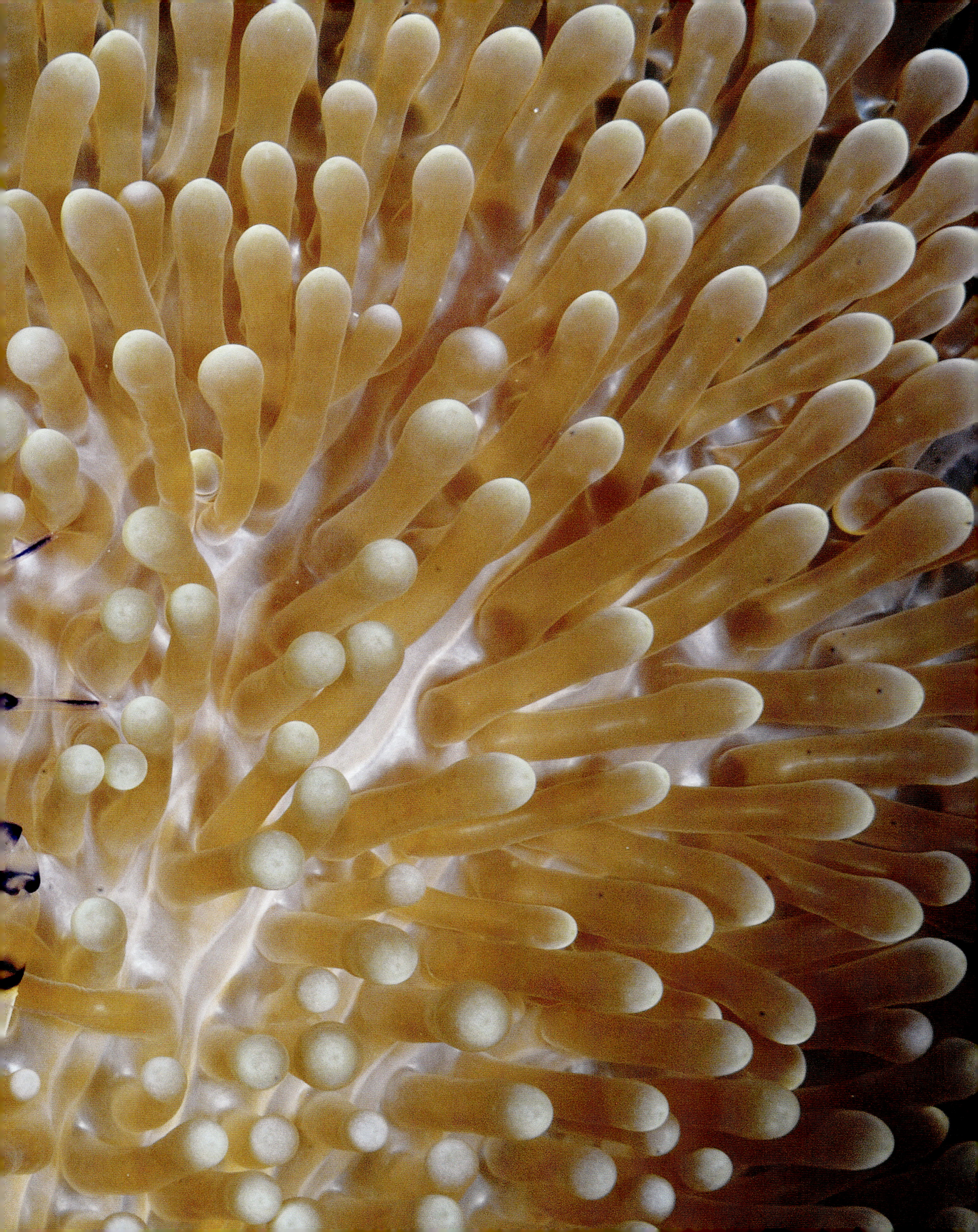

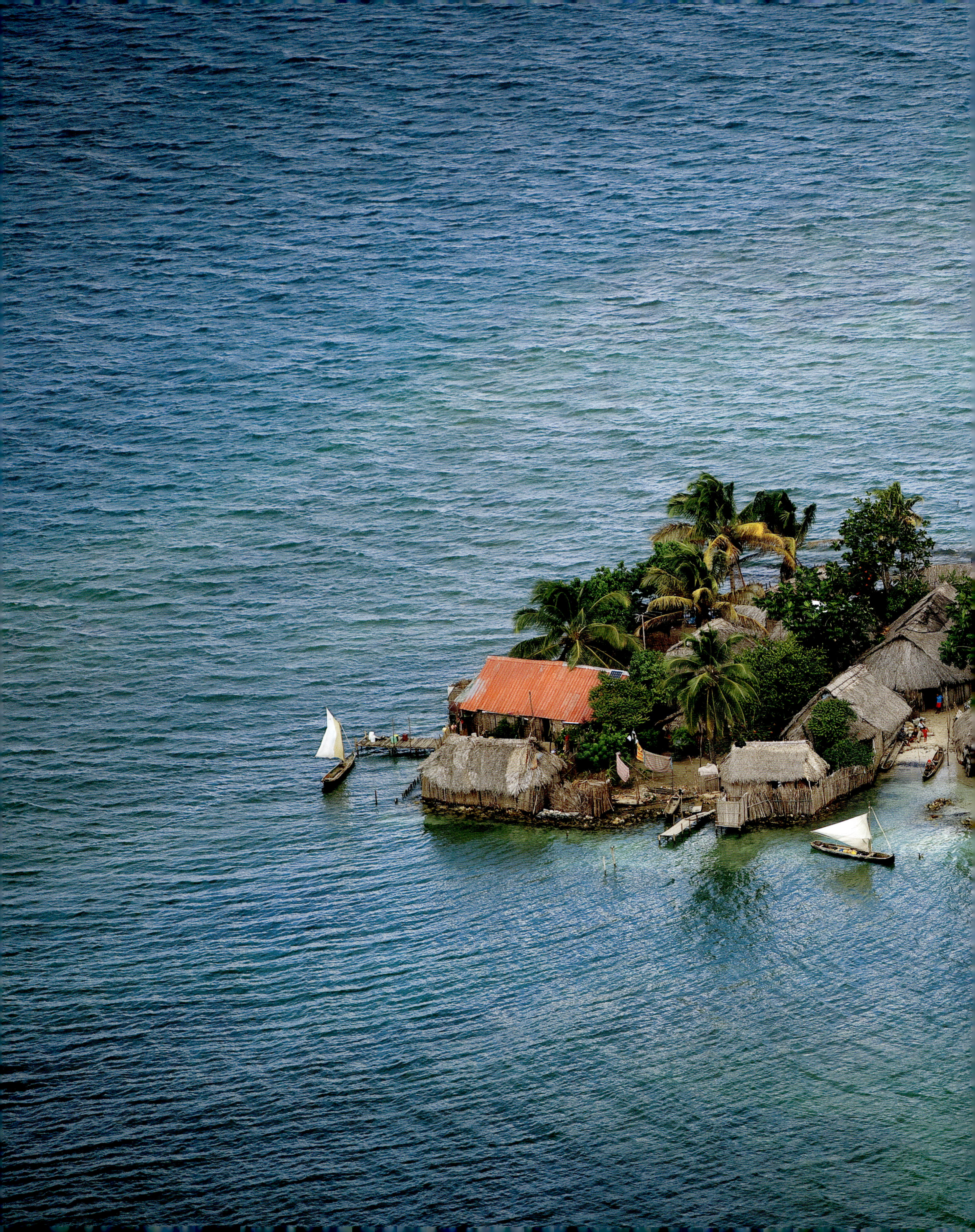

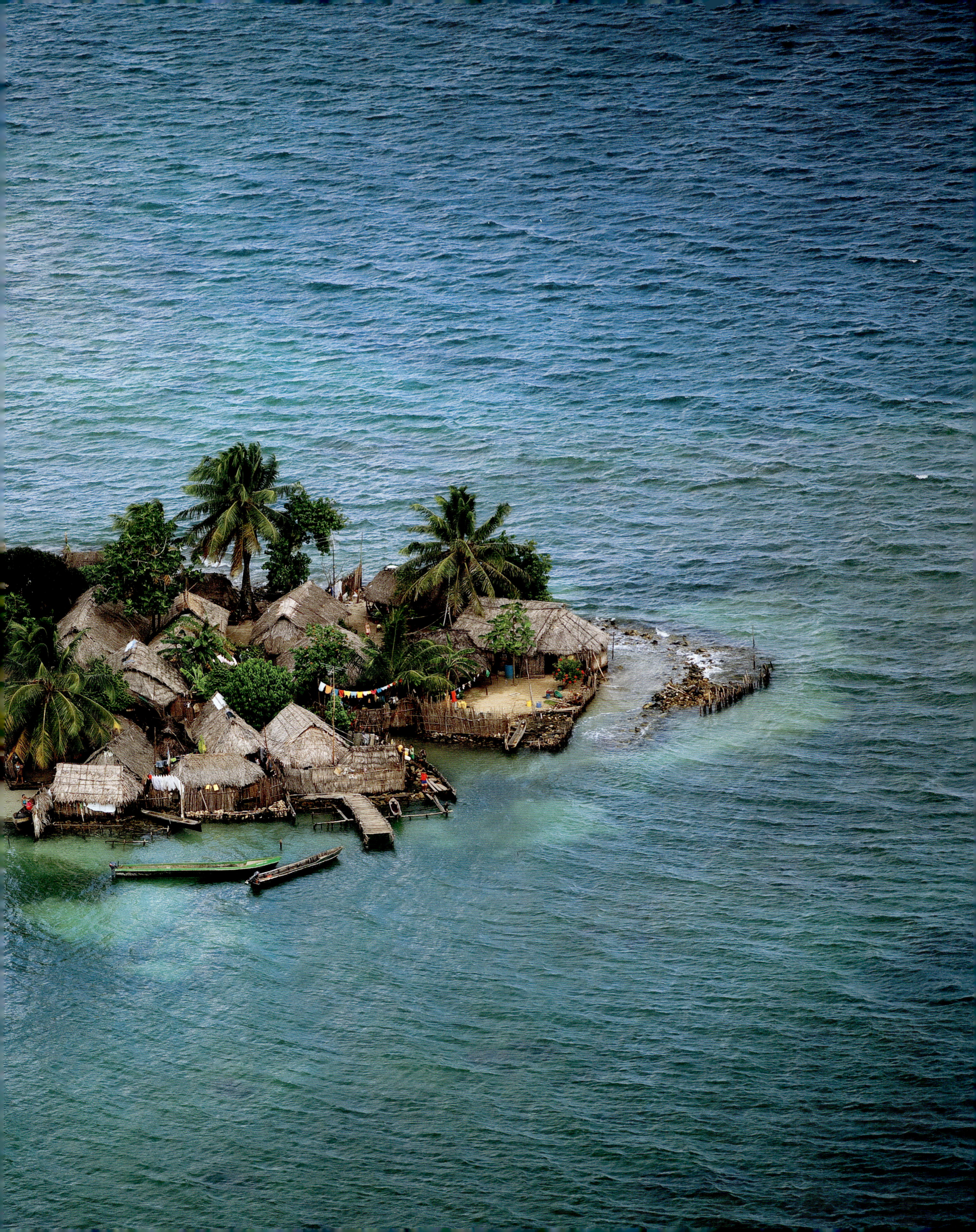

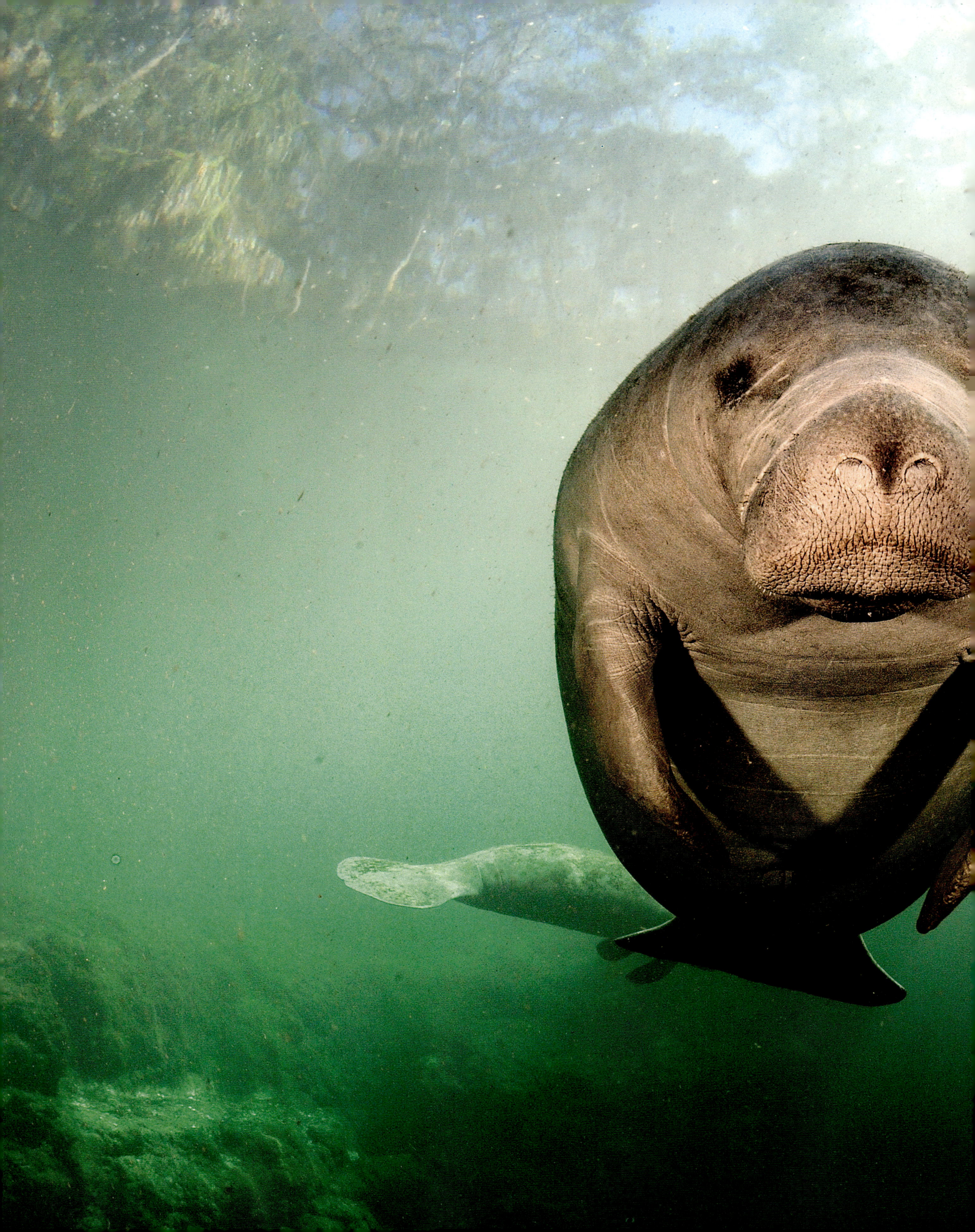

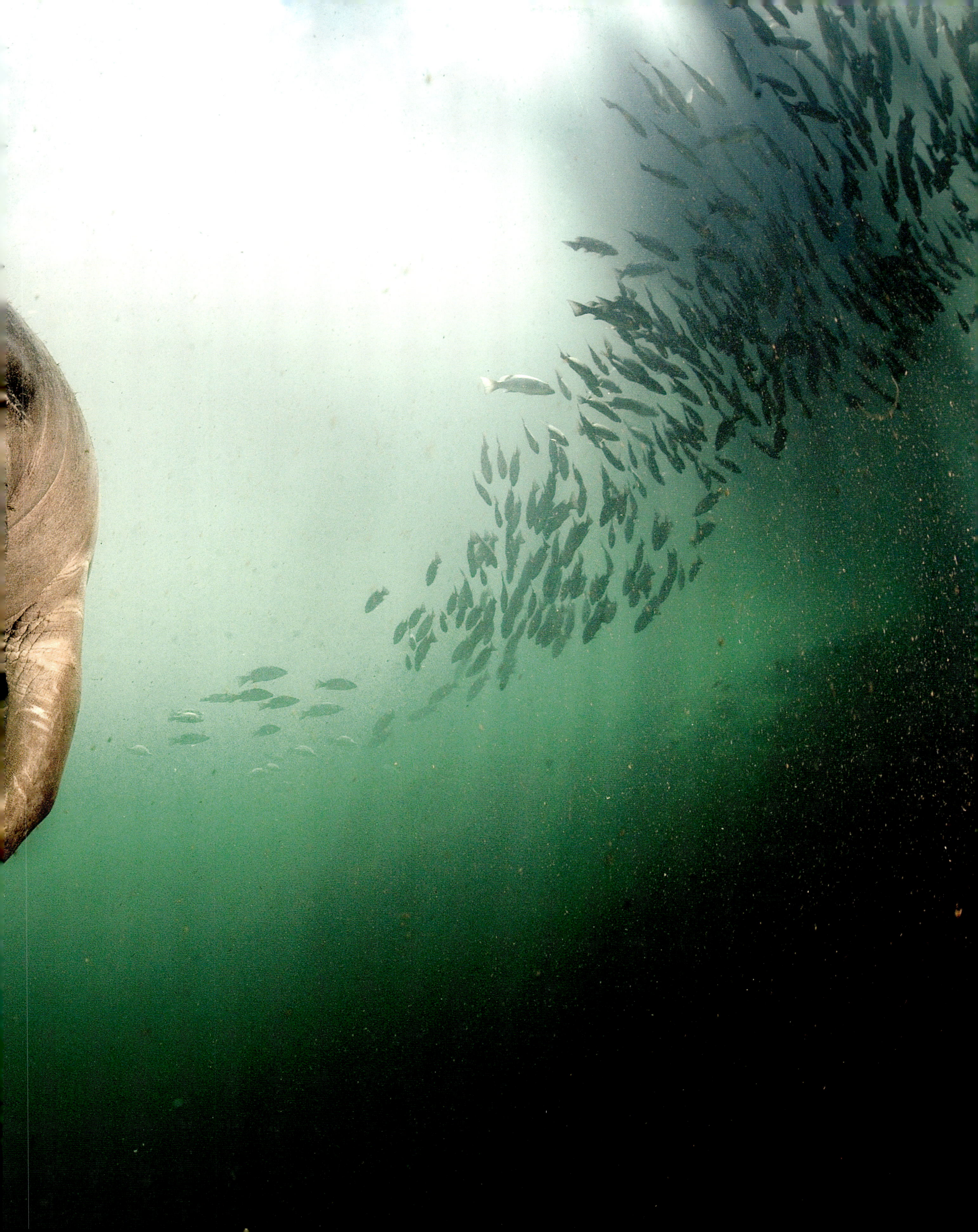

UNSERE MEERE ALS GLOBALER ABFALLEIMER

AM 20. APRIL 2010 GERÄT DIE ÖLBOHRPLATTFORM Deepwater Horizon in Brand; zwei Tage später geht sie vor Louisiana unter und führt zur größten Umweltkatastrophe in den Vereinigten Staaten und zur zweitgrößten Ölpest der Geschichte. Über den Zeitraum von fast drei Monaten ergießen sich Hunderte Millionen Liter Rohöl in den Golf von Mexiko.

Torrey Canyon, Amoco Cadiz, Exxon Valdez, Erika, Prestige sowie *Deepwater Horizon* rufen Bilder von verschmutzten Küsten und von ölverklebten Vögeln hervor. Doch die schwarzen Ölteppiche machen lediglich 10 % des Eintrags von Kohlenwasserstoffen in den Ozeanen aus; die übrigen 90 % stammen vom eigentlichen Schiffsbetrieb, was häufig als »Entgasen« oder »Abwerfen von Ballast« bezeichnet wird. Dieser bewusste Ausstoß gewaltiger Mengen ölverschmutzten Wassers erfolgt während der Reinigung der Tanks und der Lagerräume der Schiffe, und zwar insgeheim und zumeist bei völliger Straffreiheit, was seine Berechnung erschwert. Eine 2003 vom WWF durchgeführte Studie schätzte die Ölmenge, die durch Entgasungen ins Mittelmeer gelangt, auf einen Wert zwischen 0,7 und 1,2 Millionen t pro Jahr, das ist beinahe 50-mal so viel wie der vom Öltanker *Erika* verursachte schwarze Ölteppich.

Dieser Eintrag stellt seinerseits nur ein Drittel der Gesamtmenge an Rohöl in den Meeren dar. Die übrigen beiden Drittel sind auf gewerbliche Aktivitäten an den Küsten oder im Inland zurückzuführen. Die Ölfirmen in Nigeria verursachen jedes Jahr im Nigerdelta einen Ölteppich, der dem vom verunglückten Öltanker *Exxon Valdez* gleich kommt – nämlich ungefähr 42 Millionen Liter Öl – und das Delta in eine der verschmutztesten Zonen der Erde verwandelt.

Die Ölteppiche bilden also nur einen kleinen Öltropfen in einem Meer von Kohlenwasserstoff. Seit einigen Jahren nimmt dieser jedoch ab, insbesondere aufgrund internationaler Regelungen, die zum Beispiel den Tankschiffen einen doppelten Rumpf vorschreiben. Aber Kohlenwasserstoffverschmutzungen stellen nur einen geringen Teil aller Abfälle dar, die in den Ozean fließen. Die Ozeane sind nämlich der Endbehälter der meisten von Menschen verursachten Abfälle und der Umweltverschmutzungen, die aus dem Inneren der Erde stammen.

DIE LANDWIRTSCHAFT ERSTICKT DEN LEBENSRAUM MEER

Während die schwarze Ölpest immer seltener auftritt, wird man immer häufiger mit grünen Algenteppichen konfrontiert. Dies ist in Frankreich der Fall, wo sie die bretonische Küste entstellen, aber auch in China, am Schwarzen Meer oder in Lateinamerika. Der Grund für dieses Phänomen: die intensive Viehzucht mit den entsprechenden Tierfäkalien, aber auch der massive Einsatz von stickstoffhaltigen Düngemitteln, die in den Boden einsickern, dem Wasserlauf folgen und ins Meer transportiert werden. Die Düngemittel organischen oder mineralischen Ursprungs liefern dem Lebensraum Meer ein Übermaß an Nährstoffen – ein Phänomen, das als »Eutrophierung« bezeichnet wird. In Kombination mit weiteren Faktoren wie Sonneneinstrahlung, Anstieg der Temperaturen oder eine abgeschirmte geografische Lage begünstigen sie die Verbreitung von Grünalgen. Für Lebewesen werden sie nur dann gefährlich, wenn sie verwesen und damit Strände und Landschaften entstellen. Aber auch das ist eine Art der Eutrophierung.

Battery Park City an der Südwestspitze Manhattans, New York, Vereinigte Staaten.
(40° 72′ nördl. Br. – 74° 02′ westl. L.)

Die Stadt New York zählt acht Millionen Einwohner und das Umland 19 Millionen. Jeden Tag produzieren die New Yorker ungefähr fünf Milliarden Liter Abwasser und 35.000 t Abfall. Jahrzehntelang hat die Stadt ihre Abfälle auf der Mülldeponie von Fresh Kills aufgetürmt. Als die Deponie 2001 stillgelegt wurde, war sie größer als die ägyptischen Pyramiden und überragte die Freiheitsstatue um 25 m.

JEDES JAHR WERDEN 6,5 MILLIARDEN KILOGRAMM PLASTIKMÜLL IN DIE MEERE GESCHÜTTET

Bis zu 1000 Jahre sind erforderlich, um Plastik abzubauen. Der Plastikmüll, der in die Flüsse gelangt und dann ins Meer transportiert wird, füllt die Ozeane mit 206 Kilo pro Sekunde. Auch wenn ein Großteil des Abfalls im Meer versinkt, schwimmt eine nicht unbeträchtliche Menge auf der Oberfläche und bildet im Pazifik eine »Plastiksuppe«, ja sogar einen »Plastikkontinent«, der fünfmal so groß wie Frankreich ist. Diese Plastikteile vergiften die Ozeane und gefährden das Überleben der Meerestiere.

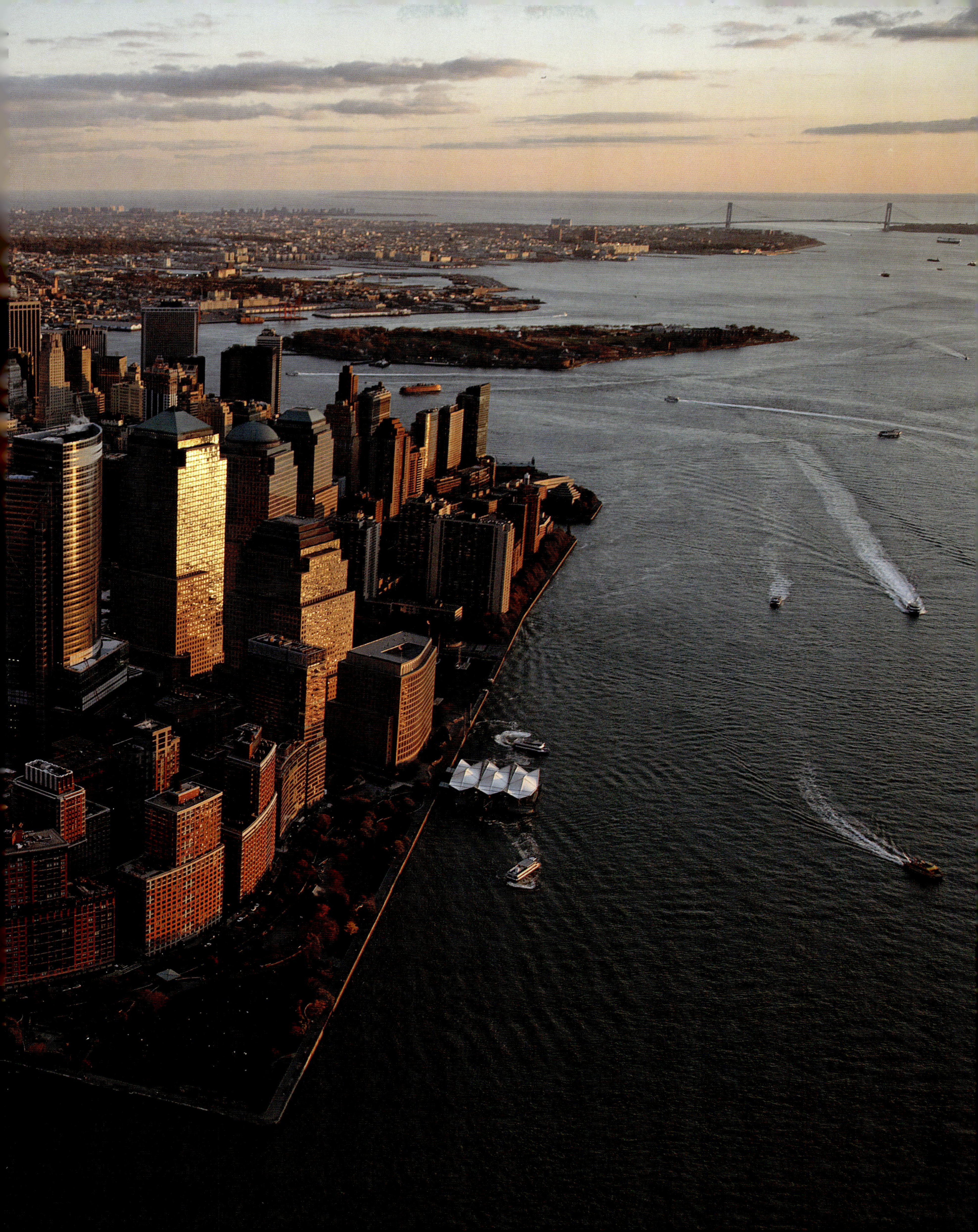

Hirschkuh auf einem Rapsfeld in Yvelines, Frankreich
(48° 50' nördl. Br. – 1° 47' östl. L.)

2008 wurden in Frankreich 100.000 t Pestizide oder ähnliche Substanzen verkauft. Auch wenn eine rückläufige Tendenz zu erkennen ist (vor allem aufgrund wirksamerer Chemikalien), bleibt Frankreich – der bedeutendste Agrarerzeuger Europas – der Hauptverbraucher von Pestiziden. Es steht nach den Vereinigten Staaten, Brasilien und Japan an vierter Stelle. Deutschland steht mit 30.000 Tonnen Pestiziden in der EU an dritter Stelle. Ein Großteil dieser Pestizide findet sich in den Abwässern des Landes. Die Situation entwickelte sich so gravierend, dass die Gesundheitsbehörden sich gezwungen sahen, in bestimmten Gegenden den Verbrauch von Leitungswasser einzuschränken.

In anderen Fällen werden die mikroskopisch kleinen Algen durch andere Mikroorganismen zersetzt, die wuchern, bis sie den Großteil des vorhandenen Sauerstoffs verbraucht haben. Es bildet sich dann eine »tote Zone«, in der andere Lebensformen – Fische, Krustentiere oder Meeressäugetiere – nicht mehr existieren können, weil sie vergiftet werden. Die Größe und die Anzahl dieser toten Zonen variieren entsprechend der Nährstoffe, der Witterungslage und der Strömungen. Gewissen Schätzungen nach dürfte es über 400 tote Zonen auf der Welt geben, eine Zahl, die sich seit 1960 alle zehn Jahre verdoppelt hat. Eine der größten toten Zonen befindet sich zwischen dem Golf von Mexiko und dem Mississippidelta. Der mythische Fluss, dessen Ufer zahlreiche Landwirtschaftsbetriebe und vor allem riesige Maisfelder säumen, schwemmt nämlich jedes Jahr über eine Million Tonnen Stickstoff und Pottasche in den Golf, in dem sich die tote Zone mittlerweile auf einer Fläche von 20.000 km² erstreckt. Diese tote Zone hat verheerende Auswirkungen auf die Wirtschaft der Anrainerstaaten, die vom Fischfang abhängig ist und bereits den Wirbelsturm *Katrina* und die Ölpest von BP verkraften musste. Die Behörden, die das Problem erkannt haben, versuchen Abhilfe zu schaffen, aber der zunehmende Maisanbau hat die Lage nur verschlechtert.

DIE OZEANE, ENDZIEL UNSERES ABFALLS

Die Landwirtschaft ist nicht der einzige Zweig, der Umweltgifte ins Meer befördert. Ob es sich um Industrie- oder Haushaltsmüll handelt, alle Aktivitäten an Land sind zum großen Teil verantwortlich für die Meeresverschmutzung, angefangen bei unserer Art zu konsumieren. Flaschen aus Glas oder Plastik, Konservendosen, Schuhe, Fischernetze, Zigarettenkippen, Wattestäbchen, Feuerzeuge etc. – die Liste dieser Abfälle, die weltweit an den Stränden zu finden sind, ist endlos. Laut den Umweltprogrammen der Vereinten Nationen (UNEP) stammen 80 % der vorhandenen Abfälle in den Ozeanen vom Festland. Der Rest wird entweder an den Stränden abgeladen oder direkt ins Meer entleert.
Den Vereinten Nationen zufolge bestehen 60 bis 90 % dieser »Wasserabfälle«, wie man sie bezeichnet, aus Plastik. So werden jährlich 6,5 Milliarden Kilo Plastikmüll in die Ozeane entleert, das entspricht 206 Kilo pro Sekunde. Ein Teil wird von der Strömung fortgetragen und bildet Ansammlungen wie das Great Pacific Garbage Patch (s. S. 121). Dieser »Plastikkontinent« erstreckt sich zwischen Kalifornien und Hawaii über eine Fläche von 3,43 Millionen km², was der zehnfachen Größe Deutschlands entspricht!
Letztendlich sinken 70 % der in die Ozeane entsorgten Abfälle auf den Meeresgrund und bilden dort eine Art Teppich, der den Austausch zwischen Wasser und Sedimenten verhindert und somit diese Lebensräume, in denen sich ein Großteil des Artenreichtums der Ozeane konzentriert, zerstört.

ATOMKRAFT

Zahlreiche Atombombenversuche wurden im Meer unternommen. Seit 1946 haben die Vereinigten Staaten Versuche im Bikini-Atoll durchgeführt, insbesondere um die Wirkung dieser Waffen auf ihre Flotte zu ermessen. Die erste Aktion von Greenpeace bestand 1971 darin, gegen amerikanische Atombombenversuche in Amchitka, einer Insel in Alaska, zu protestieren und deren Beendigung durchzusetzen. Frankreich führte seine Atombombenversuche in der algerischen Sahara durch, aber später auch weitere 193 in Polynesien, in Mururoa und Fangataufa. Diese Entscheidung provozierte den Widerstand der Umweltschützer, was 1985 zur Sabotage der *Rainbow Warrior* durch den französischen Geheimdienst führte, bei der ein Greenpeace-Aktivist starb. Bevor Frankreich den Vertrag über das vollständige Verbot von Atombombenversuchen ratifizierte, startete es eine letzte, sehr umstrittene Reihe von Versuchen im Pazifik. Die schädlichen Auswirkungen auf die Gesundheit der Militärangehörigen und der Bevölkerung sowie die Umwelt sind immer noch nicht bekannt genug und werden falsch eingeschätzt, auch wenn Frankreich einige Opfer entschädigt hat.

DIE UNSICHTBARE VERSCHMUTZUNG

In vielen Entwicklungsländern fließen 80 bis 90 % des Abwassers direkt in die Ozeane, und selbst in den Industrieländern können Klärwerke nicht immer verhindern, dass Bakterien und chemische Produkte ins Meer fließen. Giftschlamm, Lösemittel, Schwermetalle, Altöle, unterschiedlich gefährliche Säuren, Abfälle aller Art: Jedes Jahr landen Hunderte Tonnen von Industriemüll in den Meeren, nachdem sie von gewissenlosen Herstellern in der Natur »entsorgt« wurden. Dieser Müll, der, weil jenseits jeglicher Kontrolle und Legalität, mengenmäßig schwer zu erfassen ist, kann schwerwiegende Folgen für den Lebensraum Meer und die Gesundheit haben. Blei oder Quecksilber findet man immer häufiger in Fischsorten, die für den menschlichen Verzehr bestimmt sind. Quecksilber kann Nerven-, Verdauungs- und Immunsystem schädigen, ebenfalls die Lungen, die Nieren, die Haut und die Augen. In den 1950er-Jahren sind in dem japanischen Küstendorf Minamata mehrere tausend Menschen einer bis dahin unbekannten Krankheit erlegen. Erst Jahre später entdeckte man, dass der gesamte Fisch- und Muschelbestand der Bucht, das Hauptnahrungsmittel der Bevölkerung, durch die Entsorgung von Chloriden und Methylquecksilber einer benachbarten Fabrik vergiftet worden war.

Bakteriologische Verschmutzungen entstehen hauptsächlich durch Fäkalien von Menschen und Tieren. Verbreiten sich diese im Meer, sind die Badenden von Magenschleimhautentzündungen, Hepatitis usw. bedroht. Allein in den USA fangen sich jedes Jahr fast 3,5 Millionen Menschen aufgrund der Verschmutzung des Badewassers eine Krankheit ein, und in Europa müssen trotz der Einrichtung von Klärwerken immer mehr Strände wegen der schlechten Wasserqualität geschlossen werden.

An den Küsten Japans hat das Wasser, das 2011 zur Kühlung der Reaktoren der Atomkraftwerke in Fukushima verwendet und dann verstrahlt ins Meer zurückgeschüttet wurde, eine Reihe von radioaktiven Elementen verbreitet.

Grünalgen in der Bucht von Saint-Brieuc, Côtes d'Armor, Frankreich
(48° 32′ nördl. Br. – 2° 41′ westl. L.)

In der Bretagne ist die Verbreitung der Grünalgen eng verbunden mit der Verwendung von synthetischen Düngemitteln in der Landwirtschaft, mit den Fäkalien der Tiere auf den Weiden und mehr noch mit den Rückständen aus der industriellen Viehzucht (Schweinejauche und Geflügelkot), die im Übermaß auf dem Boden verteilt werden. Die Nitrate, die vom Regen ausgewaschen und von den Flüssen fortgetragen werden, gelangen ins Meer, wo sie die Verbreitung der Algen fördern. Wenn diese Algen, die *Ulva armoricana*, volkstümlich »Meeressalat« genannt, an die Strände geschwemmt werden, bilden sie dichte Teppiche und verwesen. Bei ihrer Gärung entsteht nach faulen Eiern stinkender Schwefelwasserstoff. Große Tiere wie Wildschweine und Pferde, ja sogar Menschen können durch das Einatmen sterben.

Nach Einstellung der Atomversuche wurden radioaktive Abfälle bis in die 1980er-Jahre – ganz legal – versenkt. Dann kam Tschernobyl. Nicht vergessen werden sollten auch die Wracks der Atom-U-Boote wie die *USS-Scorpion* oder die *Kursk*, die auf dem Meeresgrund ruhen. Diese zusätzlichen Dosen an Radioaktivität mussten von den Ozeanen über ihre natürliche Radioaktivität hinaus absorbiert werden.

ÖFFENTLICHE GESUNDHEIT

Chemische Verschmutzungen stammen aus den Industriezentren sowie den Erzeugnissen unseres Alltags: Verbrauchte Medikamente, Kosmetika, Wäsche, Reinigungsmittel, Farben etc. reichern die Umwelt mit Molekülen an, die sich nicht nur auf den Lebensraum Meer auswirken, sondern auch auf die Gesundheit des Menschen. Einige Stoffe wirken zum Beispiel als starke endokrine Plagegeister, die Störungen bei der Fortpflanzung bewirken können (Störungen der sexuellen Reife, Verminderung der Fruchtbarkeit, Missbildungen der Fortpflanzungsorgane, Zunahme des Auftretens bestimmter Krebsarten etc.), Verhaltensstörungen nach sich ziehen oder das Immunsystem verändern. Studien über bestimmte Fischbestände, die besonders gefährlichen endokrinen Stoffen ausgesetzt sind, die aus dem Urin von Frauen stammen, die empfängnisverhütende Mittel nehmen, haben sogar ergeben, dass diese Moleküle früher oder später eine Geschlechtsumwandlung bei den Fischen bewirken.

Schwermetallmoleküle und langlebige organische Schadstoffe (POP), die im Wasser schwimmen und von den Strömungen weitergetragen werden, halten sich mehrere Jahre, ja Jahrzehnte, in der Umwelt, bevor sie völlig abgebaut sind. Sie sammeln sich entlang der Nahrungskette an, und deshalb ist die Haut der Seehunde und Meeressäugetiere in der Arktis stark verseucht, was die Gesundheit der Einheimischen gefährdet, die sich davon ernähren. Die nächstgelegenen Fabriken befinden sich Tausende von Kilometern entfernt, und das Eis strahlt weiß und rein. Aber das trügt: Das Meer ist zu einer Müllhalde geworden.

Klärbecken einer Fabrik für Phosphatverarbeitung in der Nähe von Udaipur, Rajasthan, Indien
(24° 36′ nördl. Br. – 73° 49′ östl. L.)

In Rajasthan werden Marmor, Braunkohle, Cadmium und Phosphat in zumeist offenen Minen unter freiem Himmel abgebaut und noch an Ort und Stelle verarbeitet. Die Stadt Udaipur ist nicht nur eine der schönsten Städte Indiens und weltweit bekannt für ihre Marmorpaläste, sondern besitzt auch die einzige Mine des Landes für natürliches Phosphat und eine Fabrik für dessen Verarbeitung.
Phosphat wird für die Herstellung von Düngemitteln verwendet, die, vom Wasser transportiert, meistens im Meer landen, wo sie für die Eutrophierung verantwortlich sind.

Mehr Informationen zu diesem Thema und ein entsprechender Ausschnitt aus dem Film *Planet Ocean* sind auf der Website www.goodplanet.org verfügbar.

GESPRÄCH
DER PLASTIKKONTINENT

CHARLES MOORE

ist Seemann und Ozeanologe. Er gründete die Algalita-Stiftung für Meeresforschung. 1997, auf dem Heimweg von einem Segelwettbewerb, überquerte er einen weniger bekannten Teil des Pazifik und stiess auf eine ungewöhnlich hohe Menge von Plastikmüll: den »Plastikkontinent«.

ALS SIE 1994 DIE ALGALITA-STIFTUNG GRÜNDETEN, GING ES NICHT UM PLASTIK?

Als ich die Algalita-Stiftung für Meeresforschung ins Leben rief, war deren Hauptaufgabe keineswegs der Plastikmüll in den Ozeanen, sondern der Schutz der Kelpwälder, dieser Ökosysteme, die aus sehr großen Algen bestehen, die Dutzende von Metern Höhe erreichen können und in etwa dem tropischen Dschungel entsprechen. Sie sind in gemäßigten Küstengebieten zu finden und leiden folglich an den Auswirkungen der Umweltverschmutzung des Festlands. Anfangs wollte die Stiftung diese Ökosysteme erhalten, indem sie versuchte, die Wasserqualität vor allem entlang der kalifornischen Küste zu verbessern.

DANN HABEN SIE DIE UMWELTVERSCHMUTZUNG DURCH PLASTIK ENTDECKT?

1997 habe ich den berühmten Plastikkontinent entdeckt. Von diesem Zeitpunkt an habe ich mit der Algalita-Stiftung meine Forschungen zu dieser Verschmutzung begonnen. 1999 sind wir mit mehr Geld und besserer Ausrüstung zum Plastikkontinent zurückgekehrt. Das Ausmaß des Phänomens überstieg unsere Vorstellungskraft. Von diesem Tag an änderte die Stiftung endgültig ihr Ziel und widmete sich dem Kampf gegen den Plastikmüll in den Ozeanen. Diese Verschmutzung besteht nicht nur aus dem sichtbaren Müll, sondern auch aus Mikropartikeln aus Plastik, die mit bloßem Auge oft gar nicht mehr zu erkennen sind. Sie gibt es überall im Ozean, in allen Breitengraden, von der Arktis bis zur Antarktis.

WAS GENAU IST DIESER PLASTIKKONTINENT?

Das ist eine Zone, in der sich unter der Wirkung von Strömungen Plastikmüll, Abfall in allen Größen und Mikropartikel ansammeln. Die berühmteste Ballungszone, mit der wir uns am meisten befassen, liegt im Nordpazifik. Unter der Einwirkung der Strömungen wird der Müll zur Mitte eines Wasserwirbels getrieben. Die größte Ansammlung dieser Plastikplatte misst 10.000 km².

WESHALB GIBT ES KEINE BILDER VON DIESEM PLASTIKKONTINENT?

Wegen der Wellen ist die Oberfläche des Ozeans nicht regelmäßig und reflektiert das Licht. Wenn Sie also versuchen, ein Foto zu machen, sehen Sie nur Reflexe und nicht das, was sich direkt unter der Oberfläche befindet. Ohne ein Foto ist es schwierig, die Menge an Plastik und die Oberfläche dieses Kontinents zu erklären. Aber um sich eine Vorstellung zu machen: Wenn wir uns in dieser Zone bewegen, stoßen wir auf etwa zehn Plastikteile pro Minute. Die Wissenschaftler glauben, dass sich in der Wassersäule 25-mal mehr Müll befindet, als man an der Oberfläche erkennen kann. Dies bedeutet, dass unsere Meeresböden mit großen Mengen Plastik überhäuft sind. Und das kann uns kein Foto und kein Satellitenbild zeigen.

WOHER KOMMT DIESES PLASTIK?

Wie der Großteil der Meeresverschmutzung stammt auch der Müll, der im Wirbel gefangen ist, vom Festland, und in diesem Fall hauptsächlich von den Ostküsten Asiens, insbesondere aus Japan, und von der westamerikanischen Küste. Was die Hochsee angeht, stammt der Plastikmüll jeweils zur Hälfte vom Fischfang und vom Festland. Was die Küstengebiete angeht, erreicht der Landanteil 80 % und in gewissen Gegenden sogar 90 %. Aber wie dem auch sei, Plastik wird immer an Land hergestellt, in Fabriken, die folglich die Primärquelle darstellen. Im Vorjahr haben wir eine Studie veröffentlicht über die beiden Hauptflüsse in Los Angeles, die den Abfall ins Meer transportieren. Innerhalb von drei Tagen haben wir den Plastikmüll, der in den Meeren landet, auf 2,3 Milliarden Einheiten geschätzt, das sind 30.000 t.

WAS WIRD AUS DIESEM PLASTIKMÜLL?

Überall sind wir von Plastik umgeben. Die Lebewesen fangen den Plastikmüll in großem Ausmaß auf oder nehmen ihn in sich auf. Fische und Seevögel sterben, weil sie sich nicht mehr ernähren können, weil ihre Mägen voll von diesem Plastikmüll sind. Doch dieser baut sich in kleinere Partikel ab, hauptsächlich unter Lichteinwirkung. Die feineren Partikel verbreiten sich und sind in bestimmten Zonen so reichlich vorhanden, dass sie regelrechte Bestandteile der Nahrungskette werden. Sie verseuchen somit den gesamten Tierbestand der Ozeane. Bei unseren Untersuchungen im Nordpazifik haben wir herausgefunden, dass 35 % der gefangenen Fische Plastikpartikel in sich trugen, die sie gefressen hatten. Diese kleinen Fische werden dann wiederum von größeren Fischen gefressen. Das ist eine ernsthafte Gefährdung des Ökosystems, denn die Design- und die Textilindustrie stellen Plastik her, in dem andere Schadstoffe enthalten sind. Diese Schadstoffe ballen sich und entwickeln sich zu regelrechten Giften für die Organismen am Ende der Nahrungskette, wie zum Beispiel für die Fische, die Delfine oder die Wale.

WELCHE RISIKEN BESTEHEN FÜR DIE MENSCHEN, DIE DIESE FISCHE VERSPEISEN?

Wir glauben tatsächlich, dass eine Gefahr besteht, doch im Augenblick kann keine wissenschaftliche Studie dies wirklich beweisen. Im Übrigen ist dies eines der Themen, an denen die Algalita-Stiftung arbeitet. Bis wir genaue Daten erhalten, erhebt sich die Frage, ob wir bestimmte Arten meiden sollten? Am meisten verseucht sind die großen Tiere, die Zeit hatten, große Mengen von Umweltgiften anzusammeln. Aber wenn wir große Mengen kleiner Fische verzehren, laufen wir Gefahr, selbst zu Biospeichern zu werden. Ich würde sagen, zu bevorzugen ist klein und wenig.

UNSER ALLTAG IST VOLLER PLASTIK. WIE SOLLEN WIR DEN PLASTIKMÜLL REDUZIEREN?

Wir brauchen ganz eindeutig biologisch abbaubares Plastik in der Umwelt und insbesondere im Lebensraum Meer. Vor allem aber müssen wir dem Plastik wieder einen Wert verleihen und dafür sorgen, dass er wiederverwertet wird. Wir müssen sicher gehen, dass Plastik bewahrt und erneut verwendet wird, und wir müssen uns vergewissern, dass es weder verbrannt noch in der Umwelt entsorgt wird. Wenn Plastik erst mal in die Meere gerät, ist es zu spät.

Kleine Insel in der Ostsee, Porkkala, Finnland
(60° 00' nördl. Br. – 24° 20' östl. L.)

Die Ostsee gehört zu den Meeren der Welt, die am meisten verschmutzt sind. Für die Ostsee, die durch die dänische Meerenge gewissermaßen abgeschlossen ist, dauert es mehr als 30 Jahre die gesamte Wassermasse zu erneuern. Außerdem verlangsamt die niedrige Wassertemperatur den biologischen Abbau der Schadstoffe erheblich. Der Fischbestand ist heutzutage derart verseucht (Dioxine, PCB), dass er als giftig zu bezeichnen ist und nicht verkauft werden dürfte. Seit 1992 der Rat der Ostseeanrainerstaaten gegründet wurde, hat der Schutz dieses Ökosystems höchste Priorität. 2004 wurde der Ostsee von der Internationalen Seeschifffahrtsorganisation ein besonderer Status eingeräumt, der die angrenzenden Länder ermächtigt, eigene Schifffahrtsnormen für den Erdöltransport vorzugeben.

Hochsee-Weißflossenhai *(Carcharhinus longimanus)*, Bahamas, Große Antillen

Der Weißspitzen-Hochseehai oder Hochsee-Weißflossenhai wird seinem Namen *Carcharhinus longimanus* gerecht: *Carcharhinus* leitet sich von den griechischen Wörtern *karcharos* und *rhinos* ab, die »scharfe Nase« bedeuten. Seine großen schmalen Flossen trugen ihm den Namen *longimanus*, d. h. »lange Hände«, ein. Diese Haifischart, leicht erkennbar an den langen Flossen und dem weißen Fleck auf der Rückenflosse, ist in allen tropischen und subtropischen Meeren stark vertreten.

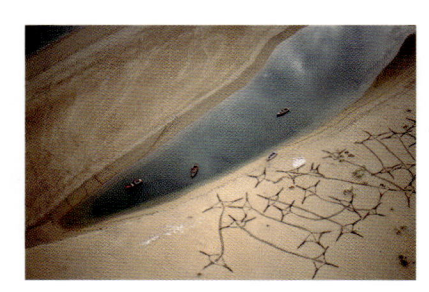

Fischernetze auf dem Sand, Moulay Bousselham, Marokko
(34° 53' nördl. Br. – 6° 18' westl. L.)

Um in ihren eigenen Gewässern der Verknappung des Fischbestandes entgegenzuwirken, haben die Industrienationen strenge Fischfangquoten eingeführt und versuchen, sich im Gegenzug anderweitig zu versorgen. Die Europäische Union hat ungefähr 30 Abkommen mit Drittländern geschlossen, um sich Zugang zu ihren Fischereigebieten zu verschaffen. Trotz Ausgleichzahlungen, Deviseneinnahmen und entrichteter Abgaben raubt dieser Transfer den Bewohnern der armen Länder ihre Proteinquelle in Form der Fische.

Von einer Schiffsschraube verletzte Florida-Seekuh *(Trichechus manatus latirostris)*, Florida, Vereinigte Staaten

Die Florida-Seekühe gehören zu den Arten, die durch Kollisionen mit Motorbooten am meisten gefährdet sind. Eine Studie aus dem Jahre 1995 ergab, dass 97 % aller Florida-Seekühe Narben aufweisen, die von Schiffsschrauben verursacht wurden. Diese Zusammenstöße machen zudem 25 % der Sterberate dieser Tiere aus und sind somit deren Hauptbedrohung. Die Einrichtung von Meeresschutzgebieten muss also sowohl die menschlichen Gepflogenheiten an Land als auch die wichtigsten Schifffahrtswege berücksichtigen.

Kleine Insel in der Lagune des Atolls von Nokanhui, im Süden der Pinieninsel, Neukaledonien, Frankreich
(22° 43' südl. Br. – 167° 30' östl. L.)

Neukaledonien erweckt häufig den Eindruck eines Paradieses auf Erden. Aber es ist auch eine Hölle: 1863 verwandelte Frankreich mehrere seiner kleinen Inseln zu Strafkolonien. 1871 wurden 22.000 Personen dorthin verbannt, darunter auch Beteiligte der Pariser Commune wie Louise Michel. Bis zur Abschaffung des Heimatrechts im Jahr 1946 besaßen Sträflinge und Siedler mehr Rechte als die Eingeborenen, die Kanaken. Heutzutage besitzen die Kanaken eine gewisse Autonomie, aber die Spannungen bestehen fort. Seit dem Abkommen von Nouméa aus dem Jahre 1998 teilen sich die Kanaken und die französische Regierung die Souveränität über die Inseln.

Ein Schwarm Gelbmasten-Doktorfische *(Acanthurus xanthopterus)*, Insel Nikumaroro, Pazifik, Kiribati

Das Schutzgebiet der Phoenixinseln (APIP) besteht aus Meeres- und Landschaftsschutzgebieten, die sich im Südpazifik auf 408.250 km² erstrecken – damit handelt es sich um eines der größten Meeresschutzgebiete der Welt. In dieser Zone, die die Gruppe der Phoenixinseln umfasst – einen der drei Archipele, die den Inselstaat Kiribati ausmachen –, leben rund 800 Tierarten, davon ungefähr 200 Korallenarten, 500 Fischarten, 18 Meeressäugetiere und 44 Vogelarten.

Traditionelles Fischerboot vor der Küste Shanghais, China
(31° 12' nördl. Br. – 121° 30' östl. L.)

China verfügt über 18.000 km Küste und besitzt mit fast 280.000 motorisierten Fischfängern die größte Fischereiflotte der Welt. Die Fischerei ernährt ungefähr acht Millionen Menschen, davon 3,32 Millionen Fischer. Zwischen 1990 und 2010 stieg der Fischfangertrag in China von 35 Millionen auf 48 Millionen t.

Einsiedlerkrebs *(Paguroidea)* im verlassenen Bau eines Meereswurms, Japan

Einsiedlerkrebse sind Schalentiere, die als besondere Eigentümlichkeit in Höhe ihres Abdomens kein Gehäuse besitzen. Diese Besonderheit zwingt sie, Obdach in leeren Schneckenhäusern, im Bau von Meereswürmern oder bei Schwämmen zu suchen, die ihnen Schutz gewähren. Im Laufe ihres Wachstums wechseln Einsiedlerkrebse mehrfach ihre Schale, was sie zu besonders leichten Beutetieren macht und einen heftigen Überlebenskampf unter den Artgenossen auslöst. Einige Arten leben in Symbiose mit Anemonenfischen, die sich auf ihren geliehenen Gehäusen entwickeln und sie beschützen.

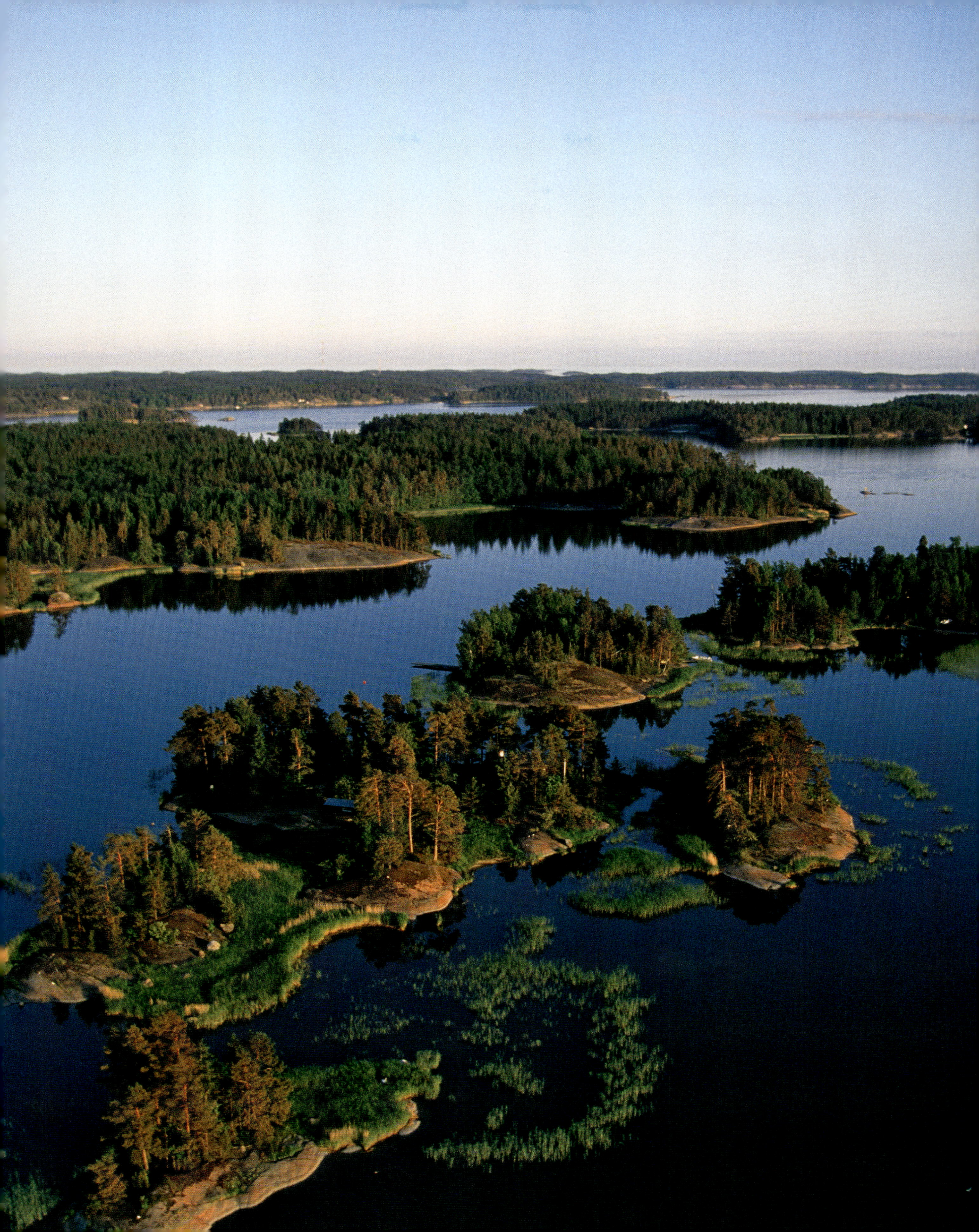

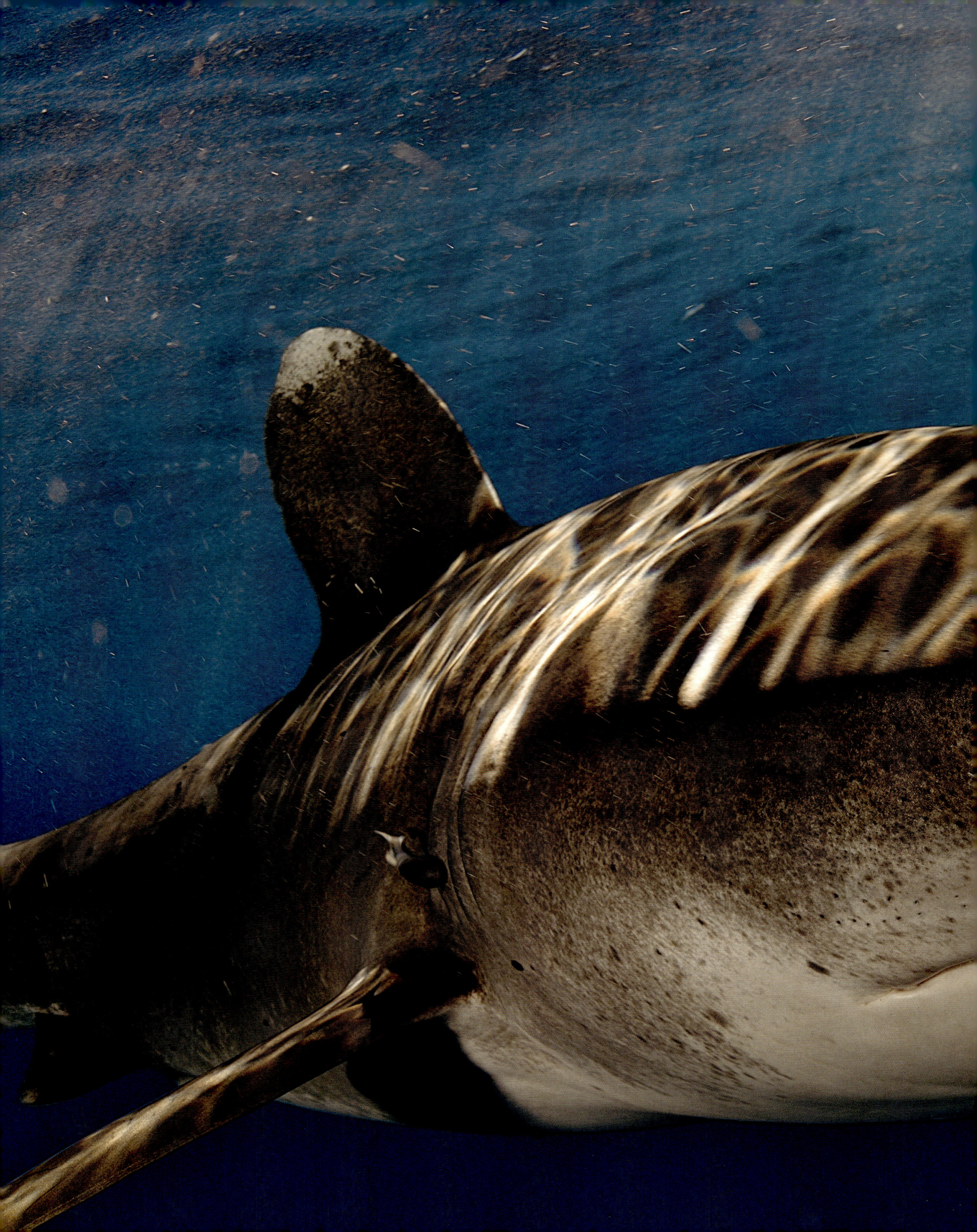

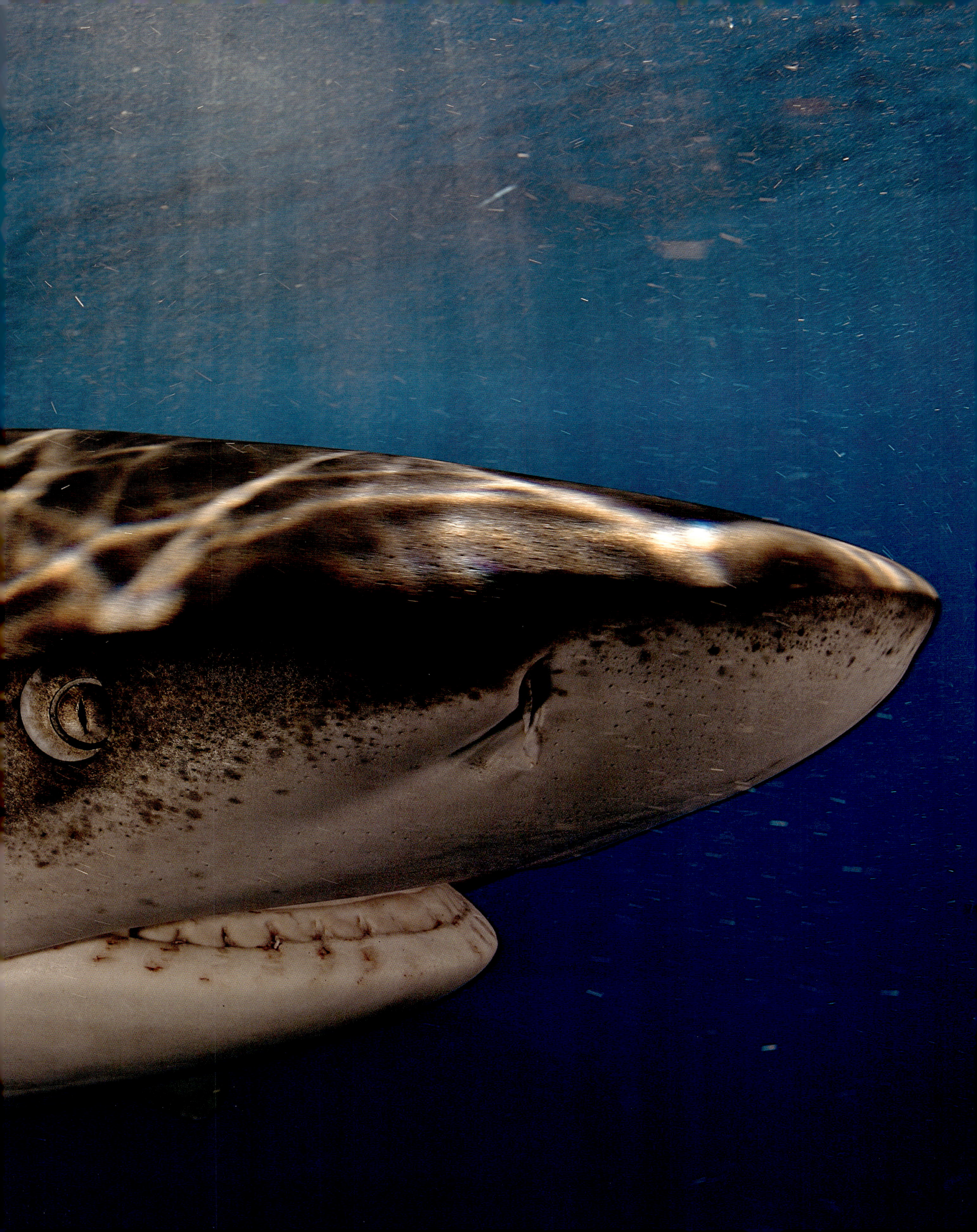

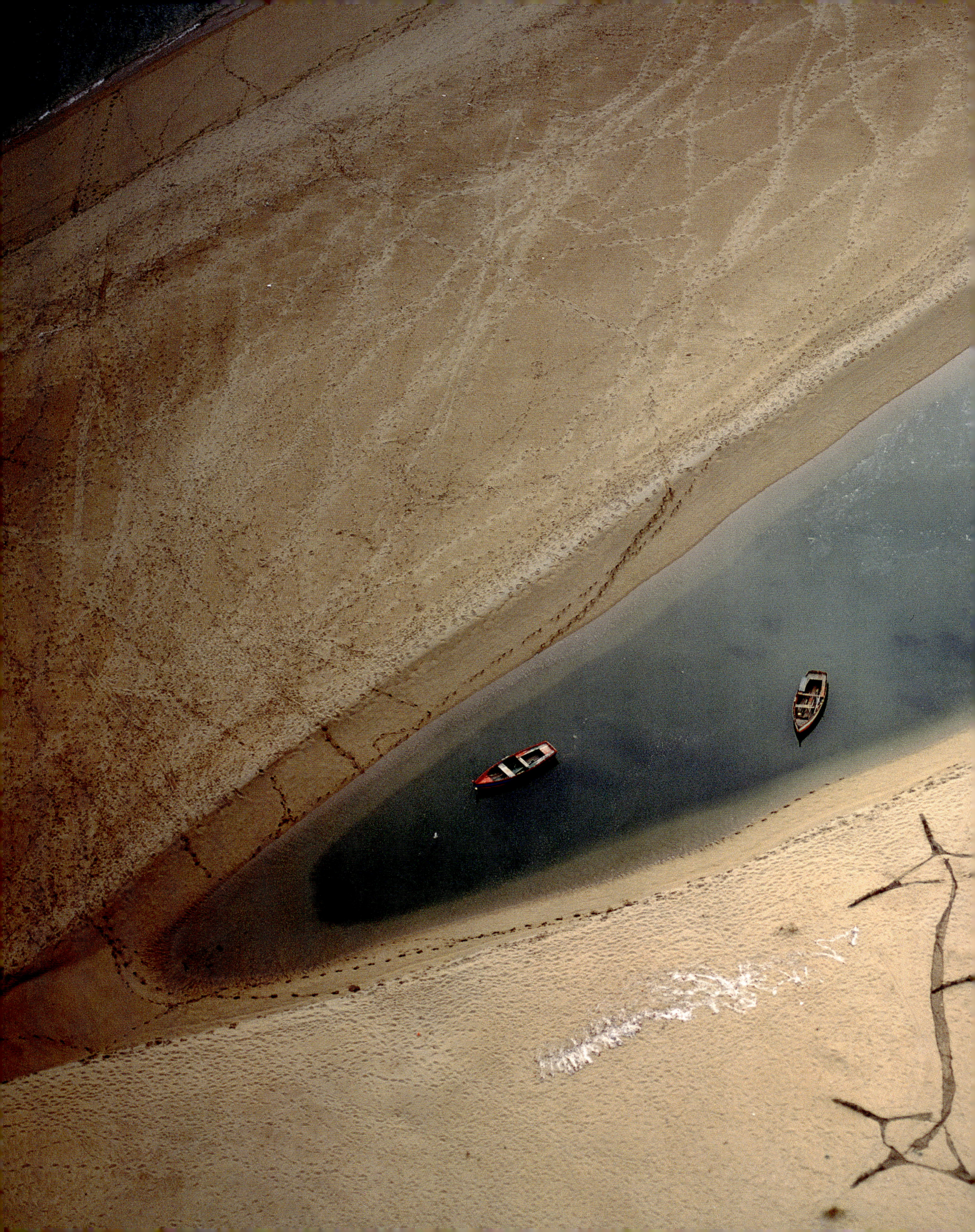

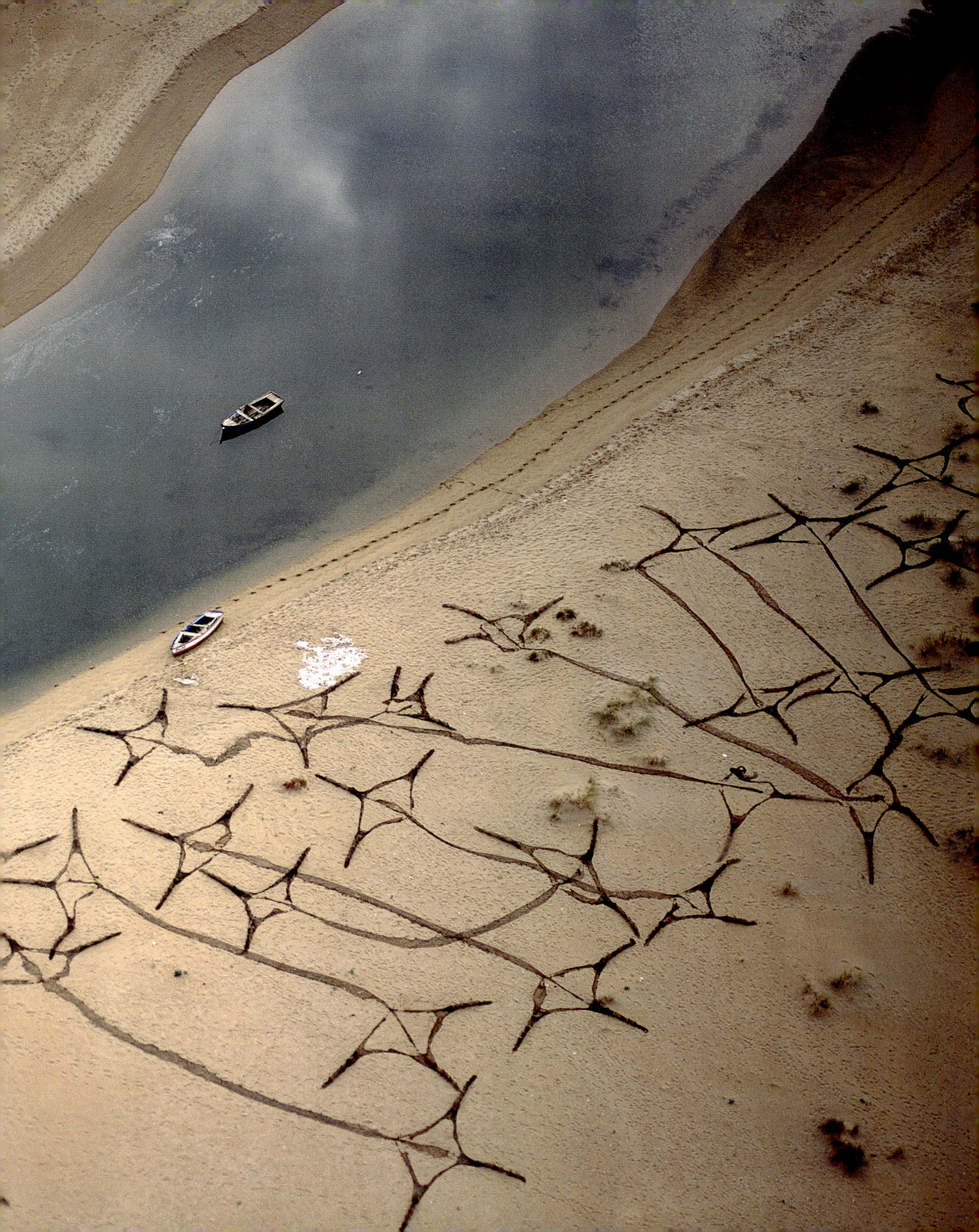

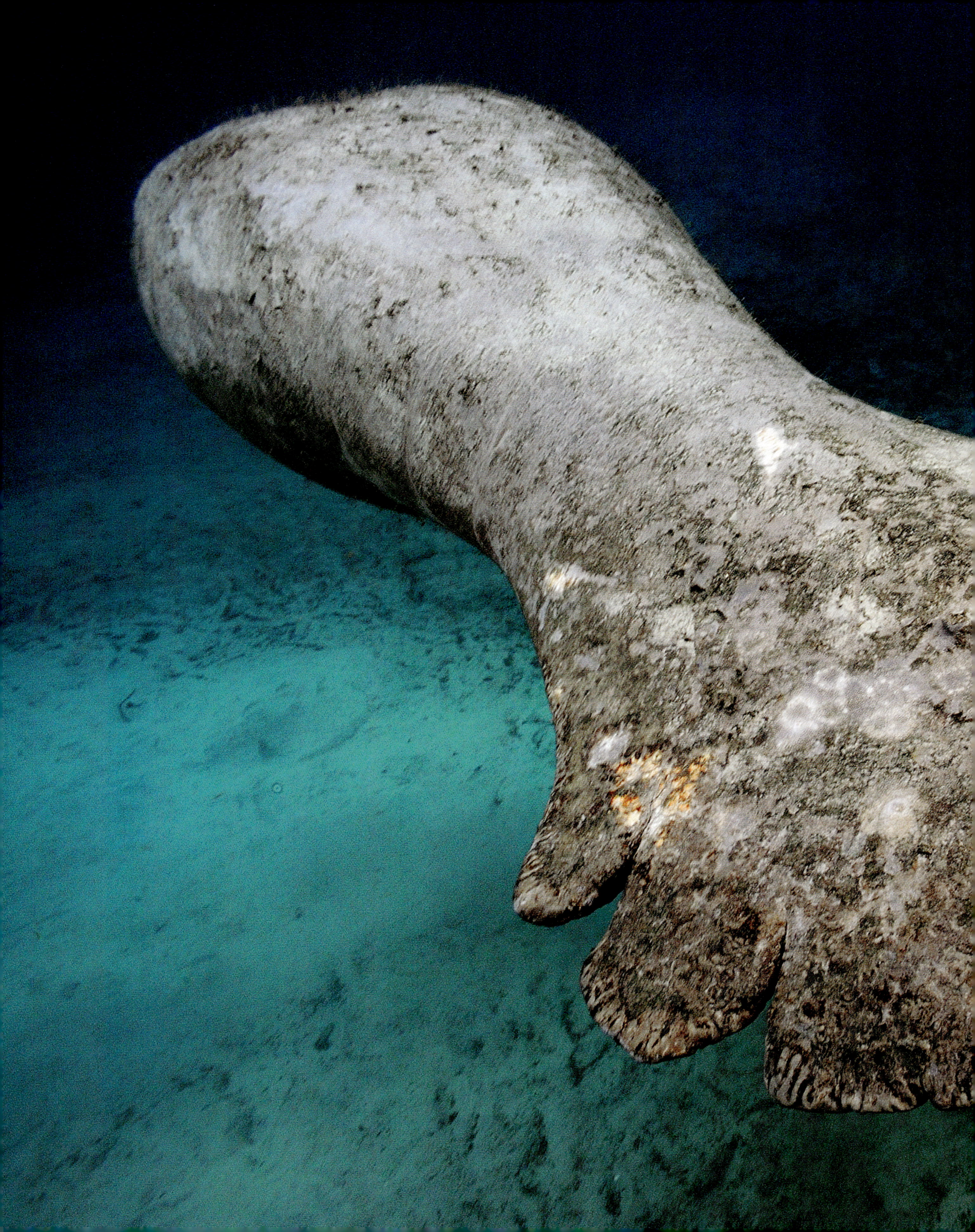

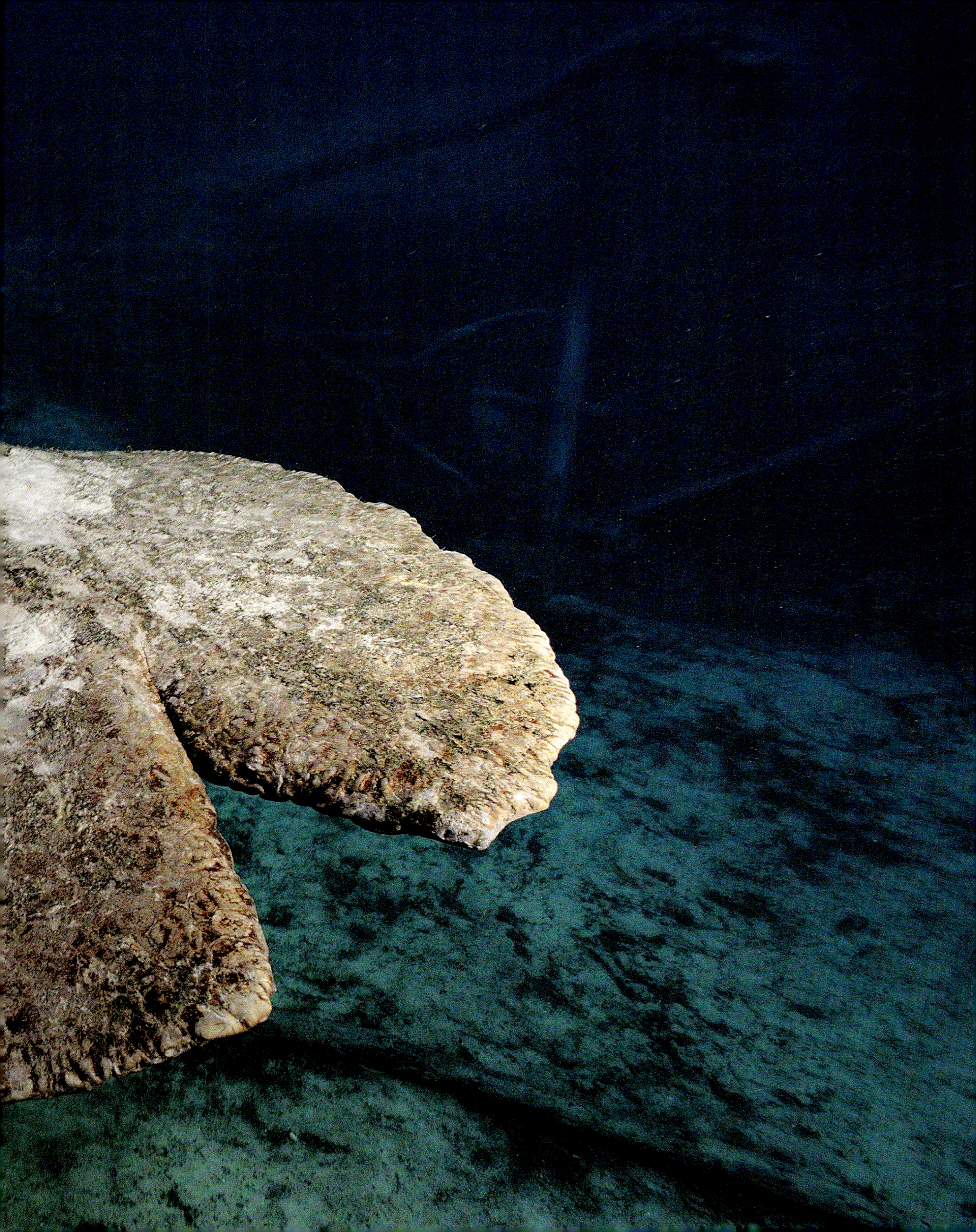

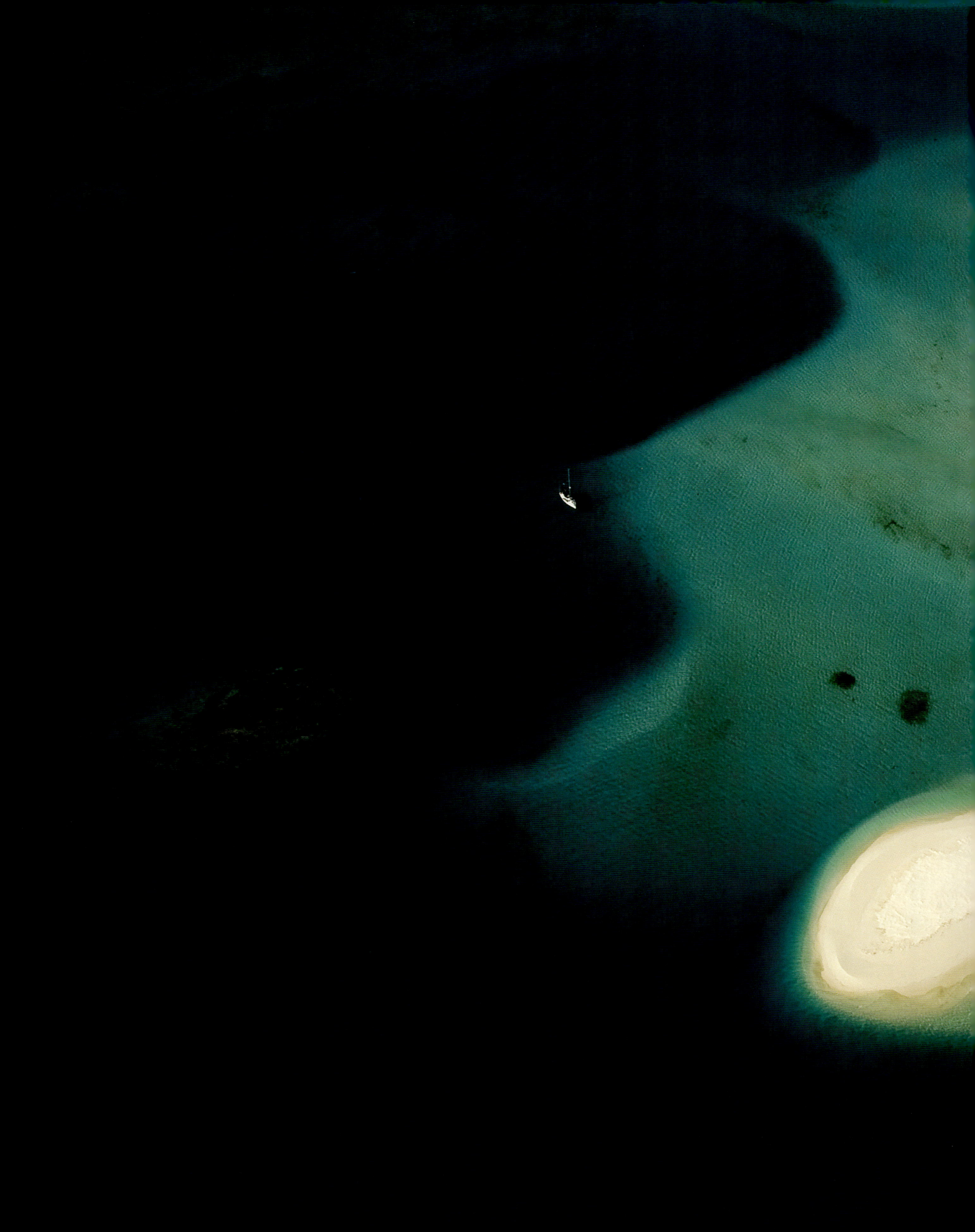

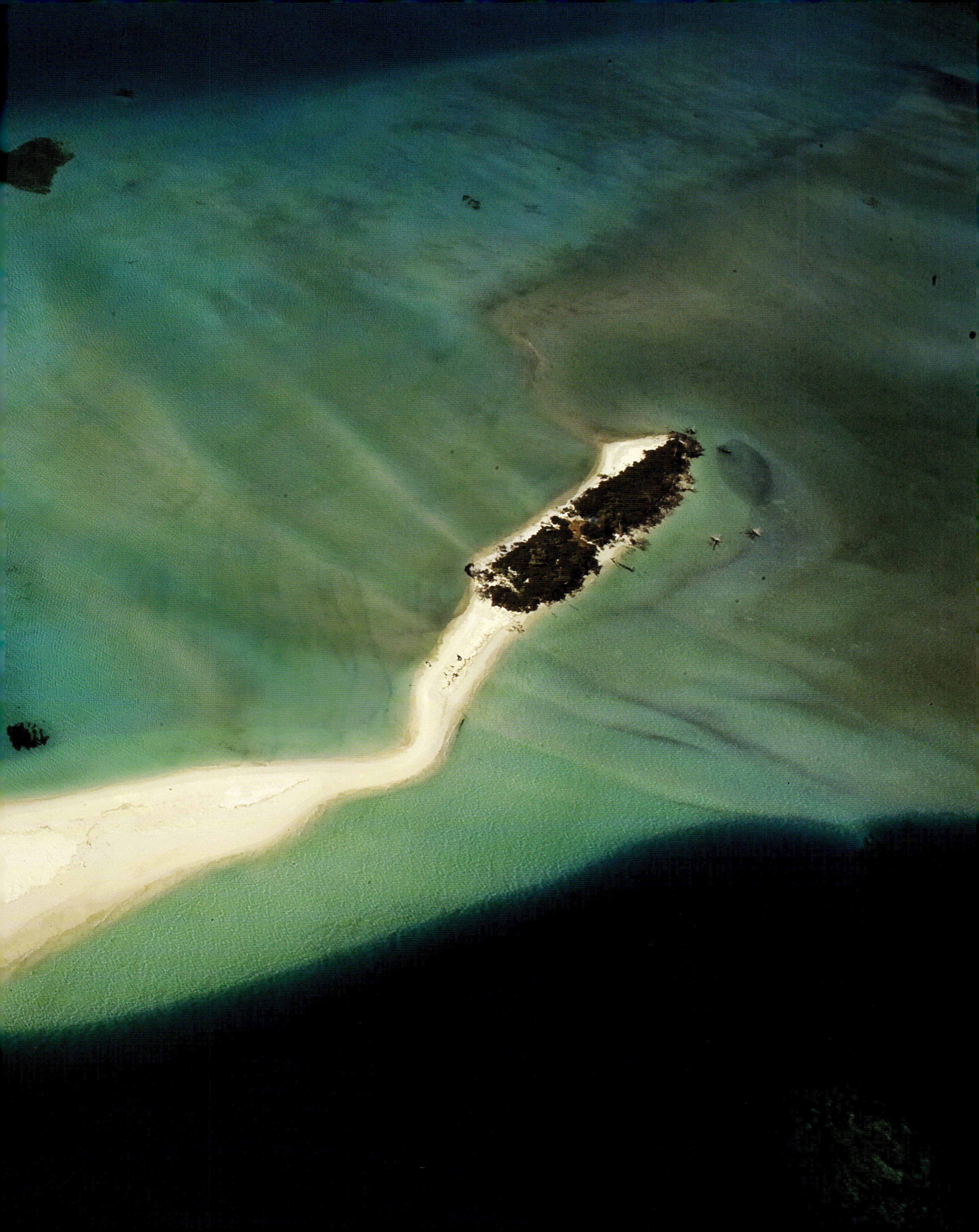

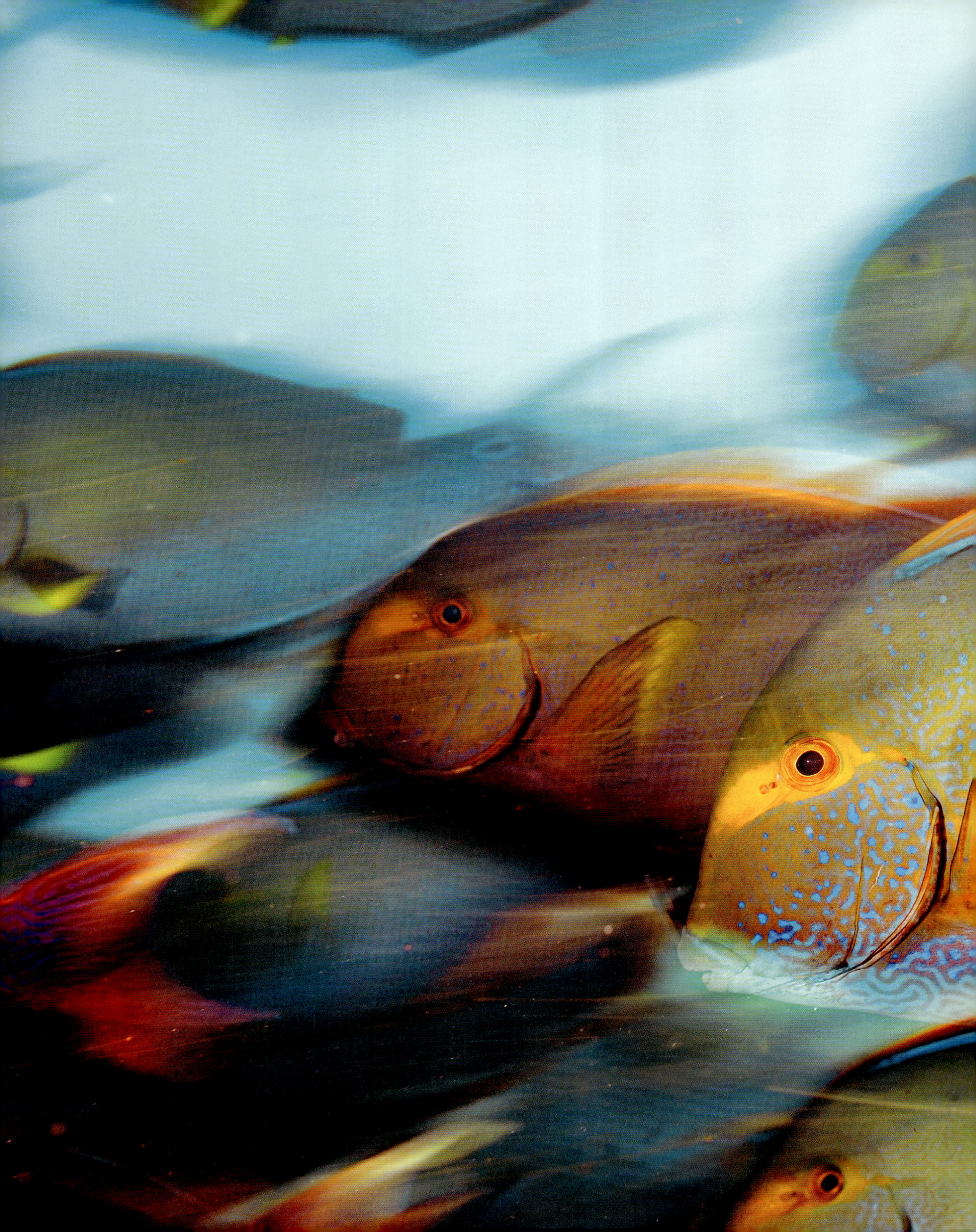

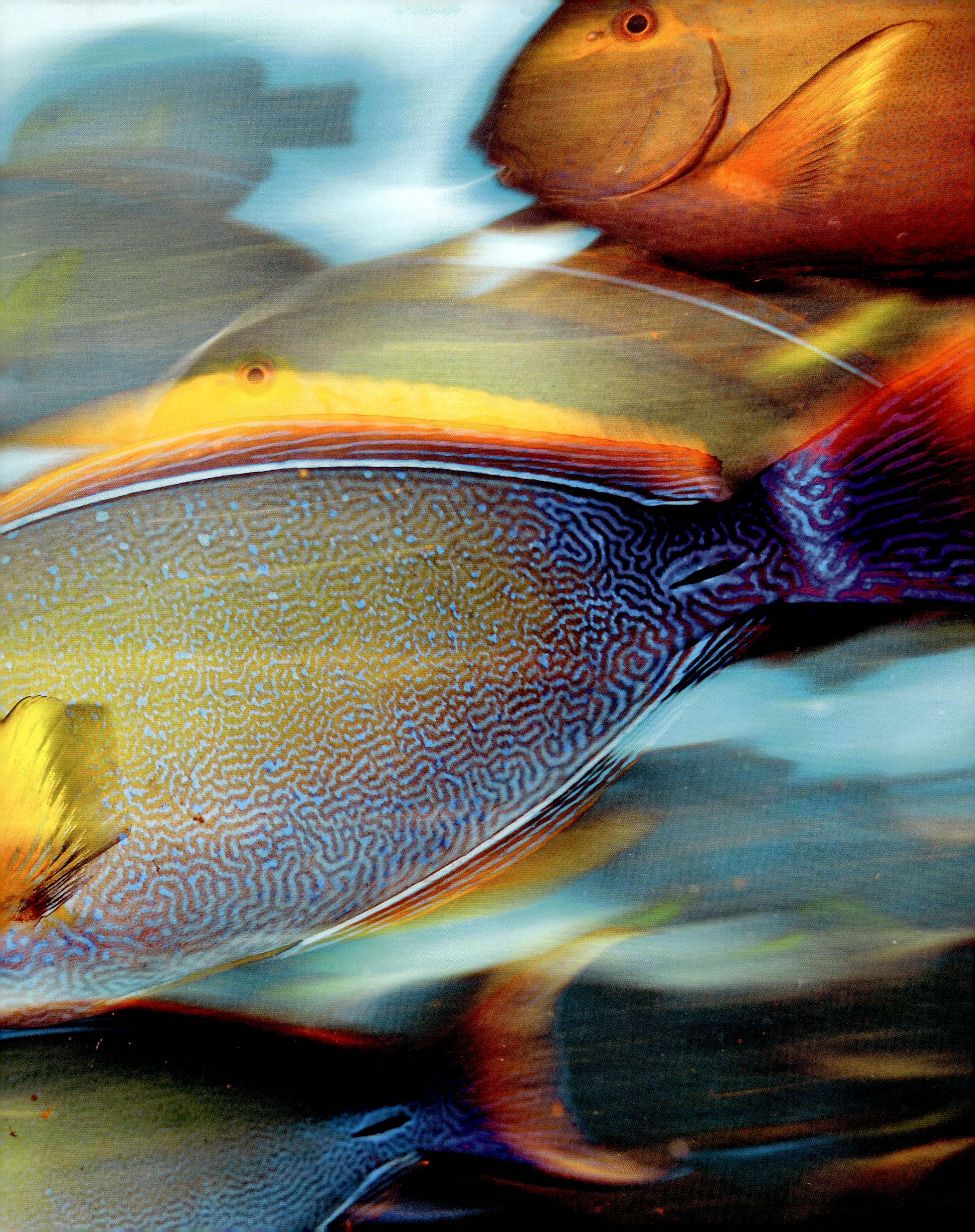

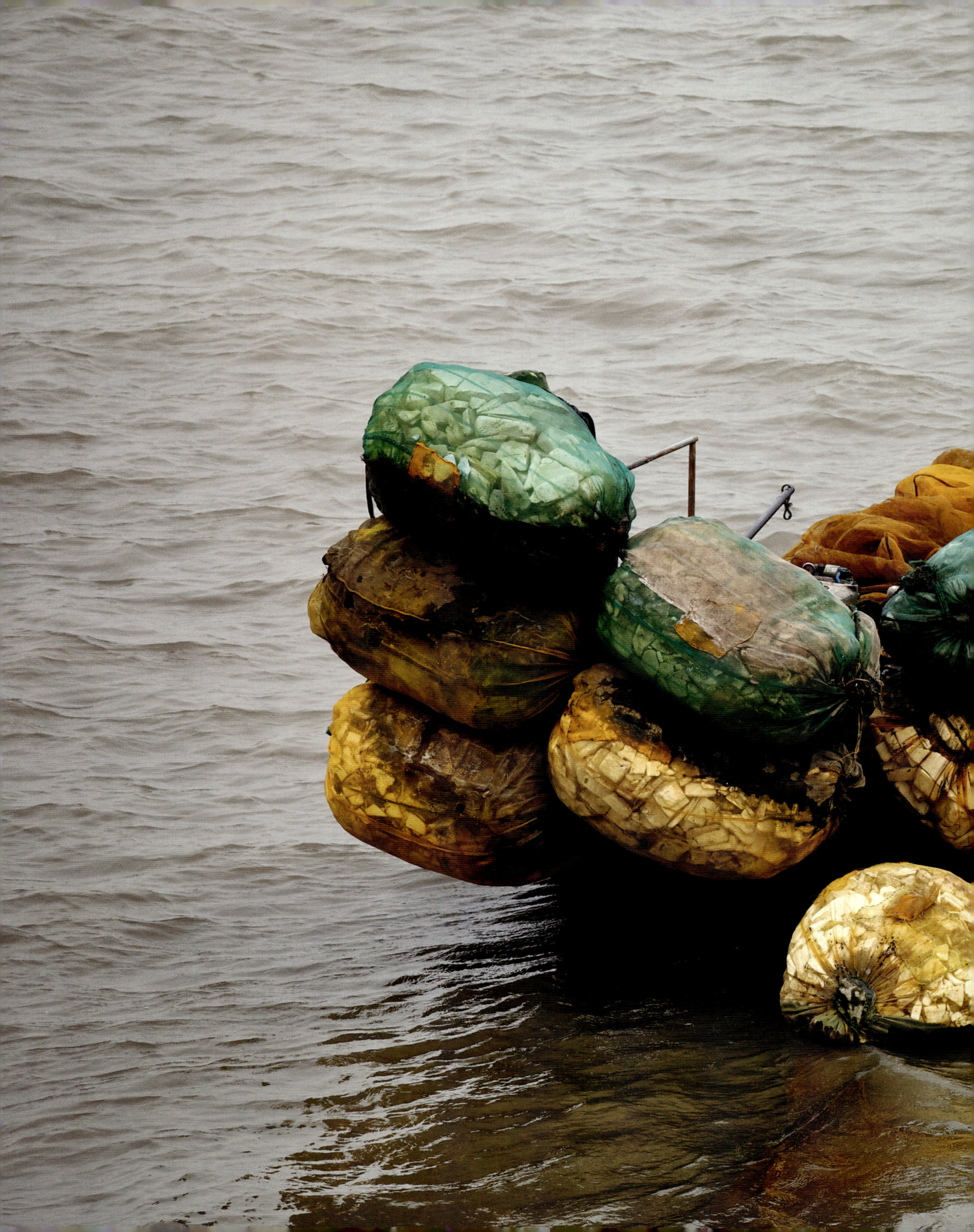

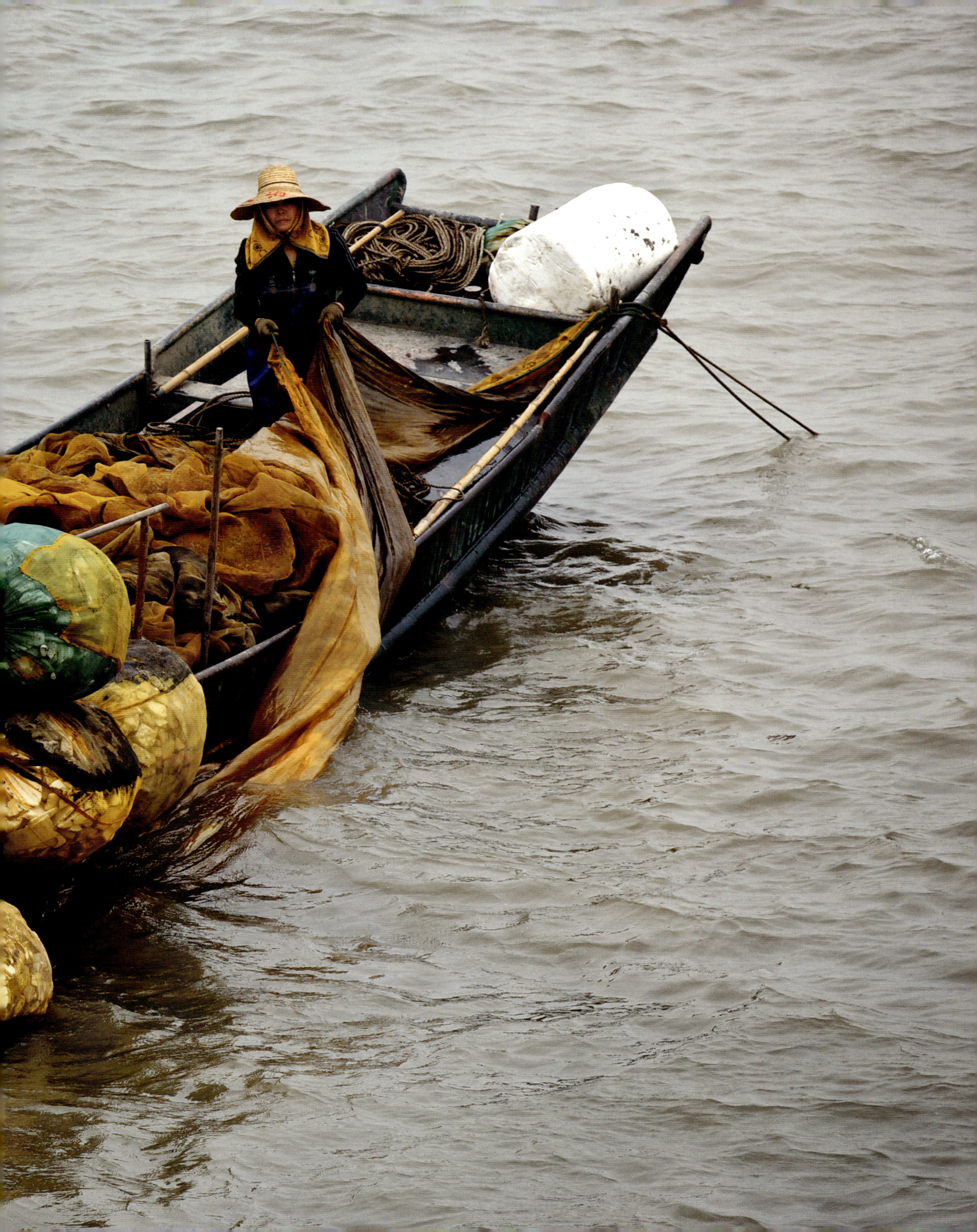

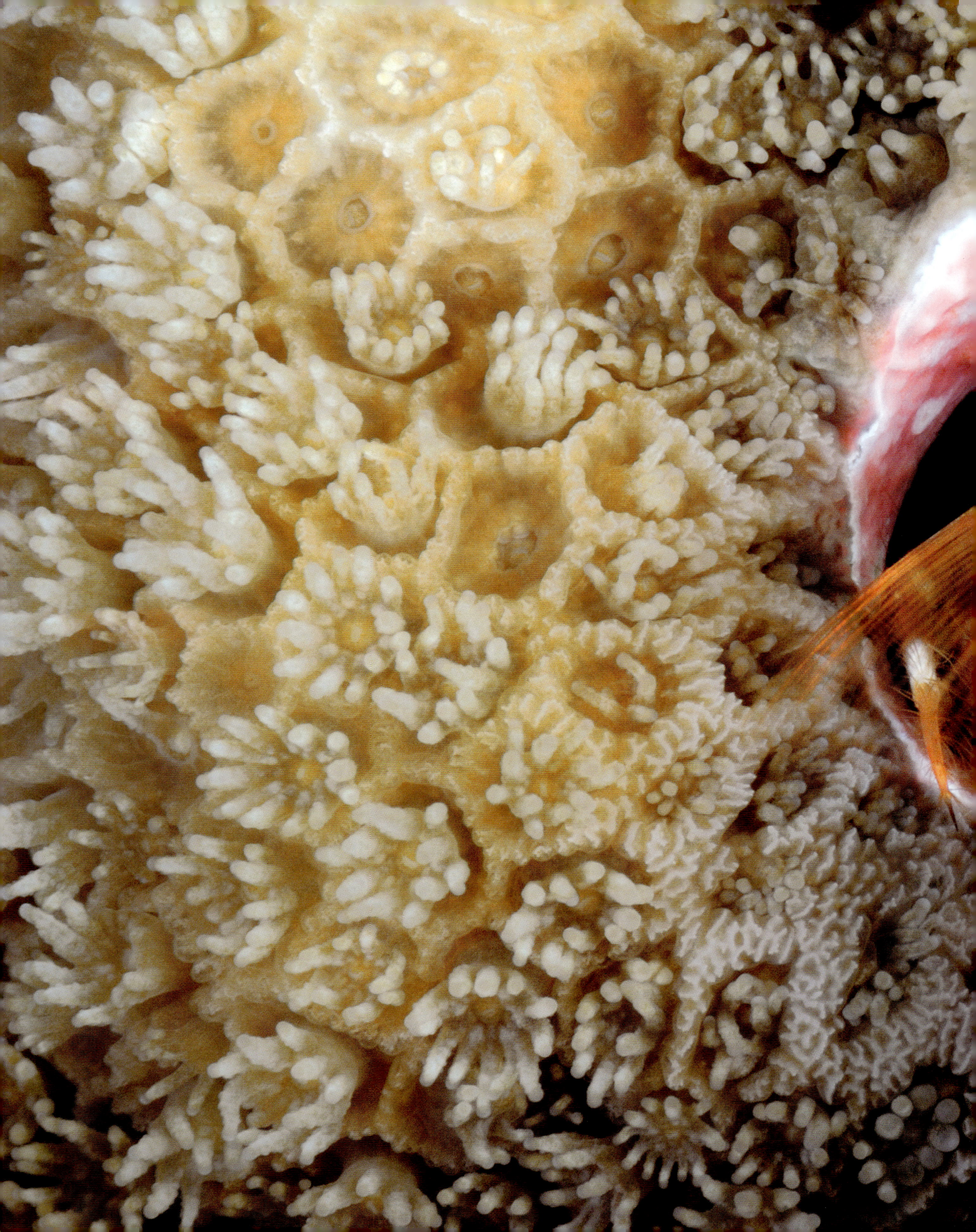

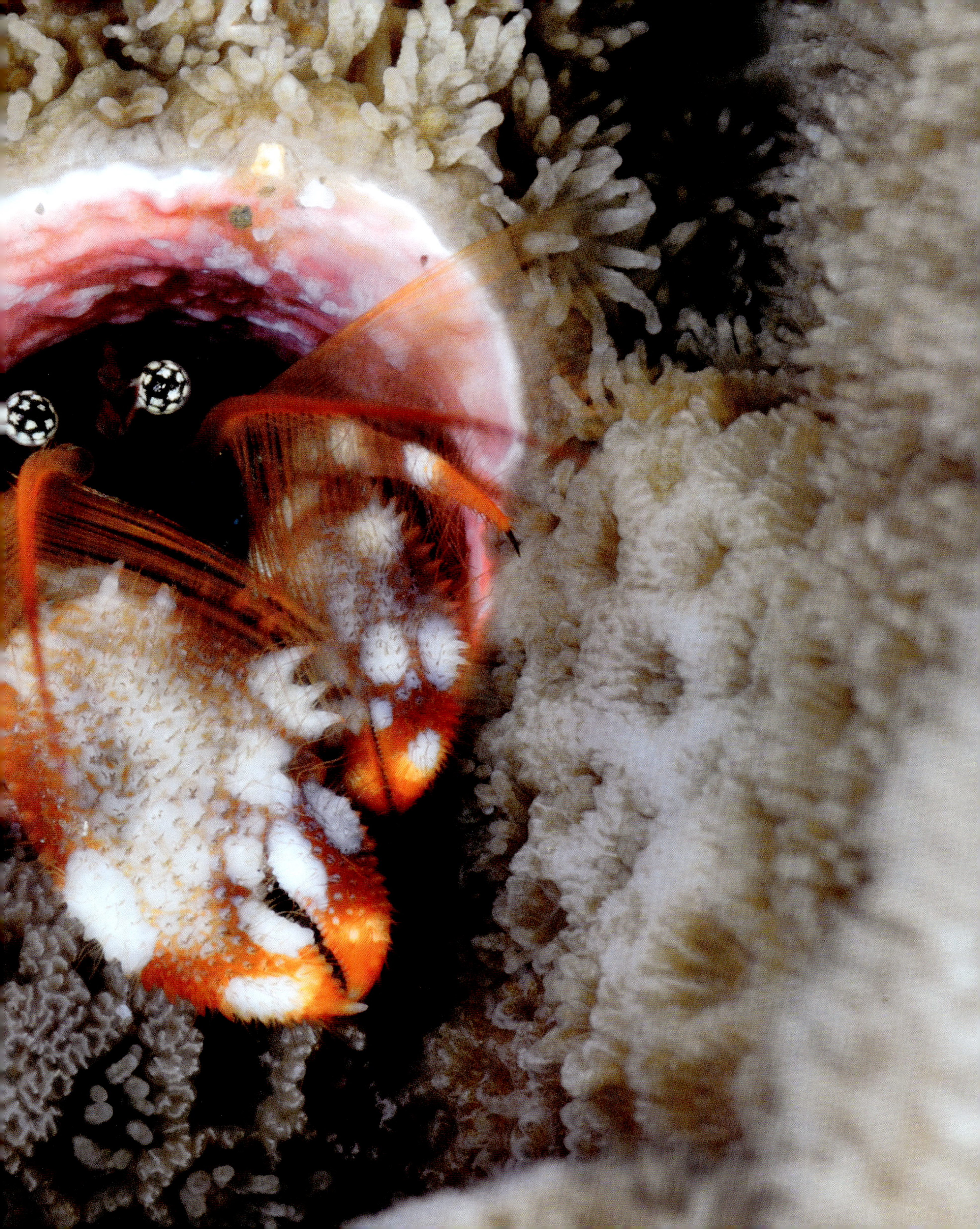

ÜBERFISCHUNG BIS ZUR AUSROTTUNG

DIE RIESIGEN KABELJAU-SCHWÄRME, die sich in den Gewässern vor Neufundland im Nordatlantik tummelten, stellten bis vor Kurzem ein Musterbeispiel für die ungeheure Produktivität der Ozeane dar. Diese Schwärme, deren Ausmaß und Dichte die ersten Fischer im 15. Jahrhundert in diesen Gegenden in Erstaunen versetzten, machten drei Jahrhunderte lang den Großteil des europäischen Fischfangs aus. Bis in die 1950er-Jahre lieferten sie den Fischern 250.000 t Kabeljau pro Jahr! Diese Erträge hätten endlos weitergehen können.

Aber in der Nachkriegszeit tauchten vor der Küste Neufundlands Fischerboote von einer bislang unbekannten Größe auf: Riesige (deutsche, englische, sowjetische, spanische und andere) Fischtrawler zogen rund um die Uhr gigantische Netze über den Meeresgrund und hievten sie mit Hilfe gewaltiger Kräne an Bord. Die Fische wurden gleich an Ort und Stelle eingefroren. In wenigen Jahren stieg die Fischfangmenge in schwindelerregende Höhe; 1968 waren es rund 810.000 t. Danach war keine Steigerung mehr zu verzeichnen, die Zahlen begannen von Jahr zu Jahr zu sinken, bis sie die Talsohle erreichten. 1990 waren 97 % der Kabeljaus vor den kanadischen Küsten verschwunden, und in bestimmten Gegenden fernab der Küsten war dieser Fisch ganz und gar ausgestorben. 1992 ordneten die kanadischen Behörden die absolute Einstellung des Fischfangs vor Neufundland an, was den Zorn der Fischer erregte und 40.000 Arbeitslose zur Folge hatte. Dort, wo die Menschen hauptsächlich vom Fischfang lebten, brach die gesamte Wirtschaft zusammen. Die Schiffe stachen jedoch wieder in See und suchten andere Fische in anderen Meeren. Heute, 20 Jahre nach der Einstellung des Kabeljau-Fischfangs im Nordatlantik, scheint sich eine leichte Wiederbelebung abzuzeichnen: Der Fischfang erreicht jedoch nach wie vor nicht einmal 10 % der in den 1960er-Jahren gefangenen Menge.

EINE ZWEIFELHAFTE EFFIZIENZ

Viele Experten fürchten, dass der Zusammenbruch des Kabeljau-Fischfangs vor Neufundland lediglich eine Art Generalprobe für das Szenario gewesen sei, das die weltweite Fischerei erwartet. Denn im Laufe des letzten halben Jahrhunderts, also in einer sehr kurzen Zeitspanne, hat sich der Fischfang sowohl vom Ausmaß als auch von seiner Art her grundlegend verändert und somit die Gesamtheit der Weltmeere erheblich geschwächt. Da sich dieses Szenario jedoch unter der Oberfläche und weit entfernt von den Küsten abspielt, wird das Ausmaß der damit verbundenen Umwälzungen von der Öffentlichkeit kaum wahrgenommen, denn die Regale in den Supermärkten sind nach wie vor gut gefüllt. Um die Krise in ihrer ganzen Bandbreite zu verstehen, muss man sich den weltweiten Statistiken zuwenden, die von der FAO, der Ernährungs- und Landwirtschaftsorganisation der Vereinten Nationen, vorgelegt werden. Diese Statistiken, die häufig als konservativ verurteilt werden, weil sie auf den Erklärungen der Staaten basieren und im Übrigen das Freizeitfischen und den Fischfang zum Selbstverbrauch nicht berücksichtigen, zeigen jedoch, dass sich zwischen 1950 und 1990 die weltweite Fischfangmenge mehr als vervierfacht hat: Sie stieg von 20 Millionen t auf 90 Millionen t jährlich. Diese Zahl wurde seither nie wieder erreicht, da die Fischerei weltweit von Jahr zu Jahr abnimmt.

Wie konnte in gerade mal vier Jahrzehnten der Meeresfischfang um das Vierfache gesteigert werden? Wie im Fall des Kabeljaus liegt dem eine methodische Strategie der Indus-

---

Tötung der Roten Atlantik-Thunfische *(Thunnus thynnus)* bei einer Mattanza, der traditionellen Fangmethode im Mittelmeer

Sizilianische und sardische Fischer setzen auch heute eine jahrhundertealte Fischfangmethode fort, die sogenannte »Mattanza«, d. h. das »Abschlachten«. Jedes Jahr fangen die Fischer Schwärme des Roten Thunfischs aus dem Atlantik auf ihrem Weg zu ihren Laichgründen im Mittelmeer ab. Die Methode besteht darin, ein Netzsystem, das »Tonnara« genannt wird, auszulegen. Die Netze sind in einzelne Kammern unterteilt und werden dann immer weiter zusammengezogen, um die Fische ins Innere zu treiben. Dann beginnt das Abschlachten im eigentlichen Sinne des Wortes: Die gefangenen Thunfische werden mit Hilfe eines Enterhakens aus dem Wasser gezerrt und getötet. Diese makabre Tradition lockt jedes Jahr zahlreiche Touristen an.

90 MILLIONEN TONNEN

Zwischen 1950 und 1990 hat sich die weltweite Fischfangmenge vervierfacht, von 20 Millionen t auf 90 Millionen t pro Jahr. Seither stagniert der Fischfang und geht sogar zurück.

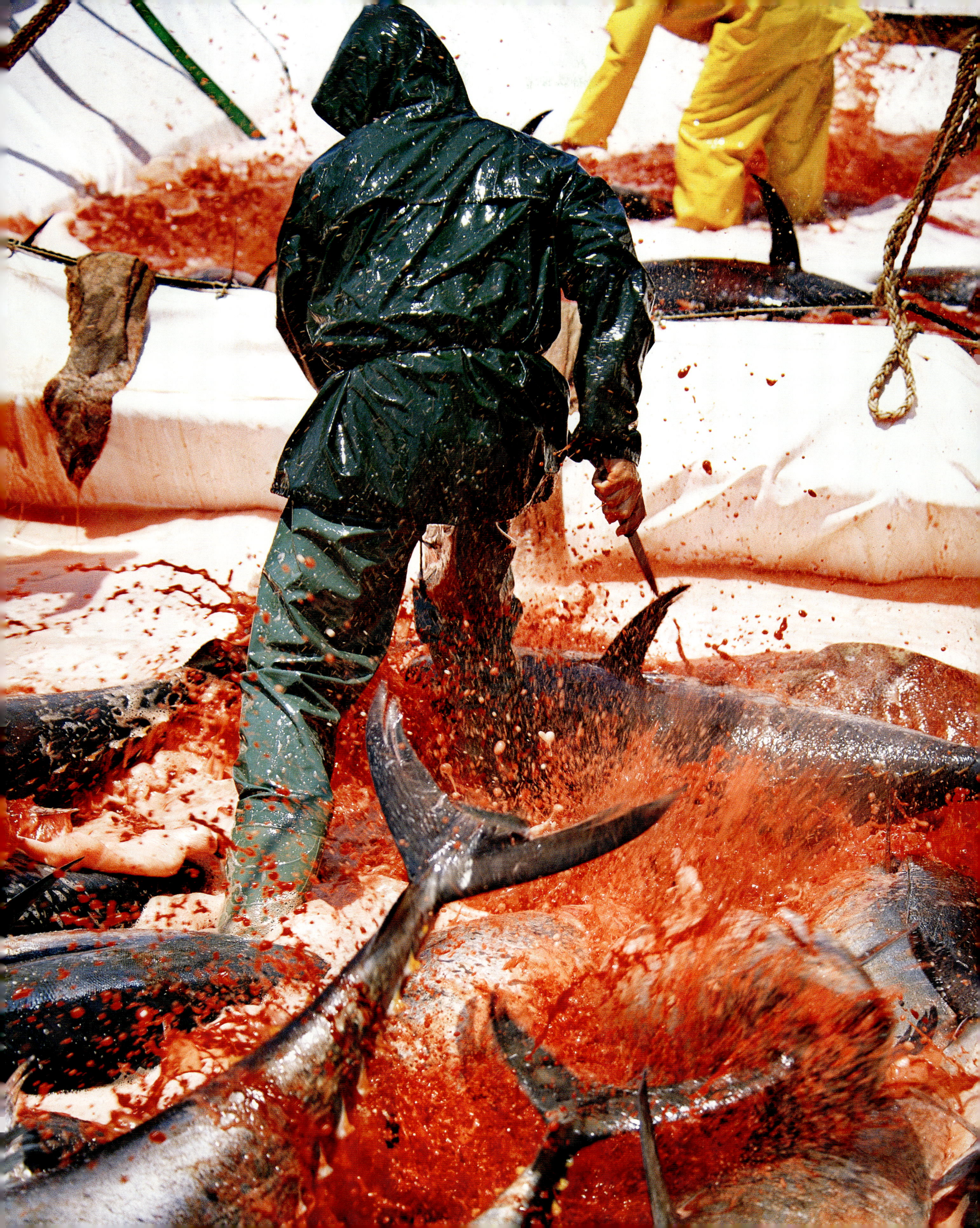

trialisierung des Fischfangs zugrunde, der zudem sehr großzügig subventioniert wird (auch heute noch mit jährlichen Subventionen zwischen 20 und 30 Milliarden Dollar), der schnelle technische Fortschritt sowie billiges Erdöl. Die größten Trawler verwandelten sich in immer effektivere, außerordentlich energieverbrauchende, schwimmende Fabriken, die imstande waren, den Fisch gleich nach dem Fang zu konservieren, und sich folglich sehr lange auf dem Meer aufhielten. Das ermöglichte es den Schiffen, sich immer weiter von ihren Heimathäfen zu entfernen, neue Fischfangzonen zu erschließen und sich manchmal sogar so lange in fischreichen Gebieten aufzuhalten, bis der letzte Fisch gefangen wurde. Die weltweiten Fischereiflotten umfassten seinerzeit ca. 4,3 Millionen Schiffe. Aber nur 2 % von ihnen sind über 25 m lang und für eine Menge von über 100 t geeignet. Sie bilden die Speerspitze dieser mechanisierten Armee, mit der die Menschen den Fischen gegenübertreten: Diese vielen Tausend Trawler machen den Löwenanteil am weltweiten Fischfang aus und sind im Übrigen für den Großteil der ökologischen Schäden verantwortlich. Die zunehmende Größe der Trawler ging Hand in Hand mit verschiedenen technischen, ganz besonders umweltzerstörenden Neuerungen. Die Verwendung von Nylon und anderen Kunstfasern für die Herstellung der Netze hat es ermöglicht, ihre Größe und Haltbarkeit beträchtlich zu steigern und gleichzeitig ihren Preis zu senken. Die immer effizienteren Fisch-Fernerkundungssysteme und Navigationshilfen (Sonargeräte, Radar und in jüngster Zeit das satellitengesteuerte GPS-Ortungssystem) werden von den Fischern verwendet, um die Schwärme ausfindig zu machen und ganz genau zu lokalisieren. Vor allem die verbesserte Leistungsfähigkeit der Trawler bietet ihnen die Möglichkeiten, immer größere Netze auszuwerfen und ungeahnte Tiefen zu erreichen. Dadurch wird die Verbreitung einer der – ökologisch gesehen – verheerendsten Praktiken gefördert: die Schleppnetzfischerei in der Tiefsee, die darin besteht, den Meeresgrund mit breiten Netzen, die mit schweren Metallstrukturen versehen sind, abzustreifen. Diese Praktik erfordert eine beträchtliche Zugkapazität: Daher verbraucht die weltweite Fischerei für den Fang einer Tonne Fisch eine halbe Tonne Treibstoff.

Rote Thunfische aus dem Atlantik schwimmen in die Nähe der spanischen Küste, Spanien

Die Meerestiere nehmen giftige Stoffe wie Schwermetalle, Blei, Quecksilber oder Pestizide auf. Das Phänomen der »Bioakkumulation« verstärkt dies noch. Die giftigen Moleküle setzen sich in ihrem Gewebe fest und werden über die Nahrungskette von einem Tier auf das andere übertragen, und am Ende landen sie sogar auf unseren Tellern. Eine amerikanische Studie hat gezeigt, dass der Verzehr von Thunfisch dafür verantwortlich ist, dass 40 % der Amerikaner Quecksilberverbindungen ausgesetzt waren. Um die Risiken zu vermindern, empfehlen manche Länder, darunter die der Europäischen Union, schwangeren Frauen, den Konsum größerer Fische zu reduzieren.

565.000 EURO FÜR EINEN EINZIGEN THUNFISCH

Am 5. Januar 2012 wurde bei der ersten Auktion des Jahres auf dem Fischmarkt von Tsukiji in Tokio ein Roter Thunfisch, der 269 Kilo wog, zu einem Höchstpreis von umgerechnet 565.000 Euro verkauft.

Aus einem streng industriellen Blickwinkel sind diese aktuellen Praktiken vollkommen unökonomisch. Die weltweite Fischfangflotte zeichnet sich durch eine beunruhigende Überdimensionierung aus. Dies ist auch eine Folge des Konkurrenzkampfes, den sich zu viele Fischer auf der Suche nach zu gering vorkommendem Fisch liefern. Dies führt dazu, dass jeder ohne Rücksicht auf den anderen versucht, sich den größten Teil des Fangs zu sichern. Ohne Subventionen, insbesondere für den Treibstoff, dürfte das derzeitige Modell der Fischfangindustrie keine Überlebenschancen haben.

DER TEUFELSKREIS

Die Fischindustrie arbeitet von ganz allein auf ihren Selbstmord hin: Es häufen sich die Signale, die auf einen Zusammenbruch des Fischfangs hindeuten. Seit etwa 20 Jahren ist weltweit ein Rückgang des Fischfangs zu verzeichnen, und dieser Trend setzt sich fort, ungeachtet der zum Teil beträchtlichen Anstrengungen (Technologie, Anzahl und Leistungsfähigkeit der Trawler) und der unaufhörlichen Bemühungen, neue Fischfanggebiete oder neue Fischarten zu entdecken. Doch diese Bemühungen werden immer fragwürdiger, je weiter der vorhandene Bestand abnimmt. Es könnte ein brutaler Einbruch bevorstehen. Die Kabeljaubestände vor Neufundland und andere Beispiele haben gezeigt, dass es häufig eine Schwelle für den Fischbestand gibt, unter dem bestimmte Fischarten sich nicht mehr fortpflanzen können. Wenn diese Schwelle unterschritten wird, sind die Populationen unmittelbar vom Aussterben bedroht.

Sogar die klarsichtige FAO bringt in ihrem neuesten Bericht zum Ausdruck, dass die Situation noch nie so dramatisch war wie heute. Der FAO zufolge ist derzeit über die Hälfte des Fischbestands bis an die obere Belastungsgrenze ausgebeutet – der Fischfang kann also nicht gefahrlos weiter gesteigert werden. Ein Viertel aller Fischereigebiete sind bereits überfischt, d. h. hier sind die Fische vom Aussterben bedroht, wenn der Fang nicht schnellstmöglich reduziert wird. Und nur knapp 15 % könnten eine Zunahme des Fischfangs noch aushalten! Annähernd drei Milliarden Menschen beziehen aus dem Fisch 15 % oder mehr ihres tierischen Eiweißbedarfs, während ungefähr 54,8 Millionen Menschen ihren Lebensunterhalt in der Fischindustrie bestreiten. Es erübrigt sich zu erwähnen, dass ein Zusammenbruch des Fischfangs tragische Folgen für den Menschen hätte.

DIE AQUAKULTUR: EINE LÖSUNG?

Angesichts dieser Situation hoffen einige Optimisten, durch den Ausbau der Aquakultur der Menschheit die Eiweißzufuhr durch den Fisch retten zu können. Die Aquakultur breitet sich insbesondere in Asien rasant aus. Das geht so weit, dass künftig ungefähr 50 % der vom Menschen verzehrten Fische weltweit aus der Fischzucht stammen werden. Wenn der Fischverzehr pro Einwohner im Übrigen trotz der Stagnation des Fischfangs weiterhin steigt, dann liegt es daran, dass die Ausweitung der Aquakulturen die Stagnation des Fischfangs ausgleichen konnte ... zumindest bis jetzt, denn inzwischen gehen die Wachstumsraten der Aquakultur ebenfalls zurück.

Die Wachstumsrate der Aquakultur ist in Wirklichkeit keineswegs unbegrenzt, denn sie eignet sich insbesondere nicht für die Zucht von fleischfressenden Fischen (Lachse, Thunfisch, Barsche, Doraden etc.). Um bei guter Gesundheit zu bleiben und ihre Schmackhaftigkeit zu bewahren, müssen diese Fische kleine Fische fressen, die ihnen im Allgemeinen in Form von Fischmehl verabreicht werden, das aus kleinen Fischen wie zum Beispiel Sardinen, Anchovis oder Heringen zubereitet wurde. Durchschnittlich benötigt man drei bis fünf Kilo dieser kleinen Fischarten, um ein Kilo fleischfressenden Fisch zu züchten! Auf ihre Weise ist die Aquakultur Teil der Ausbeutung der natürlichen Reichtümer der Erde durch die Länder des Nordens: Der Hauptteil des Mehls wird aus Fischen zubereitet, die in den südlichen Gewässern gefischt wurden, in denen diese Fischarten einst zur menschlichen Nahrung gehörten, während die fleischfressenden Fische aus der Zucht den Verbrauchern der reichen Länder zugute kommen. Im Hinblick auf die Umweltverschmutzung wirft die Aquakultur ähnliche Probleme auf wie die Intensivtierhaltung: starke Stickstoffkonzentrationen, Empfänglichkeit für Krankheiten, Einnahme von Antibiotika zur Bekämpfung von Infektionen, manchmal auch Hormone oder andere schädliche Zusatzmittel.

DIE FREIZEITFISCHEREI
—

Man bezeichnet jegliche Art zu fischen, die weder kommerziellen Zwecken noch dem Lebensunterhalt des Fischers dient, als »Freizeitfischerei«. Diese Fischerei wird im Süßwasser oder im Meer betrieben, vom Strand oder vom Boot aus. Die Angler, die Hochseeangler oder das Wattfischen – das darin besteht, die Meerestiere am Strand und von den Felsen aufzusammeln –, all das zählt zur Freizeitfischerei. Der Verzehr des Fangs geschieht nicht systematisch. Einige Amateure praktizieren ein *no-kill* und werfen die gefangenen Fische ins Wasser zurück. Es handelt sich beim Angeln um eine sehr beliebte Freizeitbeschäftigung, von der man annimmt, dass etwa 10 % der Weltbevölkerung sie ausüben. Die Auswirkungen auf den Fischbestand und die Ökosysteme sind keineswegs zu unterschätzen: Die französischen Sportfischer zum Beispiel fangen gewissermaßen dieselbe Menge an Barschen in einem Jahr wie die Hochseefischer – ungefähr 5000 t. Die erlassenen Vorschriften zur Verminderung der Folgen des Freizeitfischens beschränken den Fischfang im Allgemeinen auf eine bestimmte Menge pro Fischart oder noch häufiger auf eine Mindestgröße beim Fang, der dem Fisch ausreichend Lebenszeit garantieren soll, um sich fortzupflanzen. Doch die genaue Erfassung des Freizeitfischfangs erweist sich als schwierig, da eine zuverlässige Registrierung der Fischer, ihrer Praktiken und ihrer Fangmengen fehlt.

32 % DES FISCHBESTANDS
SIND ÜBERFISCHT ODER VERBRAUCHT

Laut den Statistiken der UN-Ernährungs- und Landwirtschaftsorganisation FAO sind 50 % des Bestands ebenfalls bis an ihre Obergrenze abgefischt.

ÜBERFISCHUNG BIS ZUR AUSROTTUNG

Fischmarkt in Tsukiji, Tokio, Honshu, Japan
(35° 27′ nördl. Br. – 139° 41′ östl. L.)

Der Markt von Tsukiji ist der größte Fischmarkt der Welt: Jedes Jahr werden dort Meeresprodukte im Wert von mehr als 5,5 Milliarden Dollar gehandelt. An einem einzigen Tag können mehrere Tausend Thunfische verkauft werden. Sie werden mit einem Pinsel gekennzeichnet und dann unter lautem Geschrei der Auktionatoren und Käufer versteigert.

THUNFISCH UND THUNFISCH
—
Thunfische stellen 5 % des weltweiten jährlichen Fischfangs – nämlich rund 4,2 Millionen t. Vor allem sieben Fischarten werden gefangen. Der Weiße Thunfisch, der hauptsächlich für Konserven verwendet wird, macht 59,1 % der Fangmenge aus. Der Gelbflossen-Thunfisch verzeichnet 24 %; es folgen der Großaugen-Thunfisch (10 %), der Langschwanz-Thunfisch (5,4 %) und schließlich die drei Arten des Roten Thunfischs (im Süden, im Norden und im Pazifik), die den Rest, 1,5 %, ausmachen. Die Roten Thunfische sind die größten und werden am meisten gefischt. Diese sieben Arten sind in 23 Bestände unterteilt, von denen drei bereits überfischt sind: die Bestände des Ostatlantiks und des Mittelmeers, des Westatlantiks und des Südatlantiks. Diese drei Bestände werden sich nie mehr erholen, wenn der Thunfischfang nicht eingeschränkt wird.

Als Reaktion auf diese Probleme bemühen sich die Züchter von Wasserlebewesen, Verfahren zu entwickeln, die die schädlichen Auswirkungen auf die Umwelt minimieren. Eine Möglichkeit besteht darin, die Zucht pflanzen- oder allesfressender Arten (Karpfen, Buntbarsche, Katzenfische, Welse etc.) den rein fleischfressenden (Lachsfische, Barsche, Doraden etc.) vorzuziehen, wodurch man den Anteil an Pflanzenproteinen (häufig Soja) bei der Ernährung der Fische erhöhen kann und somit den Druck auf den Ozean reduzieren würde. Im Übrigen wird derzeit wissenschaftlich untersucht, ob die Nahrung der fleischfressenden Fische teilweise »vegetalisiert« werden kann. Außerdem entstehen biologische Fischzuchten sowie alle möglichen Initiativen, die die Verwendung natürlicher Ressourcen optimieren wollen. In Asien scheint die Praktik der extensiven Fischzucht auf den Reisfeldern, die die Fäkalien der Fische als Dünger für die Pflanzen nutzt, vielversprechend zu sein. Auch werden Aquakulturen mit der Austernzucht kombiniert, weil die Austern die Partikel aus dem Wasser filtern, die nicht von den Fischen verzehrt wurden. Die Zukunft wird zeigen, ob diese Ansätze es der Aquakultur ermöglichen, der rasant wachsenden weltweiten Nachfrage zu entsprechen.

Man kann nur hoffen, dass die Antwort schnell erfolgt. Denn mit jedem Jahr, das verstreicht, verschlechtert sich die Lage der Ozeane, und wir nähern uns einem katastrophalen Zusammenbruch.

Thunfische auf einem japanischen Schiff, Japan

Obwohl es internationale Institutionen für den Thunfischfang wie die Internationale Kommission zur Erhaltung der Thunfischbestände im Atlantik (ICCAT) gibt, gefährdet die Überfischung weiterhin die Bestände. Um sie zu retten, haben 2010 einige Länder und Nichtregierungsorganisationen vorgeschlagen, den Roten Thunfisch auf die Liste der gefährdeten Arten des Washingtoner Artenschutzübereinkommens zu setzen, doch diese Maßnahme wurde von den größten Fischerei- und Verbraucherländern, darunter in erster Linie Japan, verhindert.

Mehr Informationen zu diesem Thema und ein entsprechender Ausschnitt aus dem Film *Planet Ocean* sind auf der Website www.goodplanet.org verfügbar.

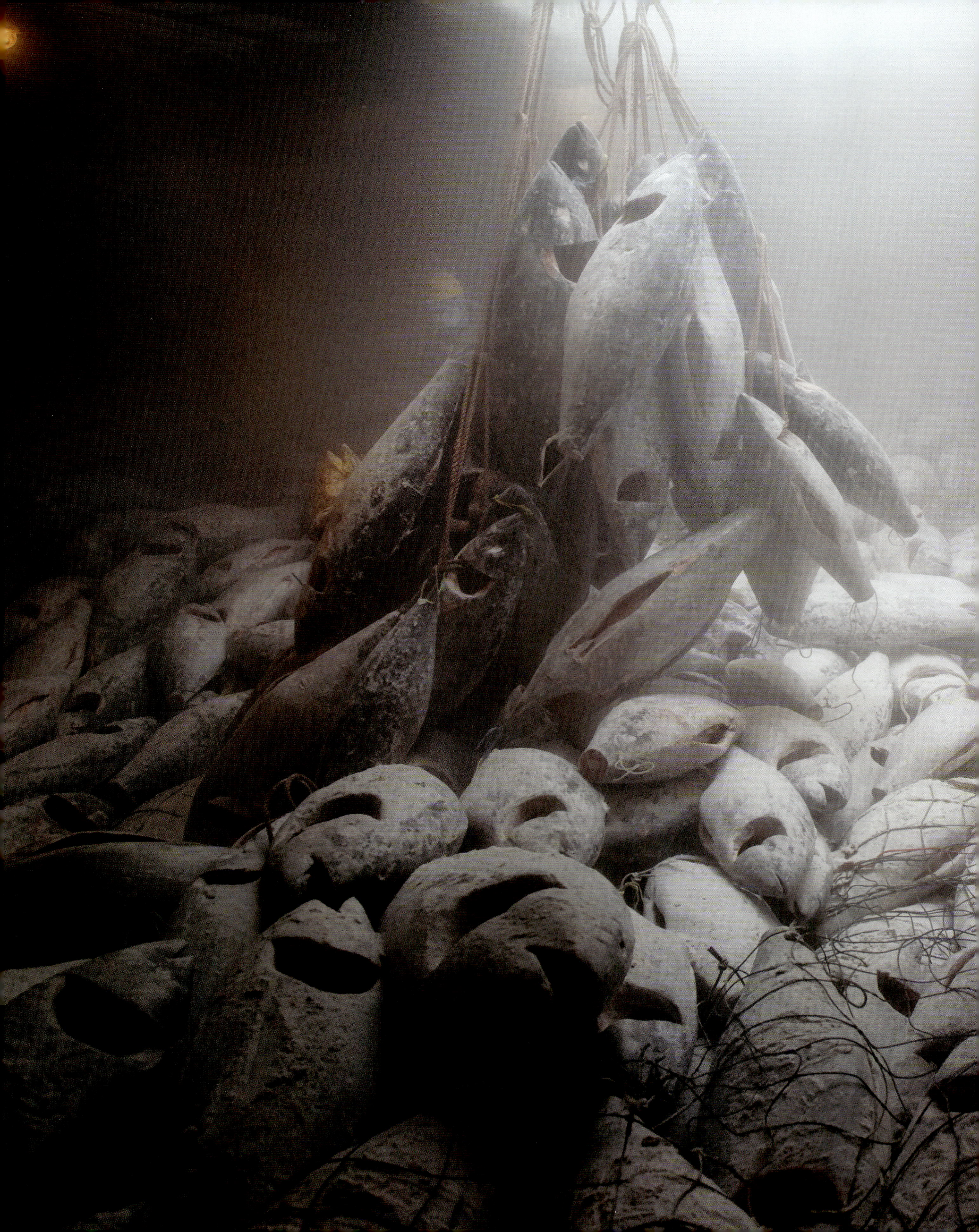

GESPRÄCH
WIR UNTERSCHÄTZEN IMMER NOCH DAS AUSMASS DER KRISE

DANIEL PAULY,
Direktor des Fisheries Centre der Universität von British Columbia in Vancouver, ist der bedeutendste Experte für Fischfangressourcen. Er hat die FishBase und SeaLifeBase, die weltweit umfangreichsten Datenbanken zur Artenvielfalt des Meeres, geschaffen und leitet das Sea Around Us Project, das die Auswirkung der Fischerei auf die Meeresökosysteme untersucht und im Bereich der Fischerei Lösungen unterbreitet.

WAS SAGT DIE WISSENSCHAFT ÜBER DEN ZUSTAND DER WELTWEITEN FISCHEREI?
Die Lage der Ozeane hat sich weltweit erheblich verschlechtert. Man steuert auf eine Sackgasse zu, denn die Märkte und die Fangkapazitäten stimmen mit dem Fortbestand der Fischbestände auf keine Weise überein. Abgesehen von den Vereinigten Staaten und Australien gibt es praktisch kein Land, das seinen Fischfang wesentlich reduziert hat.

> »Die Märkte und die Fangkapazitäten stimmen mit dem Fortbestand der Fischbestände auf keine Weise überein.«

Doch erst vor Kurzem wurde man sich der Tragweite des Problems bewusst. Diese Erkenntnis erfolgte in zwei Zeitabschnitten. Die erste Phase geht auf das Ende der 1990er-Jahre zurück, als die Experten erkannten, dass der eine oder andere Fischbestand erschöpft war. Nach und nach sah man, dass es sich nicht um vereinzelte Phänomene, sondern um einen globalen Trend handelte. 2001 zeigte eine Studie, dass der Rückgang des Fischbestands weder ganz neu noch von geringem Ausmaß war. Blickte man ein paar Jahrzehnte – bis zum Beginn der Industriefischerei – zurück, zeigte diese Studie, dass die Verluste riesig waren: Die Biomasse (das Maß für den Fischbestand und andere lebende Organismen) war nämlich nicht nur um 10 oder 20 % gesunken, sondern um 90 %! Um diesen Rückgang zu begreifen, muss man 50 oder gar 100 Jahre zurückblicken.

WARUM BESTEHT DIESES MISSVERHÄLTNIS ZWISCHEN DEN STUDIEN ÜBER EINEN ZEITRAUM VON 20 JAHREN UND JENEN, DIE EINEN LÄNGEREN ZEITRAUM BETRACHTEN?
Die Bestände, die heutzutage am intensivsten beobachtet werden, sind jene, die noch ausgebeutet werden. Sie sind atypisch, denn es sind Bestände, die ihre Ausbeutung überlebt haben. Die Statistiken stützen sich zum Beispiel auf die Bestände in der Nordsee, aber niemals auf Bestände in Mauretanien, die bereits erschöpft sind. Da die Bestände, die bereits verschwunden sind, keine Rolle in der Statistik mehr spielen, ist die Basis für die Zahlen, auf die sich die meisten Wissenschaftler stützen, völlig verfälscht.

WIRD DIESES ERGEBNIS ALLGEMEIN AKZEPTIERT?
Leider sind wir mit Widerstand konfrontiert, auch unter Wissenschaftlern: Die staatlichen Experten – die klassischen Fischfangforscher – konzentrieren sich auf die vergangenen 20 Jahre, für die sie eine relative Stabilität der Bestände registrieren. Sie unterschätzen also das Ausmaß der Krise bei Weitem. Zur Zeit gelingt es uns nicht, unsere Prognosen in ihrer vollen Bandbreite verständlich zu machen.
Wenn man sich nicht einmal über den Befund einig ist, wie kann man dann erwarten, dass Lösungen akzeptiert werden, die zuweilen schwierig sind? Man muss unaufhörlich das Offenkundige beweisen. Es ist dieselbe Diskussion wie die über die Klimaveränderung: Verändert sich das Klima überhaupt? Und wenn ja, wegen des Menschen? Ja. Trotzdem gibt es viele, die das Gegenteil glauben oder behaupten.

> »Die Politiker interessieren sich nicht für die Meinung der Wissenschaftler.«

SELBST EIN EINFLUSSREICHER FORSCHER WIE SIE HAT SCHWIERIGKEITEN, ANDERE ZU ÜBERZEUGEN?
Ich habe den Wissenschaftlern auf der ganzen Welt erklärt, wie man Fischbestände beurteilen muss. Diese Beurteilung ist unbedingt erforderlich, da die Daten über die Fischereigebiete zur Zeit noch unvollständig, abweichend oder ganz einfach unzugänglich sind. Man muss immer noch weiter Daten sammeln. Doch täglich stelle ich fest, mit wie wenig Mitteln Wissenschaftler rund um den Globus auskommen müssen, wenn sie diese Art von Fragen zu beantworten suchen. Und wenn dann halbwegs brauchbare Studien veröffentlicht werden, wird es extrem schwierig, diese Informationen den Politikern zu vermitteln, da sie sich für die Meinung der Wissenschaftler nicht interessieren. Diese Situation ist vielleicht auch eine Frage der

Form: Im Allgemeinen erfolgen die Angaben über den Fischfang in Tabellen, die für die breite Masse oder die Entscheidungsträger unverständlich bleiben. Dagegen bietet die Wettervorhersage im Fernsehen ungeheuer komplexe Informationen in Form von sehr einfachen Karten, die für alle verständlich sind. Mein Team und ich haben beschlossen, die Zahlen über den Fischfang auf Karten festzuhalten, damit die Probleme des Fischbestandes klarer zu erkennen sind. Wir haben solche Karten über die Entwicklung des Fischfangs veröffentlicht, die die realen Verhältnisse im Bereich der Fischerei und der Fischbestände wiedergeben. Wir stellen sie allen Organisationen zur Verfügung, die es wünschen, und die mit ihnen arbeiten können, um die Problematik öffentlich zu machen.

ES GIBT ALSO EINEN BRUCH ZWISCHEN WISSENSCHAFTLERN UND INSTITUTIONEN?

Niemand käme auf den Gedanken, einen leistungsfähigeren Computer vom EDV-Zentrum abzulehnen und seine alte Rechenmaschine zu behalten. Die Wissenschaft geht beim Verständnis unseres Planeten mit großen Schritten voran, doch niemand interessiert sich dafür. Der Staat finanziert die wissenschaftliche Forschung mit öffentlichen Geldern – also mit unseren Steuern –, zieht aber keinen Nutzen aus den Ergebnissen. Deshalb betrachte ich meine künftige Rolle und die Rolle von Sea Around Us als eine Brücke zwischen den Wissenschaftlern, den Nichtregierungsorganisationen und den Entscheidungsträgern. Verbände und Stiftungen sind sehr effiziente Akteure, um zwischen den Wissenschaftlern, der öffentlichen Meinung und den Entscheidungsträgern Verbindungen zu knüpfen. In den Vereinigten Staaten ist es zum Beispiel möglich, wegen der schlechten Verwaltung eines Fischbestands oder der schlechten Verwendung von Subventionen den Staat zu verklagen. Auch wenn Klagen von Einzelpersonen selten sind, verfügen Nichtregierungsorganisationen über erforderliche personelle und finanzielle Mittel, um solche Schritte zu unternehmen. Doch diese Gerichtsverfahren müssen von Wissenschaftlern legitimiert und unterstützt werden. Es geht für die NGOs nicht mehr darum, sich außerhalb wissenschaftlicher Diskussionen zu bewegen, sondern sich ins Zentrum dieser Debatten zu stellen. Wir liefern ihnen gewissermaßen die Munition.

UM AUF DEN FISCHFANG ZURÜCKZUKOMMEN: WIE GENAU HAT ER SICH VERÄNDERT?

Das erste Phänomen, das alle Forscher beobachten, ist die Verlagerung der Fischereigebiete nach Süden. Wenn jeder Wissenschaftler in seinem Studienbereich eine kleine Veränderung feststellt, wird klar, dass es sich um ein viel bedeutsameres Phänomen handelt, wenn man das Ganze weltweit betrachtet. Seit 1950 verlagert sich der Schwerpunkt der Fischerei jährlich um 0,8° in den Süden, wie ein Metronom, das dem Rhythmus der Ausschöpfung der Fischbestände folgt. Das Bild vom bretonischen Seemann mit Bart, Pfeife und Schal entspricht längst nicht mehr der Wirklichkeit.

> »Viele Länder wären bereit, ihre Subventionen für die Fischerei zu reduzieren, befürchten aber, damit die Subventionen für ihre Landwirtschaft zu gefährden.«

Die Aufzehrung der Fischbestände im Norden führt dazu, dass auch die europäischen Trawler – zumindest die größten – im Indischen Ozean oder im Südatlantik fischen, was zur Folge hat, dass Arten, die einst durch die Meerestiefe oder die Entfernung geschützt waren, der Überfischung ausgesetzt werden. Das trifft zum Beispiel auf den Riesen-Antarktisdorsch zu, einen Tiefseefisch, der noch vor wenigen Jahren vollkommen unerreichbar war. Der Weg in den Süden ist vorprogrammiert. Lediglich die stärksten Flotten können diesen Wettbewerb austragen, was eine immer tiefere Kluft zu den armen Ländern schafft. Dieser Wandel führt zu einer Globalisierung des Fischfangs, niemand weiß mehr, woher die Trawler im Einzelnen kommen. Die Schiffe, die Europa und Nordamerika versorgen, sind morsche Dampfer, die von chinesischen Reedern in Panama registriert sind und deren philippinische Mannschaft zum Beispiel von einem Kapitän aus der Ukraine befehligt wird. Wir haben mit dem Fischfang dasselbe getan wie mit den Banken: Gesundes Geld wurde mit krankem Geld vermischt und das gesamte System verseucht.

STEHT DIESER WANDEL IN ZUSAMMENHANG MIT DEN SUBVENTIONEN?

Natürlich ermöglichen nur die Subventionen, den Fischfang immer stärker zu betreiben, immer weiter auszudehnen und noch tiefer in die Tiefsee vorzudringen, denn die Trawler benötigen Treibstoff und technische Ausrüstungen. Sie sind der springende Punkt. Auf internationaler Ebene machen sie ungefähr 25 Milliarden Dollar pro Jahr aus, davon werden fast 20 Milliarden direkt in den Ausbau der Flotten und in die Treibstoffversorgung investiert. In Afrika tätigen die Chinesen riesige Investitionen und sind im Begriff, die Europäer zu überholen.

KÖNNTEN SUBVENTIONEN NICHT AUCH DAZU DIENEN, DIE FISCHEREIPRAKTIKEN ZU VERBESSERN?

Subventionen können eine ausgezeichnete Steuerungsfunktion besitzen. Mehrere Male haben wir mit der WTO (Welthandelsorganisation) um echte Reformen bei der Zuteilung von Subventionen gestritten. Doch jedes Mal verliefen unsere Bemühungen im Sande. Die Subventionen sind vermutlich aufgrund der Verbindungen von Fischfang und Landwirtschaft so fest in den Staatshaushalten verankert. Zahlreiche Länder wären bereit, die Subventionen für den Fischfang zu reduzieren, aber sie fürchten, dies könne bei internationalen Verhandlungen oder in der Öffentlichkeit auch die Subventionen für die Landwirtschaft infrage stellen. Das trifft zum Beispiel auf die USA zu.

KANN MAN DEN TREND TROTZDEM NOCH UMKEHREN?

Ungeachtet dessen, ob man Optimist oder Pessimist ist, wird es schwierig sein, etwas zu bewegen, wenn es allein um das Fischfangproblem geht. Die einzige Möglichkeit, aus der Krise herauszukommen, besteht meiner Meinung nach in einer Resolution über die Frage der weltweiten Landwirtschaft, die »en passant« auch den Fischfang betrifft. Aber dafür bedarf es einer globalen Veränderung unserer Sicht auf den Planeten Erde.

Belüfter in einer Garnelenzucht, Lagune von Tungkang, Taiwan
(22° 26′ nördl. Br. – 120° 28′ östl. L.)

Dieser Belüfter reichert das Wasser der Zuchtbecken mit Sauerstoff an. Die Lagune von Tungkang im Südwesten Taiwans ist in Quadrate mit Brackwasser unterteilt, die der Aquakultur, insbesondere der sehr lukrativen Garnelenzucht dienen. In Asien, wo die Tigergarnele die bedeutendste Garnelenart darstellt, entstehen 80 % der Weltproduktion. Da die Garnele warmes Wasser benötigt, um sich entwickeln zu können, wurde die Garnelenzucht an den tropischen Küstenzonen angesiedelt, vor allem dort, wo Mangroven wachsen.

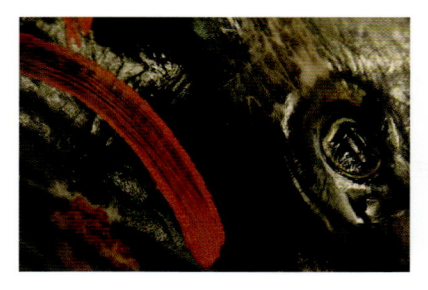

Markierter Thunfisch *(Scombridae)* auf dem Markt von Tsukiji, Honshu, Japan
(35° 27′ nördl. Br. – 139° 41′ östl. L.)

Bevor die Thunfische versteigert werden, markiert man sie mit roter Farbe. Die Käufer begutachten die Fische einen nach dem anderen, um die Farbe ihrer Haut, ihre Größe, ihre Form und vor allem ihren Frischezustand einzuschätzen, denn all das sind Kriterien, von denen der Preis abhängt. Zum Beispiel ist die Qualität der Haut abhängig von einem ausreichend hohen Fettgehalt und von den Anzeichen für eine schnelle Ausblutung nach dem Fang. Die Knappheit aufgrund der Erschöpfung des Thunfischbestands fördert die Spekulation, was die Preise zusätzlich in die Höhe schnellen lässt.

Roter Thunfisch *(Thunnus thynnus)* aus dem Atlantik, gefangen in einem Netzkäfig, in dem er gemästet wird, Mittelmeer, Spanien

Die Technik, die unter dem Begriff »Thunfischmästen« bekannt ist, besteht darin, junge wilde Thunfische zu fangen und in Käfige zu sperren, um sie zu mästen. Diese Netzkäfige sind in Kroatien, in Spanien, auf Malta oder in der Türkei zu finden, und diese gemästeten Thunfische sind überwiegend für den Sushimarkt bestimmt. Laut FAO (Ernährungs- und Landwirtschaftsorganisation der Vereinten Nationen) hat diese Praktik keinen positiven Einfluss auf die Ausschöpfung des Thunfisches, sie verschlimmert die Lage sogar noch. Außerdem erschwert der Fang junger Thunfische, der viel diskreter erfolgt als der der ausgewachsenen, die genaue Berechnung der Bestände.

Schiffe vor der Oasenstadt Al Jahra, Persischer Golf, Kuwait
(29° 20′ nördl. Br. – 47° 40′ östl. L.)

Kuwait auf der Arabischen Halbinsel besitzt eine 290 km lange Küste sowie neun kleine Inseln. Die berühmteste ist die Insel Failaka am Eingang der Bucht von Kuwait, nicht weit von der gemeinsamen Mündung von Tigris und Euphrat. Der Persische Golf erstreckt sich über eine Fläche von 233.000 km². Er trennt die Arabische Halbinsel vom Iran – sein Name bezieht sich auf eine Bezeichnung, die bis in die 1930er Jahre offiziell für verschiedene Reiche und Länder auf dem Staatsgebiet des heutigen Iran gebräuchlich war.

Beilfische *(Pempheris oualensis)* in einer Unterwasserhöhle von Tortola, Britische Jungferninseln, Kleine Antillen, Großbritannien

Der Glasfisch, auch Beilfisch genannt, lebt in eher flachen Gewässern wie den Lagunen. Tagsüber versteckt sich dieser kleine, etwa 20 cm lange Fisch in Höhlen oder sucht Schutz bei den Korallen. Nachts geht er auf Jagd und verfolgt in Schwärmen die kleinen Wirbellosen aus dem Plankton oder noch kleinere Fische.

Das Große Blaue Loch im Belize Barrier Reef, Belize
(17° 19′ nördl. Br. – 87° 32′ westl. L.)

Dieser bei Tauchern beliebte Ort gehört zu dem weitreichenden System der mittelamerikanischen Korallenriffe, die sich über fast 1000 km von der Spitze Yucatáns (Mexiko) entlang der Küsten von Belize und Guatemala bis zur nordöstlichen Küste von Honduras erstrecken. Es sind die längsten Riffe der Welt und die breitesten in der nördlichen Hemisphäre. Das Große Blaue Loch mit seinen 30 m Durchmesser, seinen 124 m Tiefe und seiner quasi vollkommenen runden Form ist eine geologische Besonderheit und entstand nach dem Einsturz der Decke unterirdischer Höhlen, die das Wasser in den Kalksteinfelsen gefressen hatte.

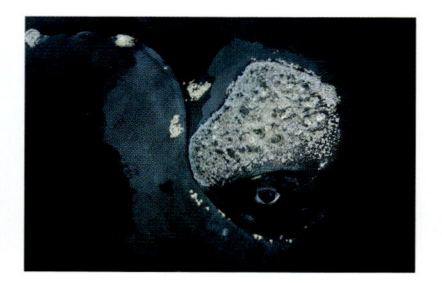

Das Auge eines Südkapers *(Eubalaena australis)*, Auckland-Inseln, Neuseeland

Der Gesang der Wale ist zweifellos der eigentümlichste Klang des Ozeans. Die Südkaper stoßen Töne niedriger Frequenz aus, die für das menschliche Ohr fast unhörbar sind. Andere Arten jedoch bringen für das menschliche Ohr hörbare Töne hervor. Diese Töne spielen bei den Walen viele Rollen: bei ihrer Art der Kommunikation und der Fortbewegung, bei der Ernährung oder bei der Fortpflanzung. Jede Walfischart kennt einen eigenen Ton. Der Gesang der Wale gehört zu den »Tönen der Erde«, die 1977 auf der »Voyager Golden Record« mit den Sonden *Voyager 1* und *Voyager 2* als Beweis für Leben auf der Erde ins Weltall geschickt wurde.

Der Raja-Ampat-Archipel, Papua Neu-Guinea, Indonesien
(0° 41′ südl. Br. – 130° 25′ östl. L.)

Der Raja-Ampat-Archipel (Vier Könige), der zwischen dem Indischen Ozean und dem Pazifik liegt, ist eine der reichsten Meeresregionen weltweit: Haie, Rochen, Korallen und die Grüne Meeresschildkröte, um nur einige Arten zu nennen. Die Entfernung – von Jakarta aus über sechs Stunden Flug und dann noch eine Strecke mit dem Boot – bewahrt diesen Archipel zum Teil vor dem Zustrom der Touristen.

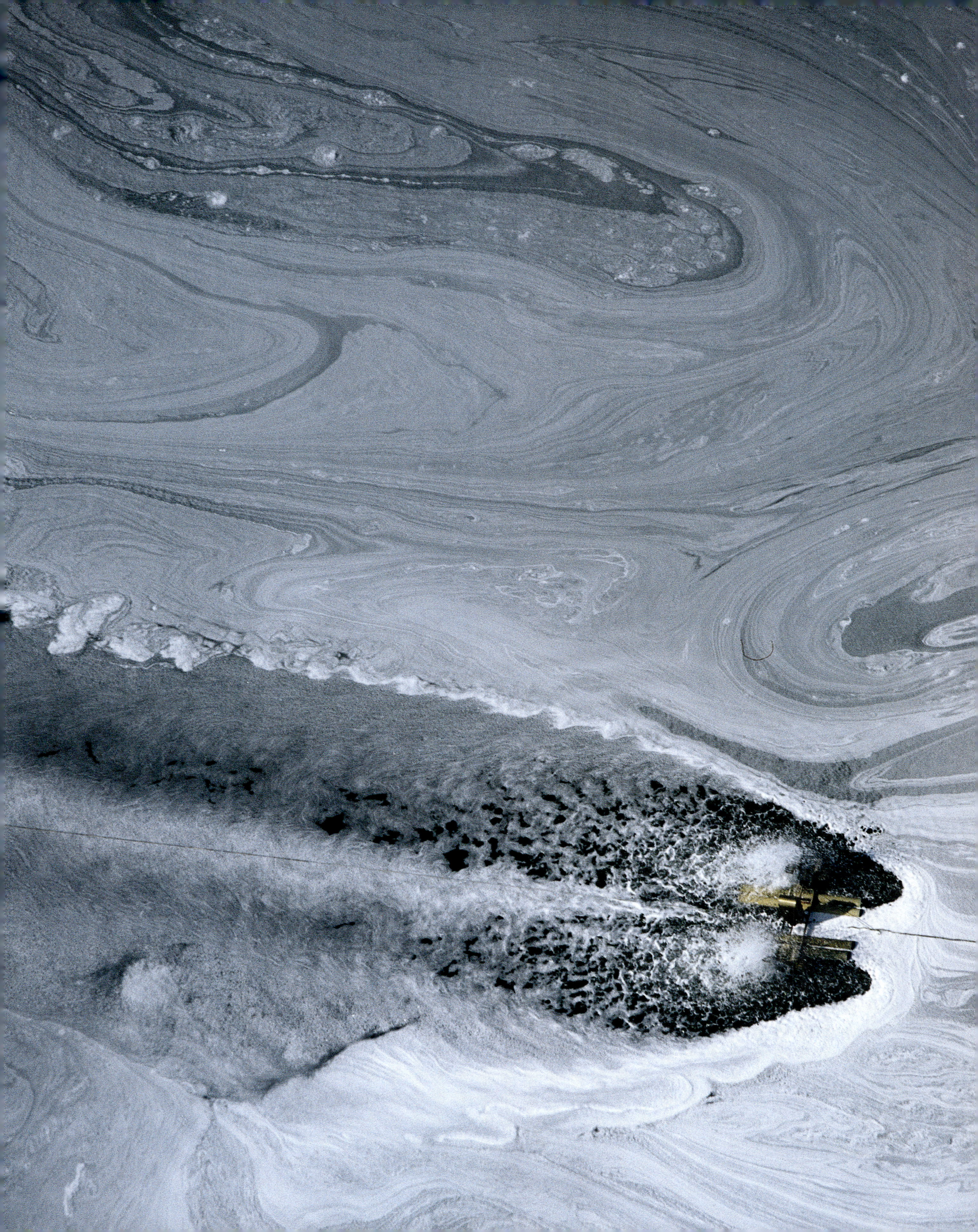

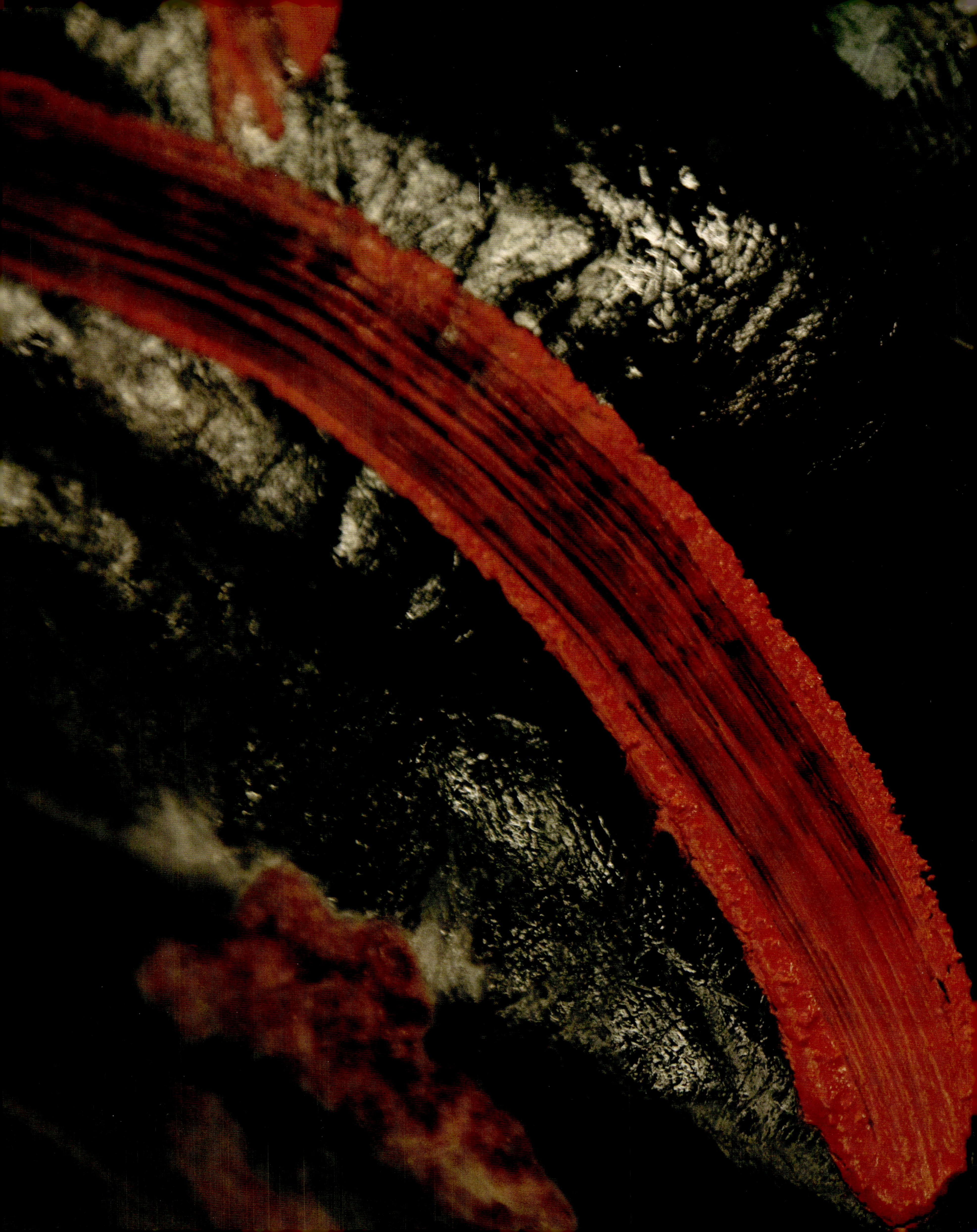

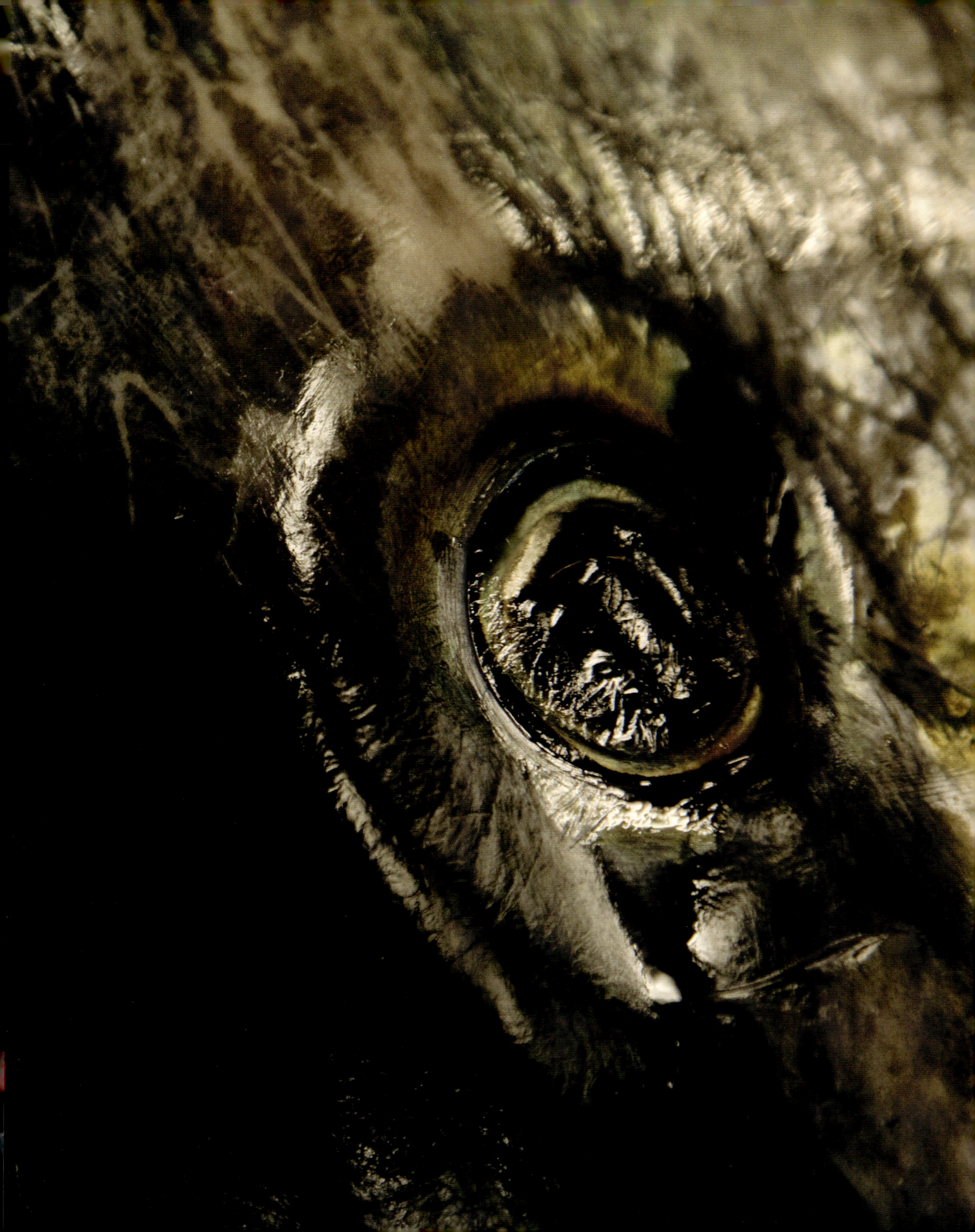

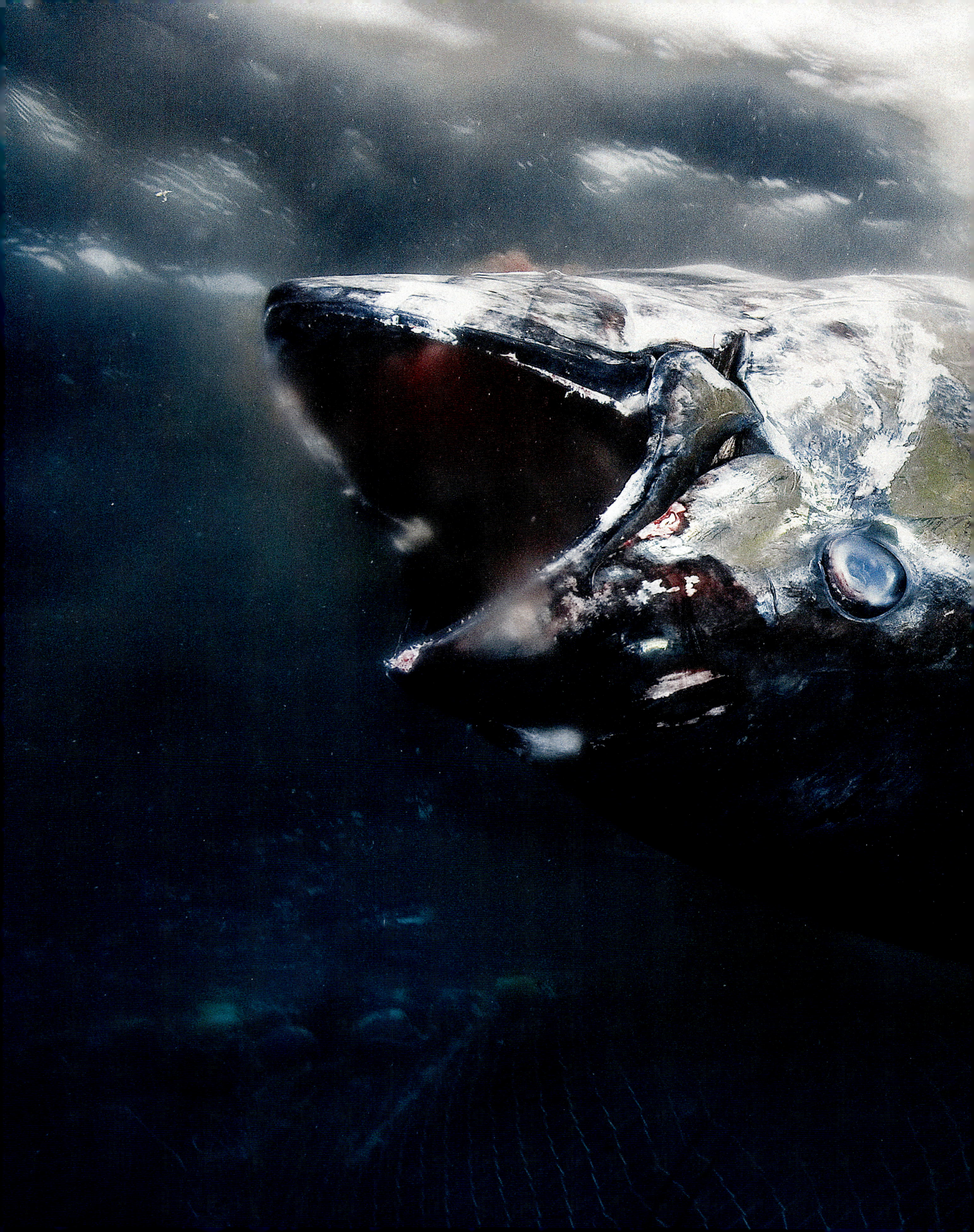

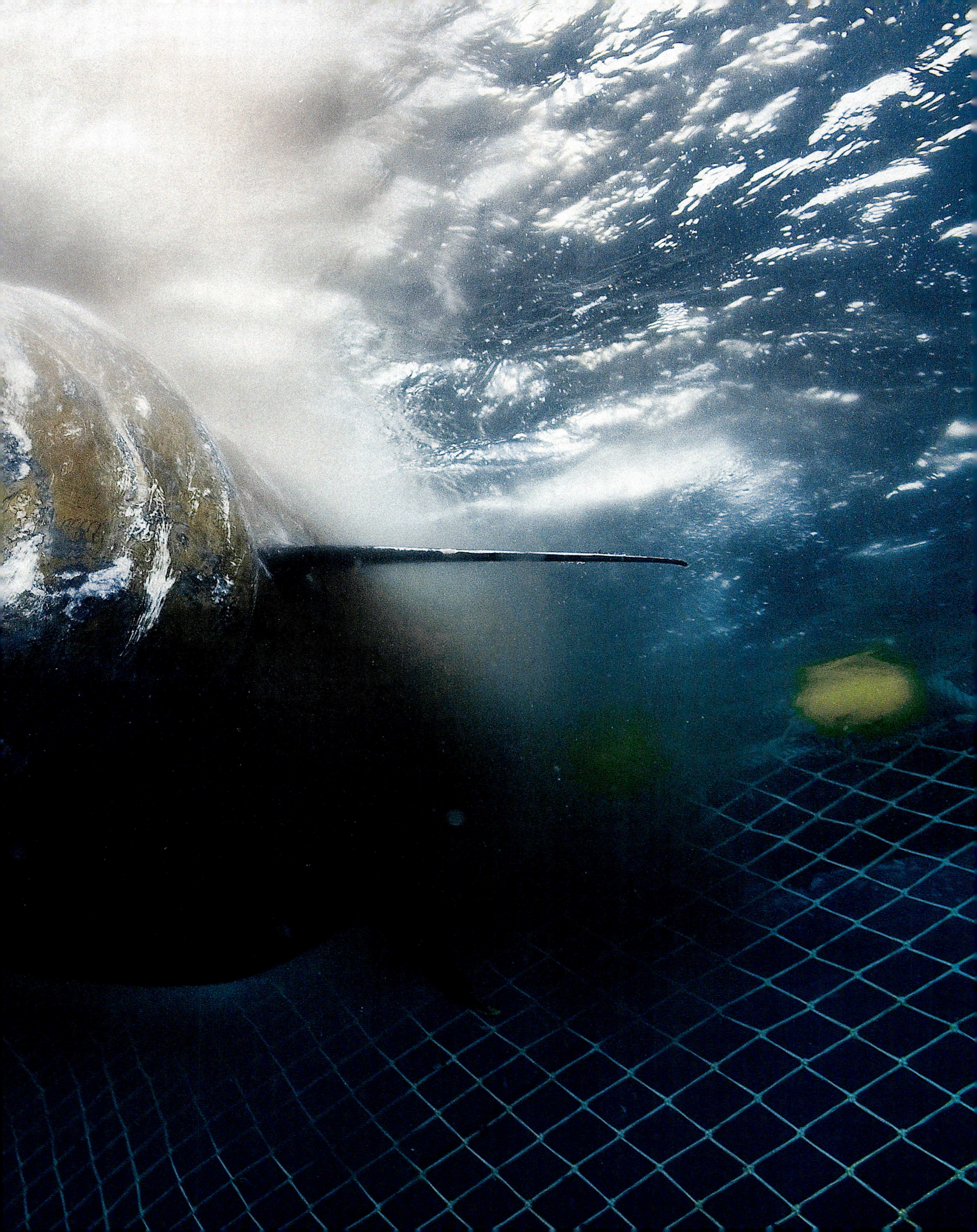

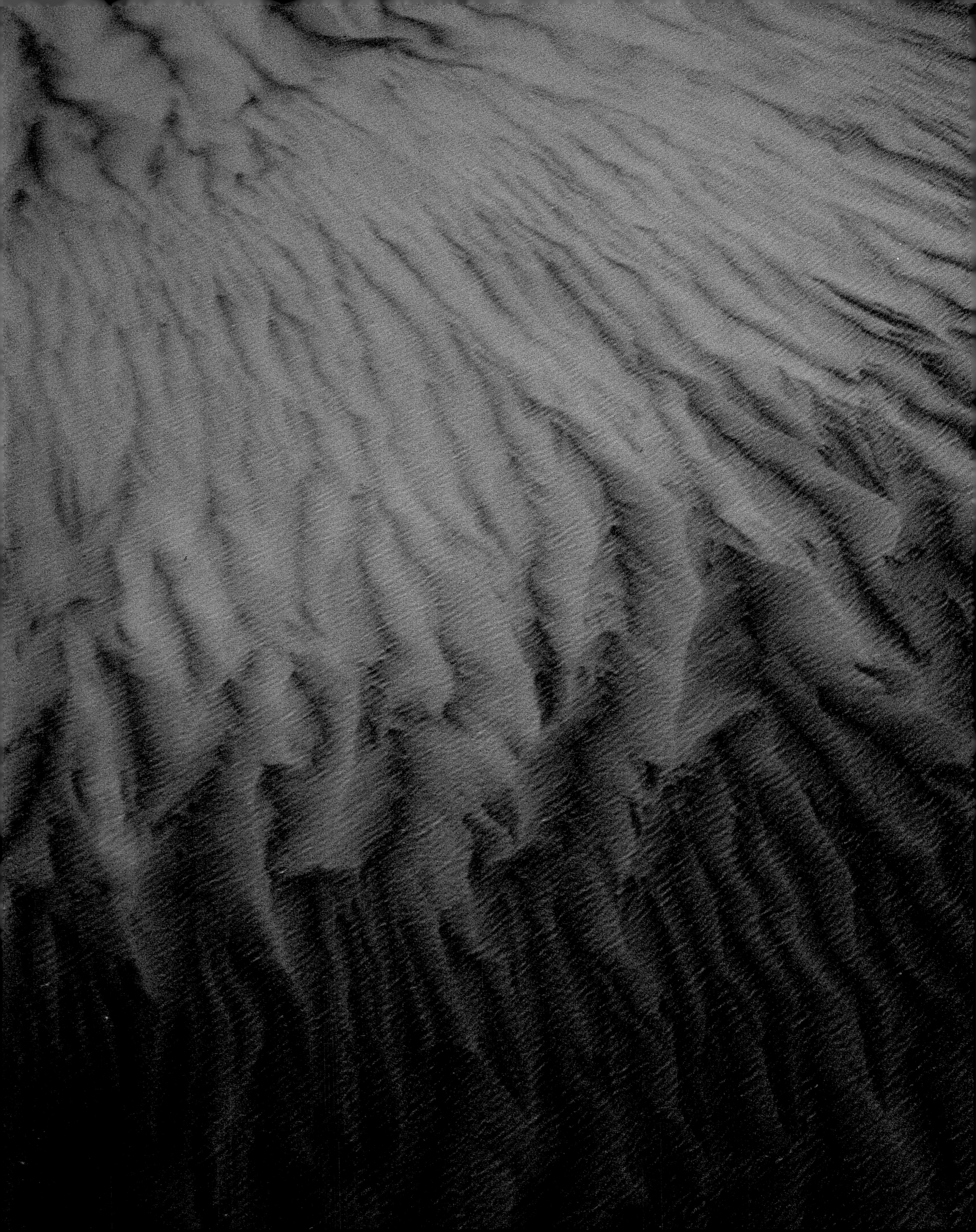

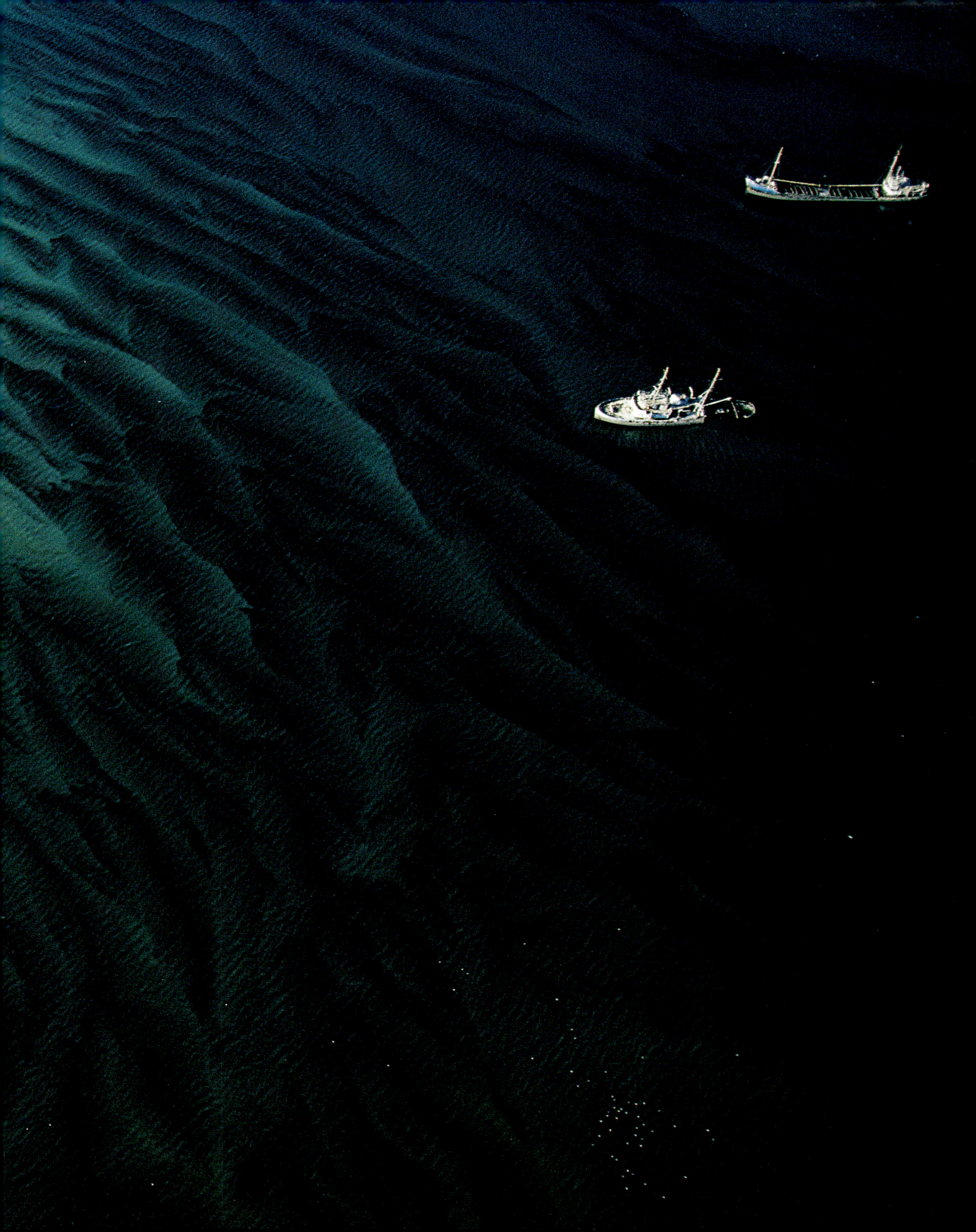

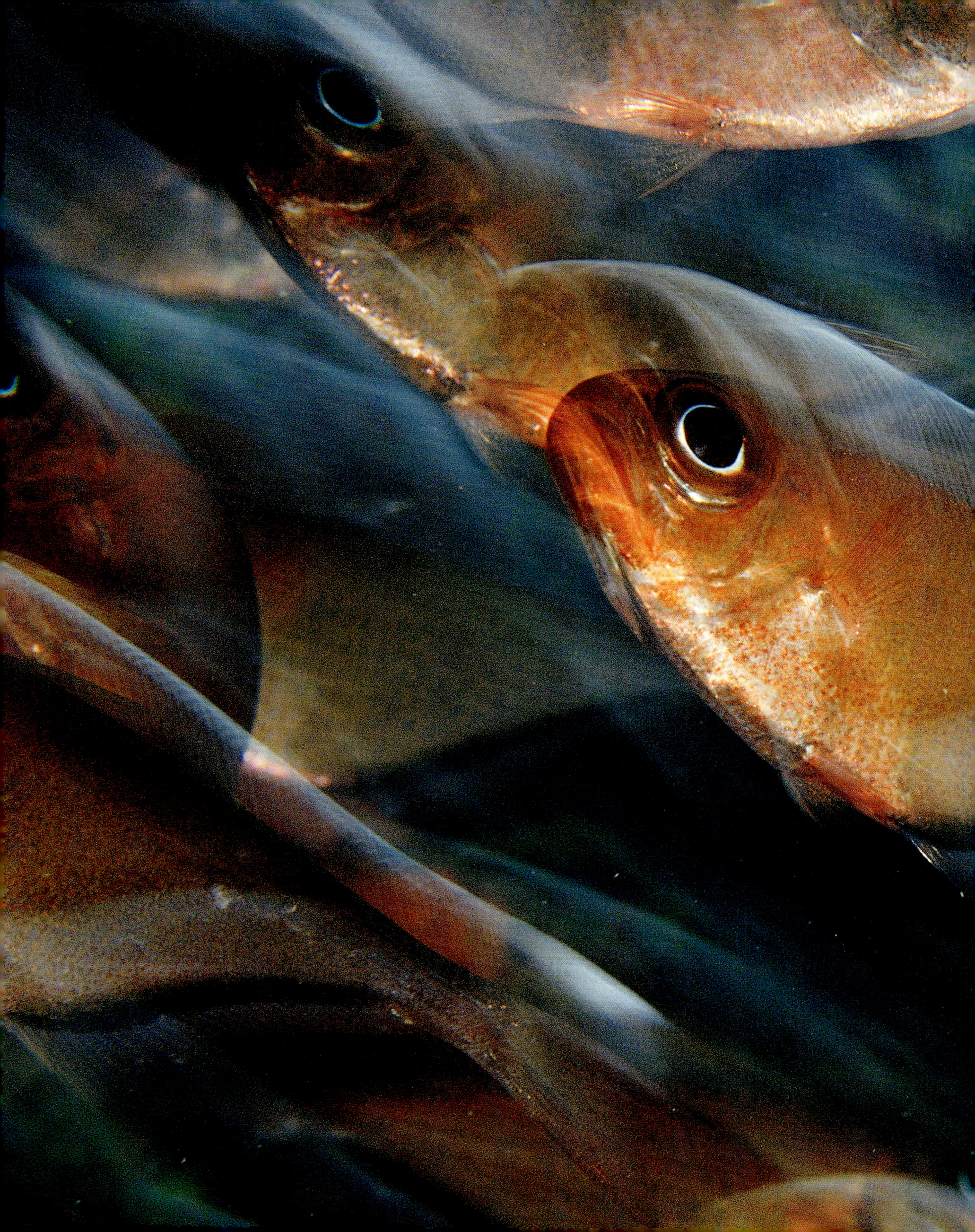

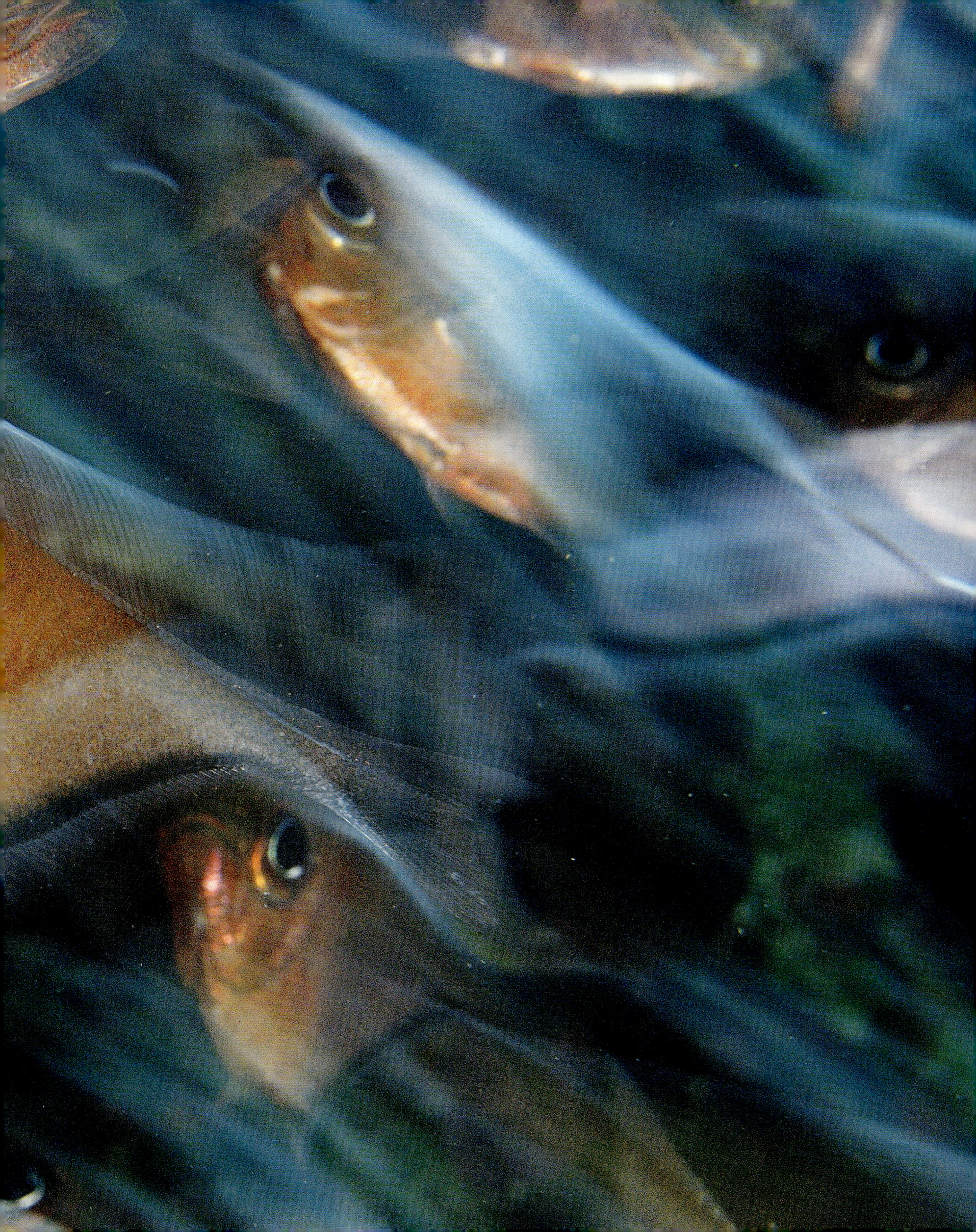

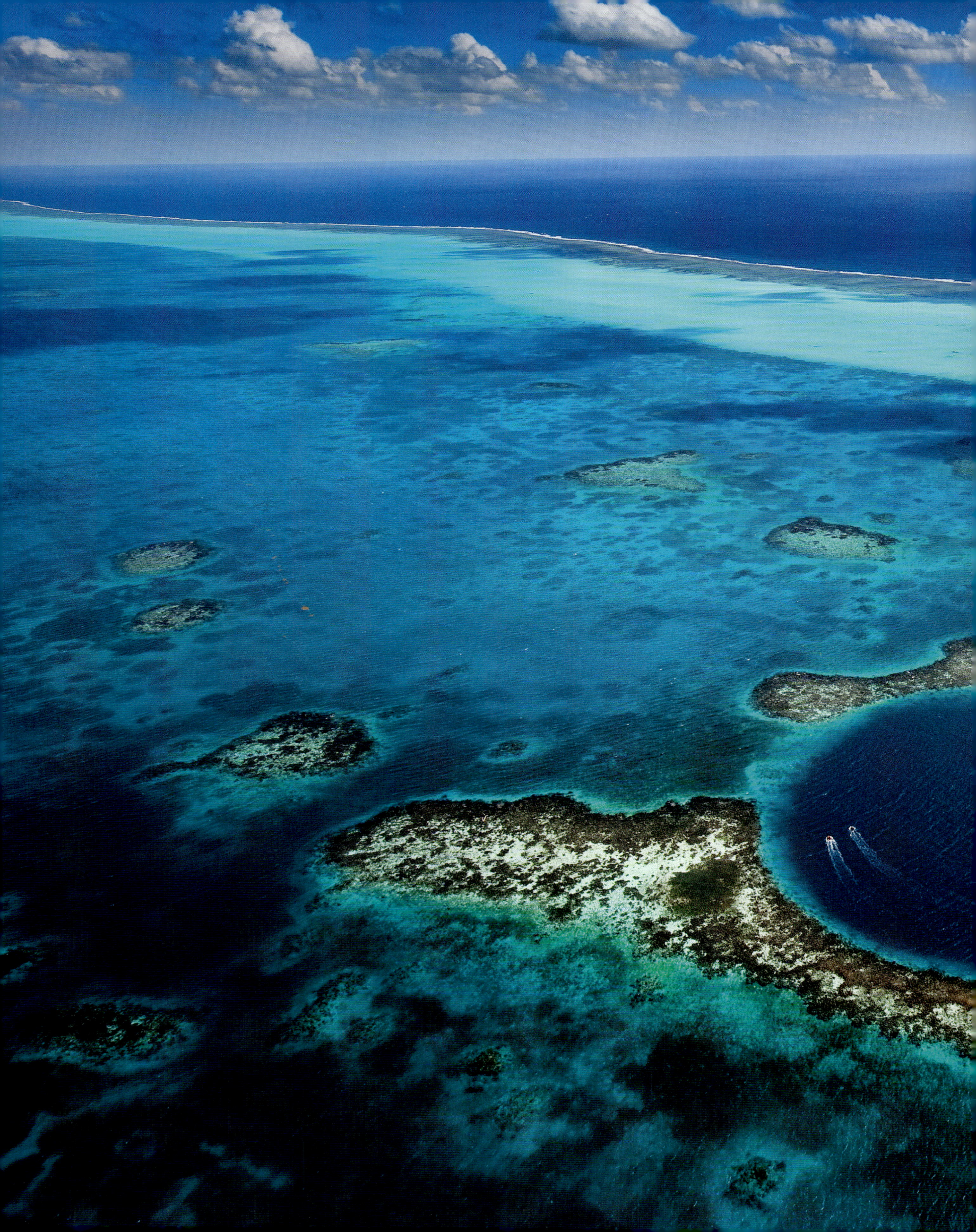

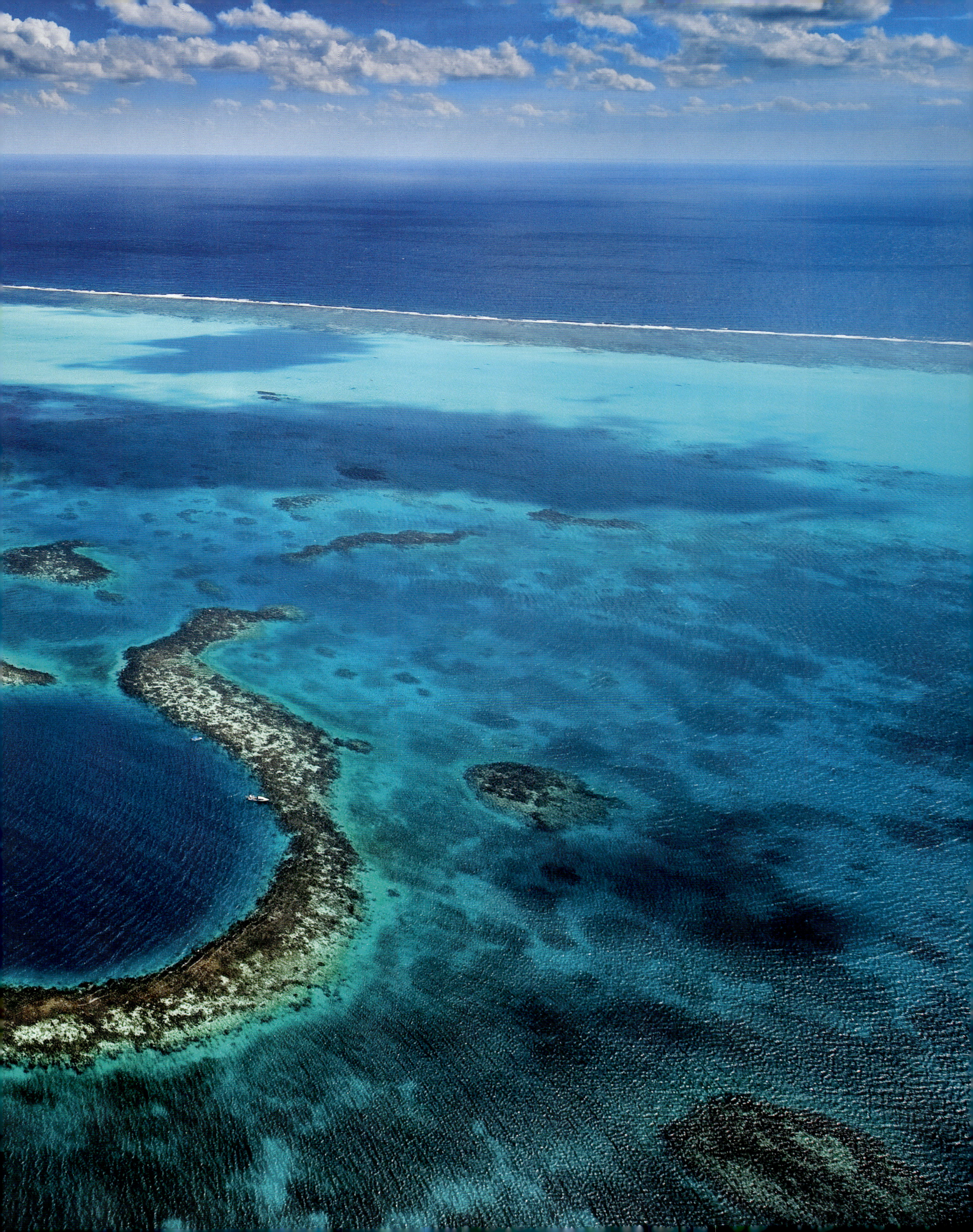

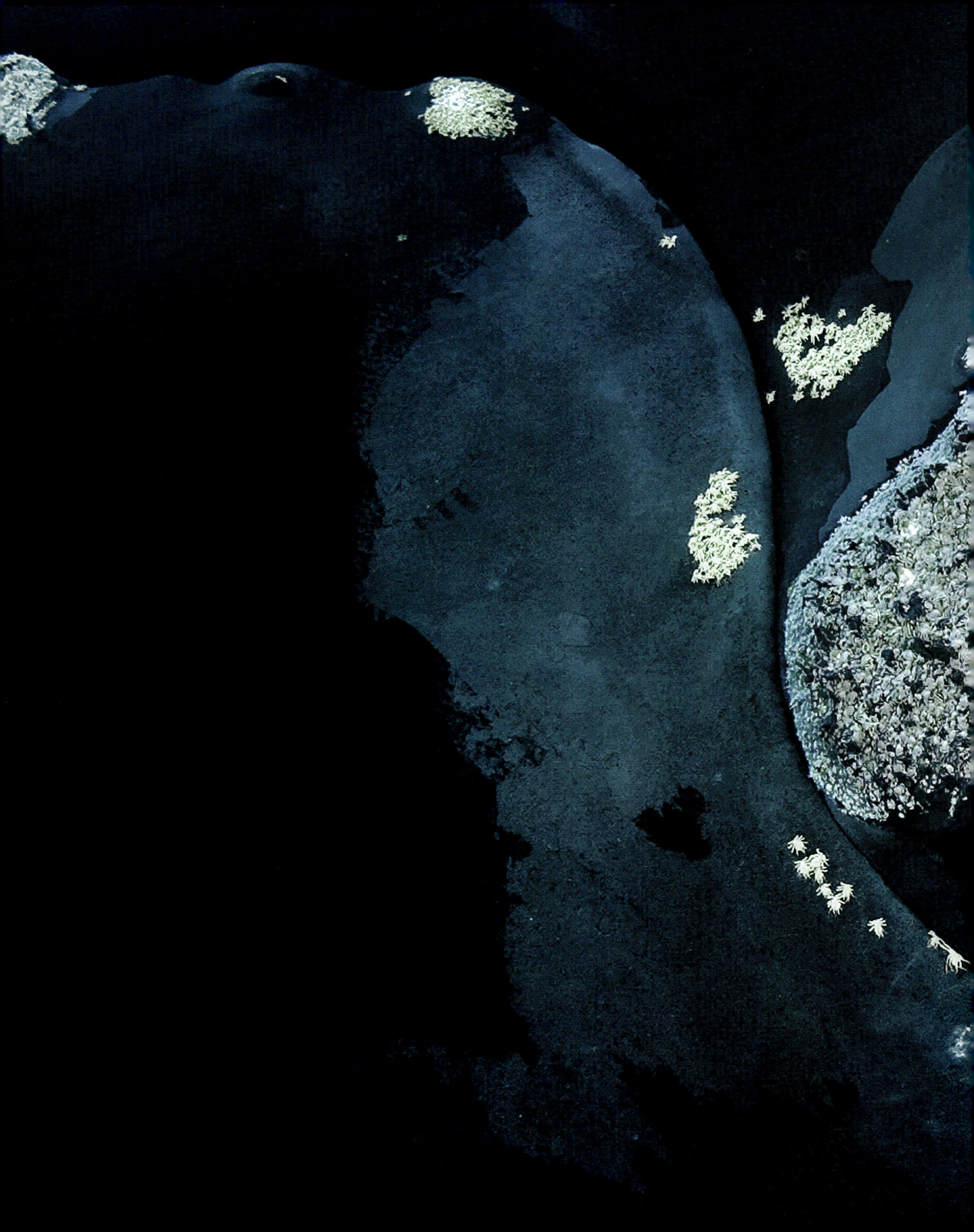

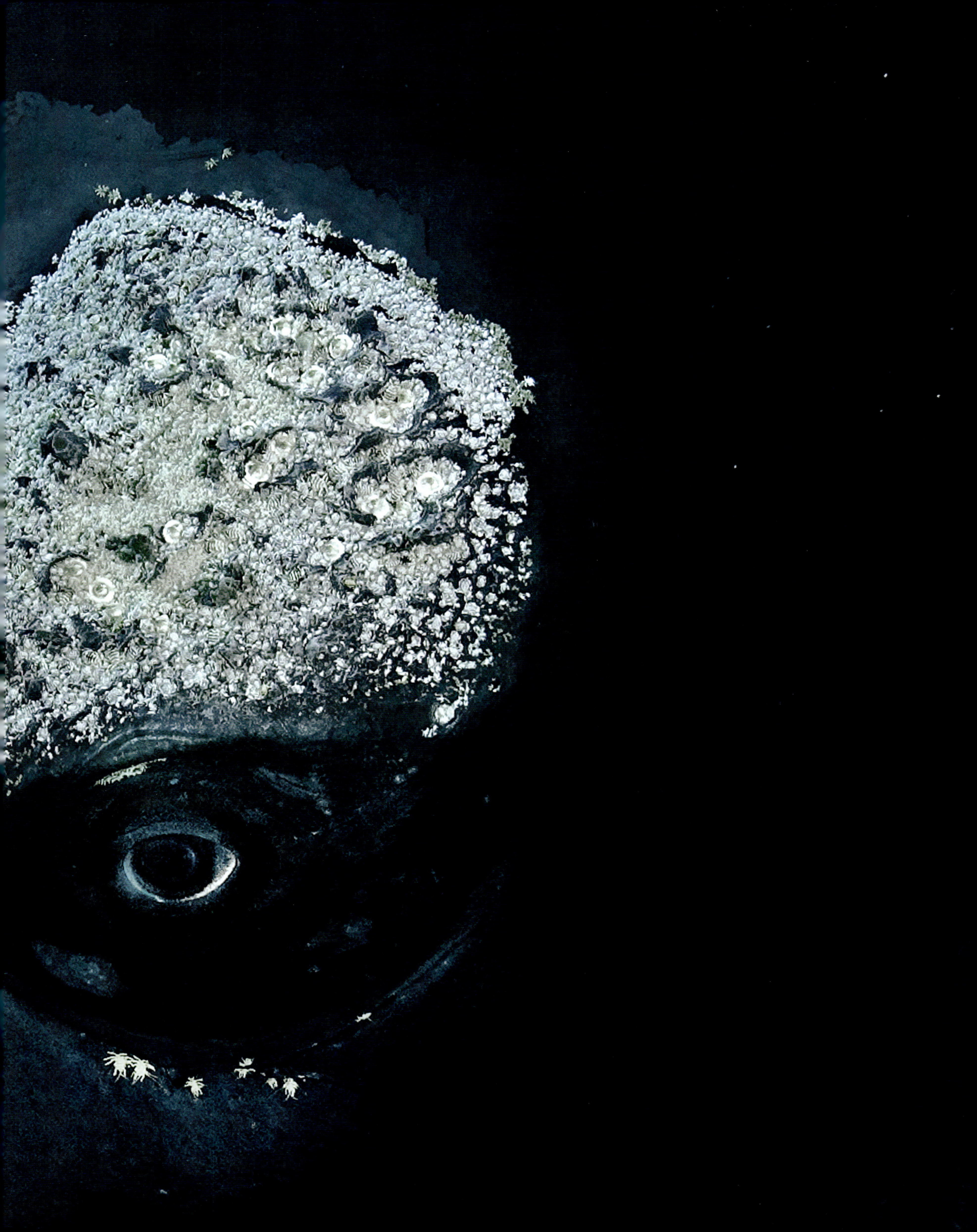

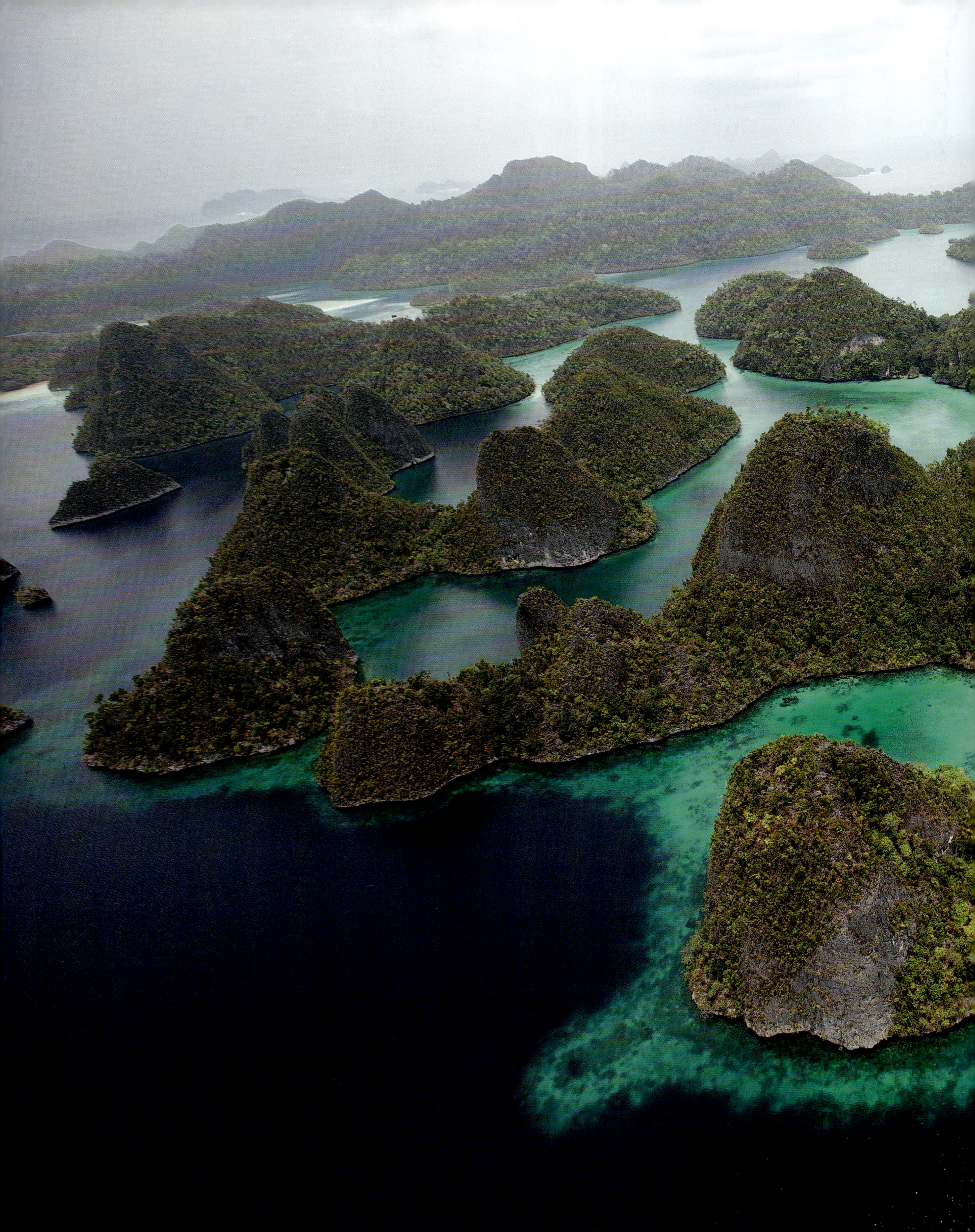

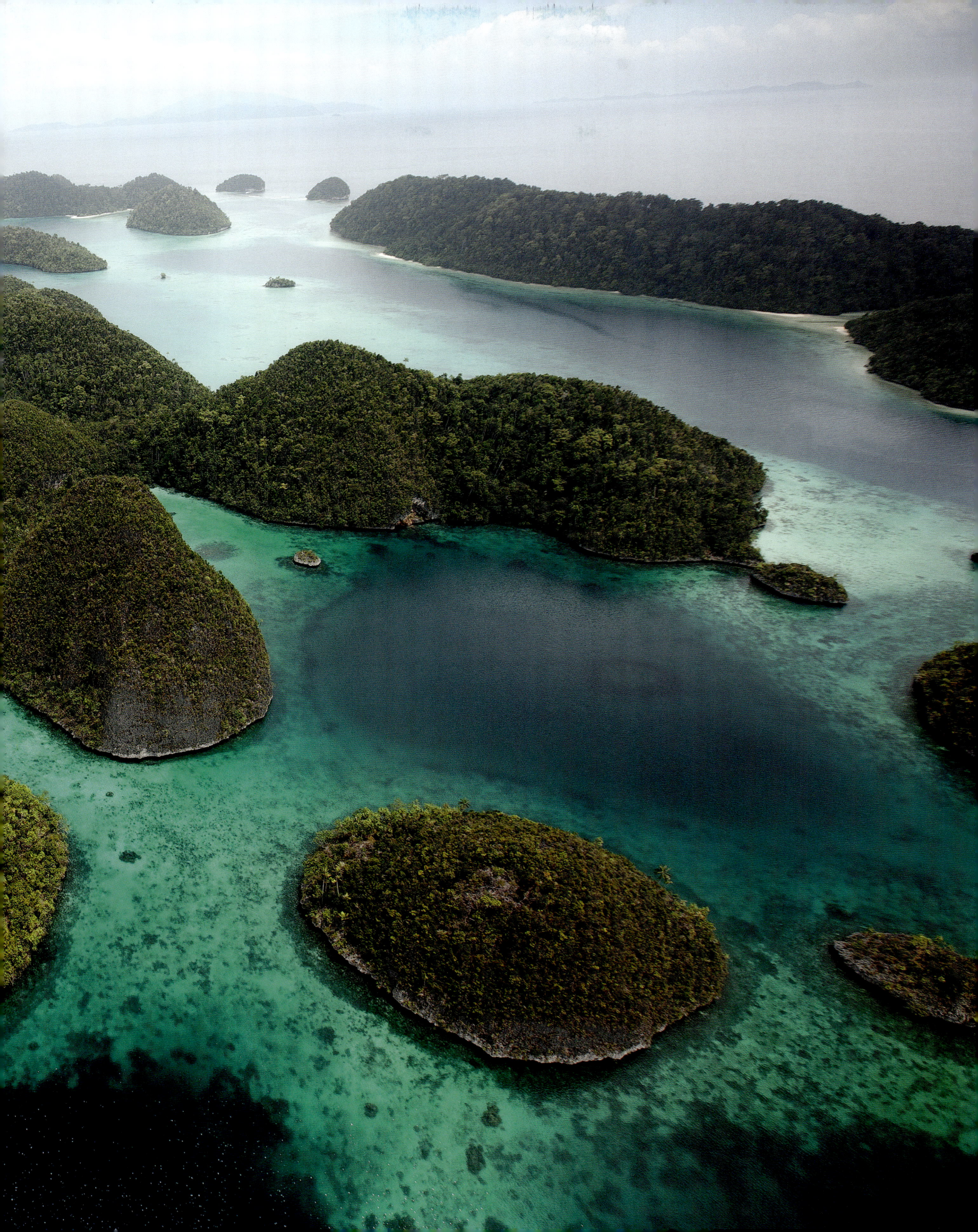

FISCHEN OHNE MASS UND VERSTAND

DIE TECHNOLOGIEN, DIE ANGEWENDET WERDEN, um immer noch mehr Fische zu fangen, wurden mit einem Krieg verglichen, den der Mensch gegen den Fisch führt. Und dieser Krieg hat nichts Chirurgisches an sich. Natürlich werden keine Gefangenen gemacht, aber die Kollateralschäden sind riesig.

DER BEIFANG

Die Kollateralschäden, »Beifang« oder »Zusatzfang« genannt, sind »nicht gezielt« gefangene und getötete Tiere, die nicht »entladen« werden, was in der Fischereisprache soviel wie »verkauft« bedeutet. Häufig werden sie, bereits tot, ins Meer zurückgeworfen. Laut Welternährungsorganisation (FAO) dürfte sich der Gesamtwert des Beifangs in der Welt durchschnittlich auf mehr als 7 Millionen t belaufen, das sind ungefähr 8 % des gesamten Fangs. Doch in einigen Fällen ist die Bilanz viel schwerwiegender. Laut einer Studie der EU werden auf der Iberischen Halbinsel 60 % des Inhalts der Schleppnetze und in der Nordsee bei der Krabbenfischerei sogar 98 % ins Meer zurückgeworfen. Die Garnelenfischerei, die zu den wenig selektiven gehört, dürfte allein für 50 % des weltweiten Beifangs verantwortlich sein.

Bei der Tiefseefischerei mit den riesigen metallbeschwerten Netzen, die den Meeresgrund aufwühlen und alles mitnehmen, was in ihnen hängen bleibt, werden nur zwei oder drei essbare Arten gefangen und darüber hinaus 70 weitere als Beifang! Deshalb wird der Grundschleppnetzfang mit der Entwaldung verglichen: Er zerstört ausgedehnte Flächen des Meeresgrunds und hinterlässt Wüste. Es gibt Studien, nach denen die vom Grundschleppnetzfang zerstörten Flächen sogar größer sind als die Flächen, die jährlich im Amazonas-Regenwald abgeholzt werden. Doch die Zerstörung des Meeresgrunds erfolgt relativ unbeachtet. Der Beifang betrifft nicht nur kleine Fische, sondern auch Haie, Wale, Delfine oder Schildkröten, die zufällig in die Netze geraten. Hinzu kommen Albatrosse und andere Vögel, die gefangen werden, wenn sie gelegentlich von dieser Ansammlung gefangener Fische angelockt werden und versuchen, ein paar Bissen zu erhaschen.

Die technischen Gründe allein genügen nicht, um diese Massen an Beifang zu erklären. In den meisten Fällen würden die zusätzlich gefangenen Fische, wenn sie denn von den Fischern verkauft werden würden, vermutlich zu ihren Quoten hinzugerechnet: Um ihre Quoten nicht zu gefährden und kein Geld zu verlieren, werfen die Fischer also große Mengen toter und dennoch essbarer Fische ins Meer zurück.

ÖKOLOGISCHE FOLGEN

Die ökologischen Folgen dieser Verfahren sind vielfältig. Der Beifang bedroht natürlich ganz direkt das Überleben weiterer Arten, die – sofern sie aus Jungfischen bestehen – auch die Fortpflanzung und folglich die Zukunft jener Arten gefährden, die für den Fischhandel bestimmt sind. Im Übrigen lockt das Zurückwerfen toter Fische ins Meer viele Seevögel an, die von dieser mühelosen Versorgung abhängig werden und dabei Gefahr laufen, ihre Fähigkeit als Raubvögel zu verlieren. Diese Verfahren sind vollkommen unökonomisch, da dieser Verlust-Fischfang für den Reeder mit Treibstoff- und mit Lohnkosten verbunden ist, um die Fische, die ins Meer zurückgeworfen werden, erst einmal herauszuholen.

Das größte Problem im Zusammenhang mit dem Beifang ist ethischer Natur: Es handelt sich um die massenhafte Verschwendung von Nahrungsmitteln. Wenn drei Milliarden Men-

---

Fischerboot auf der Ile de Sein, Bretagne, Frankreich
(48° 02′ nördl. Br. – 4° 50′ westl. L.)

»Die Ile de Sein sehen... und sterben«: Meeresfischer, die einen gefährlichen Slalom durch die Klippen vollführen müssen, riskieren auf der Ile de Sein ihr Leben. Diese Meerenge zwischen der Pointe du Raz und der Ile de Sein wird von starken Strömungen heimgesucht und ist häufig die Bühne für »Meeresunglücke«, denn viele Fischer sind hier umgekommen.

5000 HEKTAR ZERSTÖRTER MEERESBODEN DURCH EIN EINZIGES SCHIFF

Ein Schiff mit einem Grundschleppnetz durchkämmt für einen Fang eine Fläche, die 5000 Fußballfeldern entspricht. Diese Fischfangtechnik zerstört den Meeresgrund nachhaltig, insbesondere die Riffe, in denen Fische Nahrung und Unterschlupf finden.

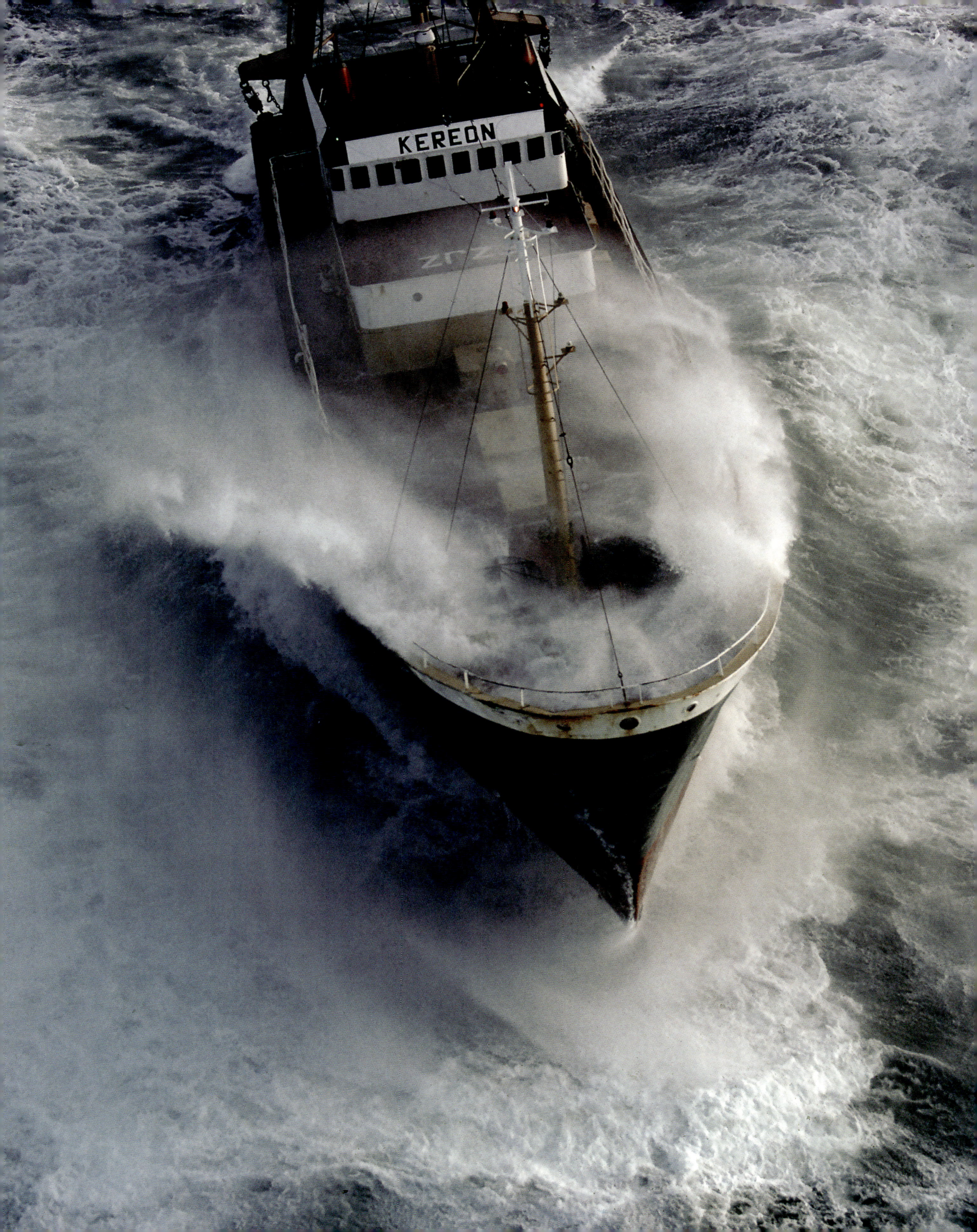
KEREON

FISCHEN OHNE MASS UND VERSTAND

Der Fischtrawler *Helen Mary* holt seine Netze ein, Atlantischer Ozean, Mauretanien

In einer der fischreichsten Gegenden der Welt 50 km vor der mauretanischen Küste holt die *Helen Mary* ihre Netze ein. In den Küstengewässern vor Westafrika verkehren häufig ausländische Schiffe. Die afrikanischen Länder, denen die technischen Mittel fehlen, um mit den Industrienationen zu konkurrieren, sehen sich auf diese Weise eines Teils ihrer Reichtümer beraubt. In bestimmten Fällen ist diese Fischerei gebilligt und ausgehandelt. Dies gilt für Mauretanien, das 2012 ein neues Abkommen mit der EU unterzeichnet hat, in dem es zwei Jahre lang den europäischen Trawlern Zugang zu seinen Fischgründen gewährt. Dieses Abkommen ist mit einem finanziellen Ausgleich von 113 Millionen Euro verbunden.

schen auf der Welt wegen des Eiweißes vom Fisch abhängig und 13 % der Weltbevölkerung unterernährt sind, sind 7 Millionen t ins Meer zurückbeförderter Fisch eine Absurdität.

LÖSUNGEN

Es gibt technische Möglichkeiten, die Menge des zusätzlichen Fangs deutlich zu verringern. So können das Muster und die Maschengröße der Netze verändert werden, um den Beifang zu reduzieren. Die Schleppnetze können um Gitter ergänzt werden, um ihre Trennschärfe zu erhöhen. Für größere Arten haben sich andere Methoden bewährt. Beim Thunfischfang haben die Aktionen zur Sensibilisierung der Fischer und die Durchführung von Rettungsmaßnahmen dazu geführt, dass der Beifang von Delfinen reduziert wurde. Der zusätzliche Fang von Schildkröten wurde in bestimmten Garnelenfischereigebieten durch das Hinzufügen eines Gitters am Eingang der Schleppnetze begrenzt, durch das Schildkröten gar nicht mehr in die Netze gelangen. Der Zusatz von Magneten zur Ausrüstung kann Haie daran hindern, den gefährlichen Netzen zu nahe zu kommen, denn Haie besitzen einen sechsten Sinn: Sie entdecken elektromagnetische Felder mit Hilfe bestimmter Organe, den »Lorenzinischen Ampullen«.

Auch wirtschaftliche Lösungen sind denkbar, wie zum Beispiel die Erlaubnis, Arten von geringem wirtschaftlichen Wert ohne Quote zu verkaufen, um sie einer größerer Menschenmenge zugänglich zu machen und damit diese Fische nicht mehr sinnlos zu vergeuden.

DIE PHANTOMFISCHEREI

Die Phantomfischerei ist noch absurder als der Beifang und bezeichnet die Gesamtheit aller Fische, die als reiner Verlust durch die Netze oder durch andere liegen gelassene oder verloren gegangene Fangvorrichtungen getötet werden. Um den Vergleich mit dem modernen Krieg wieder aufzunehmen, kommen diese toten Fische den Opfern der Landminen gleich, die noch Jahre nach der Beendigung des Krieges sterben oder schwer verletzt werden. Ein kürzlich vorgelegter Bericht bestätigt, dass die verlassenen Fischfanggeräte 10 % der in unseren Ozeanen vorhandenen Abfälle ausmachen. Die geknüpften Netze, die am Meeresgrund verankert sind und von Bojen an der Oberfläche gehalten werden, bilden regelrechte Fallen, die fähig sind, monate-, ja jahrelang »von allein zu fischen«. Es gibt allerdings Lösungen, insbesondere die Verwendung von Fäden oder Netzen aus biologisch abbaubarem Plastik.

DIE ZERSTÖRUNG DER KORALLENRIFFE

Der industrielle Fischfang ist nicht die einzige Bedrohung für das Fortbestehen der Ökosysteme im Meer. Bestimmte eher handwerkliche Verfahren bedeuten besonders für die Korallenriffe eine Gefahr. So zählen die Korallenriffe Südostasiens - mit einer Fläche von

SCHLACHTBÄNKE UNTER FREIEM HIMMEL

In den 1960er-Jahren löste die Robbenjagd in Kanada und in der übrigen Welt eine Kontroverse zwischen Befürwortern und Gegnern aus. Die Gegner prangern seither die Grausamkeit an, denn die jungen Robben werden mit einem Knüppel, der mit einer Metallspitze, dem »hakapik«, versehen ist, totgeschlagen. Das Ziel dieser Schlächterei ist ihr weißes Fell. In Frankreich wurde der Kampf gegen die Robbenjagd durch das Engagement der Schauspielerin Brigitte Bardot bekannt.
In Kanada wurde 2012 die Jagdquote bei einer geschätzten Population von über fünf Millionen auf 400.000 Robben festgelegt. Die Befürworter dieser Jagd argumentieren, dass sie den Lebensunterhalt der Einheimischen sichere und dass sie keine Bedrohung für die Art darstelle, da nur verhältnismäßig wenige Robben getötet würden, die deshalb noch keine bedrohte Art seien. Doch die Erzeugnisse dieser Jagd finden immer weniger Absatz, da viele Länder (EU, Russland und Vereinigte Staaten) den Import verbieten. So dürfte dieser Sektor wirtschaftlich gesehen nicht mehr lange existenzfähig und bald von Subventionen abhängig sein.
Ein Phänomen ist weniger bekannt und wird in den Medien kaum beachtet: Zwischen Juli und November werden Robben und Seelöwen auch an den Küsten Namibias gejagt, und zwar aus ähnlichen Motiven und mit ähnlichen Methoden. 2012 wurden laut IFAW (Internationaler Tierschutz-Fonds) 85.000 Jungtiere und 6000 ausgewachsene Tiere auf diese Weise getötet.

100.000 km² sind das 34 % aller Korallenriffe auf der Welt, die von den 800 existierenden Korallenarten über 600 aufweisen – zu den schönsten, aber auch zu den bedrohtesten Ökosystemen der Welt. Die Sprengstoff-Fischerei ist eine der vielen Gefahren, die diese Riffe bedrohen. Trotz der Verbote in vielen Ländern Asiens wird sie weiterhin praktiziert, häufig mit Sprengstoff auf der Basis von Pottasche-Nitrat (das in Düngemitteln enthalten ist). Die Sprengstoffe werden in Flaschen gefüllt, dann auf die Riffe gelegt, wo sie Krater von ein bis zwei Metern erzeugen können. Die Explosion tötet die Fische in unmittelbarer Umgebung, während der Explosionsdruck die Schwimmblase der weiter entfernten Fische zerstört. Eine in Malaysia durchgeführte Studie zeigte, dass die Sprengstoff-Fischerei eine starke Verminderung der Fischvielfalt, einen Rückgang der Anzahl der Fische pro Art und die Reduzierung der Durchschnittsgröße der einzelnen Fische nach sich zieht. Natürlich sind die Fische nicht die einzigen Opfer dieser Praxis, 50 bis 80 % der Riffe werden dabei zerstört. Außerdem verhindert die Zerstörung das Nachwachsen der Korallen, da die natürliche Formation des Bodens zerstört und das Substrat vernichtet, das für ihre Entwicklung erforderlich ist.

VERHÄNGNISVOLLE AQUARISTIK

Eine weitere Gefahr bildet die Zyanid-Fischerei, die in den 1960er-Jahren auf den Philippinen auftauchte und sich dann bis nach Indonesien, Vietnam, Thailand, Malaysia, Kambodscha und den Malediven ausbreitete. Das Zyanid, das direkt über den Korallenriffen ausgestreut wird, tötet die Fische nicht, sondern betäubt sie, sodass sie leichter zu fangen sind. Mit den lebenden Fischen – insbesondere mit Drückerfischen – wird der Markt der Aquaristik versorgt und Restaurants, in denen der lebende Fisch fünfmal teurer gehandelt wird als der tote. So werden vermutlich jedes Jahr rund 65 t Zyanid auf den Riffen der Philippinen und im Osten von Indonesien verstreut. Das Zyanid ist gefährlich für die Riffe: Die Korallen büßen zuerst die Algen ein, mit denen sie in Symbiose leben, verlieren dann ihre Farbe und sterben unter der wiederholten Gifteinwirkung. Noch einmal: Diese Methode

Teppich aus Hartkorallen in flachem Wasser, Kingmanriff, Nordpazifik, Vereinigte Staaten

Das Kingmanriff bildet ein Dreieck mit Seitenlängen von 18 und 9 km und stellt inmitten des Pazifik eine kleine Insel der Artenvielfalt dar. Die Korallen dieses Riffs gehören zu den 50 Riffen, die am wenigsten von menschlichem Eingreifen beeinflusst werden. Deshalb ist dieses Atoll ein Zentrum für die Untersuchung von Korallenriffen.

JÄHRLICH 38 MILLIONEN TONNEN BEIFANG

Die FAO schätzt den Gesamtumfang der zusätzlichen Fänge auf 7 Millionen t; der WWF auf 38 Millionen. Mit anderen Worten: Für eine Tonne gefangenen und verkauften Fisch werden fast viermal so viel ins Meer zurückgeworfen.

ist in vielen Ländern (zum Beispiel Indonesien oder Vietnam) verboten, wird aber weiterhin betrieben, gestützt durch den Handel und die Unfähigkeit der Behörden, die Verbote durchzusetzen. Eine dritte Technik bedroht die Korallen ebenfalls: Die Muroami-Fischerei, eine Art Unterwasser-Treibjagd, die auf eine japanische Methode zurückgeht, bei der alle Fische eines Riffs gefangen werden. Diese Technik besteht darin, ein Netz über das Riff auszubreiten und dann Dutzende – häufig sehr junge – Fischer in die Tiefe zu schicken, damit diese auf das Riff einschlagen, um die Fische in die Maschen des Netzes zu treiben. 1986 wurde diese Methode auf den Philippinen verboten, nachdem bekannt wurde, dass man die Arbeit von Minderjährigen verrichten ließ und etwa 100 von ihnen ertrunken waren, verfangen in ihren eigenen Netzen. Doch auch diese Methode wird weiter angewandt. All diese zerstörerischen Techniken, die durch die Armut begünstigt werden – die philippinischen und indonesischen Fischer erhalten nur etwa 25 % des durchschnittlichen Landeslohns –, gehen Hand in Hand mit der Überfischung, der Umweltverschmutzung und der Sedimentation auf dem Meeresgrund und haben schon heute zur Folge, dass 88 % der Korallen in Südostasien gefährdet und 70 % der philippinischen Korallen bereits zerstört sind.

DIE PIRATENFISCHEREI
Verbotene Techniken und das Nicht-Einhalten von Schonzeiten für Fische, Quotenüberschreitungen – die Fänge überschreiten schon mal die erlaubten Quoten um mehr als 300 % – oder Fischerei ohne Lizenz und der Fang von geschützten Arten werden als Piratenfischerei bezeichnet. Laut Welternährungsorganisation umfasst die illegale Fischerei ungefähr 15 % des weltweiten Fischfangs und erwirtschaftet einen Umsatz von etwa zehn Milliarden Euro pro Jahr.

In Ermangelung globaler Kontrollen stoßen die regionalen Fischereiorganisationen auf große Schwierigkeiten, wenn sie ein Schiff, den Namen seines Eigentümers oder Details seiner Tätigkeiten identifizieren wollen, um der Spur von Kriminellen folgen zu können. Die Billigflaggen machen es den Piraten leicht, den Kontrollen zu entgehen. Eine kürzlich durchgeführte Untersuchung der Welternährungsorganisation hat gezeigt, dass weniger als die Hälfte aller Länder die Trawler auf hoher See, die unter ihrer Flagge fahren, wirksam kontrollieren. Die illegalen Praktiken schaden nicht nur den Fischbeständen und den Ökosystemen: Die Piratenfischerei großen Stils reduziert die verfügbaren Ressourcen für die Bevölkerung und gefährdet die Männer, oft Minderjährige, durch gefährliche Arbeitsbedingungen, die dem Arbeitsrecht Hohn spotten.

Garten von Weichkorallen in der Suruga-Bucht, Honshu, Japan

Im Gegensatz zu den Riff bauenden harten Korallen besitzen die weichen Korallen kein stabiles Kalkskelett. Die Formation, die die Polypenkolonie beherbergt, besteht aus einem Hydroskelett – dem der Wasserdruck im Inneren eine gewisse Festigkeit verleiht – und aus Kalknadeln (Sklerite), die in der Koralle verteilt sind und als einzige Strukturen nach dem Absterben der Korallen weiterleben. Die weichen Korallen leben wie die harten in einer Symbiose mit Algen, die sich in ihrem Gewebe festsetzen, um ihnen ihre Nahrung zu gewährleisten. Es gibt auch Korallen, die in der Tiefsee jenseits der Lichtdurchlässigkeit leben. Für diese Arten sind Algen überflüssig, denn ihr Wachstum wird allein durch ihr Beuteverhalten garantiert.

Dornenkronen-Seestern (*Acanthaster planci*), der sich von Pilzkorallen (*Fungia sp.*) ernährt, Kingmanriff, Vereinigte Staaten

Das Aussehen dieses riesigen Dornenkronen-Seesterns lässt keinen Zweifel an seiner Gefährlichkeit: Mit einem Maximalumfang von 50 cm und mit elf bis 22 Armen ist der *Acanthaster planci* ein Raubtier. Sein Körper ist mit Stacheln und giftigem Schleim bedeckt, der beim Menschen abscheuliche Ödeme hervorrufen kann. Wenn diese Art sich auszubreiten beginnt, verwüstet sie buchstäblich ganze Riffe. Auf dem Riff der Insel Guam, das besonders gefährdet ist, sind alle Mittel recht, diesen Raubtier-Seestern zu bekämpfen: Ausrottung von Hand oder durch Verwendung eigens entworfener Giftspritzen. Die Gründe für die Massenvermehrung des Dornenkronen-Seesterns sind unklar.

Mehr Informationen zu diesem Thema und ein entsprechender Ausschnitt aus dem Film *Planet Ocean* sind auf der Website www.goodplanet.org verfügbar.

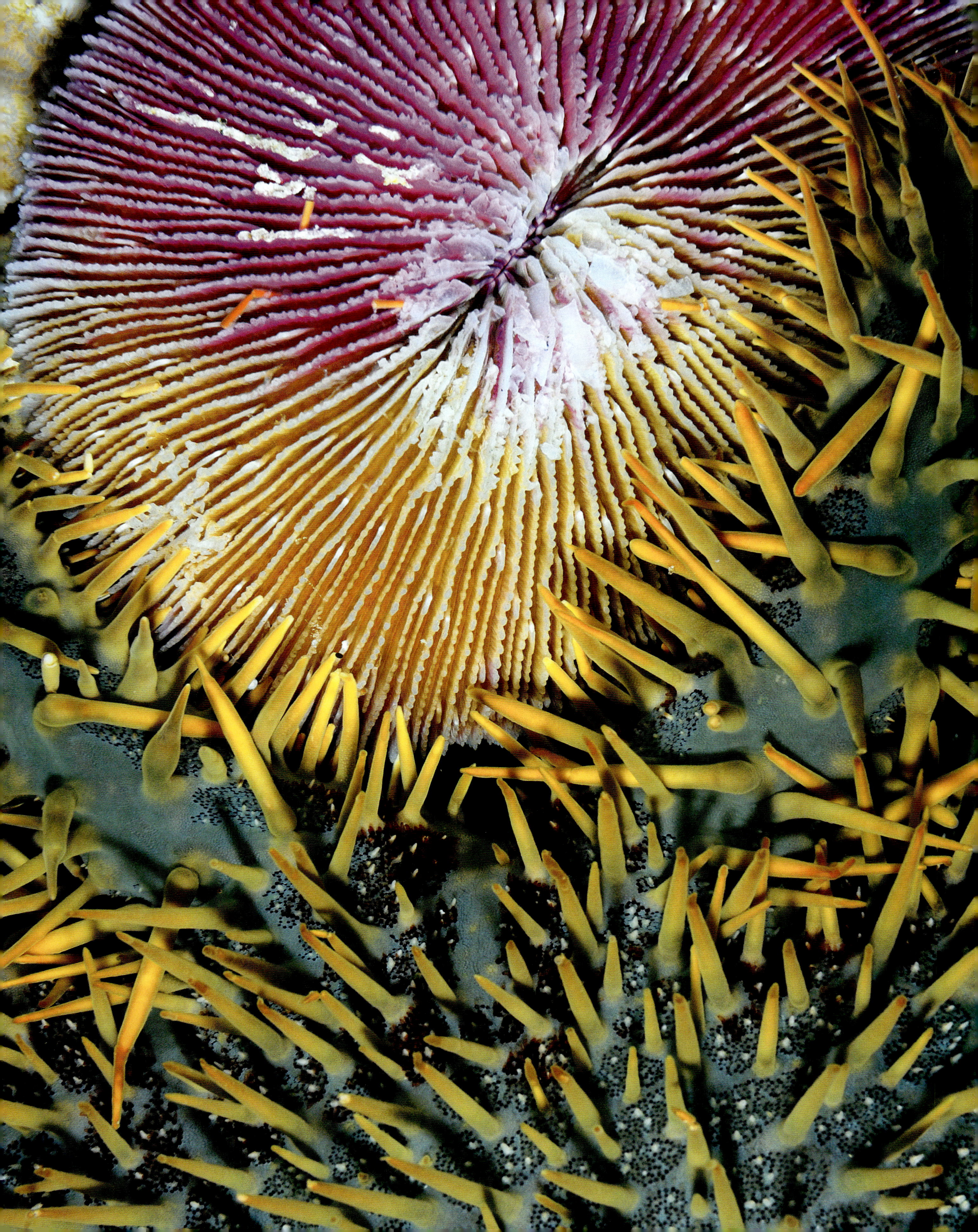

GESPRÄCH
MASSAKER IN DER TIEFSEE

CLAIRE NOUVIAN
ist die Autorin des Buches *The Deep – Leben in der Tiefsee* und Kuratorin der gleichnamigen Wanderausstellung. Sie hat die Bloom Association gegründet, die sich dem Schutz der Ozeane und der gewerblichen Kleinfischerei widmet.

WIE KAMEN SIE AUF DIE IDEE, BLOOM ZU GRÜNDEN – EINE VEREINIGUNG, DIE INSBESONDERE FÜR DEN SCHUTZ DER ARTENVIELFALT IN DER TIEFSEE KÄMPFT?
Ich habe Bloom gegründet, nachdem ich vor mehreren Jahren im Aquarium von Monterey, Kalifornien, die Tiefsee entdeckte. Ich war fasziniert von diesen seltsamen Tieren, diesen »intraterrestrischen« Wesen, von dieser Welt voller Anmut und Eleganz, von ihrer Langsamkeit, gehüllt in Dunkelheit… Dank meiner Zusammenarbeit mit vielen Forschern durfte ich ausnahmsweise in einem Tauchboot mitfahren und auf diese Weise intuitiv »mit dem Bauch« die ungeheure Verletzlichkeit dieser Tiefseewelt erfassen.

UND DANN HABEN SIE DIE GEFAHREN ERKANNT, DIE DER TIEFSEE DROHEN?
In dem Augenblick, in dem ich die Existenz dieser besonderen Welt entdeckte, erfuhr ich auch, dass sie bereits extrem gefährdet ist, sich aber niemand darüber aufregt oder zumindest informiert.

> »Der kurzfristige Gewinn einiger steht dem langfristigen Gewinn aller gegenüber.«

Nichts ist so zerstörerisch und weniger selektiv als die riesigen Tiefseeschleppnetze, die den Meeresgrund der Ozeane abschrappen. Als ich von diesen täglichen Massakern in der Tiefsee erfuhr, gab es noch keine Bestimmung zum Schutz der internationalen Gewässer, und selbst Europa verfügte lediglich über einen sehr unzureichenden gesetzlichen Rahmen. Von da an konnte ich nichts anderes tun, als mich in den Kampf stürzen, um diese so empfindlichen Organismen zu schützen. Es besteht ein krasser Gegensatz zwischen der enormen technologischen Effizienz der industriellen Verfahren und der maßlosen Verwundbarkeit der Fauna und Flora in der Tiefsee. Das Tiefseefischen konfrontiert die Welt der Schnelligkeit mit der Welt der Langsamkeit; der kurzfristige Gewinn einiger steht dem langfristigen Gewinn aller gegenüber.

WAS BEDEUTET TIEFSEEFISCHEREI KONKRET?
Die Tiefseefischerei ist das Ergebnis eines Scheiterns: Es ist die Folge unserer Unfähigkeit, die Fischbestände an der Wasseroberfläche dauerhaft zu erhalten. Die »traditionellen« Fangfische wurden von den Fangflotten dezimiert, deshalb haben sie sich auf die Tiefsee konzentriert. Die Tiefseefischerei wird mit riesigen industriellen Fangschiffen (in Frankreich bis ungefähr 50 m lang und anderswo noch größer) betrieben, die Meerestiefen zwischen 400 und 1800 m abschrappen und mit ihren gigantischen Schleppnetzen, die mit metallischem Ballast am Boden gehalten werden, wahllos alles einfangen, was sich hier tummelt. Selbst wenn die Netze verkleinert werden oder ihr Gewicht reduziert wird, sind sie immer noch offene Rachen, die alles verschlingen, was ihnen in die Quere kommt, wie eine Mauer aus Planierraupen, die über eine Ebene oder gegen einen Wald vorrücken.

WELCHE AUSWIRKUNGEN AUF DIE UMWELT HAT DIE TIEFSEEFISCHEREI?
In erster Linie handelt es sich um eine nicht selektive Fischerei, bei der eine hohe Anzahl unerwünschter Fische ins Meer zurückbefördert wird. In der Tiefsee sind hundertjährige Fische gang und gäbe. Auch wenn einige seltene Arten eine eher durchschnittliche Lebensdauer besitzen, die es ermöglichen würde, sie dauerhaft auszubeuten (Schwarzer Degenfisch, Blauleng), bleibt es unmöglich, sie zu fangen, ohne eine extrem empfindliche Fauna zu opfern, die lange Zeit sogar von der Wissenschaft verkannt wurde. Studien haben ergeben, dass für nur drei Fischarten, die von den französischen Fischern im Nordostatlantik gefangen werden, 78 andere Arten geopfert werden…
Die Tiefseefischerei ist ein sinnloses Abschlachten. Besonders die Tiefseehaie sind bedroht, weil ihr Überleben mit dem Ausmaß und dem Rhythmus des industriellen Fischfangs unvereinbar ist. Die Tiefseeschleppnetze zerstören Lebensraum am Meeresboden, uralte Schwämme und manchmal viele tausend Jahre alte Korallen. Man bedenkt nicht, dass lediglich sechs Tiefseekorallenarten als Riffbauer auftreten und die 3300 übrigen Arten auf dem Meeresgrund verteilt und voneinander isoliert leben. Das bedeutet, dass die Zerstörung der Artenvielfalt in der Tiefsee zwangsläufig unauffällig durch die Netze erfolgt. Es ist sogar vollkommen unwahrscheinlich, dass die von den Schleppnetzen zermalmten Organismen nach oben gezogen werden. Die Schäden bleiben für immer und ohne Zeugen in den Tiefen der Ozeane zurück.

IST TIEFSEEFISCHEREI NACHHALTIG?
Keine Tiefseefischerei wurde bislang aus wissenschaftlicher Sicht als nachhaltig beschrieben. Sie verkörpert ganz im Gegenteil das Beispiel für eine nicht nachhaltige Fischerei, einschließlich derer, von der angenommen wird, dass man sie in Europa »verwaltet«. Auf hoher See gilt noch immer die »Boom-&-Bust-Logik«. Wenn eine neue Ressource in der Tiefsee entdeckt wird, ist ihre unberührte Biomasse sehr wertvoll, aber weniger als zehn Jahre genügen, um diese Fischbestände auszurotten. Die Trawler steuern so lange diese Fischgründe an, bis sie die Meerestiefen ihres Fischreichtums beraubt haben. Seit 2003 gibt es in Europa strenge Rahmenvorschriften, aber es gelang ganz und gar nicht, die Nachhaltigkeit der Tiefseefischerei zu garantieren. Es ist unmöglich, den Fortbestand der Ökosysteme mit den fahrenden Fischtrawlern in Einklang zu bringen. Deshalb hat die Europäische Kommission im Juli 2012 eine historische Maßnahme vorgeschlagen: das Verbot sowohl der Schleppnetzfischerei in der Tiefsee als auch der Verwendung stehender Netze.

WER FISCHT HEUTE IN DER TIEFSEE?
Wenn es nach der Fischfangmenge geht, steht Neuseeland an der Spitze. Frankreich steht weltweit an siebter Stelle, nach Spanien und Portugal. Nur ungefähr zehn französische Schiffe fischen in der Tiefsee, und die meisten gehören zur Flotte des Intermarché-Konzerns.

»Die Subventionen finanzieren das Massaker.«

Weltweit gesehen fischen ungefähr 285 Trawler in internationalen Gewässern nach Arten, die auf dem Meeresgrund leben. Angesichts der geringen Zahl an Schiffen und betroffenen Länder nahm ich anfangs an, dieser Kampf sei leicht zu gewinnen, aber ich habe mich offenbar geirrt. Wir haben es mit der industriellen Logik von gewinnbringenden Investitionen zu tun. Folglich sind die wenigen darin eingebundenen Unternehmen zu allem bereit, um ihr Kapital zu schützen, wobei sie jedoch vergessen, dass dieses Kapital meistens mit öffentlichen Geldern subventioniert wurde.

DANN SIND DIE ÖFFENTLICHEN SUBVENTIONEN IM FALL DER TIEFSEEFISCHEREI ALSO SCHÄDLICH?
Die Subventionen finanzieren das Massaker. Die Flotten von Intermarché und Euronor (Boulogne-sur-Mer) haben jeweils mehrere Millionen Euro für den Bau und den Betrieb ihrer Fangschiffe erhalten. Diese hohen Beträge sind mehr als nur eine Hilfeleistung, sie sind ein regelrechter Transfer von Geld aus gesunden Branchen der französischen Wirtschaft in funktionsgestörte Sektoren wie die industrielle Schleppnetzfischerei in der Tiefsee. Ohne die Steuerbefreiung für Diesel könnten die Schiffe nicht einmal den Hafen verlassen. Die Tiefseefischerei ist ein Monstrum, das von öffentlichen Subventionen ernährt wird. Am Ende dienen unsere Steuern dazu, den Druck des Fischfangs auf bereits ausgebeutete Bestände und auf empfindliche Lebensräume im Meer zu erhöhen.

IST DIE TIEFSEEFISCHEREI NICHT RENTABEL?
Nein, die französischen Flotten verlieren viel Geld. Die großen Industriekonzerne, die sie besitzen, haben eine seltsame Logik für die Ausbeutung der Meeresressourcen und streichen den Gewinn erst bei der Vermarktung des Fisches ein. Eine defizitäre Tochtergesellschaft muss aus buchhalterischer und steuerlicher Sicht für diese Arbeiten herhalten. Dies ist zweifellos das skandalöseste Element dieser ganzen Situation: Man benutzt die Steuereinnahmen Frankreichs, um die Zerstörung der Artenvielfalt in der Tiefsee zu finanzieren und strukturell defizitäre Unternehmen am Leben zu halten.

WAS GENAU BEDEUTEN DIE TIEFSEEFISCHE IM HANDEL?
Die Tiefseefischarten (Blauleng, Schwarzer Degenfisch, Grenadierfisch etc.) machen lediglich rund 1,5 % des Gesamtwerts des europäischen Fischfangs aus. Trotz des unverhältnismäßig hohen Preises für die Umwelt und die öffentlichen Finanzen bleibt die Tiefseefischerei eine Randerscheinung. Die Fischarten in der Tiefsee bilden also keineswegs die Grundlage der Ernährung… mit Ausnahme der unserer Kinder! Tiefseefische wie der Hoko oder die sogenannte Saumonette werden nämlich unter anderem in Europas Schulkantinen angeboten.

HABEN DIE VERBRAUCHER MÖGLICHKEITEN ZU HANDELN?
Ja, unbedingt. Und da unsere Regierung auf den Druck der Industrie reagiert, wenn es um Fischereiprobleme geht, und man nicht auf sie zählen kann, um die Artenvielfalt der Ozeane zu schützen, müssen wir die Dinge selbst in die Hand nehmen. Drei Begriffe müssen festgehalten werden: Grenadierfisch, Blauleng und Schwarzer Degenfisch. Diese Fischarten müssen wie die Pest gemieden werden. Man muss endlich damit aufhören, die Arten zu essen, die auf der Roten Liste der Nichtregierungsorganisationen stehen, man muss die Raubfische meiden und weniger, aber besseren Fisch essen, indem man ihn vor Ort bei den kleinen Erzeugern kauft, die mit ausgewählten Methoden fischen.

DIESE INDUSTRIE SCHEINT SEHR MÄCHTIG ZU SEIN. IST ES EIN ECHTER KAMPF?
Aber ja. Und umso mehr, da die bedeutenden Lobbyisten dieser Industrie in den Techniken der Desinformation und der Verzerrung von Tatsachen sehr bewandert sind. Sie verstehen es sehr wohl, an strategischen Stellen des politischen Schachbretts »zweifelhafte Geschäftsleute« zu positionieren, die damit beauftragt sind, Entscheidungen zu beeinflussen. In den Diskussionen um den Tabakmissbrauch oder die Klimaveränderungen treten die berühmten Weißkittel auf, die das Ansehen und die angeblich grundsätzliche Objektivität der Wissenschaft benutzen, um die Tatsache zu verschleiern, dass sie von den Lobbyisten beauftragt sind, deren Interessen zu wahren. Die Lügen von Seiten der Industrie sind in unserer Gesellschaft immer gegenwärtiger. Wenn ich sehe, wie Intermarché in Frankreich zum Beispiel auf seine Tiefseefische das Logo »verantwortungsvolle Fischerei« klebt, das gar kein »Label« ist, auch wenn es eine zum Verwechseln ähnliche Kopie des MSC-Labels ist, bäumt sich alles in mir auf. Bloom hat gegen unlautere Werbung geklagt, und diese Werbung wurde vom Ausschuss für das Berufsethos in der Werbeindustrie verboten. Die Lobbyisten verfügen über Macht und über Netzwerke, deren Ausmaß man sich nicht vorstellen kann. Zum Glück kommt es manchmal vor, dass Politiker langfristige Visionen haben, ohne dem Druck von Interessengruppen nachzugeben. Die Europäische Kommission hat das Verbot der Schleppnetzfischerei in der Tiefsee sowie der stehenden Netze gegen den Druck der Mitgliedsländer Portugal, Spanien und Frankreich vorgeschlagen, eine Maßnahme, um die Ozeane und Steuerzahler zu schützen.

Röhrenwürmer *(Sabellastarte magnifica)*, Belize

Die *Sabellastarte magnifica* sind etwa 10 cm lange Meerwürmer. Sie leben in Röhren aus Schleim und Sedimenten, die sie um sich herum anhäufen. Lediglich zwei fächerförmige, federartige Tentakel ragen aus der Röhre heraus, mit denen sie kleine Partikel aus dem schwimmenden Plankton – die von der Strömung herangeschwemmt werden und ihnen als Nahrung dienen – an ihre Öffnung führen. Die Tentakel enthalten die Kiemen sowie kleine lichtempfindliche Sinnesorgane. Diese ermöglichen es ihnen, die Änderungen der Lichtintensität wahrzunehmen und sich in ihre Röhre zurückzuziehen, um sich zu schützen – wenn zum Beispiel der Schatten eines Raubfisches über ihnen schwebt.

Dorf in der Nähe der Insel Pandukan, Philippinen
(6° 15′ nördl. Br. – 120° 36′ östl. L.)

Die Korallenriffe der Philippinen machen 9 % der weltweit vorhandenen Korallenriffe mit der größten Artenvielfalt aus; allein die Hälfte davon sind tropische Fische. Doch die Zyanid-Fischerei, die den Fang der Fische für den Aquaristik-Markt erleichtert, oder die Sprengstoff-Fischerei, die von einer Minderheit skrupelloser Fischer betrieben wird, haben verheerende Folgen für die Korallenriffe, die bereits zu 70 % beschädigt sind.

Schweinslippfisch *(Bodianus unimaculatus)* und ein Schwarm Fegerbarsche *(Scorpis violacea)* in einer Höhle, Poor Knights Islands, Neuseeland

Zahlreiche Fischarten sammeln und gruppieren sich in dichten Schwärmen. Der Begriff *Schule* bezeichnet die Ansammlungen und die Beziehungen, die diese Fische derselben Art miteinander verbinden. Auch heute noch sind die Mechanismen, die einen Fischschwarm strukturieren, wenig bekannt. Man weiß jedoch, dass ihr Zusammenhalt es den Fischen ermöglicht, ihre Reibung im Wasser zu reduzieren, sich vor Raubfischen zu schützen und ihre Fortpflanzung zu erleichtern.

Hagia Sophia, Istanbul, Türkei
(41° 00′ nördl. Br. – 28° 59′ östl. L.)

Fast 200 Schiffe passieren täglich die Meerenge des Bosporus, der Europa von Asien trennt – darunter viele Tanker aus dem Kaspischen Meer. Sie durchqueren dabei das ehemalige Byzanz, das später in Konstantinopel umbenannt wurde und heute Istanbul heißt. Die Hagia Sophia, erbaut zwischen 532 und 537, erhebt sich über dem Westufer der Stadt. Nach der Einnahme Konstantinopels durch die Türken (1453), wurde die Hagia Sophia in eine Moschee umgewandelt, und vier Minarette wurden ihr hinzugefügt. Dieses Meisterwerk byzantinischer Architektur ist auf Anordnung der Regierung der Türkischen Republik seit 1934 ein Museum.

Walhai *(Rhincodon typus)*, Fischschwarm und ein Taucher, Australien

Der Walhai gehört zusammen mit den Walen und Delfinen zu den Aushängeschildern für den Ökotourismus. Ökotourismus meint die Beobachtung intakter Ökosysteme oder Tierarten in ihrem natürlichen Lebensraum. Der Ökotourismus soll die Bewahrung und Pflege natürlicher Lebensräume ermöglichen, indem er sie in den Mittelpunkt lokaler wirtschaftlicher Interessen stellt. Aber es gibt zahlreiche Übertreibungen, auch Zusammenstöße zwischen Schiffen und Tieren kommen häufig vor.

Atoll von Bora Bora, Inseln unter dem Wind, Archipel von Französisch-Polynesien, Frankreich
(16° 31′ südl. Br. – 151° 46′ westl. L.)

Diese 38 km² große Insel, deren Name »die Erstgeborene« bedeutet, gehört zum Archipel der Inseln unter dem Wind. Bora Bora ist der aus dem Wasser ragende Teil des Kraterrandes eines ehemaligen Vulkans. Er ist sieben Millionen Jahre alt, umgeben von einer Korallenriffbarriere, auf der sich kleine, mit Kokospalmen bewachsene Koralleninseln entwickelt haben. Die Teavanui-Passage ist die einzige Öffnung der Lagune zum Meer, die tief genug ist, um die Einfahrt von Schiffen zu ermöglichen. Die Insel diente während des Zweiten Weltkriegs den Vereinigten Staaten als Militärbasis.

Sattelrobben aus Grönland *(Pagophilus groenlandicus)*, Sankt-Lorenz-Golf, Kanada

Die Jagd ist nicht die einzige Bedrohung, unter der die Sattelrobben aus Grönland leiden. Die Klimaerwärmung destabilisiert und schwächt das arktische Packeis und reduziert ihren Lebensraum ganz erheblich. Ohne wasserabweisendes Fell können die Neugeborenen nicht schwimmen. Und aufgrund des Temperaturanstiegs droht die Gefahr, dass das Eis unter ihrem Gewicht einbricht. Hier schubst eine Mutter ihr Junges aus dem Wasser, nachdem es in den Sankt-Lorenz-Golf gefallen ist.

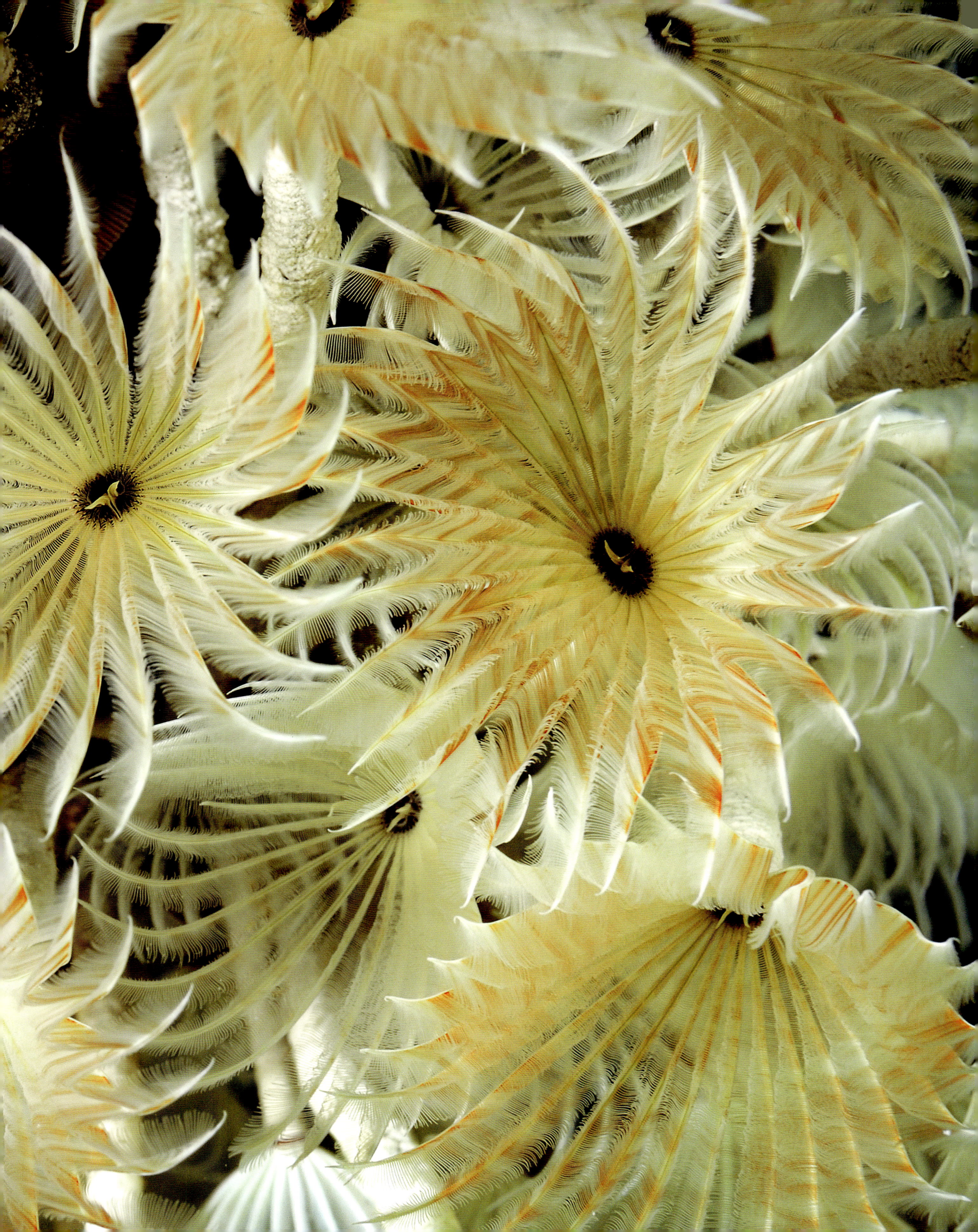

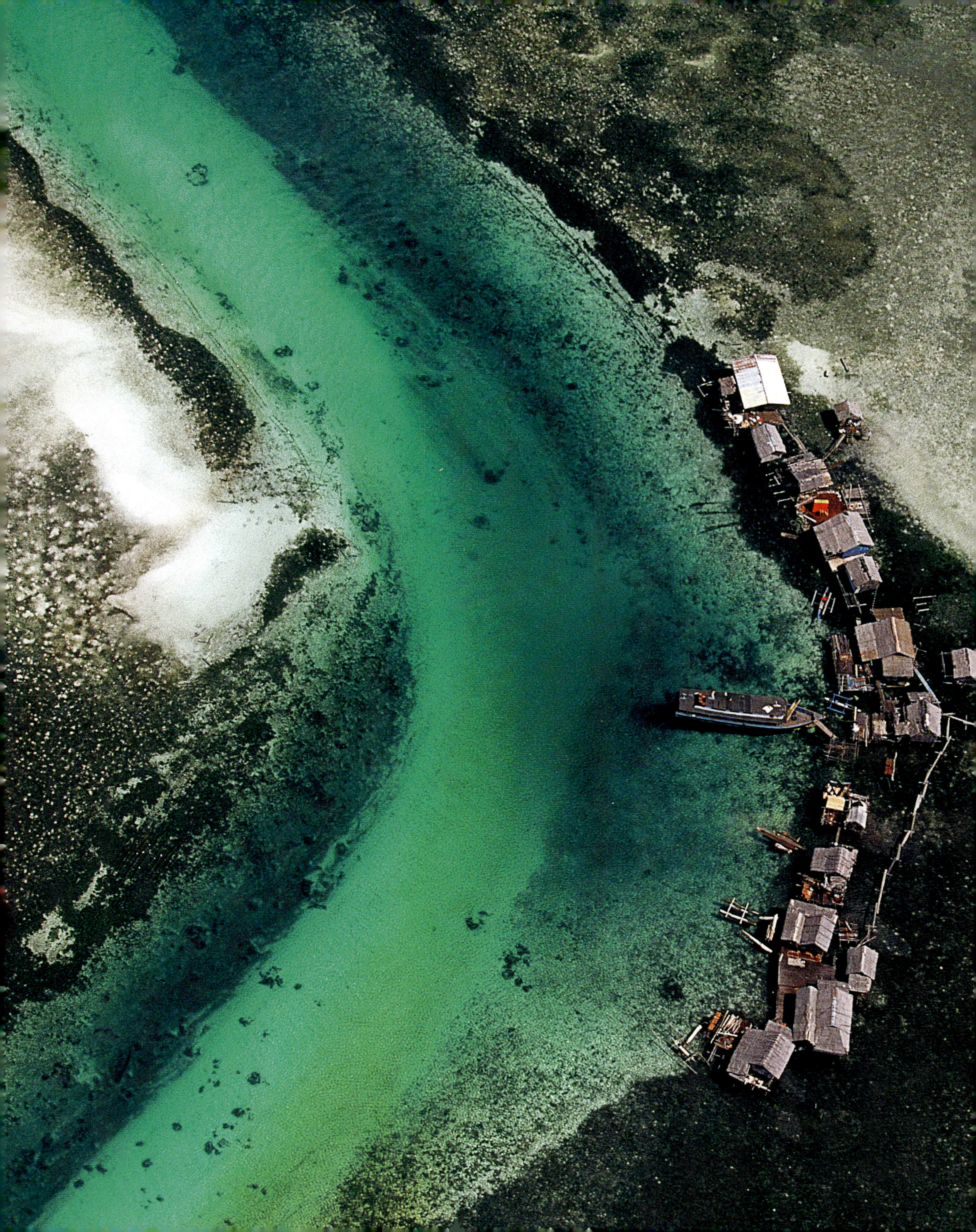

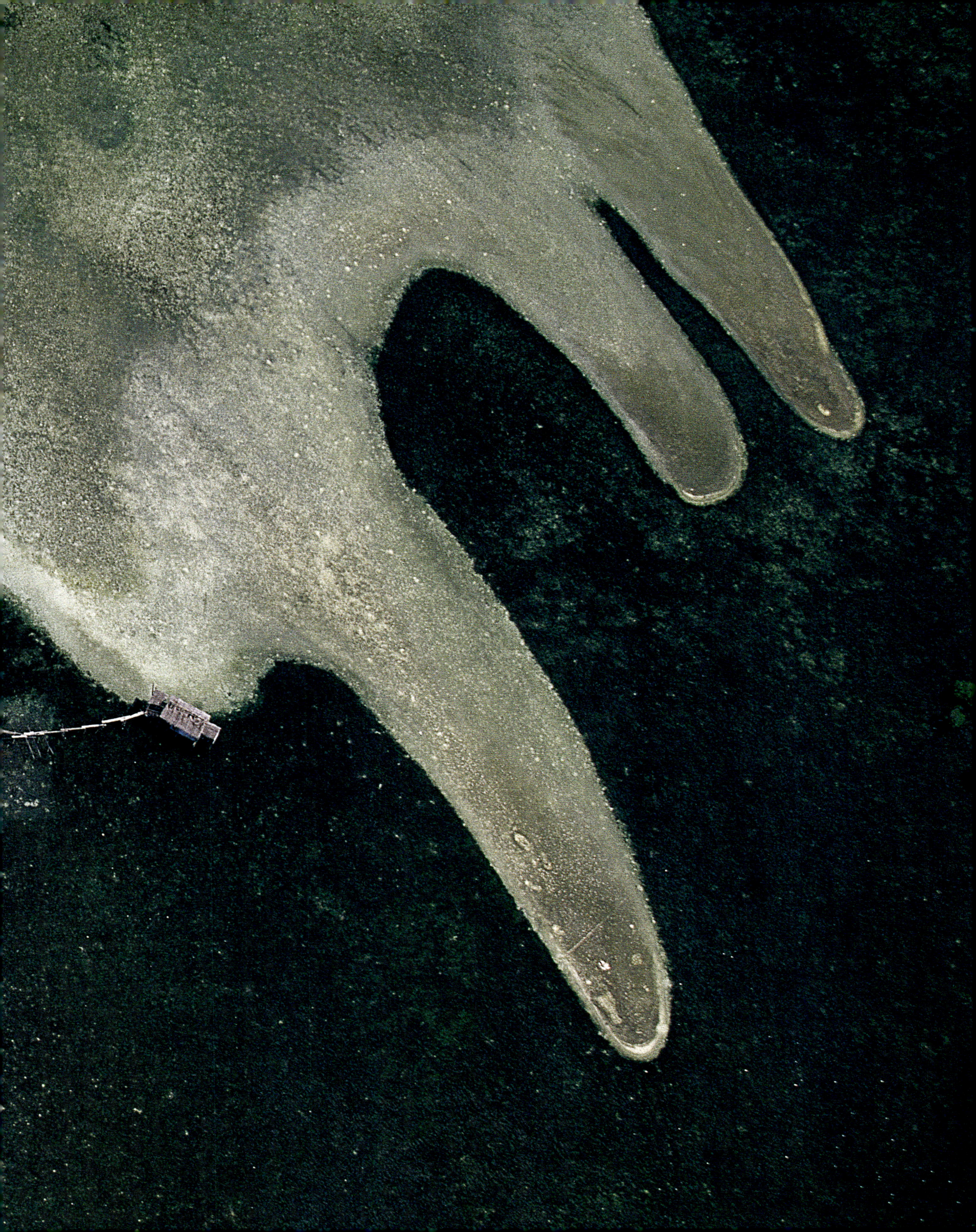

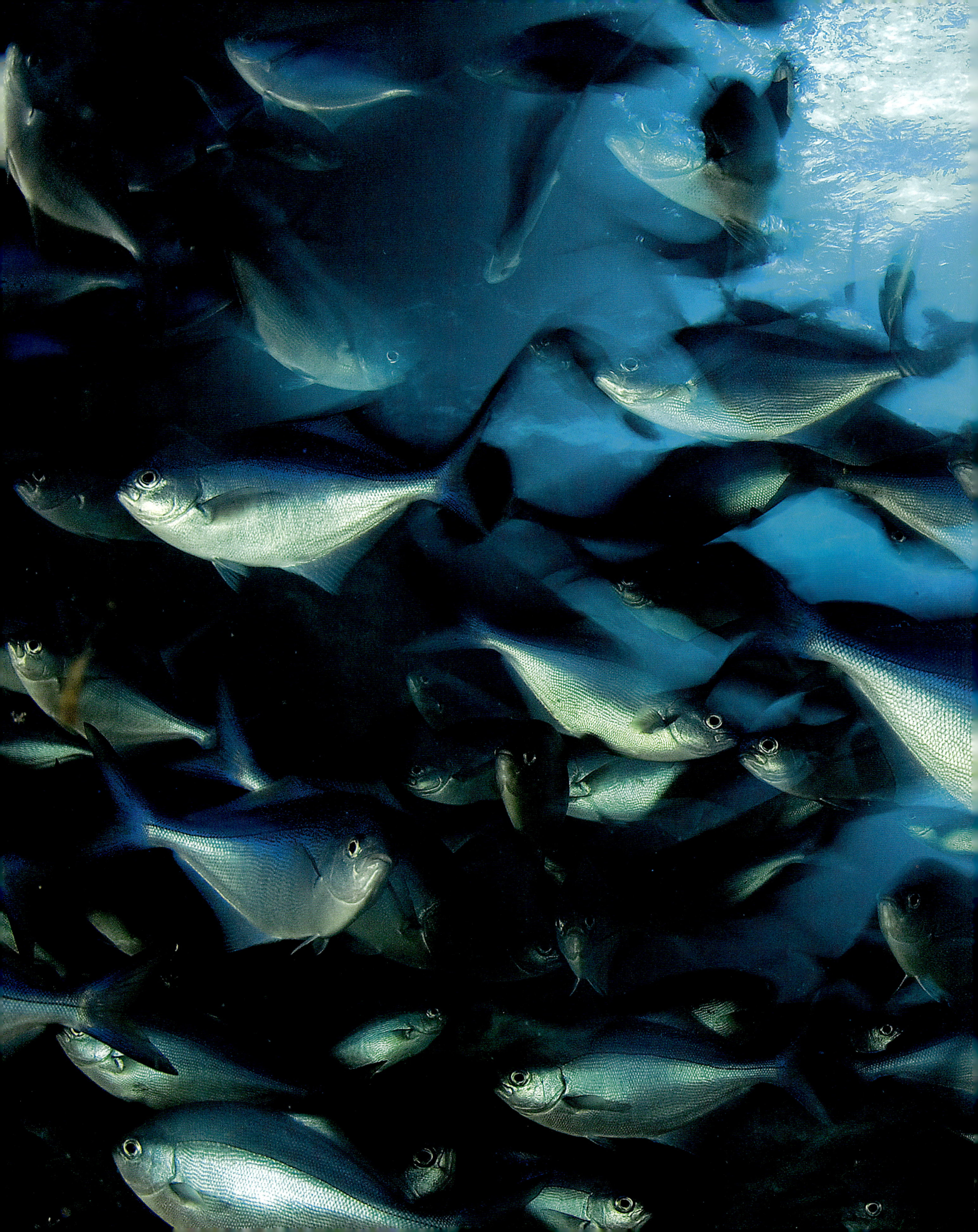

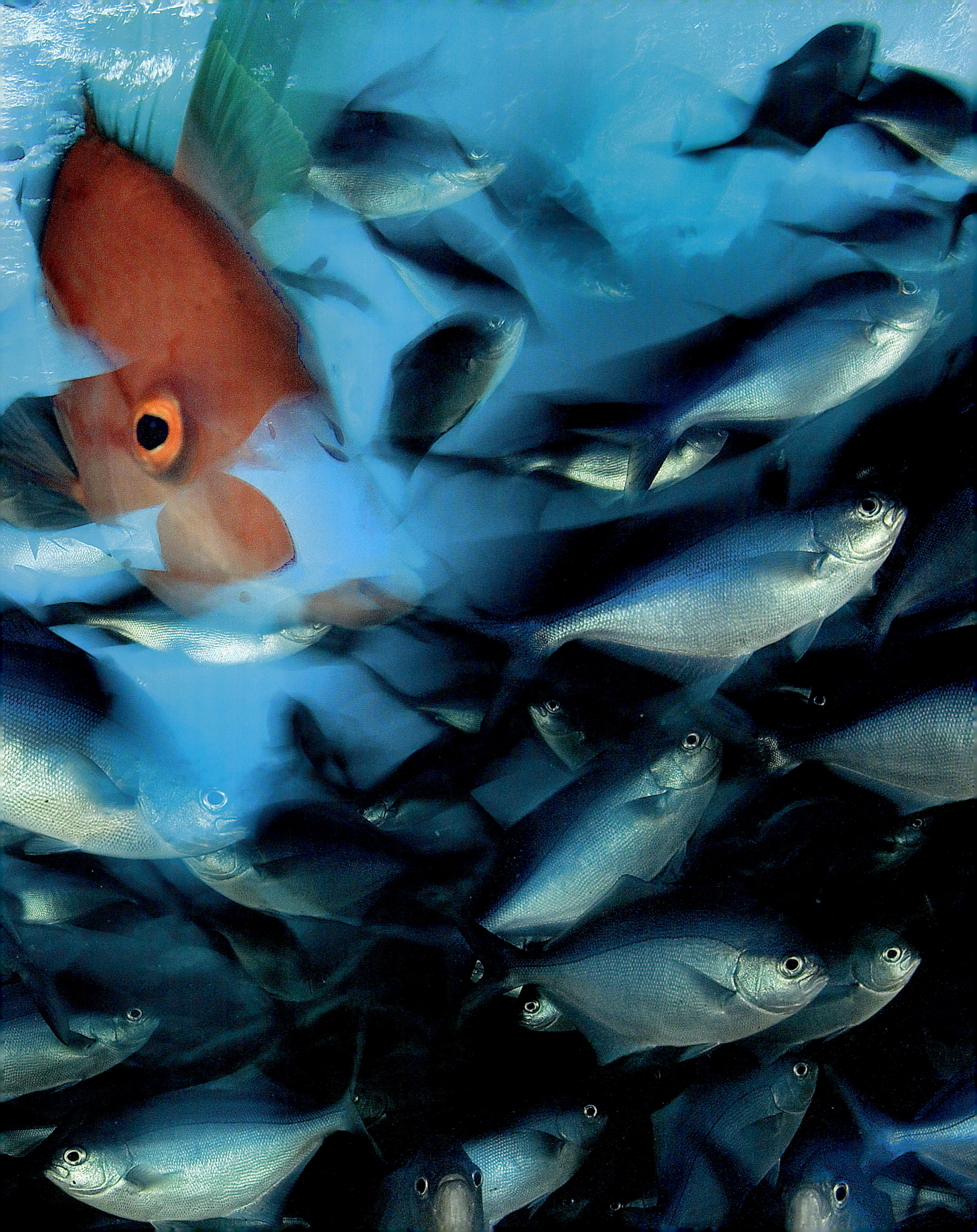

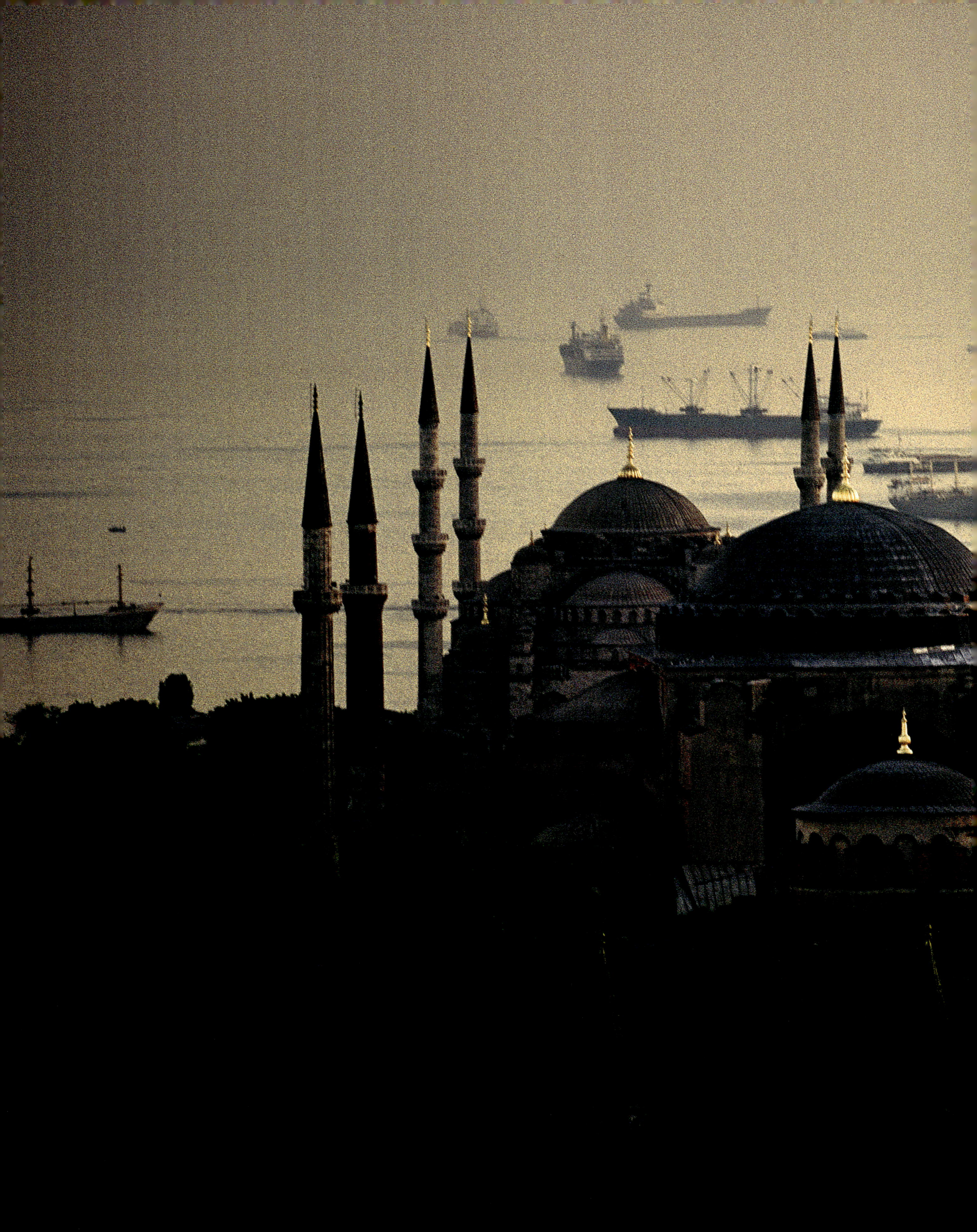

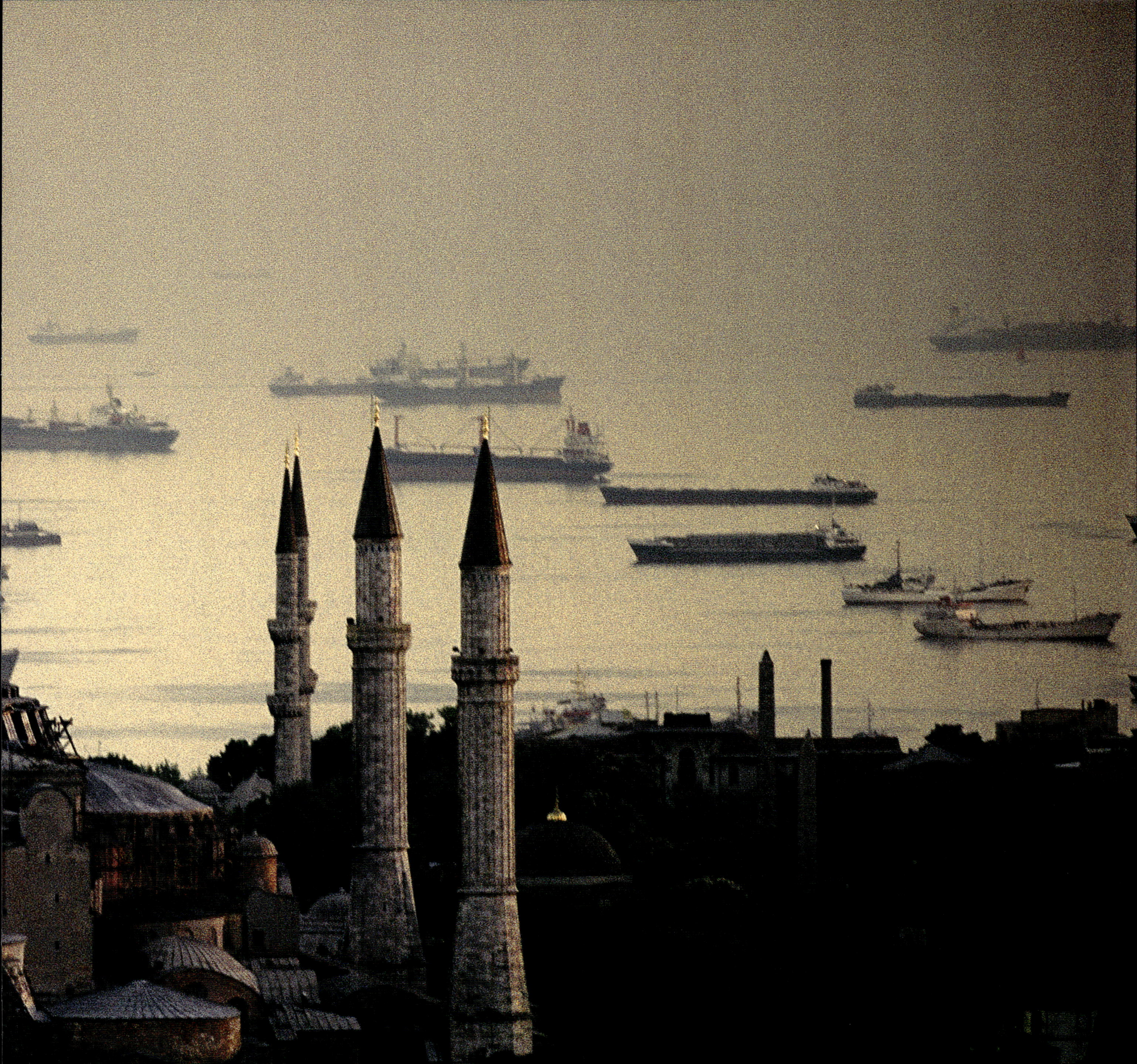

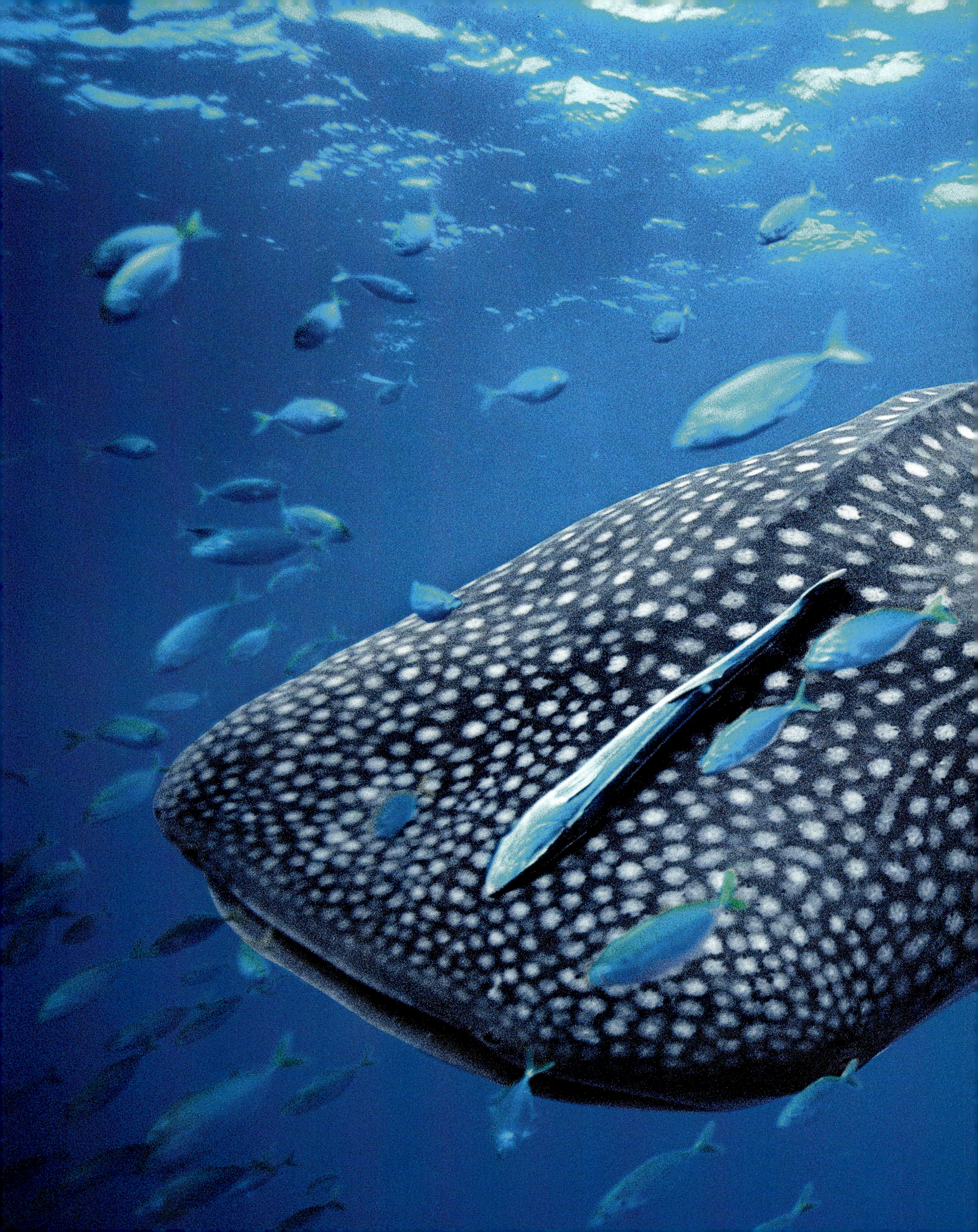

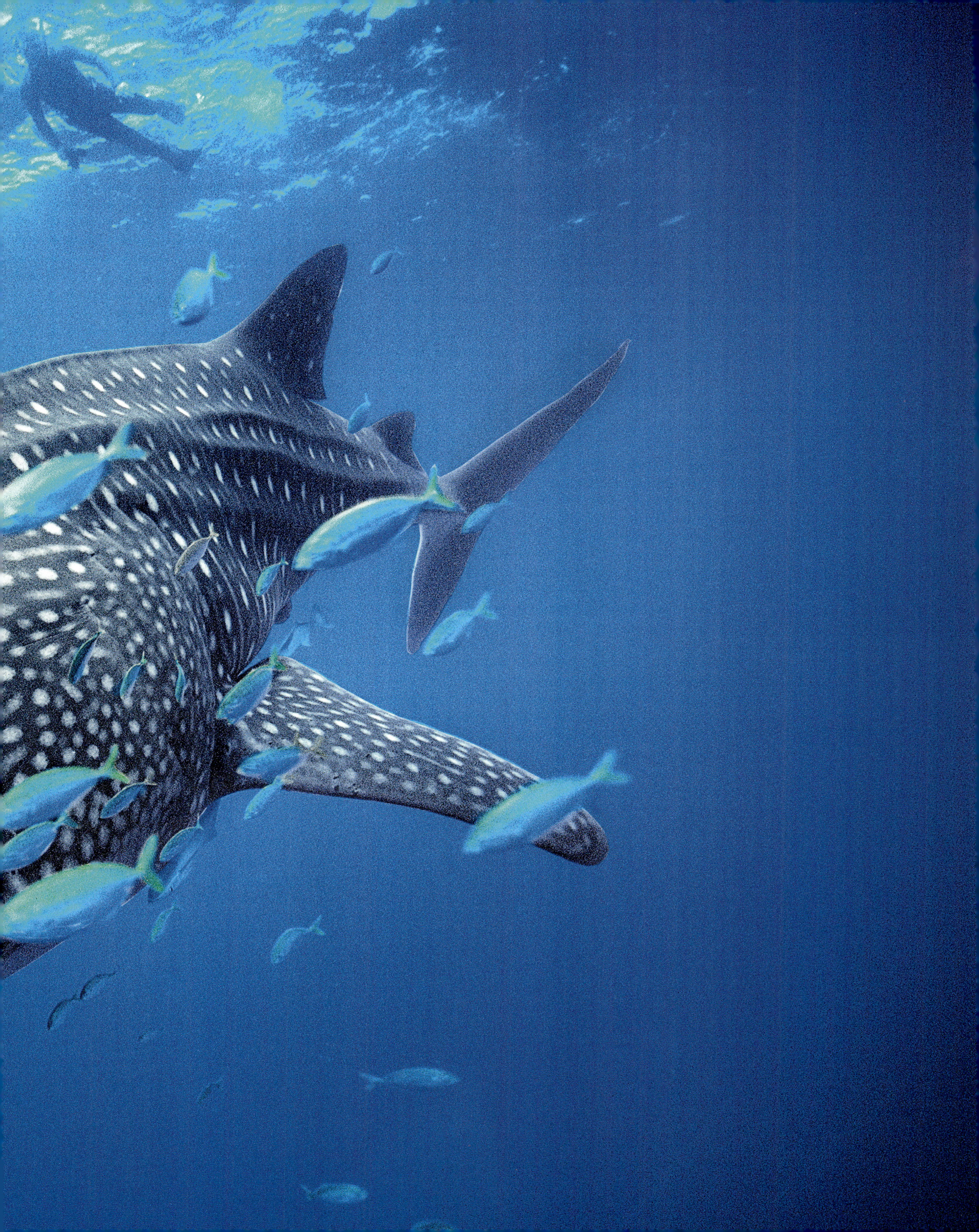

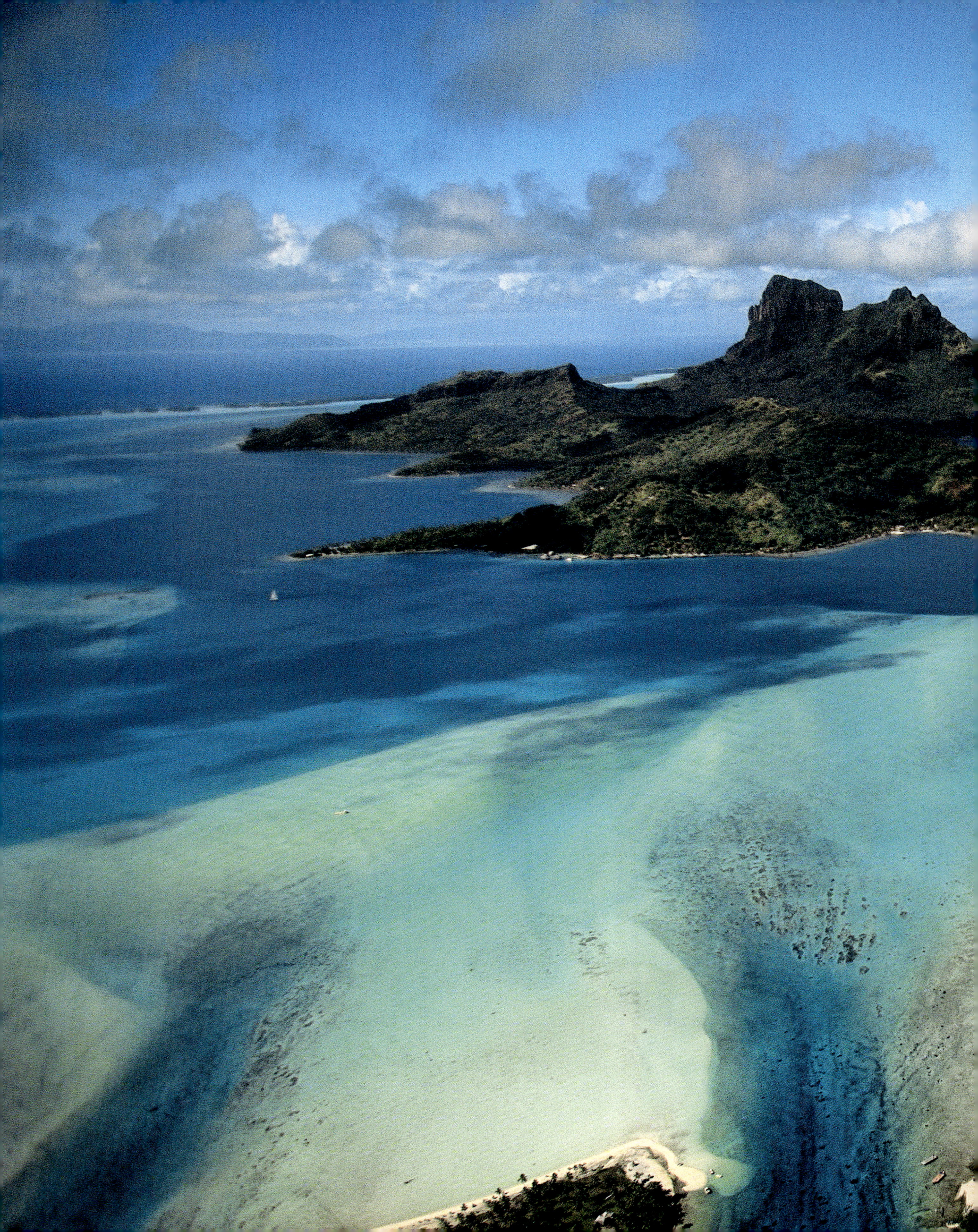

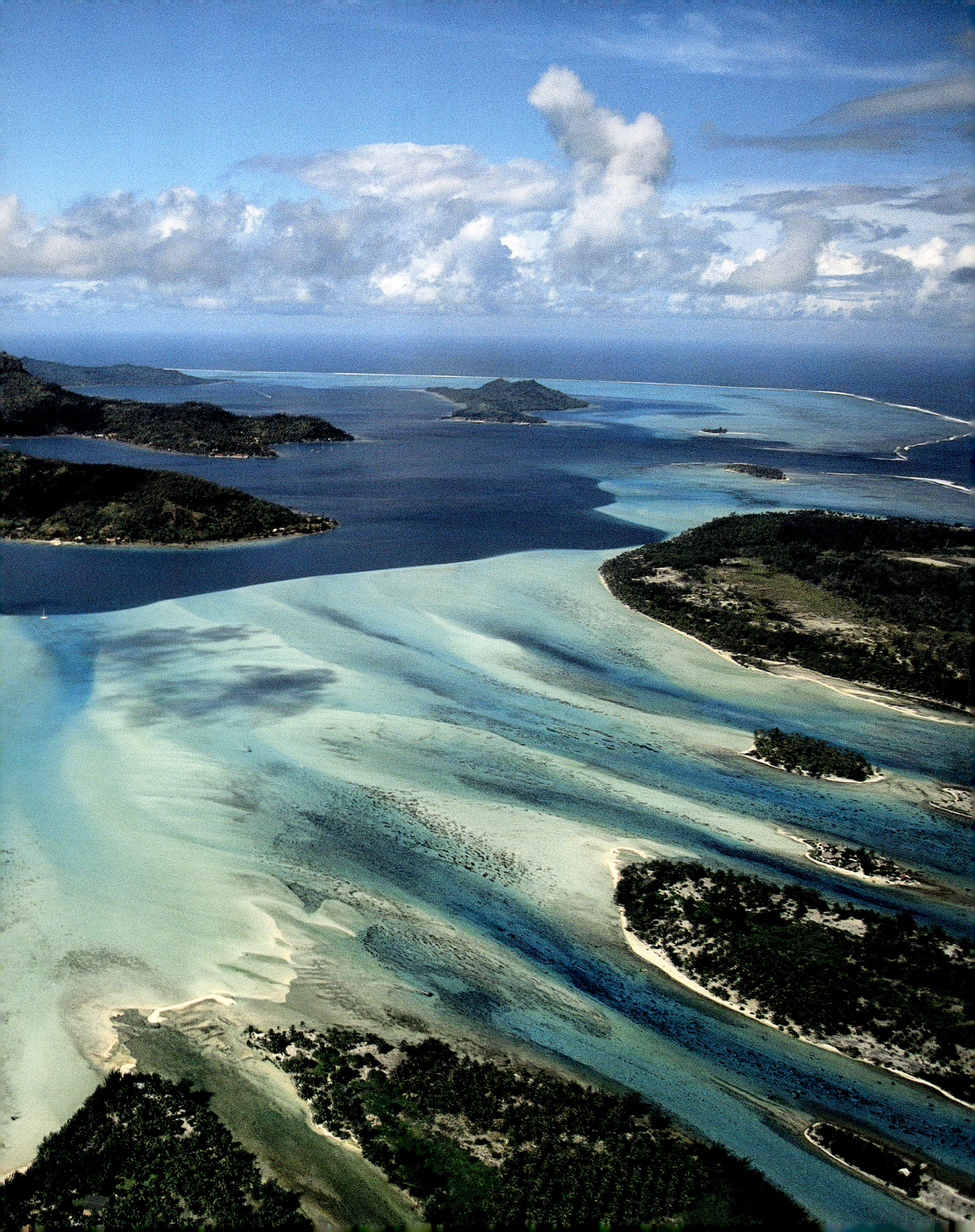

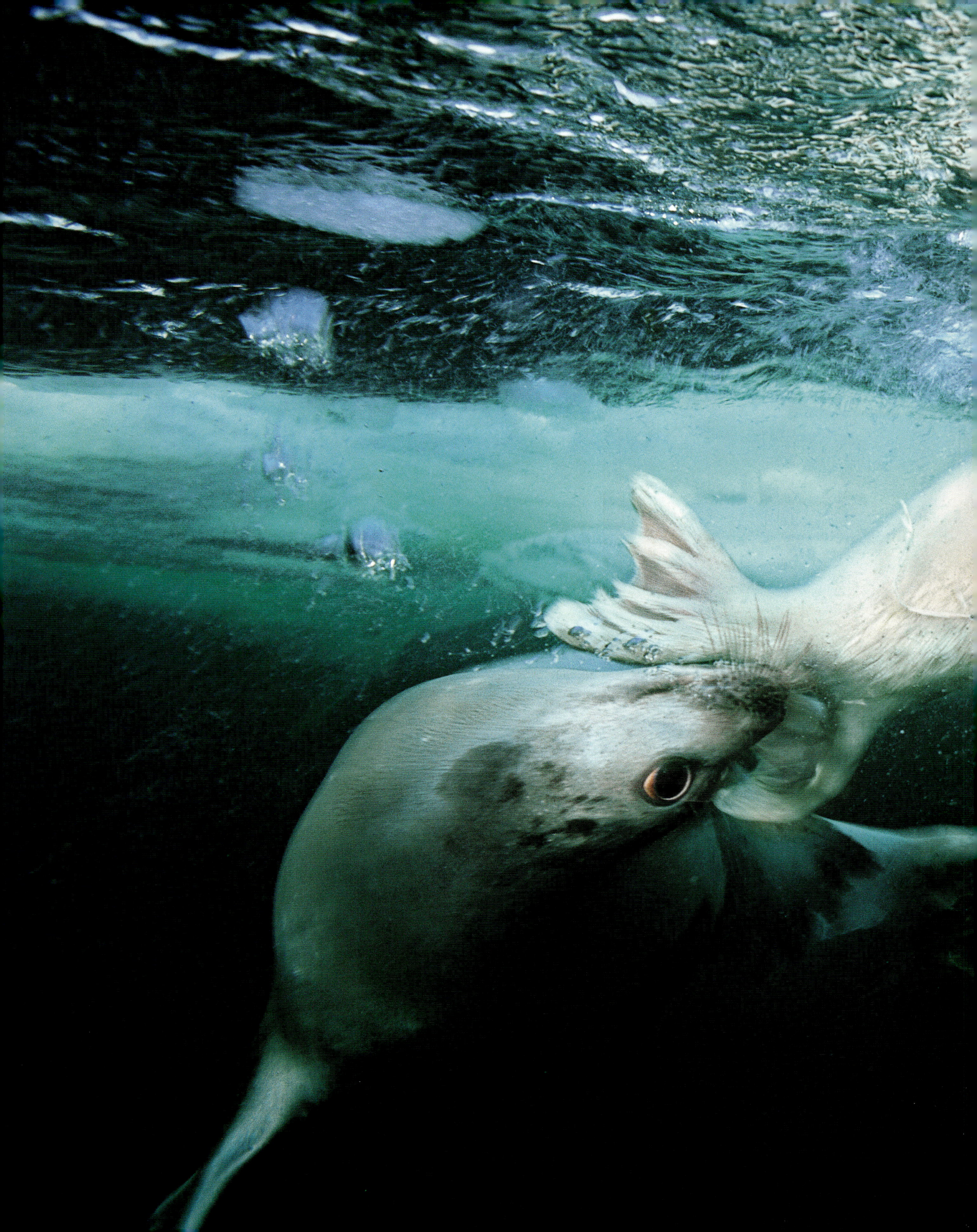

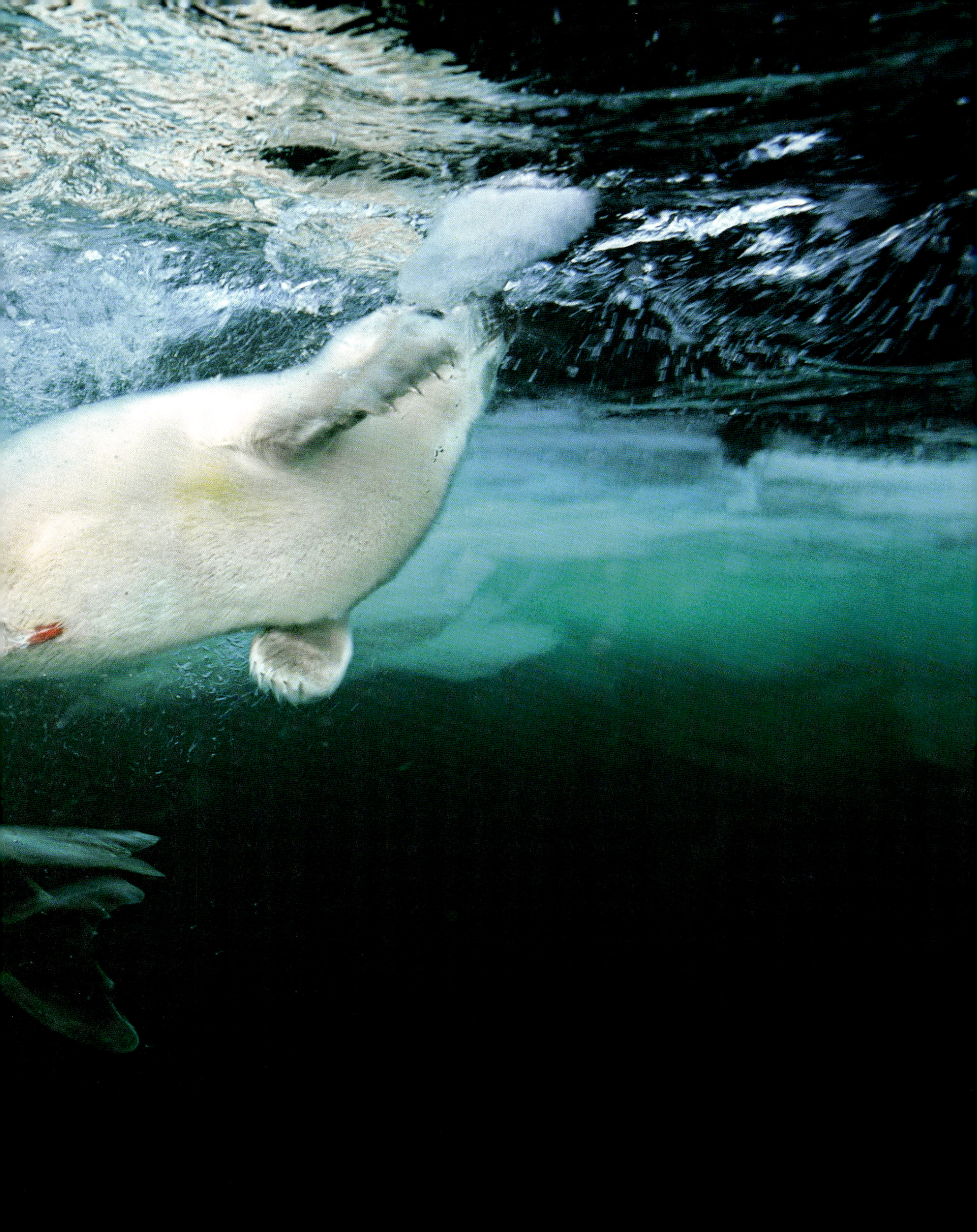

DAS ABSEHBARE ENDE DER GROSSEN RAUBFISCHE

JÄHRLICH WERDEN 50 BIS 100 MILLIONEN HAIE GETÖTET. Häufig werden sie lebend gefangen. Man schneidet ihnen die Flossen ab und wirft sie dann ins Meer zurück, wo sie qualvoll sterben. Das Massaker erfolgt mit einer erschreckenden Gleichgültigkeit, obwohl die meisten von uns es für inakzeptabel halten, einer Kuh ohne Betäubung alle vier Beine abzuschneiden und ihren dann noch lebenden Körper in ein Massengrab zu werfen. Tatsache ist, dass Haie wie Fische im Allgemeinen nicht schreien, wenn sie leiden. Sie vergießen auch keine Tränen. Aber für alle, die sich ihr Leiden ausmalen können, ist das Schauspiel grauenhaft.

Sicher, Haie sind große Raubfische, Fleischfresser, und sie können sogar Menschen töten. Aber das gilt auch für Tiger und Löwen, um nur diese beiden Raubtiere zu nennen, die sich sehr viel größerer menschlicher Sympathie erfreuen: Kinder besitzen Plüschtiere nach ihrem Bilde, und es werden Zeichentrickfilme gemacht, in denen sie die Helden darstellen. Doch Haie haben einen abscheulichen Ruf – sicher zum Teil auch dank Steven Spielbergs Film *Der weiße Hai* (1975). Dabei sind Löwen sehr viel gefährlicher als Haie. Sie töten jedes Jahr ungefähr 250 Menschen, im Vergleich zu etwa zehn Menschen, die von großen Raubfischen getötet werden (2011 waren es laut International Shark Attack File 12 Tote und 75 Angriffe und mit durchschnittlich 4,3 Toten pro Jahr mehr Tote als in den Vorjahren aufs Jahrzehnt gerechnet).

MAKABRE LISTE
Haie stehen nicht einmal auf der Liste der zehn gefährlichsten Tiere aller Art für den Menschen. Bei dieser makabren Einteilung, die sowieso nur annähernd ist, fungiert als Feind Nummer eins der menschlichen Rasse: der Moskito. Da er verschiedene tödliche Krankheiten wie Malaria und Denguefieber überträgt, ist er für den Tod von zwei Millionen Menschen im Jahr verantwortlich. Es folgen Schlangen, die fast 100.000 Menschen jährlich töten, Skorpione (5000), Krokodile (2000), Elefanten (500), Bienen, Löwen, Nashörner, Quallen und Tiger. Auf dieser Liste nehmen Haie lediglich den 11. Rang ein. Selbst bei Wikipedia findet man diese erstaunliche und schwer zu überprüfende Zahl: In den Vereinigten Staaten hat man zwischen 2001 und 2010 im Vergleich zu 263 durch Hundebisse verursachte Todesfälle nur zehn durch Haie verursachte Todesfälle registriert.

Trotz ihres bedrohlichen Aussehens sind Haie extrem empfindlich: Ihr Wachstum vollzieht sich langsam, ihre Fortpflanzung erfolgt spät, und die Weibchen bringen lediglich ein bis zwei Junge zur Welt, die sie häufig sehr lange austragen. Die derzeitigen Tötungen üben also einen starken Druck auf die Populationen aus. Eine Studie der internationalen Kommission für den Naturschutz (IUCN, International Union for Conservation of Nature) verdeutlichte, dass im Jahre 2009 rund ein Drittel der untersuchten Haiarten vom Aussterben bedroht waren: Es gibt – ohne Berücksichtigung der Rochen, die ihnen ähneln – 490 Haifischarten, die sich stark voneinander unterscheiden, vom majestätischen Walhai – der 20 m Länge erreichen kann und sich nur von Krill ernährt – bis zum Zwerg-Laternenhai (*Etmopterus perryi*), der weniger als 20 cm misst und am Meeresgrund in einer Tiefe zwischen 200 und 500 m lebt. Im Übrigen verändert sich die Zahl entsprechend der geografischen Zonen: Im Mittelmeerraum sind zum Beispiel 42 % der Arten bedroht.

Hai, der sich in einem Fischernetz verfangen hat, Insel San Marcos im Golf von Kalifornien, Mexiko

Jedes Jahr werden 50 bis 100 Millionen Haie getötet. Häufig werden die Flossen an Bord eines Schiffes mit dem Messer abgeschnitten, dann werden die Haie ins Meer zurückgeworfen, entweder tot oder sterbend. Tierschützer prangern diese Praktik an.

490 HAIFISCHARTEN, VOM KLEINSTEN BIS ZUM GRÖSSTEN

Es gibt ungefähr 490 Haifischarten, von denen lediglich fünf als gefährlich für den Menschen betrachtet werden. Ihre Größe variiert zwischen 20 cm für den Zwerg-Laternenhai bis zu 20 m für den Walhai. Die meisten sind Prädatoren, aber einige, wie z. B. der Walhai, ernähren sich von Plankton, das sie aus dem Meerwasser filtern. Einige findet man auch im Süßwasser.

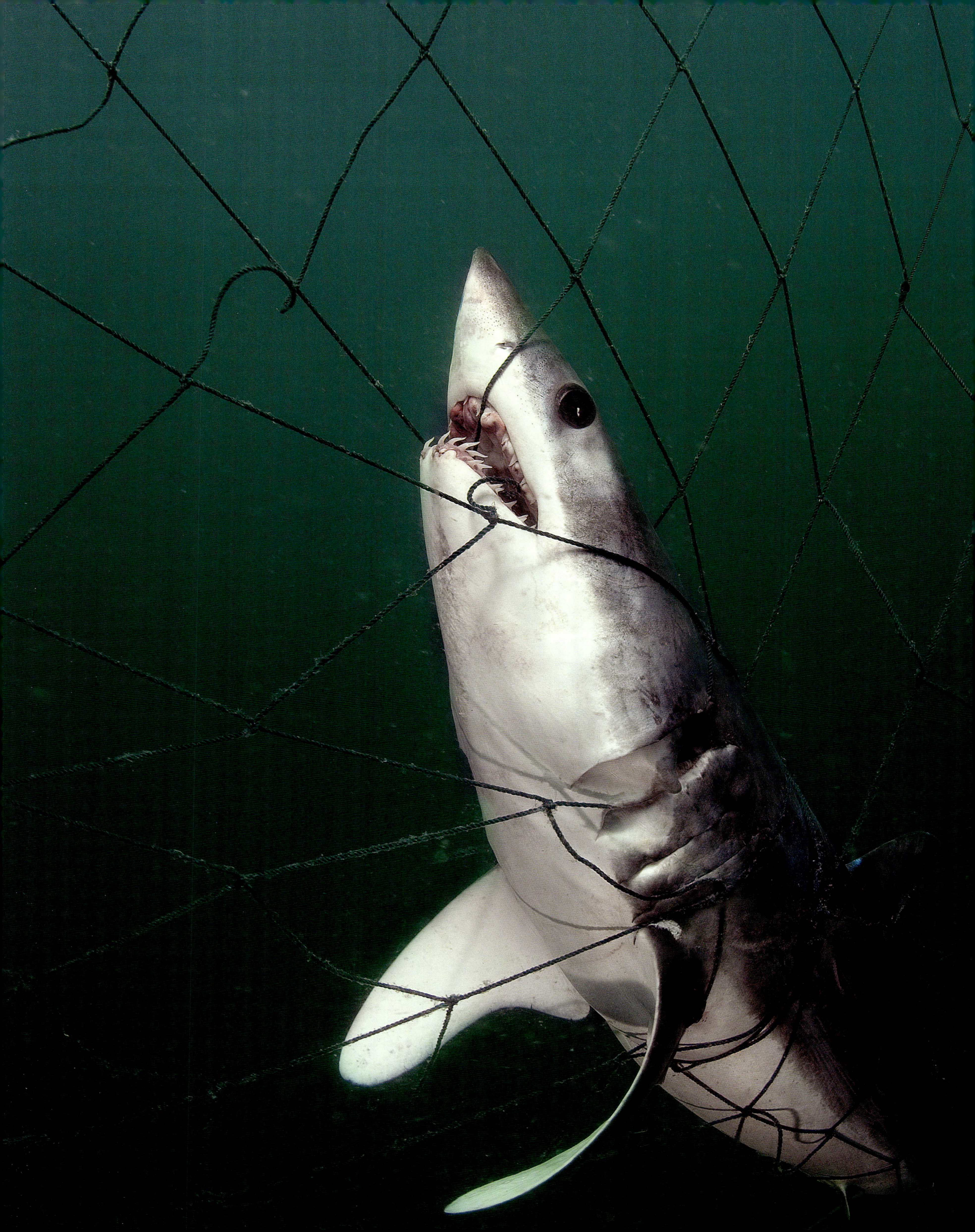

DAS ABSEHBARE ENDE DER GROSSEN RAUBFISCHE

Tote Fuchshaie *(Alopias sp.)* **am Strand der Insel San Marcos, Golf von Kalifornien, Mexiko**

Die Flossen werden häufig von lebenden Tieren abgeschnitten, die dann sterbend ins Meer zurückgeworfen werden. Um diesem grausamen Treiben ein Ende zu bereiten, fordern seine Gegner, dass die Fischer gezwungen sind, alle Überreste der Haie an Land zu bringen, was die Europäische Kommission 2012 in allen EU-Staaten durchgesetzt hat. Das Abschneiden der Flossen ist bereits seit 2003 in Europa verboten. Doch einige Unternehmen, sogar in China, haben beschlossen, Erzeugnisse des Haifisches nicht mehr zu vermarkten.

DIE BEDROHTEN RAUBFISCHE

Insgesamt ist die Zahl der Haie in wenigen Jahrzehnten weltweit um 70 bis 80 % zurückgegangen. Doch nur wenige Arten sind geschützt – sicherlich wegen ihres Imageproblems. Denn Tierschutz hängt auch von der Fähigkeit der Tiere ab, Sympathie bei den Menschen zu erwecken: In dieser Hinsicht haben Pandas oder Robbenbabys einen Vorteil.

Doch Haie spielen eine wichtige Rolle innerhalb der Ökosysteme. Wie alle großen Prädatoren regeln sie das Gleichgewicht zwischen den verschiedenen Arten, die in der Nahrungskette »unter ihnen« positioniert sind. Eine der sorgfältigsten Studien zu diesem Thema untersuchte elf Arten von Großhaien an der Ostküste der Vereinigten Staaten. Der drastische Rückgang ihrer Bestände (99 % für die Sandtigerhaie und 98 % für die Bogenstirn-Hammerhaie) hat Konsequenzen, die zeigen, was anderswo eintreten könnte. So vergrößerte sich der Bestand der Fische, die die Lebensgrundlage der Haie ausmachten. Diese Fische jedoch ernähren sich von Jakobsmuscheln, die folglich fast alle verzehrt wurden, sodass der lokalen Muschelzuchtindustrie starker Schaden entstand. Weitere Studien haben den guten Zustand von Korallen auf das Vorhandensein von Haifischen zurückgeführt, und zwar aus ganz ähnlichen Gründen.

HAIFISCHFLOSSENSUPPE

Lange Zeit bestand die Hauptgefahr, die den Haien drohte, im Beifang oder »Zufallsfang«: Die für die Fischer relativ uninteressanten Haie gerieten aus Versehen ins Netz und wurden häufig ins Meer zurückgeworfen, auch wenn ihre Haut als Haifischleder verwendet und manchmal sogar verzehrt wird, am häufigsten ohne Wissen des Verbrauchers und unter anderen Namen: Greyfish, Rocksalmon, Seeaal, Schillerlocke oder Saumonette.

Heutzutage kommt die Gefahr aus Asien und dem Heißhunger nach Haifischflossensuppe, ein ziemlich schales, aber sehr beliebtes Gericht. Mit steigendem Lebensstandard wünschen Hunderte Millionen von Menschen fortan den Genuss oder zumindest das Angebot von Haifischflossensuppe. Die Nachfrage steigt explosionsartig, genauso die Preise: Auf dem Hongkonger Markt – auf dem 50 bis 85 % des weltweiten Flossenhandels abgewickelt werden – zahlt man für Haifischflossen mehrere Hundert Euro. Für die Fischer sind allein die Flossen mehr wert als der ganze Hai, was erklärt, warum die Haie ohne Flossen einfach ins Meer zurückgeworfen werden. Man nennt diese Praktik »Shark-Finning«.

DIE ASIATISCHE MAFIA

Was also ist zu tun? Die Länder der EU spielten bis zum Gesetz der Europäischen Kommission von 2012, das vorschreibt, dass Haifische ganz an Land gebracht werden müssen, eine große Rolle in dem Geschäft – und noch ist offen, ob sich die neue Vorschrift wirklich als lückenlos erweist. Den offiziellen Zahlen der FAO zufolge wurden noch 2009 rund

DAS MARINELAND

2011 hat die Tierrechtsorganisation PETA eine Klage gegen mehrere amerikanische Meerestierparks eingereicht, denen sie Sklaverei vorwirft. Die Organisation, die sich auf den XIII. Zusatz zur amerikanischen Verfassung beruft, der die Sklaverei abschafft, wollte die Befreiung von Schwertwalen erreichen, die in Gefangenschaft gehalten werden. Anfang 2012 hat das Gericht diesem Antrag nicht stattgegeben. Die Verteidiger des Wohlergehens der Tiere verurteilen diese Art von Freizeitparks, da sie nach dem Beispiel der Zoologischen Gärten wilde Tiere auf zu engem Raum halten und schlecht behandeln. Außerdem hätten die Walfische, die in Gefangenschaft gehalten werden, eine geringere Lebenserwartung. Dagegen führen die Förderer dieser Parks ihre Rolle als pädagogische Informationsquelle und als Ort der Sensibilisierung für Tiere in der breiten Öffentlichkeit an. Als weiteres Argument führt diese Gruppe trotz zweifelhafter Nachweise Erfolge bei der Freilassung von Meeressäugetieren an. Das Beispiel von Keiko – dem Orca, der durch den Film *Free Willy, Ruf der Freiheit* berühmt wurde und für den sich das Publikum eingesetzt und gefordert hatte, ihn in seine natürliche Umgebung freizulassen – hat allerdings gezeigt, wie schwer es einem Orca, der in Gefangenschaft gelebt hat, fällt, sich in eine frei lebende Gruppe seiner Artgenossen zu integrieren und sich selbst zu ernähren. Der berühmte Orca, der 2002 freigelassen wurde, starb 2003, nur ein Jahr später, an einer Lungenentzündung.

112.000 t Hai von europäischen Schiffen gefischt. Spanien nimmt weit vor den anderen den ersten Rang ein. Und Frankreich belegt mit 19.498 t den zweiten Platz.

Im Übrigen haben die Statistiker mit ihren Zahlen große Probleme. Viele Flossen werden aus Täuschungsgründen mehrfach importiert, exportiert und reimportiert. Manchmal werden sie nicht im selben Hafen »ausgeladen« (d. h. verkauft) wie der übrige Fischkörper. Der Markt ist folglich höchst undurchsichtig. Eine 2006 durchgeführte Studie zum Markt in Hongkong lässt vermuten, dass der Fang drei- oder viermal so hoch gewesen ist, als gegenüber der FAO angegeben. Die asiatische Mafia, die den Flossenhandel organisiert, ist weltweit aktiv. 2008 zeigte der Film *Sharkwater – Wenn Haie sterben* (siehe Gespräche mit Rob Stewart und Paul Watson, S. 190 und 286) das Ausmaß und die Macht dieser Mafia in Costa Rica, einem Land, das im Übrigen für seine Umweltfreundlichkeit bekannt ist.

MEERESSCHUTZZONEN

Gegenwärtig sind zwei Wege zum Schutz der Haie vorgesehen: Einschränkung des Fischfangs durch verschiedene Arten von Kontrolle und Aufklärung der chinesischen Öffentlichkeit über das Ausmaß der Katastrophe, um die Nachfrage zu senken. Diese Schritte gehen mit einer Bewegung einher, die immer mehr an Bedeutung gewinnt und in letzter Zeit mehrere Erfolge verbuchen konnte.

In Mittelamerika und im Pazifik, in Kolumbien, Venezuela, Honduras, auf den Malediven und in Mikronesien wurden mehrere Schutzzonen ins Leben gerufen. 2009 richtete Palau das erste Haischutzgebiet – größer als Deutschland – ein. 2011 wurde in den Vereinigten Staaten ein Gesetz verabschiedet, mit dem das »finning« verboten wird. 2012 verabschiedete die Europäische Kommission ein Gesetz, das europäischen Trawlern vorschreibt, nur Haie mit Flossen zu verkaufen. Es ergänzt das Gesetz von 2003, das das Finning verbietet.

Rochen, denen die Flossen abgeschnitten wurden, am Strand der Insel San Marcos, Golf von Kalifornien, Mexiko

Die mexikanische Insel San Marcos, gelegen im Süden von Niederkalifornien, zählt weniger als 1000 Einwohner. In bestimmten Gegenden Mexikos kann der Haifischfang bis zu 6 % des gesamten Fischfangs ausmachen. Die Mantarochen werden bei den Schwarzfischern immer beliebter, weil sie mit ihrem Fleisch und ihrer Haut einen immer anspruchsvolleren asiatischen Markt beliefern. Ihre Kiemen werden zu Pulver zermahlen und in der traditionellen Medizin verwendet.

85 % ALLER HAIFISCH-FLOSSEN WERDEN IN HONGKONG VERMARKTET

Der Markt in Hongkong kauft zwischen 50 und 85 % aller Haifischflossen auf der Welt und verkauft sie dann weiter nach China und in die übrigen asiatischen Länder. Und aufgrund dieses Handels vermutet man, dass die tatsächliche Fangmenge drei- bis viermal höher ist als die offiziell deklarierte.

DAS ABSEHBARE ENDE DER GROSSEN RAUBFISCHE

Flossen eines Kurzflossen-Mako (Isurus oxyrinchus), die auf einem Markt der Insel San Marcos verkauft werden, Golf von Kalifornien, Mexiko

Häufig werden Haie und andere große Raubfische nur zu dem Zweck getötet, ihnen die Flossen abzuschneiden, so wie Nashörner nur wegen ihres Horns gejagt werden. In Asien ist Haifischflossensuppe eine sehr beliebte Speise, und das Bevölkerungswachstum erhöht die Nachfrage nach diesem Meeresprodukt.

Fuchshai (Alopias sp.), der sich in einem Fangnetz verheddert hat

Die senkrecht stehenden Fangnetze werden durch Anker oder Gewichte am Meeresboden gehalten und an der Oberfläche durch Bojen gekennzeichnet. Die größten Meerestiere, zu denen Schildkröten und Haie zählen, fallen dieser Fischfangtechnik häufig zum Opfer.

DIE CHINESISCHE REGIERUNG HANDELT

In China wurden verschiedene Initiativen ins Leben gerufen, und mehrere Verbände setzen sich für die Haie ein und protestieren gegen die Suppe. Restaurants und Supermärkte haben das Gericht von der Speisekarte und aus den Regalen entfernt. Im Juli 2012 verkündete die chinesische Regierung, sie wolle Haifischflossensuppe aus dem Menü offizieller Bankette streichen. Auch wenn diese Nachricht von großer Bedeutung ist, müssen die Bedingungen für die Anwendung dieses Beschlusses noch präzisiert werden. Selbst wenn die Situation für die Haie nach wie vor sehr beunruhigend ist, zeigt die internationale Mobilisierung doch erste Erfolge. Doch sie muss weiter an Boden gewinnen, um für ihren Einsatz belohnt zu werden.

Riffhai (Carcharhinus perezii), der an einem Fischschwarm vorbeizieht, Bahamas

Der Riffhai lebt in den tropischen Riffs des Westatlantiks. Dieser Raubfisch, der an der Spitze der Nahrungskette des Meeres steht, ernährt sich hauptsächlich von Knochenfischen, Kopffüßern und Kraken. Der Riffhai misst durchschnittlich 2,5 m und wiegt knapp 70 Kilo. Bestimmte Haifischarten können wöchentlich eine Nahrungsmenge von 10 % ihres Eigengewichts aufnehmen.

Mehr Informationen zu diesem Thema und ein entsprechender Ausschnitt aus dem Film *Planet Ocean* sind auf der Website www.goodplanet.org verfügbar.

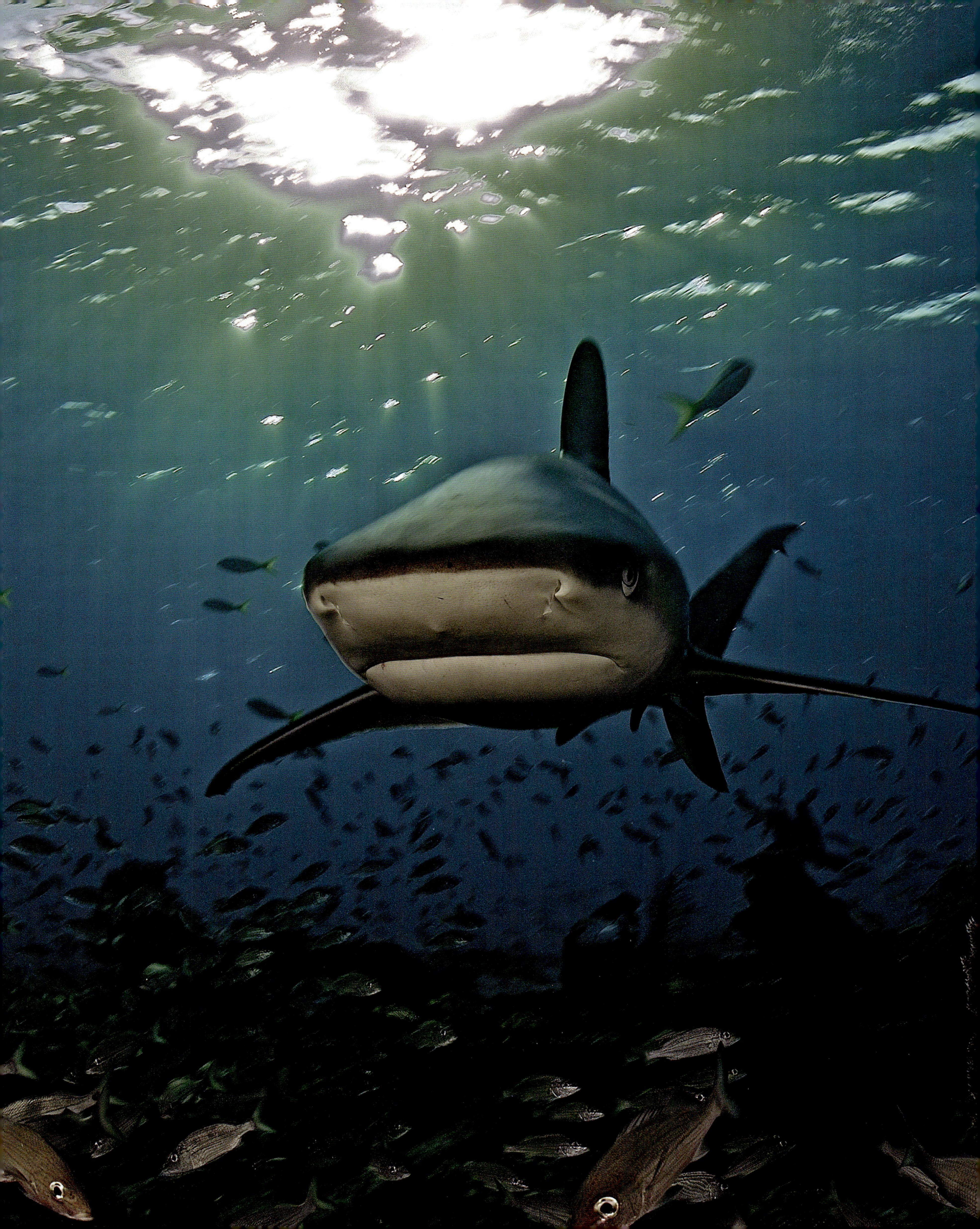

GESPRÄCH
WIR BRAUCHEN KRIEGER UND HELDEN

ROB STEWART, Unterwasserfotograf, Biologe und Regisseur, setzt sich leidenschaftlich für die Haie ein. 2006 hat er den Film *Sharkwater – Wenn Haie sterben* gedreht, um dem Mythos vom Hai als Menschenfresser ein Ende zu bereiten.

IN IHREM FILM HALTEN SIE EINEN ZWEI METER LANGEN HAI IN DEN ARMEN. IST DAS NICHT GEFÄHRLICH?

Nein, überhaupt nicht. Man muss nur wissen, wie. Man kann einen Hai nicht einfach so anfassen. Es gibt tatsächlich einen Trick. Haie besitzen einen sechsten Sinn, die Elektrorezeption. Dank bestimmter Sensoren, die sich unter ihrem Maul befinden, können sie Magnetfelder spüren und sind somit in der Lage, direkt auf ihre Beute zuzusteuern. Wenn Sie einen Hai an dieser Stelle streicheln, verharrt er unbeweglich, und Sie können mit ihm anstellen, was Sie wollen, zumindest fast alles. Man nennt es den »Zustand muskulärer Bewegungslosigkeit«. Und man braucht keine Angst vor ihnen zu haben. Man muss nur Ruhe bewahren, um sie nicht zu erschrecken, und man muss ihnen die Zeit lassen, sich langsam zu nähern.

WOLLEN SIE DAMIT SAGEN, DASS HAIE ANGST VOR MENSCHEN HABEN UND NICHT UMGEKEHRT?

Alle Gegebenheiten sind vorhanden, um die Angst vor den Haien zu schüren. Haie leben in den Tiefen der Ozeane, in zum größten Teil noch unbekannten Zonen, die die Fantasie der Öffentlichkeit anregen und aus denen sich ganz leicht Mythen spinnen lassen. Außerdem gibt es immer noch die Medien, für die sich Schlagzeilen wie »Neue Haiattacke!« auszahlen und die daraus ein negatives Image für den Hai manipulieren. Dann gibt es natürlich Filme wie *Der weiße Hai*, der zu einer Zeit in die Kinos gelangte, in der man gewissermaßen nichts über Haie wusste und der ihnen dieses Killerimage, diesen Ruf als Menschenfresser verpasst hat. Aber Haie verspeisen nicht mehr Menschen als ich. Die Opfer von Haiangriffen werden nicht vom Hai gefressen, sondern sterben an dem entstehenden Blutverlust. Tausende von Menschen baden jedes Jahr in Gewässern, in denen sich Haie tummeln. Wollten Haie uns wirklich fressen, wäre es ein Leichtes für sie. Da die Haie sich aber vor den Menschen fürchten, besteht das Problem darin, dass sich unsere einzigen Begegnungen mit ihnen auf Attacken beschränken. Dagegen besitzen Delfine ein viel sympathischeres Image. Sie sind verspielt, nähern sich den Schiffen, springen aus dem Wasser. Aber auch sie können gefährlich werden, selbst wenn sie nicht beißen.

HABEN SIE DESHALB *WENN HAIE STERBEN* GEDREHT, UM DIESES IMAGE DES MENSCHENFRESSERS ZU ENTKRÄFTEN?

Ja. Anfangs wollte ich dem Publikum ein anderes Bild vom Hai zeigen als das, das die Medien verbreiten. Ein Hai unter Wasser ist ein wirklich unvergessliches Erlebnis, und die Menschen, die sich vor Haien fürchten, ändern ihre Meinung, wenn sie diese Tiere unter Wasser erlebt haben. Haie sind nämlich von unbeschreiblicher Schönheit, und ihr Verhalten ist hoch entwickelt: Ihr sechster Sinn, die Elektrorezeption, ermöglicht es ihnen, sich zu orientieren, wenn zum Beispiel ihre Sicht beeinträchtigt ist. Sie sind eine der letzten Arten, die diesen sechsten Sinn besitzen, der vor 500 Millionen Jahren beim gemeinsamen Vorfahr der Wirbeltiere in Erscheinung trat. Seit über 400 Millionen Jahren gibt es Haie auf der Welt. Sie haben fünf größere Ausrottungskrisen überstanden und erlebt, wie wieder Leben auf der Erde entstand. Die Haie sind die »letzten Drachen«, die »letzten Dinosaurier«.

SOLL *WENN HAIE STERBEN* AUF DIE MASSAKER AN DEN HAIEN AUFMERKSAM MACHEN?

Genau. Jedes Jahr werden 50 bis 100 Millionen Haie getötet, in erster Linie wegen ihrer Flossen. Im Hafen von Kesennuma, Japan, werden täglich zwischen 7000 und 10.000 Haie in riesige Lagerhallen transportiert, wo Angestellte ihnen die Flossen abschneiden. Aber meist werden die Flossen direkt auf den Trawlern abgeschnitten und der übrige Fischkörper wird sofort wieder ins Meer zurückgeworfen. So wurden im Laufe der letzten Jahrzehnte die Haipopulationen erheblich dezimiert. Die Haie stehen an der Spitze der Nahrungskette. Unter den großen Raubtieren der Meere sind sie es, deren Beute am abwechslungsreichsten ist. Ihr Verschwinden könnte ein starkes Ungleichgewicht innerhalb des Ökosystems nach sich ziehen.

WIE WURDE IHR FILM AUFGENOMMEN? WIE WAR DIE RESONANZ DARAUF?

Der Film erwies sich als Kassenerfolg. Aber noch mehr zählt für mich, dass er Dinge ins Rollen gebracht hat. Zum Beispiel hat Anfang 2011 der Gouverneur von Saipan auf den Marianen den Haiflossenhandel verboten, nachdem eine Grundschulklasse, die den Film gesehen hatte, ihm geschrieben und gebeten hatte, die Haie zu schützen. Noch allgemeiner: Im Laufe der letzten fünf Jahre haben viele Staaten – Hawaii, Guam, Oregon, die Marshallinseln, Maryland und andere amerikanische Staaten – das Abschneiden der Flossen verboten und/oder die Haifischflossensuppe von den Speisekarten gestrichen, weil sich Leute empört haben, nachdem sie den Film gesehen hatten. Die Gesinnung der Menschen ändert sich nicht so schnell, wie wir es uns wünschen, aber es ist immerhin ein erster Sieg. Das Beispiel von *Wenn Haie sterben* hat mir gezeigt, wozu der Mensch fähig ist, wenn er weiß, was geschieht. Aus diesem Grund habe ich beschlossen, mit einem neuen Film mit dem Titel *Revolution* noch einen Schritt weiterzugehen, und ich hoffe, er findet ebensolchen Anklang.

WOVON HANDELT DIESER NEUE FILM?

Es ist ein Film über das Überleben des Menschen auf der Erde angesichts der Zerstörung der Ökosysteme. Wir erleben zur Zeit eine ungeheuerliche ökologische Krise, und niemand weiß, wie wir dieses Jahrhundert beenden werden. Wenn wir Hoffnung schöpfen wollen, muss sich alles verändern, und dafür benötigen wir eine Mobilisierung großer Menschenmassen, was ich als »Revolution« bezeichne, vergleichbar mit dem Kampf um das Ende der Sklaverei oder um die Rechte der Schwarzafrikaner in den Vereinigten Staaten. Alle Gegebenheiten für eine derartige Revolution sind vorhanden: Wir befinden uns in einer kritischen Lage, die Menschen wissen, dass etwas nicht stimmt, dass immer mehr Ungerechtigkeiten geschehen und Ungleichheit existiert und dass es an der Zeit ist, dass sich das alles ändert.

WAS IST ALSO ZU TUN, DAMIT DIESE REVOLUTION STATTFINDET?

Wir müssen uns zusammentun, die Phase des individuellen Handelns hinter uns lassen und eine neue Handlungsweise entwickeln. Es genügt nicht mehr, den Leuten zu sagen: »Ihr müsst zu Fuß zur Arbeit gehen, weniger konsumieren, Vegetarier werden etc.« Wir müssen eine Höchstgeschwindigkeit im Handeln erreichen. Wir sind die Schlüsselgeneration. Wollen Sie, dass Ihre Kinder noch auf diesem Planeten leben können? Dann erheben Sie sich und tun etwas!

Roter Schnapper *(Lutjanus campechanus)*, Kingmanriff, Vereinigte Staaten

Der Rote Schnapper hat sich zu einer sehr geschätzten, hochwertigen Quelle des Fischfangs vor allem im Golf von Mexiko entwickelt. Seit den 1990er-Jahren sind die Bestände des Roten Schnappers außerdem durch die Sportfischer gefährdet: Die Hälfte des Fangs geht auf diese Technik zurück. Der Rote Schnapper ist ein Opfer der Freizeitfischerei und zugleich ein Kollateralschaden der Garnelenfischerei. Deshalb mussten die Fangquoten für den Roten Schnapper nach unten korrigiert werden, um die Bestände zu erhalten. Außerdem wurden vor Kurzem Jungfische des Roten Schnappers in der Nähe von künstlichen Riffen ausgesetzt, um bereits vorhandene Populationen zu ergänzen.

Schadstoffausstoß einer Fabrik für Meereswasserentsalzung in Al-Doha, Gegend von Al Jahra, Persischer Golf, Kuwait
(29° 21′ nördl. Br. – 47° 49′ östl. L.)

Kuwait deckt 75 % seines Wasserbedarfs durch die Meerwasserentsalzung. Nach einer Behandlung durch kurzzeitige Wärmedestillation (Flash-System) wird das nicht trinkbare Wasser ins Meer zurückgeschüttet, wo es das Bild eines polypenähnlichen Ungeheuers bildet und sich mit dem Wasser des Persischen Golfs vermischt. Die Weltmeere werden somit täglich dank der Existenz von 12.500 Entsalzungsanlagen, die sich auf 120 Länder verteilen, mit 20 Millionen m³ Süßwasser (ungefähr 1 % des Weltverbrauchs an Süßwasser) angereichert.

Kalifornischer Zitterrochen *(Torpedo californica)* **in einem Algenwald, Cortes Banks, Kalifornien, Vereinigte Staaten**

Die Algenwälder stellen privilegierte Lebensräume für die Kalifornischen Zitterrochen dar. Diese Ökosysteme bilden regelrechte Meereswälder aus Algen. Die größte Alge, der Riesentang, kann 45 m hoch wachsen. Diese Algen bieten den Arten, die sich dort entwickeln, Obdach und Nahrung.

Schiffsfriedhof Kerhervy, Lanester, Morbihan, Frankreich
(47° 45′ nördl. Br. – 3° 20′ westl. L.)

Auf dem Schiffsfriedhof Kerhervy befinden sich Dutzende von Wracks. Die ältesten, die der Thunfischfänger der Ile de Groix, ruhen seit den 1920er-Jahren in dieser kleinen Bucht und stecken unrettbar im Schlamm fest. 40 % aller Schiffe der Welt sind älter als 15 Jahre, aber insgesamt 90 % aller Schiffsunfälle geschehen mit diesen Schiffen.

Gitarrenrochen *(Rhinobatos sp.)*, **Haie und andere Fischarten, die von einem Garnelenfischer ins Meer geworfen werden, La Paz, Süd-Niederkalifornien, Mexiko**

Die Garnelenfischerei ist die am wenigsten selektive Fischerei: Sie allein ist für die Hälfte des weltweiten Beifangs verantwortlich. Eine Studie aus dem Jahr 2010 über die wichtigste Wirtschaftszone des Senegal hat ergeben, dass die Garnelenfischer eine Unmenge von Krustentieren, Fischen und Schalentieren aller Art und Größe wieder ins Meer werfen. Der Anteil des Beifangs in ihren Netzen betrug am Tage 70 % und erreichte nachts sogar 99 %. Diese Technik des Fischfangs zerstört die Ökosysteme und führt zu einer regelrechten Katastrophe.

Südafrikanischer Seelöwe *(Arctocephalus pusillus)* **auf einem Felsen in der Nähe von Duiker Island, Kap-Provinz, Südafrika**
(34° 03′ südl. Br. – 18° 19′ östl. L.)

Die Südafrikanischen Seelöwen bilden als echte Herdentiere an den Küsten des Kaps Kolonien, um sich zu paaren und ihre Jungen auf die Welt zu bringen. Diese Säugetiere, die halb im Wasser und halb an Land leben, verbringen den Großteil ihrer Zeit damit, die Küstengewässer nach Nahrung zu durchstreifen: Fische, Tintenfische, Schalentiere. Obwohl Seelöwen in Anhang II der Konvention über den internationalen Handel mit bedrohten Arten von Fauna und Flora als vom Aussterben bedroht aufgeführt sind, werden sie in Namibia kommerziell gejagt.

Niststelle einer Lederschildkröte *(Dermochelys coriacea)* **am Strand von Matura, Trinidad, Trinidad und Tobago**

Zu Zeiten des Nestbaus – im Atlantik von März bis Juli und im Pazifik von September bis März – kommen die Lederschildkröten an Land, um am Strand ihre Eier zu legen. Der Strand von Hattes in Guayana gilt als wichtigster Legeplatz. Bei Einbruch der Nacht graben die Schildkröten ein Loch und legen etwa ein Dutzend Eier. Wissenschaftler vermuten, dass durchschnittlich nur eines dieser Eier ausreifen wird.

Schwarzspitzen-Riffhaie *(Carcharhinus melanopterus)*, **Lagune der Millenniumsinsel, Republik Kiribati**

Das ehemalige Atoll Caroline Island wurde 1999, kurz vor dem Jahr 2000, in Millenniumsinseln umbenannt. Seit der 1994 erfolgten Verlegung der östlichsten Zeitzone UTC+14 und der Vereinheitlichung der Datumsgrenze um Kiribati ist diese Insel – abgesehen vom Nord- und Südpol – der erste Punkt der Erde, an dem jeder Tag seinen Anfang nimmt. Es fanden dort jede Menge Feiern zum Jahrtausendwechsel statt. Auf der Insel befinden sich ungewöhnlich gut geschützte Riffe.

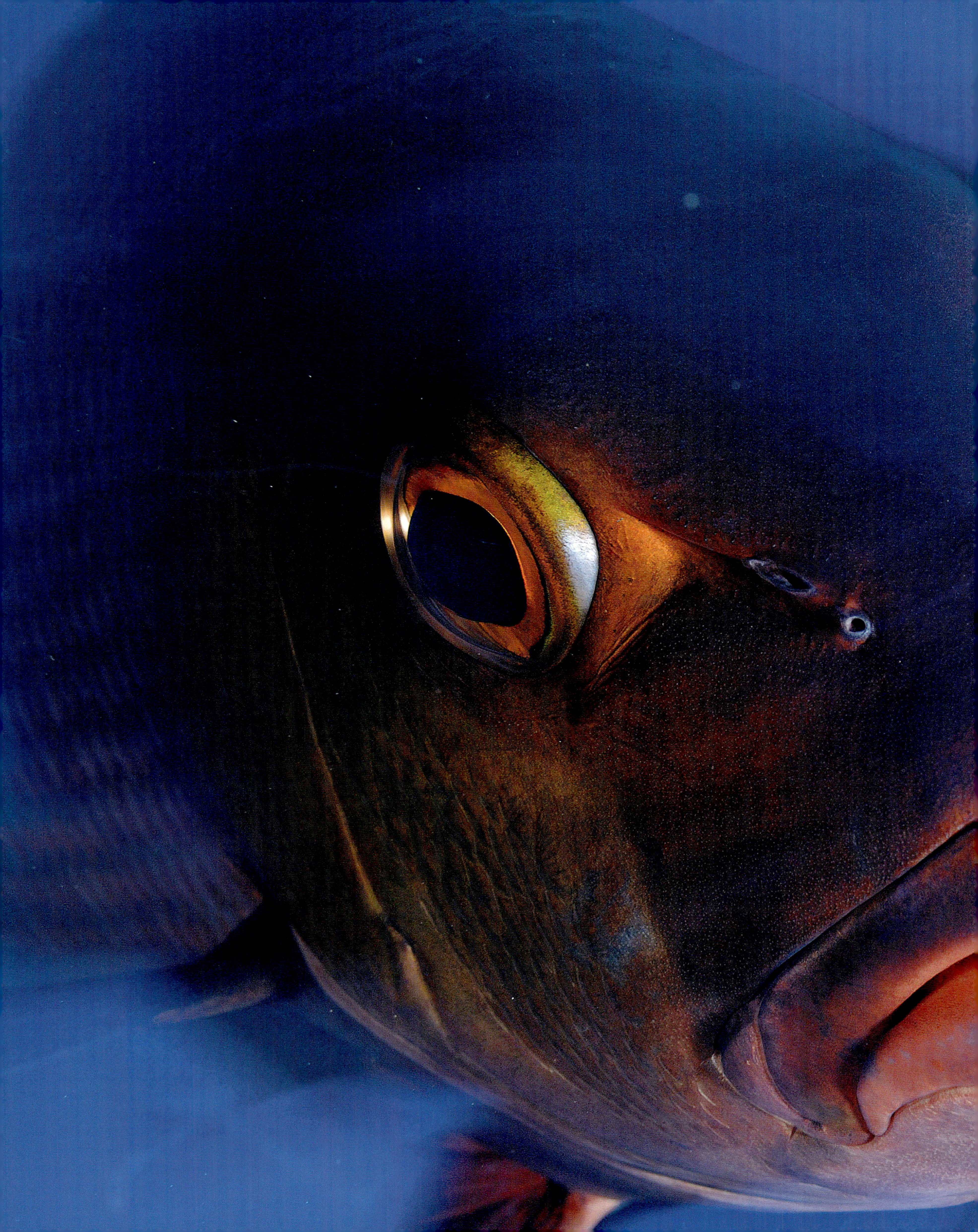

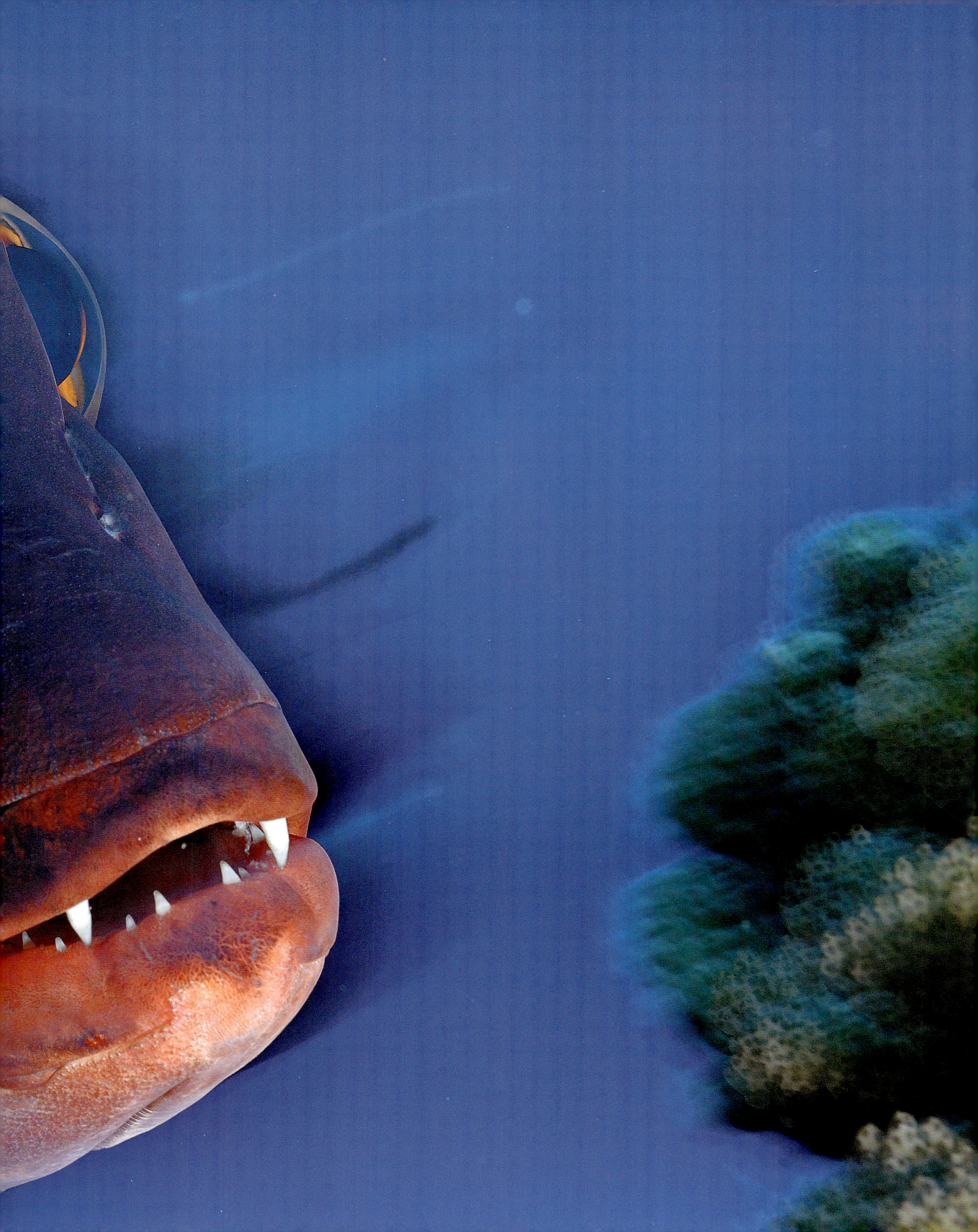

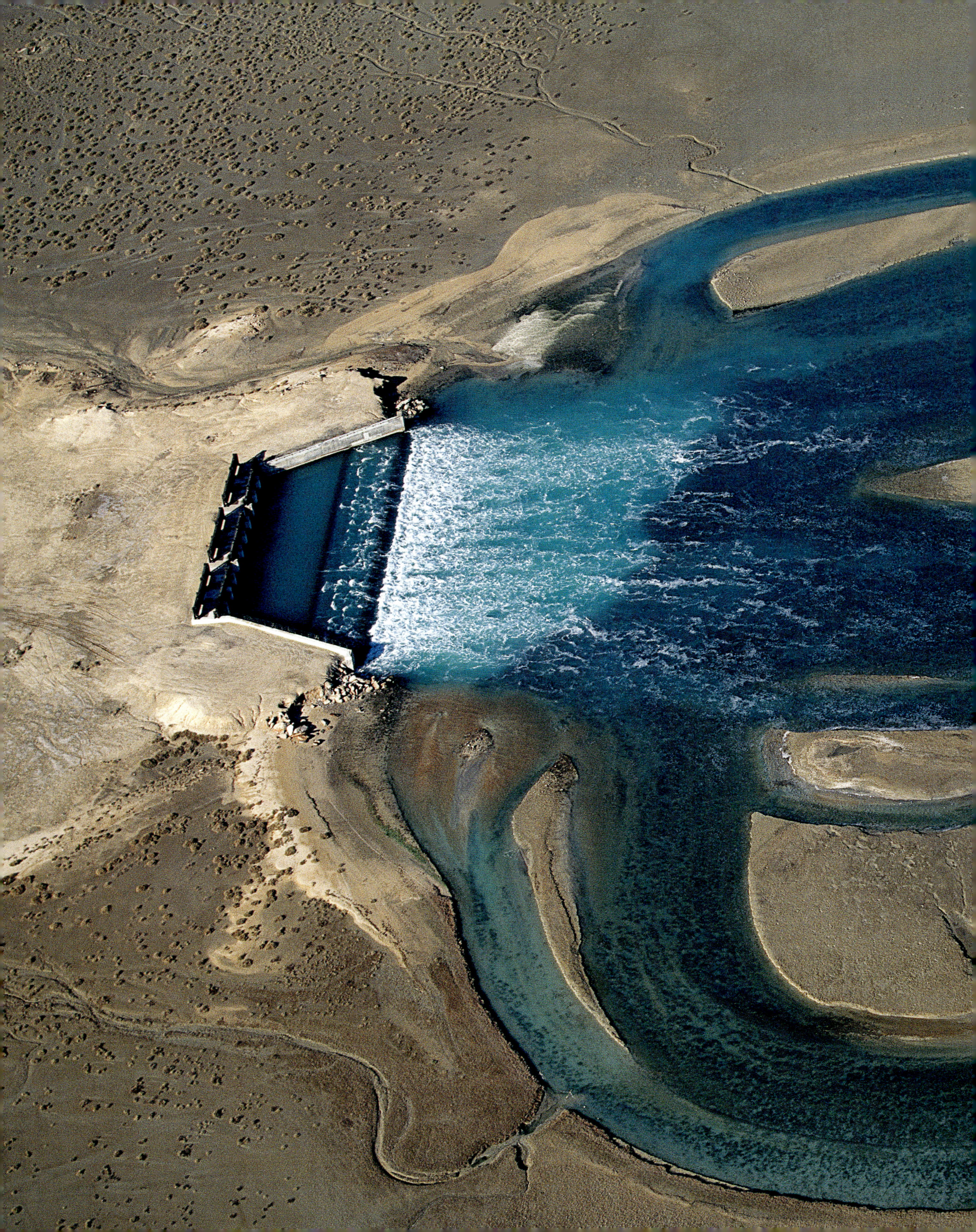

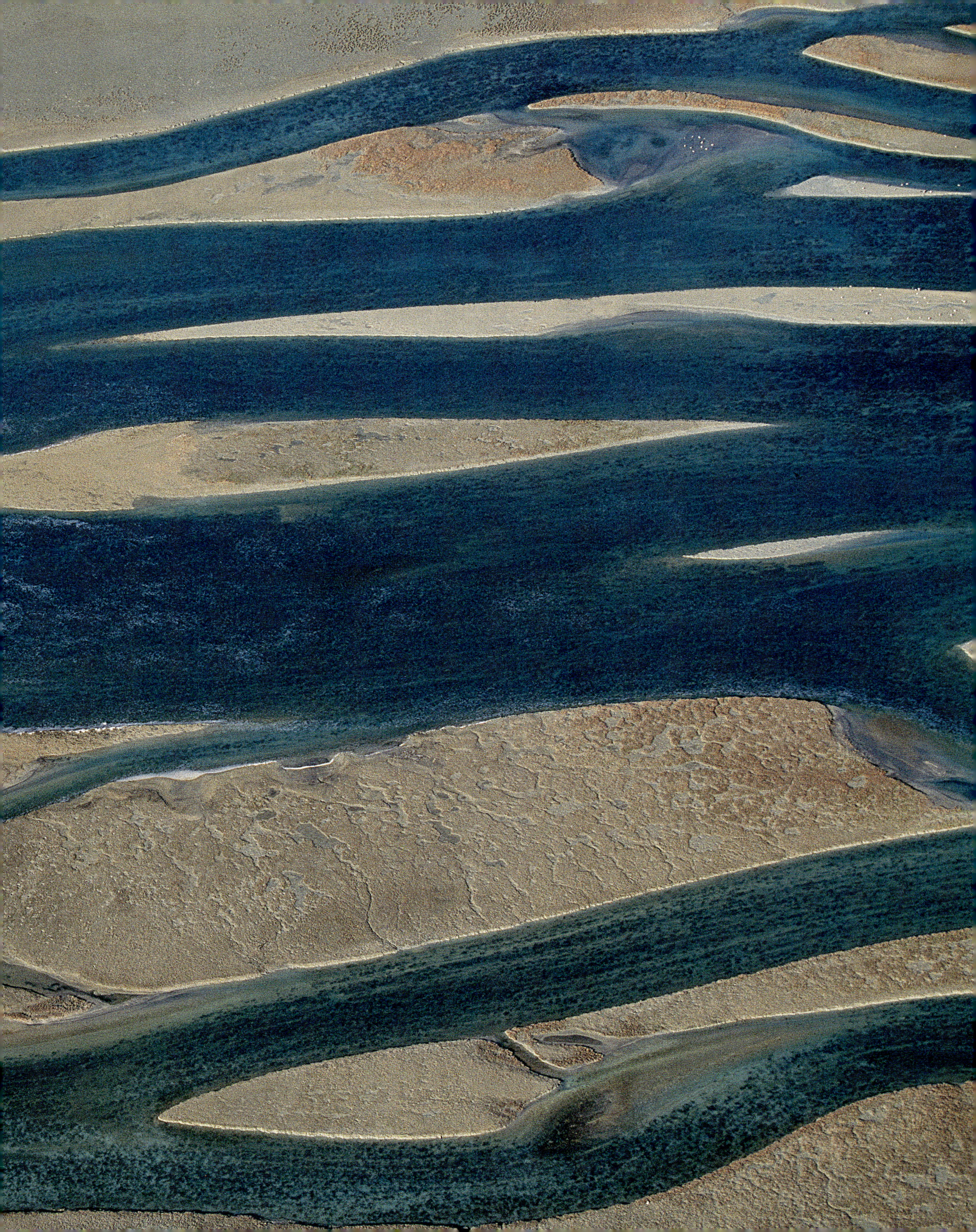

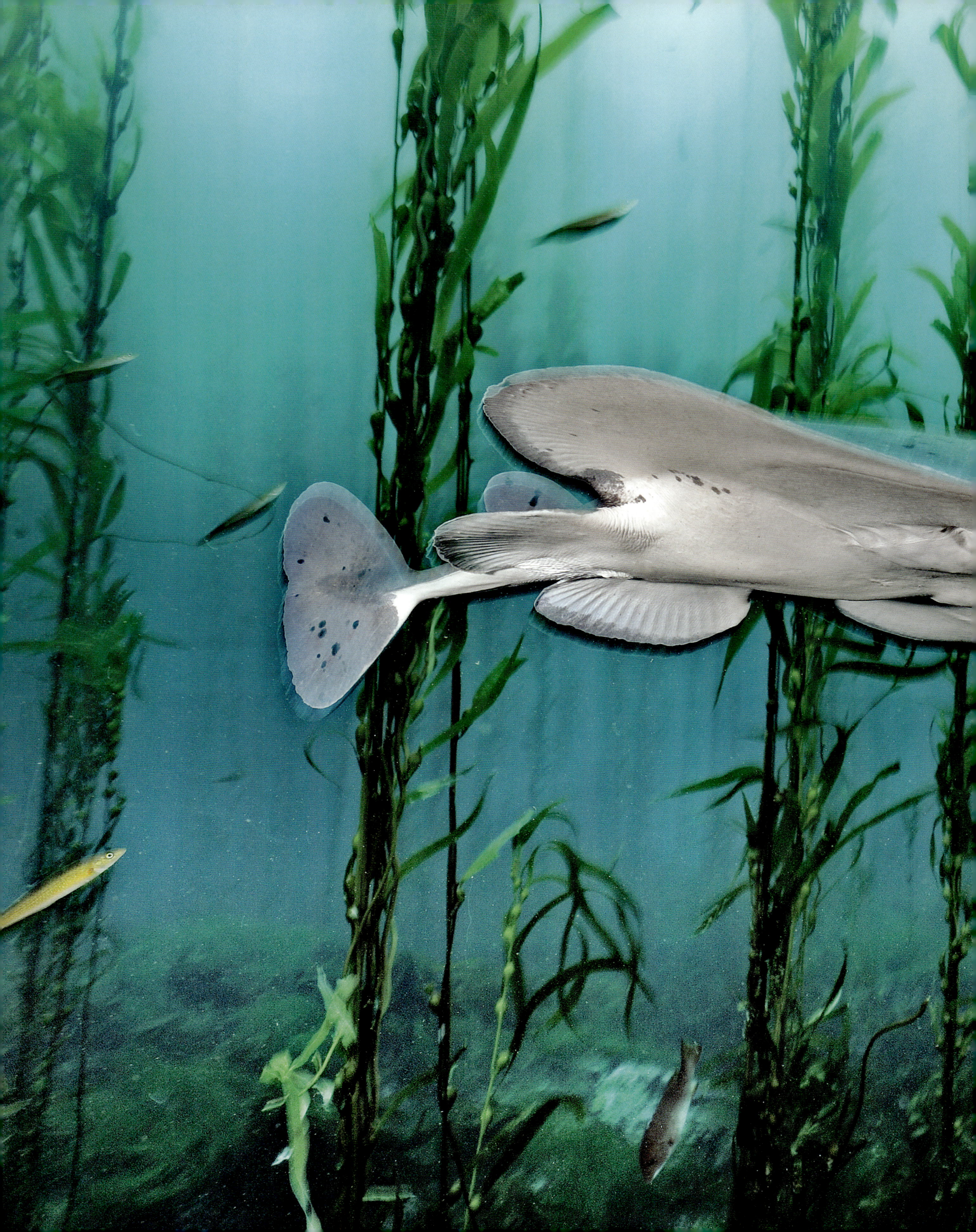

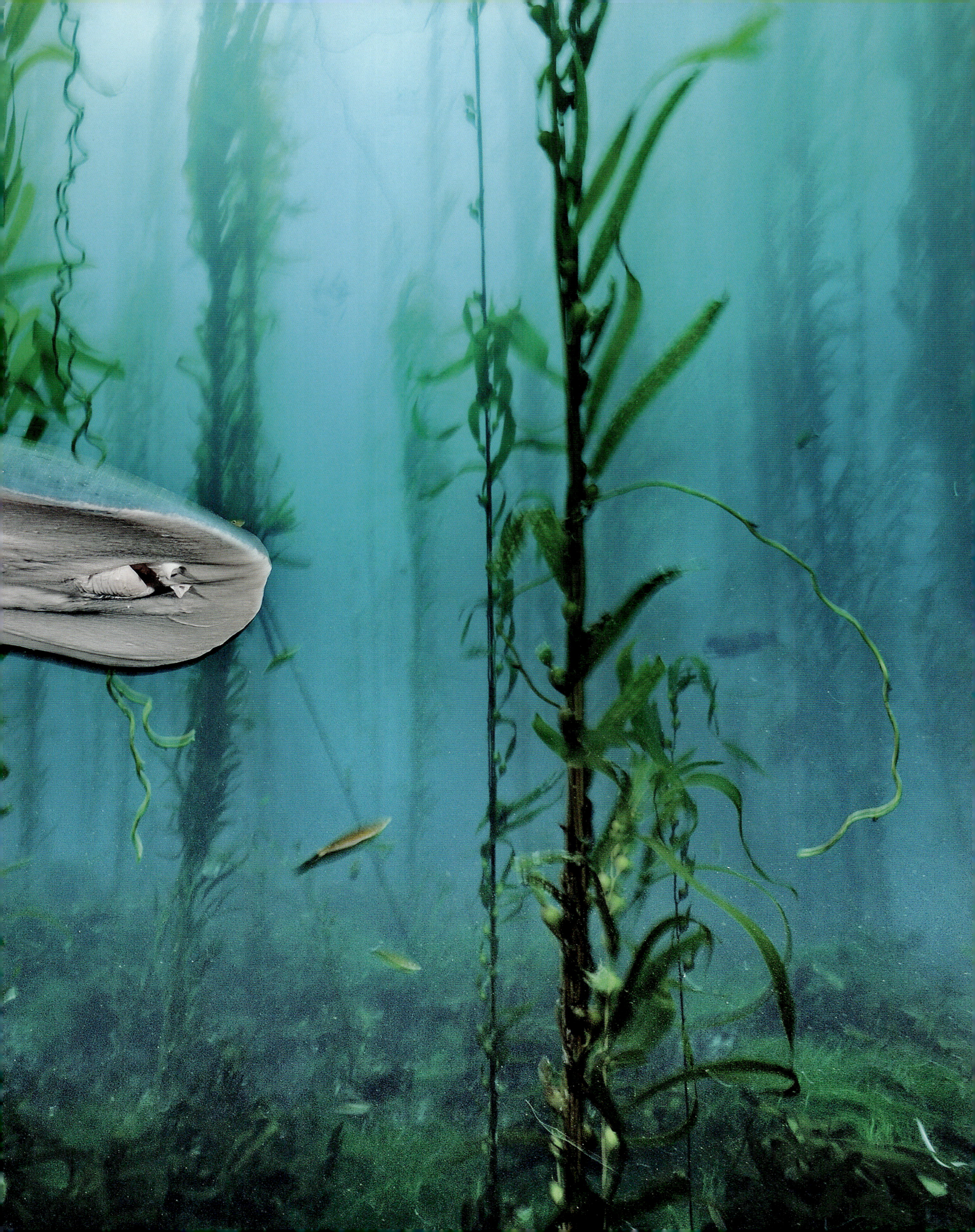

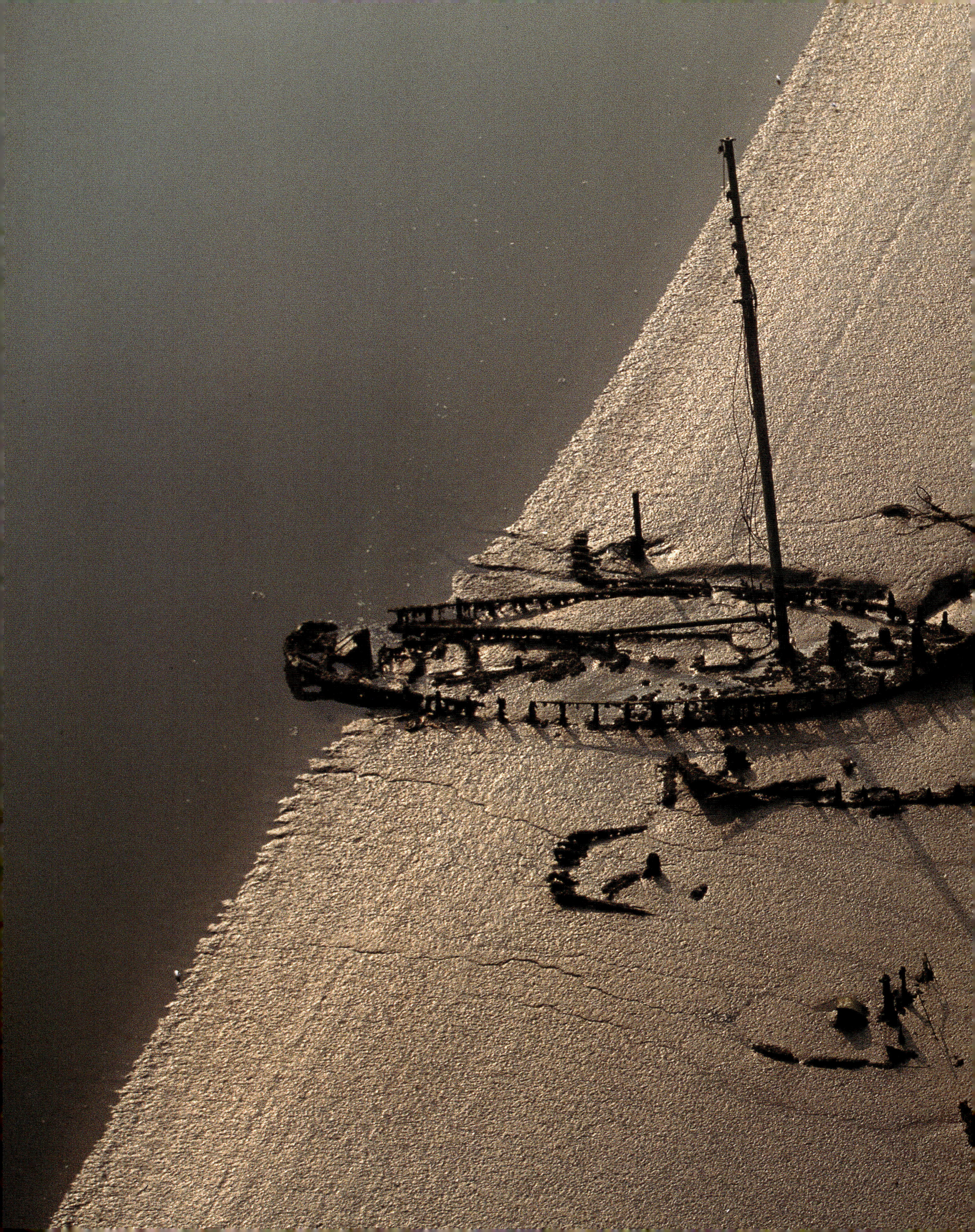

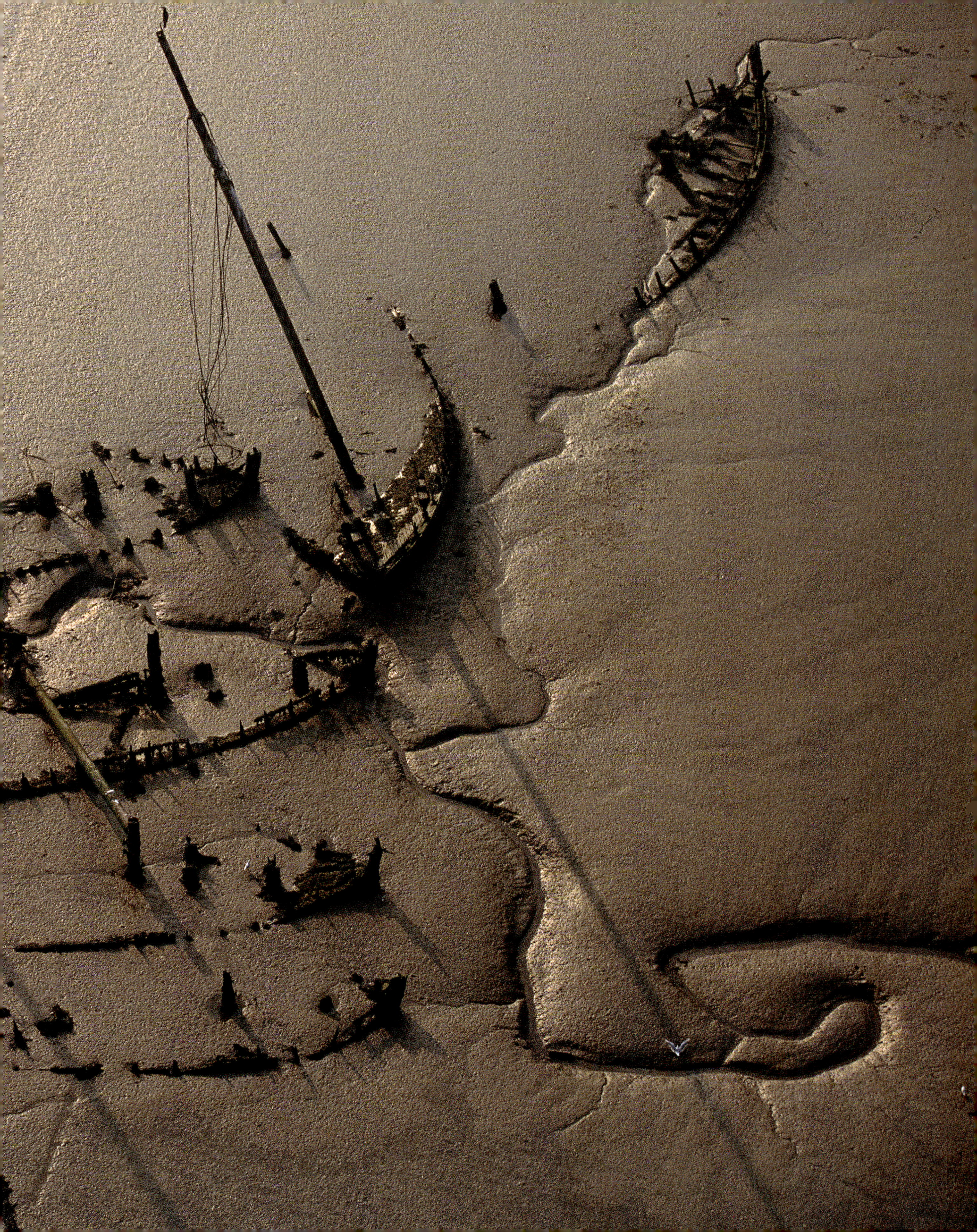

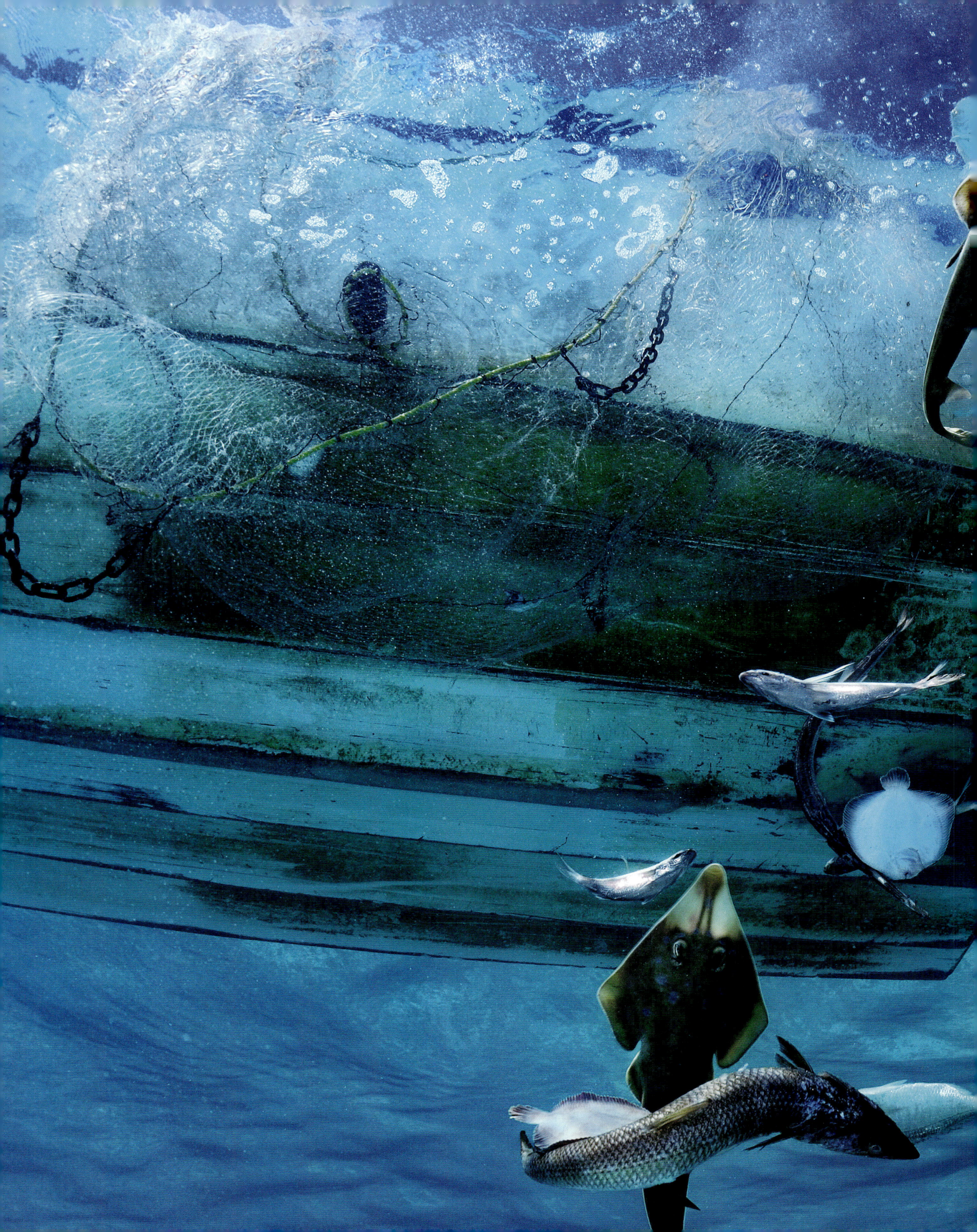

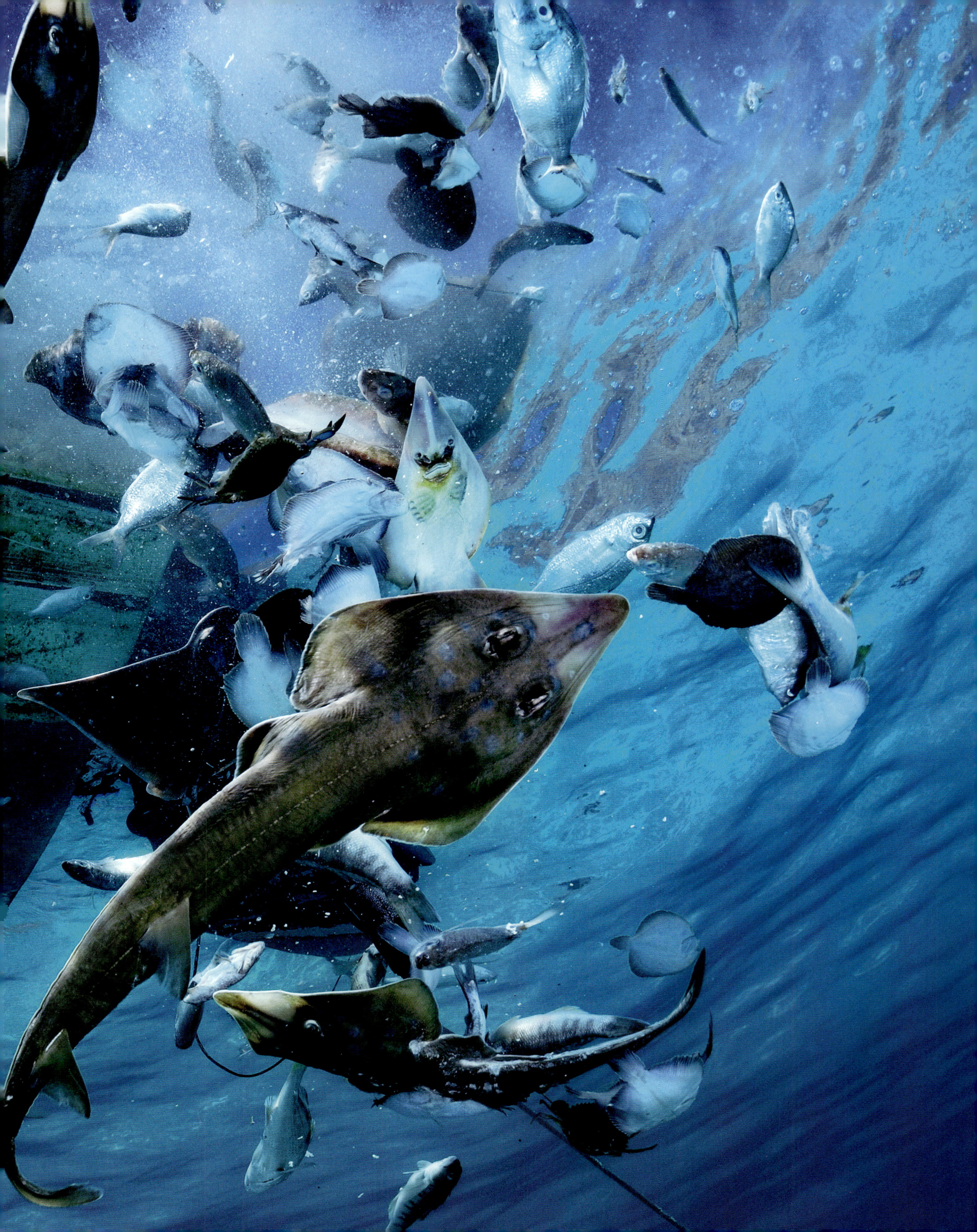

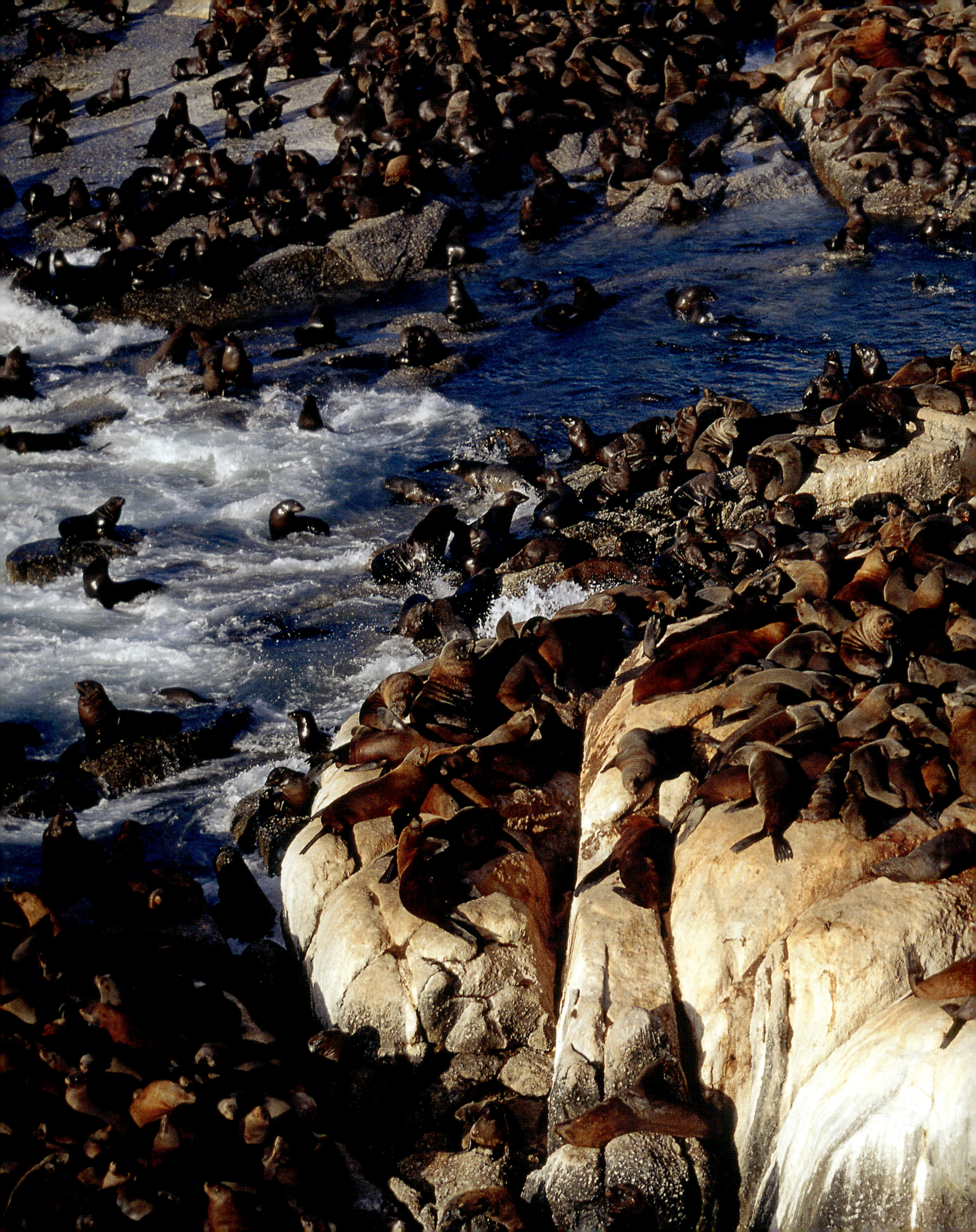

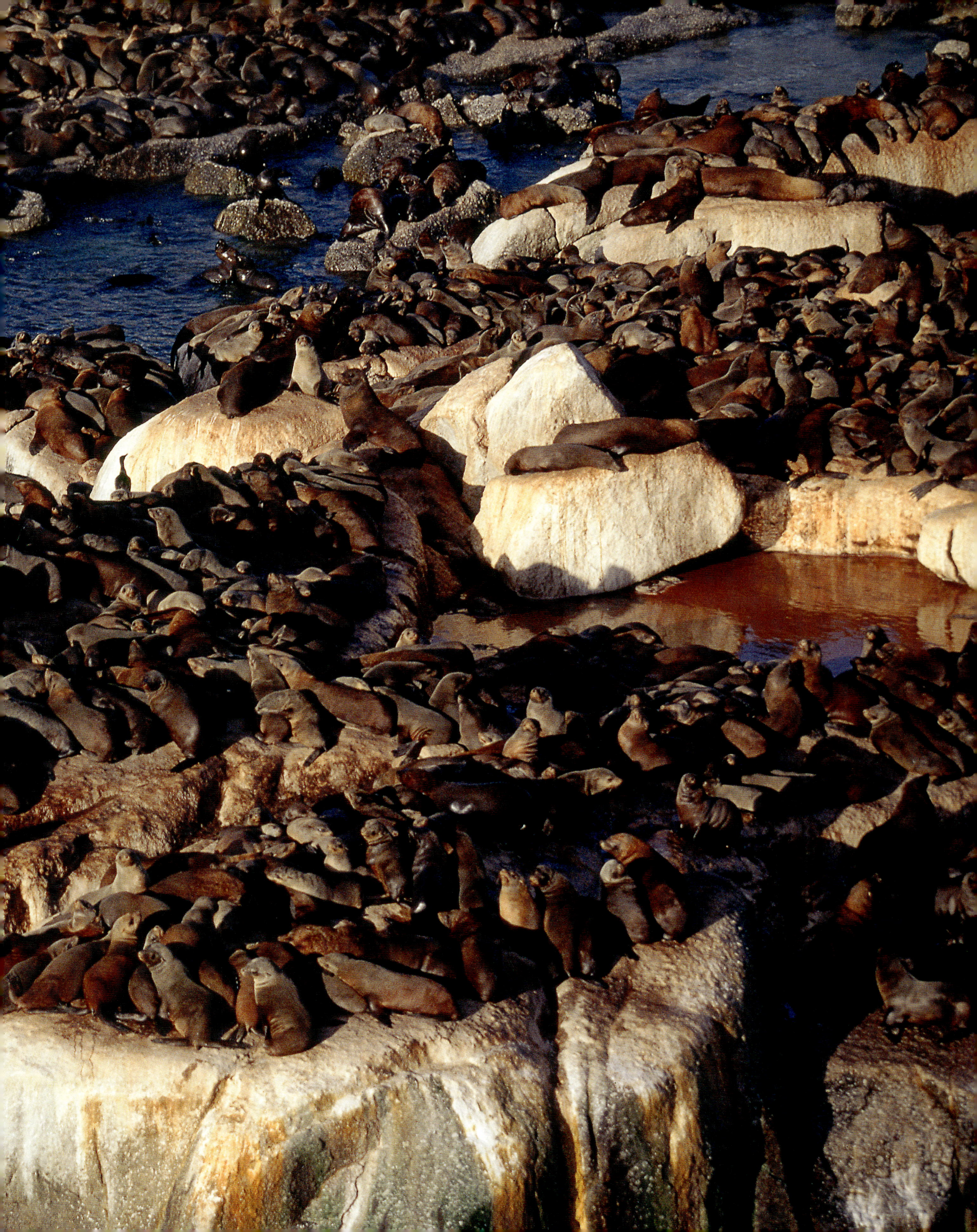

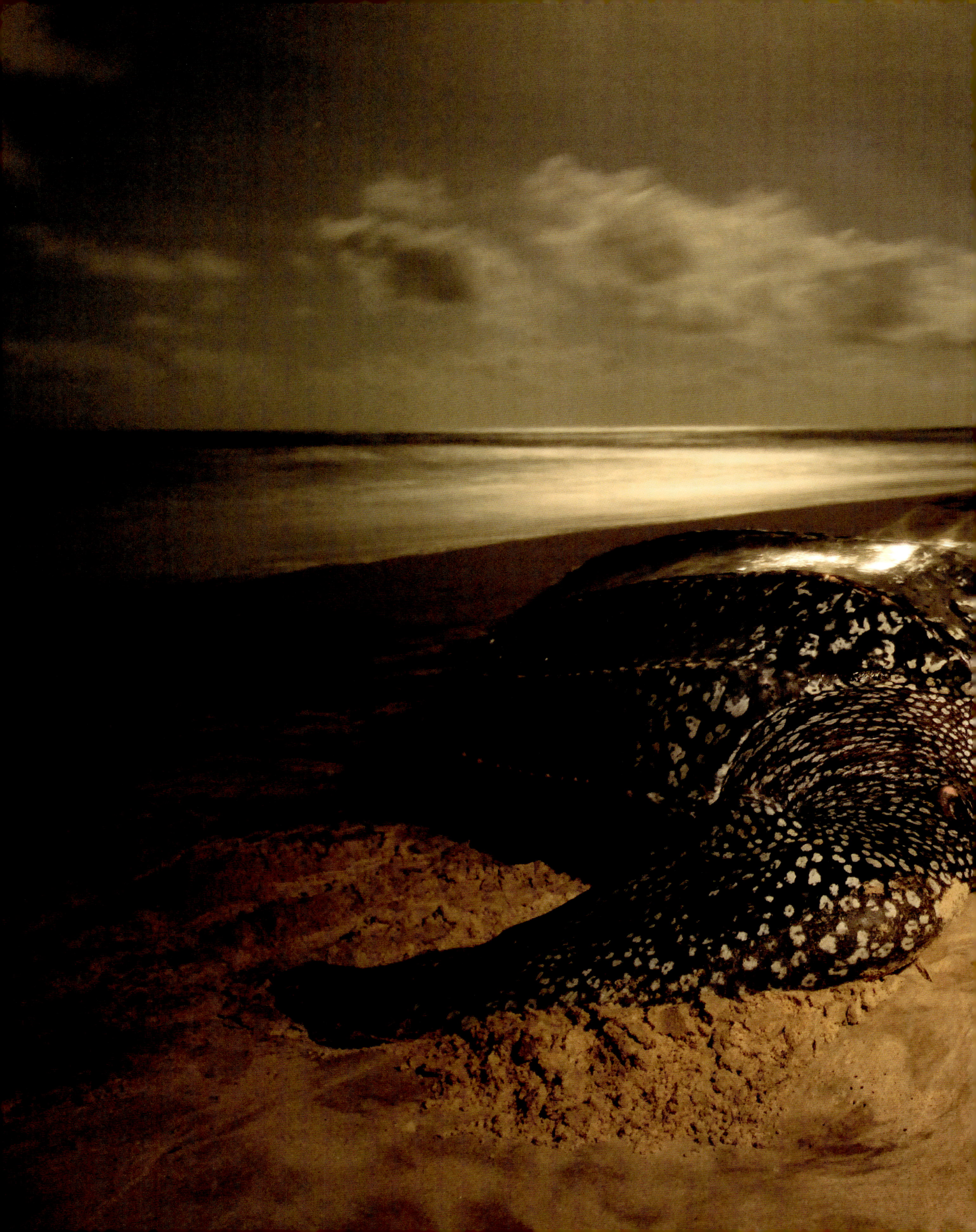

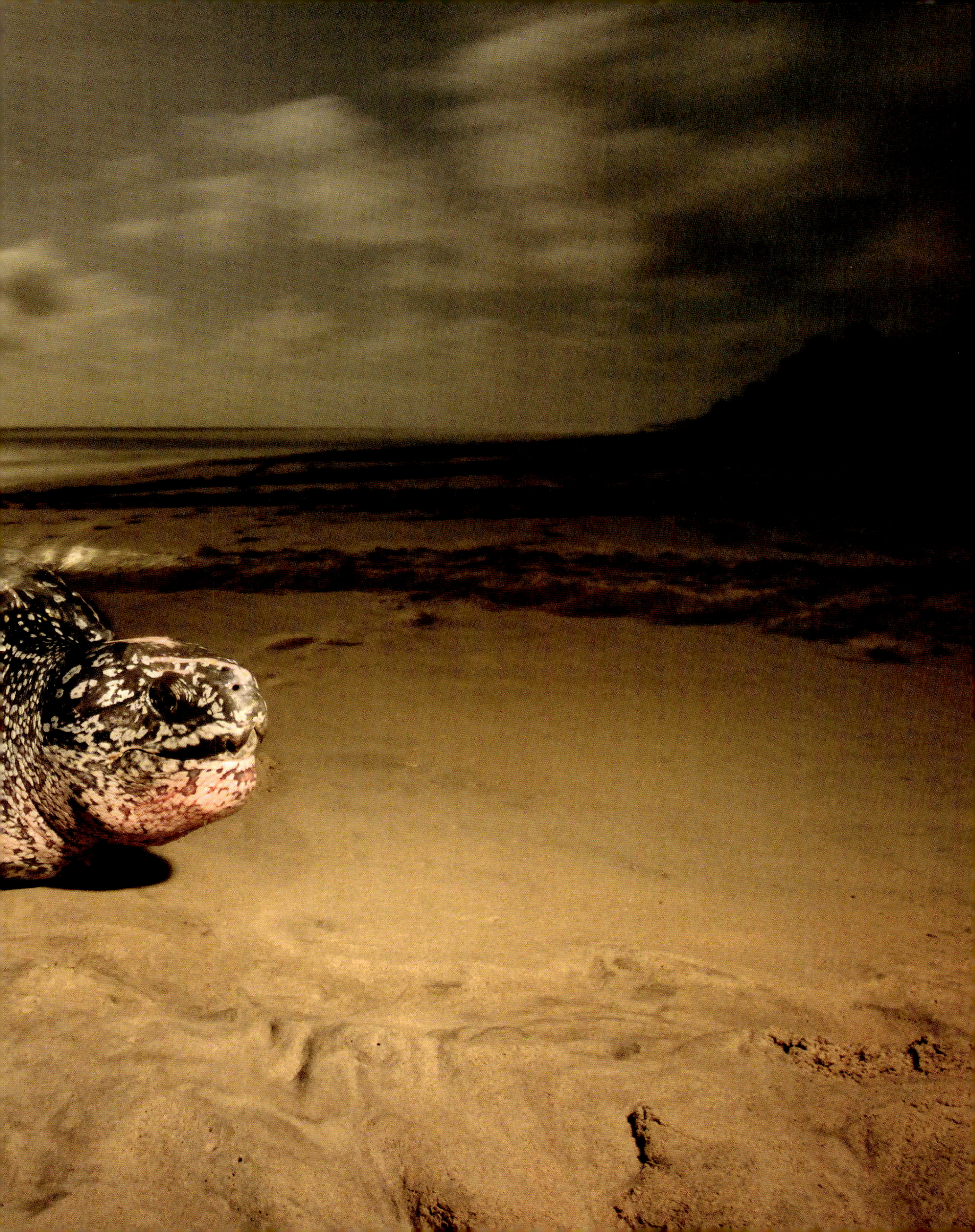

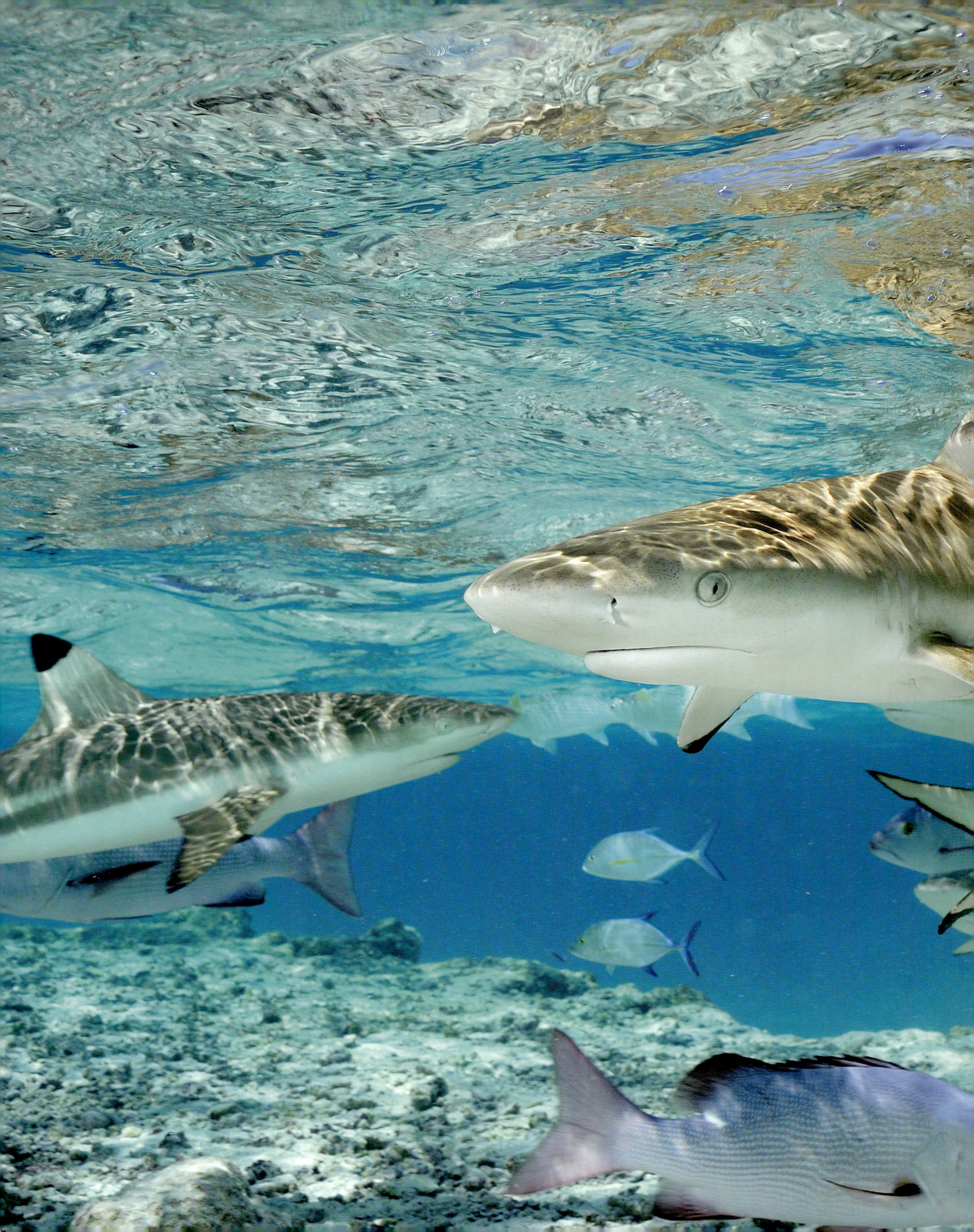

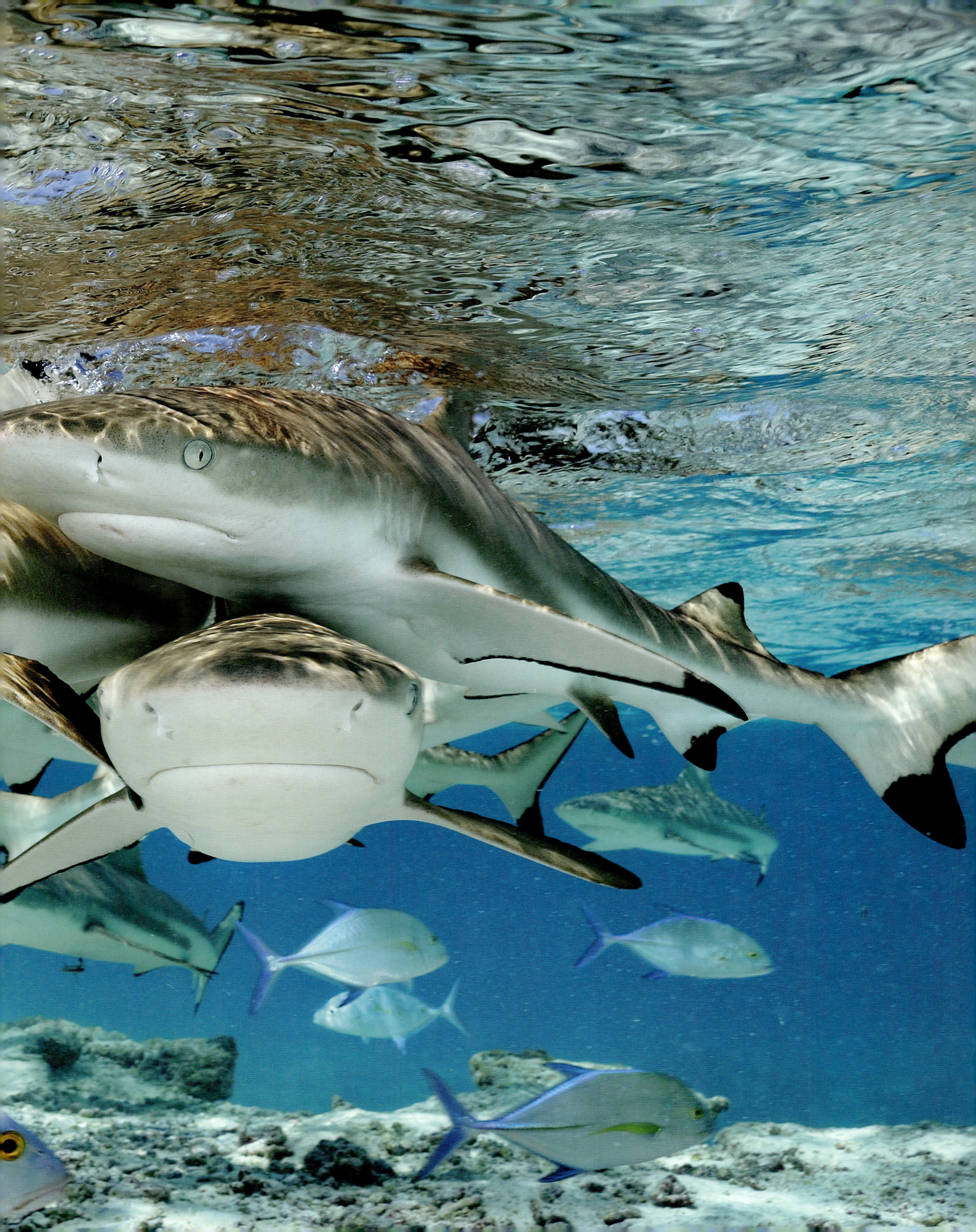

DIE AUTOBAHNEN DER WELT

AUCH WENN MAN VIELLEICHT DAS GEGENTEIL VERMUTEN WÜRDE, steht fest, dass der Seeverkehr noch immer nicht vom schnelleren oder »moderneren« Luftverkehr entthront wurde: Auf dem Seeweg werden auch heute noch annähernd 90 % des gesamten internationalen Handelsvolumens transportiert. Mit der steigenden Kurve des Warenverkehrs und den Fortschritten der Globalisierung hat der Seetransport sogar erheblich zugenommen. Während 1950 nur 500 Millionen t Ware auf dem Seeweg befördert wurden, sind es zur Zeit jährlich 8 Milliarden t. Jeden Tag fahren etwa 50.000 Schiffe auf den internationalen Seestraßen, auf Meer-Autobahnen, die aus Fahrrinnen, Kanälen und Häfen bestehen.

Lediglich der Seetransport von Personen ist rückläufig. Jahrhundertelang stellten Schiffe die einzige Möglichkeit dar, die Ozeane zu überqueren, und sie beförderten Siedler, Wanderarbeiter und Sklaven ... Heutzutage werden Schiffe als Personenbeförderungsmittel nur noch für kurze Strecken eingesetzt – für Meeresengen, den Küsten vorgelagerte Inseln und Archipele – oder von den ärmsten Flüchtlingen und illegalen Einwanderern. Nicht zu vergessen sind die Kreuzfahrtschiffe, eine Art Urlaub zur See, der einen riesigen Aufschwung erlebt: Jedes Jahr fahren mehrere Millionen Menschen mit einem der 500 Passagierdampfer über die Meere.

DIE CONTAINER-REVOLUTION
In den 1960er-Jahren erlebte der Warentransport zur See mit der Erfindung des Containers, der die Beförderung der Güter sowie ihre Lagerung auf den Schiffen erheblich vereinfachte und gleichzeitig für ihren Schutz sorgte, eine wahre Revolution. 2010 waren zwölf Millionen Container auf den Weltmeeren unterwegs. Eine neue Schiffsklasse – die Containerschiffe – entstand. Eines der größten, die 369 m lange *Emma Moersk*, die 2006 vom Stapel lief, transportiert bei jeder Fahrt zwischen Asien und Europa mehr als 11.000 Container. Der Seeweg ermöglicht es, zu niedrigen Kosten Waren von einem zum anderen Ende der Welt zu transportieren. Es ist billiger, Fertigwaren zu importieren als sie herzustellen. Diese Art Globalisierung hat insbesondere die Deindustrialisierung des Westens zur Folge: Die Asymmetrie des Handels bewirkt, dass fast 50 % der Container aus Asien beim Rücktransport aus Europa und den Vereinigten Staaten leer sind.
Aber nicht alle Waren werden in Containern transportiert. Einige werden direkt in den Frachträumen spezialisierter Schiffe gelagert: Mineralien, Getreide, Flüssigkeiten, Gas etc. Tankerschiffe (die dafür gebaut sind, flüssige Treibstoffe zu befördern) machen 35 % des weltweiten Seetransports aus.

WIE WIRKT SICH DER SEETRANSPORT AUF DIE UMWELT AUS?
Ob Tanker nun stranden oder untergehen, auf jeden Fall sind sie verantwortlich für die Ölteppiche, die zu den katastrophalsten Meeresverschmutzungen zählen und die zudem am häufigsten von den Medien thematisiert werden. Doch diese Schiffsunfälle sind dank der erzielten Fortschritte im Bereich der Schiffssicherheit (zum Beispiel doppelte Schiffsrümpfe) zurückgegangen. Nicht zuletzt aufgrund der Inspektionen und Verfahren, die vom internationalen Marpol-Übereinkommen in die Wege geleitet wurden, das über 100 Länder ratifiziert haben, sowie dank nationaler Regelungen, die nach der *Exxon Val-*

Wrack der Eduard Bohlen, die an der Skelettküste auf Grund lief, Namibia
(23° 59′ südl. Br. – 14° 27′ östl. L.)

Der Benguela-Strom, der aus der Antarktis kommt, streift die Küste von Namibia, an der sich Strände, Riffe und Untiefen abwechseln. Er ist nicht nur für die Trockenheit der Wüste Namib verantwortlich, sondern auch für die starke Dünung, die heftigen Strömungen und den dichten Nebel, der sich über das Ufer breitet. Die namibische Küste stellt deshalb für Kapitäne auf dem Weg zum Kap der Guten Hoffnung an der Südspitze des afrikanischen Kontinents eine gefürchtete Passage dar. Unzählige verrostete Wracks von Schiffen oder Flugzeugen und Fahrzeuge aller Art sowie die Skelette verendeter Wale säumen die Küste.

JEDES JAHR WERDEN 12 MILLIONEN CONTAINER AUF DEN MEEREN UNSERES PLANETEN VERSCHIFFT

Das ist eine geschätzte Zahl, da sie nach der EVP-Formel (Zwanzig-Fuß-Äquivalent-Einheit) berechnet wurde, und zwar anhand eines kleinen Containers von ca. 38 m³. Aber es gibt Container in verschiedenen Größen. Jedes Jahr verlieren die Schiffe zwischen 5000 und 15.000 Container im Meer.

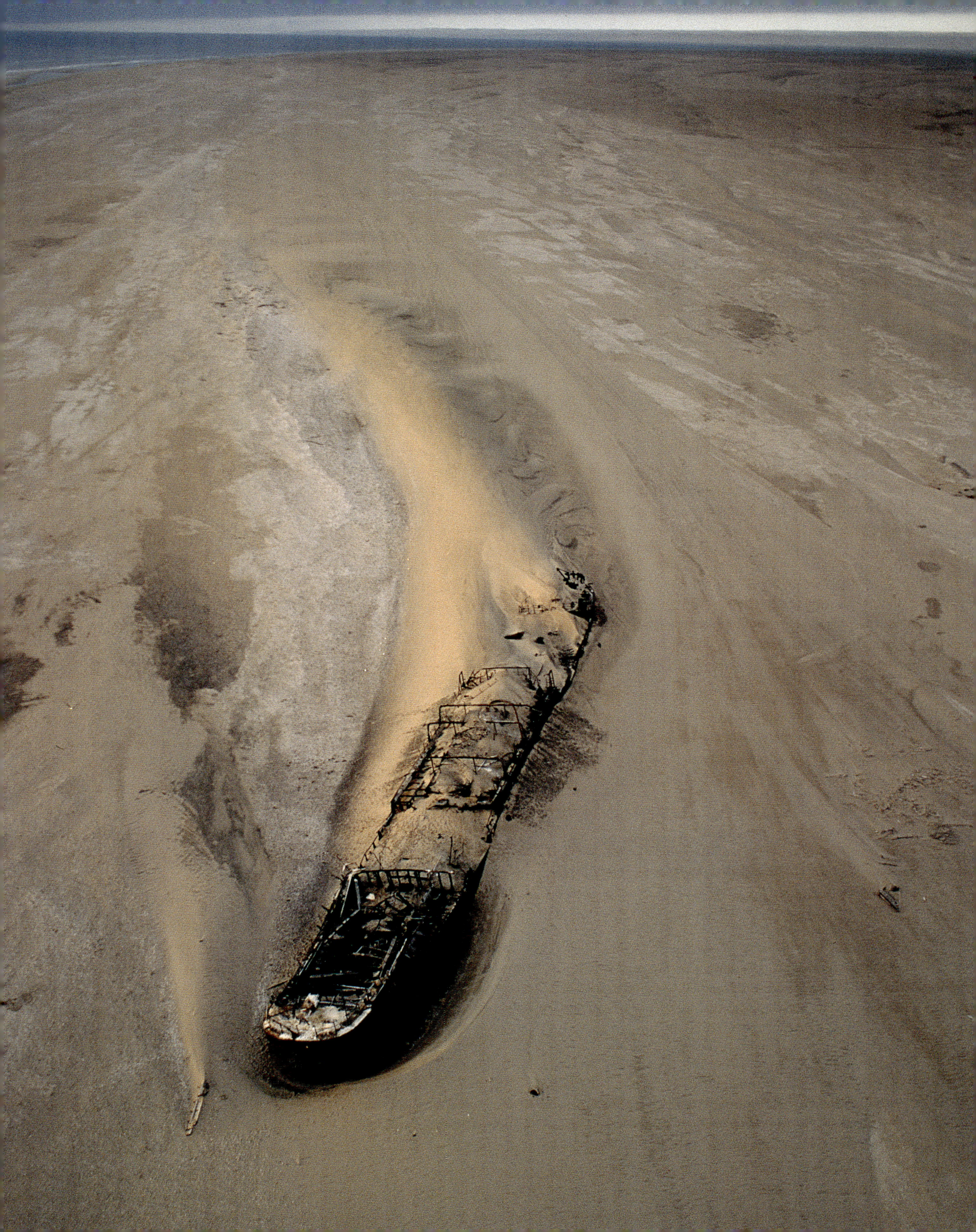

DIE AUTOBAHNEN DER WELT

Rotfeuerfisch *(Pterois volitans)*, der Zuflucht in einem Schwamm des Belize Barrier Riffs gefunden hat

Diese Art, die aus dem indisch-pazifischen Raum stammt, ist bekannt für ihre sehr giftigen Rückenflossen und für ihr unzweifelhaft kämpferisches Potenzial. Der Rotfeuerfisch, der Mitte der 1990er-Jahre via Ballastwasser und Aquaristik eingeführt wurde, hat sich entlang der nordamerikanischen Küsten, dem Golf von Mexiko und den südamerikanischen Küsten verbreitet. Ohne ernst zu nehmenden Gegner hat sich der Rotfeuerfisch stark vermehrt, sodass schließlich auf 1000 m² rund 250 Fische kamen. Seine Ausbreitung erfolgte zum Schaden des Gleichgewichts der vorhandenen Ökosysteme und der einheimischen Fische, die insbesondere für den gewerblichen Fischfang von großer Bedeutung waren.

dez-Katastrophe (1989, 40.000 t Öl in Alaska) in den Vereinigten Staaten und dem Untergang der *Erika* (1999, 30.000 t Öl an der Küste der Bretagne) in Europa eingeführt wurden. Heutzutage machen derartige Katastrophen lediglich einen geringen Teil der Ölrückstände im Meer aus. Viel besorgniserregender sind die zahllosen illegalen Tankentleerungen. Abgesehen von diesen Rückständen verursacht der Seetransport relativ wenig Umweltschäden. Schiffe besitzen nämlich den Vorteil, große Mengen Ware transportieren zu können und dabei im Verhältnis zur Fortbewegung auf der Straße oder mit dem Flugzeug weniger Verschmutzung zu verursachen. Der Seetransport produziert lediglich 3 % aller CO_2-Emissionen des Menschen. Aber der von den Schiffen auf dem Meer verwendete Treibstoff besitzt einen hohen Schwefelgehalt von etwa 2,7 % pro Liter, und die Motoren stoßen deshalb das schädliche Treibhausgas Schwefeldioxid aus.

DAS BASLER ABKOMMEN

Manchmal befördern Schiffe gefährliche Ladungen oder giftige Abfälle. Das Basler Abkommen, 1989 – mit der erwähnenswerten Ausnahme der Vereinigten Staaten – von 170 Ländern unterzeichnet, regelt die Entsorgung gefährlicher Abfälle und untersagt den Export von Giftmüll bis auf Ausnahmeregelungen. Es kommt jedoch vor, dass bei einem Schiffsunfall Abfälle ins Meer gelangen oder illegal verklappt werden wie im Falle des Tankers *Probo Koala*, der 2006 an der Elfenbeinküste Abfall von veredeltem Rohbenzin sowie chemische Substanzen ins Meer beförderte. Tausende Menschen wurden vergiftet, 17 starben.

Schiffe sind häufig mit Müllhalden vergleichbar, die aus vielen chemischen Produkten bestehen – Asbest, PCB etc. Sie fallen unter die Bestimmungen des Basler Abkommens, und ihre Abwrackung soll – zumindest theoretisch – Schutz des Personals und der Umwelt gewährleisten. Aber das Abwracken kann sich recht abenteuerlich gestalten, wie der Fall des Flugzeugträgers *Clemenceau* beweist, dem vorgeworfen wurde, Giftstoffe an Bord zu transportieren. Er nahm Kurs auf Indien, kehrte dann nach Europa zurück und wurde schließlich nach langen Kontroversen in Großbritannien abgewrackt. Ein großer Teil der weltweiten Abwrackung erfolgt in Bangladesh und in Indien: Das verschafft zwar den Einheimischen Arbeit, aber der Preis für die Gesundheit und die Umwelt aufgrund mangelhafter Vorschriften ist unermesslich hoch.

Im Übrigen schadet der Schiffsverkehr der Meeresfauna. Auch wenn es hierzu keine Statistiken gibt, gibt es immer wieder Zusammenstöße zwischen Schiffen und Meeressäugetieren, die oft tödlich ausgehen. Auch der durch den Seeverkehr verursachte Lärm schadet den Meerestieren, umso mehr, da in den letzten 50 Jahren der Geräuschpegel in den Meeren um 20 Dezibel zugenommen hat. Die Wale, um nur ein Beispiel zu nennen, kommunizieren und orientieren sich mit Hilfe von Tönen.

SCHLUSS MIT DEM ABWRACKEN VON SCHIFFEN
—

Jedes Jahr werden 500 bis 1000 große Schiffe ausrangiert. Nachdem sie ausgedient haben, werden sie schließlich zu Abfall, aber aufgrund ihrer Größe, der zahlreichen verschiedenen Materialien sowie bestimmter Giftstoffe (Asbest, Leiterplatten, Blei, Rost, Treibstoffrückstände) und sonstiger wiederverwertbarer Baustoffe (Stahl) erzeugen sie besonders viel Abfall. Das Recycling und das Abwracken der Schiffe ist eine lukrative, komplexe und gefährliche Tätigkeit, die häufig wegen der Kosten an Entwicklungsländer vergeben wird, die sonst als Zulieferer fungieren. Das Abwracken erfolgt mit unzureichenden Schutzausrüstungen und bei minimaler Sicherheit. Die Folge: eine hohe Zahl von Verletzten oder Toten aufgrund des Einatmens giftiger Dämpfe oder dem Kontakt mit Schadstoffen.

Jedes Jahr sterben in Bangladesh, in Indien, in China und in der Türkei Hunderte von Arbeitern während des Abwrackens. Das Hongkong-Übereinkommen von 2009 – sofern es ratifiziert worden wäre – sollte die Situation verbessern, denn es sah insbesondere vor, dass die Reeder den Abwrackunternehmen eine Liste der im Schiff enthaltenen gefährlichen Materialien vorlegen sollten. Außerdem waren Inspektionen und Sanktionen bei Verletzung dieser Vorschriften vorgesehen.

Es wird vermutet, dass viele Delfine oder Wale wegen der Verwendung von militärischen Sonargeräten mit hoher Lautstärke gestrandet sind.

DAS INTERNATIONALE SEETRANSPORTSYSTEM

Nach dem Vorbild des Landtransports ist es erforderlich, Verkehrsregeln für die Ozeane aufzustellen: Die Handelswege müssen kartografisch erfasst, beschildert und überwacht werden. Zu diesem Zweck benötigt man Küstenwachen, Hilfsausrüstungen, zum Beispiel Eisbrecher in bestimmten Gegenden, Identifikationsregeln der Eigentümer und Verantwortlichen bei Unfällen etc. Die Fahrrinne von Ouessant, einer Insel vor der Bretagne, gibt ein Beispiel dafür, was unternommen werden kann. Diese Meeresenge ist mit 50.000 Schiffen pro Jahr, das sind fast 200 pro Tag, eine der belebtesten der Welt. Es gibt eine »Einfahrtsrinne« und eine »Ausfahrtsrinne«, d. h. Einbahnzonen, die mehrere Seemeilen voneinander entfernt sind und für die spezielle Navigationsregeln gelten. Das Gebiet wird Tag und Nacht – insbesondere seit der Katastrophe des Öltankers *Amoco Cadiz* (1978) – überwacht, und ständig liegt ein Hochseeschlepper in Bereitschaft.

Ein Netz großer internationaler Häfen ist ebenfalls unerlässlich, da von diesen Häfen die großen Handelswege ausgehen. Häfen spiegeln die wirtschaftliche und kommerzielle Macht der Länder wider, in denen sie beheimatet sind. Shanghai zum Beispiel, der größte Hafen Chinas, ist nach wie vor der größte Welthafen, noch vor Singapur und Rotterdam. 2011 wurden dort 30 Millionen Containereinheiten (TEU) gelöscht. Die Verwaltung der Häfen wird häufig Privatunternehmen anvertraut. In den letzten Jahren hat China Milliarden von Dollar in verschiedene Häfen Europas, Amerikas und Afrikas investiert (u. a. Le Havre, Piräus, Panama).

Auf diese Weise wurde die Firma Hutchison Whampoa mit Sitz in Hongkong zum größten Investitions- und Verwaltungsunternehmen für Häfen in aller Welt.

Hafen von Yangshan, Hanghzhou-Bucht, Shanghai, China
(30° 38′ nördl. Br. – 122° 03′ östl. L.)

Ungefähr 30 km von Shanghai, der chinesischen Wirtschaftsmetropole, entfernt, befindet sich auf den Yangshan-Inseln der größte Tiefseehafen der Welt. Er ist durch eine 32,5 km lange Autobahnbrücke von Donghai mit der Stadt Shanghai verbunden. 26 km dieser Brücke führen über das offene Meer.

BILLIGFLAGGEN UND PIRATENFLAGGEN

Die Einführung eines weltweiten Regelungssystems für den Seehandel stößt jedoch auf – mindestens – zwei Probleme: die Billigflaggen und die Piratenflaggen.

Billigflaggen begünstigen die Registrierung von Schiffen in Ländern, die es mit den Vorschriften nicht so genau nehmen. Die Reeder zahlen weniger Steuern, sind bei Unfällen nicht voll verantwortlich oder umgehen die Sozialgesetze. Der Öltanker *Erika* zum Beispiel, der von der französischen Gesellschaft Total gechartert wurde, fuhr unter maltesischer Flagge; der Reeder war ein Italiener, die Versicherungsgesellschaft saß auf den Bermudas, und die Besatzung stammte aus Indien. Der Tanker *Probo Koala* war in Panama registriert, gehörte einer griechischen Gesellschaft, war von einem holländisch-schweizerischen Unternehmen gechartert worden, und die Besatzung stammte aus Russland. Das große Problem ist, dass über die Hälfte aller Schiffe der Welt unter solchen Billigflaggen fahren.

Die Piraterie ist erst in letzter Zeit wieder im Kommen, vor allem vor Somalia, wo über die Hälfte der Piratenüberfälle auf der Welt stattfinden. Nicht zu vergessen auch das Südchinesische Meer oder der Golf von Guayana. Allein im Golf von Aden, den fast 20 % der weltweiten Handelsschiffe durchfahren, registrierte man im Jahr 2011 237 Überfälle und 28 Schiffsentführungen. Auch wenn der Preis für den Schaden (erhöhte Sicherheit auf den Schiffen, Gerichtsverhandlungen, Lösegelder) aufgrund dieser Angriffe durch die starke Präsenz von Militärschiffen in diesem Gewässer gesunken ist, wird er für 2011 immer noch auf 2,7 Milliarden US-Dollar geschätzt, die ausschließlich für den vermehrten Treibstoffverbrauch ausgegeben wurden, da die Handelsschiffe diese Gewässer mit erhöhten Geschwindigkeiten passieren.

VERKÜRZUNG DER ENTFERNUNGEN, ANNÄHERUNG DER KONTINENTE

Die Verbesserung der Schifffahrtsrouten ist eng verbunden mit dem Bau großer Kanäle, die dazu beitragen, Zeit und viel Geld zu sparen. Der Suezkanal aus dem 19. Jahrhundert

---

Das Weibchen einer Lederschildkröte *(Dermochelys coriacea)* kriecht ins Meer zurück, nachdem es am Strand von Matura Eier gelegt hat, Trinidad, Trinidad und Tobago

Die Lederschildkröte gehört zu den bewegungsfreudigsten Tieren des Ozeans. Um zu ihren Nahrungsgründen und ihren Legeplätzen zu gelangen, unternimmt sie Reisen von mehreren Tausend Kilometern quer durch den Ozean, was zwei bis fünf Jahre dauern dürfte. Das lässt ihr ausreichend Zeit, genügend Reserven zu sammeln, um sich fortzupflanzen.

Der Gemeine Schiffshalter (auch als Hai-Sauger bezeichnet) ist ein schlechter Schwimmer, er saugt sich deshalb an Haien, Schwertfischen oder Schildkröten fest, um sich Nahrung, zum Beispiel Parasiten, zu besorgen und sich schnell fortzubewegen.

verkürzt die Strecke zwischen Europa und Asien um 8000 km. Dank des Panamakanals, der 1914 eröffnet wurde, misst die Route New York–San Francisco nurmehr 9500 km, zuvor waren es um das Kap Horn noch 22.500.

BLINDE PASSAGIERE

Der Bau solcher Kanäle verändert die Umwelt grundlegend und bringt Ökosysteme miteinander in Verbindung, die seit Millionen von Jahren getrennt waren. Etwas allgemeiner gesagt: Der Anstieg des Warentransports fördert die Verbreitung der Arten. Man schätzt, dass auf diese Weise täglich 7000 Arten im Ballastwasser oder an den Rumpf geklammert rund um die Welt transportiert werden. Wenn sich diese Arten niederlassen und fortpflanzen, nennt man sie »invasiv«: Sie können umweltbezogene, wirtschaftliche, soziale oder gesundheitliche Störungen hervorrufen. Die gallertartige Meerwalnuss (*Mnemiopsis leidyi*) beispielsweise die einer Qualle ähnelt, und die vermutlich in den 1980er-Jahren durch die Ballastentladung der Schiffe aus Nordamerika eingeführt wurde, hat sich rasch in den Gewässern des Schwarzen Meeres vermehrt. Da sich dieser Räuber von kleinen Tieren, Plankton sowie Eiern und Fischlarven ernährt, bewirken die Anzahl und der Appetit der *Mnemiopsis leidyi* einen drastischen Rückgang der Fischbestände, insbesondere der Anchovis. Dadurch verzeichnete auch die Fischerei, die zuvor mehrere Millionen Dollar Gewinn pro Jahr machte und viele Menschen beschäftigte, einen Rückgang.

DER SEETRANSPORT PROFITIERT VOM KLIMAWANDEL

Die Seestraßen entwickeln sich nicht nur infolge der Steigerung des Handelsvolumens, sondern auch mit dem Klimawandel. So könnte die Eisschmelze der Arktis neue, sehr günstig navigierbare Routen eröffnen: Ausgehend vom Norden Kanadas über die Nordwestpassage müssten die Schiffe, die von Europa nach Asien fahren, nicht mehr den Panamakanal benutzen. Dadurch würde sich die Route Tokio–Rotterdam, die heute 23.000 km beträgt, auf 16.000 verkürzen. Wenn man die Route über Nordrussland nimmt, die sogenannte Nordostpassage, beträgt die Entfernung lediglich 14.000 km, das sind 7000 km weniger als die derzeitige Route über den Suezkanal.

Roald Amundsen benötigte von 1903 bis 1906 noch drei Jahre, um die Nordwestpassage zu durchqueren. Einige Forscher haben dort sogar ihr Leben gelassen. Doch heute sind nur noch wenige Wochen dafür nötig. Ungefähr 150 Schiffe haben seither diese heroische Tat wiederholt, und die meisten ohne größere Schwierigkeiten. Ab und zu kann es sogar vorkommen, dass die Passage im Sommer völlig eisfrei ist. Mit dem Klimawandel wird dies vermutlich immer häufiger der Fall sein.

Allerdings wirft die Eisschmelze in der Arktis Probleme der Gebietshoheit zwischen allen Ländern der Region auf (s. Gespräch mit Michel Rocard, S. 238). Außerdem würde ein zunehmender Verkehr Ökosysteme gefährden, die bis vor Kurzem vom Eis geschützt waren. Kurzum: Die erforderlichen Bedingungen für eine sichere Schifffahrt fehlen noch. Die Höhe des Einsatzes macht diese Region zu einem Brennpunkt aller hier angesprochenen Probleme: Sicherheit, Wirtschaft, Recht und Umwelt.

EINE KLEINERE WELT

Wenn die Klimaerwärmung neue Seewege eröffnet, wird die unvermeidliche Verteuerung des Öls die Reeder dazu antreiben, die Wege zu verkürzen und folglich diese neuen Routen zu benutzen. Es sei denn, die Menschheit wählt ein anderes Entwicklungsmodell und akzeptiert die Einschränkung der Wirtschaft, was eine deutliche Reduzierung des Welthandels bedeuten und die Treibhausgasemissionen und folglich die Eisschmelze beträchtlich vermindern würde.

DAS BEISPIEL DER *CAULERPA TAXIFOLIA*

Die *Caulerpa taxifolia* ist eine tropische, sich üppig ausbreitende Grünalgenart, die 1984 zufällig aus dem Aquarium von Monaco mit dem Abwasser ins Mittelmeer gelangte. Infolge einer Mutation wurde sie kälteresistent, passte sich dem Mittelmeerklima an und kann den Winter überdauern. Die *Caulerpa* wächst sehr schnell: Wenn die Wassertemperatur über 20° C beträgt, wächst sie einen Zentimeter pro Tag, dagegen wachsen endemische Pflanzenarten des Mittelmeers, Poseidon- oder Neptungras, nur 6 cm pro Jahr. Die Grünalge tritt immer mehr an die Stelle der Wassergräser, was eine Reduktion der Meeresfauna zur Folge hat – wie zum Beispiel das Verschwinden des essbaren Steinseeigels (*Paracentrotus lividus*). Die starke Vermehrung der Grünalgen wirkt sich auch schädlich auf den Fischfang (unbrauchbar werdende Netze) und den Tauchsport (monotone Landschaften) aus. Verschiedene Initiativen wurden ergriffen, um gegen die Grünalge zu kämpfen. Jedes Jahr findet im Nationalpark von Port-Cros eine große Veranstaltung statt, die sich mit der Erforschung und Ausrottung der Grünalgen beschäftigt. Dabei kommen auch freiwillige Taucher zum Einsatz. Dank dieser Bemühungen konnte der Nationalpark die Ausbreitung der *Caulerpa taxifolia* eindämmen.

Mehr Informationen zu diesem Thema und ein entsprechender Ausschnitt aus dem Film *Planet Ocean* sind auf der Website www.goodplanet.org verfügbar.

GESPRÄCH

WIR KÖNNEN NUR EINES TUN: KÄMPFEN

ISABELLE AUTISSIER
ist die erste Seglerin, der in einem Wettbewerb eine Weltumrundung gelang. Sie liebt das Meer über alles. Sie ist Ingenieurin für Meereswissenschaften und Fischereiforschung, wurde aber erst durch das Segeln bekannt. Als große Kennerin der Ozeane wurde sie 2009 zur Präsidentin des WWF Frankreich gewählt.

BESTEHT ZWISCHEN IHNEN UND DEM OZEAN EINE LANGE LIEBESGESCHICHTE?
Ja, und diese Geschichte begann in meiner Kindheit, als ich meine Leidenschaft fürs Meer entdeckte. Ich fand die Ozeane so unglaublich schön und genoss das Gefühl, wenn das Schiff krängte. Sehr bald wusste ich, dass ich einen Beruf ergreifen würde, der mit Ozeanen zu tun hat. Dann habe ich ein Ingenieurstudium für Meereswissenschaften begonnen, um auf dem Wasser arbeiten zu können, insbesondere mit den Meeresfischern. Und das habe ich ungefähr zehn Jahre lang gemacht.

UND DANN WURDE DIESE BEZIEHUNG SPORTLICH AUSGELEBT?
Ich bin erst sehr spät zum Segelsport und zu den Regatten gekommen, ich habe mit 30 angefangen, an Wettbewerben teilzunehmen und habe mit 34 meine erste Weltumsegelung geschafft. Aber das war zu einem Zeitpunkt, zu dem Segeln bereits Bestandteil meines Lebens war, denn ich hatte mir bereits mein eigenes Segelschiff gebaut, mit dem ich ein Jahr lang unterwegs war. Durch die Segelregatten hat sich meine Beziehung zu den Ozeanen in jeder Hinsicht intensiviert, und vor allem hat sich mein Wissen erweitert. Wenn man sich nämlich schnell auf dem Wasser fortbewegen und während der Manöver hyperreaktionsfähig sein möchte, muss man das Element, auf dem man sich bewegt, in- und auswendig kennen.

SIE SIND AUF ALLEN MEEREN GESEGELT, DENKEN SIE, DASS DIE MEERE EIN UNBERÜHRTER LEBENSRAUM SIND?
Kein Lebensraum unseres Planeten ist mehr unberührt, sei es das Hochgebirge, die Antarktis oder die Tiefsee. Überall hinterlässt der Mensch Spuren – und das ist die Tragödie unserer Zeit.

> »Im Laufe meiner Segeltouren hat sich meine Beziehung zu den Ozeanen in jeder Hinsicht intensiviert.«

Ich hatte das Glück, in wirklich geschützte Gebiete vorzudringen, und natürlich sieht man in der Tiefe der Südsee keine Plastiktüten schwimmen, aber die Klimaerwärmung ist spürbar, und überall schwimmen Plastik-Mikrofragmente herum. Doch noch immer besitzt der Ozean eine solche Magie, dass man den Eindruck hat, allein auf der Welt zu sein.

SIE SIND ZUR SPRECHERIN DER OZEANE GEWORDEN?
Das symbolisiert mein drittes Leben, nach dem der Wissenschaftlerin und der Sportlerin. Über das Radio, die Bühne, durch Bücher oder durch meine Funktion als Präsidentin des WWF Frankreich möchte ich so viele Menschen wie möglich an dem teilhaben lassen, was ich gesehen habe, sie für diese manchmal weit entfernten und fast unzugänglichen Gegenden sensibilisieren. Ich versuche, die Menschen an der Verteidigung ihrer Ozeane teilhaben zu lassen. Der beste Weg besteht darin, sie zu lehren, ihn zu lieben, denn wir verteidigen nur das, was wir lieben. Und man darf sich nicht mit Jammern zufrieden geben. Man darf auch nicht die Hände in den Schoß legen, denn noch ist nichts unumkehrbar. Wir können nur eines tun: kämpfen.

WIE SOLL MAN MENSCHEN SENSIBILISIEREN, DEREN ARBEIT NICHTS MIT DEN OZEANEN ZU TUN HAT?
Nicht die Menschen sind zu sensibilisieren, die auf den Ozeanen segeln, denn sie sind meistens achtsam. Aber 80 % der Meeresverschmutzung rührt her von unseren Aktivitäten zu Lande. Die Menschen müssen sich bewusst werden, dass der Abfall, den sie zum Beispiel in Mannheim wegwerfen, früher oder später in unseren Ozeanen landet.

SIE HABEN ALSO IHRE LIEBE ZUM MEER IN IHREM ENGAGEMENT UND IHREM HANDELN AUSGEDRÜCKT?
Ob in meinem derzeitigen Beruf oder in den vorherigen – es hat sich immer die Gelegenheit ergeben, Probleme in Zusammenhang mit den Ozeanen anzupacken.

> »Wir verteidigen nur das, was wir lieben.«

Und der WWF engagiert sich in sehr wichtigen Kampagnen für den Thunfisch, für Meeresschutzzonen in Guayana, Neukaledonien oder im Mittelmeerraum, um nur einige Beispiele zu erwähnen.

WAS KANN MAN NACH DEM SCHEITERN DES UMWELTGIPFELS »RIO+20« NOCH VON UNSEREN INSTITUTIONEN ERWARTEN? WIRD DIE MOBILISIERUNG VOR ALLEM VON DEN BÜRGERN AUSGEHEN MÜSSEN?
Politiker tun das, was man von ihnen verlangt. Vor der Konferenz von Rio hat sich niemand bewegt, jeder sah das Scheitern voraus, und genau das trat ein. Man muss sich selbst engagieren, unsere Politiker ansprechen und vernünftiges Verhalten an den Tag legen. Man muss individuell handeln und unsere Staatsoberhäupter beeinflussen. Die Zukunft liegt ausschließlich im Handeln.

Algenkultur in Tongyeong, Provinz Süd-Gyeongsang, Südkorea
(34° 53′ nördl. Br. – 128° 28′ östl. L.)

2006 erreichte die koreanische Produktion von essbaren Algen 765.000 t Feuchtgewicht. Einige Arten werden getrocknet und in Blattform verkauft, insbesondere, um die Sushis einzuwickeln, andere wiederum werden für Suppen oder Soßen verwendet. Als echtes »Meeresgemüse« stellen diese Algen eine wichtige Protein- und Vitaminquelle dar.

Ein Taucher schwimmt in der Nähe eines Gestreiften Marlin *(Kajikia audax)* in den Gewässern Niederkaliforniens, Mexiko

Dieser prachtvolle Fisch zählt mit einer Spitzengeschwindigkeit von über 100 km/h zu den schnellsten der Welt. Die Herausforderung, ihn zu fangen, macht den Marlin zu einem der begehrtesten Fische bei den Sportfischern. Doch auch er musste im Laufe der drei letzten Generationen einen Rückgang seiner Population um 25 % hinnehmen, hauptsächlich weil er als Beifang in den Thunfischnetzen endet. Der Marlin zählt deshalb zu den bedrohten Arten.

Shark Bay: Sandbänke in der Bucht von Haridon Bight, Halbinsel Peron, Westaustralien, Australien
(26° 12′ südl. Br. – 113° 43′ östl. L.)

Die Peron-Halbinsel in der Shark Bay wurde nach dem Forscher und Naturwissenschaftler François Auguste Péron benannt, der zu Beginn des 19. Jahrhunderts an der von Nicolas Baudin begonnenen Erforschung der Küsten der Shark Bay teilnahm. Er dokumentierte 100.000 zoologische Arten, darunter 2500 unbekannte.

Kalifornischer Tintenfisch *(Loligo opalescens)*, Männchen bei der Paarung mit einem Weibchen, wobei seine Tentakel sie umschließen, Kalifornien, Vereinigte Staaten

Während der Paarungszeit versammeln sich Millionen von Tintenfischen in den Gewässern des Pazifik. Bei der Paarung umklammert das Männchen das Weibchen mit seinen Tentakeln und führt in ihre Genitalöffnung Kapseln mit seinem Sperma ein (Spermatophoren = Samenpakete). Die Tentakel färben sich dann rot, was den anderen Männchen signalisiert, nicht zu stören. Das Weibchen legt durchschnittlich 100 bis 200 Eier, und zwar in einer durch Meeresströmungen gut bewegten Zone. Die Jungen schlüpfen nach drei bis vier Wochen. Die Tintenfische pflanzen sich nur einmal fort, danach sterben sie.

Netze, die für das Trocknen von Algen benutzt werden, Wando-Archipel, Südkorea
(34° 19′ nördl. Br. – 127° 05′ östl. L.)

Auf diesem Archipel an der Südküste Koreas, das über 200 Inseln umfasst, große und kleine, bewohnte und unbewohnte, besteht die Hauptaktivität in der Aquakultur und insbesondere der von Algen. Die Algen, die einst aus einer einzigen Ernte stammten, werden heute, wenn sie für die Ernährung bestimmt sind, in großen Mengen gezüchtet. Die Koreaner zählen zusammen mit den Chinesen und den Japanern zu den größten Algenverbrauchern der Welt.

Lederschildkröte *(Dermochelys coriacea)* wird aus einem vermaschten Netz vor dem Untergehen gerettet, Grand-Rivière-Küste, Trinidad, Trinidad und Tobago

Die Lederschildkröte wird von der IUCN (Welt-Naturschutzunion) als »stark gefährdet« eingestuft. Eine 1996 durchgeführte Studie hat ergeben, dass in einer einzigen Generation die Zahl der Weibchen um drastische 70 % zurückgegangen ist. Dafür ist das Wirken des Menschen verantwortlich. Drei große Faktoren erklären diesen starken Rückgang: die Verschmutzung der Gewässer durch den Plastikabfall, die Zunahme von Phantomnetzen (10 % des Meeresmülls) und die Gestaltung und Zerstörung von Küstenstrichen, die einst Legeplätze für die Lederschildkröten waren.

Lagune »Los Micos«, Gegend von San Pedro Sulas, Honduras
(15° 47′ nördl. Br. – 87° 35′ westl. L.)

Gesäumt von Mangroven ist die Lagune »Los Micos« (die Affen) inmitten des Nationalparks Jeannette Kawas ein Paradies üppiger tropischer Vegetation. Der Nationalpark wurde nach der Umweltaktivistin und Mitbegründerin der PROLANSATE-Organisation benannt 1995 wurde Jeannette Kawas ermordet, da sie sich für die Bewahrung der Schutzgebiete der Tela-Bucht einsetzte, in der sich der Nationalpark befindet. Einige vor Kurzem erbaute Hotelkomplexe bestimmen neben den traditionellen Dörfern der Garifunas das Landschaftsbild.

Der Blutrote Großaugenbarsch *(Heteropriacanthus cruentatus)* inmitten eines Schwarms von Leuchtfleck-/Gestreiften Großaugen-Straßenkehrern *(Gnathodentex aurolineatus)*, Ogasawara-Archipel, Japan

Das Ogasawara-Archipel, das auch als Bonin-Inseln bekannt ist, umfasst ca. 30 Inseln. 2011 wurden diese Inseln wegen ihrer einmaligen Artenvielfalt sowohl im Meer als auch auf dem Land in die UNESCO-Liste des Welterbes aufgenommen. Dieser Archipel wird auch »Galapagos des Orients« genannt.

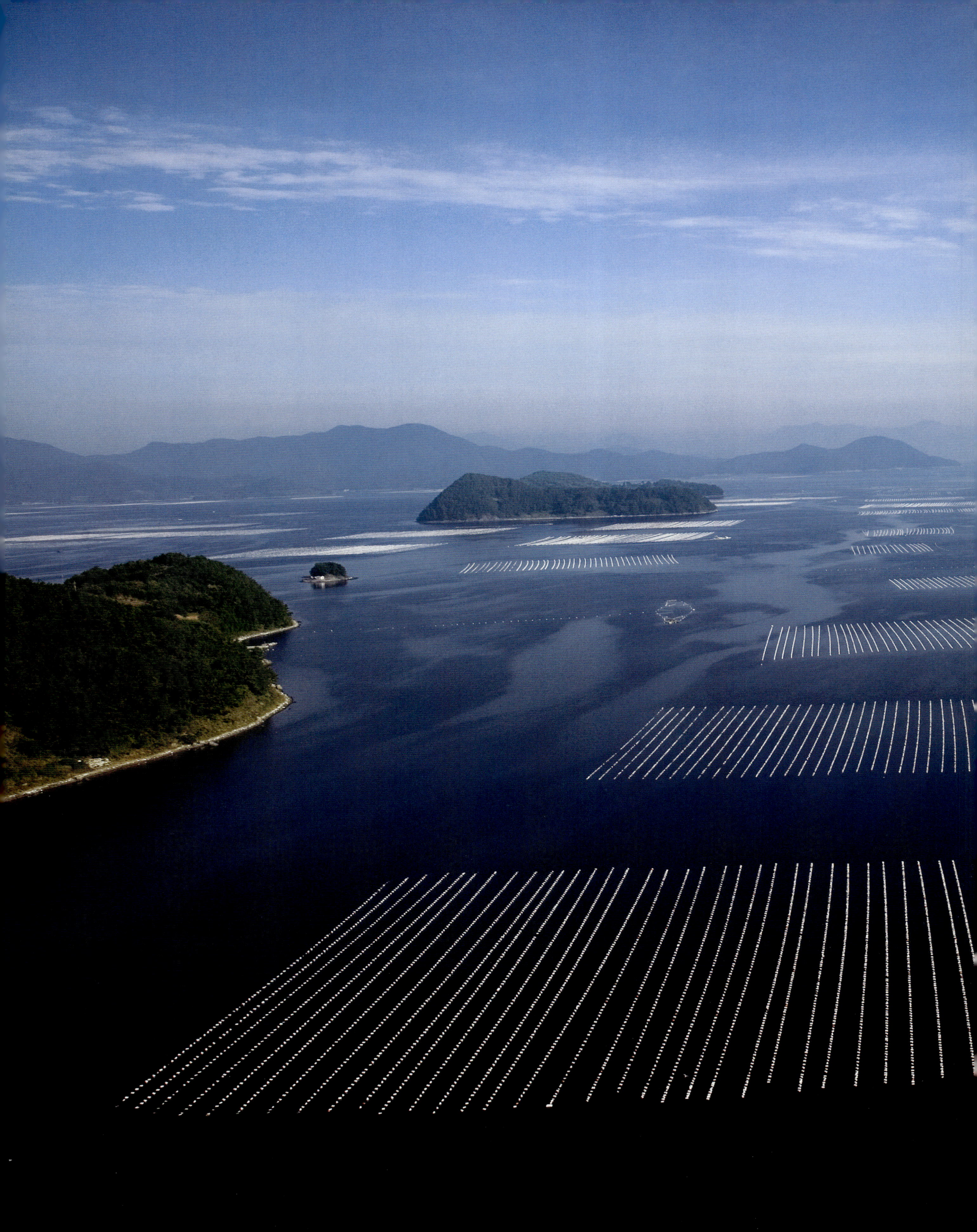

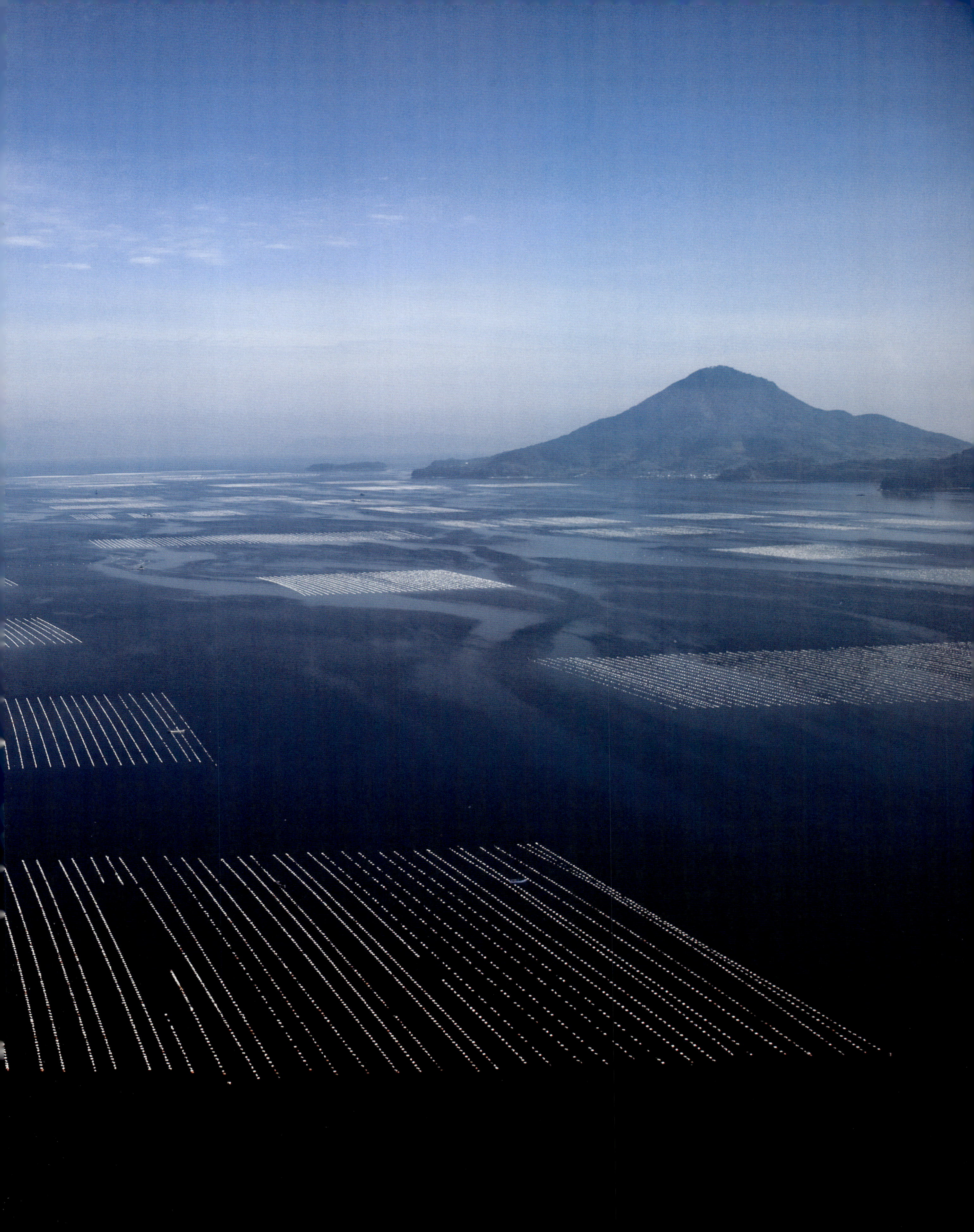

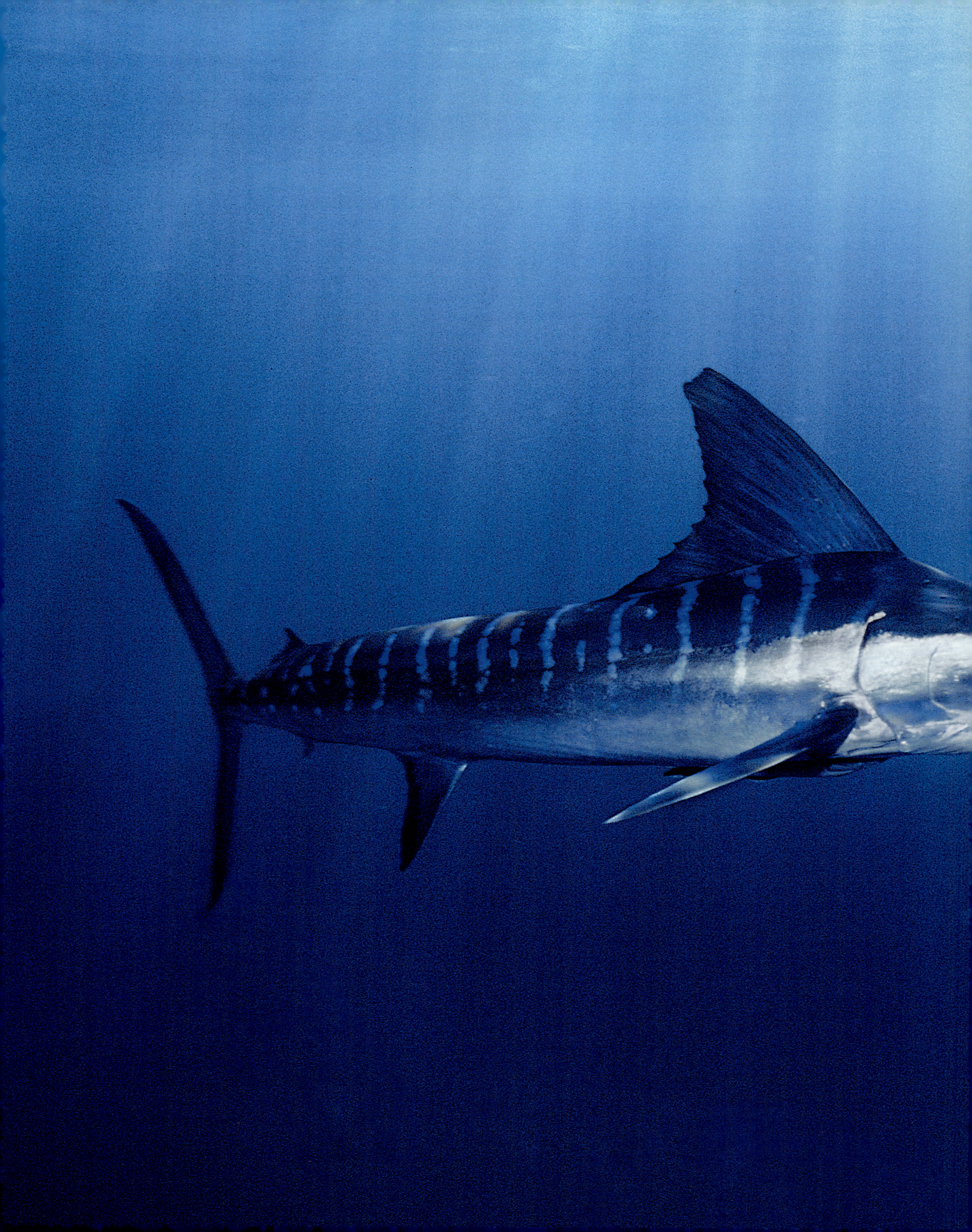

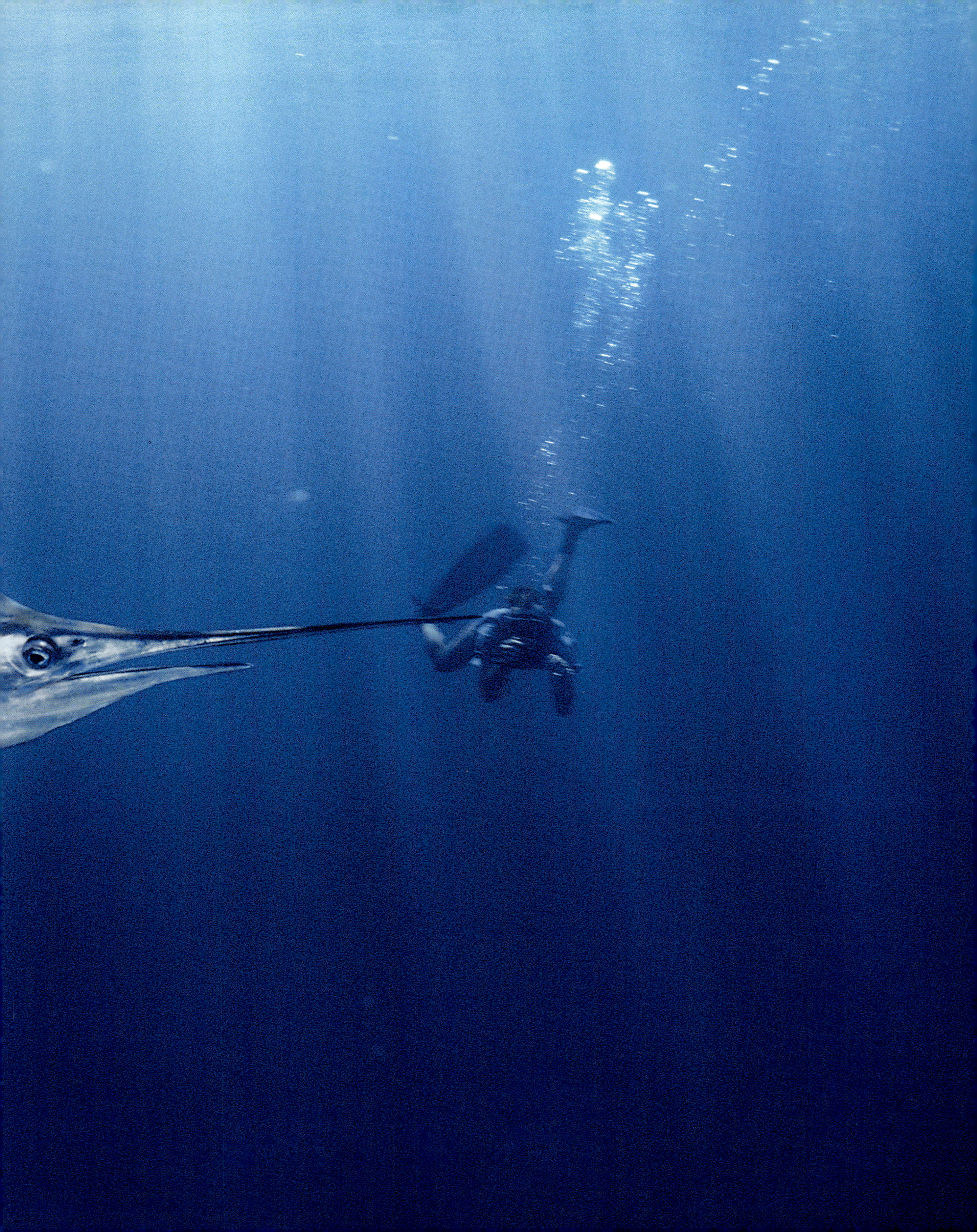

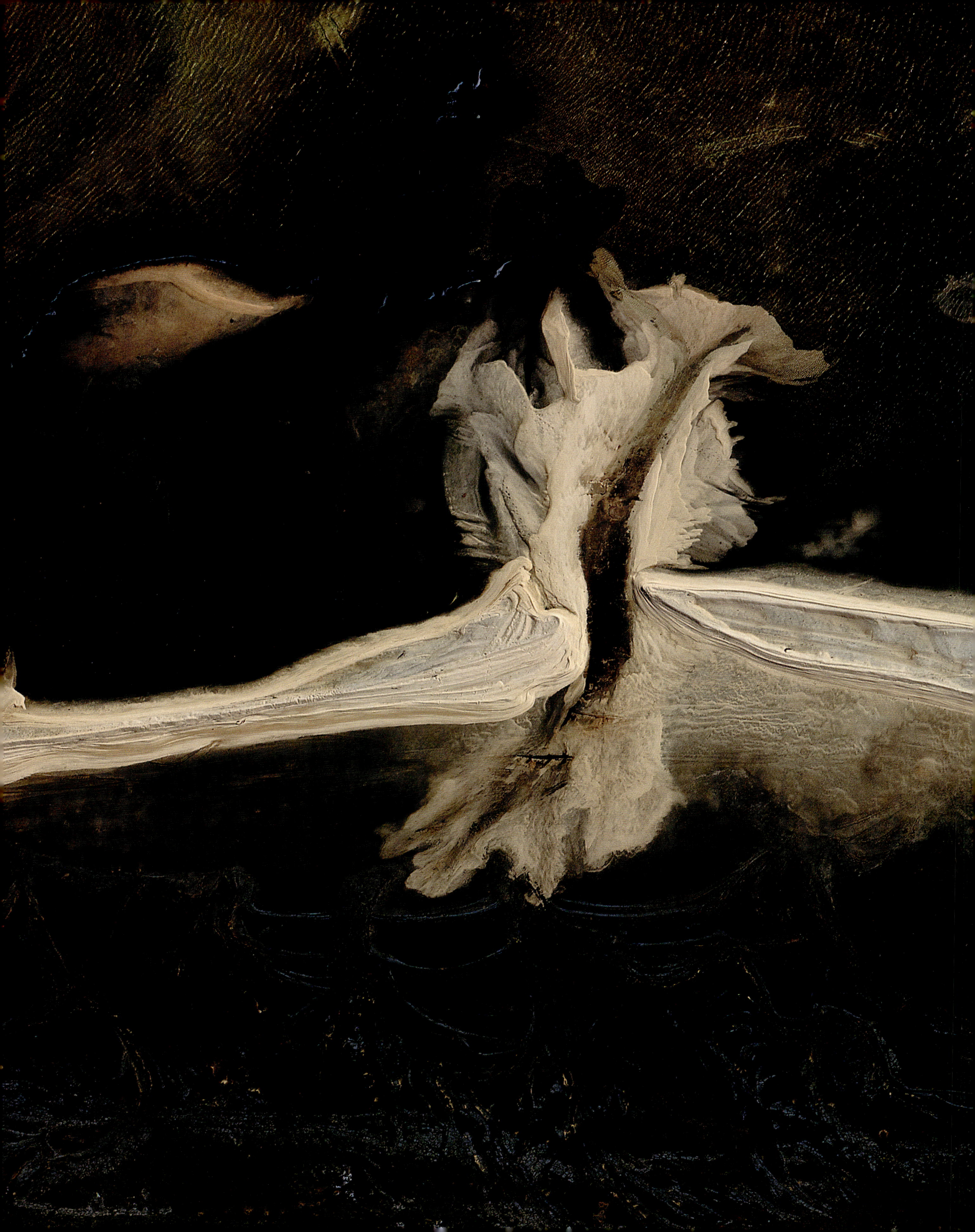

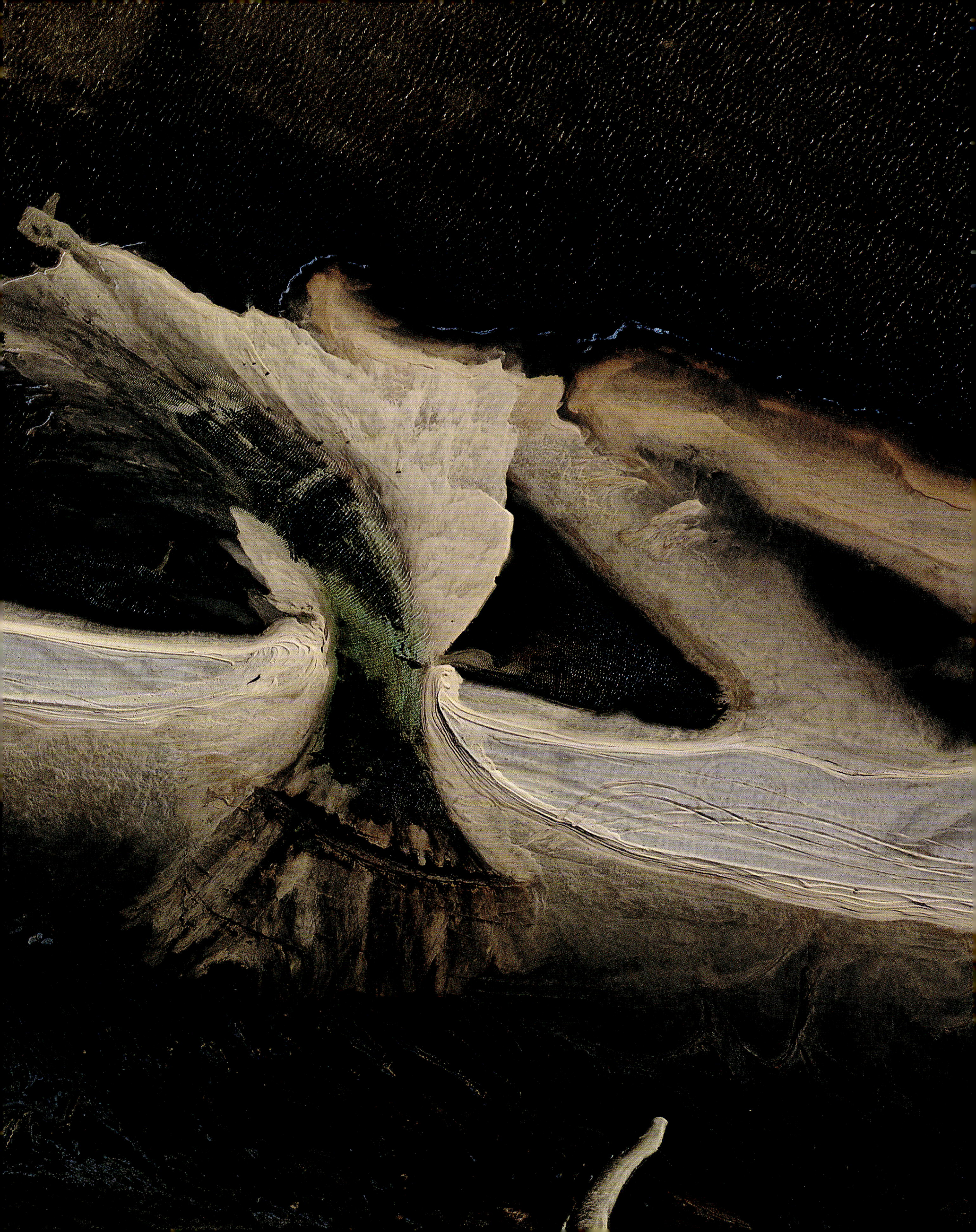

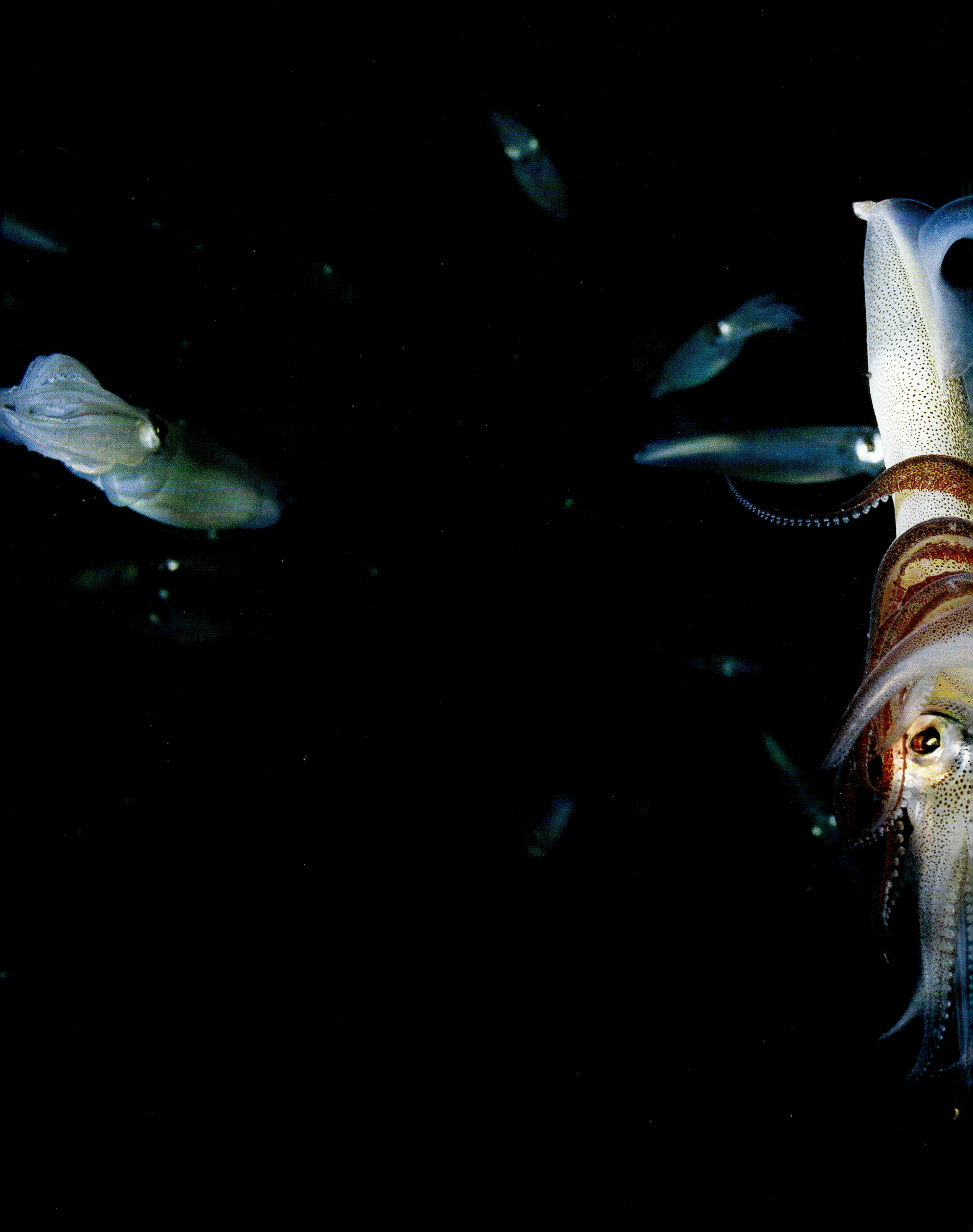

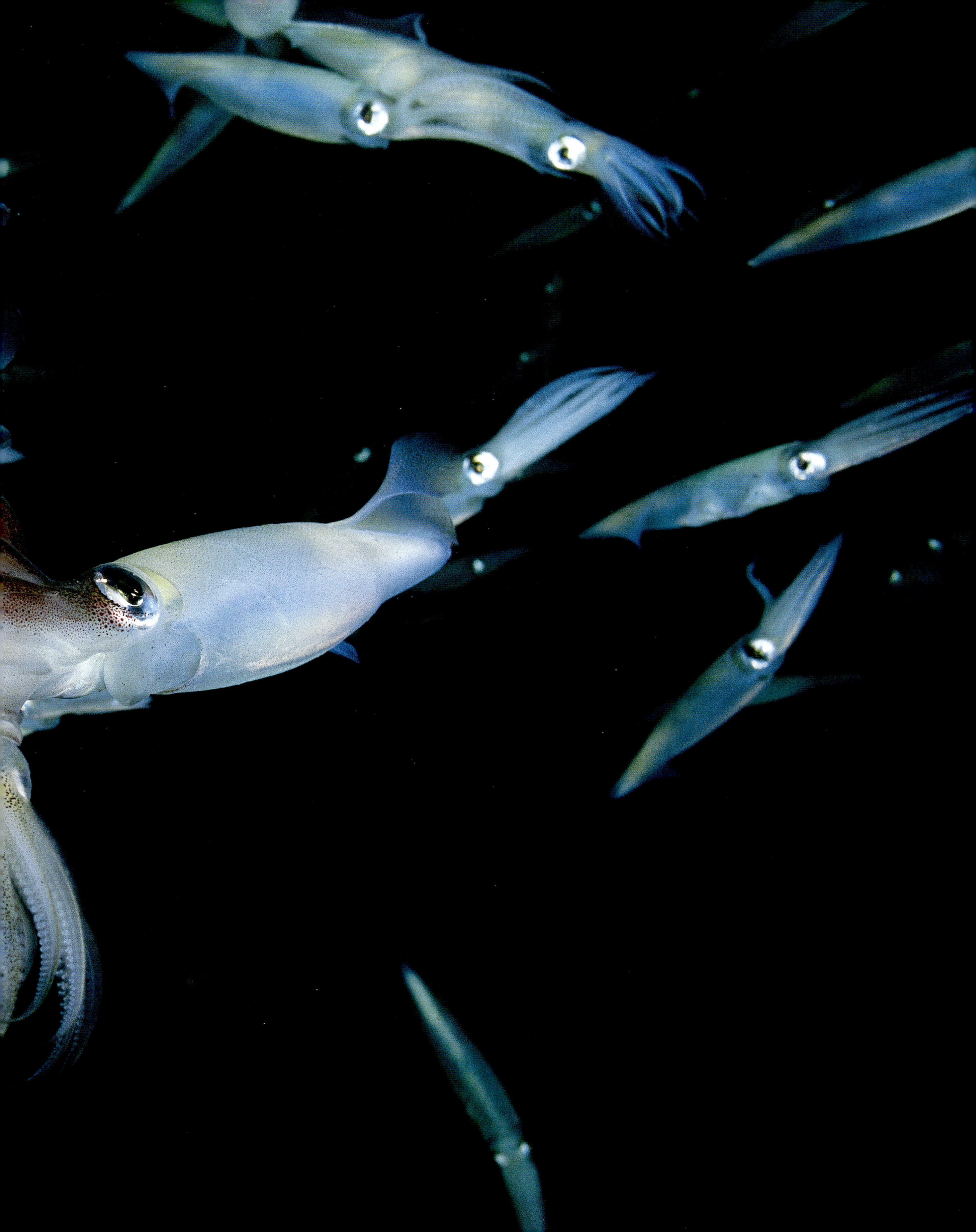

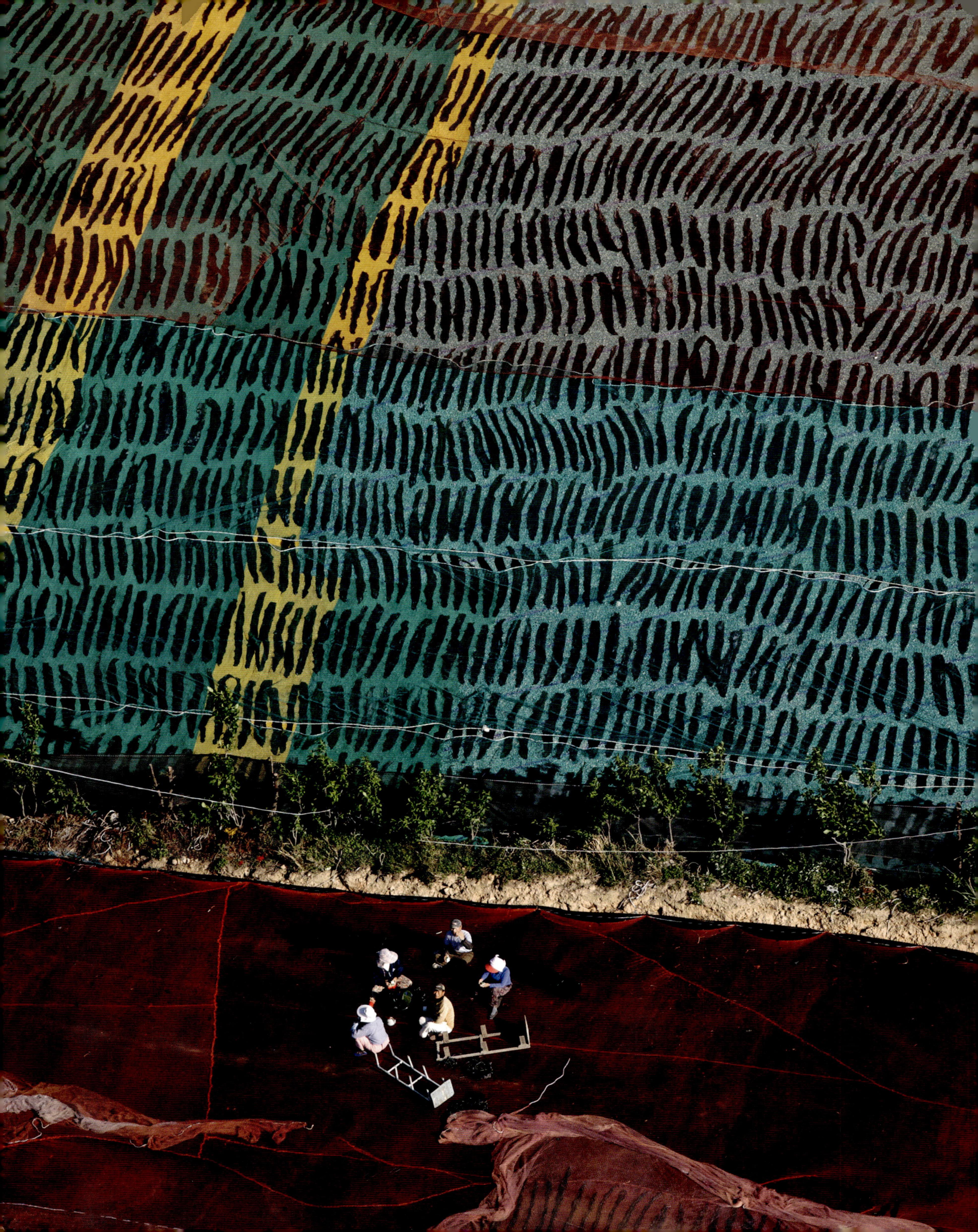

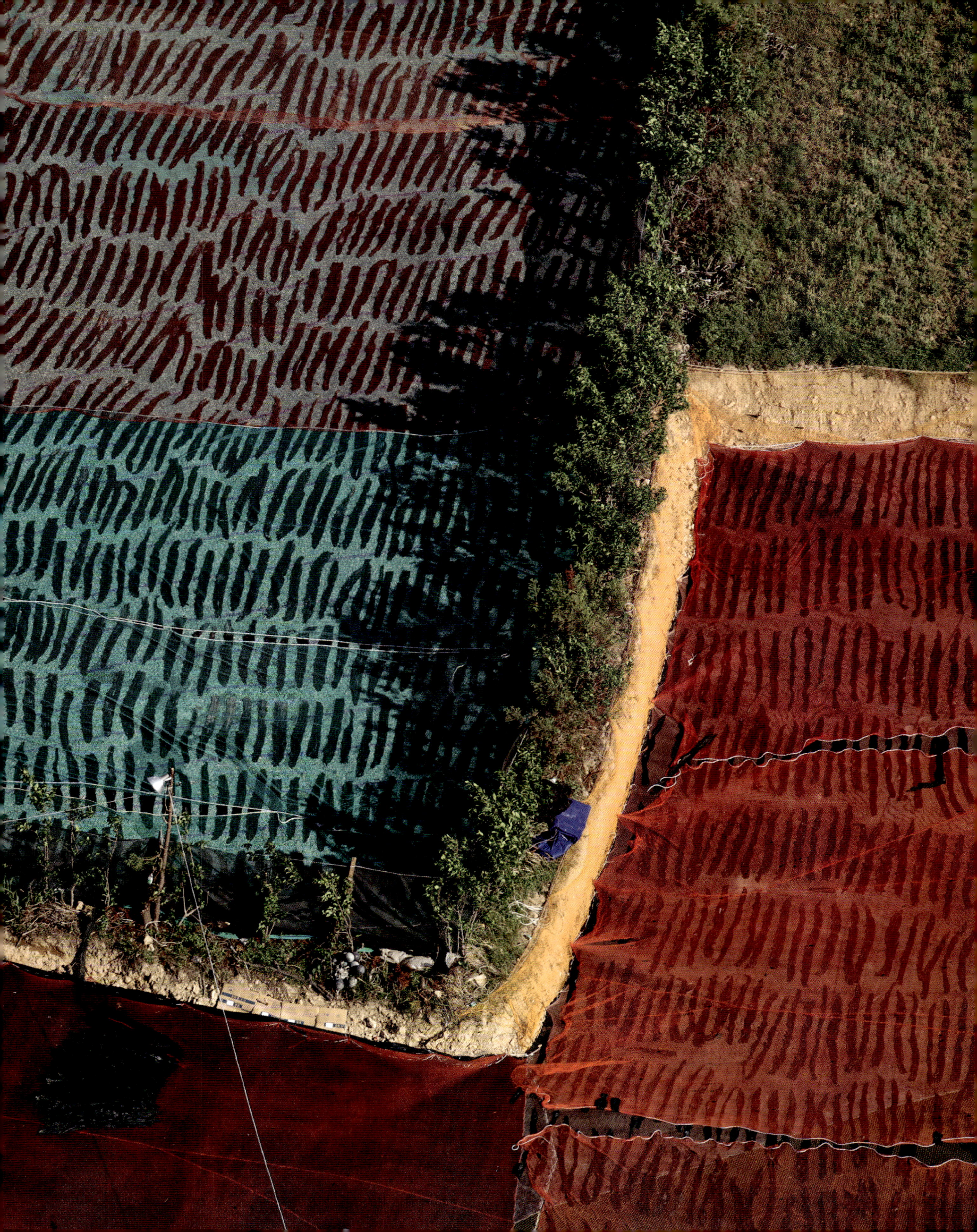

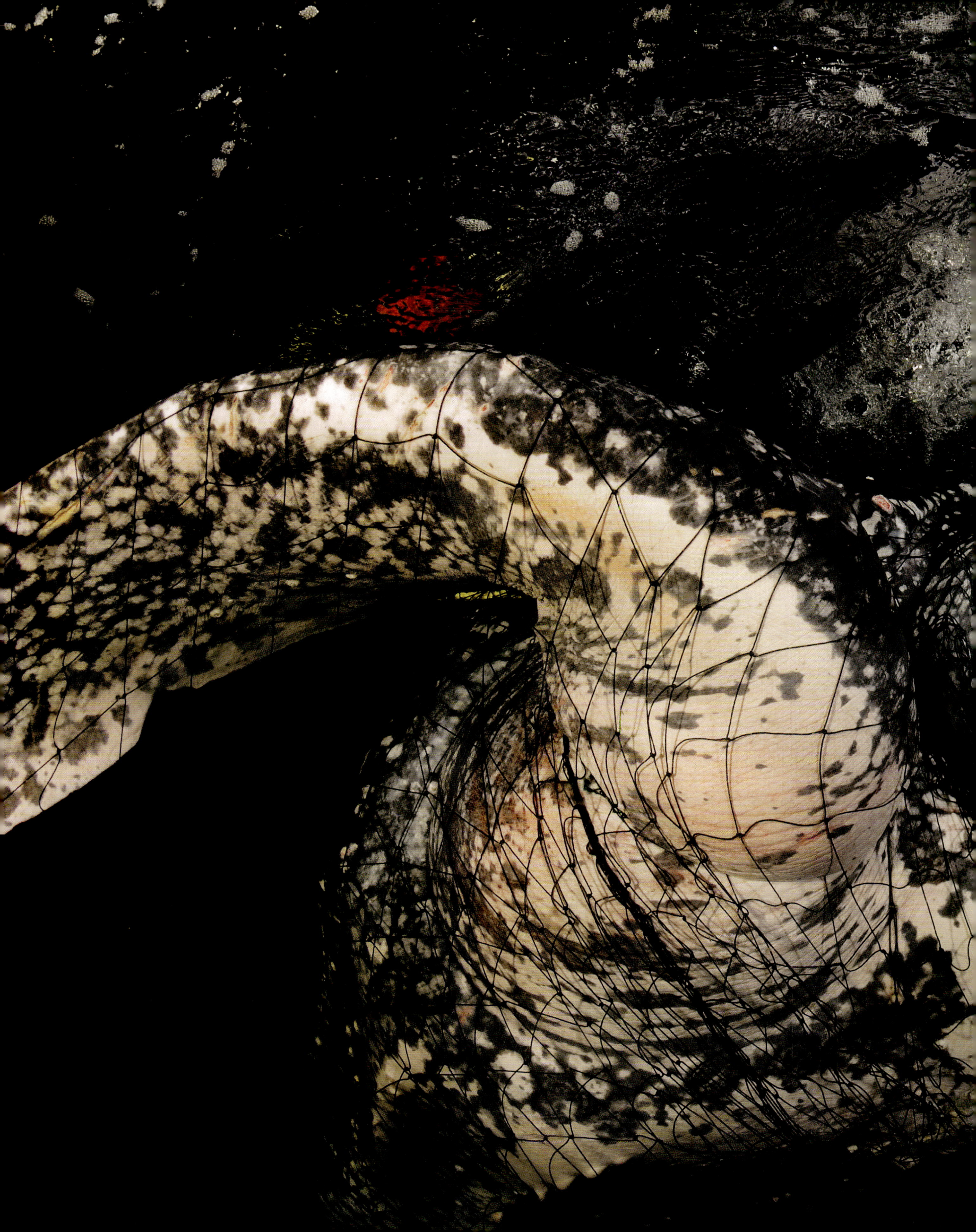

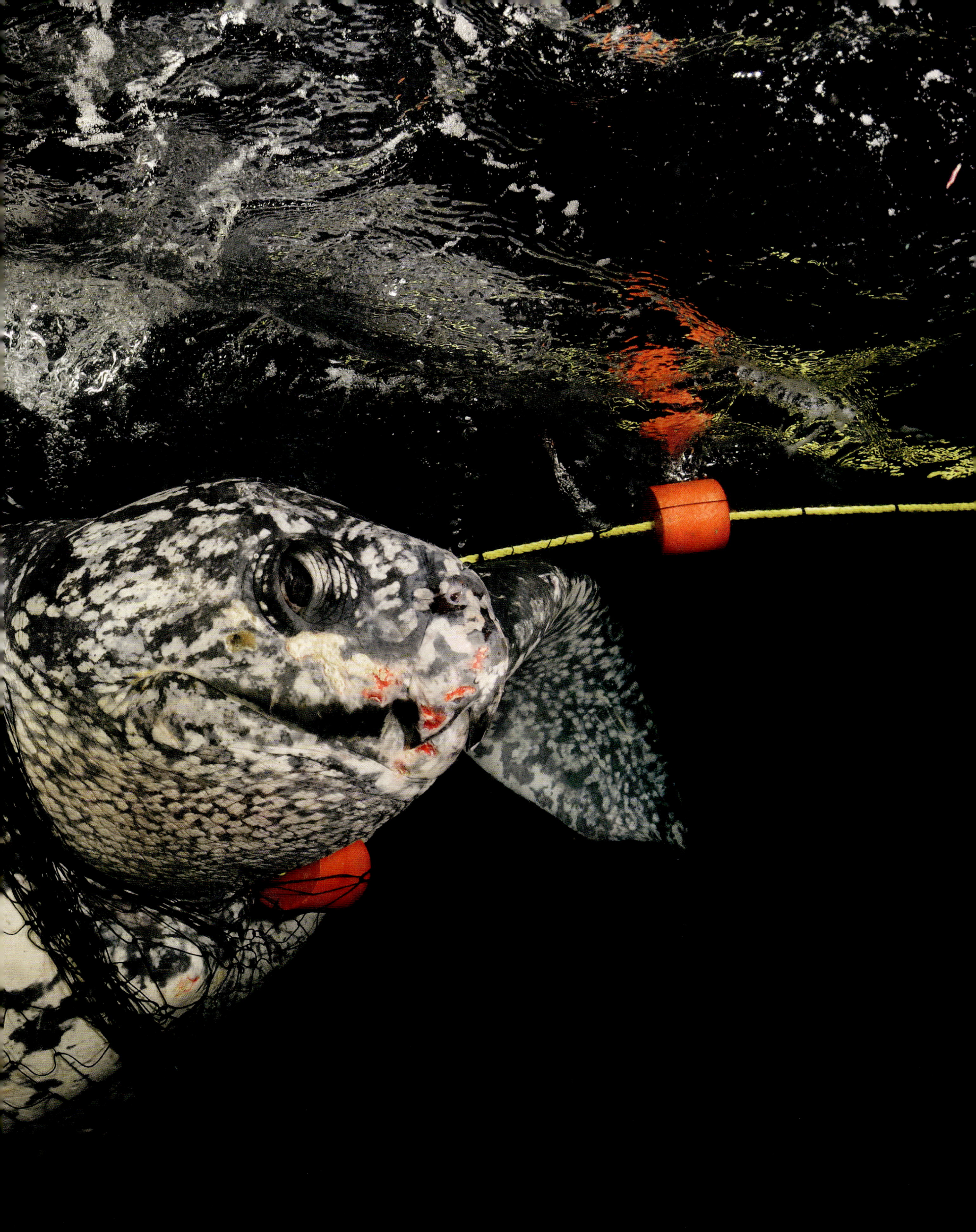

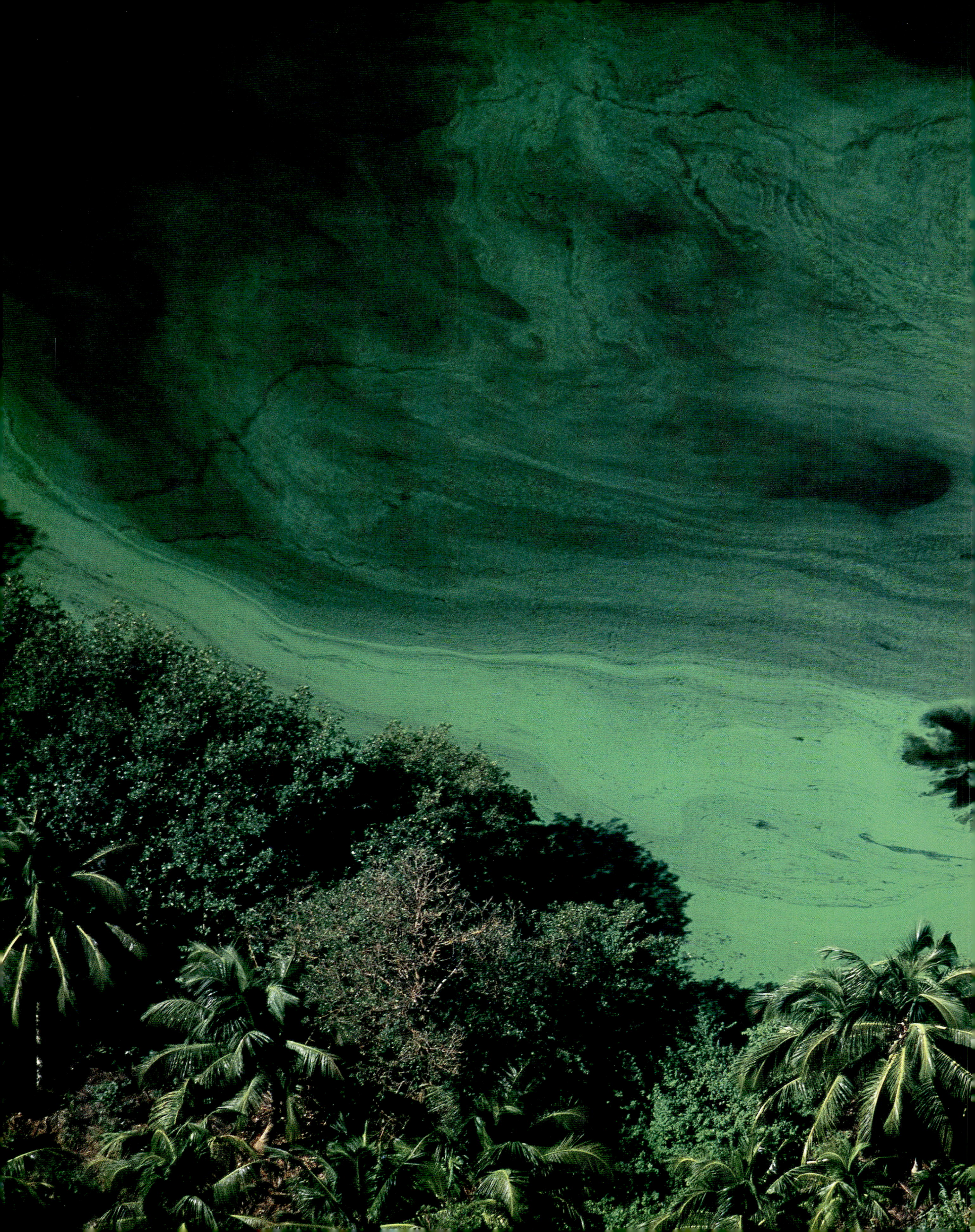

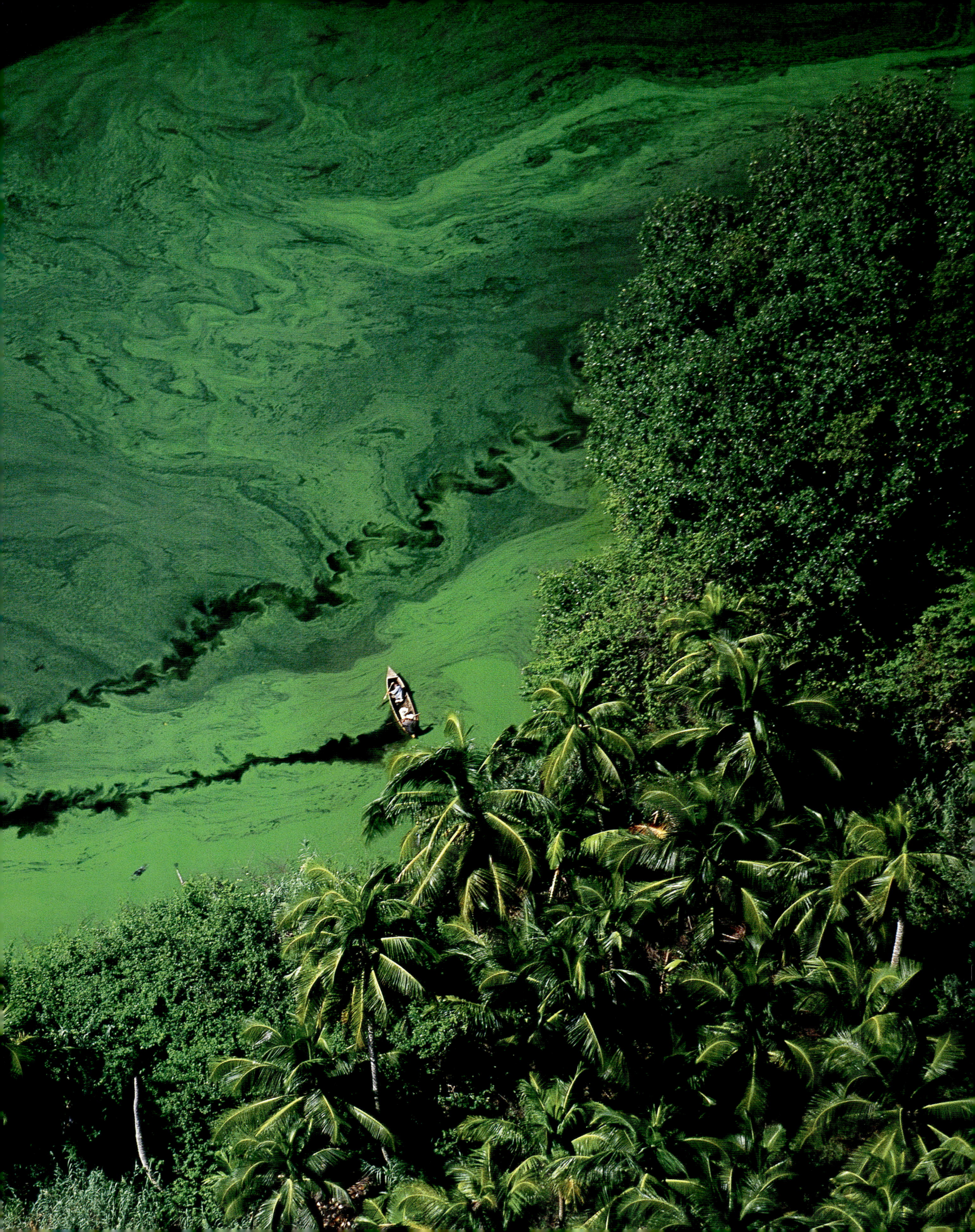

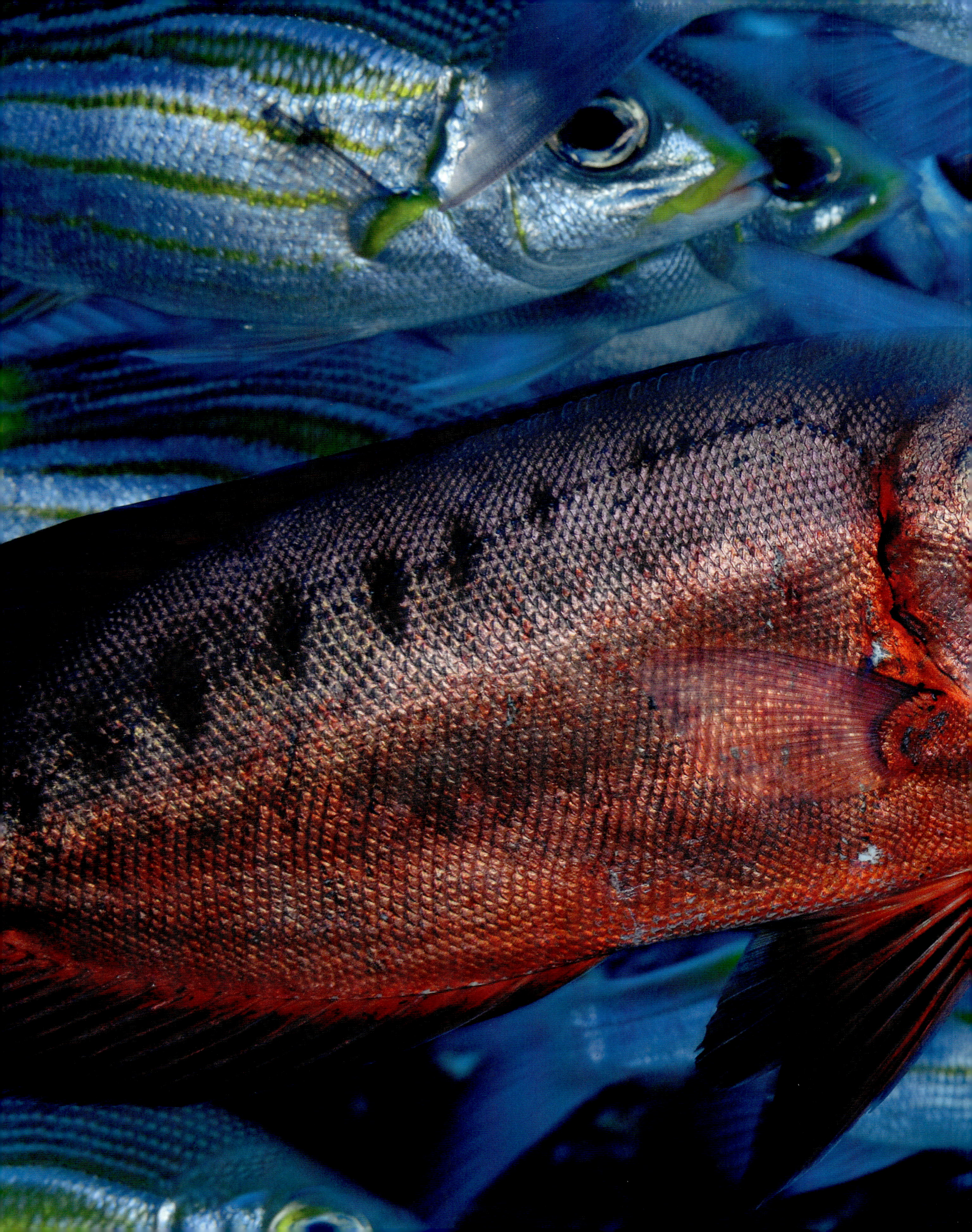

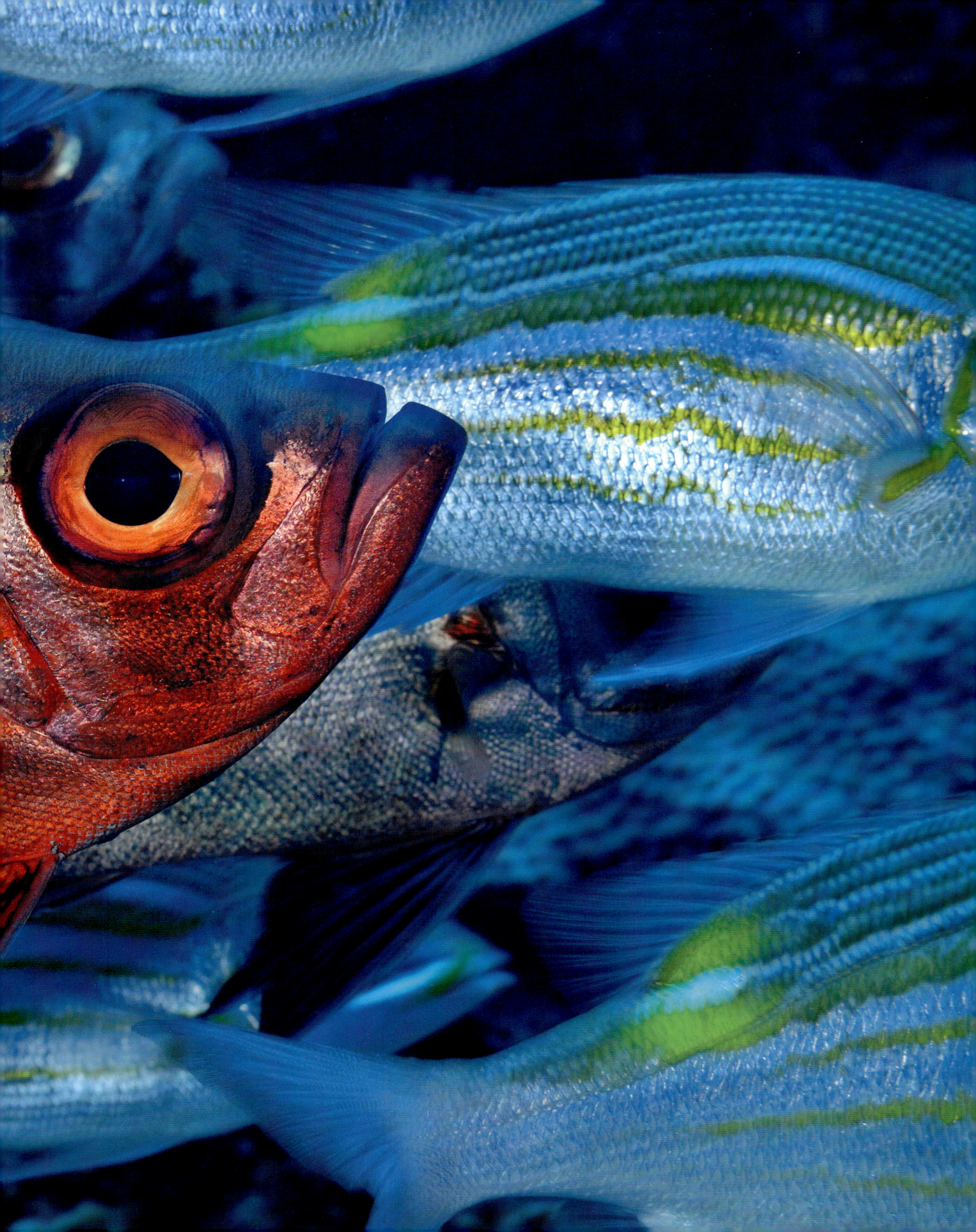

AUSFALL DER KLIMAANLAGE

Seit einigen Jahren beobachten Wissenschaftler mit wachsender Beunruhigung den Anstieg des Meeresspiegels. Nach mehreren Jahrtausenden der Stagnation steigt der Ozean seit 1900 wieder an, und zwar um 1,7 mm pro Jahr. Diese Entwicklung zieht sich durch das gesamte 20. Jahrhundert und beschleunigt sich derzeit: Inzwischen sind es 3,2 mm pro Jahr, sagen uns Satelliten. Sie sind das einzige Mittel zur Vermessung der Weltmeere. Die Satellitendaten werden durch ein Netz von Flutmessern bestätigt – das sind Instrumente am Meeresgrund, die den Wasserstand messen.

Die Erklärung für den beunruhigenden Anstieg lautet mit einem Wort: Klimawandel. Die konkreten Berechnungen und Untersuchungsmethoden mögen komplex sein, der zugrundeliegende Mechanismus aber ist einfach. Es sind zwei Prozesse am Werk. Zum einen die thermische Ausdehnung: Ein wärmerer Ozean nimmt an Volumen zu (wie die meisten festen, flüssigen oder gasförmigen Stoffe, die man erwärmt). Die Meere haben einen Großteil der Klimaerwärmung aufgefangen und nehmen daher an Volumen zu, wodurch der Meeresspiegel steigt. Als zweiter Prozess kommt die Kontinentaleisschmelze hinzu. Enorme Wassermengen sind in Form von Eis eingeschlossen, an den beiden großen Polkappen (Grönland und die Antarktis) und in Tausenden über unseren Planeten verteilten Gletschern, von Sibirien über den Himalaja bis zu den Alpen und den Anden. Doch von dieser von Eis bedeckten Oberfläche, der »Kryosphäre«, scheint nur noch der östlich des Südpols gelegene Teil der Eiskappe stabil zu sein. Die große Mehrheit (90 %) der globalen Eisflächen schmelzen, so auch das Grönlandeis und der westliche Teil der Antarktis. Der Meeresspiegel steigt weiter an, da die Ozeane die Wassermassen aufnehmen. Angesichts des raschen Rückgangs der Kryosphäre und insbesondere der schnellen Schmelze der grönländischen und westantarktischen Gletscher rechnen die meisten Fachleute mit einem beschleunigten Anstieg des Meeresspiegels im Vergleich zu den Schätzungen, die noch vor einigen Jahren aktuell waren. Unter Experten herrscht die Erwartung vor, dass dieser im Laufe des 21. Jahrhunderts um über einen Meter ansteigen wird.

EIN METER PRO JAHRHUNDERT

Ein Meter in 100 Jahren, das bedeutet angesichts der hohen Konzentration von Ressourcen und Bevölkerungen in Küstengebieten ein enormes Risiko. Es sind riesige Verluste zu befürchten. Millionen Menschen leben in sehr niedrig gelegenen Gebieten, etwa in Bangladesh, am Nildelta oder in Inselstaaten. Man denke auch an Shanghai, den Welthafen mit dem höchsten Warenumschlag: Die Stadt ist sehr tief gelegen, und die Hafenanlagen sind besonders anfällig für Küstenstürme. Oder an eine andere Stadt von globaler Bedeutung, nämlich das unzureichend gegen Hochwasser geschützte New York. Wenn es auch schwierig ist, präzise Zahlen zu nennen, könnten doch Millionen bis Hunderte Millionen Menschen gezwungen werden, als sogenannte »Klimaflüchtlinge« ihre Wohnorte zu verlassen. Wir haben es mit einer ernsten Bedrohung zu tun, die verlangt, dass man sich dem Problem der Erderwärmung entschlossen annimmt – zumal neben dem Anstieg des Meeresspiegels noch andere, meist weniger bekannte Störungen des Ökosystems Ozean auftauchen, die bezeugen, wie sehr das Meer – aus dem doch alles Leben stammt – an unserem übermäßigen Kohlenstoffausstoß krankt.

Sattelrobbe *(Pagophilus groenlandicus)* **mit ihrem Jungen im Sankt-Lorenz-Golf, Kanada**

Sattelrobben leben in den arktischen Gewässern des Nordatlantiks. Es gibt drei große Populationen: im Norden Russlands, im Süden von Spitzbergen und in Neufundland. Die Jungtiere sind bekannt für ihr makelloses weißes Fell. Dieses Fell verleiht den jungen Robben leider einen hohen wirtschaftlichen Wert. Jedes Jahr werden an die 400.000 junge Sattelrobben an Land erschlagen. 95 % der so erbeuteten Felle sind für die Modeindustrie bestimmt.

IM MITTEL 0,4 °C WÄRMER ALS 1992

Wenn sich diese Entwicklung fortsetzt, könnte es im Jahr 2100 3,5 bis 4 °C wärmer auf der Erde sein.

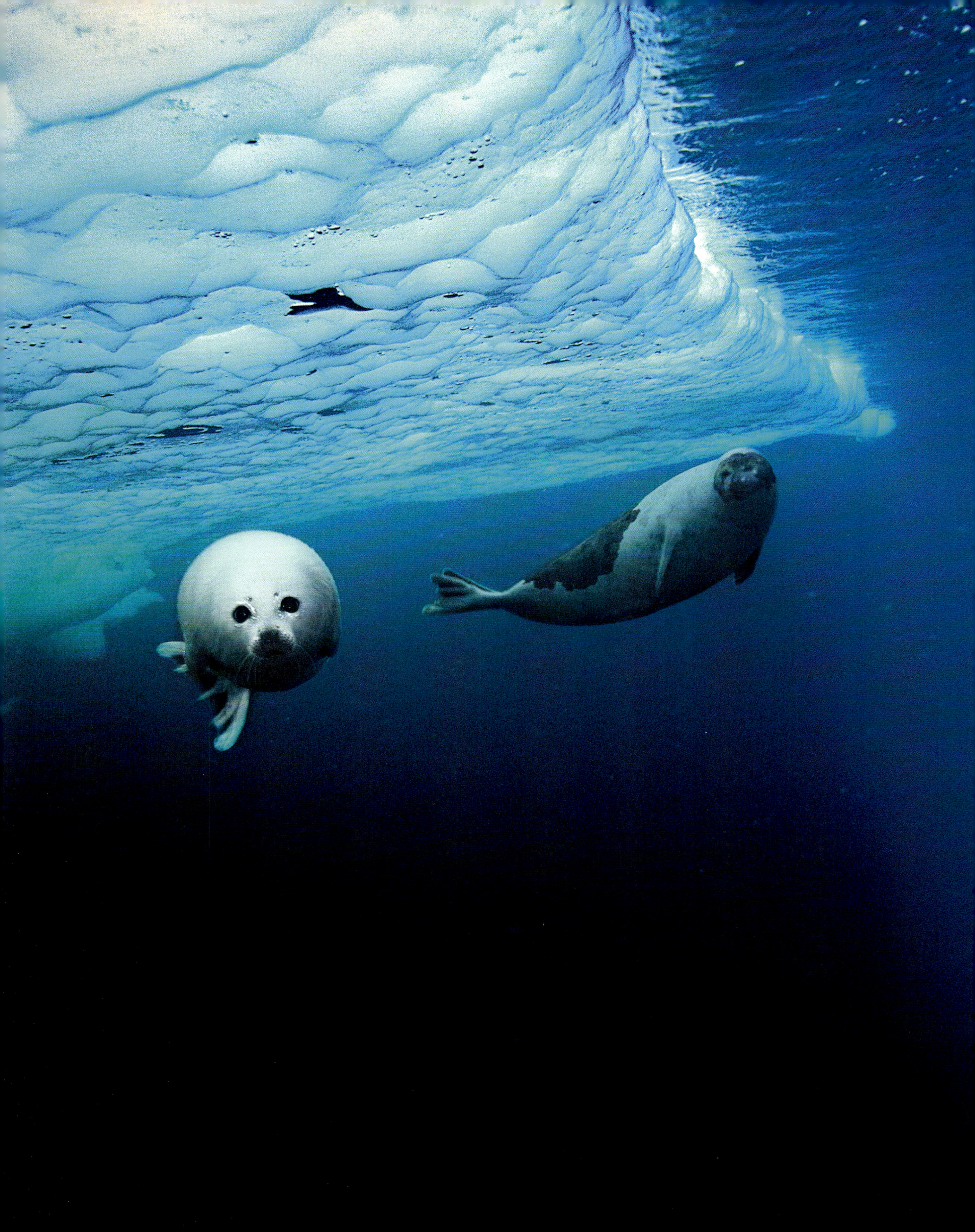

Das Meer spielt in der »Maschinerie Erde« die Rolle einer Klimaanlage, die extreme Temperaturunterschiede abmildert und damit die Bewohnbarkeit unseres Planeten erhöht, da die meisten Lebewesen sich großen Schwankungen kaum anpassen können. Die Klimaanlage Meer ist umso wichtiger, da menschliche Aktivitäten die Erde erwärmen und Ungleichgewichte schaffen. Der Ozean dient als Puffer, der die brutalsten Schläge, die wir unserer Umwelt zufügen, abschwächt. Dieser Puffer reagiert hauptsächlich auf zwei miteinander verwobene Einflüsse: Temperatur und Kohlendioxid.

KOHLENDIOXIDPUMPE

Der Ozean nimmt einen Großteil der vom Menschen verursachten Klimaerwärmung in seine Tiefen auf. Man schätzt, dass nur 10 % der durch Treibhausgasemissionen freigesetzten Energie zur Erhöhung der Lufttemperatur beigetragen haben. Die restlichen 90 % sind in den Ozean gewandert, hauptsächlich auf den Grund. Natürlich ist diese Energie nicht verschwunden und wird irgendwann wieder an die Oberfläche dringen, aber alles, was die vom Menschen verursachten Schädigungen puffert, ist für unseren Planeten von großer Bedeutung.

Der Ozean spielt also eine Schlüsselrolle bei der Regulierung der Erdtemperatur. Er zieht einen großen Teil des von uns produzierten Kohlenstoffs aus der Atmosphäre und mildert damit doppelt die Auswirkungen unseres Kohlenwasserstoffverbrauchs ab. Nicht weniger als ein Drittel der menschlichen CO_2-Emissionen seit Beginn der Industriellen Revolution wurden von den Ozeanen aufgenommen, anstatt unsere Atmosphäre aufzuheizen. Das Meer dient auf zweierlei Art als Kohlendioxidpumpe. Zum einen als »physikalische Pumpe«, die dadurch angetrieben wird, dass Kohlendioxid ein in Wasser lösliches Gas ist. Auf der gesamten Kontaktfläche von Luft und Wasser werden Kohlendioxidmoleküle im Meerwasser gelöst und so aus der Atmosphäre gezogen, wodurch sie nicht mehr zu deren Erwärmung beitragen können.

Archipel Raja Ampat, Papua Barat, Indonesien
(0° 41′ südl. Br. – 130° 25′ östl. L.)

Der um vier Hauptinseln verstreute Archipel Raja Ampat (Vier Könige) besteht aus 1500 kleinen Inseln. Laut einem Bericht der NGO Conservation International aus dem Jahr 2002 beheimatet ihre Unterwasserwelt eine der reichsten Artenvielfalten der Welt – darunter mehr als die Hälfte der bekannten Korallenarten, das heißt 550 verschiedene Arten, sowie mehrere Hundert Fischarten.

35 % SÄUREANSTIEG
IM MEER

Der Säuregehalt des Meeres lag im Jahr 1880 bei einem pH-Wert von 8,2. Inzwischen ist er auf 8,05 gefallen. Wissenschaftler sehen für 2100 einen pH-Wert von 7,85 voraus, das entspricht einer Steigerung um 152 %.

Zu dieser »physikalischen Pumpe« kommt noch eine »biologische Pumpe«, die das Organische einbezieht, während die physikalische Pumpe auch in einem sterilen Ozean funktionieren würde. Der Begriff »biologische Kohlenstoffpumpe« steht ganz einfach für den Umstand, dass Meerespflanzen und vor allem Planktonalgen für ihr Wachstum große Mengen Kohlendioxid von der Wasseroberfläche schöpfen. Ein großer Teil der Algen sinkt anschließend als »Planktonregen« (eine Mischung aus Kadavern, Exkrementen, Schleim und organischen Partikeln) an den Meeresgrund, wodurch der enthaltene Kohlenstoff der Atmosphäre dauerhaft entzogen wird.

Leider sind die Weltmeere trotz ihres riesigen Volumens (1340 Millionen m^3 Wasser!) schon jetzt bedeutenden Veränderungen unterworfen, die durch unseren CO_2-Ausstoß hervorgerufen werden. Da man die Funktionsweise dieser Meeres-Klimaanlage noch unzureichend versteht, lassen sich keine präzisen Voraussagen zu den Auswirkungen dieser Prozesse treffen. Doch die Grundtendenz ist eindeutig: Alles weist darauf hin, dass die regulierende Kraft des Ozeans beeinträchtigt wird. Das hat Auswirkungen auf die in ihm lebenden Organismen und das globale Klima über Meer und Land.

DAS PROBLEM LIEGT IM NORDATLANTIK

Die größte Sorge bereitet Forschern die Zukunft einer Strömung namens Atlantische Meridionale Umwälzbewegung (Atlantic Meridional Overturning Circulation, AMOC), die in die Tiefen des Nordatlantiks abtaucht und allein für ein Viertel des Energietransports Richtung Pole zuständig ist. Die Strömung bildet sich aus gewaltigen Mengen Oberflächenwasser aus den Tropen, das in die Tiefen fließt – Wasser, das seine Wärme an die Atmosphäre abgegeben hat, kälter und salziger geworden ist und damit auch eine höhere Dichte gewonnen hat. Doch der Nordatlantik gehört zu den Regionen der Erde, in denen die Erwärmung besonders schnell fortschreitet. Die Wassermassen dort sind immer weniger kalt und auch weniger salzig, da die in hohen Breiten gelegenen Gletscher (in Kanada, Sibirien, Grönland usw.) abschmelzen. So wird die durch niedrige Temperaturen und hohen Salzgehalt angetriebene Abwärtsbewegung des Wassers abgeschwächt – wenn sich die Fachleute auch uneins sind über die Geschwindigkeit und das Ausmaß dieser Verlangsamung. Tatsache ist, dass durch eine reduzierte AMOC weniger Kohlendioxid aus der Atmosphäre in die Tiefen gezogen wird, genauso wie die Wärmezirkulation aus den Tropen gen Norden eingeschränkt wird, was deutliche Klimaveränderungen zur Folge hat.

Auch die »physikalische Kohlenstoffpumpe« läuft nicht mehr einwandfrei. Nach den Regeln der Physik löst sich in warmem Wasser weniger Gas als in kaltem. Die Erwärmung des Ozeans reduziert also automatisch seine Fähigkeit, Kohlendioxid zu absorbieren. Im Vergleich zur vorindustriellen Ära hat sich die Oberflächenschicht der Ozeane – dort findet der Austausch mit der Atmosphäre statt – bereits um 0,8 °C erwärmt, und die Entwicklung schreitet unvermeidlich voran.

ÜBERSÄUERUNG DER MEERE

Die Entwicklung der »biologischen Pumpe« ist dagegen schwieriger vorauszusehen. Man weiß jedoch, dass wir uns – wie oben beschrieben – auf ein wärmeres Meer zubewegen, das zudem einen höheren Säuregehalt hat. Zur Versauerung des Ozeans kommt es, da das Kohlendioxid, wenn es sich in Wasser löst, Kohlensäure bildet. Wenn sich große Mengen menschengemachtes Kohlendioxid im Meer ansammeln, steigt also dessen Säuregehalt. Schon jetzt ist sein pH-Wert innerhalb eines Jahrhunderts um 0,1 gesunken. Zum Ende des 21. Jahrhunderts könnte er noch um 0,4 bis 0,5 fallen. Diese veränderten chemischen Bedingungen würden Organismen schädigen, die eine Kalkschale ausbilden – dazu gehören ein großer Teil des Phytoplanktons, Korallen und Weichtiere, denn das saure Wasser greift wiederum die Struktur des Kalks an. Es gibt bisher keine Erkenntnisse dazu, ob auch andere Organismen mit dem saureren Milieu zu kämpfen hätten. Wenn die Entwicklung fortschreitet, muss sich die Menschheit in jedem Fall auf tief greifende Veränderungen des Ökosystems einstellen: Bestimmte Arten könnten durch ihre Rivalen ersetzt werden, andere ohne Nachfolger verschwinden, wieder andere könnten sich unverhältnismäßig vermehren.

DER EISBÄR

Der Rückgang des Packeises stellt eine Bedrohung für den Eisbär dar, der sich auf den Schollen ausruht oder Seehunde jagt. Die Eisfelder sind unentbehrlich für seine Nahrungsaufnahme und damit die Ausbildung von Fettreserven. Obgleich der Eisbär – manchmal durch Kreuzung mit dem Braunbär – im Laufe seiner 600.000 Jahre dauernden Geschichte schon mehrere Glazialzeiten und Phasen der Erwärmung überlebt hat, ist seine Zukunft nun angesichts der Eisschmelze im Polarmeer gefährdet. Der Sohlengänger steht inzwischen symbolisch für die Opfer des Klimawandels.

Die Eisschmelze im Frühjahr beginnt mit jedem Jahrzehnt acht Tage früher und nimmt immer größere Ausmaße an. Für den Eisbären bedeutet dies, dass seine Jagdsaison immer kürzer wird, während sich die Fastenzeit verlängert. Im Jahr 2011 wurde ein Eisbärenweibchen beobachtet, das in neun Tagen 687 km geschwommen sein musste, um das Packeis zu erreichen: ein Rekord! In der kanadischen Hudson Bay ist die Eisbärenpopulation seit 1987 um 22 % eingebrochen, und die Tiere sind magerer geworden: Weibchen wiegen im Schnitt 30 Kilogramm weniger als vor 30 Jahren.

Das Verschwinden des arktischen Packeises und damit das Aussterben des Eisbären sind also vorhersehbar. Daher wird von einigen Stellen vorgeschlagen, mehr Tiere einzufangen und in die Obhut von Zoos zu geben. Doch der Eisbär – ein Fleischfresser im Gegensatz zu seinem Vetter, dem Braunbär – ist ein riesiges Jagdgebiet gewohnt, und ihm bekommt die Gefangenschaft schlecht.

Derzeit leben noch rund 25.000 Eisbären in ihrem ursprünglichen Habitat. Der Eisbär wurde von der IUCN als gefährdet eingestuft. In den USA gilt er als bedrohte Tierart.

AUSFALL DER KLIMAANLAGE

Seehunde *(Phoca vitulina)* **auf einer Eisscholle, Ochotskisches Meer, Hokkaido, Japan**

Seehunde bevölkern die Küsten der nördlichen Halbkugel und des Arktischen Ozeans. Es gibt weltweit etwa fünf bis sechs Millionen Seehunde. Global gesehen sind sie keine bedrohte Tierart, doch stellenweise haben sie mit schwierigen Bedingungen zu kämpfen. Entlang der norwegischen Küsten sterben Seehunde zu 48 % als Beifang.

KORALLENSTERBEN

An erster Stelle leiden Korallenriffe unter den Auswirkungen des Klimawandels: Wenn die Temperaturen steigen, kommt es zu einer Korallenbleiche. Sie entsteht, wenn die symbiotische Verbindung zwischen Korallen und Algen verloren geht. Die Algen (Zooxanthellen) verlassen die Polypen oder verlieren die Fähigkeit zur Fotosynthese. Dauert die Unterbrechung der Symbiose an, stirbt die Koralle ab. Auch der Anstieg der CO_2-Konzentration und die daraus folgende Versauerung der Meere bleiben für die Korallen nicht ohne Folgen. Der höhere Säuregehalt erschwert den Korallen die Ausbildung eines Kalkskeletts. Diese schädigenden Einflüsse addieren sich zu Belastungen wie Überfischung und Verschmutzung. Der Zustand der Korallenriffe alarmiert und mobilisiert die Forschergemeinde. 2012 sind 2600 Ozeanografen aus aller Welt in Australien zusammengekommen und haben zur Rettung dieses besonders wichtigen Ökosystems aufgerufen.

PACKEISSCHMELZE

Zuletzt noch ein Wort zum Packeis, einem weiteren Teil des Ozeans mit großer Bedeutung für unser Klima. Weltweit gesehen gehen die Eisflächen eindeutig zurück, sehr wahrscheinlich aufgrund der Erderwärmung. Wenn man genauer hinschaut, stellt man fest, dass das Packeis der nördlichen Hemisphäre schneller verschwindet (seit 30 Jahren alle 10 Jahre 11,5 % der Oberfläche), während das die Antarktis am Südpol umgebende Eis seit 30 Jahren leicht zunimmt (etwa um 2,7 % pro Jahrzehnt). Die genauen Ursachen hierfür sind nicht bekannt. Man vermutet, es könnte eine Veränderung der lokalen Windströme beteiligt sein. Nach aller Voraussicht und den Regeln der Logik wird der Rückgang im Norden weitergehen und durch den Zuwachs im Süden nicht ausgeglichen werden – selbst wenn wir derzeit nicht wissen, bis zu welchem Stadium sich das Packeis zurückziehen wird. Dieses Packeis aber ist die natürliche Klimaanlage unseres Planeten: Die Sonnenstrahlen werden von seiner reflektierenden Oberfläche zurückgeworfen und kehren ins All zurück, nachdem sie nur eine minimale Aufwärmung hervorgerufen haben. Wenn das Packeis geschmolzen ist, nimmt der dunkle Ozean die Sonnenstrahlen auf und speichert die Wärme. Die Flächen, von denen hier die Rede ist, sind immens: Das arktische Packeis bedeckt 12 Millionen km^2, sein antarktisches Gegenstück 14 Millionen km^2. Das Packeis ist damit ein »Spiegel« mit einer größeren Fläche als Nordamerika und von globaler Wirkung! Am Ende dieser Bestandsaufnahme der vielfachen Wechselwirkungen zwischen Ozean und Klima bleibt festzustellen, dass die riesige »Klimaanlage Meer« inzwischen nicht mehr einwandfrei funktioniert. Der Anstieg der Temperaturen bedroht Küstenansiedlungen und einen bedeutenden Teil der globalen Vielfalt. Um das Meer zu retten, bedarf es derselben Maßnahmen wie zur Rettung der gesamten Biosphäre – angefangen bei der dringend notwendigen Reduktion unserer Treibhausgasemissionen.

Suppenschildkröte *(Chelonia mydas)* **auf Seegraswiese**

Suppenschildkröten findet man in vielen tropischen Regionen in der Nähe von Seegraswiesen. Ausgewachsene Tiere ernähren sich fast ausschließlich von den bandförmigen Blättern der Wasserpflanzen. Das Überleben der Suppenschildkröten hängt also unmittelbar von der Existenz dieser Seegraswiesen ab, die jedoch durch vom Menschen verursachte Entwicklungen bedroht sind.

Mehr Informationen zu diesem Thema und ein entsprechender Ausschnitt aus dem Film *Planet Ocean* sind auf der Website www.goodplanet.org verfügbar.

SEEGRASWIESEN

Die weiten Unterwassergrünflächen, die es in den meisten Meeren der Erde gibt, bestehen nicht etwa aus Algen, sondern aus Seegrasgewächsen, die den Gräsern an Land nicht unähnlich sind – daher spricht man auch von »Wiesen«. Tatsächlich sind die Pflanzen vor etwa 475 Millionen Jahren aus dem Meer gekommen, und einige Arten sind dann vor 100 Millionen Jahren dorthin zurückgekehrt. Sie sind Ausgangspunkt für die 64 Seegrasarten, die es derzeit auf der Erde gibt. Ihre Evolutionsgeschichte und die besonderen Eigenschaften machen Seegraswiesen zu »terrestrischen« Ökosystemen der Unterwasserwelt.

Im Gegensatz zu Algen besitzen Seegrasgewächse Wurzeln, Blätter, Blüten und Früchte. Sie vermehren sich hauptsächlich eingeschlechtlich, und ihr Wachstum erfolgt durch die Ausweitung des unterirdischen Sprossachsensystems (Rhizom). Auf diese Weise kann sich eine einzelne Pflanze über mehrere Kilometer ausbreiten und ein sagenhaftes Alter erreichen: So wurde in Algerien ein 80.000 bis 200.000 Jahre altes Seegrasgewächs entdeckt. Blüten – die eine geschlechtliche Vermehrung erlauben würden – kommen nur selten vor: Die Neptungräser im Mittelmeer etwa blühen nur einmal im Jahr.

Seegraswiesen gehören zu den artenreichsten Ökosystemen der Erde. Sie sind echte *Hotspots* der Vielfalt. Symbolträchtige Arten wie Dugong, Seekuh und Schildkröte ernähren sich direkt von den Seegrasblättern. Ein Dugong kann bis zu 40 Kilo, eine Suppenschildkröte bis zu 2 Kilo pro Tag konsumieren. Doch die Seegraswiesen bieten auch vielen Arten Schutz, die sich nicht direkt von den Pflanzen ernähren. Dazu gehören mehrere Fischarten (u. a. Zackenbarsch, Pfeilhecht) mit jungen und ausgewachsenen Tieren, Weichtiere (Schalen bildende Mollusken), Meereswürmer, Seeigel, Seesterne und Krebse. Seegraswiesen bieten zudem gefährdeten Arten wie den Seepferchen Schutz. Die Neptungraswiesen des Mittelmeers beherbergen etwa 50 endemische oder besonders labile Arten.

Seegraswiesen gelten zudem als Stützen des Ökosystems, denn sie stabilisieren den sie umgebenden Lebensraum. Ihre Blätter fangen Sedimente auf, ihre Wurzeln festigen den Meeresgrund und schützen so vor Erosion. Die Gräser filtern das Wasser, sie produzieren große Mengen Sauerstoff durch Fotosynthese und halten mit ihren Wurzeln Sedimente fest. Auf globaler Ebene gehören Seegraswiesen zu den produktivsten Ökosystemen, da sie jährlich mehr als 27 Millionen t Kohlenstoff binden.

Aktuelle Studien zeigen, dass die Gräser im Gegensatz zu Bäumen, die Kohlenstoff vor allem im Holz speichern, 90 % des Kohlenstoffs im Boden anlagern. Im Mittelmeer haben Seegraswiesen auf diese Weise eine mehrere Meter tiefe Schicht gebildet. Im Laufe der Jahrhunderte haben sich beinahe 19 Milliarden t Kohlenstoff in den Seegraswiesen angesammelt.

Wie Korallen und Mangroven sind Unterwasserwiesen sehr fragile Ökosysteme, die menschengemachten, von der Küste kommenden Bedrohungen besonders ausgesetzt sind. So haben sie Wächterfunktion und zeigen früh schädigende Umwelteinflüsse an. Studien schätzen, dass bereits 29 % der Seegraswiesen verschwunden sind und sich dieser Rückgang mit 1,5 % pro Jahr fortsetzt. Verschmutzung, Ausbaggerung, Ankern, Überdüngung, Überfischung, Entsalzung oder auch die Einschleppung der »Killeralge« *Caulerpa taxifolia* stellen Bedrohungen für diese wichtigen Ökosysteme dar.

AUSFALL DER KLIMAANLAGE

GESPRÄCH

DIE ARKTIS AUF DIE PROBLEME VON MORGEN VORBEREITEN

MICHEL ROCARD

Der ehemalige französische Premierminister wurde 2009 als Botschafter Frankreichs mit den internationalen Verhandlungen zu der Situation an Nord- und Südpol beauftragt. Er macht auf die Gefährdung der Polarregion aufmerksam – das riesige Gebiet ist derzeit tief greifenden Veränderungen unterworfen, und da seine Ressourcen durch den Klimawandel erreichbarer geworden sind, werden die Begierden der Anrainerstaaten geweckt.

DIE PACKEISSCHMELZE IN DER ARKTIS WECKT BEGEHRLICHKEITEN. WORUM GEHT ES DABEI?

Die Arktis enthält enorme Ressourcen. Man hat dort bedeutende Erdgas- und Erdölvorkommen ausfindig gemacht: nahezu 30 % der globalen Erdgas- und 14 % der Erdölreserven. Die Schwierigkeit dabei ist, dass die Rechte an diesen Rohstoffvorkommen nicht eindeutig geklärt sind, da sie sich in Gebieten befinden, die derzeit keiner Landeshoheit unterworfen sind. In der Arktis geht es nun darum, die Rechte der Küstenstaaten über die Grenzen der Ausschließlichen Wirtschaftszonen (AWZ) hinaus auszuweiten, denn die neu entdeckten Vorkommen befinden sich im Wesentlichen jenseits dieser Grenzen. 1982 wurde in Montego Bay ein Seerechtsübereinkommen unterzeichnet, das die Wirtschaftszonen festlegt. In diesen maximal 200 Seemeilen breiten Zonen nimmt der angrenzende Küstenstaat Hoheitsbefugnisse wahr, zu denen auch die Erkundung und Ausbeutung des Meeresbodens und seines Untergrunds gehören.

> »Mehrere Staaten möchten die Rechte an den Ressourcen erlangen, die der arktische Meeresboden einschließt.«

Um seine Rechte auszuweiten, muss ein Staat deutlich machen können, dass der Meeresboden eine natürliche Verlängerung des Landesterritoriums darstellen, also ein Teil des Festlandsockels ist. Der betreffende Staat stellt einen Antrag bei einem Spezialkomitee der Vereinten Nationen, der »Kommission zur Begrenzung des Festlandsockels«. Sie entscheidet über die Gültigkeit des Anspruchs und kann dem betreffenden Staat erlauben, seine Souveränität um 150 Seemeilen auszuweiten. Ein Staat kann also ein 350 Seemeilen breites Hoheitsgebiet jenseits seiner Küstenlinie erlangen, das sind insgesamt 650 km ab der Küstenlinie gemessen.

WIE WEIT SIND DIE ANRAINERSTAATEN MIT IHREN FORDERUNGEN BISHER GEKOMMEN?

Kanada, Dänemark, die Vereinigten Staaten, Norwegen und Russland – sie alle wollen Rechte an den Ressourcen erlangen, die der arktische Meeresboden einschließt. Das erste Land, das einen Antrag gestellt hat und eine positive Antwort bekam, war Norwegen. 2009 hat es auf diese Weise eine Ausweitung seiner Rechte um Spitzbergen erreicht. Norwegen hat übrigens lange mit Russland über die Reserven des Stockmann-Gasfelds in der Barentssee gestritten, das sich als dritt- bis viertgrößte Erdgasquelle der Erde herausgestellt hat. Nach beinahe 40 Jahre andauernden Streitigkeiten haben die beiden Staaten 2010 schließlich ein Abkommen zur Aufteilung der Vorkommen geschlossen. Aktuell zieht aber ein anderes Gebiet sämtliche Begierden auf sich: der Lomonossow-Rücken, eine 2000 km lange unterseeische Bergkette, die unter dem geografischen Nordpol verläuft. Bis jetzt haben sich vor allem die Russen dort engagiert. 2007 haben sie ihre Flagge am Meeresgrund verankert, und Russland hat schon mehrere Eingaben bei der Kommission zur Begrenzung des Kontinentalsockels gemacht. Aber die Antwort lautet immer gleich: »Ihr Antrag ist nicht überzeugend.«

> »Kein Staat ist in der Lage, die fünf bis sechs Milliarden Dollar aufzubringen, die eine Erschließung der Arktis kosten würde.«

Aus diesem Grund verbringen jeden Sommer russische Geologiestudenten ihre Ferien mit Probebohrungen, um den Forderungen ihres Landes eine Grundlage zu geben. Russland will sich 2013 nochmals an die Kommission wenden.
Die Vereinigten Staaten schließlich sind interessiert an einem enormen Gasvorkommen in der Beringstraße. Da sie aber das Seerechtsübereinkommen der Vereinten Nationen nicht unterschrieben haben, können sie die Kommis-

sion zur Begrenzung des Festlandsockels nicht in Anspruch nehmen. Derzeit wäre also eine Ausweitung der US-amerikanischen Rechte unzulässig.

WIE IST DIE AKTUELLE SITUATION IN ANBETRACHT DER ERÖFFNUNG NEUER SCHIFFFAHRTSWEGE DURCH DAS ABSCHMELZEN DES EISES?
Wenn in Zukunft der große Schiffverkehr an der Arktis vorbeiführt, sind sämtliche Küstenstaaten verpflichtet, den Handelsschiffen das Durchfahrtsrecht einzuräumen. Das betrifft nicht viele Staaten, aber es bedeutet, dass sie auch für die Sicherheit und Seerettung verantwortlich wären. Bis jetzt hat noch kein Land Einwände erhoben. Vor allem in der Argumentationsweise Kanadas ist erkennbar, dass es darin einen Ausdruck seiner Hoheitsansprüche sieht. Es will also keineswegs auf diese Vorrechte verzichten. Das Problem aber ist, dass kein Staat die fünf bis sechs Milliarden Dollar für eine Erschließung der Arktis aufbringen kann.

Derzeit gibt es vom Nordkap bis zur Beringstraße, entlang der sibirischen Küste oder an den kanadischen Inseln nicht einen Leuchtturm, keine Boje, keine Überwachungsflugzeuge, keine Rettungshubschrauber, keine Eisbrecher und keinen Hafen. Diese Infrastruktur ist aber notwendig. Ohne sie trägt keine Versicherung das Risiko der Schifffahrt.

WELCHES SIND DIE RISIKEN FÜR DIE UMWELT?
Die größte und schlimmste Gefährdung ist die Eisschmelze, die aber von Einflüssen abhängt, die nicht auf die Pole begrenzt sind. Der Kampf gegen Treibhausgase ist ein globaler Kampf, der in Kopenhagen gescheitert ist und anschließend bei anderen internationalen Zusammenkünften. Die Umwelt wird in den Polarregionen also weiter Schaden nehmen.

Aber das ist nicht alles. Die Eisschmelze wird demnächst Schäden verursachende wirtschaftliche Tätigkeiten ermöglichen, wie die Förderung von Erdöl, Fischfang, den Transport von Waren und Passagieren und Tourismus. Ich denke, man sollte schon heute Maßnahmen im Dienste der Umwelt treffen, bevor die Region für den Handelsverkehr eröffnet wird. Dazu gehören beispielsweise das Verbot, Müll oder Ölrückstände im Meer zu verklappen oder die Pflicht, einen Treibstoff zu benutzen, der gewissen Kriterien entspricht. Solche gesetzlichen Regelungen sind notwendig, um die Arktis vor Verschmutzung zu bewahren. Aber die Anrainerstaaten zeigen derzeit keinerlei Bereitschaft. Man muss sie zum Umdenken bewegen, und dafür sollten sich alle Länder engagieren.

WO HABEN EINHEIMISCHE VÖLKER IHREN PLATZ INMITTEN VON STAATEN, DIE VOR ALLEM VON WIRTSCHAFTLICHEN ERWÄGUNGEN GETRIEBEN SIND?
Die Arktis hat etwa 300.000 Einwohner, die zur Hälfte Inuit sind. Sie leben hauptsächlich entlang der Küsten, und für sie ist die Lage dramatisch, denn sie verlieren ihre Nahrungsquellen. Die Situation ist von Land zu Land unterschiedlich. Dänemark zum Beispiel ist dabei, Grönland in die Unabhängigkeit zu entlassen. Dort gibt es eine fast ausschließlich indigene Bevölkerung, denn von 55.000 Grönländern sind 54.500 Inuit und 500 dänische Beamte. Das bleibt nicht ohne Folgen, besonders was die Sicherheit des Erdölabbaus angeht. Derzeit kann niemand sagen, ob die Regierung Grönlands die Mittel haben wird, diese Sicherheit zu gewährleisten. Wenn das nicht der Fall sein sollte, werden große Erdölfirmen diese Aufgabe übernehmen, und die Regierung muss stark genug sein, diesen Firmen Regeln aufzuzwingen. In Russland haben sich die eingeborenen Völker in der RAIPON (Russian Association of Indigenous People of the North) zusammengeschlossen, die auch ständiger Beobachter beim Arktischen Rat ist. Dann gibt es noch die Inuit Circumpolar Council (ICC) als Vertretung der Inuit in Alaska, Grönland und Kanada. Die Bildung einer Inuit-Regierung in Grönland könnte die ICC jedoch destabilisieren.

HABEN DIE INUIT DENN WIRKLICH EINE STIMME, WENN ES UM BESCHLÜSSE ZWISCHEN STAATEN GEHT?
Wir stecken da mitten in einem Umbruch. Der Arktische Rat, der die Regierungen der Anrainerstaaten und die Vertretungen der indigenen Völker versammelt, wurde im Jahr 2000 gegründet. Vorher wurden die Inuit nicht gehört, von niemandem. Heute gibt es sechs institutionelle Vertretungen der indigenen Völker, und man hört sie an – besonders, da ganz entscheidende Dinge für sie auf dem Spiel stehen. Bei bestimmten Themen hat ihre Stimme zwar nicht viel Gewicht, wenn es beispielsweise um Entscheidungen zur Erdölförderung oder Fischereigenehmigungen geht. Doch es kann heute nicht mehr darum gehen, eine Arktispolitik zu machen, die die Inuit nicht beteiligt. Ihr Überleben wird wahrscheinlich zum Teil von einer Neuordnung abhängen.

»Die indigenen Völker an den Entscheidungen beteiligen, die sie betreffen.«

WAS IST IHRE ROLLE ALS BOTSCHAFTER, UND WELCHES IST DER PLATZ FRANKREICHS INMITTEN DIESER STAATEN UND VÖLKER?
Frankreich ist als Mitglied der europäischen Union zugleich ständiger Beobachter im Arktischen Rat. Je nach Thema bin ich als Botschafter einmal die Stimme Frankreichs und einmal die Stimme Europas.

HAT FRANKREICH EINEN BLICK FÜR DIE SITUATION DER ARKTIS UND ALLGEMEINER DIE AUSWIRKUNGEN DES KLIMAWANDELS?
Die CIA hat für die Vereinigten Staaten immerhin einen Bericht über die Folgen des Klimawandels verfasst. Die französische Marine ist stark involviert: Sie führt regelmäßig Beobachtungsmissionen in die Arktis durch, um die Situation aus der Nähe zu beurteilen. Doch im Gegensatz zu den USA sind wir an der Arktis viel weniger strategisch interessiert, denn dazu sind wir zu weit entfernt. Für Frankreich ist die Arktis kein strategisch wichtiges Gebiet.

Ross-Schelfeis und Mount Erebus, McMurdo-Sund
(76° 12′ südl. Br. – 163° 57′ östl. L.)

Die meisten Eisberge des Südlichen Ozeans haben sich aus den drei großen Eisdecken der antarktischen Küste gebildet – dem Ross-Schelfeis, dem Filchner-Ronne-Schelfeis und dem Amery-Schelfeis. Sie bestehen aus kontinentalem Eis, das durch das Absinken der Eiskappe Richtung Meer entsteht und erheben sich 30 bis 40 m über der Wasseroberfläche, während ihre Tiefe meist 300 m übersteigt. Am Meer angekommen werden sie nach und nach vom Wasser angeknabbert. Manche Eisberge sind nur einige Meter lang, andere können gigantische Ausmaße annehmen.

Kegelrobbe *(Halichoerus grypus)* im Golf von Maine, USA

Kegelrobben bevölkern Küstenzonen des Nordatlantiks und bevorzugen felsige Gebiete, kleine Inseln, Kieselstrände und Algenwälder. Die fleischfressenden Säugetiere ernähren sich von Fischen, Krustentieren und Weichtieren. In Europa findet man die größten Kegelrobbenkolonien in England, Irland und Schottland. In Frankreich kann man sie besonders gut an den Sept-Îles in der Bretagne beobachten.

Geoglyph El Candelabro, Paracas-Halbinsel, Peru
(13° 47′ südl. Br. – 76° 18′ westl. L.)

Die dreizackige, in den Felsen der Halbinsel Paracas gravierte Erdzeichnung *El Candelabro* (der Leuchter) ist 200 m hoch und 60 m breit. Nach Meinung von Experten soll sie einen Kaktus oder auch das Sternbild Kreuz des Südens darstellen und wurde offenbar vom Volk der Paracas geschaffen – Fischern, die ab dem 7. Jahrhundert vor Christus an dieser Küste Perus lebten. Die vom Meer aus weithin sichtbare Felszeichnung stellte tatsächlich eine Navigationshilfe dar und ist noch heute ein Seezeichen für vorbeiziehende Schiffe.

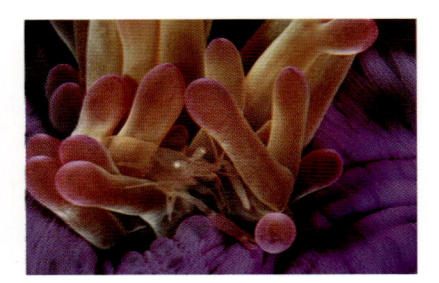

Seeanemone, einer durchsichtigen Zwerggarnele Schutz bietend, Kingmanriff, Vereinigte Staaten

Die transparente Garnele kann sich sehr gut in der Anemone verstecken, deren giftige Tentakel ihr den idealen Schutz bieten. Tarnstrategien sind in der Unterwasserwelt weit verbreitet. Steinfische beispielsweise lauern unerkannt am Boden auf Beute, und bestimmte Krabbenarten befestigen sich zur Tarnung Algen oder andere Fremdkörper auf ihrem Panzer.

Lagune von Venedig, Italien
(45° 18′ nördl. Br. – 12° 12′ östl. L.)

Die Lagune von Venedig erstreckt sich über 500 km zwischen der italienischen Küste und dem Adriatischen Meer und ist das größte Feuchtgebiet Italiens. Sie ist akut durch urbane und industrielle Verschmutzung wie Schwermetalle und Kohlenwasserstoffe gefährdet. Zudem hat Venedig sich in vergangenen Jahrhundert um 23 cm abgesenkt und muss sich gegen Hochwasser wappnen. Ab 2014 sollen zu diesem Zweck 78 mobile, über die Lagune verteilte Deiche in Betrieb genommen werden, die ein Hochwasser von drei Metern abhalten können.

Korallen abweidender Papageifisch *(Scaridae)*, Kingmanriff, Vereinigte Staaten

Papageifische leben in allen tropischen Regionen der Erde. Ihren Namen verdanken sie ihrem schnabelförmigen Maul, dessen extrem starke Kiefer ihnen ermöglichen, Muscheln und Korallen zu knacken – die Abfälle werden anschließend in einer Tasche zermahlen, um die Nährstoffe herauszufiltern. Ihren Schnabel setzen Papageifische auch ein, um die Algenschicht von Korallen zu kratzen.

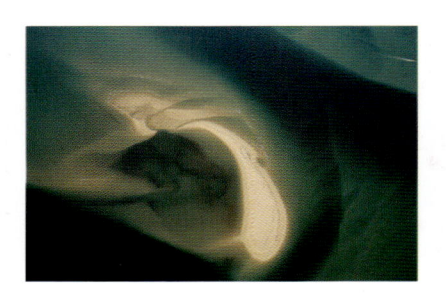

Banc d'Arguin, Gironde, Frankreich
(44° 34′ nördl. Br. – 1° 15′ westl. L.)

Die Sandbänke an der Mündung der Bucht von Arcachon ändern je nach Wind und Meeresströmung ihre Form und Lage. Sie dienen Zugvögeln als Zwischenstopp und beherbergen bis zu 5000 Brandseeschwalbenpaare *(Sterna sandvicensis)*, eine der drei größten Kolonien Europas. Die zwischen 150 und 500 Hektar großen Inseln wurden 1972 zu Schutzgebieten erklärt und in das europäische Natura-2000-Netz aufgenommen.

Taucher und Südkaper *(Eubalaena australis)*, Aucklandinseln, Neuseeland

Südkaper erreichen eine Länge von 15 m. Doch der größte Wal bleibt der Blauwal, zugleich das gewaltigste lebende Tier auf unserem Planeten. Mit 30 m Länge und einem Gewicht von 170 t bricht er sämtliche Rekorde. Und trotzdem besteht seine Nahrung hauptsächlich aus Krill – Organismen des Zooplanktons, die nicht größer als 7 mm und gerade einmal zwei Gramm schwer sind.

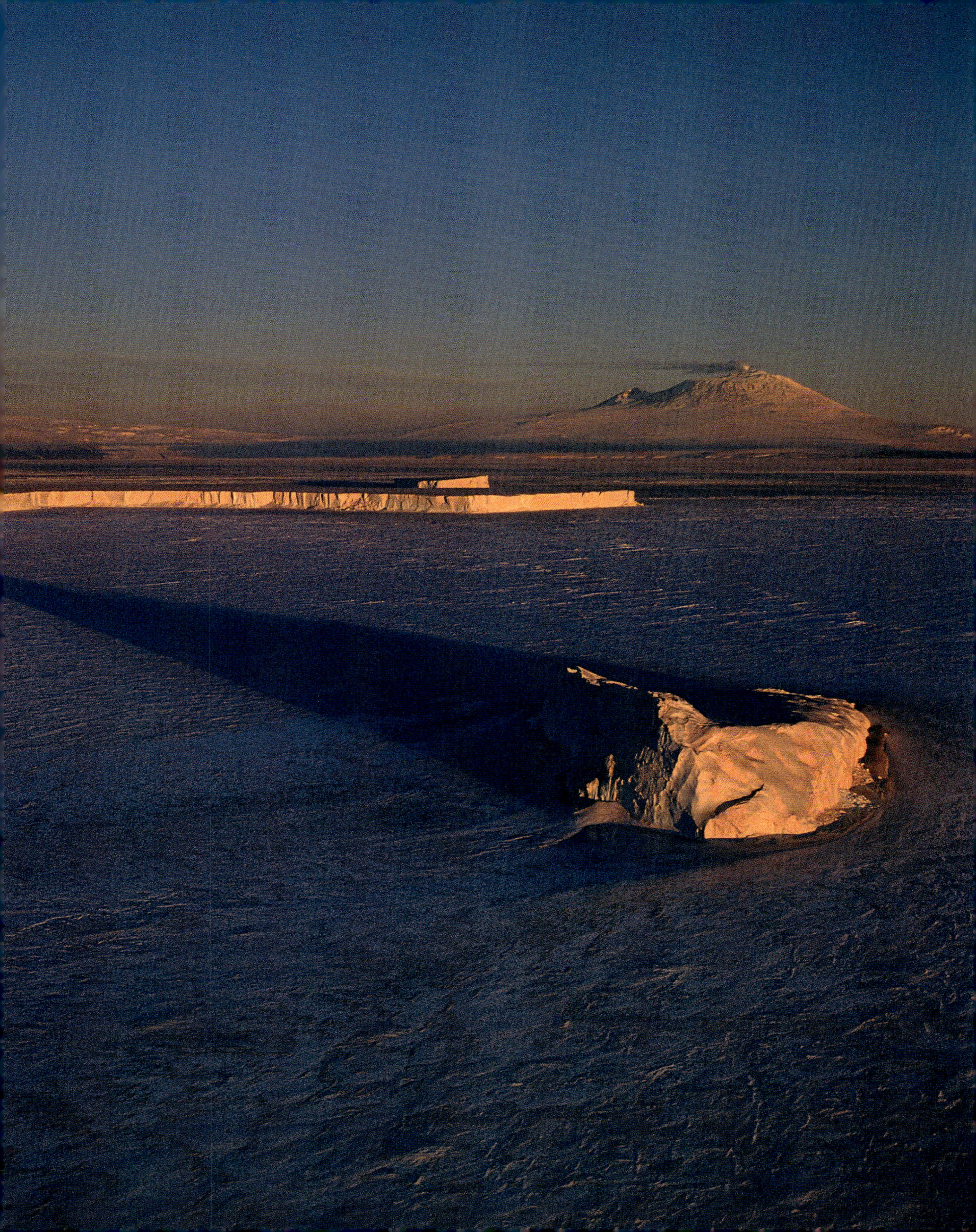

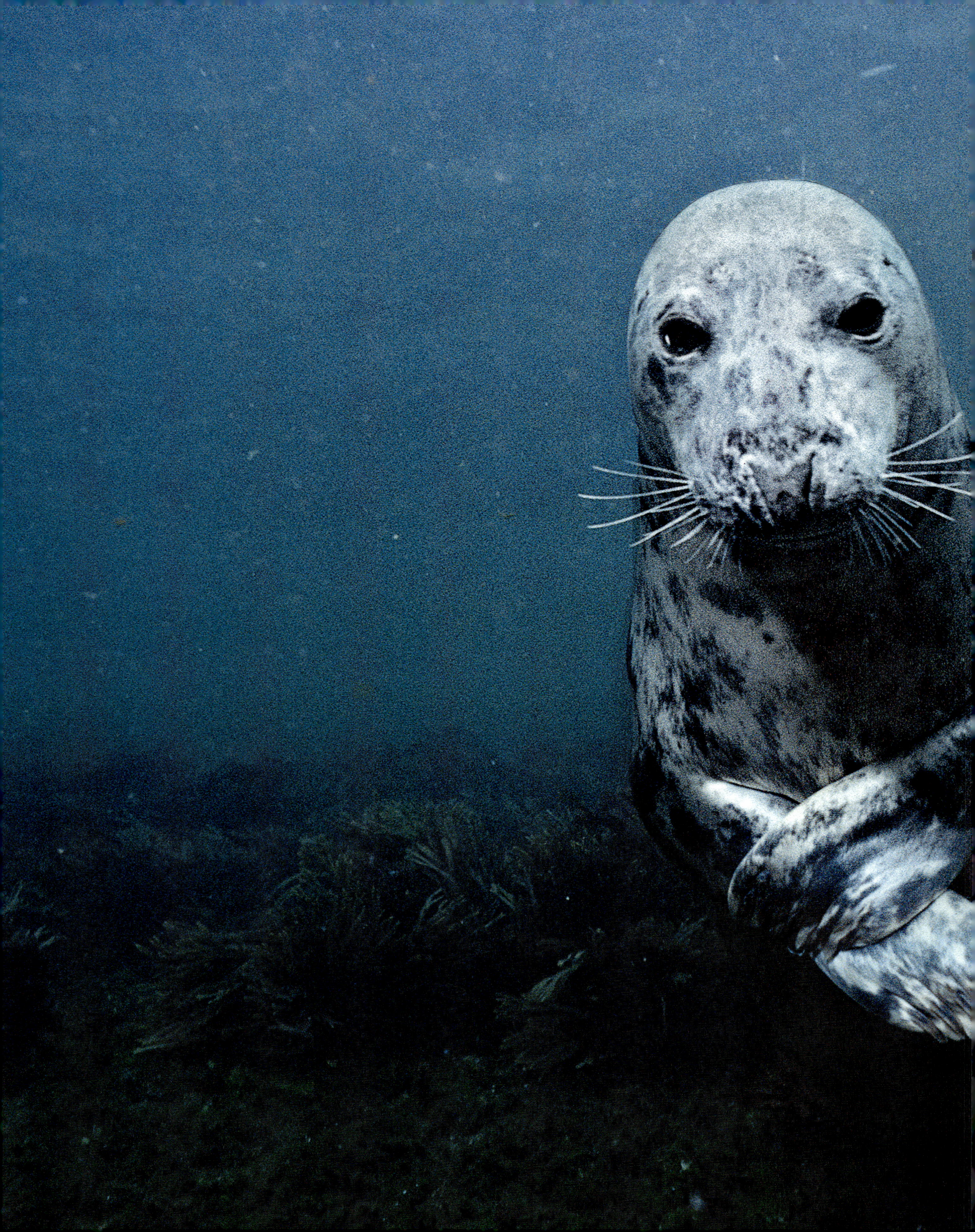

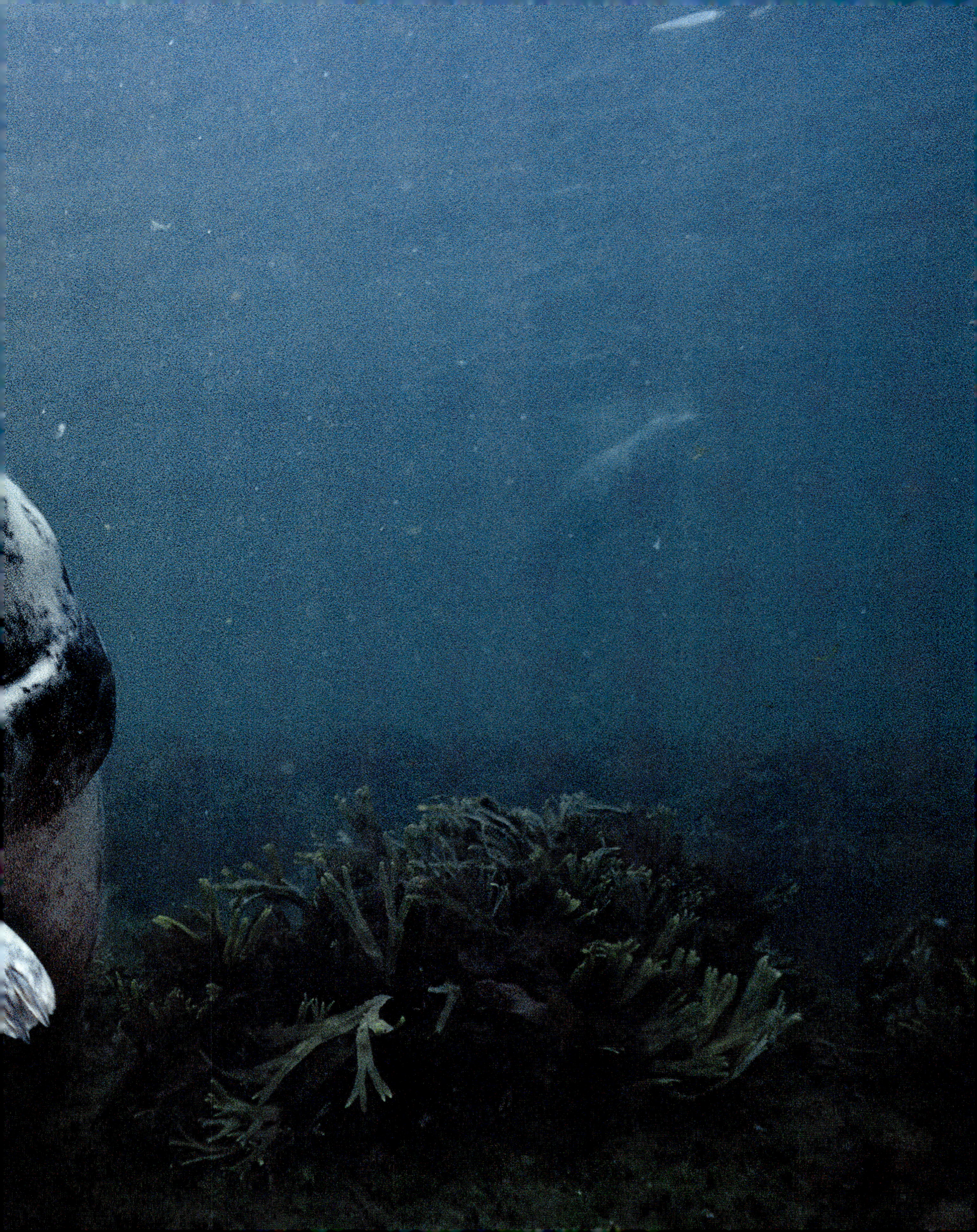

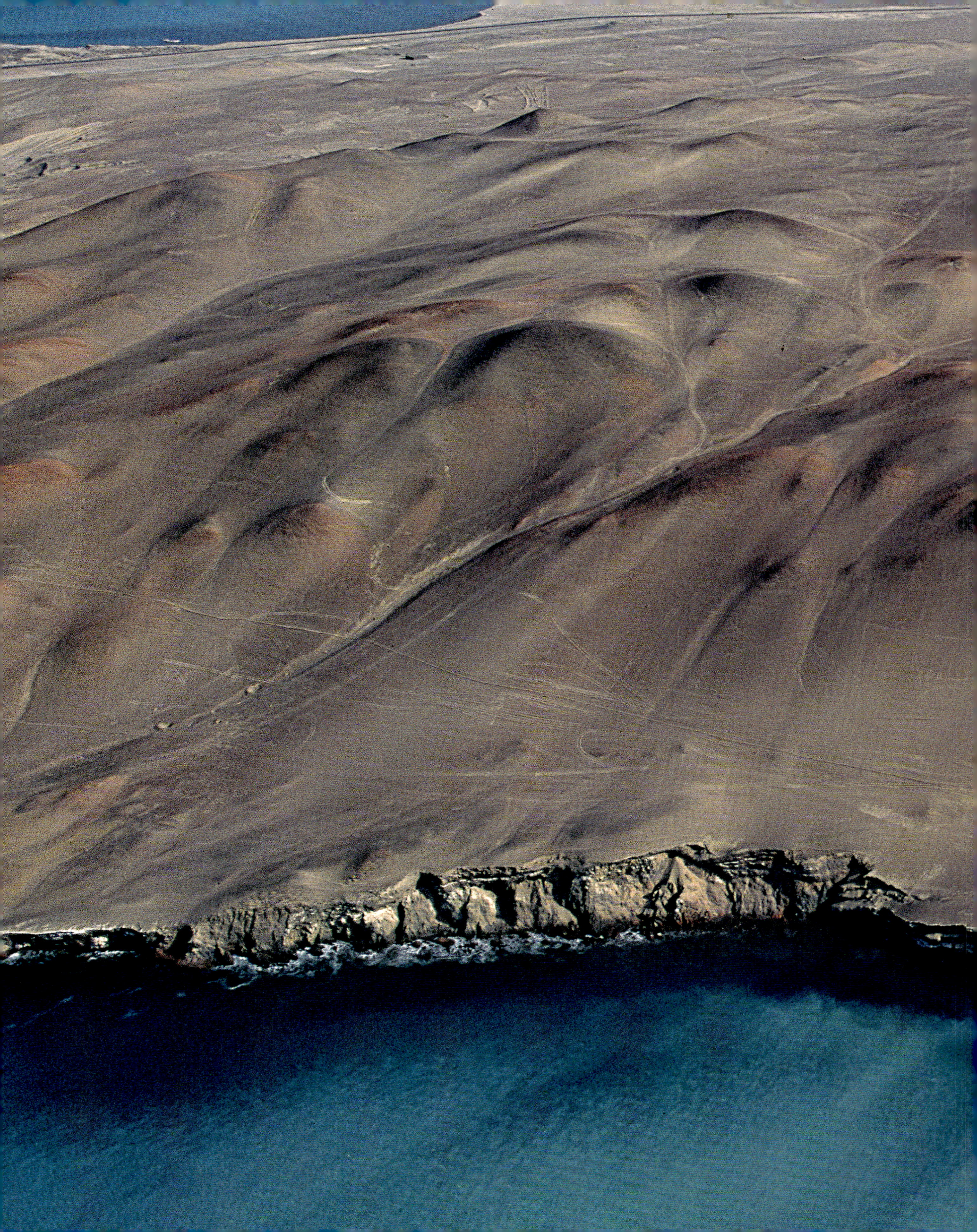

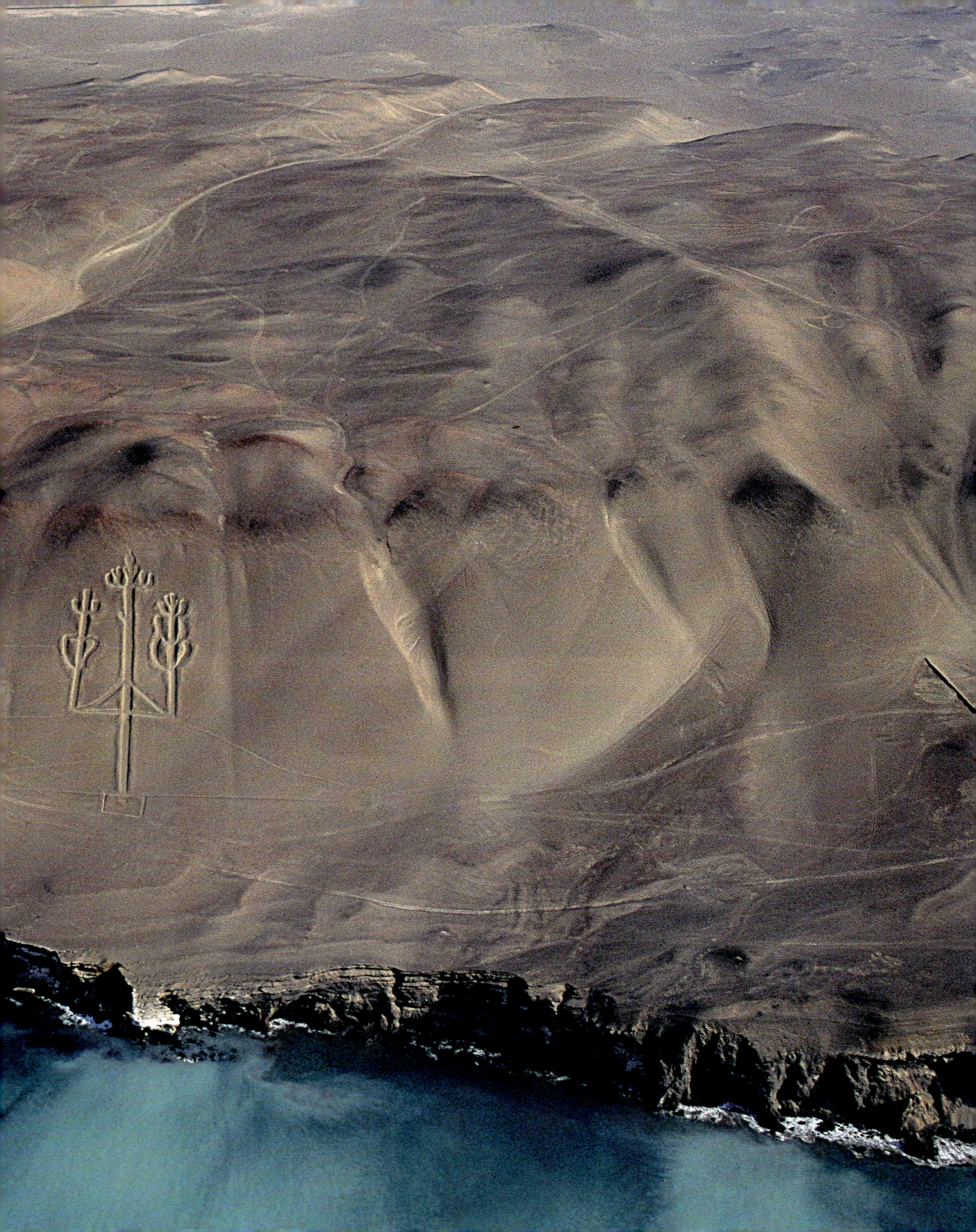

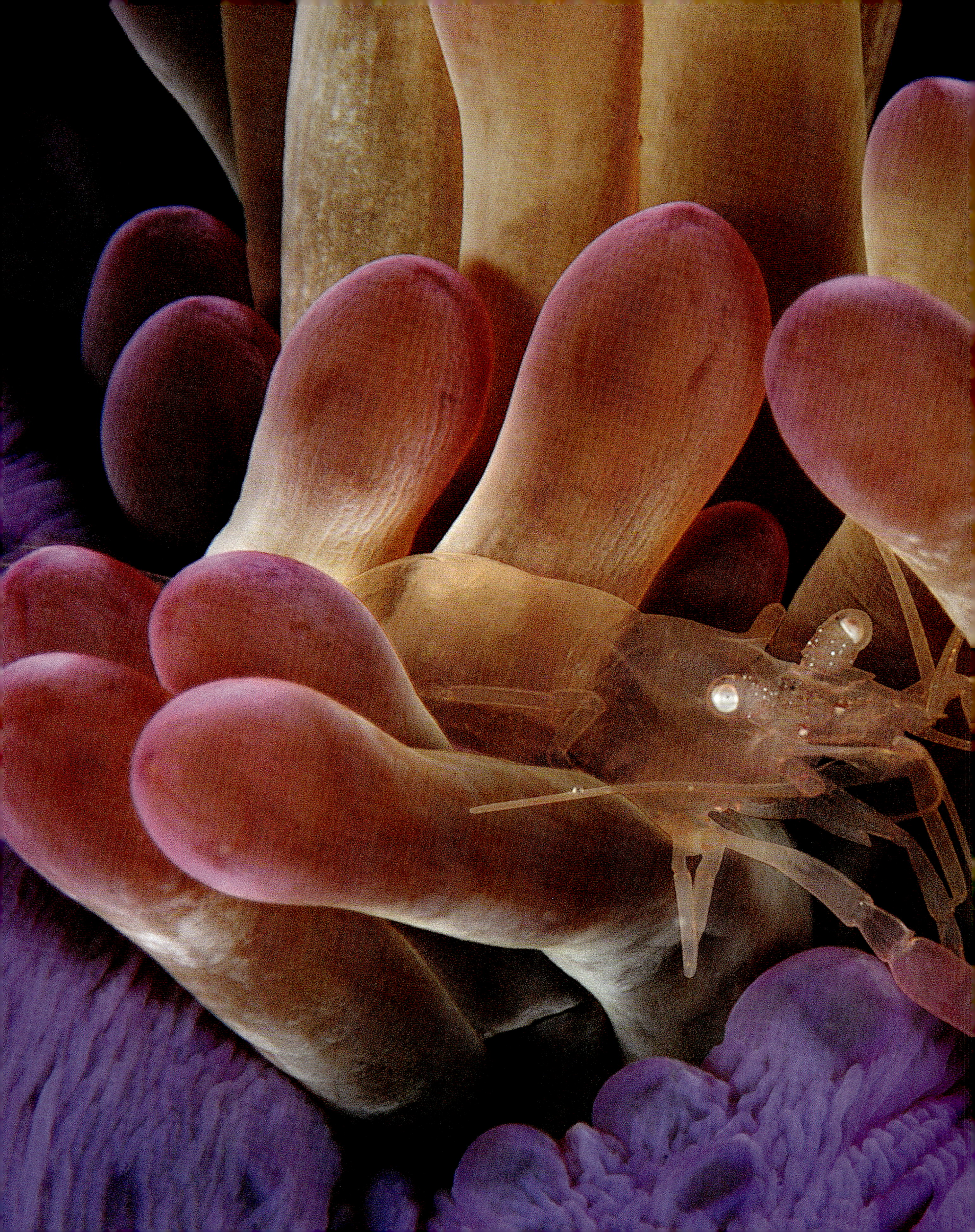

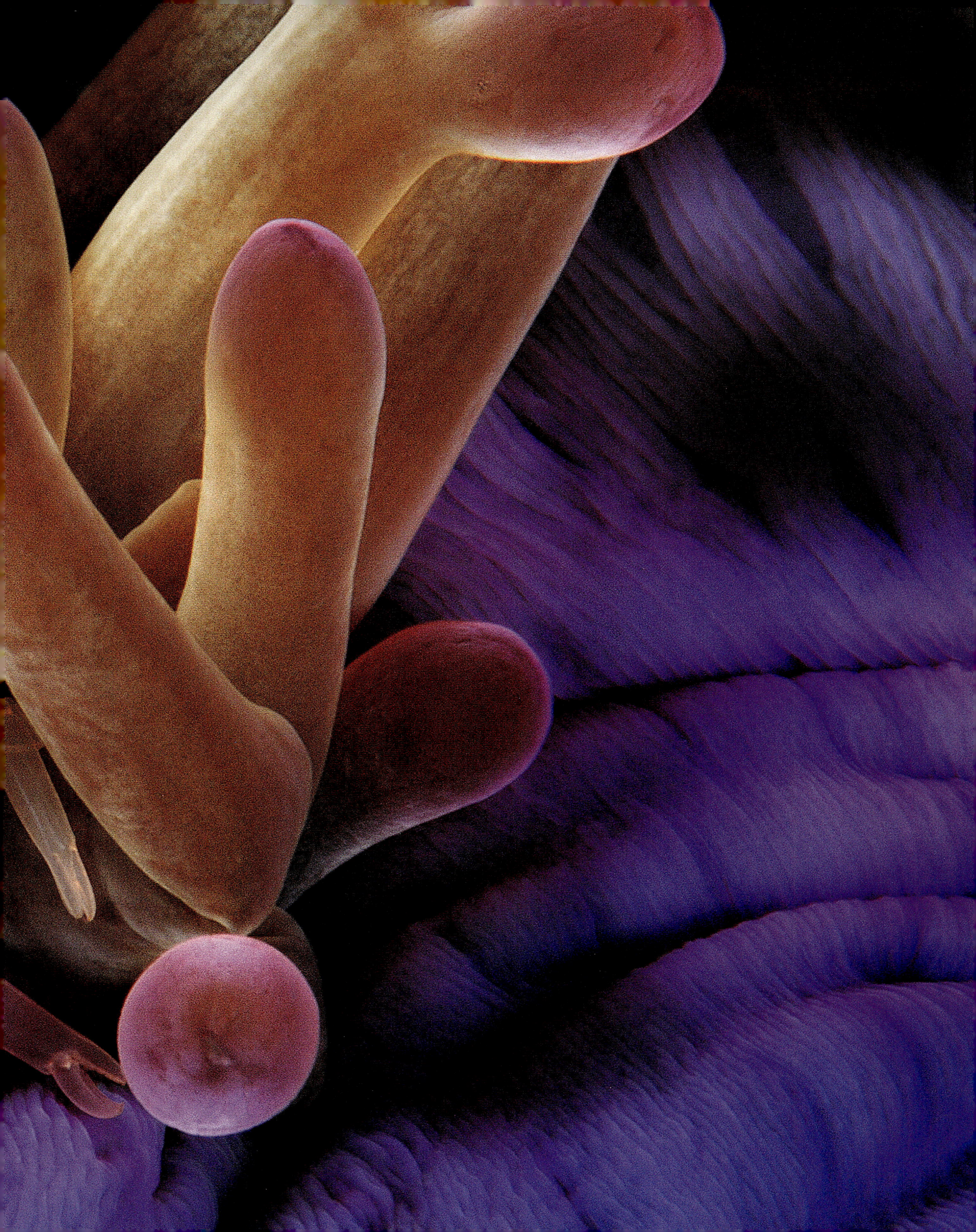

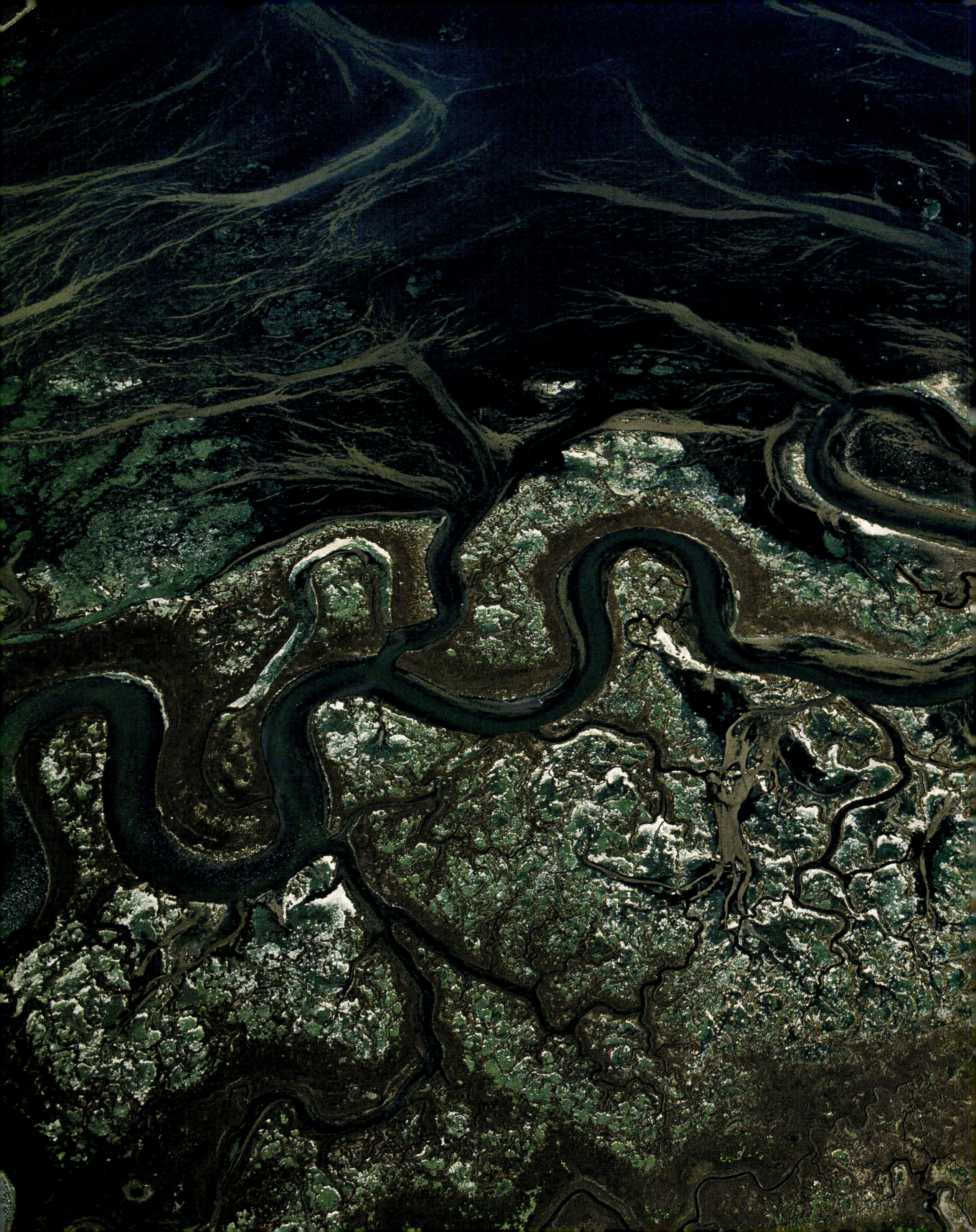

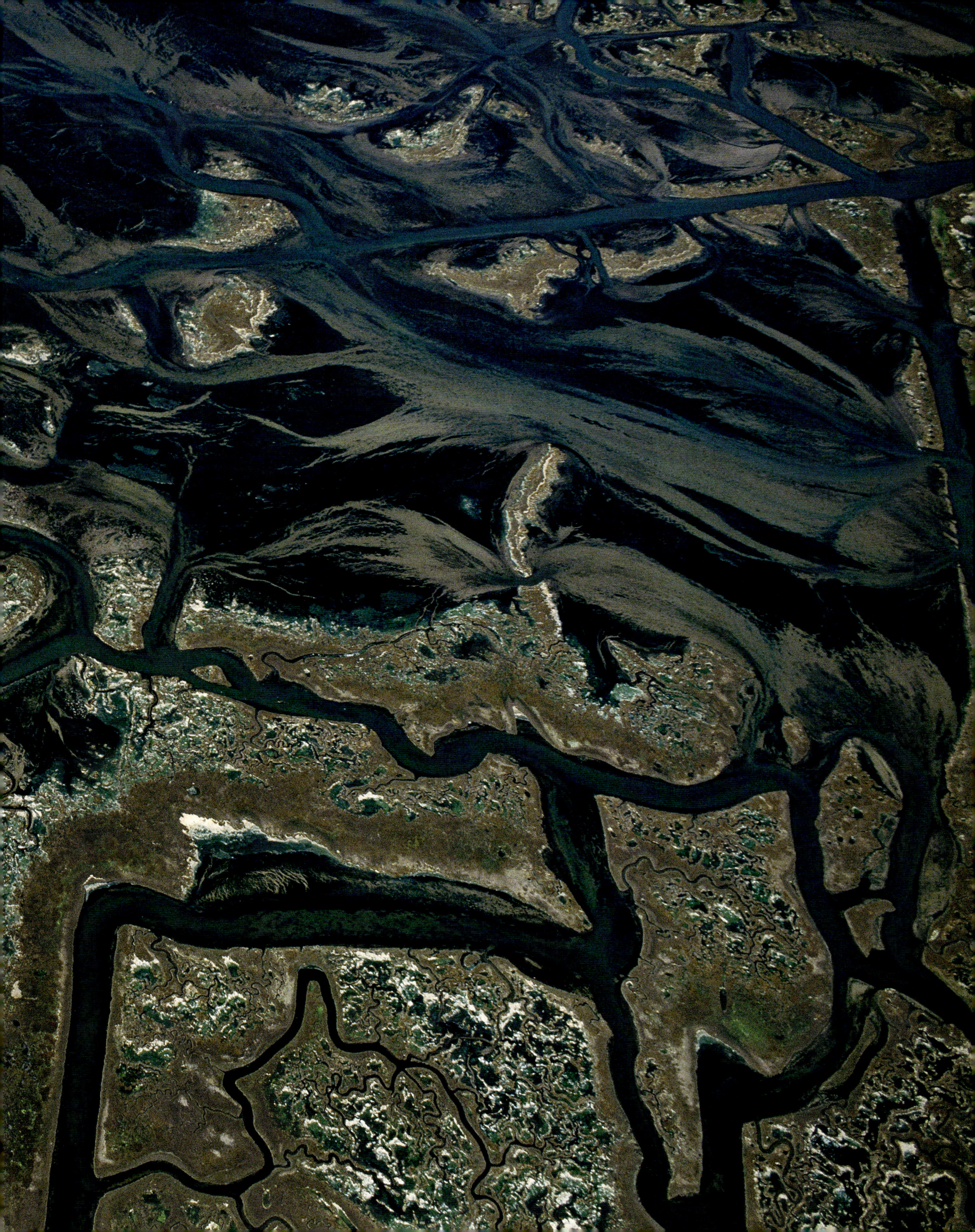

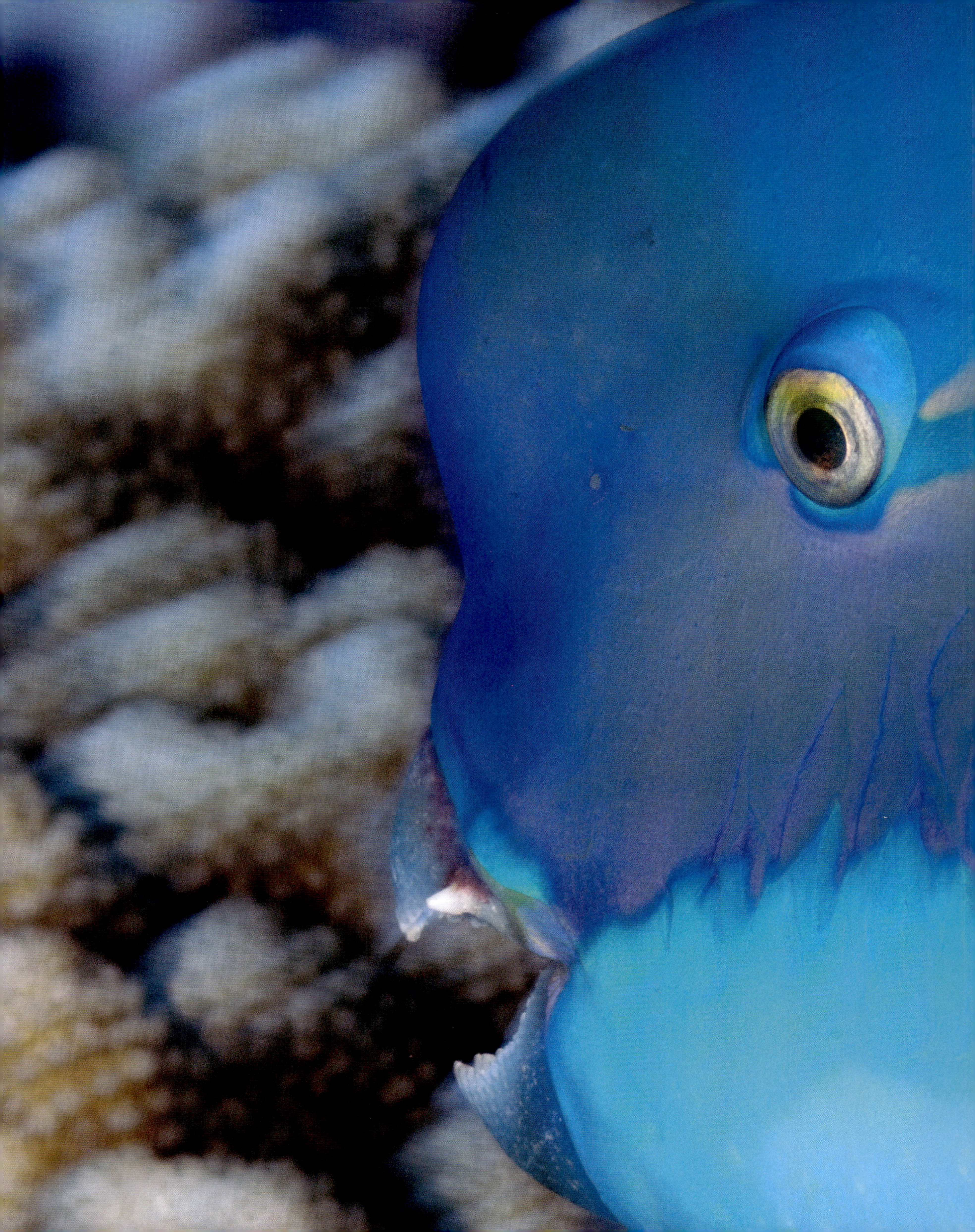

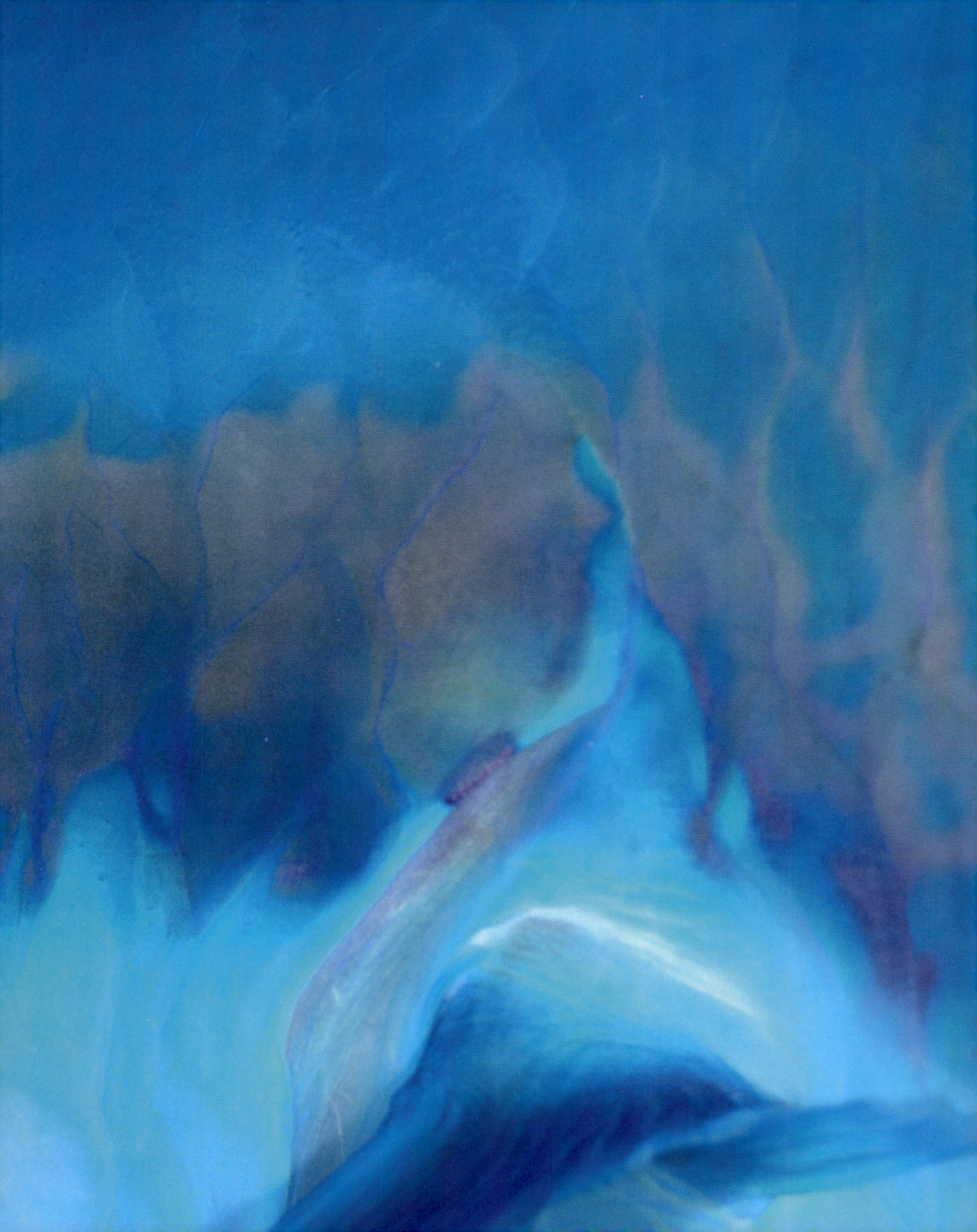

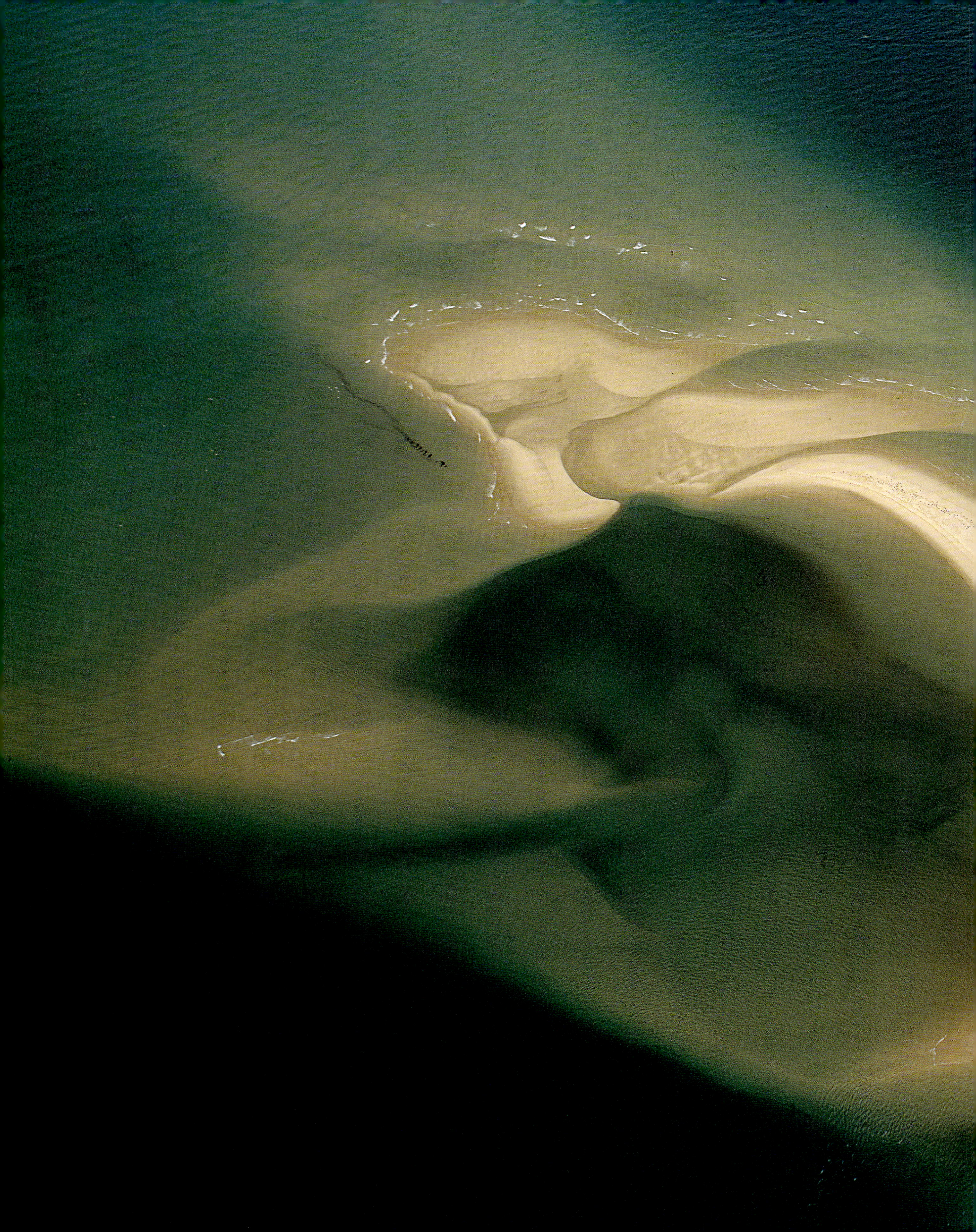

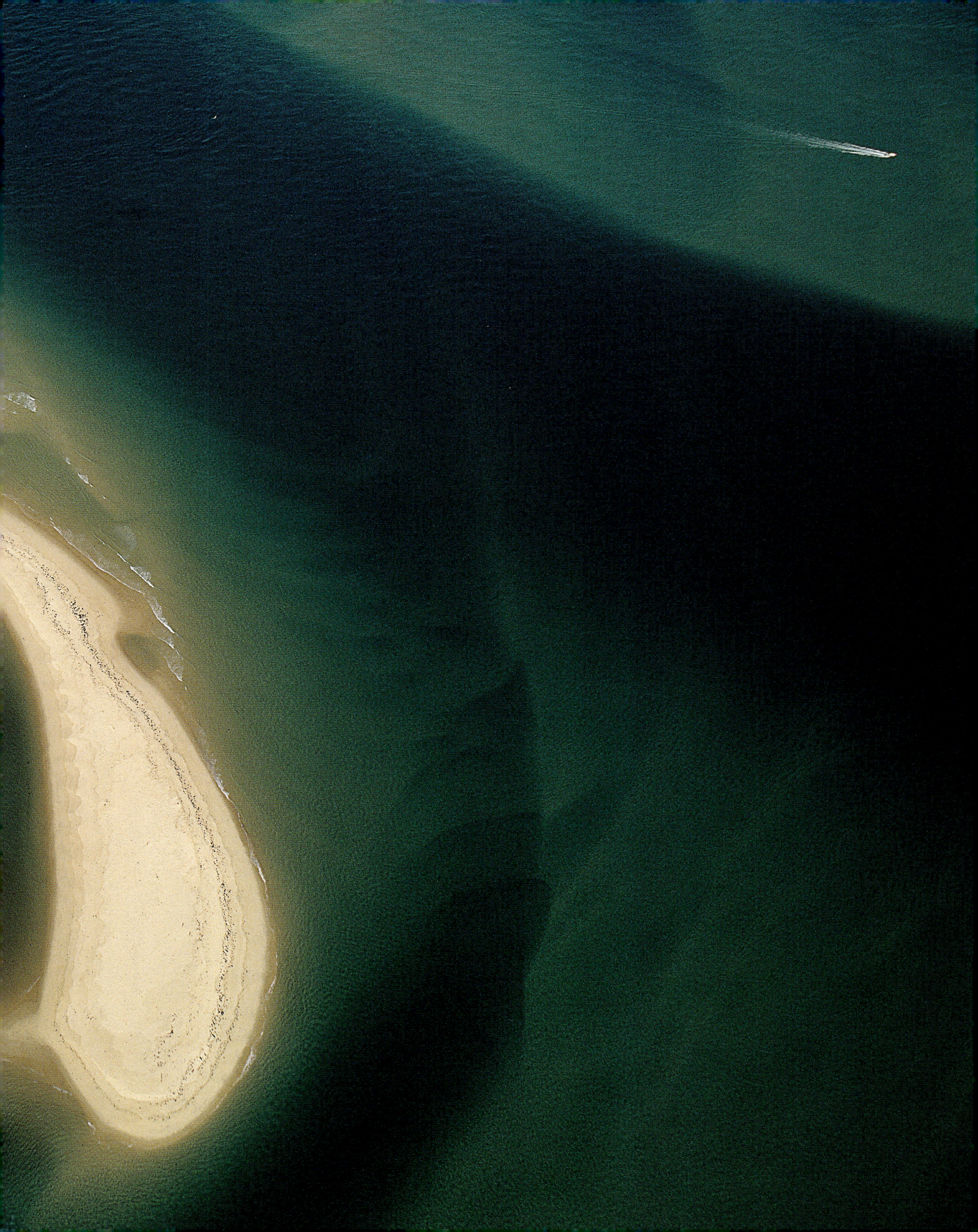

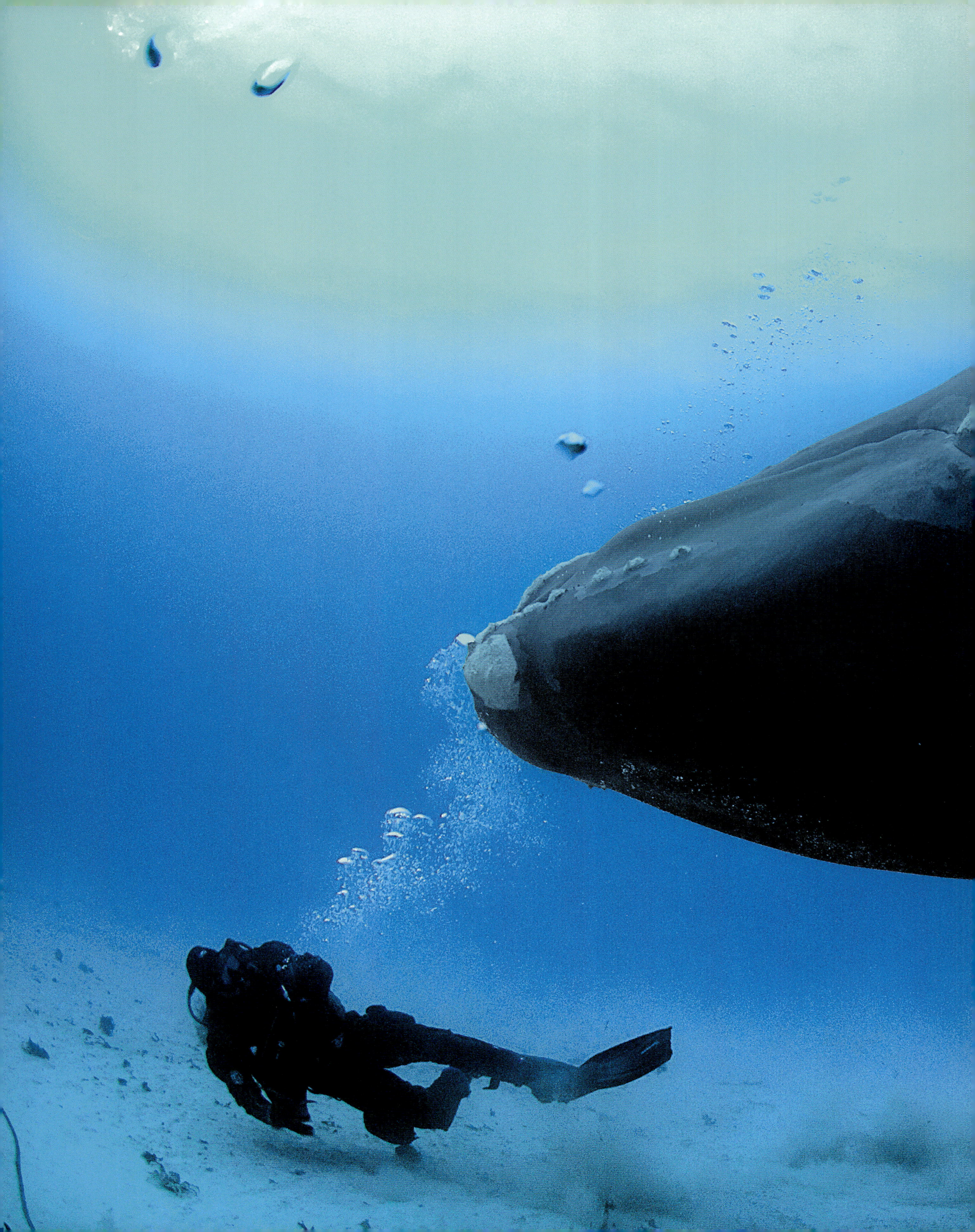

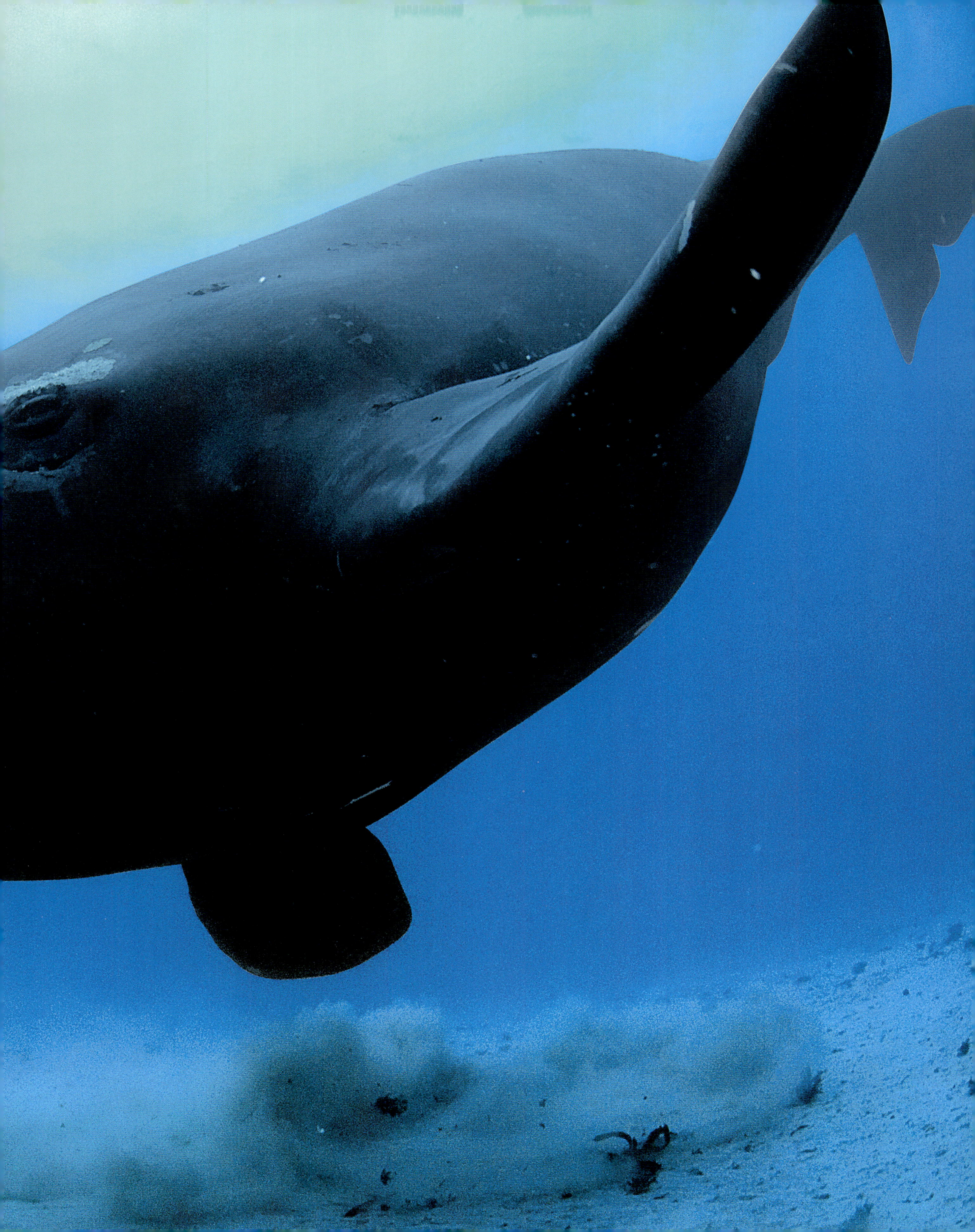

FÜR EINE NACHHALTIGE NUTZUNG DER MEERE

KOMMT JEDE HILFE ZU SPÄT? Ist die Menschheit nun verurteilt, sich an einen sterbenden Ozean zu gewöhnen, der hauptsächlich von Quallen und Mikroben bewohnt ist? Keineswegs. Denn das Meer, die Wiege des Lebens, verfügt über eine beachtliche Regenerationsfähigkeit. Im Vergleich zu den Kontinenten ist der Lebensraum Meer stabiler. Er ist nicht so sehr Extremen unterworfen, vor Austrocknung und UV-Einstrahlung geschützt und einfacher neu zu besiedeln. In einigen Jahrzehnten, so glauben viele Wissenschaftler, könnte der Ozean die Vielfalt zurückgewinnen, die er noch vor ein oder zwei Jahrhunderten besaß – vorausgesetzt, er wird vor menschengemachten schädigenden Einflüssen geschützt.

Wie das? Zuerst einmal durch eine von der Mehrheit der Forscher als besonders wirkungsvoll erachtete Maßnahme: die Einrichtung von Meeresschutzgebieten. Sie sind das Pendant zu den Naturschutzgebieten an Land – Gebiete also, in denen menschliche Aktivitäten zum Schutz der Umwelt reglementiert werden. Etwa 13 % der kontinentalen Fläche sind unter Schutz gestellt, im Meer dagegen sind es viel weniger. Im Jahr 2011 umfasste das geschützte Meeresgebiet etwa 4,2 Millionen km², aufgeteilt in knapp 7000 Schutzzonen: Das sind 1,4 % der weltweiten Meeresoberfläche. Dieser Anteil erhöht sich auch dann nur schwach, wenn man nur Küstengebiete betrachtet, die ja eher von Schutzzonen profitieren: Es bleiben gerade einmal 7 % der Küstengewässer.

MEERESSCHUTZGEBIETE
Wie beklagenswert diese Zahlen sind, kann man nur ermessen, wenn man weiß, dass die Weltmeere nach Sicht von Experten zu 25–50 % unter Schutz stehen müssten, um sie in ihrer Vielfalt zu erhalten. Im Jahr 2002 hatte sich die UN-Konferenz über Umwelt und Entwicklung in Johannesburg zum Ziel gesetzt, bis 2012 mindestens 10 % der Meeresfläche unter Schutz zu stellen – die Erwartungen wurden nicht erfüllt. Die enttäuschenden Zahlen sind zudem mit mindestens zwei Einschränkungen zu belegen. Zuerst einmal gibt es wie an Land viele Schutzgebiete, die eigentlich nur auf dem Papier existieren. Die theoretisch geltenden Schutzmaßnahmen werden wegen unzureichender Mittel oder auch aus Nachlässigkeit der Behörden nicht angewandt. Und selbst wenn sie angewandt werden, ist die Gesetzgebung meist zu lax. Oft geht es einfach nur darum, bestimmte besonders schädliche Fischereitechniken zu verbieten oder einige besonders prominente Orte zu schützen oder extrem schädigende menschliche Einflüsse einzuschränken. Der Anteil der Meeresschutzgebiete, in denen wirklich jeglicher Eingriff verboten ist, ist verschwindend gering (0,08 %).

Also ist es dringend notwendig, das weltweite Netz der Meeresschutzgebiete weiter auszubauen. Denn die Aufgaben wachsen, und es zeigt sich, wie wirksam die Maßnahmen sind, wenn sie denn angewandt werden. So in Mombasa in Kenia, wo 1991 ein Korallenriff unter umfassenden Schutz gestellt wurde: Die Biomasse der dort lebenden Fische ist innerhalb von 13 Jahren von 180 Kilo auf 1000 Kilo pro Hektar gestiegen! Eine Studie zu 55 weltweit verteilten Meeresschutzgebieten hat 2009 einen durchschnittlichen Anstieg der Biomasse um 465 % in komplett unter Schutz gestellten Zonen festgestellt. Dieser positive Effekt weitet sich auf die angrenzenden Gebiete aus, in denen Fischfang weiter erlaubt ist – nämlich über *spillover*-Effekte, die ebenfalls in mehreren Studien belegt wurden.

Great Barrier Reef, Queensland, Australien
(16° 55' südl. Br. – 146° 03' östl. L.)

Unzählige kleine Riffe und Inseln säumen den schmalen Korridor, der Queensland im Nordosten Australiens vom etwa 30 km vor der Küste liegenden Great Barrier Reef trennt. Whitesunday-Island ist die größte der 74 Inseln, die den gleichnamigen Archipel bilden – so getauft vom britischen Seefahrer James Cook, der sie an einem Pfingstsonntag im Jahr 1770 entdeckte. Wie an diesem Strand von Whitehaven kennzeichnet die Strände der Inseln ihr außergewöhnlich weißer Sand, der hauptsächlich aus Quarz besteht.

1,4 % DER MEERESOBERFLÄCHE STEHEN UNTER SCHUTZ

Meeresschutzgebiete sind das Pendant zu den Naturschutzgebieten an Land, die dort etwa 13 % der Fläche ausmachen.

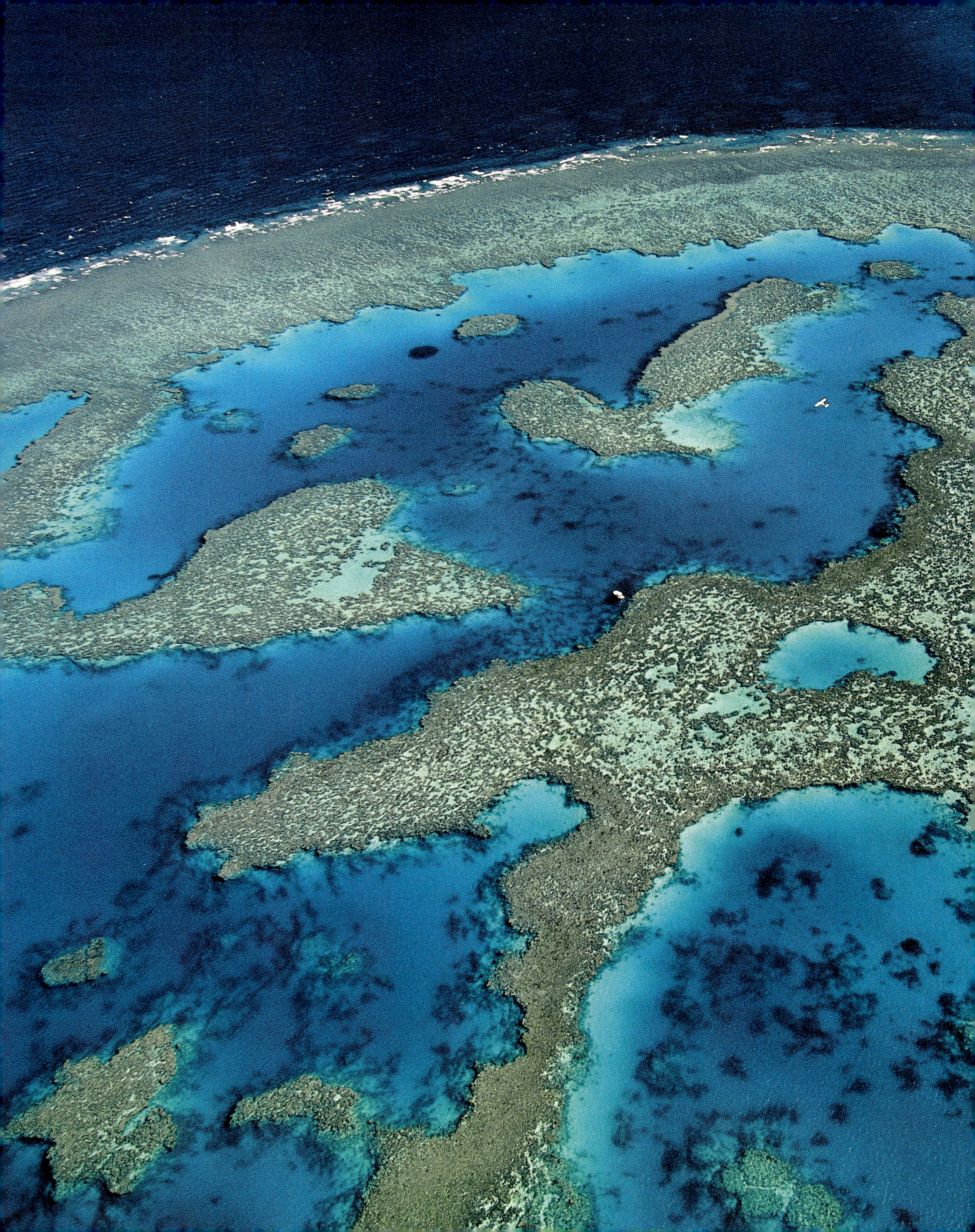

Neon-Füsiliere-Schwarm *(Pterocaesio tile)* **über einem Korallenriff**

In den Riffen der indopazifischen Region bilden Füsiliere große Schwärme. Die Fische ernähren sich hauptsächlich von im Wasser schwebenden Mikroorganismen, dem Zooplankton. Sie zeigen eine große Farbenvielfalt, die bei Tag (blau/gelb) und Nacht (rot/grün) verschieden ist.

Die geschützten Gebiete versorgen die angrenzenden Lebensräume mit ausgewachsenen Lebewesen, Larven und Eiern, die sich über viele Kilometer im Umkreis verteilen und so die der Fischerei zur Verfügung stehende Biomasse vergrößern. Das zeigt erneut, dass der Schutz der Meere auch im Interesse der Fischer ist. Auf diese Weise werden sie motiviert, sich an der Einrichtung oder Wahrung eines Schutzgebiets zu beteiligen.

Um den Ozeanen eine Regeneration zu ermöglichen, sollte man nicht allein die Anzahl der Schutzgebiete erhöhen, sondern die Einrichtung kontrollierter Schutzzonen vorantreiben, die untereinander verbunden sind und der Vielfalt des maritimen Lebensraums gerecht werden. Tatsächlich kennt man etwa 150 verschiedene »Ökoregionen« mit jeweils anderem Klima, Meeresgrund, anderen Strömungen und Tiefen, und es ist von entscheidender Bedeutung, dass mindestens 10 % jeder Ökoregion unter Schutz gestellt werden. Wenn derzeit Mangrovenwälder oder Korallenriffe von den Entscheidungsträgern zu Recht als schützenswert erachtet werden, so sind andere Lebensräume wie Unterwasserwiesen, Tiefseekorallen oder Unterwasserberge zu wenig bekannt und demnach kaum geschützt.

ZWEI BEMERKENSWERTE ANSÄTZE

Doch der Erkenntnisprozess schreitet offenbar voran. Zwar sind die Maßnahmen noch unzureichend, doch die Gesamtheit der Schutzgebiete ist von 2002 bis 2010 um 150 % gestiegen. Seitdem sind zwei bemerkenswerte Projekte ins Leben gerufen worden: Im April 2010 hat Großbritannien beschlossen, ein riesiges Reservat einzurichten, das den pazifischen Chagos-Archipel umfasst und im Süden der Malediven 640.000 km² des Indischen Ozeans unter Schutz stellt. Und im Juni 2012 hat die australische Regierung ein noch größeres Projekt angekündigt: Die Zahl der Meeresschutzgebiete soll von 27 auf 60 steigen und so insgesamt 3,1 Millionen km² umfassen. Der Great Barrier Reef-Nationalpark und das Korallenmeer-Reservat sollen zum mit 1,3 Millionen km² größten Schutzgebiet der Welt zusammengefasst werden. Insgesamt würde so ein Drittel der australischen Meere unter Schutz gestellt.

Zum Vergleich: Frankreich hat 21,5 % seiner einheimischen Gewässer unter – wenn auch recht lockeren – Schutz gestellt, doch nur 1,12 % seiner Überseegewässer, und das obwohl kürzlich der Nationalpark französische Südgebiete und die Naturparks von Mayotte und Glorieuses im Norden Madagaskars geschaffen wurden.

Auch andere Länder mit großen Überseegebieten haben zum Teil Nationen übergreifende Projekte gestartet, gegen den Widerstand von Industrie und Fischerei, aber auch von Einheimischen, die sich gegen eine Einschränkung ihrer Handlungsfreiheit stellen.

INZWISCHEN HABEN 6 % DER FISCHEREIBETRIEBE DAS MSC-SIEGEL

Die Zertifizierung durch das MSC (Marine Stewardship Council) wurde 1997 von WWF und Unilever ins Leben gerufen, um nachhaltig wirtschaftende Fischereien zu unterstützen. Das MSC-Siegel garantiert Konsumenten verantwortungsvolle Fischfangpraktiken, einen respektvollen Umgang mit Ökosystemen und Beständen, die Reduzierung von Beifang und die Einhaltung geltender Bestimmungen.

BEOBACHTEN UND BESTRAFEN

Eine nachhaltige Nutzung der Meere beschränkt sich natürlich nicht auf die Einrichtung möglichst vieler Schutzgebiete, so wichtig diese auch sein mögen. Es ist ebenso von Bedeutung, die Aktivitäten in Fischfanggebieten enger zu kontrollieren. Hier ist nur ein »ökosystemischer Ansatz« sinnvoll. Regionale Fischereiorganisationen (RFO), die Fischereiregelungen und die berühmten Fangquoten festlegen, argumentieren zu oft für jeweils nur eine Art: Thunfisch oder Lachs oder Hecht oder Kabeljau usw. Entscheidend ist aber, sich auf einen mehr globalen Ansatz zuzubewegen. Um eine ökosystemische Fischerei zu gewährleisten, sind bei der Einschätzung der Fangmenge vor allem auch die Bedürfnisse der Fressfeinde (Vögel, Meeressäugetiere) zu beachten. Außerdem sollten die Fischfangtechniken keine schädlichen Auswirkungen auf das verbleibende Ökosystem haben, beispielsweise auf Organismen, die denselben Lebensraum teilen. Eine ökosystemische Überwachung der Fischerei erfordert also die ständige Kontrolle der Verfahren durch Ökologen. Zum Beispiel genügt es nicht, Anzahl und Alter der gefangenen Thunfische zu wissen, man muss auch die Situation von Delfinen und Sardinen und selbst das Plankton vor Augen haben, um den Einfluss der Fischerei ernsthaft überblicken zu können.

Ist die Fischmenge festgelegt, die sich ohne Schaden für das Ökosystem entnehmen lässt, so stellt sich gleich danach die Frage, wie diese Fangquote zwischen den Fischereibetrieben aufgeteilt werden kann. Eine komplizierte Aufgabe, denn jeder Lösungsweg bringt gewisse Nachteile.

Den Fischern freien Lauf zu lassen, bis die Fangquote erreicht ist, verleitet die Beteiligten dazu, übers Maß zu fischen, um sich einen möglichst großen Anteil der Ressource zu sichern – den Fischfang zeitlich zu begrenzen, hätte den gleichen Effekt. Viele Ökologen befürworten aus diesem Grund individuelle Quoten. Nach diesem System würde jeder Fischer eine bestimmte Fangmenge zugewiesen bekommen oder auch die Genehmigung zum Fang einer bestimmten Fischmenge vom Staat erwerben. Er kann diese Fangmenge dann übers Jahr verteilt einholen und seine Fangrechte eines Tages an jemand anderen

Kammzahn-Schleimfisch im Versteck, Kingmanriff, Pazifischer Ozean, Vereinigte Staaten

Schleimfische verbringen die meiste Zeit am Meeresgrund, wo sie Nahrung und Schutz finden. Die Fische haben die Angewohnheit, sich in Felsspalten, zwischen Korallen, im Sediment oder in leeren Muscheln zu verstecken. Charakteristisch sind die vorstehenden Augen und vor allem ihre Rückenflossen, mit denen sie sich am Grund fortbewegen. Der Kammzahn-Schleimfisch ist einige Zentimeter lang und unterscheidet sich durch seinen kräftigen Kiefer von anderen Schleimfischen.

Katamaran bei den Gesellschaftsinseln, Französisch-Polynesien, Frankreich
(17° 00′ südl. Br. – 150° 00′ westl. L.)

In indonesischen Gewässern finden sich 18 % der weltweiten Korallenvorkommen – Australien besitzt 17 %, die Philippinen 9 % und die französischen Überseegebiete 5 %. Insgesamt bevölkern Korallenformationen 14.280 km² des Meeresbodens, wie hier in den klaren Gewässern der polynesischen Inselgruppe im Pazifik, über die der Katamaran hinwegzuschweben scheint.

SURFRIDER
—

1984 schlossen sich im kalifornischen Malibu eine Handvoll Surfer zusammen, um ihren Lieblingsstrand vor Verschmutzung zu bewahren. Sie dachten sicher nicht, dass sie damit den Grundstein für die spätere Surfrider Foundation legten, eine der wichtigsten NGOs für den Schutz von Küsten und Meeren. Fast 30 Jahre später zählt die Organisation 60.000 Anhänger weltweit.

Die Mitglieder von Surfrider setzen sich für den Schutz der Meere ein, aber sie sind in erster Linie auch »Nutzer«, die Strände als Möglichkeiten für Sport und Erholung erhalten wollen. Sie sind den Verschmutzungen direkt ausgesetzt und führen zahlreiche Sensibilisierungskampagnen durch, indem sie Strände reinigen oder sich für die Qualität der Badegewässer einsetzen. Surfrider vergibt in Küstengemeinden und Sporthäfen ein touristisches Ökolabel zur Qualität von Stränden und Gewässern.

Surfrider stützt sich auf ein sehr aktives Überwachungsnetz vor Ort: die Strandhüter. In ganz Europa spüren diese Freiwilligen Schädigungen des Ozeans auf und gehen mit der logistischen, juristischen, wissenschaftlichen und medienwirksamen Unterstützung von Surfrider gegen sie vor. Auf diese Weise konnten nach Auskunft der Organisation in den vergangenen vier Jahren 42 rechtliche Auseinandersetzungen gewonnen werden. So wurde beispielsweise das Einleiten von Baggerschlamm in der Bucht von Quiberon und die Ausweitung eines Freizeithafens in Schweden verhindert.

weiterverkaufen. Fisch wird auf diese Weise zu einer Art Kapital, das die Fischer zu erhalten bestrebt sind. Das System hat gute Ergebnisse gezeigt, doch es sind Anpassungen notwendig, damit nicht finanzkräftige Unternehmen die gesamten Einzelquoten aufkaufen.

BEISPIEL ROTER THUNFISCH

Dabei sollten möglichst enge Quoten festgelegt werden, um den Fischfang auf einem Niveau zu begrenzen, bei dem die Reproduktion der Arten gewährleistet ist. Sprecher der Fischwirtschaft dagegen fordern bei nationalen und internationalen Stellen und Ministerien in Brüssel und anderswo so breitgefasste Fangquoten wie möglich. So wie jeder Fischer die eigenen Interessen gegenüber seinen Kollegen verteidigt und möglichst große Mengen durchsetzen will, so sieht auch jede Regierung die kurzfristigen Interessen der Fischindustrie und ist bemüht, ihr hohe Fangquoten zu sichern. Dass dies eine Hypothek auf die Zukunft darstellt, verdeutlicht das Beispiel des Roten Thunfischs. Mit der Regulierung der Fangquoten im Atlantik und im Mittelmeer wurde 1969 die ICCAT (International Commission for the Conservation of Atlantic Tunas) betraut. Für 2010 gab die Kommission eine Fangquote von 13.500 t heraus, und obwohl der Bestand des Roten Thunfischs innerhalb von 50 Jahren um 90 % eingebrochen ist, wurde diese Quote 2011 um nur 600 t auf 12.900 reduziert. Ökologische NGOs fordern mit Blick auf wissenschaftliche Erhebungen eine drastische Verringerung der Fangquoten um 6000 t, damit dem Bestand eine Chance gegeben wird, sich zu erholen.

Zudem werden nicht alle gefangenen Fische deklariert. Nach einer Studie der Pew Environment Group lag die offizielle Fangmenge für Roten Thunfisch 2009 bei 12.373 t, doch es wurden 32.564 t auf den Markt gebracht – das lässt an Betrug denken!

Wie das Beispiel des Roten Thunfischs zeigt, benötigt ein effizientes Fangquotensystem neben Reglementierungen auch eine unabhängige wissenschaftliche Beurteilung und eine Kontrolle durch Behörden.

Wenn die Regulierung des Fischfangs nicht überwacht wird, kann angesichts der Komplexität der Ökosysteme jederzeit ein unvorhergesehener ökologischer Prozess ausgelöst werden, der alle Bemühungen zunichte macht. Zudem ist ohne Kontrolle offenbar die Versuchung für die Fischer zu groß, dennoch größere Fischmengen zu entnehmen. Doch Beobachtung und Kontrolle kosten Geld, und die Staaten wollen sich dieser Aufgaben entledigen, obwohl erwiesenermaßen die Selbstkontrolle nicht funktioniert. Dennoch gibt es Beispiele für nachhaltig wirtschaftende Fischereien, die als Ausgangspunkt für eine die Meeresvielfalt erhaltende Fischerei auf globaler Ebene dienen könnten. Es lohnt zum Beispiel ein Blick auf die Krillfischerei in der Antarktis, die unter der Führung der internationalen Organisation CCAMLR (Commission for the Conservation of Antarctic Marine Living Resources) steht. Boote, die Krill fischen wollen, müssen bei der CCAMLR anfragen und mit einem GPS ausgerüstet sein, mit dem ständig ihre exakte Position überprüft werden kann. Sie haben oft unabhängige Beobachter an Bord und teilen den Behörden in Abständen von einigen Tagen ihre Fangmengen mit. Die Wissenschaftler des CCAMLR können anhand dieser Daten und anderer Informationen zum Ökosystem sicherstellen, dass der Fischfang keinen Schaden verursacht und im Notfall bestimmte, zu stark abgeschöpfte Gebiete sperren und die Boote anweisen, an anderen Stellen zu fischen.

Zu sichern, dass sich die Ozeane regenerieren können, bedeutet also, an mehreren Fronten zugleich zu kämpfen. Letztendlich können die Bemühungen nur erfolgreich sein, wenn der Mensch seine Einstellung zur Natur grundlegend ändert und von einem ausbeuterischen, ja räuberischen Verhalten in eine verantwortliche Rolle und nachhaltige Bewirtschaftung findet. Doch bis dahin gilt es, Teilerfolge in allen möglichen Gebieten zu erzielen. Und dafür gibt es zahlreiche wirksame Hebel: nachhaltiger Konsum, Unterstützung von Schutzverbänden und die politische Intervention über die Abgeordneten.

Ansammlung von Schnappern *(Lutjanus cyanopterus)* **während der Laichzeit, Belize**

Schnapper versammeln sich jeweils bei Vollmond zwischen April und Juni zur Paarung. Im Mai, wenn die Fortpflanzungszeit ihren Höhepunkt erreicht, kommen 4000 bis 10.000 Exemplare an die Oberfläche, um sich zu paaren. Die Schwarmbildung erfolgt exakt 40 Minuten vor Sonnenuntergang und endet zehn Minuten danach. Gut beobachten lässt sich das Phänomen im Meeresreservat von Gladden Spit – dort ist jeglicher Fischfang verboten.

Mehr Informationen zu diesem Thema und ein entsprechender Ausschnitt aus dem Film *Planet Ocean* sind auf der Website www.goodplanet.org verfügbar.

GESPRÄCH

DIE FISCHER SOLLEN AN EINER DAUERHAFTEN VERWALTUNG DER OZEANE MITWIRKEN

SANDRA BESSUDO kämpft seit Jahren für den Schutz von Malpelo, einer Insel im Pazifik, die ungefähr 500 km vor der kolumbianischen Küste liegt. Sie hat die Stiftung Malpelo gegründet, die die Insel und deren Gewässer schützen soll, die eine außergewöhnliche Artenvielfalt aufweisen und Tummelplatz für Haie sind. Dank ihrer Initiative wurde die Insel zur Schutzzone erklärt. 2010 wurde Sandra Bessudo in Kolumbien zur Umweltministerin ernannt und dann zur Beraterin für Umwelt und Artenvielfalt des Präsidenten.

WARUM WIDMEN SIE IHR LEBEN DEM SCHUTZ DER INSEL MALPELO?

Malpelo ist ein maßgebliches Naturreservat für Kolumbien und die gesamte Erde. Vergleichbar mit den Galapagos, sind die Gewässer dieser Vulkaninsel ein Juwel der Artenvielfalt. Die Insel ist bekannt für ihre riesigen Schwärme von Hammerhaien und Seidenhaien, die mich von jeher fasziniert haben. Ich habe diesen großartigen Ort 1987 entdeckt, seit 1990 habe ich dort Tauchexpeditionen organisiert: Malpelo ist mit dem Schiff 40 Stunden von der kolumbianischen Küste entfernt. Da kein Trinkwasser verfügbar ist, bedarf es guter Organisation. Damals habe ich auch erkannt, welche Verwüstungen die Trawler hinterlassen haben – und ich nahm den Kampf auf.

IHRE AKTIONEN HATTEN GROSSEN ERFOLG…

Ich hatte das Glück, dem kolumbianischen Präsidenten Cesar Trujillo zu begegnen. Wir waren zusammen beim Tauchen, und er war bereit, mir zu helfen. Später wurde die Insel unter Präsident Ernesto Samper zum Schutzgebiet für Fauna und Flora erklärt. 1995 umfasste die Schutzzone um die Insel sechs Meilen. Doch noch gab es keine konkrete Möglichkeit, die Insel wirklich zu schützen. Ich bot meine Hilfe an und bekam die Verwaltung des Naturreservats von Malpelo übertragen. Dann habe ich meine Stiftung gegründet, um den Kampf auf andere Weise weiterzuführen. 2006 wurde die Schutzzone auf ein Küstengebiet von 25 Meilen ausgedehnt und ist seither die neuntgrößte Meeresschutzzone der Welt. Diese Zone wurde außerdem von der Internationalen Schifffahrtsorganisation zum »besonders empfindlichen Meeresgebiet« (PSSA) erklärt, d. h., dass keine großen Passagierdampfer Zugang zu dieser Region haben. Im selben Jahr wurde unser jahrelanges Engagement durch die Aufnahme in die UNESCO-Liste des Welterbes belohnt.

INWIEFERN IST DIESE INTERNATIONALE ANERKENNUNG WICHTIG?

Sie hat in erster Linie das untermauert, was wir in die Wege geleitet hatten. Aber sie signalisiert auch, dass der Schutz der Ozeane eine grenzübergreifende Aufgabe ist. 2004 haben im Übrigen vier Staaten das Abkommen von San José unterzeichnet, bei dem CMAR (Korridor Marin Tropical Eastern Pacific) geschaffen wurde. Dabei handelt es sich um eine breite Meeresschutzzone von 211 Millionen Hektar, die fünf Nationalparks umfasst und die Inseln Coco (Costa Rica), Coiba (Panama), Malpelo, Gorgona (Kolumbien) und Galapagos (Ecuador) miteinander verbindet. Diese Zone ist vor allem für die Haie von Bedeutung, von denen man weiß, dass sie wandern: Doch es genügt nicht, an einem einzigen Ort Schutzmaßnahmen zu ergreifen. Die internationale Zusammenarbeit ist bei Weitem umfassender: So haben sich zum Beispiel die Präsidenten von Kolumbien und Costa Rica verbündet, um die Unterzeichner des Washingtoner Artenschutzübereinkommens zu ersuchen, den Hammerhai auf die Liste der geschützten Tiere zu setzen - im Augenblick allerdings noch ohne Erfolg.

WELCHES IST DIE GRÖSSTE GEFAHR FÜR MALPELO?

Die Insel Malpelo ist isoliert und verwaist. In gewisser Weise vereinfacht dies die Dinge, aber wir haben viele Probleme mit den illegalen Fischern, die von der Küste kommen. Zu Beginn stieg ich auf die Trawler, um sie anzuhalten, doch der Kommandant der kolumbianischen Marine hat mich gebeten, es zu unterlassen, da ich Gefahr lief, ermordet zu werden. Die Marine hat mir daraufhin ein Schiff überlassen, das während einer Razzia gegen den Drogenhandel gekapert worden war. Wir haben es wieder instand gesetzt und dann begonnen, damit zu patrouillieren. Vor Kurzem erst hat uns die Marine ein zweites Schiff überlassen. Aber unsere Ausrüstung ist unzureichend: Als im Vorjahr unsere beiden Schiffe zur selben Zeit repariert werden mussten, haben die Piratenfischer ihre Aktivitäten schnell wieder aufgenommen. In Kolumbien schätzt man Haifischfleisch, und deshalb spielt der einheimische Fischfang eine große Rolle. Heutzutage kommen noch Fischer aus der ganzen Welt hinzu und fangen alles, was ihnen in die Netze geht. Sie wissen nämlich, dass sich Flossen gut verkaufen lassen. Außerdem begünstigt die Mafia den illegalen Haifischhandel.

WAS HAT SICH DURCH IHR MINISTERAMT GEÄNDERT?

Als ich zur Ministerin ernannt wurde, war bereits vieles in die Wege geleitet worden. Ein Regierungsposten bedeutet, dass sich die Kommunikation mit dem Präsidenten und den Politikern unkomplizierter gestaltet, man kann sie schneller informieren, sensibilisieren … Und das ist von großer Bedeutung. Denn sie kennen die Probleme nicht, können sich also nicht darum kümmern. Aber das Ministeramt schließt auch mit ein, dass man sein Leben im Parlament verbringen und sich gegen Angriffe wehren muss. Ich zog es vor, Beraterin des Präsidenten zu sein, und kümmere mich fortan um die dem Präsidenten unterstellte Agentur für Soziales und Internationale Zusammenarbeit.

WELCHEN RAT WÜRDEN SIE JEMANDEM GEBEN, DER EINE MEERESSCHUTZZONE EINRICHTEN MÖCHTE?

Heutzutage ist es beim raschen Anwachsen der Weltbevölkerung wichtig, an das Engagement für den Schutz der Ozeane zu appellieren, um die Ernährung sicherzustellen. Man muss erklären, dass die Schutzzonen auch dazu dienen, den Fischbestand in den angrenzenden Gebieten wieder aufzufüllen und somit eine gute Basis für die Fischerei schaffen. Die Fischer nämlich, häufig sehr arm, haben keine Ahnung von diesen Dingen. Man muss es ihnen immer wieder erklären. Aber es ist schwierig, etwas Menschen plausibel zu machen, die Hunger haben und nur von einem Gedanken beherrscht werden – wie sie ihre Kinder satt kriegen können. Deshalb sollte man vielleicht keinen integralen Schutz anstreben. Es gibt andere Lösungen, die einen nachhaltigen Fischfang ermöglichen – und im Übrigen dazu dienen, die Bevölkerung mit einzubeziehen. In Malpelo haben wir eine ganze Reihe von Sanktionen verhängt: Die Schiffe, die angehalten werden, können beschlagnahmt und mit einer hohen Geldstrafe belegt werden. Wenn man sich jedoch darauf beschränkt, Zwänge aufzuerlegen, ist es viel schwieriger, die Fischer mit einzubeziehen.

Leuchtturm von Tévennec in der Passage Raz de Sein, Finistère, Bretagne
(45° 04′ 17′ nördl. Br. –
4° 17′ westl. L.)

Zahlreiche Legenden berichten von Verwünschungen, die auf der kleinen Insel Tévennec, westlich von Finistère, lasten sollen. Doch der Leuchtturm, der 1875 in Betrieb genommen wurde, sorgte für Sicherheit. 1919 wurde die Signalleuchte automatisiert und seit 1994 wird sie von Solarbatterien gespeist. Seit 2012 die Leuchtturmwächter des Leuchtturms in Cardouan, Gironde, in Rente gegangen sind, ist dieser Berufszweig ausgestorben und kein staatlicher Wächter überwacht mehr die französischen Leuchttürme.

Kieferfisch mit gelbem Kopf *(Opistognathus aurifrons)* bebrütet seine Eier im Maul, Britische Jungferninseln, Großbritannien

Dieser kleine, etwa 10 cm große Fisch tummelt sich in den Gewässern vor Florida, den Bahamas, der Karibik und im Golf von Mexiko. Er lebt auf dem Meeresgrund, wo er sich Höhlen in den Korallensand baut. Meistens verbringt er die Zeit in senkrechter Stellung über seinem Höhlengang oder er streckt lediglich den Kopf aus dem Loch. Das Plankton, seine Nahrungsgrundlage, schnappt er im Höhlengang auf. Diese Fischart ist dafür berühmt, ihre Eier zehn Tage lang im Maul auszubrüten.

Shark Bay: Bucht Henri Freycinet Harbour, Westaustralien, Australien
(26° 32′ südl. Br. – 113° 37′ östl. L.)

Seit 1991 steht die Shark Bay aufgrund der außergewöhnlichen Ursprünglichkeit ihrer Naturlandschaft auf der UNESCO-Liste des Welterbes. Diese Region ist wenig bevölkert. Der 1500 km lange Küstenstreifen zählt knapp 1000 Bewohner. Haupteinnahmequelle sind der Tourismus, die Fischerei und die Viehzucht.

Doppelflecken-Schnapper *(Lutjanus bohar)* schwimmt in der Nähe eines Schwarms von Doktorfischen *(Acanthuridae)* im Süden der Line Islands, Kiribati

Diese Schnapper-Art kann eine Größe von 80 cm erreichen. Die Jungtiere haben zwei weiße Punkte auf ihren Rückenflossen, daher auch ihr Name Doppelflecken-Schnapper. Die Jungfische sind Pflanzenfresser, während sich die ausgewachsenen Fische von anderen Fischen ernähren, wie zum Beispiel den Doktorfischen. Die Doppelflecken-Schnapper leben gewöhnlich in Schwärmen im oberen Bereich der Riffe und an Sandbänken.

Eisbrecher Louis S. St. Laurent in Resolute Bay, Nunavut, Kanada
(74° 42′ nördl. Br. – 95° 18′ westl. L.)

Der Louis S. St. Laurent-Eisbrecher, der seit 1969 in Betrieb ist, ist der größte und älteste Eisbrecher Kanadas. Ausgerüstet mit einem verstärkten Rumpf, einem mächtigen Antriebssystem (20.000 PS) und einer gewölbten Bugunterseite schiebt sich der Eisbrecher auf das Eis, zerbricht es mit seinem Gewicht und drückt die Eisbrocken nach unten. Auf diese Weise öffnet er Seewege, über die die Bevölkerung im hohen Norden versorgt wird. Das Eis nimmt unter der Einwirkung der Klimaerwärmung ab, neue befahrbare Routen wie die berühmte Nordwestpassage könnten dadurch erschlossen werden.

Schwarm von Achilles-Doktorfischen *(Acanthurus achilles)*, Vostok-Inseln, Kiribati

Die Achilles-Doktorfische sind tropische Fische, die die Korallenriffe Ozeaniens bevölkern. Der leuchtende orangefarbene Fleck in Höhe ihrer Schwanzflosse ist ein Zeichen für die Geschlechtsreife der Männchens. Diese Fische ernähren sich hauptsächlich von Algen, die auf der Oberfläche der Korallen wachsen. Sie tragen somit zum gesunden Zustand des Riffs bei, indem sie deren Ausbreitung verhindern.

Erodiertes Plateau, Poike-Halbinsel, Osterinseln, Chile
(27° 06′ südl. Br. – 109° 14′ westl. L.)

Die Erosion hat die oberen Schichten des Bodens abgetragen, sodass das Vulkansubstrat zutage trat. Einst waren die Osterinsel von riesigen Palmen bedeckt. Im 5. Jahrhundert wurde dieses 171 km² große Gebiet von polynesischen Bevölkerungsgruppen besiedelt, die nach und nach die gesamte Insel erschlossen haben. Sie bauten ihre Häuser, ihre Gotteshäuser und errichteten die berühmten Moais, kolossale Steinstatuen mit Gesichtern. Zu Beginn des 20. Jahrhunderts stellten die Immigration und der Tourismus neue Bedrohungen für die Insel dar, die 1995 auf die UNESCO-Liste des Welterbes gesetzt wurde.

Roter Thunfisch *(Thunnus thynnus)* in einem Mästkäfig, Mittelmeer, Spanien

Neuesten Schätzungen zufolge haben in den vergangenen 40 Jahren die Populationen des Roten Thunfischs im Mittelmeer einen Rückgang ihres Bestands um 50 % zu verzeichnen. Dies ist auf die Überfischung und den Fang junger Thunfische zur Mästung zurückzuführen. Der Rote Thunfisch des Mittelmeers ist auf der Roten Liste gefährdeter Arten der IUCN als »gefährdet« aufgeführt.

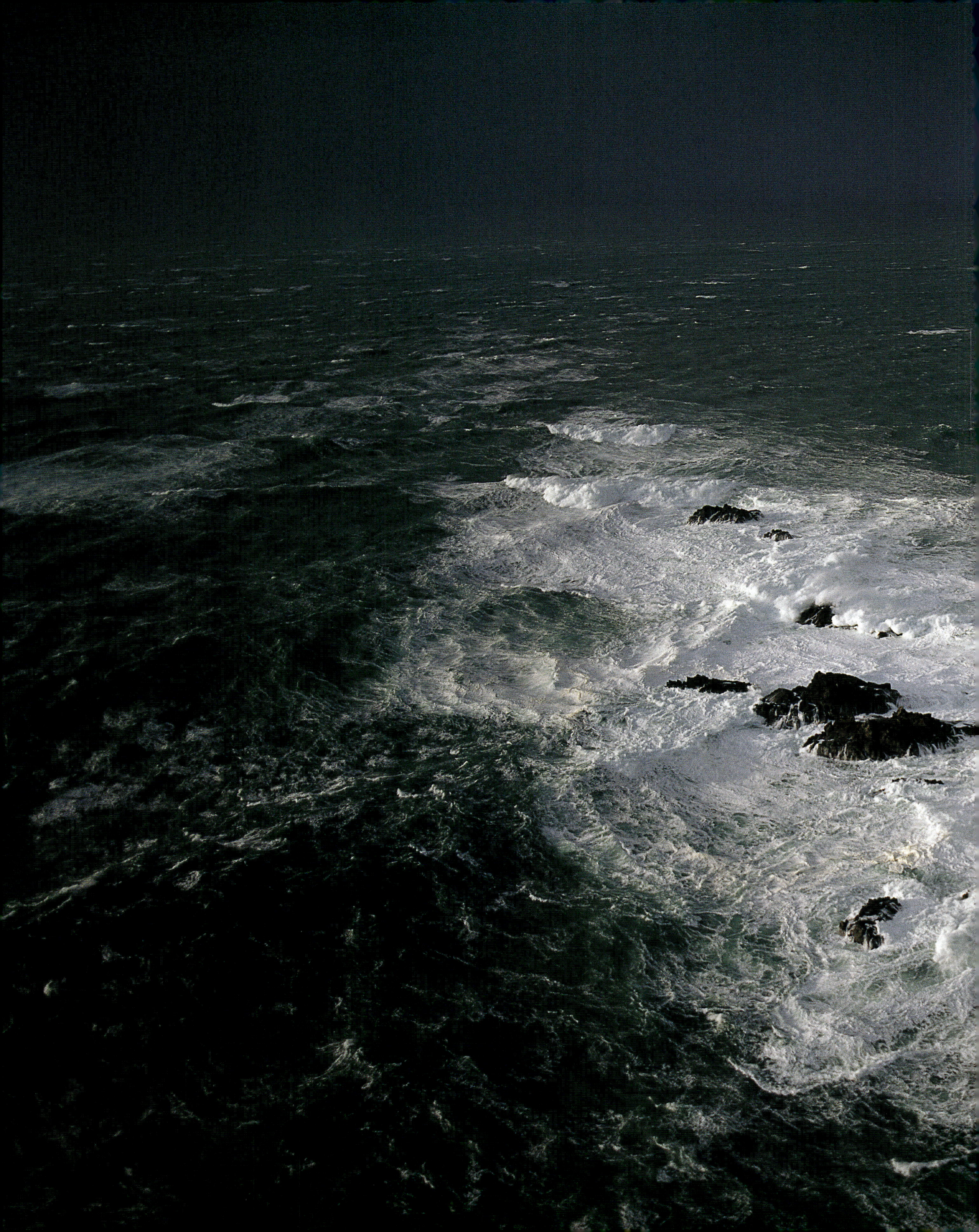

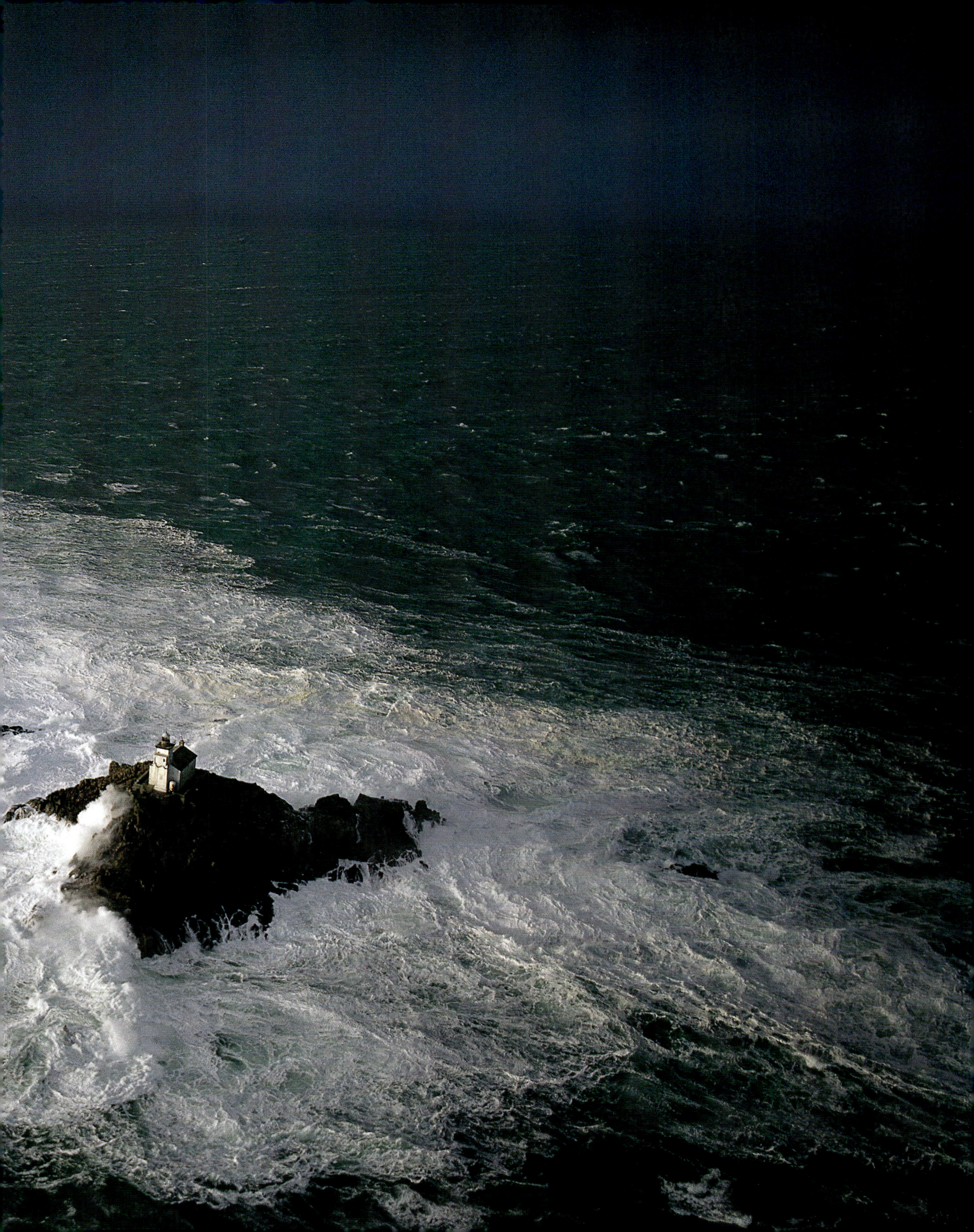

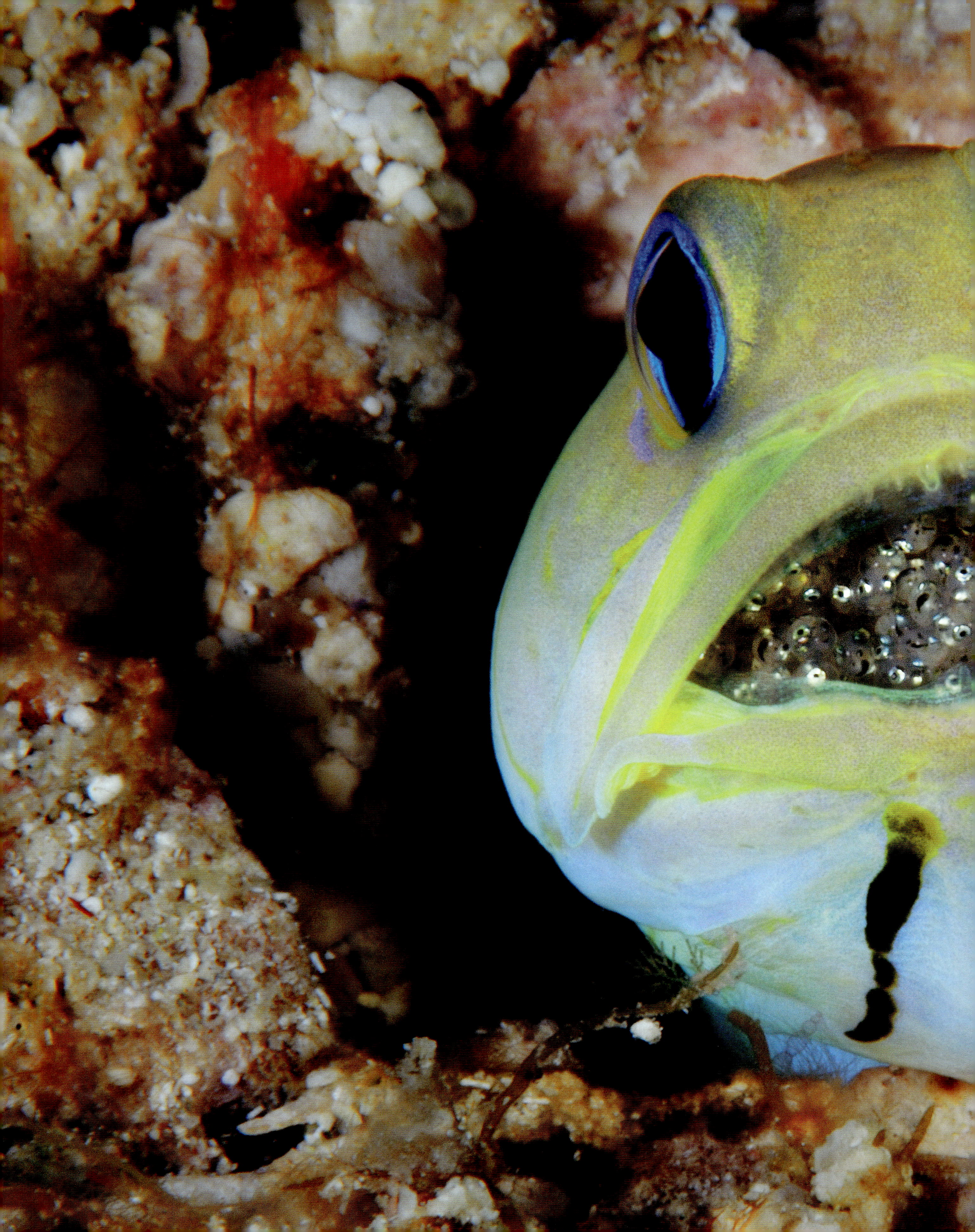

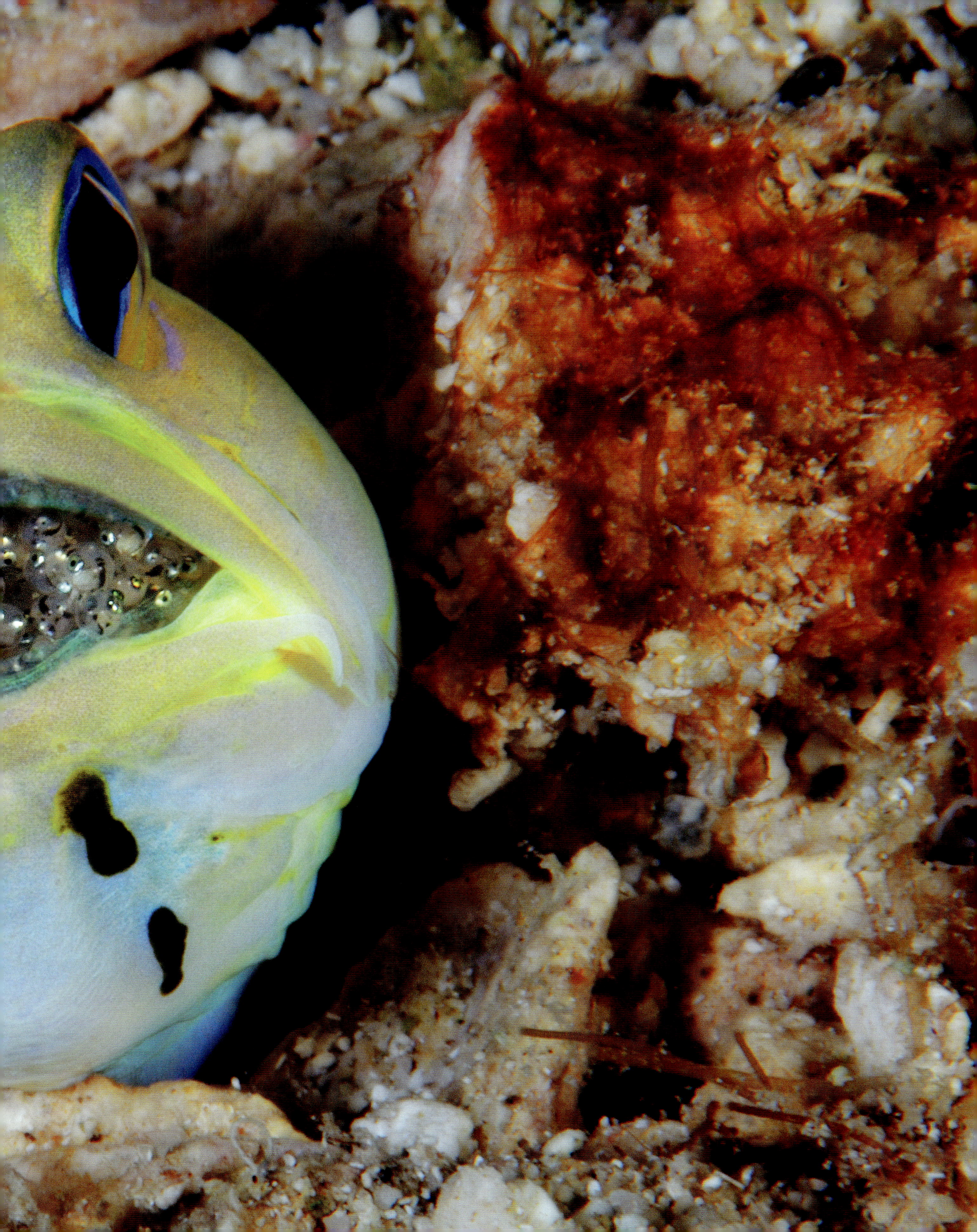

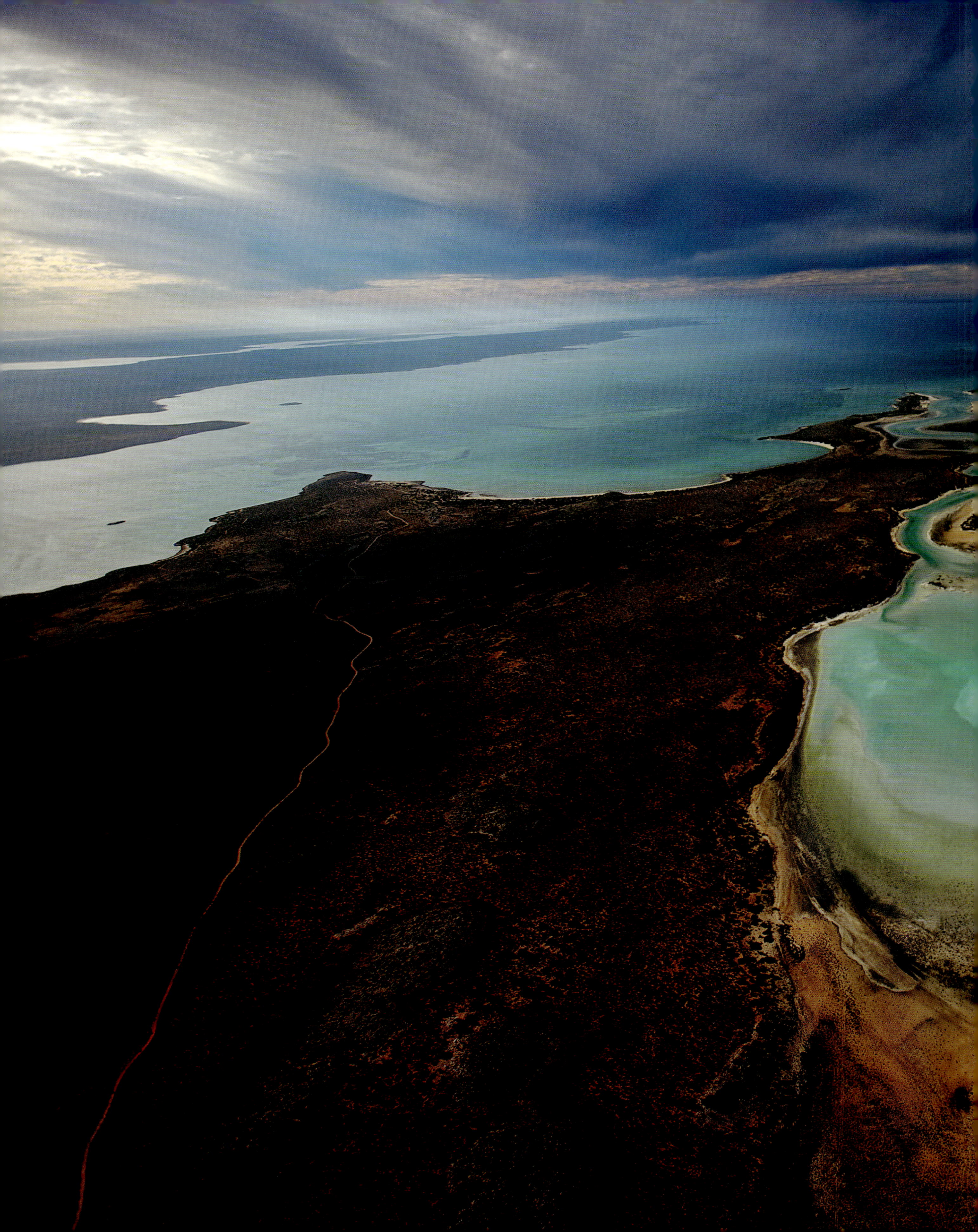

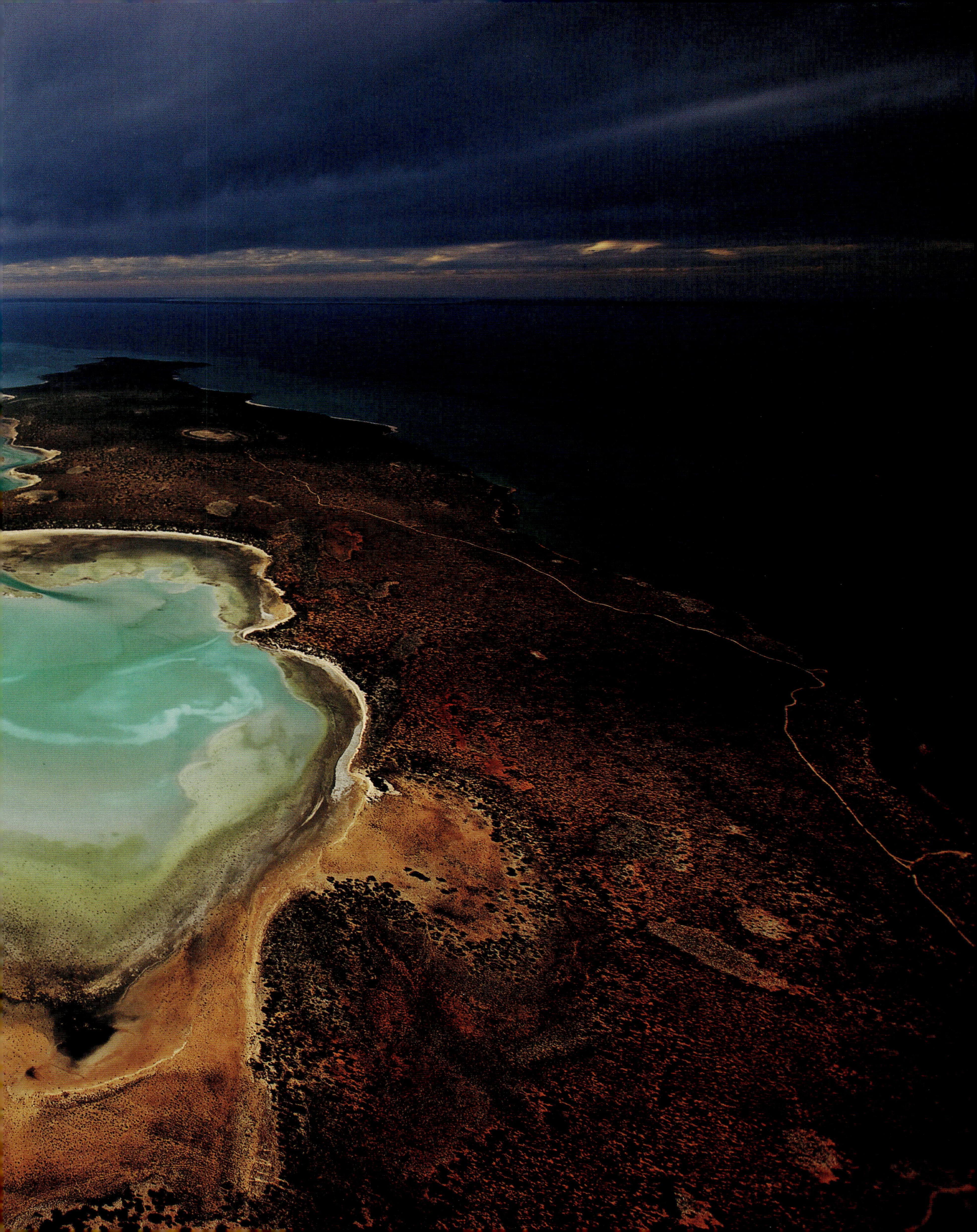

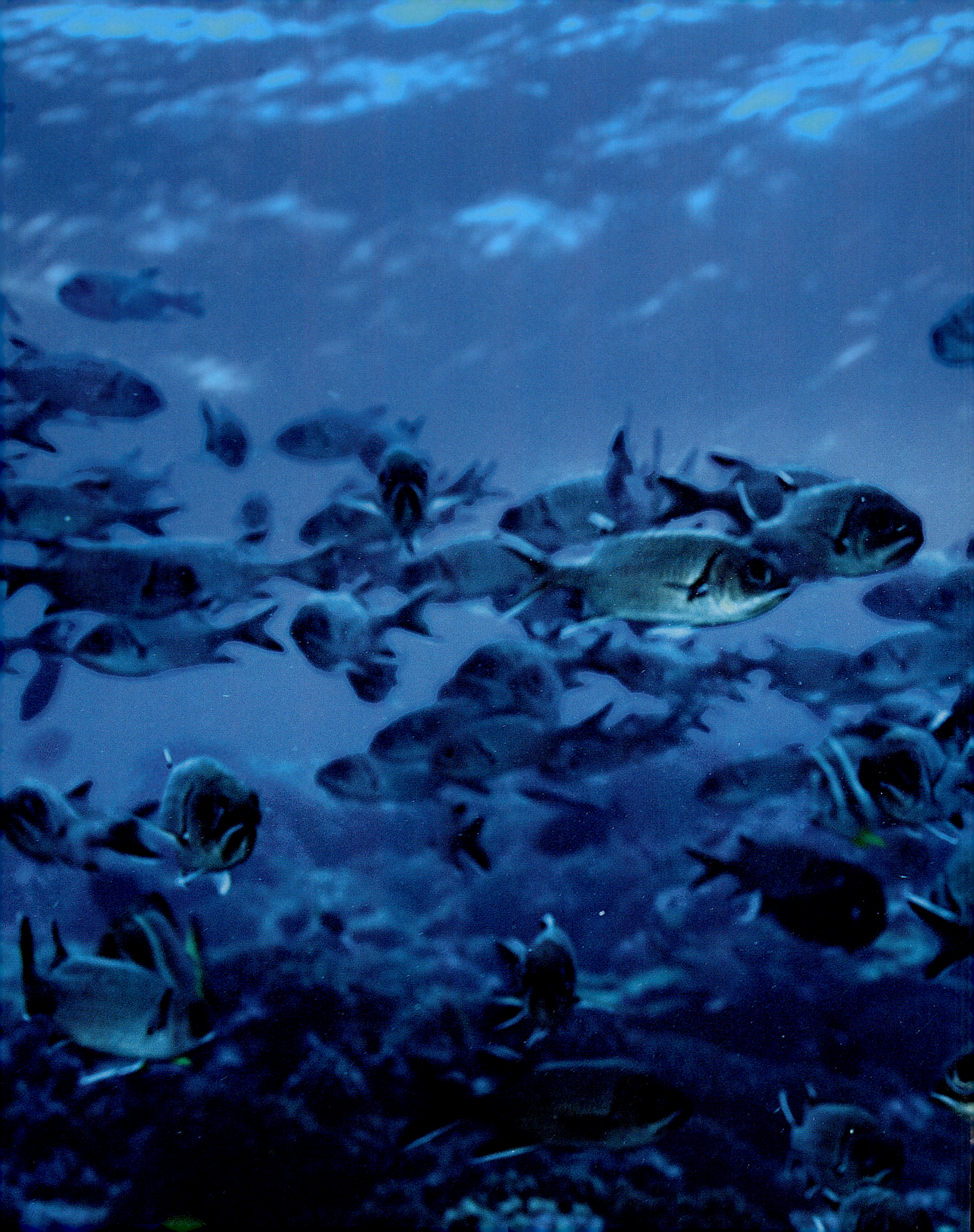

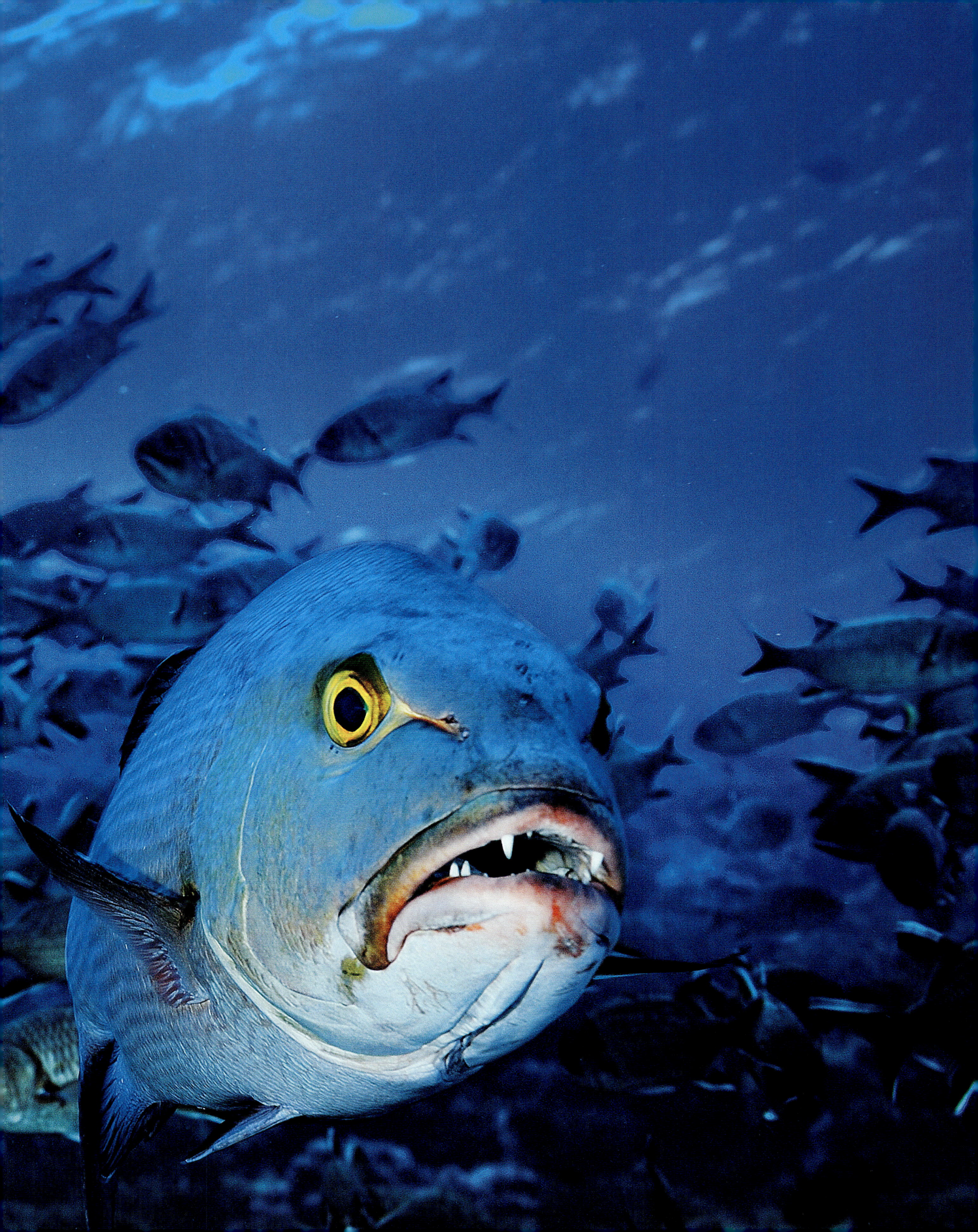

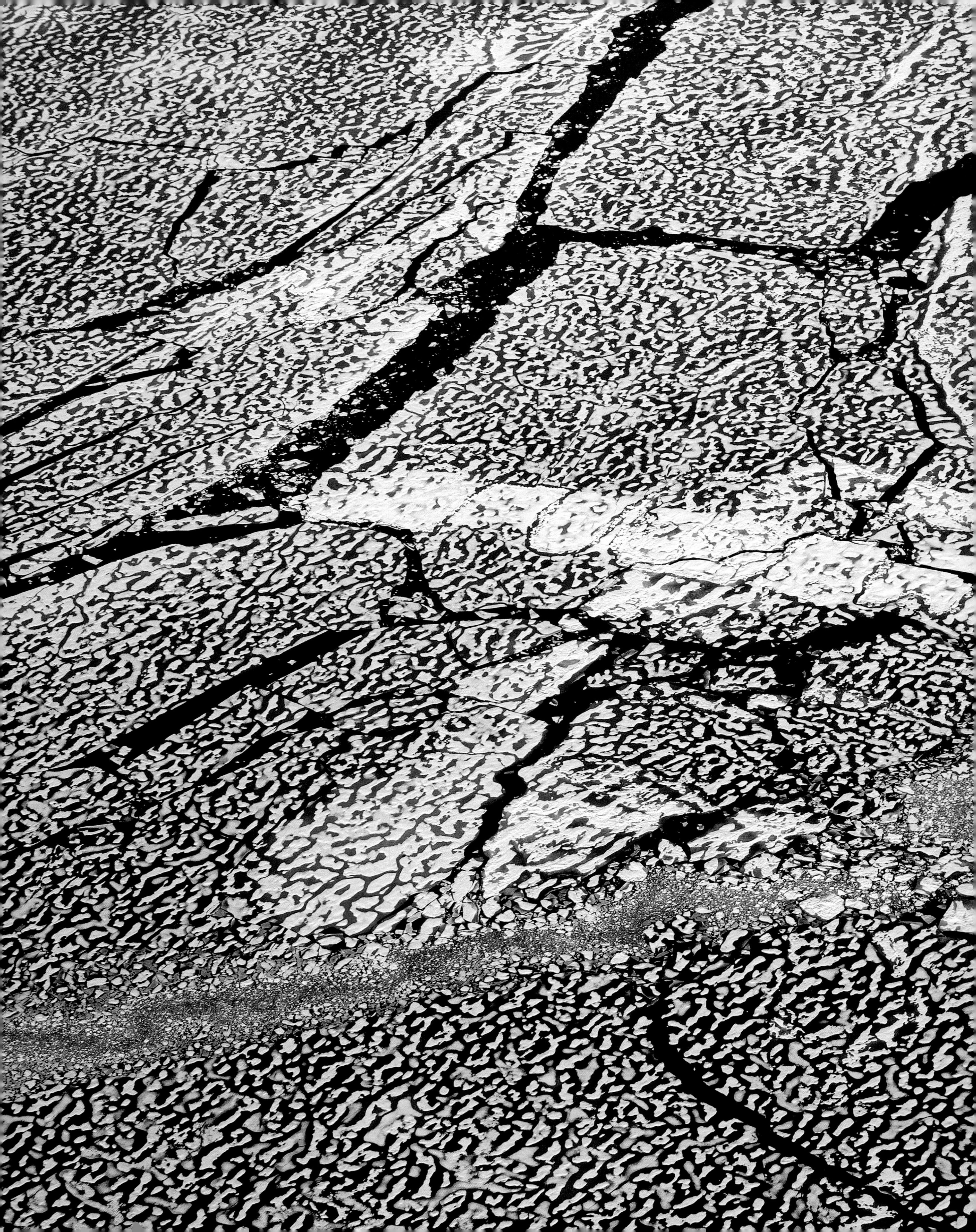

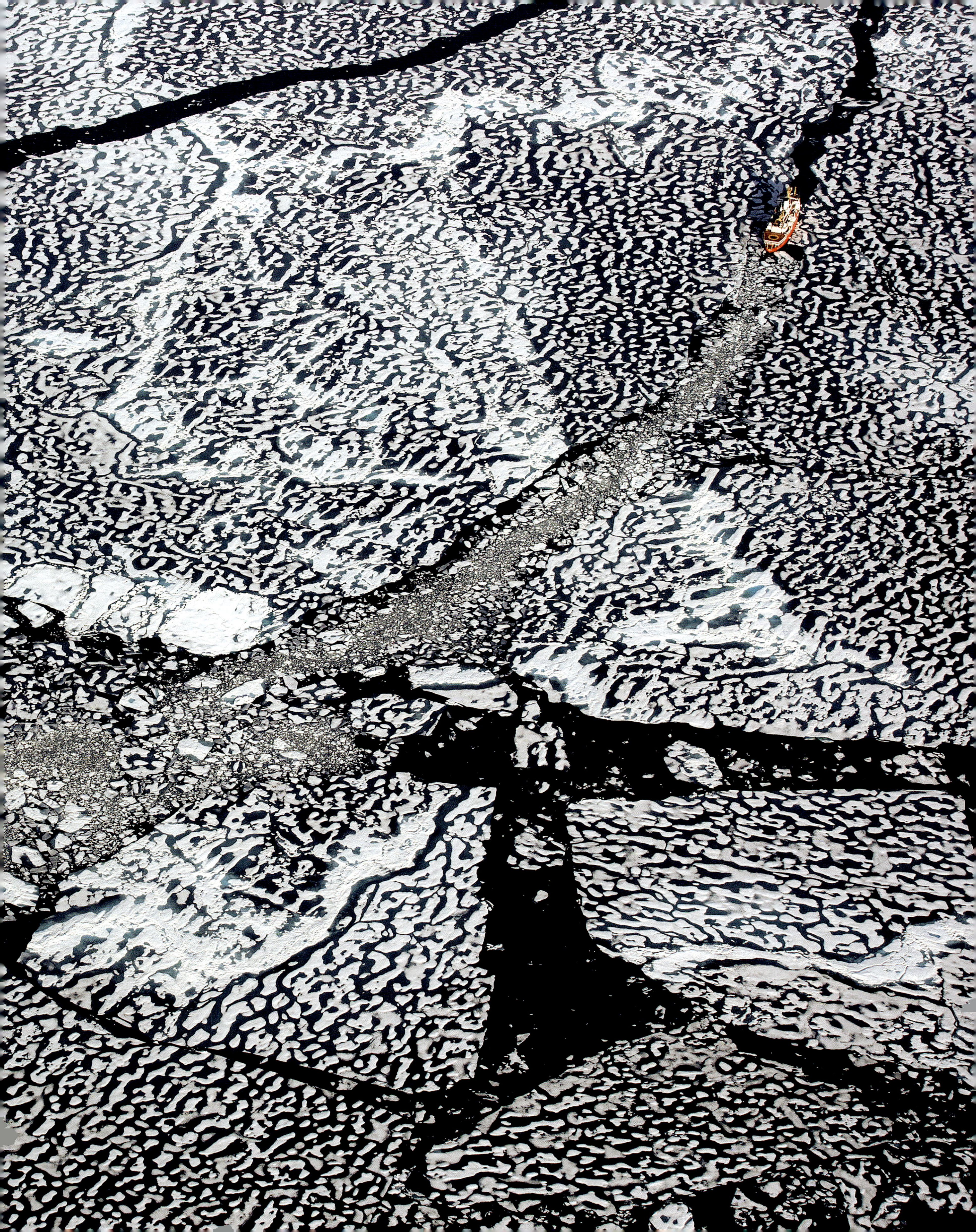

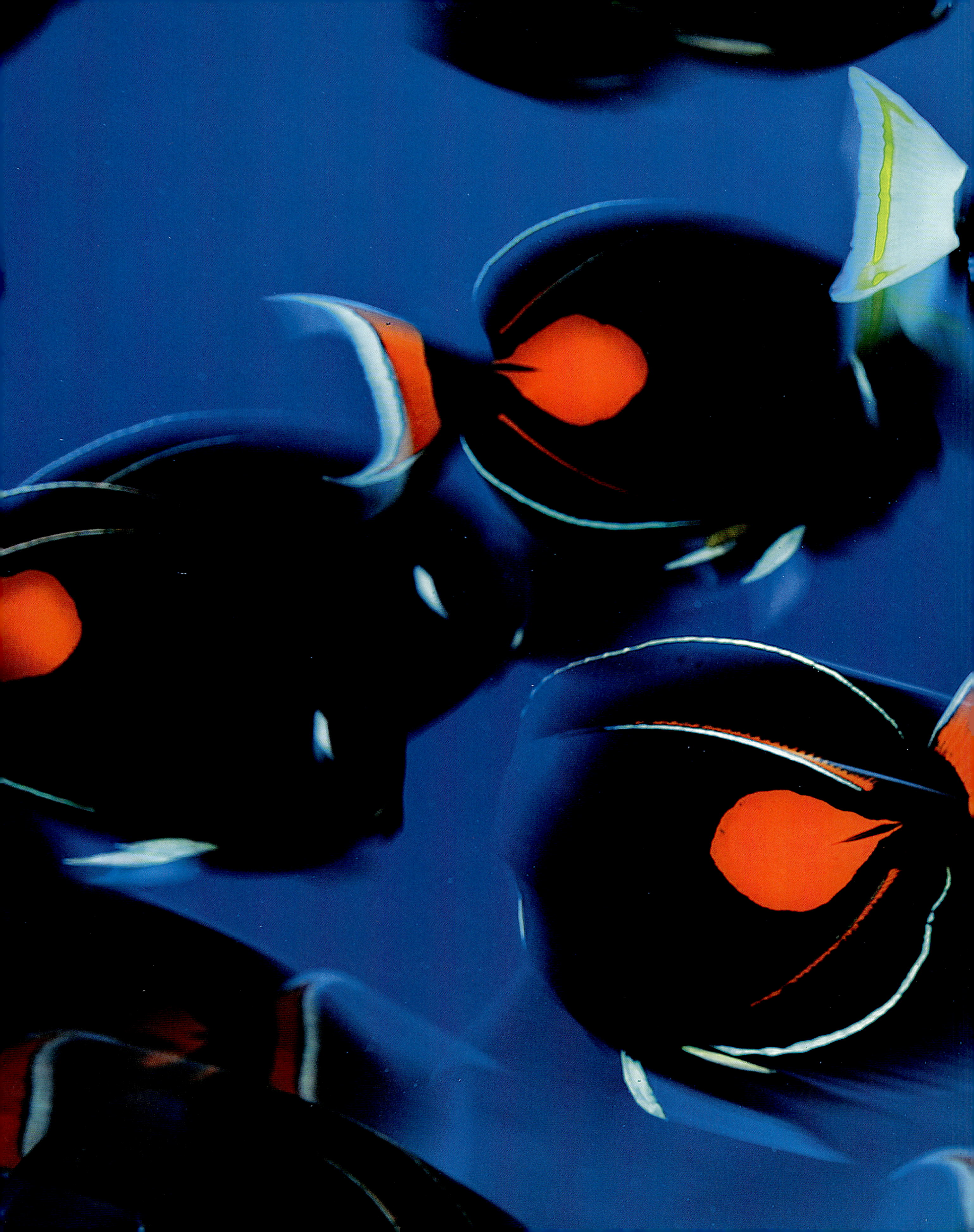

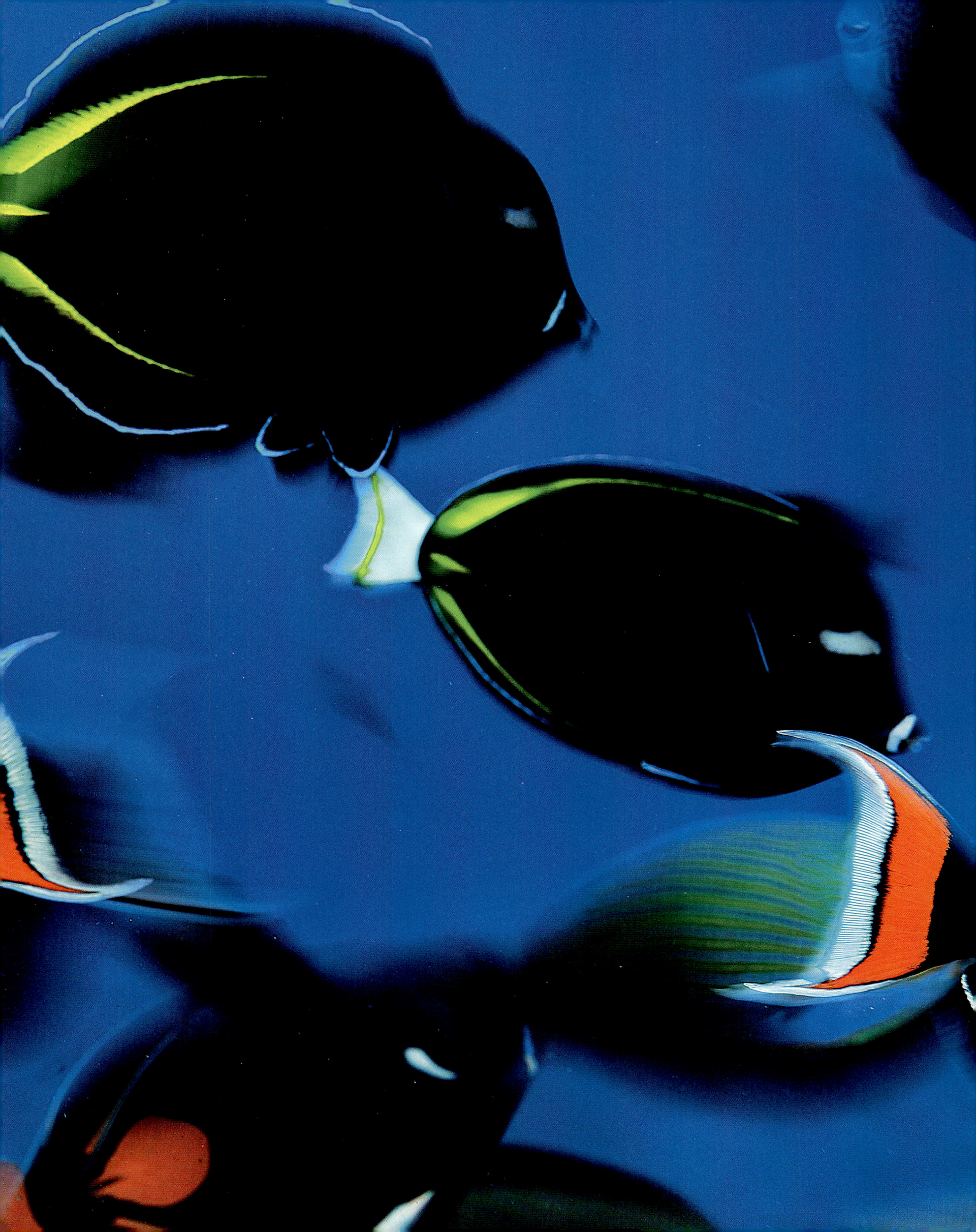

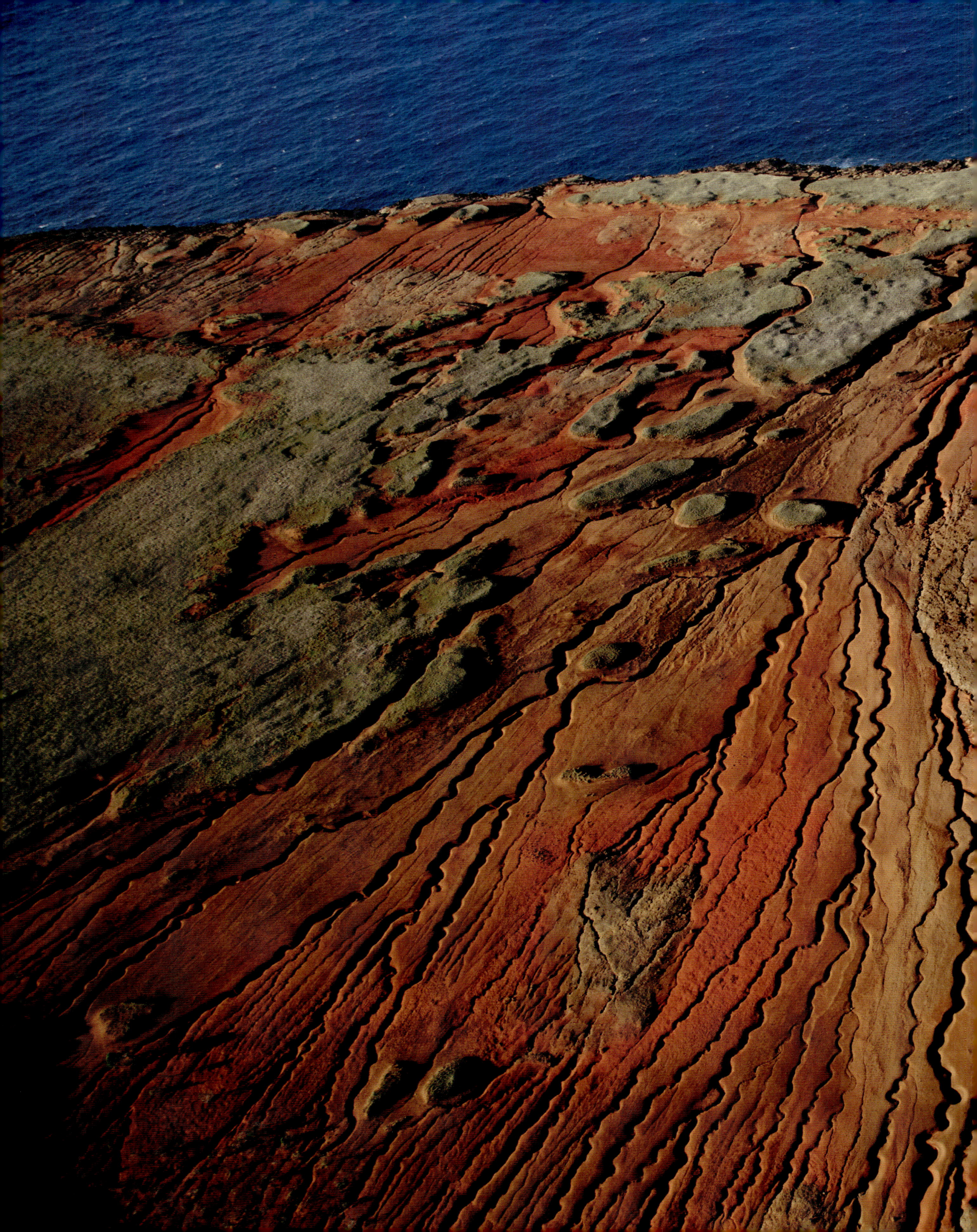

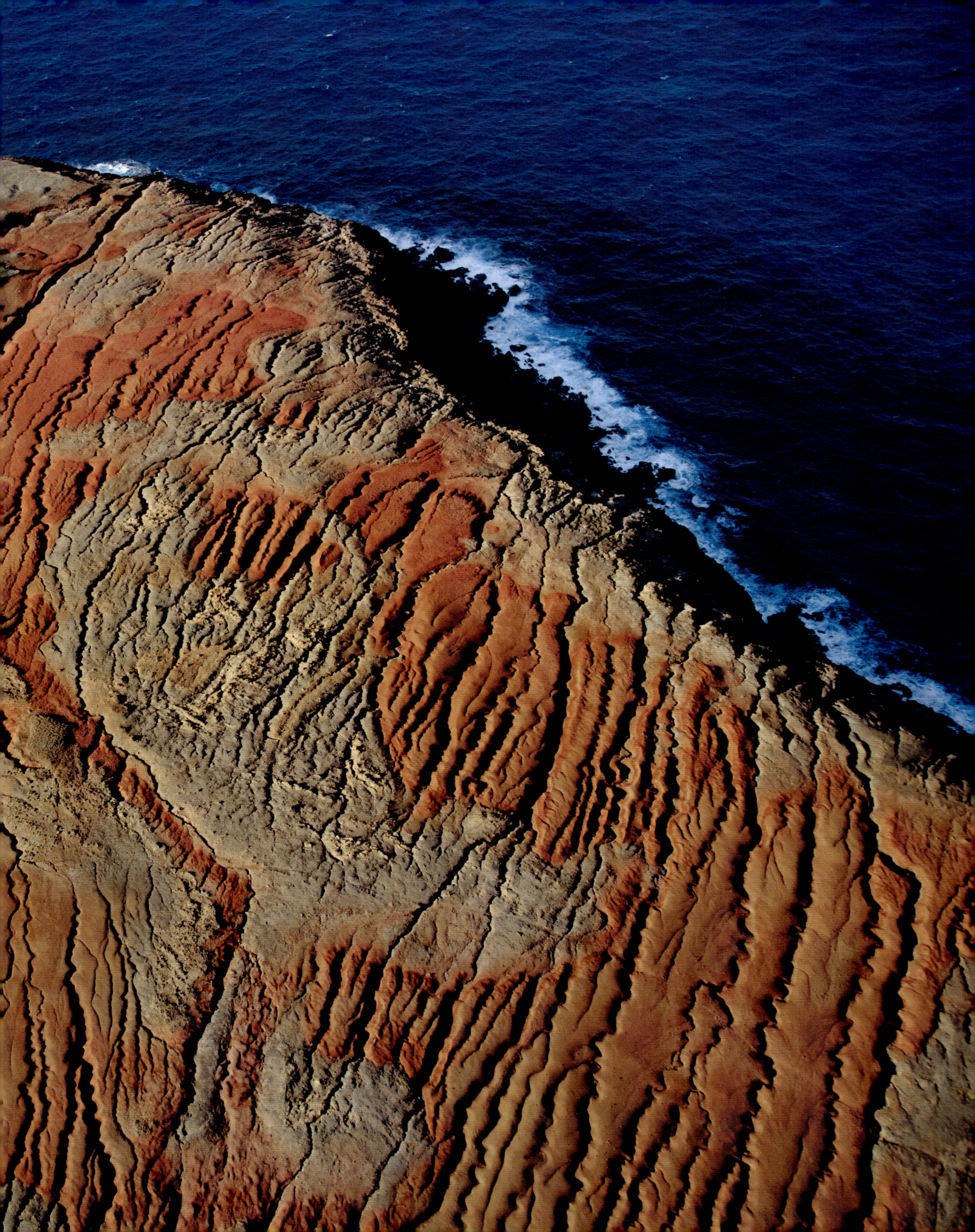

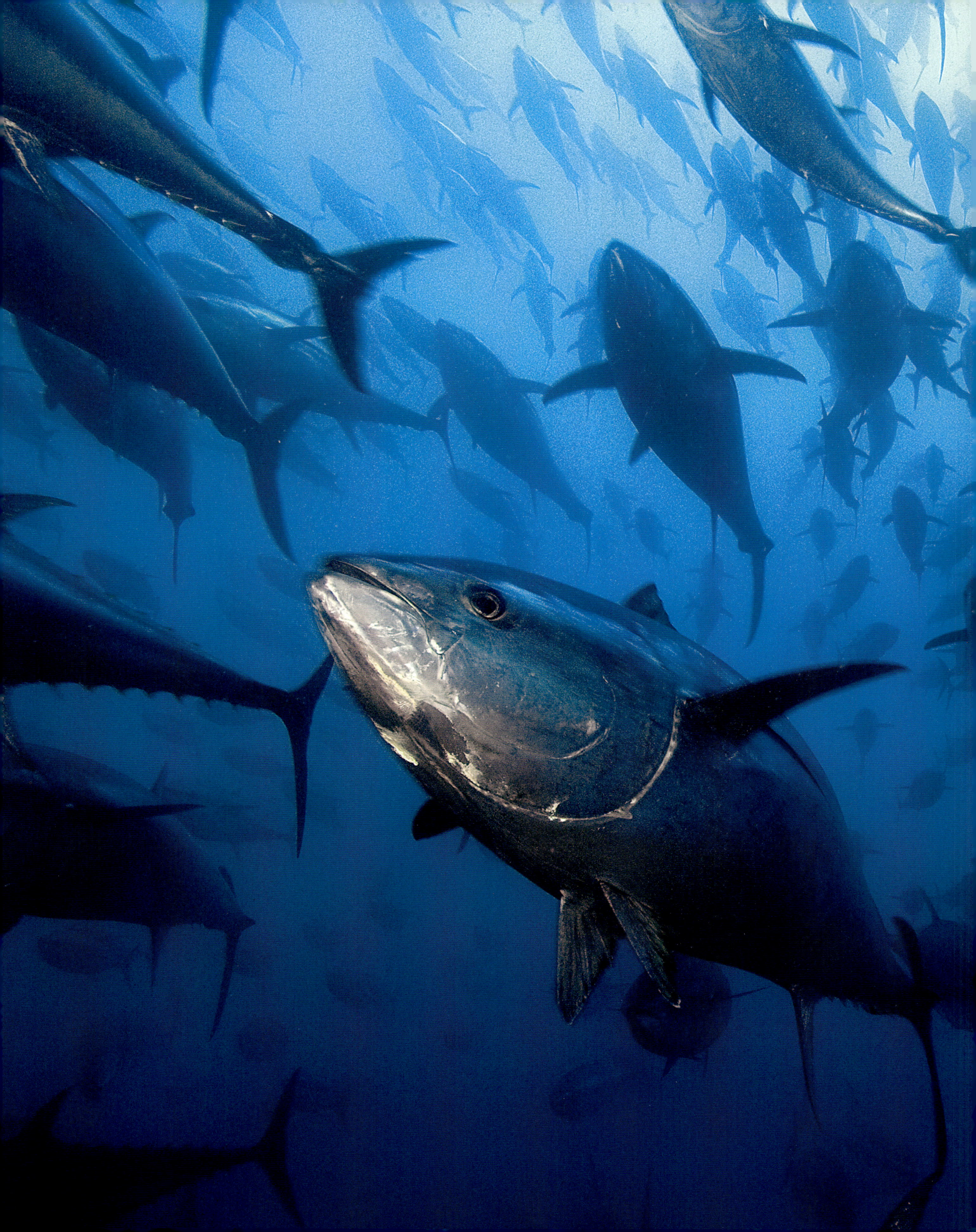

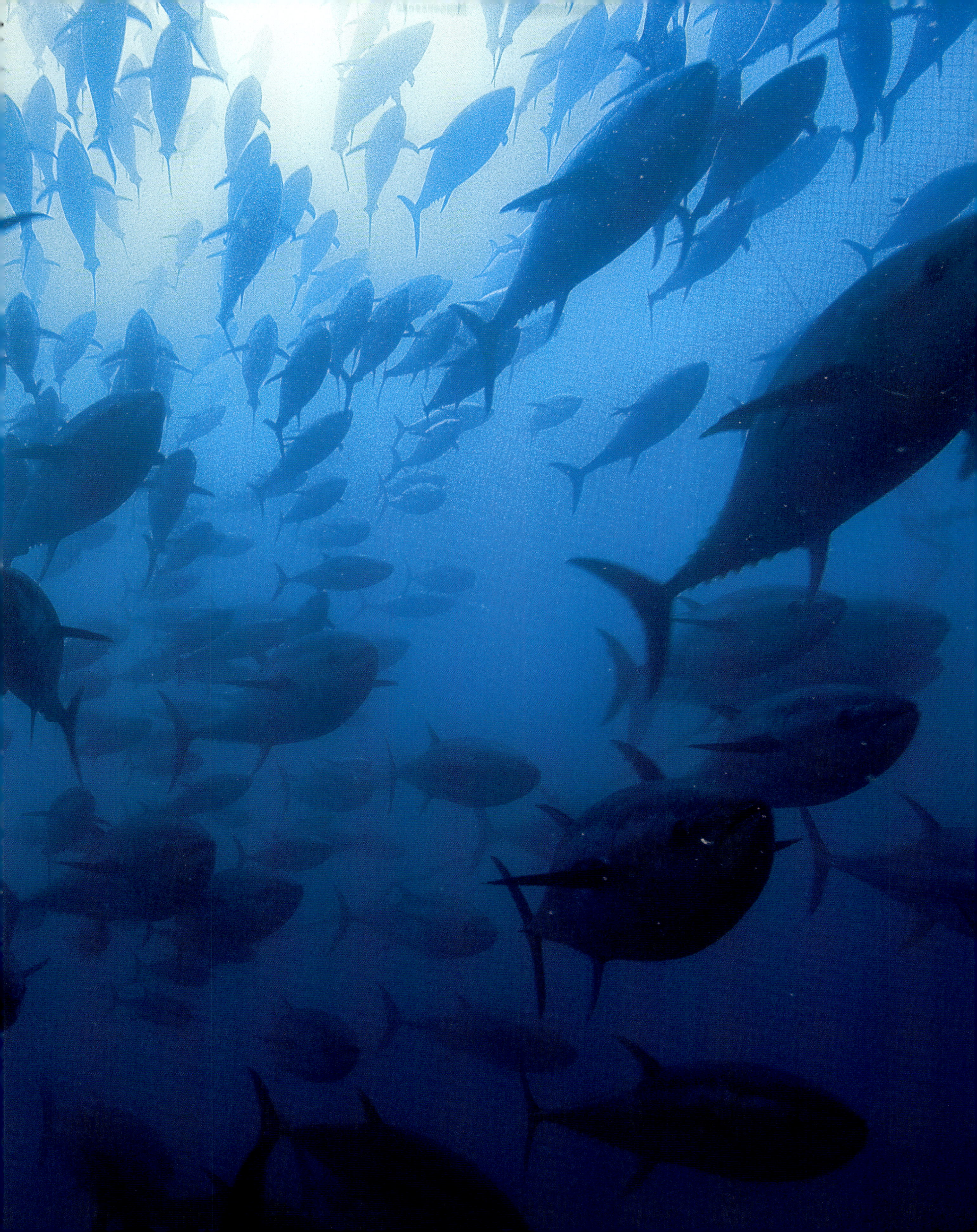

REGELN SIND NOTWENDIG

WERDEN WIR IN DER LAGE SEIN, die Ozeane zu retten und damit auch uns selbst? Keiner weiß das genau. Doch die in diesem Buch aufgeführten Möglichkeiten zeigen uns, welche Themen angegangen werden müssen: Meeresschutzzonen, Fischfangquoten, nachhaltiger Konsum sowie nachhaltiger Fischfang, Kampf gegen die Umweltverschmutzung und die Klimaerwärmung. Es handelt sich dabei weniger um wissenschaftliche oder technische Probleme, sondern im weiteren Sinne eher um eine politische Angelegenheit. Aber es ist noch nicht zu spät: Die Ozeane besitzen nämlich eine beachtliche Regenerationsfähigkeit.

Ende des 20. Jahrhunderts wurde eine Reihe internationaler Verträge geschlossen, durch die ein vernünftiger Schutz der Ozeane realisierbar schien: 1971 die Ramsar-Konvention über die Feuchtgebiete, 1973 die MARPOL-Konvention – mit mehreren Anhängen – über den Kampf gegen die Ölteppiche, 1946 die Internationale Walfangkommission (IWC), 1986 das Moratorium über den Walfang, das Seerechtsübereinkommen der Vereinten Nationen, das 1982 unterzeichnet wurde und 1994 in Kraft trat, das Basler Abkommen über den Mülltransport von 1989. Weitere Konventionen oder Übereinkommen betreffen allgemeiner ebenfalls die Ozeane wie z. B. das Washingtoner Artenübereinkommen (CITES) von 1973; das Abkommen zum Schutz der Artenvielfalt (1992); die Konvention zum Kampf gegen die Klimaerwärmung (auch 1992) oder die Stockholmer Konvention (2001) über die persistenten organischen Schadstoffe.

Mit dem Beginn des 21. Jahrhunderts endet diese Entwicklung, auch wenn einige eher lokale Abkommen z. B. über die Verwaltung von Fischfangzonen geschlossen wurden. Die internationalen Umweltkonferenzen werden zwar fortgesetzt, ähneln sich aber alle. Sie enden mit vagen Erklärungen und ohne konkrete oder verbindliche Beschlüsse. Der internationale Umweltgipfel in Rio im Juni 2012 hätte ein Meilenstein werden sollen – zwanzig Jahre, nachdem auf dem ersten Gipfel in Rio die Grundlagen für eine nachhaltige Entwicklung gelegt wurden. In Bezug auf die Ozeane sollte vor allem ein Regelsystem für die Nutzung der internationalen Gewässer geschaffen werden, aber letztendlich wurde jegliche Entscheidung auf eine Arbeitsgruppe abgewälzt, die damit beauftragt ist, bis 2014 ein solches Abkommen auszuarbeiten.

Das veränderte internationale Kräfteverhältnis mit dem Auftreten neuer Giganten wie China oder Brasilien und der Wille der meisten Länder, auch der Vereinigten Staaten, keine Einmischung in innere Angelegenheiten zu dulden, verhindern ein umfassendes internationales Abkommen über die Ozeane. Man muss inzwischen befürchten, dass ein solches Abkommen nicht mal mehr ein Hirngespinst, sondern gar ein Anachronismus ist.

DIE INTERNATIONALE WALFANGKOMMISSION

Die Schaffung der Internationalen Walfangkommission hat – trotz all ihrer eingeschränkten Befugnisse – gezeigt, welche Ergebnisse ein internationales Abkommen erzielen kann. 1986 gelang es aufgrund einer weltumfassenden Mobilisierung wegen der katastrophalen Lage mehrerer Walarten, der Walfangjagd – wenn auch mit einigen nicht unerheblichen Ausnahmen – Einhalt zu gebieten. Es war eindeutig, dass der Walfang keine dominierende Rolle mehr spielte und dass die Walfängerflotten bereits ihrem Ende entgegensahen: Weder das Fett des Walfisches, das im 19. Jahrhundert noch für die Straßenbeleuchtung

Fischer im Einbaum im Golf von Guinea, Elfenbeinküste
(4° 58′ nördl. Br. – 4° 27′ westl. L.)

Der handwerkliche Fischfang, auch »Einbaumfischerei« genannt, wird an der 550 km langen Elfenbeinküste und in vielen Lagunen der Westküste praktiziert. Die ursprünglich aus Ghana stammenden Menschen machen etwa 90 % der rund 10.000 Küstenfischer aus. Die Fischer verwenden große Einbäume von 8 bis 18 m Länge, die mit einem Außenbordmotor versehen sind. Sie liegen in Abidjan oder in Grand-Bassam vor Anker. Im Allgemeinen fischen sie nachts mit engmaschigen Netzen und Ringwadennetzen, die mehrere hundert Meter lang sind. Diese handwerkliche Fischerei macht etwa 60 % des gesamten Fischfangs des Landes aus.

70 % DER OZEANE LIEGEN AUSSERHALB JEDER GERICHTSBARKEIT

Auf hoher See – auf dem Teil der Ozeane, der keinem Staat untersteht ist – herrscht laut UN-Seerechtsübereinkommen das Prinzip der Freiheit: Freiheit der Schifffahrt, des Überflugs, der Kabellegung, der Errichtung von künstlichen Inseln, der wissenschaftlichen Forschung etc. Schiffe unterliegen den Gesetzen des Staates, unter dessen Flagge sie fahren, und nur die Kriegsschiffe desselben Landes dürfen sie kontrollieren (ausgenommen bei Piraterie). Diese Freiheit hat auch ihre Schattenseiten und ebnet eindeutig den Weg für Ausbeutung und Überfischung. Die Ökologen suchen einen Weg, auch in diesem Bereich eine Sensibilisierung für die Umwelt zu erreichen.

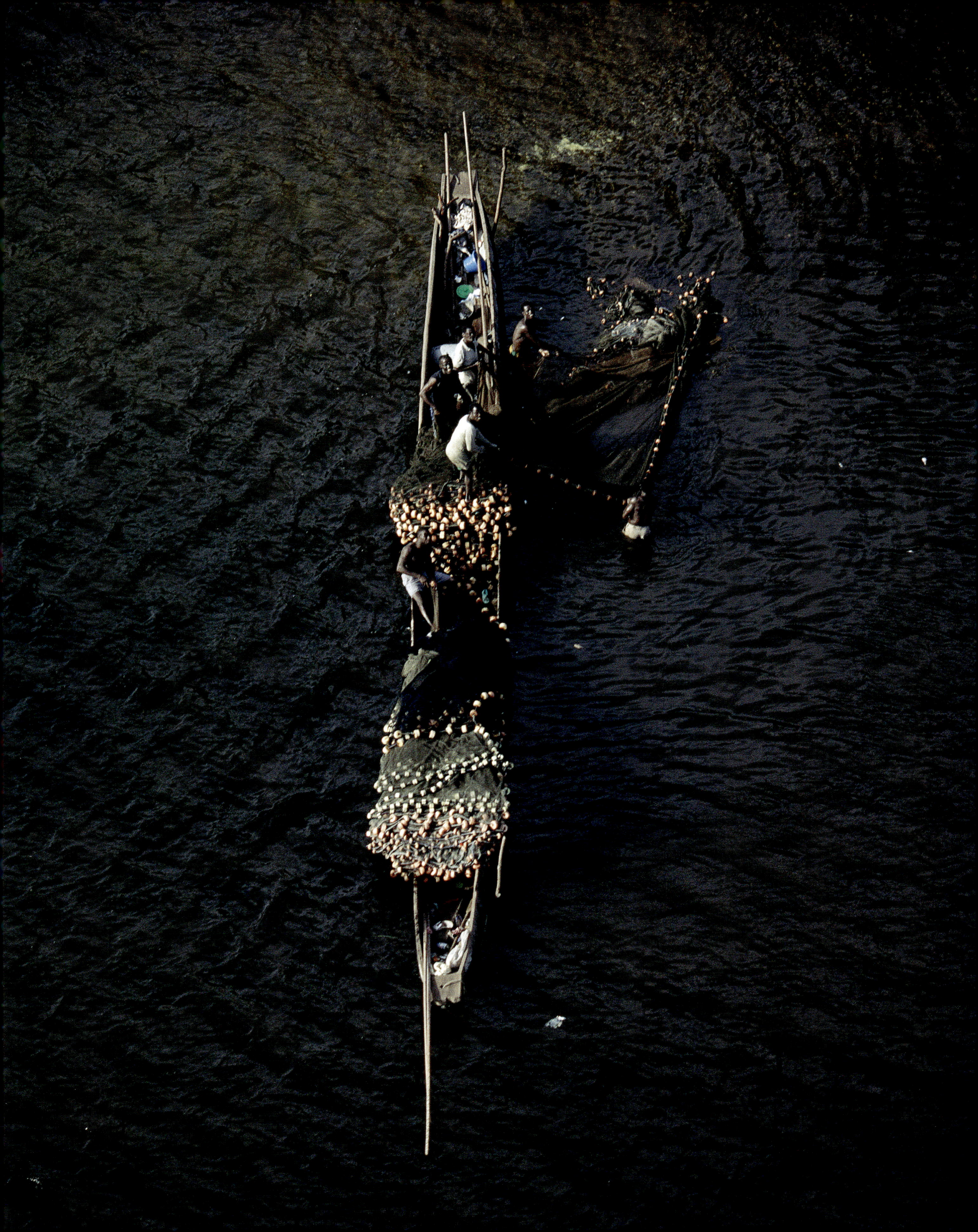

Wal in der Bucht von Samana, Dominikanische Republik
(18° 20′ nördl. Br. – 69° 50′ westl. L.)

Die Wale verbringen den Sommer in der Arktis, aber im Winter ziehen sie zur Fortpflanzung in die Ozeane des Südens, um dort ihre Jungen zur Welt zu bringen. Diese Wander-Meeressäugetiere waren bis in die 1950er-Jahre aufgrund ihres Fleisches sowie des Öls, das aus ihrem Körperfett gewonnen wurde, einer intensiven Ausbeutung ausgesetzt. Ihre Ausplünderung führte beinahe zu ihrer Ausrottung. Das Moratorium über den Walfang, das 1986 vereinbart wurde, bot die Chance – zumindest fürs Erste –, die Ausrottung der Wale zu verhindern. Trotz aller Unzulänglichkeiten stellt es ein Beispiel für den Erfolg eines internationalen Abkommens dar.

ZEE (EXKLUSIVE WIRTSCHAFTSZONE)

Bei dem »Kabeljaukrieg« zwischen 1952 und 1976 drehte es sich um einen Konflikt zwischen Island und Großbritannien. Als Island beschloss, zum Schutze seines Fischbestands seine Küstenfischereizone erst auf 12, dann auf 50 und schließlich sogar auf 200 Meilen zu erweitern, griff die britische Marine ein, um britische Trawler zu schützen, die hier widerrechtlich fischten. Es gab ein paar Zusammenstöße, Schüsse wurden abgefeuert, aber es waren keine Opfer zu beklagen, und es gab keine Kriegserklärung im eigentlichen Sinne. Letztendlich akzeptierte Großbritannien die Ansprüche Islands. Das Abkommen, das die beiden Länder schlossen, legte die Grundlagen für eine prinzipielle internationale Konvention über die Meereszonen, in denen ein Staat seine Exklusivrechte ausübt, insbesondere sein Fischfangrecht und sein Recht auf Erkundung von Rohstofflagerstätten. Es handelt sich um das Seerechtsübereinkommen der Vereinten Nationen, auch Montego-Bay-Konvention genannt, das 1982 unterzeichnet wurde. Es führte die sogenannte Exklusive Wirtschaftszone (ZEE) ein, die maximal 200 Meilen (370 km) vor die Küste eines Landes reicht. Für den Fall, dass die ZEE eines Landes die ZEE eines anderen berührt oder sich mit ihr überschneidet, müssen die Grenzen jeder ZEE durch ein gemeinsames Abkommen oder durch den Beschluss eines internationalen Gerichtshofs festgelegt werden. Doch es gibt immer wieder Streitigkeiten, insbesondere zwischen den Anrainerstaaten des Chinesischen Meeres und des Nordatlantik.

---

oder für bestimmte industrielle Schmiermittel verwendet wurde, noch seine Haut waren mehr begehrt. Effizientere oder weniger kostspielige Alternativen – auf der Basis von Erdöl oder der Viehzucht – waren längst dabei, den Tran zu ersetzen.

Jedenfalls haben 20 Jahre später die Populationen mehrerer Meeressäugetierearten wieder leicht zugenommen. So stieg die Zahl der Buckelwale von 20.000 im Jahr 1986 auf 35.000 im Jahre 2005. Die Fortschritte zeigen sich entsprechend dem Fortpflanzungszyklus der Tiere nur langsam: Die Geschlechtsreife großer Walfische erfolgt sehr spät (manchmal erst mit 20 Jahren), und für das Austragen eines einzigen Jungen benötigt das Muttertier, je nach Art, zwischen zehn und fünfzehn Monate. Danach kümmert es sich lange Zeit um sein Junges. Fünf Walarten stehen noch auf der Roten Liste gefährdeter Arten der IUCN. Über das Verbot des gewerblichen Walfangs hinaus hat die Walfangkommission zwei riesige Zonen eingerichtet, in denen der Walfang absolut verboten ist: die erste im Indischen Ozean, die zweite in der Antarktis (die 50 Millionen km² umfasst).

JAGD ZU WISSENSCHAFTLICHEN ZWECKEN

Japan, das die Schutzzone in der Antarktis nicht anerkennt und unaufhörlich versucht, das Moratorium zu kippen, hat für die Jagd zu wissenschaftlichen Zwecken eine Sondergenehmigung durchgesetzt, was reine Heuchelei verrät, denn jeder weiß, dass das Ziel nicht darin besteht, die Wissenschaft voranzutreiben. Laut dem Japanischen Walforschungsinstitut (ICR) gab dieser Walfang Anlass für durchschnittlich etwa 20 wissenschaftliche Veröffentlichungen pro Jahr, das sind 200 im letzten Jahrzehnt. Die Mehrheit dieser Publikationen war jedoch von eher geringem Interesse und lediglich in Japan erhältlich. Zum Vergleich dazu hat die internationale Datenbank PubMed im selben Zeitraum 2949 Veröffentlichungen zu diesem Thema gezählt – also zehnmal mehr, ohne dass dafür auch nur ein einziger Wal zu Tode kam.

Der sogenannte »traditionelle« Walfang ist in Kanada, in Norwegen und vielen anderen Ländern ebenfalls erlaubt. Den offiziellen Zahlen zufolge wurden 2009 insgesamt 1851 Wale gezielt getötet – eine beachtliche Zahl, die jedoch weit unter den Zahlen vor dem Moratorium liegt.

HÄSSLICH UND DUMM

Ein Teil der großen Sympathie für Meeressäugetiere kam auch den Seehunden zugute. Selbst wenn die Jagd insgesamt fortgeführt wird, haben die intensiven Kampagnen der 1970er- und 1980er-Jahre zumindest das Verbot der Jagd nach weißen Seehundbabys (unter einem Jahr) durchgesetzt. Eine Reihe von Ländern verbietet sogar die Robbenjagd oder den Fellhandel. Seit 2009 gehören die Mitglieder der Europäischen Union auch dazu. Sicher würde eine solche weltweite Welle der Sympathie für die Haie dazu beitragen, sie ebenfalls zu schützen und ihre absehbare Ausrottung zu verhindern (siehe »Das absehbare Ende der großen Raubfische«).

Aber im Allgemeinen besteht für Fische aller Art Anlass zur Sorge, solange die öffentliche Meinung herrscht, sie würden übel riechen, besäßen keinerlei Intelligenz und seien gefühllos. Als schlichte, ganz gewöhnliche Meeresbewohner, die zudem klein und häufig grau sind, gelingt es den Fischen nicht, eine umfassende Woge der Sympathie auszulösen, wie sie Robbenbabys und Pandas genießen. Ihre Zukunft sieht düster aus. Jene, die sich für ihren Schutz einsetzen, tun dies meist nicht aus einer Sympathieanwandlung heraus, sondern aufgrund einer rationalen Überlegung, bei der es um die Bewahrung einer Nahrungsgrundlage und um die Aufrechterhaltung des Gleichgewichts der Ökosysteme geht. Diese beiden sehr wichtigen Gedanken sind der breiten Öffentlichkeit und den Politikern allerdings nur schwer zu vermitteln. Die theoretische Vision vom Schutz der Ozeane kann nur sehr mühsam überzeugen geschweige denn sich durchsetzen.

DIE TRAGÖDIE DES ALLGEMEINGUTS

Unsere Unfähigkeit, diese wichtige Nahrungsgrundlage nachhaltig und gemeinsam zu verwalten, ist ein Symbol für die derzeitige ökologische Krise. Garrett Hardin, ein amerikanischer Philosoph (2. Hälfte des 20. Jahrhunderts) hat sie durch ein Modell versinnbildlicht, das grundlegend für die moderne Ökologie wurde. Man bezeichnet es als die Tragödie des Allgemeinguts, »Die Tragik der Allmende«). Diesen Begriff gebrauchte Garrett Hardin 1968 zum ersten Mal in einem Artikel in der Zeitschrift *Science*.

Dieses extrem einfache Modell eignet sich für erstaunlich komplexe Entwicklungen. Stellen wir uns ein Dorf vor, in dem die Viehzüchter ihre Kühe auf einem gemeinsamen Feld weiden lassen. Jeder Viehzüchter verfolgt seine eigenen Interessen: Er will seine Einkünfte verbessern und folglich seinen Viehbestand vergrößern. Aber jede weitere Kuh weidet mehr Gras ab. Je mehr Kühe auf der Weide stehen, desto mehr Gras weiden sie ab, bis kein Gras mehr übrig ist. Am Ende, wenn die Weide völlig abgegrast ist, verlieren die

Der Corcovado überragt die Stadt Rio de Janeiro, Brasilien
(22° 57′ südl. Br. – 43° 13′ westl. L.)

Die von Paul Landowski geschaffene Christusstatue steht auf der Felsspitze eines 704 m hohen Berges und blickt auf die Bucht von Guanabara und auf Rio de Janeiro. Hier fand 1992 der erste Umweltgipfel statt, der mit drei bedeutenden internationalen Konventionen zum Umweltschutz die Grundlagen für eine nachhaltige Entwicklung legte: mit den Abkommen zum Klimaschutz, zum Schutz der Artenvielfalt und zum Kampf gegen das Vordringen der Wüste. 20 Jahre später, im Juni 2012, hat ein weiterer internationaler Umweltgipfel, Rio+20, in den man große Hoffnungen setzte, zu keinerlei Ergebnissen geführt und damit die Handlungsunfähigkeit der internationalen Institutionen bewiesen.

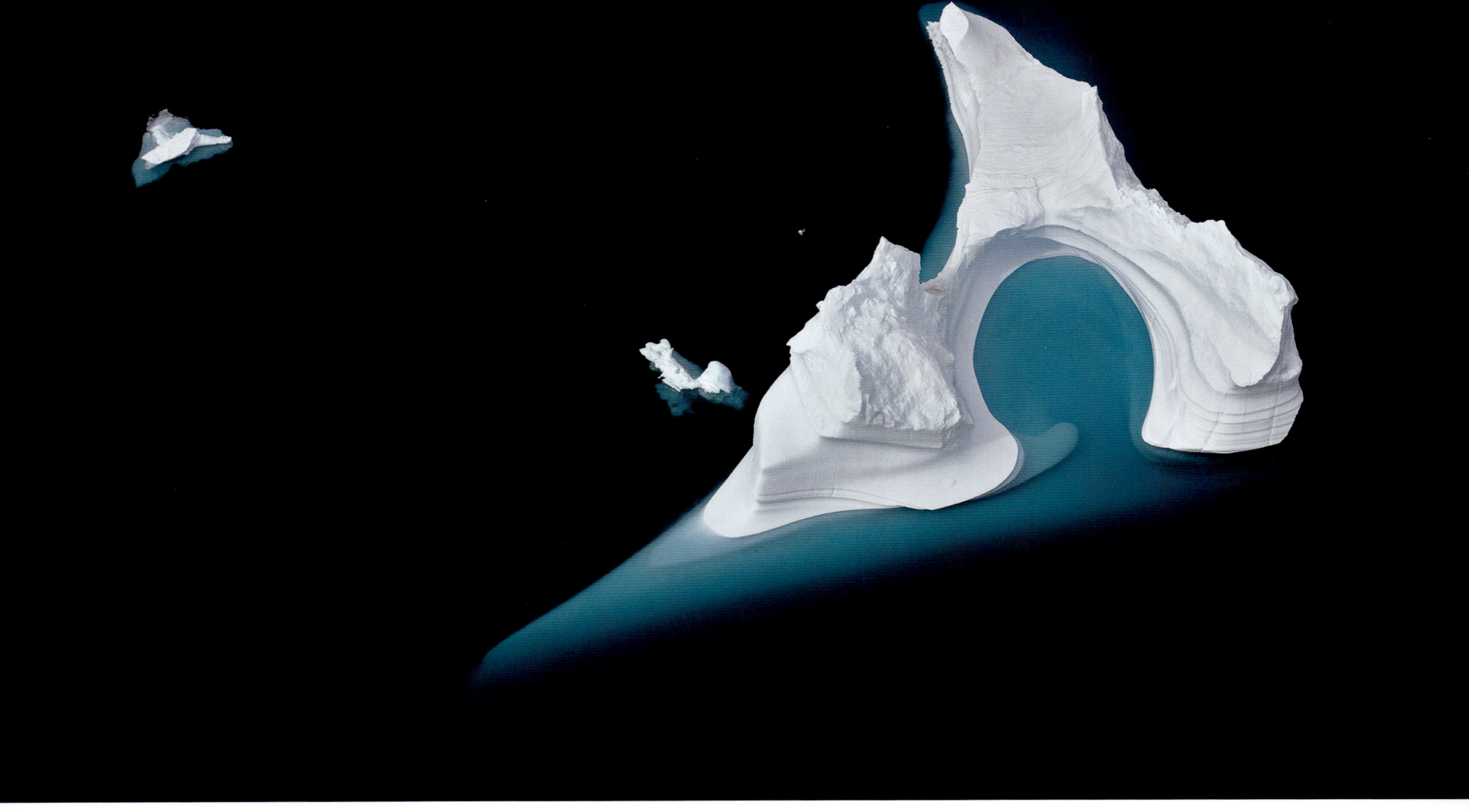

Viehzüchter alle ihre Kühe, weil kein Gras mehr vorhanden ist. »Schließlich aber kommt der Tag der Abrechnung...«, schreibt Harding.

JEDER EILT SEINEM RUIN ENTGEGEN

Der Philosoph bedient sich dieses Modells, um zu zeigen, dass in einem solchen System jeder Protagonist dazu gezwungen ist, die Ressource immer mehr zu beanspruchen und folglich die Katastrophe zu beschleunigen: »Jeder eilt seinem Ruin entgegen, wenn er seine eigenen Interessen verfolgt«, schreibt Hardin, was nebenbei eine markante Widerlegung der Theorie der »unsichtbaren Hand« von Adam Smith darstellt.

Selbst wenn ein einzelner Viehzüchter sich der Bedrohung bewusst ist und beschließt, sich »vernünftig« zu verhalten, wird dies nichts ändern: Er hat lediglich seinen etwas weniger tugendhaften Kollegen mehr Gras überlassen und die Katastrophe etwas hinausgezögert. Deshalb genügen die guten Absichten des Einzelnen nicht, um die Welt zu verändern. Hardin sieht für dieses Modell verschiedene Anwendungsbereiche vor (Umweltverschmutzung, Überbevölkerung etc.) und stellt explizit den Vergleich mit der Überfischung an: »Die Weltmeere leiden in derselben Weise unter dieser Tragödie des Allgemeinguts. Die Seenationen reagieren immer gleich auf die Lehre von der Freiheit der Meere. Entgegen ihrer Verlautbarung, dass sie an die unerschöpflichen Ressourcen der Ozeane glauben, führen sie Fische und Wale, eine Art nach der anderen, ihrer Ausrottung entgegen.«

ZWEI WEGE

Garrett Hardin kommt zu der Schlussfolgerung: Wenn eine Nahrungsgrundlage Allgemeingut ist, ihre Verwendung aber einen privaten Gewinn erlaubt und wenn diese Nahrungsgrundlage begrenzt ist, dann führt das System unvermeidlich zur Katastrophe. Zur Überwindung der Krise sieht er zwei Wege: Entweder bleibt die Ressource Allgemeingut, und der Gewinn wird ebenfalls Allgemeingut – das bedeutet Verstaatlichung –, oder der

Erodierter Eisberg im Fjord von Unartoq, Grönland
(60° 28′ nördl. Br. – 45° 19′ westl. L.)

Die meisten Eisberge, die in die Baffin-Bucht und den Labradorsee treiben, stammen von der Westküste Grönlands. Jährlich zählt man zwischen 10.000 und 40.000. Im Frühling und im Sommer kalben die Gletscher in den Fjorden, was bedeutet, dass die Eismassen unter dem Druck der Eisberge und der Kräfte des Seegangs und der Gezeiten abbröckeln. Die Klimaerwärmung bewirkt, dass das grönländische Inlandeis in einem Umfang von 248 km^3 pro Jahr schmilzt. Wissenschaftliche Studien beweisen, dass sich dieses Phänomen seit dem Beginn des 21. Jahrhunderts beschleunigt.

Mehr Informationen zu diesem Thema und ein entsprechender Ausschnitt aus dem Film *Planet Ocean* sind auf der Website www.goodplanet.org verfügbar.

Gewinn bleibt Privateigentum, dann muss man die Ressource ebenfalls privatisieren – das wäre dann die Privatisierung schlechthin. In all diesen Fällen führen die allgemeinen Überlegungen zu einer intensiven Diskussion über die Art und Weise, wie man konkret vorgehen sollte: Soll die Nahrungsgrundlage öffentlich verteilt oder privatisiert werden, und auf welcher Grundlage soll dies geschehen?

Die Problematik tritt bei der Fischereiverwaltung ganz klar zutage. In bestimmten Fällen geht es darum, den Zugang zur Nahrungsgrundlage zu privatisieren, indem einzelne Fischer bestimmte Quoten zugeteilt bekommen. In anderen Fällen geht es darum, gemeinsame Vorschriften für den Zugang zur Ressource aufzustellen – zum Beispiel mit einem umfassenden Regelsystem für die Hochseefischerei. Keine dieser Lösungen ist einfach, keine ist ohne Nachteile, keine gilt gleichsam für alle Bedingungen ... Alle erfordern, dass sich die Beteiligten früher oder später einigen, auch wenn dies aufgrund der gegebenen Machtverhältnisse eventuell auf autoritäre Weise geschieht.

DAS ABGEBRANNTE HAUS

Garrett Hardins Text hat jede Menge Diskussionen, Überlegungen und Gegenargumente angeregt. Aber selbst 50 Jahre nach seiner Veröffentlichung ist keine deutliche Veränderung erkennbar. Auch wenn Hardin zu anderen Themen umstrittene Ansichten vertrat, ist sein Pessimismus manchmal von verblüffender Klarsicht: »Die natürliche Auswahl stärkt die Fähigkeiten der Verdrängung. Und ein Individuum nutzt seine Fähigkeit, die Wahrheit zu leugnen, selbst wenn die Gesellschaft, deren Teil es ist, in ihrer Gesamtheit darunter leidet.« Oder wie der französische Staatspräsident Jacques Chirac einmal sagte: »Das Haus brennt ab, aber wir schauen nicht hin.«

Letztlich ist es wahrscheinlich, dass uns unsere Unfähigkeit zur Vorsorge noch einige Katastrophen bescheren wird wie die aus dem Jahre 1992, als die Fischer von Neufundland voller Entsetzen begriffen, dass sie ihre Gewässer leergefischt und sich selbst arbeitslos gemacht hatten. Einige ökologische Vordenker meinen, man sollte vielleicht auf »die pädagogischen Tugenden der Katastrophen« bauen, damit die Menschheit Fortschritte mache.

SICHERUNG DER NAHRUNGSQUELLEN

Andrerseits könnte auch ein anderes Problem die Situation vorantreiben: die Frage nach der Sicherung der Nahrungsquellen. Wenn die Ernährung von neun oder zehn Milliarden Menschen zu einem ernsten Problem wird, dann werden die Staaten sich bemühen müssen, ihre Agrar- und ihre Fischereipolitik zu ändern. Die Fischbestände werden eines Tages vielleicht genauso kostbar sein wie die Erdölvorkommen. Es wird Zeit, sich darum zu kümmern.

Dokdo-Inseln (Liancourt-Felsen), Südkorea
(37° 14′ nördl. Br. – 131° 52′ östl. L.)

Diese unbewohnten Felseninseln im Japanischen Meer, das auf Ersuchen Südkoreas auch Ostmeer genannt wird, heißen auf Französisch Liancourt – nach einem Walfänger, der sie 1849 entdeckt hat –, auf Koreanisch Dokdo und auf Japanisch Takeshima. Streitigkeiten um die Zugehörigkeit dieser Inseln sind der Grund für die verschiedenen Namen. Entsprechend der Verträge, die am Ende des Zweiten Weltkriegs geschlossen wurden, steht dieses Gebiet unter südkoreanischer Verwaltung, auch wenn Japan nach wie vor seine Ansprüche darauf erhebt. Weltweit gibt es sehr viele Streitigkeiten um die Meere – insbesondere in Südostasien.

LOBBYS UND NOCH MEHR LOBBYS

Seit 2002 sind die engmaschigen Treibnetze für den Fang von Schwertfischen und dem Roten Thunfisch in Europa verboten. Aber zwischen 2005 und 2010 wurden sie dennoch von einigen Ländern, darunter Frankreich, Italien, Tunesien und Marokko verwendet. Die Oceana (eine in den Vereinigten Staaten gegründete Nichtregierungsorganisation) brachte die Angelegenheit vor die Europäische Kommission und vor die Internationale Kommission für den Erhalt der Thunfisch-Arten im Atlantik (ICCAT) und legte Fotos und technische Unterlagen vor. Die Wirkung war durchschlagend. Der Einsatz legaler Mittel zur Verhinderung der illegalen Geschäfte der Fischer und zur Einhaltung der Gesetze gehört zu den Aufgaben von Oceana. Aber das sind nicht die einzigen: Die Nichtregierungsorganisation betreibt auch das, was man als »Lobbyismus« bezeichnet.

Es gibt noch viel zum Schutz des Roten Thunfischs, der Haie und der Schildkröten zu tun. »Wenn man als Lobbyist agiert, kann man bereits in dem Augenblick in gesetzliche Bestimmungen eingreifen, in dem diese ausgearbeitet werden. Denn im Nachhinein ist es häufig zu spät, diese Texte wieder zu verändern, insbesondere dann, wenn hinter den betroffenen Bereichen Wirtschaftsgiganten wie die Erdöl- oder Fischereiindustrie stehen. Angesichts massiver wirtschaftlicher Interessen müssen die Ökologen Druck ausüben, sich Gehör verschaffen und sich für eine andere Politik stark machen«, erklärt Nicolas Fournier, Geschäftsführer für europäische Angelegenheiten der Oceana.

Aber das Kräfteverhältnis bleibt sehr unausgewogen. Einer etwas veralteten Studie von 2003 zufolge, auf die man sich aber nach wie bezieht, stehen in Brüssel 20.000 Lobbyisten 15.000 europäischen Beamten gegenüber. Seither sind die Zahlen gestiegen, aber vermutlich nicht zugunsten der Umweltschützer. Um für mehr Transparenz zu sorgen, hat die Europäische Union 2011 ein Verzeichnis veröffentlicht, in dem mehr als 5000 Interessengruppen aufgeführt sind. Viele Lobbyisten ziehen es jedoch vor, im Hintergrund zu bleiben. Und das sind weder die schwächsten Lobbyisten noch die überzeugtesten Umweltschützer.

GESPRÄCH
DIE PIRATENFLAGGE HISSEN

PAUL WATSON, Mitbegründer von Greenpeace, ist ein radikaler Kämpfer für die Weltmeere, ein Unruhestifter, ein Aufrührer, ein Pirat. Als er 1977 aus dieser berühmten Umweltschutzorganisation ausgeschlossen wurde, gründete er die Stiftung Sea Shepherd Conservation Society (die »Hüter der Meere«). Nach mehreren spektakulären Aktionen gegen die Robbenjagd rammte und versenkte er in den 1990er-Jahren ein Dutzend Walfänger. Er deckte das Delfin-Massaker in der Bucht von Taiji in Japan auf und führt jedes Jahr in der Antarktis eine regelrechte Seeschlacht gegen die japanischen Walfänger. Das sind aber nur einige seiner Glanzleistungen. Bislang brauchte sich Paul Watson keine allzu große Sorgen machen – doch am 13. Mai 2012 wurde er in Frankfurt am Main wegen seiner Aktionen aus dem Jahre 2002 festgenommen. Nachdem er von der Regierung Costa Ricas engagiert worden war, gegen die Überfischung der Meere zu kämpfen, hatte er ein Schiff, das illegal Haie gefangen hatte, angehalten, überprüft und in den Hafen eskortiert. Die Besatzung des fraglichen Schiffes besaß jedoch allem Anschein nach gute Beziehungen, denn nach der Ankunft im Hafen wurde das Team der Sea Shepherd verhaftet! Aus Angst vor einem unfairen Prozess machten sich Paul Watson und seine Mannschaft aus dem Staub. Paul Watson, der zehn Jahre später in Deutschland dafür festgenommen, jedoch gegen Kaution frei gelassen wurde, verließ am 25. Juli 2012 unbemerkt das Land.
Das geplante Gespräch mit ihm konnten wir also nicht mehr führen. Der Text, den wir mit seinem Einverständnis anstelle des Gesprächs veröffentlichen, stammt aus der Zeit vor diesen jüngsten Ereignissen. Ob man nun Paul Watsons Ideen und Methoden gut heißt oder nicht, fest steht, dass wir unbedingt Menschen brauchen, die soviel Mut und Engagement zeigen wie er.
Nur Piraten können Piraten aufhalten, und das ist der Grund, aus dem das Logo der Sea Shepherd Conservation Society eine Piratenflagge ist. Ja, es stimmt, wir sind Piraten! Das will ich keineswegs leugnen. Auf hoher See sind wir sehr wohl echte Schlitzohren. Wir halten Ausschau nach den Sternen, die uns den Weg weisen, und wir fahren dorthin, wohin die Pflicht uns ruft. Immerhin hat im 17. Jahrhundert nicht die britische Marine der Piraterie in der Karibik ein Ende bereitet, sondern Henry Morgan, ein Pirat. 1815 hat der Pirat Jean Lafitte gemeinsam mit Andrew Jackson die Stadt New Orleans verteidigt. John Paul Jones, ebenfalls ein Pirat, gelangte bei der damals noch jungen amerikanischen Marine zu strahlender Berühmtheit. Später trat er in die Dienste der russischen Marine – und das war vor 200 Jahren.
Die Piraten Sir Francis Drake und Sir Walter Raleigh dienten einst sehr ehrenvoll Ihrer Majestät, Königin Elisabeth I. Kurzum: Piraten erzielen ohne jede bürokratische Formalität echte Ergebnisse.

> »Piraten erzielen ohne jede bürokratische Formalität echte Ergebnisse.«

Ja, wir sind Piraten, aber sehr diszipliniert und mit einem besonderen Ehrenkodex. Dieser Kodex verbietet uns, unsere Feinde zu töten oder zu verwunden und er verpflichtet uns, nur im Rahmen der internationalen Gesetze zum Umweltschutz zu handeln, was bedeutet, dass wir nur gegen die ungesetzliche Nutzung der Meeresfauna angehen. Wir sind eine Organisation, die vor allem die Schwarzfischerei bekämpft.
Wir sind Piraten, die Piraten jagen, vergleichbar mit der Figur des Dexter in der berühmten Fernsehserie – und wir wählen unsere Ziele sehr genau aus. Wir haben es nicht auf die legale Fischerei abgesehen, auch wenn wir sie nicht billigen. Wir sind keine Protestorganisation. Wir schwenken keine Transparente, sondern wir schreiten gegen Ungesetzmäßigkeiten ein. Das mag der Grund sein, aus dem einige behauptet haben, wir seien eine Miliz. Allerdings gehen wir an Orten, wo es ein Gesetz gibt, das aber nicht angewendet wird oder nicht angewendet werden konnte und wo ein Vakuum entstanden ist, tatsächlich wie eine Miliz vor. Wir rechtfertigen uns mit der UN-Charta für die Natur, die es Nichtregierungsorganisationen und Einzelpersonen erlaubt, einzugreifen, um internationales Recht zum Schutz der Natur durchzusetzen. Sea Shepherd ist eine Piratenmiliz auf hoher See, die an ihren Ehrenkodex gebunden ist.
Greenpeace verurteilt uns und wirft uns Gewalttätigkeit vor. Doch wir haben zu keiner Zeit jemanden verletzt. Alles, was wir in der Vergangenheit getan haben, war Sachbeschädigung, aber auch nur dann, wenn diese Sachen dafür benutzt wurden, Leben auf illegale Weise zu zerstören. Wir betrachten derartige Aktionen als gewaltfrei und sprechen von aggressiver Gewaltlosigkeit. Martin Luther King selbst hat darauf hingewiesen, dass Gewalt gegen Sachen nicht ausgeübt werden kann: »Ich weiß, dass viele das Gesicht verziehen, wenn es um die Frage der Unterscheidung zwischen Sachen und Menschen geht, die jeweils als sakrosankt gelten. Meine Auffassung ist nicht so festgefahren. Das Leben ist heilig. Eine Sache soll den Lebenden dienen und ungeachtet der Rechte, die wir ihr zugestehen, ist sie als Mensch nicht existent. Eine Sache ist Teil der Erde, auf der der Mensch sich bewegt; sie ist kein menschliches Lebewesen.« (Dr. Martin Luther King, Jr., *Aufruf zum zivilen Ungehorsam*, 1967) Wir sind also der Meinung, dass es sich bei der Vernichtung einer Harpune, eines Gewehrs, eines Knüppels oder einer Angelsehne um einen gewaltfreien Akt handelt, weil wir dadurch der Grausamkeit zuvorkommen sowie das Leiden und den Tod eines empfindsamen Wesens verhindern.
Wir können jedoch weder Greenpeace noch irgendeiner anderen bekannten Organisation einen Vorwurf daraus machen, dass sie sich gegen uns stellen, denn die Wahrheit ist … wir sind wirklich Piraten!
Und als Piraten sind wir so etwas wie die Callgirls der ökologischen Bewegung, insofern als uns die Militanten unter ihnen Beifall spenden und uns insgeheim anerkennen, aber nicht wollen, dass die Öffentlichkeit etwas davon mitbekommt. Das stört uns eigentlich weniger. Wir wurden aber auch als Ökoterroristen bezeichnet. Heutzutage ist es leider so, dass jeder mit einer abweichenden Meinung zum Terroristen abgestempelt wird. Einst hatte der Begriff »Terrorist« einen Sinn: Er löste Angst aus. Doch wenn heutzutage Seine Heiligkeit, der Dalai Lama, offiziell von China als Terrorist bezeichnet wird, dann amüsiert es uns eher, so betitelt zu werden. Unsere Antwort ist einfach: Wir verstecken uns nicht in einer Höhle in Afghanistan, und unsere Ankläger haben absolut freie Hand,

uns Einhalt zu gebieten oder endlich damit aufzuhören, solche Worthülsen zu verbreiten. Dadurch werden der Sinn und die Wirkung eines solchen Begriffs endgültig zunichte gemacht ist. Für uns stolze Piraten der Sea Shepherd ist es kein Problem, von den zerstörerischen Kräften, die auf diesem Planeten wüten, verurteilt zu werden, denn diese Verteufelungsfloskel verwenden alle, die uns angreifen, seien es Walfänger, Robbenjäger, Haifischfänger, Schwarzfischer oder sonstige Umweltsünder. Die Zahl der Feinde, die wir uns bei diesen zahlreichen Umweltverbrechern machen, ist für uns ein Indiz für Erfolg und Glaubwürdigkeit.

»Wir sind so etwas wie die Callgirls der ökologischen Bewegung, insofern als uns die Militanten unter ihnen Beifall spenden und uns insgeheim anerkennen.«

Die Walfänger, Robbenjäger und Schwarzfischer hassen uns mehr als jede andere Organisation, mit der sie konfrontiert sind: Sie hassen uns geradezu fanatisch, sodass es beinahe amüsant ist, den Unsinn zu beobachten, den sie anstellen, um uns Einhalt zu gebieten. Würden wir keine Bedrohung darstellen und wären wir nicht erfolgreich, dann würden wir nie und nimmer so viel leidenschaftliche Feindseligkeit erfahren.

Auch einige andere Umweltschutzorganisationen bekämpfen uns, in erster Linie, weil wir ihre Vorstellungen nicht teilen, was wir aber ihrer Ansicht nach besser tun sollten. Als wir gegen Petitionen, Lobbyarbeit, Demonstrationen und Transparente auf die Barrikaden gingen, fielen wir bei einem Großteil der »Grünen« in Ungnade, aber unser Ziel ist es, dem Walfang ein Ende zu bereiten, nicht nur dagegen zu protestieren. Wir stehen nicht im Dienste der Umweltschutzbewegungen, wir setzen uns für das weltweite Ökosystem und insbesondere das Ökosystem der Weltmeere ein: Sea Shepherd passt sich folglich nicht irgendwelchen Parteien an, geschweige denn der Engstirnigkeit der sogenannten Umweltschutzbewegung. Wir gehören weder zu einer linken noch zu einer rechten Partei. Im Übrigen haben wir kein politisches Programm. Vielleicht sind wir politisch nicht korrekt, aber wir tun alles, um ökologisch korrekt zu sein. Sea Shepherd handelt unabhängig von Kulturen, Rassen, Nationalitäten und philosophischen Glaubenssätzen. Wir vertreten ausschließlich die Interessen der Gesamtheit der Meeresbewohner, und unser Standpunkt ist zutiefst ökologisch und biozentrisch orientiert. Mit anderen Worten: Wir scheren uns nicht um irgendwelche Prioritäten der Menschen. Das hat zur Folge, dass einige uns als Menschenfeinde betrachten. Aber das tangiert uns ebenfalls nicht.

Die Leute können uns nennen, wie sie wollen, sie können uns alle möglichen Namen verpassen und können uns vorwerfen, was immer sie wollen. Das lässt uns kalt, denn die Meinungen dieser Menschen haben keine Bedeutung für uns. Außerdem beeindruckt uns als Piraten keineswegs die Art und Weise, in der Menschen, die nicht mit uns einverstanden sind, uns sehen.

Unsere Sorge gilt der Rettung der Meerestiere, als deren Vertreter wir uns empfinden. Solange wir das im Rahmen der Gesetze tun und denen, gegen die wir kämpfen, keinen Schaden zufügen, ist jegliche Besorgnis, Meinung, Anklage oder Verurteilung vollkommen unangebracht. Wir sind uns sehr wohl bewusst, dass wir es nicht jedem recht machen können. Einige bejahen die Gründe, aus denen wir handeln, sind aber mit unserer Vorgehensweise nicht einverstanden. Das ist nicht wirklich von Bedeutung, denn wir empfangen alle, die uns unterstützen, mit offenen Armen und lassen die anderen außen vor. Wir versuchen erst gar nicht, allen zu gefallen, wir sind im Einklang mit uns selbst und nur uns selbst gegenüber Rechenschaft schuldig. Wir identifizieren uns mit Sea Shepherd, und das bedeutet, dass wir entschlossene Interventionisten sind.

»Die Zahl der Feinde, die wir uns bei diesen zahlreichen Umweltverbrechern machen, ist für uns ein Indiz für Erfolg und Glaubwürdigkeit.«

Es kommt vor, dass wir Dinge zerstören oder beschlagnahmen, die dazu verwendet werden, Leben auf illegale Weise zu zerstören. Wir nennen die Dinge auch gern beim Namen, was einige nicht hören wollen. Wir müssen zwangsläufig Dinge tun, die einigen nicht gefallen. Schließlich müssen wir manchmal auch zu Methoden greifen, die einige missbilligen. Wir rechnen also damit, auf bestimmten Widerstand zu stoßen. Wir sind keine große Organisation und haben auch nicht die Absicht, es eines Tages zu werden. Wir sind ein Team von Freiwilligen, von Aktivisten und Seeleuten, fest entschlossen, aus eigenem Antrieb unsere Ozeane vor der Zerstörung zu retten, die ihnen von den Menschen droht. Wir wollen kein bürokratisches Gebilde und haben nicht die Absicht, bekannt oder ehrwürdig zu werden. Hat man je von einem ehrwürdigen Piraten gehört? Wir sind Agitatoren, Menschen, die etwas riskieren, Unruhestifter, und wir sind Vollblutpiraten: Wir waren es schon immer und werden es immer sein.

»Herr Professor (...), ich bin nicht das, was Sie einen zivilisierten Menschen nennen. Aus Gründen, die nur ich allein beurteilen kann, habe ich mit der Gesellschaft für alle Zeiten gebrochen.« Kapitän Nemo in Jules Verne, *20 000 Meilen unter dem Meer*.

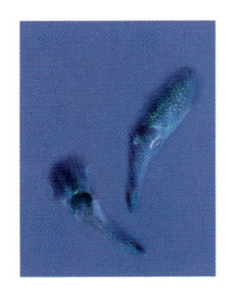

**Junge Großflossen-Riffkalmare
(*Sepioteuthis lessoniana*)
unter der Wasseroberfläche im
Hafen von Futami, Ogasawara-
Archipel, Japan**

Diese »großflossigen« Kalmare kommen häufig in den tropischen Gewässern des Indischen Ozeans und des Pazifiks vor. Diese Fischart, die in den ersten hundert Metern unter der Wasseroberfläche besonders zahlreich auftritt, bewohnt Korallenriffe sowie Algen- und Grasbereiche unter Wasser. Diese Kalmare sind vor allem während der Nacht auf Nahrungssuche. Tagsüber tauchen sie unter, um sich vor ihren Feinden, insbesondere den Vögeln, zu schützen.

**Archipel von Chausey bei Ebbe,
Ärmelkanal, Frankreich**
(48° 52′ nördl. Br. – 1° 50′ westl. L.)

Die Chausey-Inseln unterliegen mit einem Tidenhub von 14 m den stärksten Gezeitenschwankungen in Europa. Zweimal täglich überschwemmt das Wasser Felsen und Gestade und legt sie dann wieder frei. Aus 65 Hektar Land bei Flut werden 4000 Hektar Land bei Ebbe. Das Archipel beherbergt über 300 Pflanzenarten und zahlreiche Vogelarten, darunter einige besonders seltene und geschützte. Lediglich zwölf Inselbewohner leben das ganze Jahr über dort. Aber 2005 strömten 71.500 Besucher auf die Insel, was dieses empfindliche Stück Erde äußerst gefährdet.

**Adelie-Pinguine watscheln über
das vom Wind geformte Eis,
Antarktis**

Der Adelie-Pinguin ist ein Meerestier, da er 90 % seiner Zeit im Wasser verbringt. Diese endemische Art der Antarktis und ihrer Inseln vertilgt riesige Mengen von Krill, einem kleinen Schalentier, das in der Gewässern des Australischen Ozeans in großen Schwärmen vorkommt. Seine rote Farbe färbt die Fäkalien der Pinguine sowie das Eis rot.

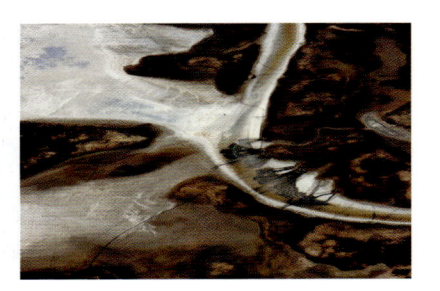

**Salzwiesen in der Nähe von
Tsangajoly, Provinz Toliara,
Madagaskar**
(19° 52′ südl. Br. – 44° 33′ östl. L.)

Im Südwesten Madagaskars begünstigen das trockene Klima und die unmittelbare Nähe zum Meer die Bildung von Salzwiesen. Daraus wird nicht nur Salz gewonnen, sondern auch Spirulina, eine blaue Mikroalge mit hohem Nährwert, die selbst in den trockensten Gegenden leicht zu kultivieren ist. Auch wenn Kühlverfahren weit verbreitet sind, verwenden einige Länder weiterhin Salz zur Konservierung von Nahrungsmitteln, insbesondere von Fleisch und Fisch. Und dieser Umstand macht Salz zu einem begehrten Gut.

**Nördlicher Elektrischer Sternengucker, *Astroscopus*, getarnt im Sediment der Suruga-Bucht,
Izu-Halbinsel, Honshu, Japan**

Die Fische der Sternengucker-Art sind Tiefseefische, die sich in die Sedimente eingraben können, um sich zu tarnen. Diese weit verbreiteten Fische werden auch »Uranoscopiden« genannt, da ihre Augen auf der Oberseite des Kopfes den Anschein erwecken, als würden sie zu den Sternen hochblicken. Sie ernähren sich von kleinen Fischen oder Schalentieren, die sie mit ihren giftigen Rückenstacheln ähnlich denen der Petermännchen aufspießen.

**Grünalgen an den Muschelbänken der Bucht von
Saint-Brieuc, Côtes-d'Armor,
Frankreich**
(48° 32′ nördl. Br. – 2° 40′ westl. L.)

In der Bretagne, die seit Jahrzehnten unter der Umweltverschmutzung leidet, geht die starke Vermehrung der Grünalgen auf die Agrarindustrie zurück: auf die Verwendung von Kunstdünger und auf den Ausstoß von Tierfäkalien und von Abwasser aus der industriellen Schweine- und Geflügelzucht. Die Schadstoffe, Nitrate und Phosphate, werden von den Flüssen ins Meer transportiert und fördern dort die rasche Ausbreitung der Grünalgen. Wenn diese aus dem Salzwasser herausragen, lösen sie sich auf und scheiden dabei Schwefelwasserstoff aus, ein giftiges Gas.

**Erforschung einer Mangrove am
Ufer einer Lagune, Belize**

Die Küstengebiete, in denen Mangroven wachsen – eine Zone, die weder zum Wasser noch zum Land gehört – weisen eine besondere Vielfalt an Tier- und Pflanzenarten auf. Wie die Sümpfe wurden diese Gebiete lange Zeit als gesundheitsschädlich und wenig ergiebig angesehen und zugunsten der Landwirtschaft oder der Urbanisierung entwässert und trocken gelegt. Im Laufe der letzten 30 Jahre wurden weltweit 20 % der Mangrovenwälder zerstört. Dabei sind sie von großem Nutzen, weil sie die Gewässer reinigen, die Artenvielfalt erhalten und die Küsten und den Boden vor Überschwemmungen, Dürre und Erosion schützen. Sie stellen zudem eine wichtige Brennstoffquelle dar.

**Archipel von Raja Ampat,
Provinz West-Papua, Indonesien**
(0° 41′ südl. Br. – 130° 25′ östl. L.)

Das Archipel von Raja Ampat (Vier Könige) gilt mit seiner Vielfalt an Fischen wie Haie und Rochen als kleines Paradies und zieht viele Taucher und Fischer an. Bis 2007 praktizierte man dort gelegentlich die Zyanid- oder Sprengstoff-Fischerei, doch dann beschloss die Regionalregierung, eine Meeresschutzzone einzurichten, um der weiteren Zerstörung einhalt zu gebieten.

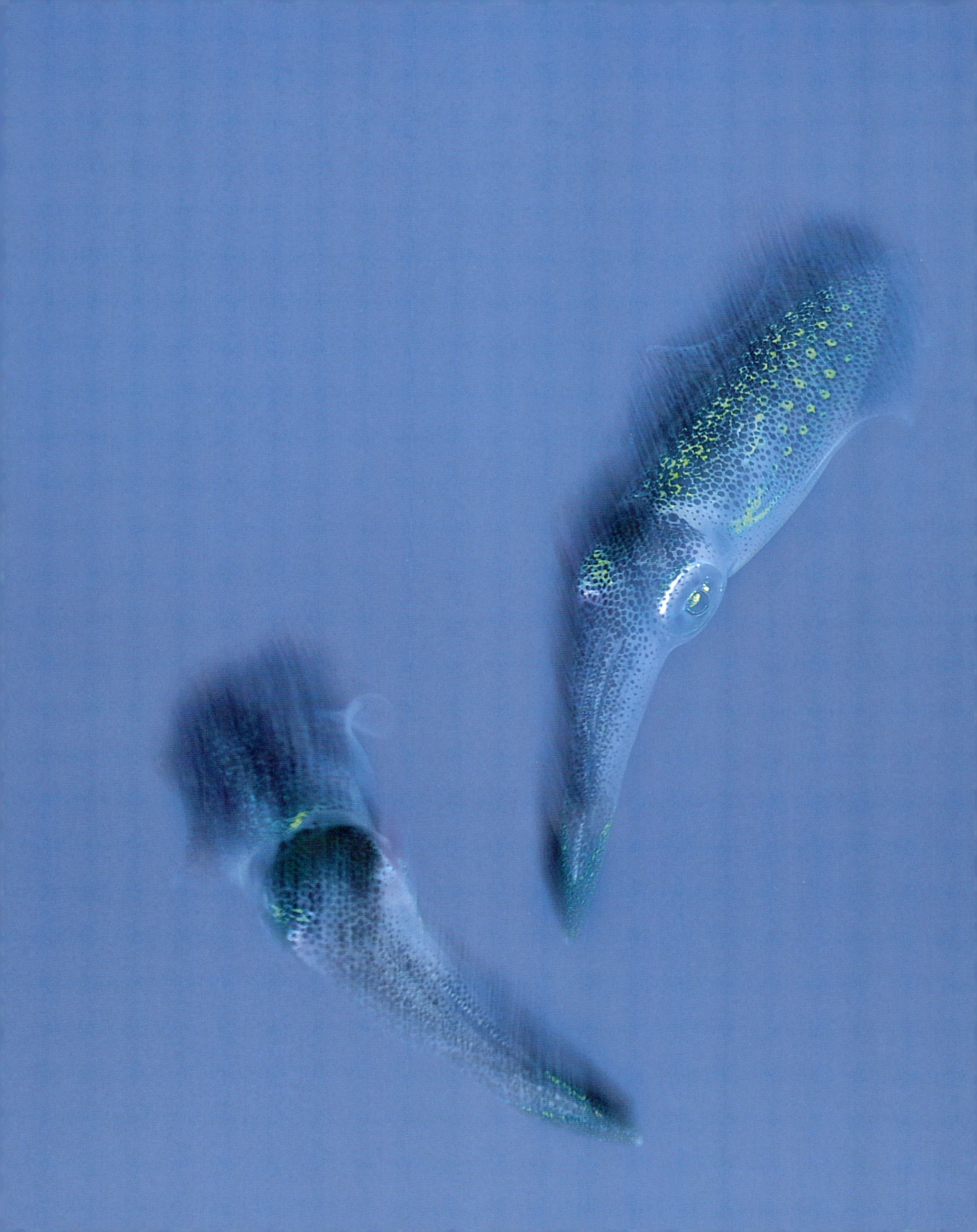

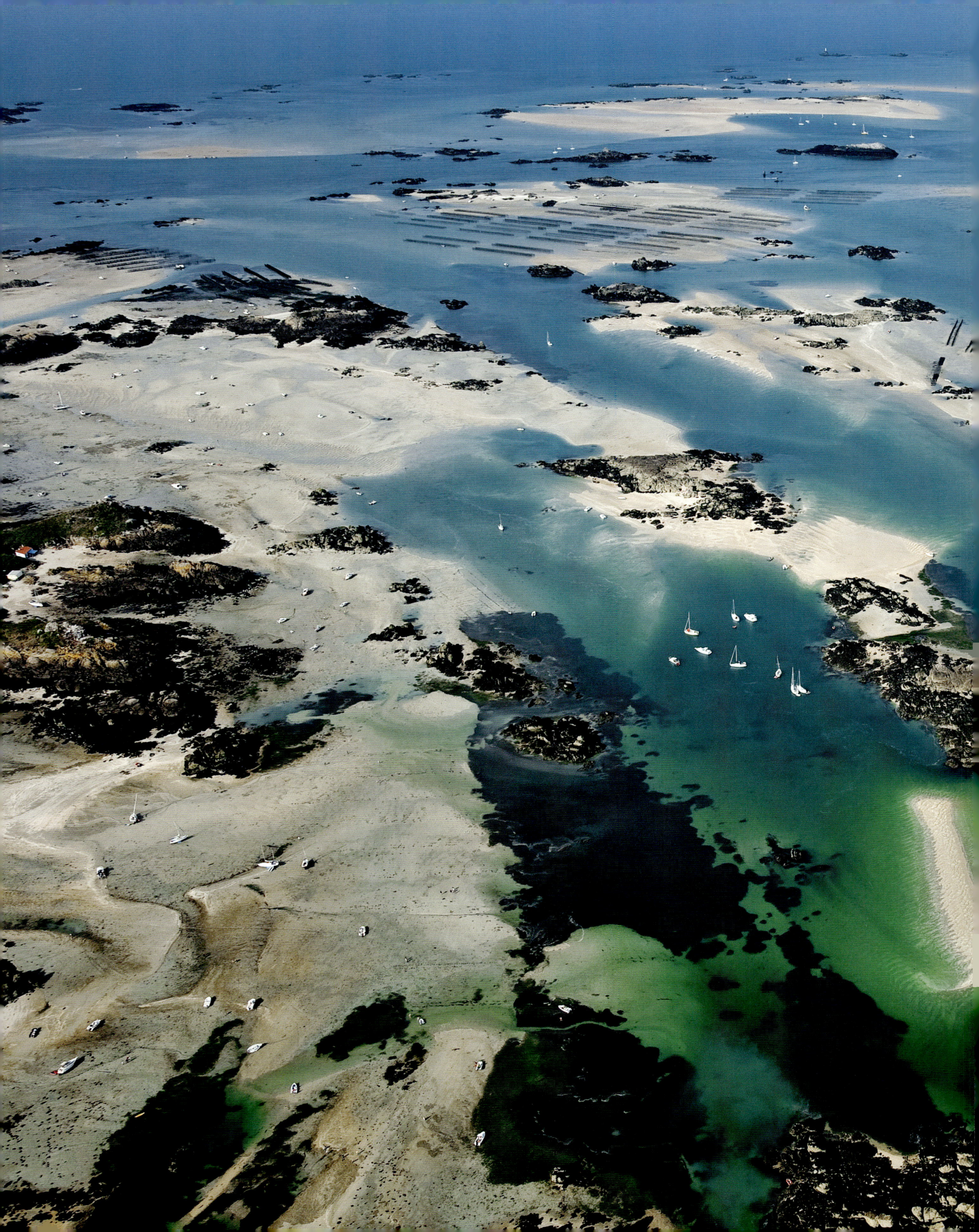

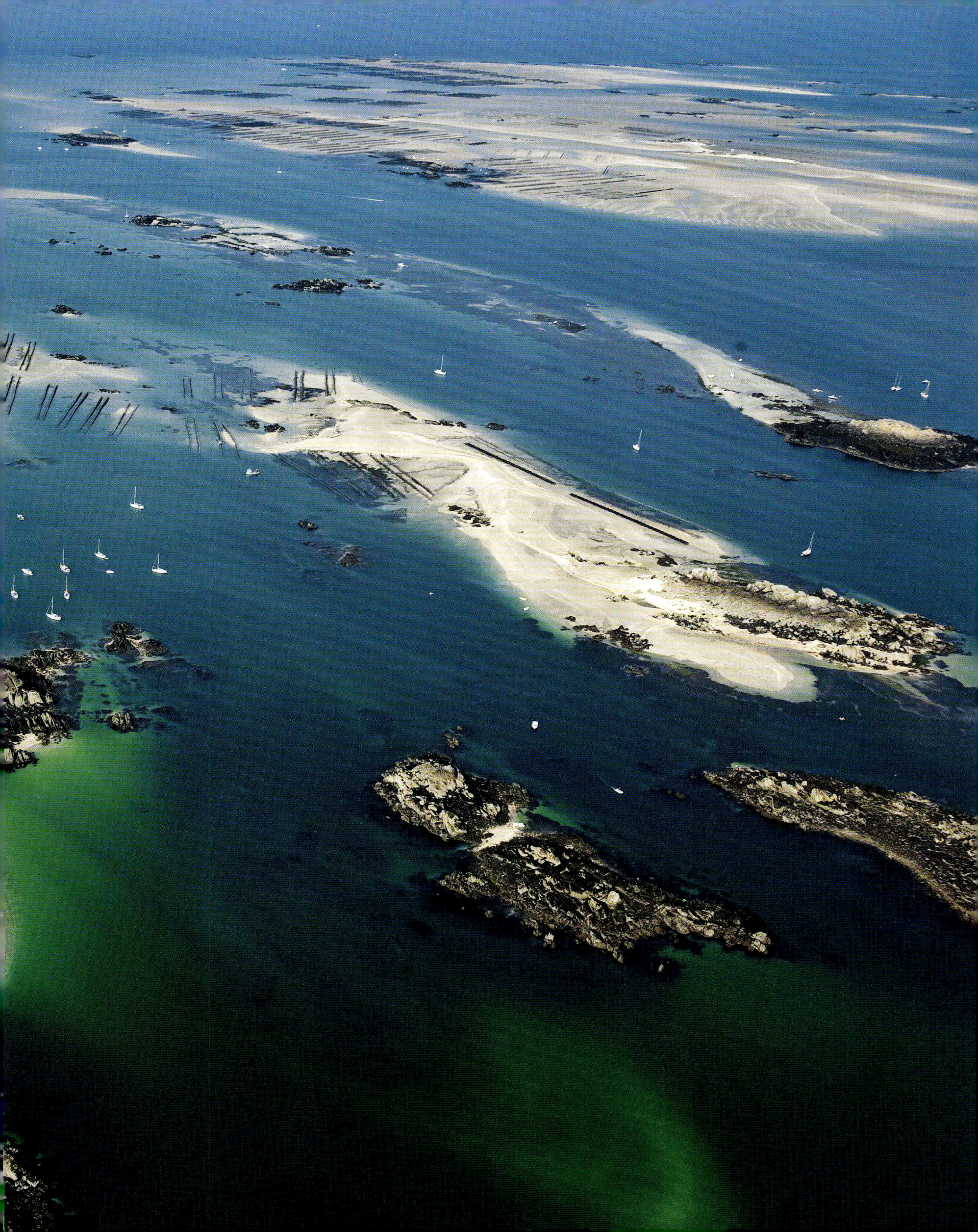

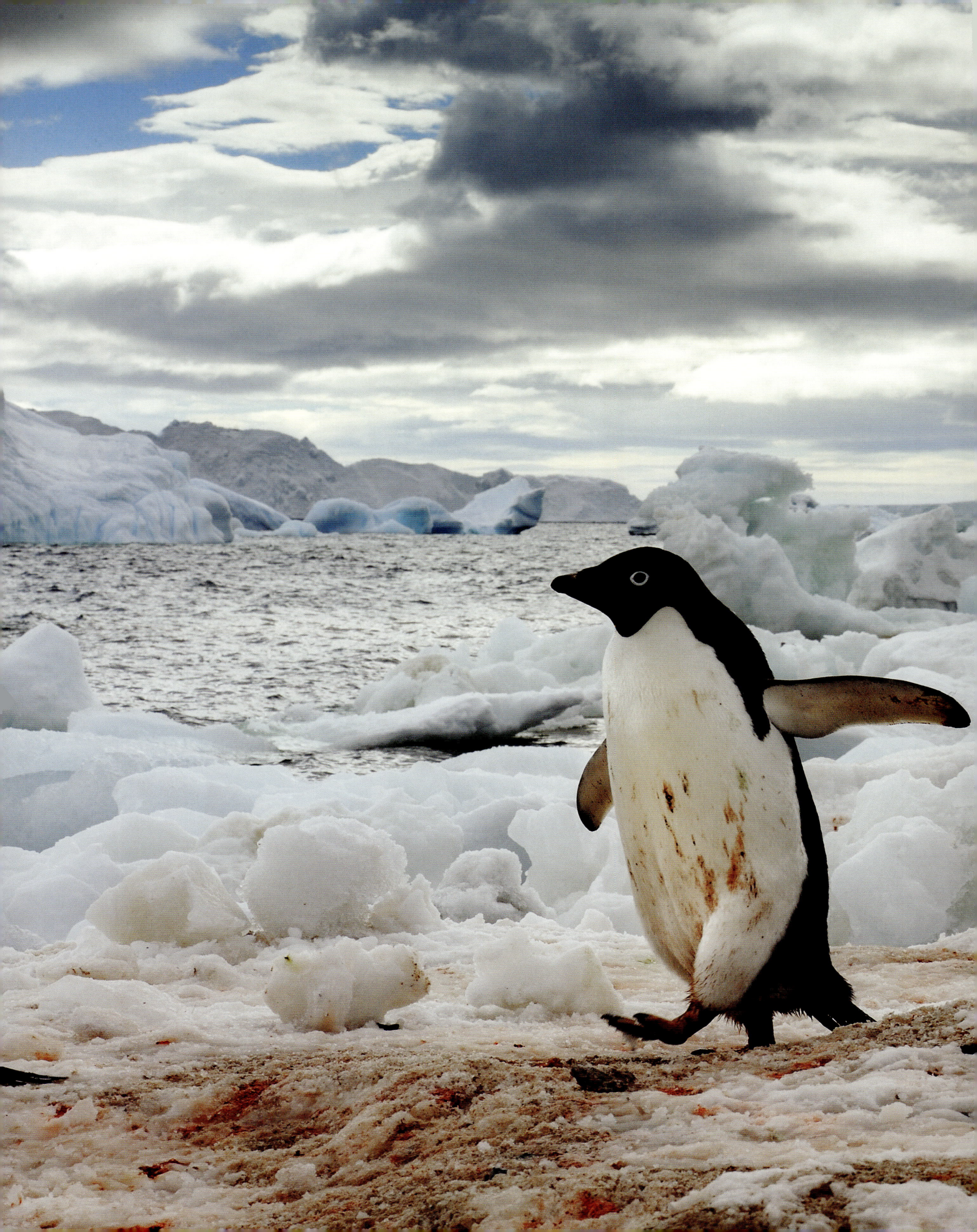

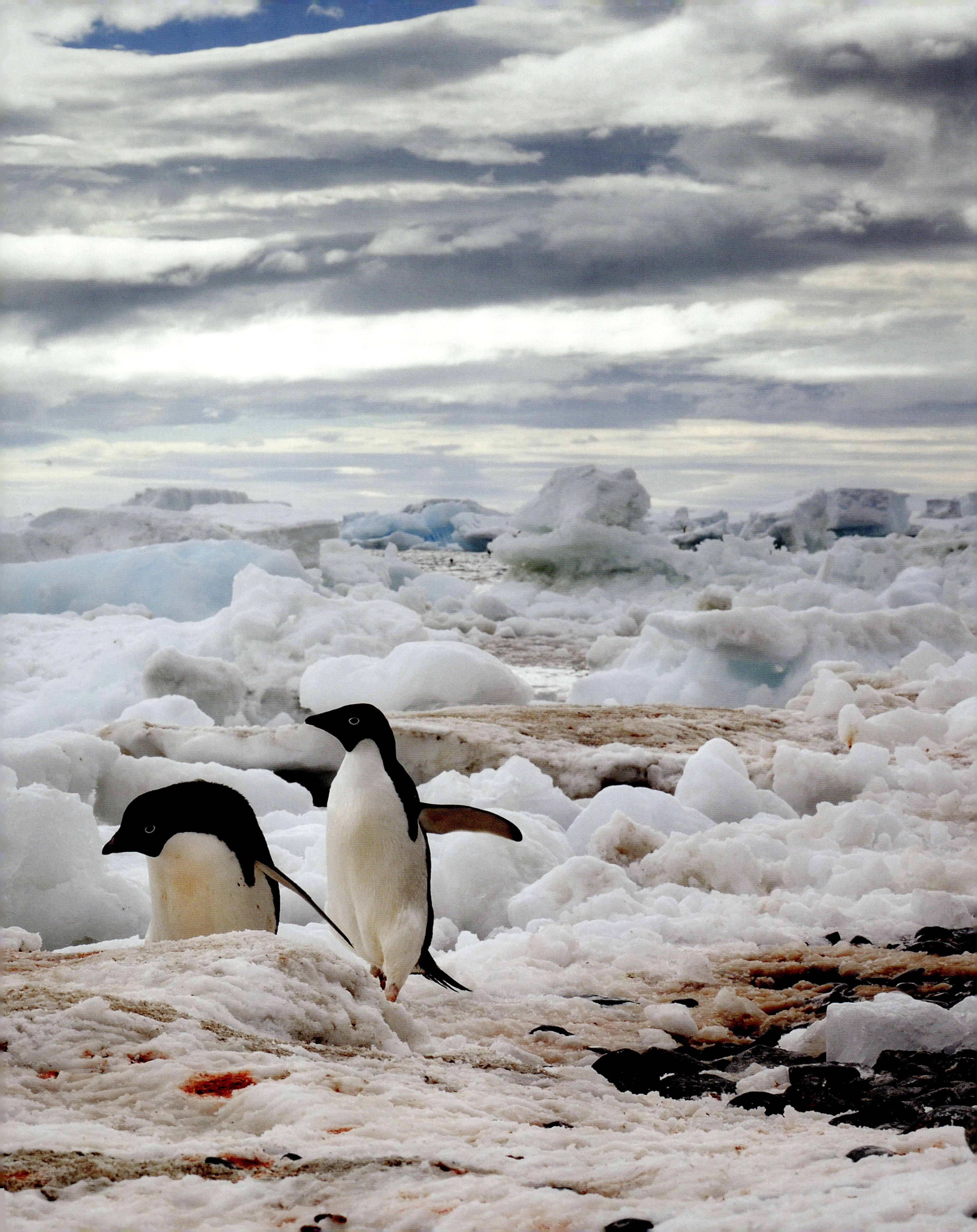

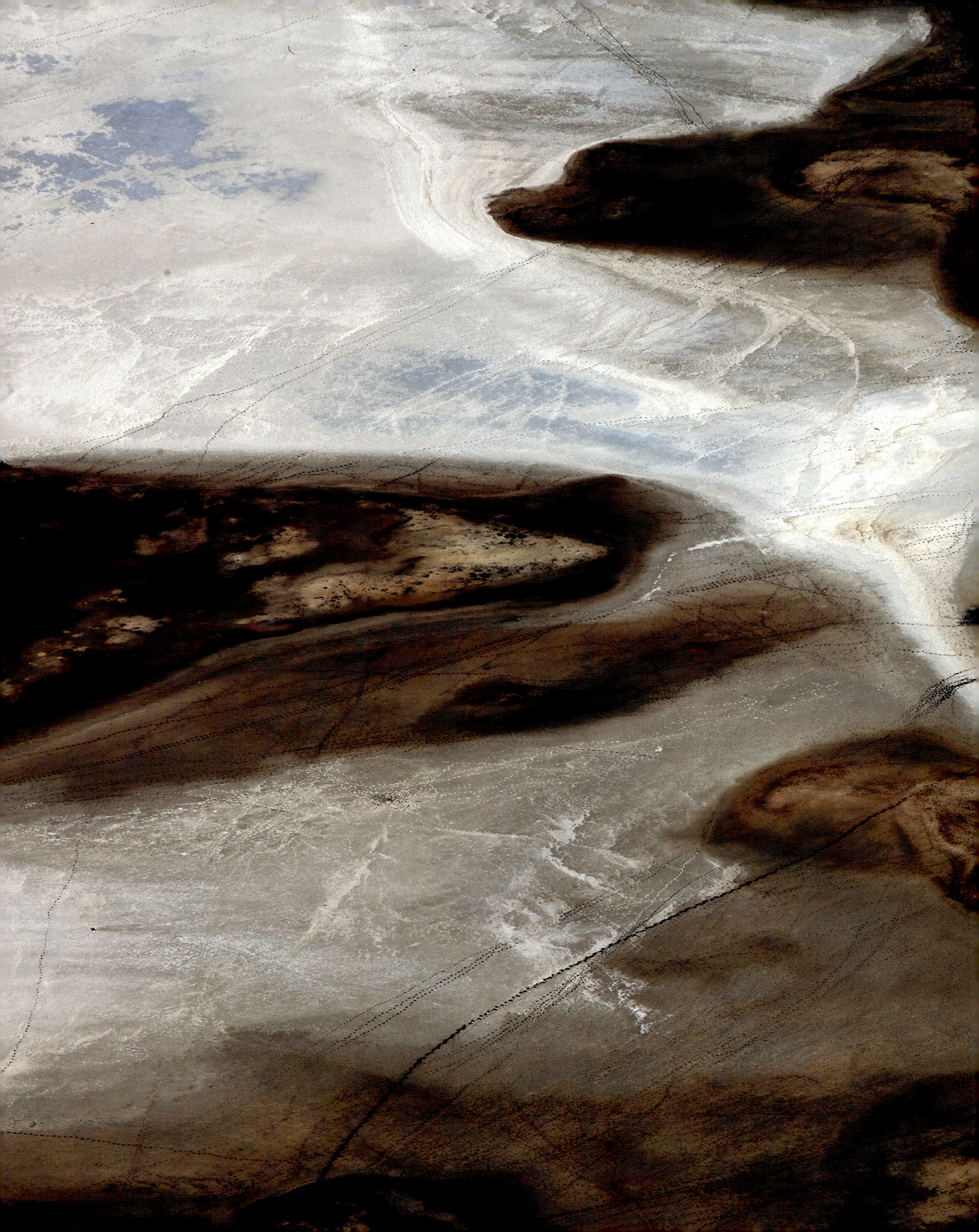

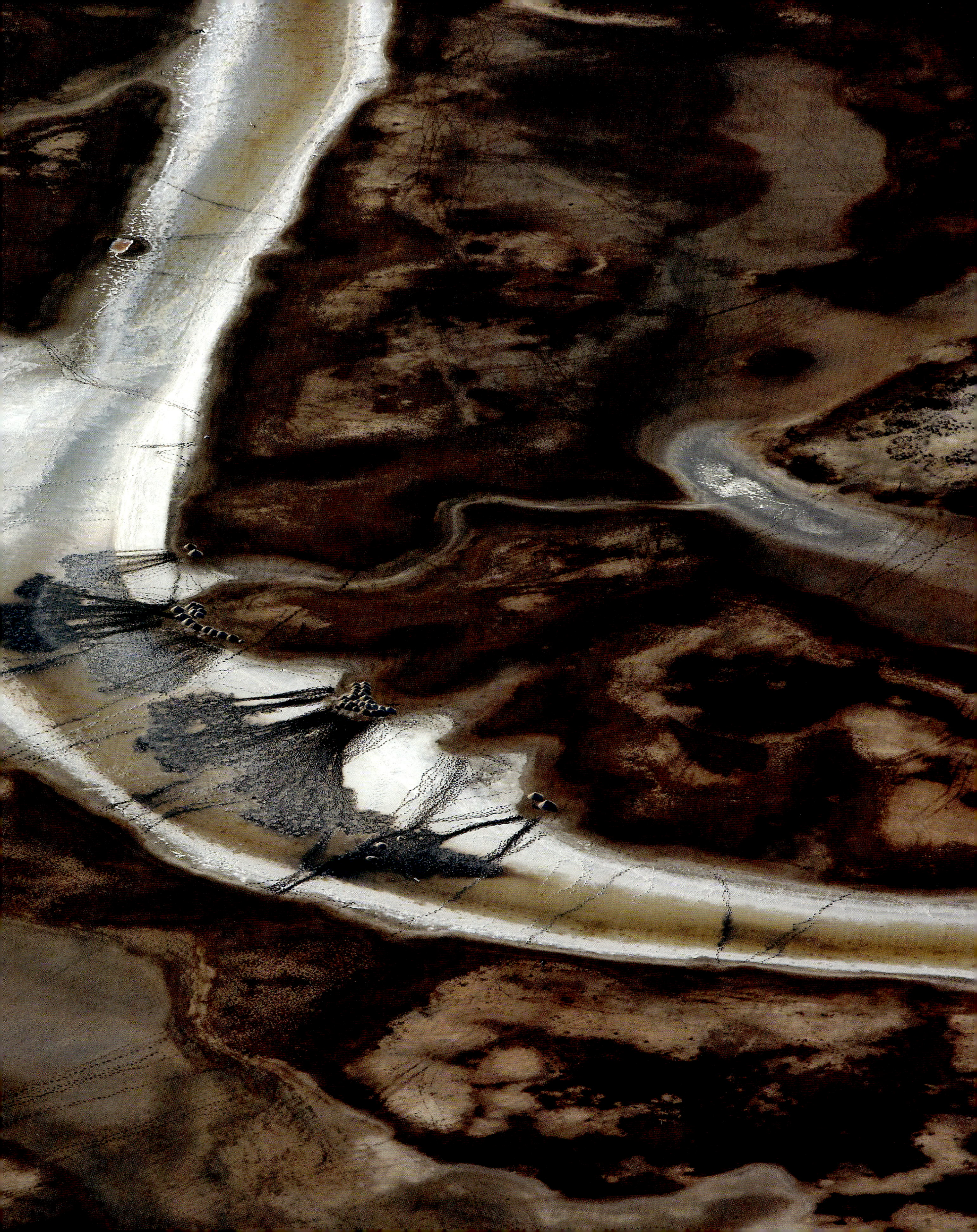

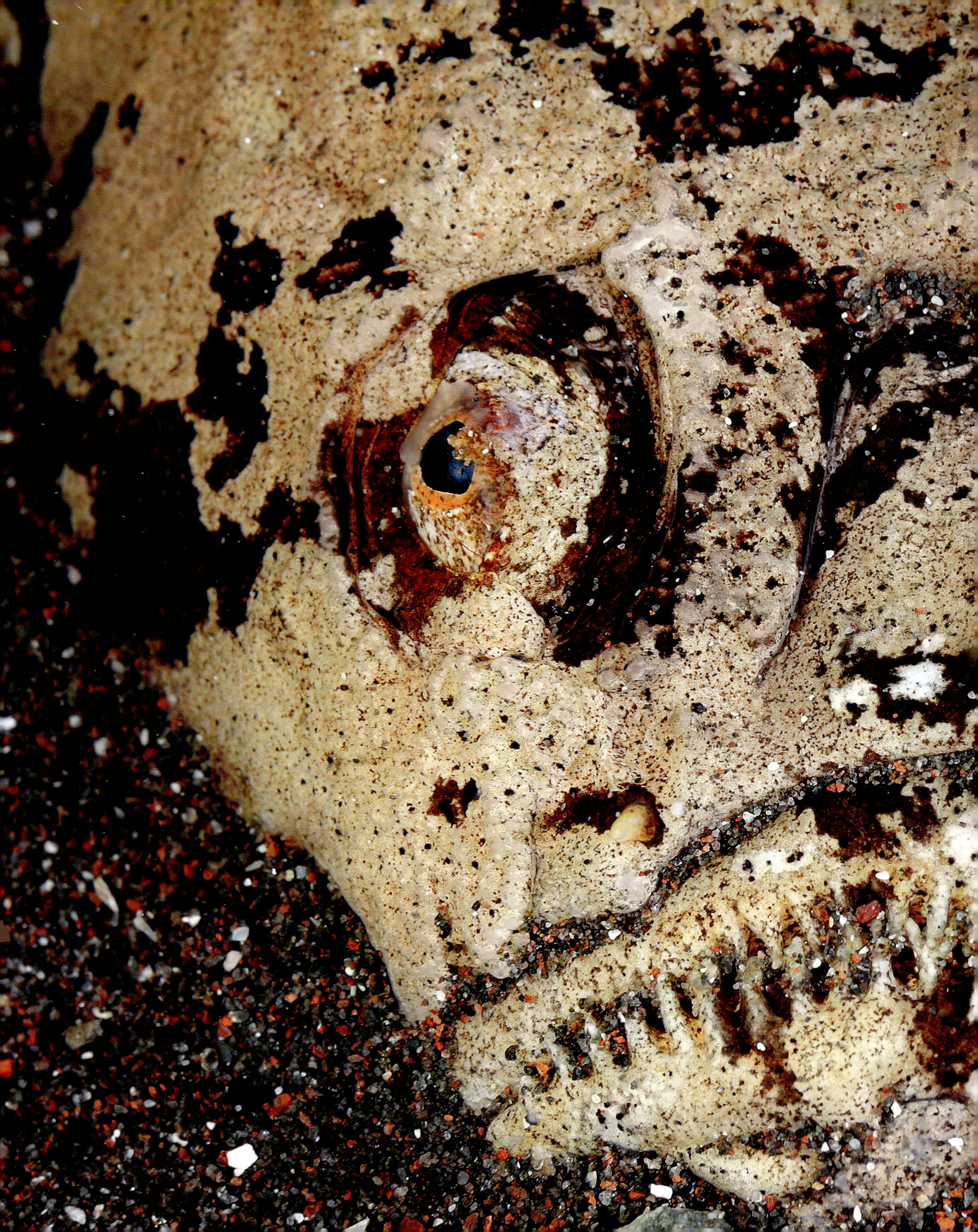

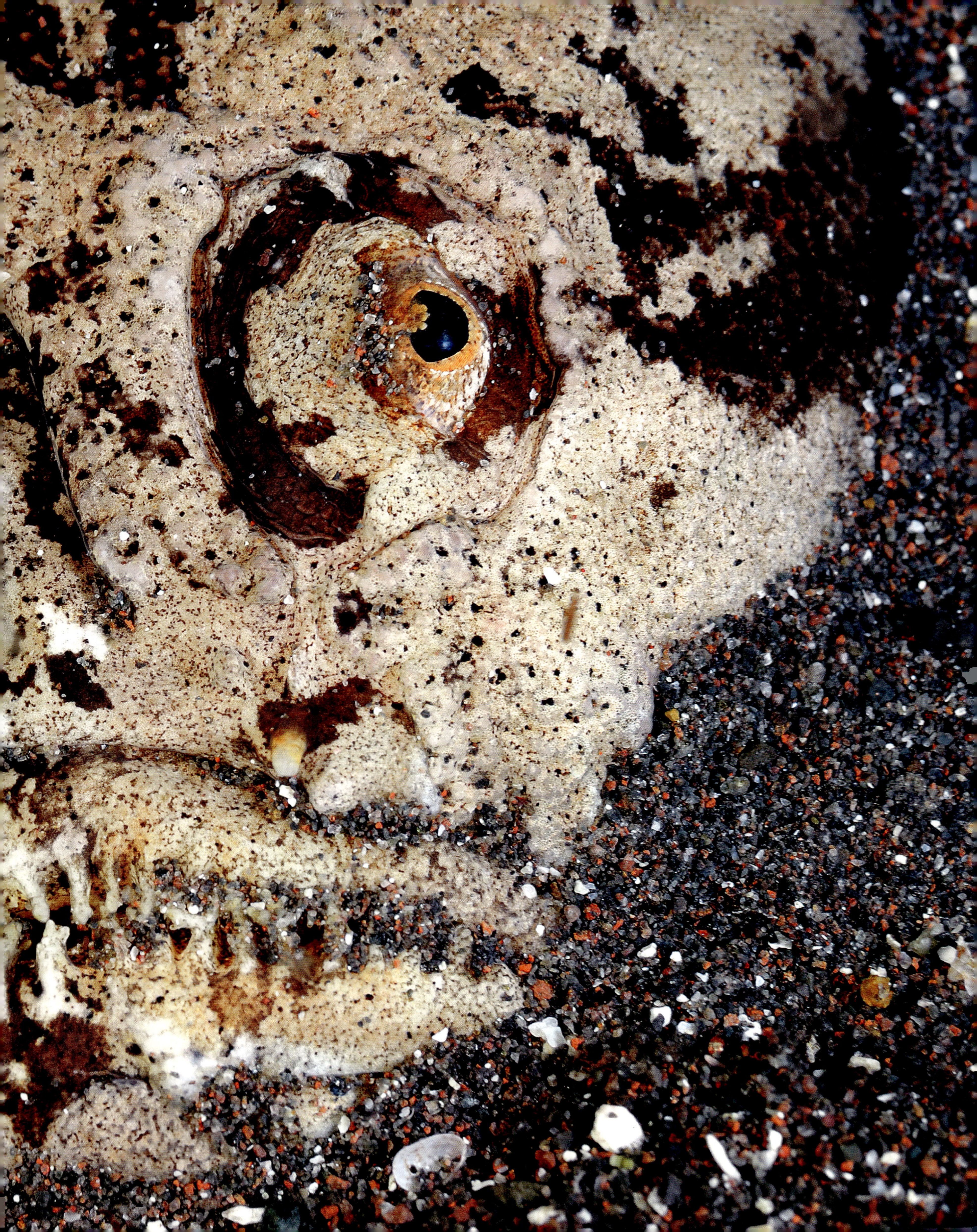

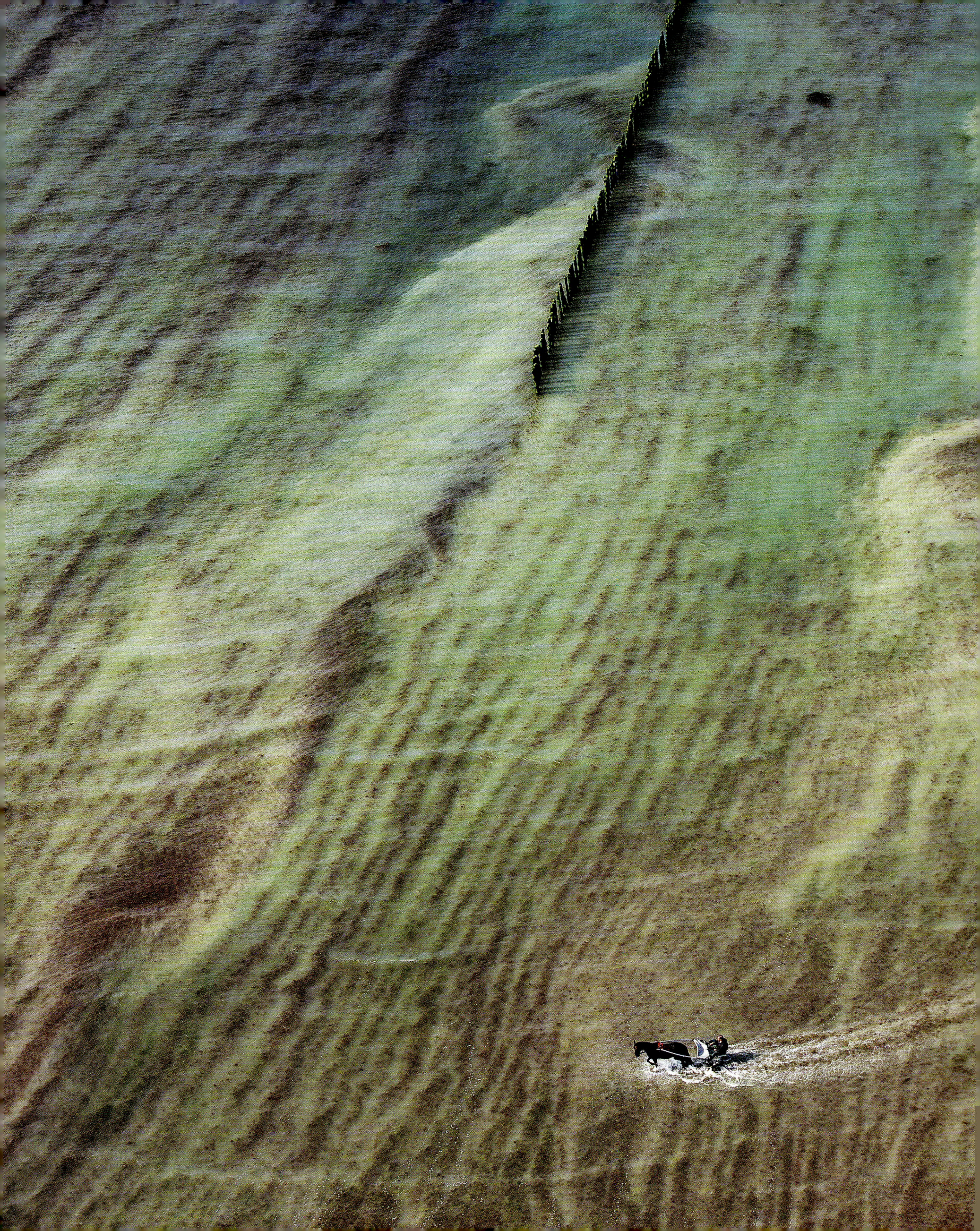

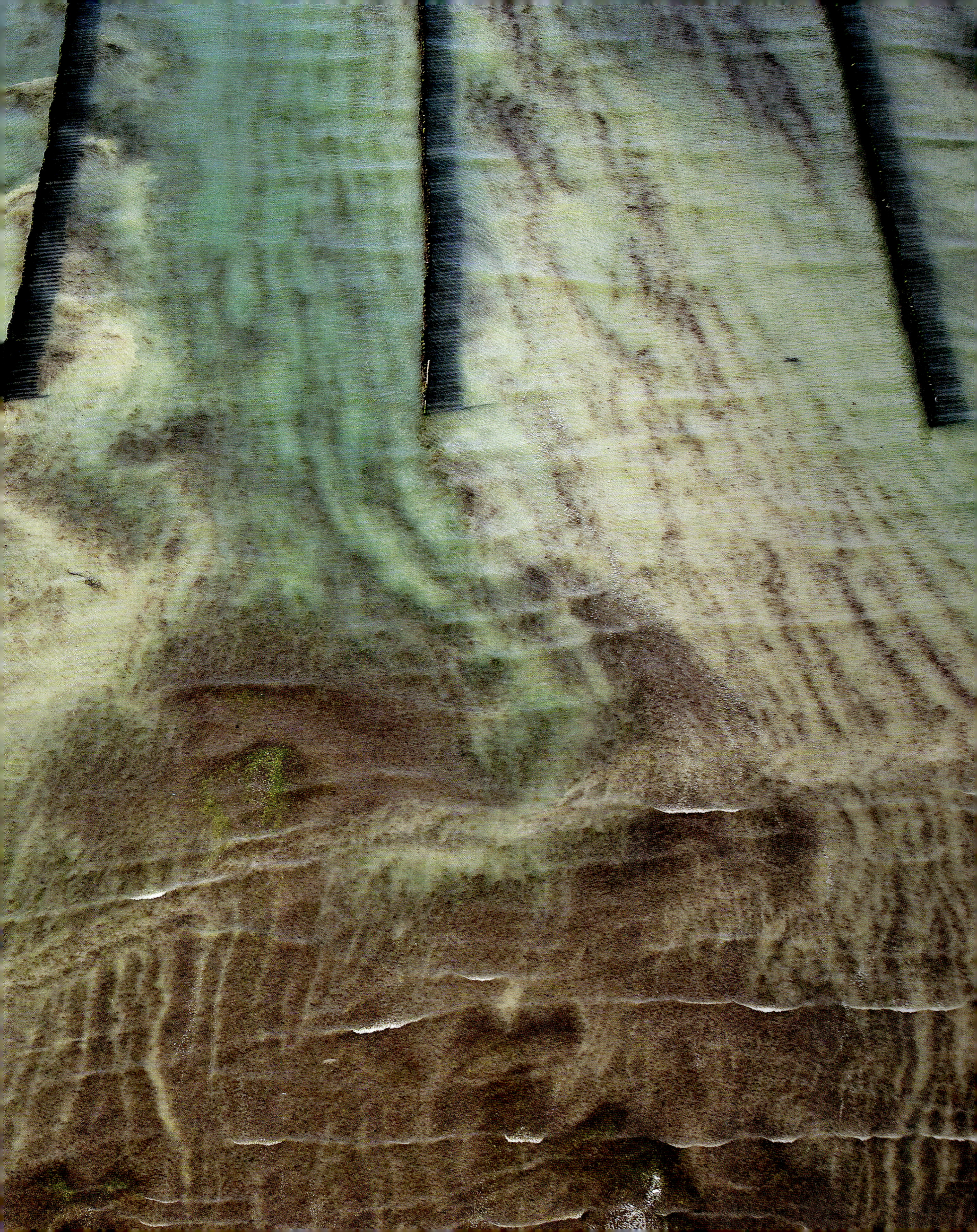

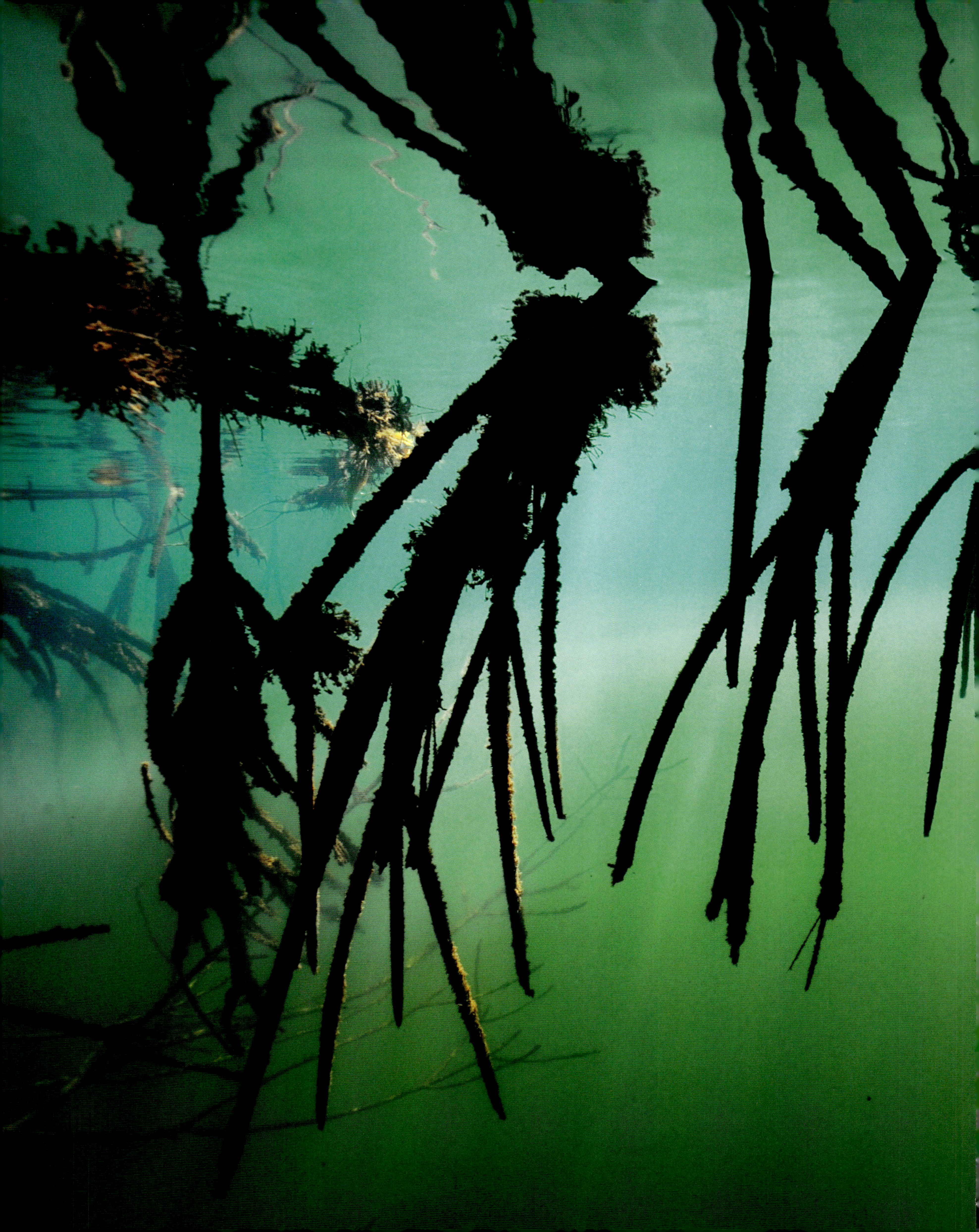

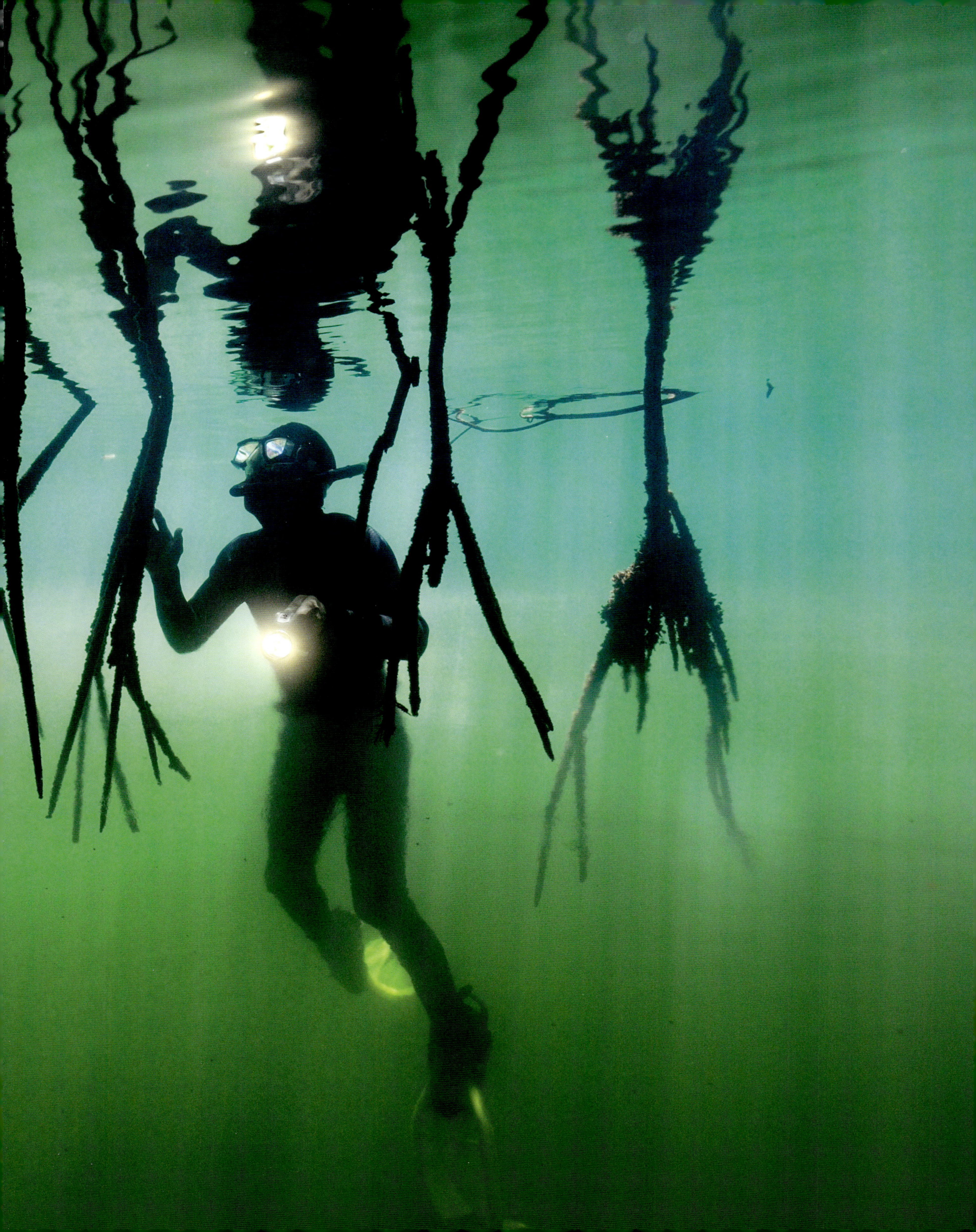

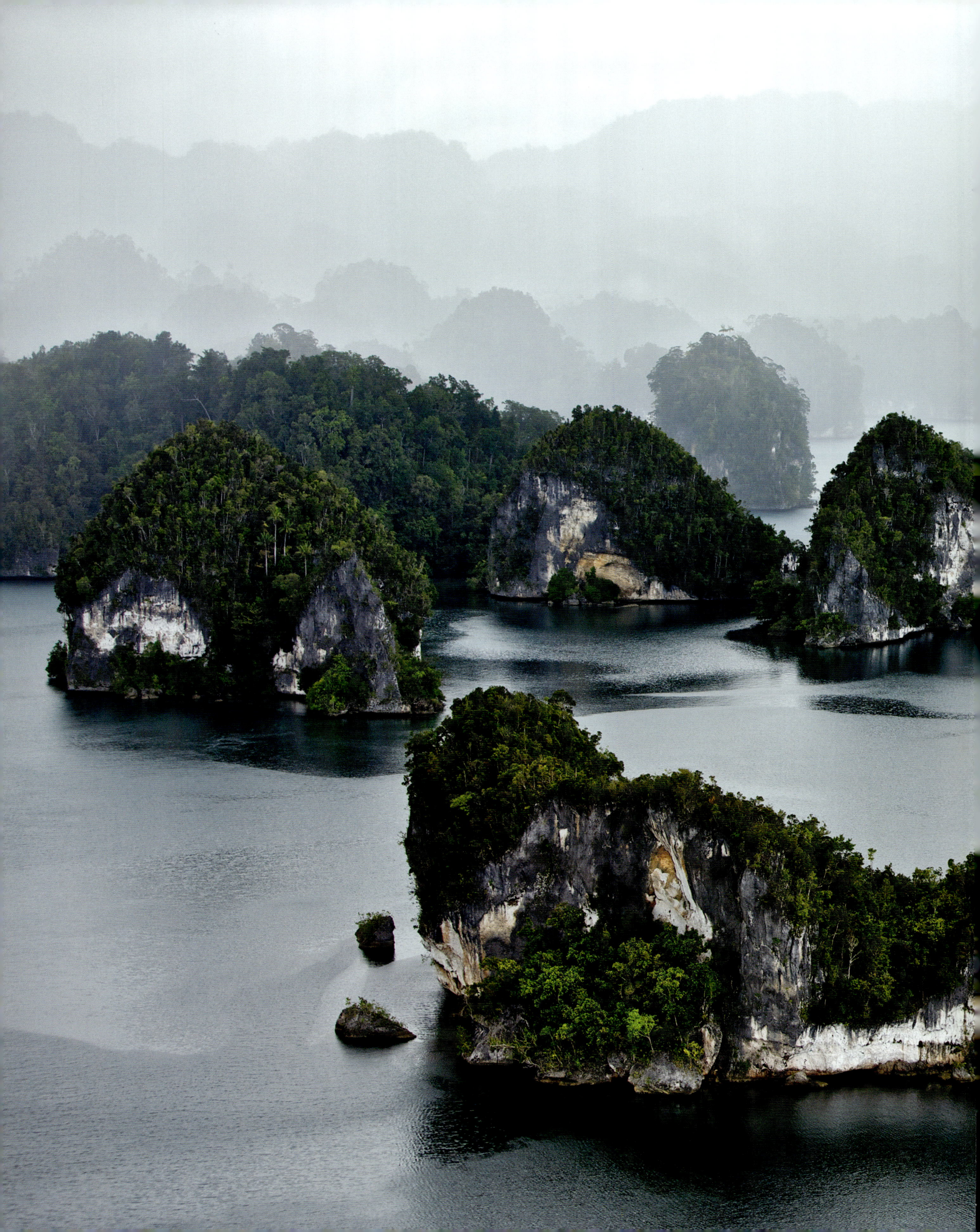

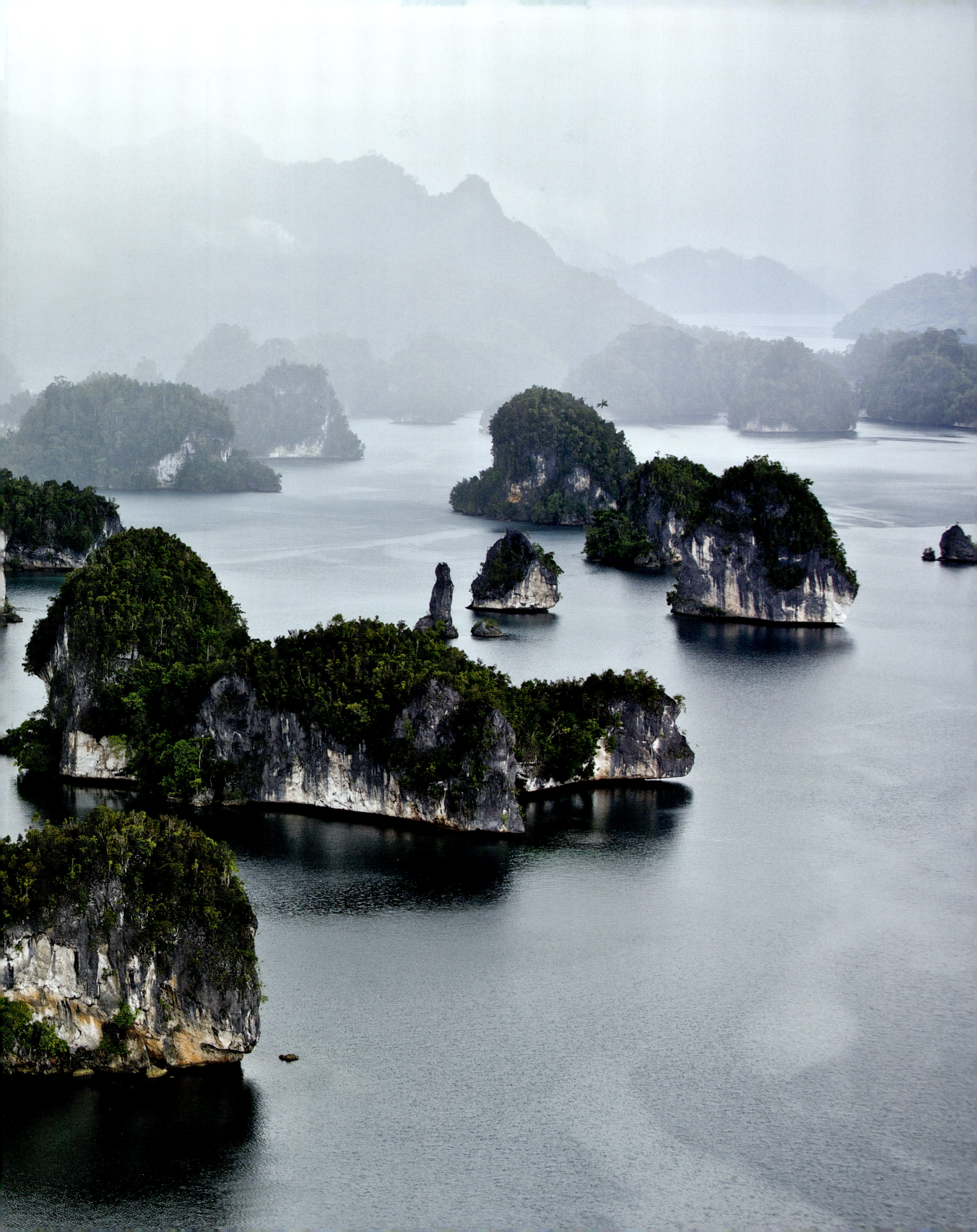

REDAKTION (Fondation GoodPlanet)
Chefredakteur: Olivier Blond
Redaktion: Eric Boisteaux, Benjamin Grimont,
Cédric Javanaud, Julien Leprovost, Yves Sciama
Bildunterschriften: Françoise Jacquot

Die Autorenrechte von Yann Arthus-Bertrand
und die Rechte der Redaktion der französischen
Originalausgabe sind voll und ganz der Stiftung
GoodPlanet übertragen.

Informieren Sie sich über die Stiftung GoodPlanet und
unterstützen Sie sie unter www.goodplanet.org
Halten Sie sich auf dem Laufenden über
www.goodplanet.info

Alle französischen Texte der Originalausgabe dieses
Buches unterliegen der Lizenz der Creative-Commons
(BY – NC – SA). Im Rahmen der nicht gewerblichen
Nutzung können Sie sie kopieren (nicht jedoch das
Layout oder die Abbildungen), müssen aber die Quellen
angeben.

IMPRESSUM
Titel der Originalausgabe: *L'Homme et La Mer*
Erschienen bei Éditions de La Martinière SA, Paris 2012
Copyright © 2012 Éditions de La Martinière SA, Paris,
Frankreich

Herausgabe: Stéphanie Zweifel
Herstellung: Lucille Pierret
Lektorat: Claire Lemoine
Gestaltung: Artworklove

Deutsche Erstausgabe
Copyright © 2013 von dem Knesebeck GmbH & Co.
Verlag KG, München
Ein Unternehmen der La Martinière Groupe

Übersetzung: Antoinette Gittinger und Ursula Held
Redaktion der deutschen Ausgabe: Werner Wahls
Umschlaggestaltung: Fabian Arnet, Knesebeck Verlag
Satz: satz & repro Grieb, München
Herstellung: VerlagsService Dr. Helmut Neuberger &
Karl Schaumann GmbH, Heimstetten
Lithografie: Quadrilaser
Druck: Toppan Leefung Ltd, Hongkong
Printed in China

ISBN 978-3-86873-569-7

Alle Rechte vorbehalten, auch auszugsweise.

www.knesebeck-verlag.de

® GEO ist eine Marke der Gruner + Jahr AG & Co. KG
Alle Rechte vorbehalten

FOTOMATERIAL
Die Luftaufnahmen stammen von Yann Arthus-
Bertrand. Diese Aufnahmen finden Sie auf der Website
der Agentur Altitude www.altitude-photo.com
und signierte Fotoabzüge können über die Galerie
www.yannarthusbertrandgalerie.com bezogen werden.
Hope Production hat den Abdruck einiger Luftaufnahmen von Yann Arthus-Bertrand in diesem Band
genehmigt.

Die Unterwasseraufnahmen machte Brian Skerry.
Er wird von der National Geographic Image Collection
vertreten.
www.nationalgeographicstock.com

Ausnahme: S. 27: Claire Nouvian/David Shale; S. 51:
Nasa; S. 53: Christian Sardet CNRS/Plankton Chronicles
Project; S. 97: Eva Ferrero; S. 164: Greenpeace/Pierre
Gleizes; Cover: Aufnahme von Yann Arthus-Bertrand:
Thomas Sorrentino; Aufnahme von Brian Skerry:
Mauricio Handler.

DANK
Die Redaktion der Stiftung GoodPlanet wird von BNP
Paribas unterstützt.
Das Ozean-Programm der Stiftung GoodPlanet wird
von der OMEGA-Gruppe gefördert.

Ω
OMEGA

**Riemenfisch (Regalecidae),
Bahamas, Große Antillen**

Die Riemenfische aus der Familie
der *Regalecidae*, die in Gewässern
mit milden Temperaturen wie den
tropischen zu finden sind, können
über zehn Meter lang werden. Man
vermutet, dass einige ihrer Artgenossen, die am Ufer gestrandet sind
oder zwischen den Wellen auftauch-
ten, zum Mythos der Wasserschlan-
gen beigetragen haben. Dieser Fisch
hier ist mit seinen drei Metern Länge
vermutlich ein Jungfisch. Die Riemenfische sind vor allem für ihre Fähigkeit berühmt, sich senkrecht zur
Wasseroberfläche bewegen zu können. Vielleicht, um ihre Beute, wenn
sich diese im Licht abzeichnet, besser
erkennen zu können.

S. 18: Taucher am Atoll des
Lighthouse-Riffs, Belize
(17° 16′ nördl. Br. – 87° 30′ westl. L.)

S. 20: Südkaper *(Eubalaena
australis)* an der Küste der
Halbinsel Valdés, Argentinien
(42° 23′ südl. Br. – 64° 29′ westl. L.)

S. 21: Begegnung zwischen
einem Taucher (dem Assistenten
von Brian Skerry) und einem
Südkaper *(Eubalaena australis)*,
Auckland-Inseln, Neuseeland.

Schwertfisch

Seewolf/Steinbeißer

Taschenkrebs

Rotbarbe

Scholle

Makrele

Heilbutt

Weißer Thunfisch

Hai

Meerbrasse

Miesmuschel

Sardine

Hummer

Schellfisch

Kabeljau